토마스 만(1875~1955)

망명 1933년 나치 정권이 수립되자 토마스 만, 알버트 아인슈타인, 랍비 스티븐 와이즈는 나치 정권의 박해를 피해 망명했다.

프린스턴 대학교 토마스 만은 1938년 프린스턴 대학교 초빙교수로 미국에 이주한 뒤 미국 내 14개 도시에서 강연을 했으며, 1944년 미국 시민권을 획득했다.

A.A. eing. 11 MAI 1936

Deutsche Gesandtschaft

A 806/II

Bern, den 6. Mai 1936.

Auf den Erlass vom 24. v. M.
- 83-76 25/3 Thomas Mann -

2 Berichtsdurchschläge

Inhalt: Ausbürgerung Thomas Mann.

Auswärtiges Amt
83-76 6/5
eing. 11. MAI 1936
— Anl. 2 Durchschl.

Nachdem Thomas Mann in seinem in der "Neuen Zürcher Zeitung" vom 3. Februar d. J., Nr. 193, veröffentlichten Brief eindeutig gegen das Dritte Reich Stellung genommen und den bisherigen Langmut der deutschen Behörden gegenüber seiner Person mit höhnischen Bemerkungen bedacht hat (vgl. Seite 7 des mit dem nebenbezeichneten Erlass übersandten Schreibens der Geheimen Staatspolizei), dürfte der Tatbestand des Artikels 2 des Gesetzes über den Verlust der deutschen Staatsangehörigkeit vom 14. 7. 1933 (feindselige Propaganda gegen das Reich im Ausland) erfüllt sein. Es bestehen daher diesseits keine Bedenken, das Ausbürgerungsverfahren gegen ihn nunmehr in die Wege zu leiten.

Weizsäcker

An das
Auswärtige Amt,
Berlin.

국적 박탈 1936년 5월 6일 나치 정권은 공식적으로 토마스 만의 독일 시민권을 박탈하고, 본대학교 철학과에서 받은 명예박사 칭호도 철회했다.

히틀러 타도 토마스 만은 1940~45년 5월까지 영국 BBC 라디오 방송에서 제안한 〈독일 청취자 여러분!〉이라는 제목의 논평을 매월 한 번 방송하며, 히틀러의 비민주성과 비인간성을 호소했다. 처음에는 독일 방송자가 낭독했으나 나중에는 레코드판에 녹음해서 토마스 만의 육성으로 방송했다.

루제로 레온카발로(1857~1919) 이탈리아 오페라 작곡가. 소설 속 세템브리니로 '육체는 바로 정신'이라는 일원론자이며, 카스토르프를 위해 노력하지만 그의 충고를 듣지 않는다.

게르하르트 하우프트만(1862~1946) 드라마 작가. 소설 속 활달한 성격의 네덜란드 커피 상인 페페르코른으로 사라졌던 쇼샤와 함께 등장, 자신의 활력이 병으로 약화되자 자살하고 만다.

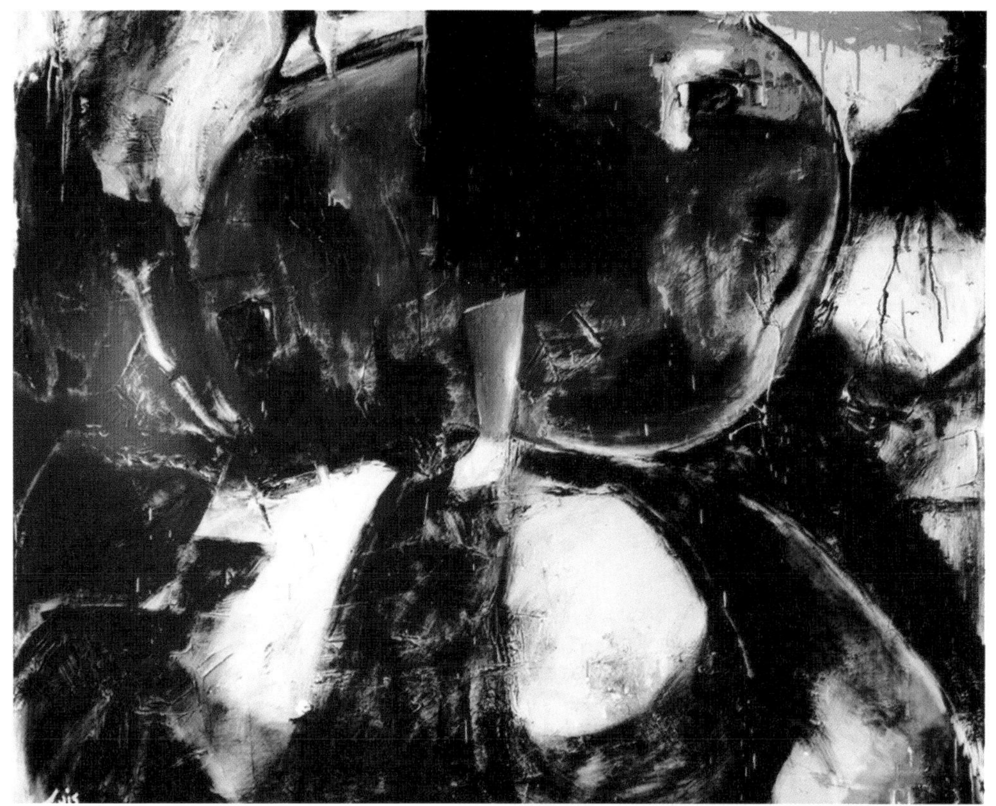

▲〈매직 마운틴〉 크리스티안 토니스. 1987.

▶**슈베르트** 빌헬름 어거스트 리더. 1875. 빈 시립 역사 박물관
슈베르트 작곡 〈아이다 린덴바움(보리수)〉은 로맨틱한 죽음과 그리움으로 전투에서 죽음을 암시하며, 머리가 마비된 듯한 흥분 속에 카스토르프는 자기도 모르게 숨을 헐떡이며 낮은 소리로 '보리수'를 흥얼거린다.

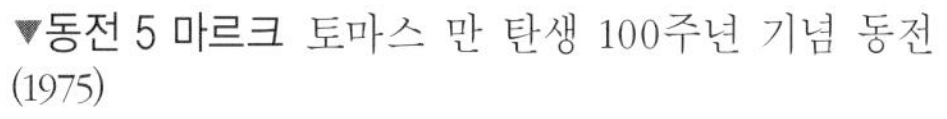

▼**동전 5 마르크** 토마스 만 탄생 100주년 기념 동전 (1975)

영화 〈마의 산〉 한스 W. 게이센도퍼 감독, 로드 스테이거·마리 프랑스 피지에·플라비오 부치 주연. 1982.

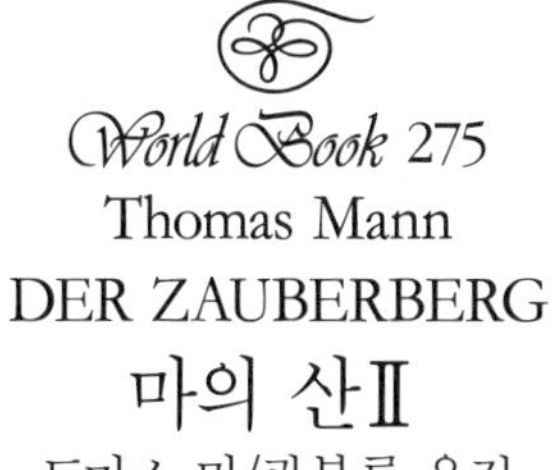

World Book 275

Thomas Mann

DER ZAUBERBERG

마의 산Ⅱ

토마스 만/곽복록 옮김

동서문화사

디자인 : 동서랑 미술팀

마의 산 I II

차례

마의 산 II

마의 산 I

주요 인물

한스 카스토르프 주인공. 24세의 독일 청년으로 어려서 부모를 여의고 시 참사 회원이었던 할아버지 밑에서 자란다. 그러나 할아버지와도 그가 아직 소년일 때 세상을 떠난다. 상당한 재산을 상속받고 조선업을 공부한다. 요양 중인 사촌 요아힘을 만나러 3주간 머물 예정으로 다보스의 요양원 '베르크호프'를 방문했으나, 폐침윤이 발견되어 그대로 요양을 계속하게 된다. 제1차 세계대전이 발발하자 완치되지 않은 채 참전한다.

요아힘 침센 카스토르프의 사촌. 사관 후보생으로 임용되었다가 폐결핵으로 '베르크호프'에서 요양한다. 사명감이 강한 그는 완치되지 않은 채 군에 입영하나 병이 악화되어 다시 '베르크호프'에 돌아와 죽는다.

베렌스 '베르크호프'의 원장. 수술의 대가이며 그림에도 조예가 깊다.

크로코브스키 베렌스의 조수로 대진(代診)을 한다. 환자들의 정신 분석에 흥미를 가지고 있다.

세템브리니 이탈리아인 환자. 말이 많은 휴머니스트. 한스 카스토르프의 스승 역할을 한다.

쇼샤 '베르크호프'의 환자로 러시아 여자. 회색을 띤 푸른 눈이 매혹적이다. 카스토르프가 사랑에 빠진다.

나프타 폴란드인 환자로 예수회 교도. 신학자로 촉망되나 객혈하여 '베르크호프'에 입원한다. 허무한 반자본주의자이다.

제6장

변화

시간이란 무엇인가? 이것은 수수께끼로, 실체는 없지만 전능하다. 이것은 현상계(現象界)에 존재하는 하나의 조건이며, 공간 속에 존재하는 물체와 그 물체의 운동과 관련되고 뒤섞여 있다. 만일 운동이 없으면 시간도 존재하지 않을까? 시간이 없으면 운동도 없을까? 얼마든지 물어보라. 시간은 공간 작용의 하나인가? 그렇지 않으면 그 반대인가? 아니면 시간과 운동은 같은 것일까? 얼마든지 물어보라! 시간은 움직이는 성질이 있어서 '낳는' 힘을 가지고 있다. 도대체 시간은 무엇을 낳는 것일까?

바로 변화이다! 두 물체 사이에는 운동이 있기 때문에 현재는 이미 과거가 아니고 여기는 이미 거기가 아닌 것이다. 그러나 시간을 측정하는 운동은 순환하고 그 자체로 완결되기 때문에, 이 운동은 거의 정지와 정체(停滯)라고 불러도 좋다. 과거는 쉬지 않고 현재 속에, 거기는 쉬지 않고 여기에 되풀이되기 때문이다. 그리고 종말이 있는 시간과 유한적인 공간은 아무리 죽을힘을 다해 애써도 상상할 수 없기 때문에 우리는 시간은 영원하며 공간은 무한하다고 생각하도록 이미 결정을 보았다. 그렇게 간단하게 생각할 수는 없더라도 이것이 어느 정도 생각하기 쉽다는 뜻이다.

그러나 영원과 무한을 인정한다는 것은 국한된 것과 유한한 것을 모두 논리적으로 계산해서 부정하고, 상대적으로 그것을 영(零)으로 환원시키는 것을 의미하지 않을까? 영원 속에서 앞뒤가, 무한 속에서 좌우가 있을 수 있을까? 영원과 무한이라는 임시적인 가정과 거리, 운동, 변화, 그리고 우주 속의 국한된 물체의 존재들은 어떻게 조화될까? 얼마든지 물어보라!

한스 카스토르프도 머릿속에서 이와 비슷한 문제를 생각해 보았다. 그의 머리는 이 산 위에 도착하자마자 이런 무모한 생각에 집착하게 되었다. 그리고 강렬한 욕구를 만족시키고 나서는 더욱 예민해지고, 그런 집착에 사로잡히게 되었다. 그는 이런 의문을 스스로에게 던졌을 뿐 아니라 선량한 요아힘에게도 던졌고, 먼 옛날부터 깊은 눈에 덮여 있는 골짜기에게도 질문을 했지만, 그 어느 것에서도 해답다운 해답은 기대할 수 없었다. 어느 것에 가장 기대할 수 없었는지는 말하기 어렵다. 자기 자신에게 그런 질문을 던졌다는 것은 자기 스스로도 잘 몰랐다는 것을 증명한 셈이니 말이다.

요아힘은 그런 문제에 관심을 가질 것 같지도 않았다. 한스 카스토르프가 언젠가 밤에 프랑스어로 말했듯이, 그는 평지에서 군인이 되는 일만을 생각하고 있었기 때문에, 그 소망이 이루어질 것처럼 생각되면 조롱하듯 어느새 멀리 사라져 버려, 그는 점점 초조한 빛이 더해 갔다. 요즘에는 그 초조감을 직접 행동으로 매듭지으려는 태도까지 보이기 시작했다. 그렇다, 선량하고 인내심 강하며 성실하고 근면하며 규율의 상징과도 같은 요아힘도 반항의 발작에 굴복하고 '가프키 법'에 도전했다. 가프키 법이란 진단법의 하나로—보통 '실험'이라고만 부르는—지하의 실험실에서 환자가 보유하는 박테리아 수를 조사하여 표시하는 방법이었다. 즉 분석된 담(痰) 속에 박테리아 양이 아주 적게 존재하는지, 아니면 무수히 집단적으로 존재하는지를 가프키 번호의 크기로 규정하는 것이었다. 그래서 가프키 번호가 문제였다. 그 번호의 크기가 그 환자의 회복 전망을 아주 공평하게 나타냈고, 환자가 이 위에 아직 머물러야 할 달수, 햇수를 반년 정도의 단기 체재에서 '종신' 선고에 이르기까지—이것도 시간적으로는 거의 문제가 안 되는 극히 짧은 기간인 경우도 가끔 있었다—간단하게 결정하는 것이었다.

요아힘은 이 가프키 법에 반항하여 그 권위 자체를 공공연하게 거부했다. 요양원의 간부들에게 노골적으로 대들며 거절한 것은 아니었지만, 사촌을 향해서는 그것도 식사 때 이의를 표명했다.

"난 이제 지쳤어. 더 이상 바보가 될 순 없어."

요아힘은 갈색으로 그을린 얼굴이 붉어질 정도로 큰 소리로 말했다. 또 그는 이렇게 말했다.

"2주일 전에는 가프키 2호로 증상이 가벼워 전망이 아주 밝다고 했는데, 오늘은 9호지 뭐야. 그야말로 박테리아가 우글거려 평지로 돌아가는 것은 말도 안 된다는 거야. 이렇게 되면 앞으로 어떻게 될지 귀신이 아니면 모를 일이야. 이제는 더 참을 수 없어. 위의 샤츠알프 요양원에 그리스에서 온 농부가 있는

데, 이 사람은 아르카디아에서 그곳 대리업자에 의해 이곳으로 보내졌어. 정말 희망이 없는 경우로, 병이 급진적으로 악화되어 오늘내일하는 상태였는데, 이 사나이는 지금까지 한 번도 박테리아가 발견된 일이 없다는 거야. 그 반대로 내가 여기에 왔을 때는 건강해져서 퇴원한 벨기에의 뚱뚱한 대위가 가프키 10호로 박테리아가 우글거렸다는데, 사실은 아주 작은 구멍이 하나 있었을 뿐이래. 가프키 같은 것은 집어치우라지! 나는 이제 모든 걸 끝내고 집으로 가겠어. 죽는 한이 있더라도 말이야."

언제나 온순하고 침착한 청년이 이렇게 흥분하는 것을 보고 모두 뭐라고 말할 수 없는 충격을 받았다.

한스 카스토르프는, 요아힘이 모든 것을 포기하고 평지로 돌아가겠다고 위협하는 말을 듣고는, 제삼자에게서 프랑스어로 들었던 말을 생각하지 않을 수 없었다. 그러나 그는 무슨 말을 해야 할지 몰랐다. 슈퇴르 부인이 당신 사촌인 카스토르프를 본보기로 삼으라고 말했던 것처럼, 자기가 요아힘에게 훈계할 수 있을까? 슈퇴르 부인은 요아힘에게 충고하면서 그렇게 화내지 말고 얌전하게 단념하고, 한스 카스토르프의 부단한 노력을 본받으라고 타일렀다. 카롤리네 슈퇴르 본인도, 완전히 건강해져 언젠가는 남편 품에 돌아가 주부로 일할 수 있도록 여기에서 요양하면서 계속 머물러 있을 작정이라고 말했다.

그러나 한스 카스토르프는 아무래도 슈퇴르 부인처럼 할 수는 없었다. 특히 그는 사육제를 지내고 난 뒤로는 요아힘에게 양심의 가책을 받고 있었기 때문에 더욱 그러했다. 요아힘에게 그날 밤 일을 직접 이야기하지는 않았지만, 요아힘은 그날 밤 일을 알고 있음에 틀림없었다. 하루에 몇 번이나 두 갈색 눈으로 별 이유 없이 웃는 버릇과 짙은 오렌지 향수 냄새에도 불구하고 눈을 단정하고 근엄하게 접시 위에 떨어뜨리는 요아힘으로서는, 사촌의 배신적인 탈영 행위를 충실하지 못한 것으로 느끼고 있는 게 분명했다. 한스 카스토르프의 양심은 그렇게 속삭였다. 아니, 한스 카스토르프는 그의 '시간'에 대한 사고와 견해에 요아힘이 나타낸 말없는 저항 속에서도 그의 양심에 대해 비난을 지니고 있는 군인다운 근엄성을 느낄 수 있었던 것이다.

그런데 한스 카스토르프가 기분 좋은 침대 의자에서 형이상학적인 질문을 던진 그 골짜기, 깊은 눈에 덮인 겨울 골짜기에 대해 말한다면, 그 뾰족한 둥근 봉우리와 절벽, 그리고 갈색과 녹색과 담홍색으로 물든 숲은 조용히 흘러

가는 지상의 시간에 싸여, 시간의 흐름 속에 묵묵히 서서 어떤 때는 푸른 하늘 아래로 비치고, 어떤 때는 구름에 덮여 있었으며, 어떤 때는 해넘이 산들이 분홍빛으로 물들고, 또 어떤 때는 달밤의 매력적인 아름다움에 금강석처럼 차갑게 빛났다. 황급히 지나가기는 했지만, 무겁고도 길게 느껴지는 6개월 동안 골짜기는 언제나 눈에 덮여 있어, 요양객들은 모두 눈을 보는 것이 이제는 싫증이 나고 지긋지긋해졌다.

눈에 대한 호기심은 여름에 실컷 충족되었는데도, 자나 깨나 눈이 쌓여서 눈의 산, 눈의 쿠션, 눈의 사면이었다. 이렇게 되면 인간의 힘으로는 도저히 감당할 수 없게 되어 정신도 마음도 질식해 버릴 지경이라고 불평했다. 요양객들은 녹색, 황색, 붉은색의 안경을 썼는데 그것은 눈을 보호하기 위해서라기보다는 오히려 정신을 보호하기 위해서였다.

골짜기와 산이 눈에 덮인 지 벌써 6개월이나 된다고? 아니, 벌써 7개월이 된 것이다. 우리가 이야기하는 동안에도 시간은 쉬지 않고 흐르고 있는 것이다. 우리가 이 이야기에 소비하는 '우리의' 시간과 마찬가지로, 산 위의 눈 속에 있는 한스 카스토르프 및 그와 같은 운명에 처한 사람들이 보내는 시간도 계속 흐르고 있어서, 그 시간도 변화를 낳고 있었다. 모든 것이 한스 카스토르프가 사육제날 세템브리니에게 예언한 것처럼 될 듯싶었다.

하지(夏至)가 눈앞에 다가온 것은 아니었지만 부활절은 이미 흰 골짜기를 지나가 4월이 되었고, 오순절이 가까워지고 있었다. 이윽고 봄이 되어 얼음이 녹았으나 눈이 완전히 없어져 버리지는 않을 것이다. 여름 동안 내리는 눈은 쌓이지 않기 때문에 문제될 것도 없지만, 남쪽에 늘어서 있는 산봉우리와 북쪽의 레티콘 연산의 바위 협곡에는 1년 내내 눈이 하얗게 남아 있을 것이다. 어떻든 간에 머잖아 1년의 전환기인 봄이 결정적인 변화를 가져올 것은 확실했다. 한스 카스토르프가 쇼샤 부인에게서 빌린 연필을 나중에 돌려주고, 그 대신 어떤 기념품을 간청하여 얻었던 사육제의 밤으로부터 6주일, 즉 한스 카스토르프가 처음 이곳에 머물 작정이었던 3주일의 두 배가 되는 시간이 흘러가 버렸다.

한스 카스토르프가 클라브디아 쇼샤와 가까워져서, 요양 근무에 충실한 요아힘이 방으로 돌아간 뒤에도 한참 동안 남아 있다가 자기 방으로 돌아간 그날 밤부터 6주일이 지난 것이다. 그다음 날 쇼샤 부인이 다게스탄으로 여행을 떠난 날로부터 6주일이 지나가 버린 것이다. 그녀의 여행은 짧은 여정으로 그녀가 다시 돌아올 작정이라는 것, 언제가 될지는 몰라도 반드시 돌아올 예정이며 그렇게 하지 않으면 안 된다는 것을 본인으로부터 확언받았다. 그 확언은 이미 소개한 프랑스어 대화 속에서 이루어진 것이 아니라, 그 뒤 시간의 흐름과 결부되어 있는 이 이야기의 진행을 중단시키고, 시간을 순수한 시간으로만 흘러가게 하는 공백의 막간에 이루어진 것이다. 어쨌든 청년은 34호실로 돌아가기 전에 그 확언이자 위로의 말을 들었다.

그다음 날은 쇼샤 부인과는 한 마디도 나누지 않았으며, 그 모습을 두 번 정도 멀리서만 보았을 뿐이다. 한 번은 점심 식사 시간으로, 그녀가 푸른 나사 치마에 흰 스웨터 차림으로 유리문을 쾅 닫고 들어와서는 사랑스럽게 발소리를 죽이며 식탁으로 걸어갈 때였다. 그때 그는 심장의 고동이 목에까지 울려와 엥겔하르트 양의 날카로운 시선을 받지 않았더라면 두 손으로 얼굴을 가렸을지도 모른다. 또 한 번은 오후 3시에 그녀가 출발할 때였는데, 한스 카스토르프는 그 자리에 나가지 않고, 마차가 내려다보이는 복도의 유리문을 통해 그녀를 보고 있었다.

출발 광경은 한스 카스토르프가 이곳에서 여러 번 봐온 장면과 같았다. 썰매 아니면 마차가 현관 앞 층계에서 기다리고 있었으며, 마부와 하인이 짐 가방을 싣고 묶었다. 요양객들과—완쾌했거나 병을 앓고 있거나 상관없이, 또한 살기 위해서든 죽기 위해서든 평지로 돌아가려는 환자의 친구들—이런 일에 자극을 얻기 위해 요양 근무를 빼먹는 구경꾼들이 현관 앞에 모여 있었고, 연미복 차림을 한 사무국의 직원, 때로는 의사들이 모습을 나타냈다. 잠시 뒤에 출발하려는 본인이 나왔다. 당사자는 호기심으로 얼굴을 빛내면서 모여든 사람들과 뒤에 남는 사람들에게 상냥하게 인사하고, 출발한다는 기대감으로 한동안 마음이 들떠 있었다. 오늘 거기에 나온 사람은 바로 쇼샤 부인이었는데, 털가죽으로 가장자리를 댄 길고 거친 천의 여행용 외투를 입고, 큰 모자를 쓰고, 팔에 꽃을 한아름 안고 미소지으며 나왔다. 그리고 얼마 안 되는 거리를 그녀와 동행하려는 가슴이 납작한 같은 러시아인인 불리긴 씨가 따라오고 있었다. 의사의 허가에 의한 출발이든지, 자포자기로 지긋지긋해져서 하는 출발이든지 간에 모두들 출발할 때는 생활이 변화한다는 사실만으로도 마음이 들뜨기 마련인데, 쇼샤 부인도 그러했다. 그녀의 볼은 발갛게 달아 있었고, 털가죽 무릎덮개로 다리를 에워싼 채 계속 러시아어로 말하고 있었다.

쇼샤 부인과 같은 나라 사람들이나 식탁의 구성원뿐만 아니라, 그 밖의 손님들도 몇 명 보였다. 크로코브스키 의사도 미소를 지으며 콧수염 밑의 누런 이를 보이고 있었다. 여기에서도 선물로 꽃이 주어졌고, 왕고모는 '작은 과자'라고 불리는 러시아의 마멀레이드를 선사했다. 이 밖에 여교사와 만하임인도 있었다. 그는 좀 떨어진 곳에서 우울한 얼굴로 서 있었다. 그의 괴로움을 띤 눈은 요양원의 건물을 따라 올라가다가 유리창을 통해 한스 카스토르프의 모습을 발견하자, 우울한 눈길을 청년에게 고정시킨 채 꼼짝도 하지 않았다. 베렌스 고문관의 모습은 보이지 않았지만, 이 사람은 출발하는 부인과는 다른 자리에서 작별 인사를 했음에 틀림없었다.

이윽고 썰매를 끄는 말들은, 주위에 선 사람들이 손을 흔들고 외치는 가운데 출발하기 시작했다. 쇼샤 부인은 썰매가 출발할 때의 반동으로 상반신이 쿠션 쪽으로 넘어졌다. 그러면서 다시 한 번 미소를 짓고, 베르크호프 건물 정면을 빠르게 훑어보다가 한스 카스토르프를 짧은 순간이나마 바라보았다. 뒤에 남은 청년은 창백한 얼굴로 방으로 뛰어 돌아가, 방울 소리를 울리면서 '마을'을 향해 차도를 미끄러져 내려가는 썰매를 발코니에서 다시 한 번 보았다. 그러고는 침대 의자에 몸을 던지고 가슴에 달린 주머니에서 기념품을 끄집어냈다. 이번에는 옛날처럼 적갈색의 연필을 깎은 부스러기가 아니라, 좁다란 틀에 끼여 있는 작은 판—빛에 비치지 않으면 보이지 않는 유리판이었다—즉 클라브디아의 내면 초상이었다. 거기에는 비록 얼굴은 없었지만, 그녀의 상반신의 섬세한 골격이 부드러운 살에 싸여서 가슴안의 여러 기관과 함께 식별할 수 있었다.

쇼샤 부인이 떠난 뒤에도 시간은 변화를 일으키며 흘러갔지만, 그사이 한스 카스토르프는 이 사진을 몇 번이나 바라보고 입술에 댔던 것일까! 클라브디아 쇼샤가 공간적으로 멀리 떨어져 모습이 보이지 않게 된 이 산 위의 생활에 익숙해진 것도 시간의 흐름이 낳은 하나의 변화이며, 또 뜻밖에 곧 익숙해져 버렸다. 이 산 위의 시간은, 익숙해지지 않는 것에 익숙해진다는 의미에서도 적합했고, 그 목적으로 이루어져 있기도 했다. 다섯 번의 많은 양의 식사가 시작될 때의 '쾅' 하는 소리는 이제는 기다려도 더 이상 울리지 않게 되었다. 쇼샤 부인은 어딘가 다른 장소의 먼 곳에서 이제 문을 쾅쾅 닫고 있을 것이다. 이것은 시간이 공간 속의 물체와 결합되어 섞여 있는 것처럼, 그녀의 존재와 병이 결부되어 섞여 있는 성격적인 두들김이었다. 그것은 그녀의 병 자체일 뿐 다른 것은 아니었으리라. 그러나 그녀가 눈에 보이지 않는다 해도 한스 카스토르프의 기분에는 그녀의 존재가 눈에 보였기에, 그녀는 이 위의 세계에서 그의 수호신이었다. 그것은 평지의 아늑하고 감미로운 노래가 전혀 어울리지 않는 위험하고 모험적인 시간에 한스 카스토르프가 맛보고 이미 자기 것으로 만들어 버린 수호신이었고, 그는 이 수호신의 내면 그림자를 지난 9개월 동안 두근거리는 심장에 곱게 간직하고 있었다.

그날 밤 그 시간에 한스 카스토르프의 떨리는 입술은 외국어와 모국어를 섞어가며 절반은 무의식 중에, 절반은 숨을 헐떡이며 뜻밖의 제안을 토로했다. 그런데 그 엉뚱한 계획과 의도는, 당연한 일이었지만 쇼샤 부인의 동의를 얻지 못했다. 즉 수호신인 그녀와 캅카스 산맥 저쪽에까지 동행하겠다든가, 그 뒤를 쫓아가 그녀가 선택한 장소에서 기다리다가 그다음부터는 두 번 다시 떨어지지 말자는 등의 그런 무모한 제안들이었다. 단순한 청년이 당치도 않은 모험의 시간에서 얻은 것은 그녀의 내면적 초상의 담보물이랄 수 있는 뢴트겐 사진이었고, 이는 그녀에게 자유를 보증해 주는 병의 상태를 보여주는 것이었다. 그리고 머잖아 이 위에 네 번째의 체류를 위해 또다시 돌아올 것이라는 거의 가정에 가까운 예상뿐이었다. 그러나 그녀가 다시 돌아올 무렵이면 한스 카스토르프는 이미 멀리 가버리고 없을 것이라고 예언했다. 그런데 이 예언의 의미는 그대로 되어달라고 바라는 것이 아니라 예언대로 되지 말라는, 말하자면 불안에 대한 예방 차원에서의 예언이었다. 게다가 그 수호신은 앞장에서 소개한 대화 속에서나 이 밖의 대화에서 한스 카스토르프를 '조금 침윤한 데가 있는 순진한 소시민'이라고 불렀는데, 이것은 세템브리니의 '인생의 걱정거리 자식'이라는 표현을 번역한 것에 불과했다. 그 두 가지 특성 가운데서 어느 것이 강점을 보이는지, 이를테면 소시민인지 아니면 침윤된 부분인지가 문제였다. 더욱이 수호신은 잊고 있는 게 있었다. 바로 그녀도 여러 번 출발했다가는 그때마다 여기로 되돌아와야만 했다는 점, 그러기에 한스 카스토르프도 이렇다 할 순간에 다시 이곳으로 되돌아오리라는 점을 전혀 고려하지 않았던 것이다. 물론 그가 이 위에 아직 머무르고 있는 것은 다시 되돌아올 필요가 없게 하기 위해서이지만, 이 밖에 여러 이유와 마찬가지로 그것도 확실한 이유 가운데 하나이다.

사육제날 밤에 쇼샤 부인이 했던 조롱적인 예언은 적중했고, 한스 카스토르프의 체온 곡선은 좋지 않았다. 체온이 톱니 같은 선으로 급각도로 올라가 한스 카스토르프는 매우 들뜬 기분으로 그것을 체온표에 써넣었다. 그러고 나서 곡선은 2, 3도 떨어져 고원처럼 평평하게 진행되더니, 가벼운 물결은 있었지만 지금까지 언제나 그랬던 것처럼 이전보다 높아져 평평한 선의 높이에 머물렀다. 이것이야말로 과도체온으로 이 높이가 지속되는 것은, 고문관의 말에 따르면 환부 상태와는 일치하지 않는 체온이었다.

"당신은 외모와는 달리 독이 많은 사람이군요. 친구, 어떻습니까? 주사를 한번 맞아봅시다. 효과가 있을 겁니다. 내 생각대로 된다면 서너 달 안에 당신은 물을 만난 물고기처럼 원기 왕성해질 것입니다."

고문관이 말했다.

이리하여 한스 카스토르프는 1주일에 두 번, 화요일과 토요일 아침에 가벼운 산책을 마치고는 지하 '실험실'에 가서 주사를 맞게 되었다.

의사 두 명이 교대로 주사를 놓아주었는데, 고문관은 노련한 사람답게 눈 깜짝할 사이에 바늘로 찔렀다. 그러나 그는 바늘이 어디를 찌르든 개의치 않았기 때문에 가끔 주사 맞은 자리에 참지 못할 정도로 아픈 멍울이 섰다. 주사는 유기체 전체를 완전히 피로하게 만들어, 심한 운동을 한 것처럼 신경 계통을 뒤흔들었다. 하지만 이것은 주사의 숨은 효력을 증명하는 것으로, 주사를 맞은 뒤 한동안 열이 올라가는 것으로 보아 그 효력은 확실했다. 고문관도 열이 올라가는 것은 언제나 예언했던 일이라 그 현상에 대해 이의를 말할 수는 없었다. 차례가 오기만 하면 주사는 곧 끝났고, 순식간에 해독제는 넓적다리의 피부 또는 팔의 피부, 아무튼 피부 아래에 주사되었다. 고문관이 말하고 싶은 기분이 되고, 한스 카스토르프가 기분이 울적하지 않을 때면 주사를 맞은 뒤에 잠시 대화를 나눌 수가 있었다. 그런 때 한스 카스토르프는 다음과 같은 말을 했다.

"언젠가 당신 집에서 커피를 대접받았던 유쾌한 시간을 지금도 기억하고 있습니다, 고문관님. 작년 가을이었고 우연히 그렇게 되었지요. 어제인지, 아니면 좀더 전인지 모르겠습니다만, 사촌과 그때 이야기를 했답니다."

"'가프키 1호'입니다. 최근의 결과이지요. 당신의 사촌은 아무리 해도 해독이 되지 않아요. 그런데도 그는 여기를 떠나 칼을 차고 다니고 싶어서 나를 귀찮게 굴며 괴롭히고 있습니다. 요즘에는 특히 심해졌지요. 어린애 같으니라고! 15개월 정도 여기 있었던 걸 가지고 여기서 그보다 더 오래 지낸 것처럼 떠들어대지 뭡니까! 무작정 여기서 뛰쳐나가겠다고 하는 겁니다. 그가 당신에게도 이렇게 말한 적이 있습니까? 당신이 한번 잘 타일러 보십시오. 당신 생각에서 나온 것처럼 좀 강하게 말입니다! 거기 있는 지도의 오른편에 당신네 고향에서 너무 빨리 정취에 넘친 축축한 안개를 들이마셨다가는 그 사람은 곧 죽습니다. 저렇게 앞뒤를 분별 못하는 자는 머리를 쓸 필요도 없습니다만, 사려와 분별도 있고 문화인이며 시민적 소양을 가지고 있는 당신은, 그자가 어리석은 일을 저지르기 전에 머리를 식혀주어야 할 것입니다."

한스 카스토르프는 이야기를 유도하는 것을 단념하지 않은 채 이렇게 대답했다.

"그렇게 하겠습니다, 고문관님. 그가 그렇게 나온다면 얼마든지 타일러 볼 것이며, 그도 내 말을 알아들으리라고 생각합니다. 그러나 눈에 띄는 예가 모두 모범이 될 만한 것은 아닙니다. 사람들이 계속 이곳을 떠나는 것이 바로 독입니다. 그들은 제멋대로, 참된 자격도 없이 평지로 출발하면서도 훌륭한 퇴원인 것처럼 화려하게 떠나갑니다. 그래서 의지가 약한 사람은 유혹을 받습니다. 얼마 전에도…… 누구였더라? 글쎄, 얼마 전에 출발한 인물은 부인이었지요? '일류 러시아인 자리'에 앉았던, 그렇지요, 쇼샤 부인. 소문에 의하면 다게스탄인가로 떠났다지요? 나는 그쪽 기후는 모릅니다만, 다게스탄이라는 곳은 아무래도 지도의 오른편에 있는 항구 도시인 함부르크보다 나쁘다고는 말할 수 없겠습니다. 그러나 지리적으로는 산지이지만, 우리가 보면 역시 평지입니다. 나는 그곳 사정에 밝지는 못하지만, 그런 땅에서 도대체 어떻게 지낸다는 것입니까? 아직 완쾌하지도 않았는데 말입니다. 그리고 기본적인 이해력이 부족해서, 이 위의 우리 관습인 안정 요양과 체온 재는 방법도 모르는 곳에서 말입니다. 게다가 그녀는 다시 돌아올 것이라고 어떤 기회에 말했습니다. 그런데 왜 그녀 이야기가 나왔나요? 아, 알겠습니다. 그때 우리는 뜰에서 당신을 만났지요. 기억하고 계십니까, 고문관님? 당신은 그때 우리와 함께 뜰에 있었습니다. 우리는 벤치에 앉아 있었지요. 어느 의자에 앉아 시가를 태우고 있었는지 나는 잘 기억하고 있어서, 그 의자가 어디에 있었는지 당신에게 정확하게 알려드릴 수도 있습니다. 나만 시가를 피우고 있었고 사촌은 웬일인지 시가를 피우지 않았습니다. 당신도 그때 마침 시가를 태우고 있어서 우리는 저마다 시가를 교환하기까지 했습니다. 지금도 기억하는데, 당신의 브라질산 시가는 훌륭한 맛이었습니다. 나는 그 시가를 어린 말을 조심해서 다루듯이 피워야 했습니다. 그렇지 않으면 언젠가 당신이 그 귀여운 수입 담배 두 개 때문에 가슴을 떨면서 이 세상과 작별할 뻔했던 것처럼 이상한 모습이 될지도 모르는 일이었습니다. 아무 일도 없이 끝났기 때문에 웃고 말할 수 있습니다만. 그건 그렇고 나는 얼마 전에 또 마리아 만치니를 2, 3백 개나 브레멘에서 주문해 받았습니다. 나는 그 제품을 아주 좋아합니다. 모든 점에서 내 마음에 들었습니다. 그러나 관세와 송료 때문에 값이 비싸지는 것이 꽤 마음이 아픕니다. 고문관님, 이번 진찰에서 또 상당한 기간이 추가된다면 나도 할 수 없이 이곳 시가로 바꾸어야 할 겁니다. 쇼윈도에 제법 피울 만한 것이 진열되어 있으니 말입니다. 참, 그다음에 우리는 당신의 그림을 보았었지요? 마치 어제 일처럼 생생하게 기억납니다. 그리고 아주 즐겁게 보았습니다. 당신이 유화구로 모험하는 묘기에는 나도 정말 놀랐습니다. 나는 도저히 고문관님의 적수가 될 수 없습니다. 우리는 피부가 일류급으로 잘 그려진 쇼샤 부인의 초상화도 보았고…… 나는 정말 감격했다고 말할 수 있겠습니다. 그 무렵 나는 모델의 얼굴과 이름만 알고 있었을 뿐 모델이 된 부인에 대해서는 잘 몰랐습니다. 그 뒤 그녀가 떠나기 직전에 나는 그녀와 개인적으로 인사를 나누었습니다."

"무슨 말을 하는 거요?"

고문관이 물었다. 예전으로 시간을 거슬러 올라갈 수 있다면, 한스 카스토르프가 처음으로 진찰을 받으면서 열이 좀 있다고 알렸을 때에도 고문관은 역시 "무슨 말을 하는 거요?"라고 말했었다.

고문관은 더 이상 아무 말도 하지 않았다.

"그렇습니다. 정말입니다. 경험으로 보았을 때 이 위에서 누군가와 가까이 지낸다는 것은 결코 쉬운 일이 아닙니다만, 쇼샤 부인과 나는 마지막 시간에 그런 사이가 되었고, 대화를 통해……."

한스 카스토르프는 열심히 설명하다가 입술을 깨물고 숨을 들이마셨다. 그 순간 주사 바늘이 찔렀던 것이다.

"휴."

그는 뒤돌아보며 한숨을 쉬었다.

"대단히 중요한 신경에 바늘이 찔린 것 같습니다. 고문관님, 몹시 아픈데요. 됐습니다. 조금 문지르면 나아질 것입니다…… 대화를 통해 우리는 가까운 사이가 되었습니다."

"그래요? 그래서요?"

고문관은 끄덕이면서 "그래서요?" 하고 물었지만 상대방이 기뻐할 것을 짐작하고 자신의 기쁨도 포함시키려는 얼굴을 했다.

한스 카스토르프는 미리 꽁무니를 빼며 말했다.

"내가 하는 프랑스어는 좀 신통치 않았으리라고 생각합니다. 게다가 내가 프랑스어를 어떻게 자유자재로 할 수 있겠습니까? 그렇지만 일단 다급하면 여러 가지 떠오르는 대로 이럭저럭 이해시킬 수가 있었습니다."

"그렇겠지요. 그래서요?"

고문관은 대답을 재촉하더니 자기가 미리 덧붙였다.

"재미있었지요. 어때요?"

한스 카스토르프는 와이셔츠 옷깃의 단추를 끼우면서 두 다리와 팔꿈치를 뻗고 얼굴을 천장으로 돌리며 말했다.

"결국 이상한 일도 아무것도 아닙니다. 어떤 요양지에서 두 사람, 또는 두 가족이 여러 주일을 같은 지붕 아래에서 따로따로 지내고 있습니다. 그러다가 어느 날 가까워져서 서로 마음으로부터 호의를 가지고 있었는데, 어느 한쪽이 떠나려는 것을 알게 됩니다. 이런 유감스러운 일은 인생에 흔히 있는 것이라고 생각합니다. 어쨌든 서로 살아 있는 동안 접촉을 끊지 않으려고 편지로라도 소식을 전하고 싶은 마음이 듭니다. 이렇게 생각하는 것이 인지상정입니다. 그러나 쇼샤 부인은……."

"그렇지, 그녀는 그것을 희망하지 않았지요?"

고문관은 유쾌하게 웃었다.

"그렇습니다. 그녀는 전혀 상대하지 않더군요. 그녀는 당신에게도 소식을 보내지 않던가요? 그녀가 차례로 머무르는 곳마다 말입니다."

"천만에 말씀! 그녀는 그런 것을 생각도 하지 않을 겁니다. 첫째는 게을러서 그렇고, 둘째는 대체 어떻게 쓴단 말인가요? 나는 러시아어를 읽을 수가 없어요. 필요하면 엉터리로 해낼 수는 있지만, 단어 하나도 읽을 수가 없습니다. 당신도 마찬가지지요? 그런데 그 새끼고양이는 프랑스어는 물론 표준 독일어도 아주 귀엽게 야옹야옹할 수는 있지만, 글로 쓰려면 몹시 당황하게 되는 것이지요. 그 맞춤법이라는 것이…… 이봐요, 서로 단념하도록 합시다. 그녀는 생각난 듯이 또다시 되돌아올 것입니다. 아까도 말했지만 기술의 문제, 기질의 문제이지요. 어떤 사람은 가끔 출발하고 그때마다 다시 돌아오지 않을 수 없고, 어떤 사람은 두 번 다시 돌아오지 않아도 될 수 있게 처음부터 느긋하게 머뭅니다. 당신 사촌이 지금 떠나려 하거든 그에게 이렇게 말하시오. 당신이 여기 있는 동안에 그는 다시 돌아오게 될 거라고요."

"그러나 고문관님, 당신 생각으로는 나는 얼마나……."

"당신 말이요? 지금 말하는 것은 그 사람입니다! 그는 이 위에 있었던 만큼 아래에는 있지 못할 거예요. 이것은 내 솔직한 의견입니다. 이것을 당신이 그에게 타일러 주었으면 합니다. 내 부탁을 들어줄 수 있다면 말입니다."

대화는 이렇게 한스 카스토르프에 의해 교묘히 유도되면서 진행되었지만, 수확은 거의 없었고 애매하기만 했다. 완쾌를 기다리지 않고 떠나버린 부인이 돌아오는 것을 맞이하려면 여기에 앞으로 얼마만큼 머물러 있어야 하는지도 애매했고, 없어져 버린 부인의 소식에 대해서는 전혀 수확이 없었다. 공간과 시간의 신비가 그녀를 떼어놓고 있는 동안은, 그녀의 소식은 아무것도 들을 수 없을 것이다. 그녀는 편지를 쓰지 않을 테고 그도 편지를 쓸 방법이 없을 것이다…… 게다가 잘 생각해 보면 도대체 무엇 때문에 사태가 지금과는 달라야 한다는 말인가? 전에는 두 사람이 서로 말하는 것이 바람직하긴 하지만 필요하지는 않다고 느꼈는데, 편지를 서로 주고받아야 한다고 생각하는 것은 극히 소시민적이고 옹졸한 생각이 아닐까? 그리고 사육제날 밤에도 그녀 옆에서 정말 교양 있게 유럽식으로 말했던가? 그렇지 않으면 꿈속에서 외국어로 말하는 것처럼 그다지 문명적이라고 할 수 없는 방법으로 말했던 것은 아닐까? 그런데도 그것을 지금 새삼스럽게 왜 편지를 쓴단 말인가? 그가 평지의 집에 진찰 결과의 변화를 가끔 알릴 때처럼 편지지나 그림엽서에 적어 보내야 하는 것인가? 클라브디아가 병으로 주어진 자유로움 때문에 편지를 쓰는 의무로부터 해방되었다고 느끼는 것은 당연한 일이 아닐까? 말하기와 쓰기는 극히 인문주의적이고 공화적인 사항이며, 덕과 악덕에 대해 책을 내어 피렌체인들을 단련시키고, 그들에게 화술을 가르치며, 그들의 공화국을 정치 원칙에 따라 통치하는 기술을 가르친 브루네토 라티니의 관심사일 뿐이다.

그리하여 한스 카스토르프의 생각은 로도비코 세템브리니에게 이르렀다. 그 순간 그의 얼굴은 언젠가 이 문필가가 뜻하지 않게 병실에 들어와 불을 켰을 때처럼 붉어졌다. 이 인문주의자의 노력은 지상 생활의 이해(利害)로 향해 있었기 때문에, 한스 카스토르프의 형이상학적인, 신비에 대한 질문에 있어 인문주의자에게서 해답을 기대할 수는 없었다. 그러나 단지 도전하고 반항한다는 의미에서는 그런 질문을 보낼 수 있었을 것이다.

하지만 사육제날 밤에 세템브리니가 피아노실에서 흥분하여 자리를 뜬 뒤로는, 한스 카스토르프와 이탈리아인은 서로 피하면서 몇 주일 동안 한 마디도 말을 나누지 않았다. 그것은 한스 카스토르프의 가책과 세템브리니의 교육가다운 강한 불쾌감에서 비롯되었을 것이다. 한스 카스토르프는 세템브리니의 눈에 지금도 '일생의 걱정거리 자식'으로 보였을까? 아니, 도덕을 이성과 지조 안에서 찾는 인문주의자의 눈에는 한스 카스토르프는 이미 구원할 수 없는 인간으로 비치고 있는 것일까? 그로 인해 한스 카스토르프는 세템브리니에게 완고해질 수밖에 없었다. 한스 카스토르프는 세템브리니와 얼굴을 마주치면 눈썹을 찡그리고 입술을 삐죽 내밀었으며, 세템브리니는 검게 빛나는 눈에 무언의 비난을 담은 채 청년을 쏘아보았다. 그러나 한스 카스토르프의 차가운 얼굴은, 전에도 말했듯이 문학자가 몇 주일에 걸친 침묵 뒤에 처음으로 말을 걸어온 순간 누그러져 버렸다. 비록 말을 걸긴 했지만 옆을 지나가면서 비꼬는 형식으로 말을 걸어왔기 때문에 그 빈정거림을 이해하기에는 유럽적인 교양이 필요했다.

점심 식사 뒤, 두 사람은 이제 요란한 소리를 내지 않게 된 유리문 근처에서 마주쳤다. 세템브리니는 청년을 앞질러 가면서 처음부터 청년에게서 떨어질 자세를 취하며 물었다.

"그런데 엔지니어, 석류의 맛은 어떻습디까?"*1

한스 카스토르프는 기뻐하면서도 당황한 미소를 지었다.

"그 말씀은 무슨 의미입니까, 세템브리니 씨? 석류라고요? 식사 때 나오지 않았는데요? 나는 아직 한 번도…… 아니, 꼭 한 번 석류 과즙을 소다수에 섞

---

*1 《구약성서》의 〈아가〉에서 솔로몬은 처녀의 몸을 석류 동산에 비교했다. 〈아가〉 제4장 13절 참조.

어서 마신 일이 있습니다. 달착지근한 것이었지요."

이탈리아인은 옆을 지나가면서 이쪽을 돌아보고 한 마디 한 마디에 힘을 주면서 말했다.

"신들과 인간은 가끔 저승을 갔다가 다시 돌아오는 수가 있었습니다. 그러나 저승 사람들은, 저승의 과일을 먹은 사람이 반드시 저승에 떨어지는 것을 알고 있습니다."

세템브리니는 전과 같이 밝은색의 바둑판 무늬 바지를 입은 채, 이런 의미심장한 빈정거림으로 '폐부를 꿰뚫었을' 한스 카스토르프를 뒤에 남기고 지나갔다. 한스 카스토르프는 화가 나기는 했지만, 한편으로는 예견했던 일이고 우습게도 느껴져 이렇게 중얼거렸다.

"라티니, 카르두치, 라치 마우지 팔리*[2] 나를 가만히 내버려 두시오!"

그러나 그는 오랜만에 이탈리아인이 말을 걸어온 데 대해 정말 행복한 감동을 느꼈다. 예의 전리품, 음산한 선물을 가슴에 간직하고는 있었지만 그는 세템브리니를 경애하고 있었으며, 그가 곁에 있어주는 것을 고맙게 느끼고 있었다. 그에게서 영원히 배척을 받고 저버려진다는 생각은, 알빈 씨처럼 학교에서 벌써 문제도 되지 않고 불명예의 특전을 누리고 있는 학생의 기분보다 더 괴롭고 무서운 일이었음에 틀림없었다. 그렇지만 이쪽에서 먼저 선생에게 말을 걸 용기는 없었기 때문에, 선생이 다시 '걱정거리 자식'인 제자에게 가까이 하기까지는 몇 주일이 지나갔다.

이 두 번째 접근은 영원히 단조로운 리듬을 갖고 몰려오는 시간의 흐름을 타고 부활절에 찾아왔다. 이 위에서는 모든 명절이 성대하게 축하되었는데, 하루하루를 보내는 것이 단조롭게 되지 않도록 하기 위해서였다. 부활절 축제가 베르크호프에서 열리고 있었다.

그날 아침 식사에는 모든 좌석의 그릇 옆에 오랑캐 꽃다발이 놓였고, 모두 물들인 달걀*[3]을 가졌다. 그리고 화려한 점심 식사의 식탁은 설탕과 초콜릿으로 만든 귀여운 토끼로 장식되어 있었다.

"당신은 배로 여행을 한 적이 있습니까, 소위님? 엔지니어, 당신은요?"

---

*2 쥐덫. 쥐덫은 이탈리아인이 발명한 것이라 여기서는 이탈리아인을 말함.

*3 부활절에는 부활과 다산(多産)의 상징으로 물들인 달걀과 토끼 모양을 한 과자를 아이들에게 주는 습관이 있다. 또 풀 속에 색칠한 달걀을 숨기고 찾아내는 놀이도 한다.

세템브리니는 식사 뒤에 이쑤시개를 입에 물고 사촌들의 식탁으로 가까이 와서 물었다. 사촌들은, 손님들 대부분이 그랬듯이 그날은 정오의 안정 요양을 10분 정도 단축하고, 코냑이 든 커피를 마시려고 자리에 앉아 있었다.

"나는 저 토끼와 물들인 달걀을 보고 큰 기선 위에서의 생활을 떠올렸습니다. 몇 주일을 짭짤한 소금물의 황야에서 공허한 수평선을 바라보며 떠다니면서, 사치스러운 배 안의 설비도 황야에서 느끼는 공허함을 표면적으로 잊어버리게 할 뿐, 마음 한구석에는 그 무한에 대한 남모르는 공포가 스며 있는 생활 말입니다. 나는 네모난 배에서 승객들이 육지의 축제를 경건하게 기억하고 축하하는 정신을 이 위에서도 권유합니다. 그것은 인생의 뒤안길에 있는 자의 회상, 달력에 의한 감상적인 회상입니다...... 오늘은 육지에서는 부활절이지요, 그렇지요? 육지에서는 오늘 주님의 부활을 축하하고 있습니다. 우리도 할 수 있는 축하를 하고 있습니다. 우리도 인간이기 때문에 말입니다...... 이렇게 말이지요, 안 그렇습니까?"

사촌들은 그 말에 동의했으며 사실 그렇다고 맞장구를 쳤다. 한스 카스토르프는 세템브리니가 말을 걸어준 것에 감격했다. 양심의 가책 때문에 세템브리니의 말을 함축성 있는 훌륭하고 문필가다운 말이라 칭찬하고 상대방의 말에 맞장구를 치려고 애썼다. 세템브리니가 조형적으로 표현한 것처럼 대양 기선 위의 사치스러운 생활도 주변과 그 주변에 대한 무서움을 표면적으로 잊게 해주었을 뿐이다.

만약 그에게 자기 생각을 덧붙일 수만 있다면, 배 안의 완비된 생활 자체가 경박하고 도전적인 기분으로 느껴지며, 옛날 사람들이 오만이라고 부른 것과 유사한 기분,*[4] 또는 네부카드네자르가 "나는 바빌론의 왕이다!"*[5]라고 한 기분, 요컨대 그런 오만이 느껴졌다. 그러나 한편으로는 갑판 위에서의 호화로운 생활은 인간 정신과 인간 존엄성의 위대한 승리를 내포하고 있었다. 인간은 호화롭고 쾌적한 생활을 짭짤한 바다 위로까지 진출시켜서, 거기서 야만스러운 자연의 난폭한 힘을 정복하는 것이다. 그리고 이런 말을 허락받는다면, 이것이야말로 혼돈에 대한 인간 문명의 승리를 내포한다는 사실이다.......

---

*4 한스 카스토르프는 상대방의 의견에 영합하려고 옛날 사람들의 말까지 인용했다.

*5 인류 최고 문명의 발상지 가운데 하나인 바빌론의 황금시대는 네부카드네자르 왕 기원전 시대이다. 이 왕의 과대망상에 대해서는 《구약성서》 〈다니엘〉 제4장 참조.

세템브리니는 두 발을 모으고 팔짱을 낀 채 뻗쳐올라간 콧수염을 이쑤시개로 점잖게 쓰다듬으면서 귀를 기울여 듣고 있었다. 그러더니 다음과 같이 말했다.

"이상한 일입니다. 우리는 조금이라도 종합적이고 일반적인 의견을 말하면, 그로 인해 자기의 모든 것을 표현하여 자기도 모르게 그 속에 자기를 포함시키고 자기 생활의 지도 원리와 근본 문제를 어떤 형태로도 비유적으로 말해 버리는 것 같습니다. 지금의 당신 경우가 그렇습니다. 엔지니어, 당신이 지금 말한 것은 정말로 당신의 인격 바탕에 놓여 있는 것이며, 또 당신 인격의 현재 상황을 시적으로 표현하고도 있습니다. 그것은 여전히 실험 상태입니다……."

"실험 채택이죠!"

한스 카스토르프는 동의하기도 하고 웃기도 하면서 이탈리아어식으로 부드럽게 발음했다.

"그렇습니다. 그 실험은 인생을 느끼려는 훌륭한 정열에서 일어난 것이지, 방종에서 일어난 것이 아니었기 때문입니다. 당신은 '오만'이라고 말하면서 그 말을 사용했습니다. 그러나 자연의 컴컴하고 난폭한 힘에 대한 이성의 오만은 인간성의 가장 숭고한 표시인 것입니다. 그로 인해 질투심 강한 신들의 노염을 사서, 호화스러운 네모난 배가 암초에 부딪쳐 바닷속으로 침몰했다 해도 그것은 명예스러운 파멸입니다. 프로메테우스의 행위도 오만한 것으로, 스퀴티아의 바위산 위에서의 그의 고난은 우리에게 아주 신성한 순교라고 생각됩니다. 이와는 반대로 다른 오만은 어떤가요? 이성의 적, 인류의 적인 모든 힘을 방종을 위해 실험하여 보고, 그로 인해 파멸하는 것은? 이것도 명예로운 파멸이라고 말할 수 있을까요? 그렇습니까, 그렇지 않습니까?"

한스 카스토르프는 비어 있는 커피잔 속을 젓고 있었다.

이탈리아인은 머리를 끄덕이면서, 검은 눈은 무엇을 깊이 생각하는 듯 어느 한곳을 바라보며 말했다.

"엔지니어, 엔지니어. 당신은 육욕의 죄인을 튀어오르게 하고 흔들어대는 제2지옥*[6]의 회오리바람이 무섭지 않습니까? 쾌락 때문에 이성을 배반한 불쌍

---

*6 단테의 서사시 《신곡》의 '지옥편' 참고.

한 인간을 튀어오르게 하는 회오리바람이? 아, 신이여! 당신이 회오리바람을 타고 빙빙 돌며 괴로워하는 모습을 생각하면, 나는 슬픈 나머지 쓰러질 것만 같습니다……."

사촌들은, 세템브리니가 시적으로 농담을 했으므로 안심하고 웃었다. 그러나 세템브리니는 다음과 같이 덧붙였다.

"당신은 사육제날 밤에 포도주를 마시던 일을 기억하고 있지요, 엔지니어? 당신은 나에게 작별 인사를 했습니다. 그렇습니다, 바로 그런 느낌이었습니다. 그런데 오늘은 내 차례입니다. 이렇게 말을 하고 있습니다만, 여러분, 나는 여러분에게 작별 인사를 하게 되었습니다. 나는 여기를 떠납니다."

두 사람은 정말 놀랐다.

"무슨 말씀입니까? 농담이시겠지요?"

한스 카스토르프는 다른 때, 쇼샤 부인이 작별 인사를 했을 때처럼 부르짖듯 외쳤다. 그는 그때와 거의 마찬가지로 놀랐으며, 세템브리니도 그때의 부인과 마찬가지로 대답했다.

"절대로 농담은 아닙니다. 당신에게 말한 대로입니다. 그리고 이것은 지금 처음으로 말하는 것이 아닙니다. 나는 전에도 당신에게 말한 적이 있습니다. 내가 어느 정도 전망이 보이는 기간 안에 내 일의 세계로 돌아갈 가망이 없다면, 그 순간에 임시 숙소를 청산하고 어딘가 이 땅에서 눌러살 장소를 찾아볼 작정이라는 것을 말입니다. 그런데 드디어 그 순간이 찾아왔습니다. 나는 병이 나을 가망이 없습니다. 이제 결정을 해버렸습니다. 더 살 수 있다고 해도 그것을 위해서는 이 땅을 떠나야 합니다. 판결, 최종 판결은 '종신'입니다. 베렌스 고문관은 매우 좋은 기분으로 나에게 그것을 선고했습니다. 좋습니다. 나는 그 판결에 따라 행동하겠습니다. 방도 빌리고, 얼마 안 되는 소지품과 문학을 위한 도구를 새 거처로 운반시키려 하고 있습니다. 새 거처는 여기서 그렇게 멀지 않은 '마을' 안에 있습니다. 앞으로도 우리는 만날 수 있을 겁니다. 나는 당신에게서 눈을 떼지는 않을 것입니다. 그러나 동숙인(同宿人)으로서는 당신들에게 공손하게 작별 인사를 할 때가 된 것 같습니다."

세템브리니는 부활절 일요일에 이렇게 털어놓았다. 사촌들은 이 말에 더할 나위 없이 감동된 것 같았다. 두 사람은 한동안 문필가에 대해, 그리고 그의 결심에 대해 이야기했다. 문필가가 이제부터 혼자가 되어 요양 근무를 어떻게 계속할 것인가에 대해, 또 그가 넘겨받은 광범위한 백과사전 작업, 즉 고뇌와 그 해소를 대상으로 한 문학상의 걸작을 집대성하기 위해 자료를 새 거처에 옮겨놓고 계속하려는 일에 대해서, 또 세템브리니가 '양념집'이라고 부른 집 2층에 대해서도 말을 했다. 세템브리니는, 양념집 주인이 이 집 2층을 보헤미아 출신인 부인복 재단사에게 빌려주었는데, 이 재단사가 또 하숙인을 두는 것이라고 말했다.

그러나 이 대화도 과거 일이 되어버렸다. 시간은 흘러서 벌써 여러 변화가 있었다. 세템브리니는 국제 요양원 베르크호프에서 살지 않았고, 부인복 재단사인 루카세크의 가게에 하숙하고 있었다. 벌써 2, 3주일 전부터였다. 그의 이사는 썰매를 타고 출발하는 것이 아니라, 깃과 소매에 털가죽을 단 누렇고 짧은 외투를 입고 현관 앞에서 식당 아가씨의 볼을 손가락으로 꼬집은 뒤, 문학에 대한 짐과 살림살이 짐을 실은 손수레를 한 사나이에게 끌게 하고, 자신은 지팡이를 흔들며 걸어서 출발했다. 앞에서도 말했지만 4월도 거의 지나고, 그 4분의 1가량이 남아 있지만 아직 한겨울임에는 틀림없었다. 아침의 실내 온도는 6도, 바깥 기온은 영하 9도로 발코니에 두었던 병 속의 잉크는 하룻밤 사이에 석탄처럼 얼어버렸다. 그러나 역시 봄이 가까운 것을 느꼈고, 해가 내리쬐는 점심때에는 봄의 가냘프고 희미한 촉감이 가끔 공중에 떠돌기 시작하여 얼음이 녹는 계절이 눈앞에 다가왔음을 느끼게 했다. 베르크호프에서 차례차례로 일어난 변화는 봄이 가까워진 것과 관계가 있어서, 권위자의 힘이나 고문관의 열성스러운 말로도 그 변화를 막을 수는 없었다. 고문관은 병실에서나 식당에서 진찰할 때마다, 회진할 때마다, 식사할 때마다 얼음이 녹는 계절에 대한 일반의 편견을 깨뜨리려고 애썼다.

고문관은 이렇게 물었다—내가 돌봐주는 사람은 겨울 운동선수인가, 그렇지 않으면 환자인가? 대체 환자에게 얼어붙은 눈이 왜 필요한가? 얼음이 녹는 계절이 환자에게 좋지 않다고? 천만에, 가장 환영할 만한 계절이다! 1년 중 다른 어떤 계절보다 이 계절에는 골짜기 어디서나 침대에 누워지내는 환자의 수가 적다는 것은 통계적으로 분명하다! 이 계절의 기상 조건을 말한다면, 세계의 어느 지방도 이곳처럼 결핵 환자에게 좋은 곳은 없다. 약간의 분별이 있는 인간이라면 이 위에 계속 머물러 기상 상태의 단련 작용을 활용할 것이다. 이 위에서 단련을 받으면 세계의 어떤 기후에도 견뎌낼 수 있게 된다. 그러나 그렇게 되려면 병이 나을 때까지 이 위에 계속 머물러 있는 것이 필요하다—그렇게 역설하고 고문관은 자리를 떠났다.

하지만 고문관의 역설도 효과가 없었는지, 얼음이 녹는 계절에 대한 편견은 모든 사람의 뇌리에 박혀버려 요양지는 쓸쓸해지기 시작했다. 다가오는 봄은 환자들의 마음을 방황하게 했고, 이 위에 여러 해를 주저앉아 있던 사람들도 들뜨게 하여 변화를 찾게끔 만들었기 때문에, 베르크호프 요양원에서는 '무모한' 출발, '그릇된' 출발이 걱정스러울 지경으로 늘어났다. 예컨대 암스테르담에서 온 잘로몬 부인은, 진찰의 쾌감과 진찰과 연결된 고급 레이스의 속옷을 드러내는 쾌감을 희생하면서까지, 무모할 정도로 그릇된 판단을 하여 떠나버린 것이다. 아무런 허락도 없었고, 병이 나아가기는커녕 악화 일로였는데도 훌쩍 떠나버렸다. 이 위에서 그녀의 체재는 한스 카스토르프보다도 훨씬 전에 시작되었으며, 여기에 와서 1년이 넘었지만 처음에는 아주 가벼운 병이어서 처음 판결은 3개월이었다. 4개월 뒤에는 "앞으로 4주일 안으로 반드시 건강해진다"고 했지만, 그로부터 6주일 뒤에는 병이 나을 가망이 전혀 보이지 않아 오늘에 이르렀던 것이다. 그러나 여기는 감옥도 아니고 시베리아 광산도 아니었기에, 잘로몬 부인은 이 위에서 계속 머물며 고급 속옷을 선보이는 즐거움을 맛보고 있었다. 그런데 얼마 전의 진찰에서 얼음이 녹는 계절을 눈앞에 두고 왼쪽 가슴에서 들리는 피리 소리와 왼쪽 겨드랑이 밑에서 분명히 들리는 탁음 때문에 또다시 5개월이 늘어나자 더 이상 참을 수 없었다. 그녀는 '마을'과 '읍내'에 대해, 유명한 공기에 대해, 국제 요양원 '베르크호프'에 대해, 의사들에 대해 악담과 항의를 퍼붓고 바람이 센 물의 도시 암스테르담으로 출발했던 것이다. 이 출발은 현명한 일이었을까?

베렌스 고문관은 어깨를 움츠리고 두 팔을 들었다가 그것을 허벅지 위에 딱 소리를 내며 떨어뜨렸다. 고문관은, 잘로몬 부인은 늦어도 가을에는 다시 돌아올 테지만 그때는 종신형이 될 것이라고 말했다. 과연 고문관의 예언대로 될까? 그들은 그 결과를 보게 될 것이다. 그들은 이 환락경에 한동안은 있어야 하기 때문이다. 그러나 잘로몬 부인과 같은 경우도 물론 예외는 아니었다. 시간은 계속 변화를 일으켰다. 지금까지도 그렇겠지만 아직은 느린 속도였고, 이렇게 눈에 띌 정도는 아니었다.

식당에 빈자리가 생겼다. 일곱 개의 어느 식탁에도, '일류 러시아인 자리'에도, '이류 러시아인 자리'에도, 세로를 향한 식탁과 가로로 향한 식탁에도 빈자리가 눈에 띄었다. 이것만으로 요양원의 경기가 나빠졌다고 확실히 말할 수는 없을 것이다. 다른 계절과 마찬가지로 도착하는 사람도 많고, 방도 차 있을 터이기 때문이다. 그러나 이것은 말기적 용태 때문에 거주 선택의 자유를 제한받는 사람들이었다.

방금 말한 것처럼 식당에서는 거주 선택의 자유를 아직 가지고 있기 때문에 모습을 감춘 사람들도 몇 있었고, 더 심각하고 공허한 의미에서 없어져 버린 사람들도 있었다. 예컨대 의사 블루멘콜의 경우가 그랬다. 그는 지금은 이 세상에 없는 자로, 뭔지 맛이 없는 음식을 입에 넣은 것 같은 표정을 짓고 있더니, 오랫동안 침대에서 살다가 죽었다. 하지만 아무도 그것이 언제 일인지 확실히 알지 못했다. 언제나 마찬가지로 조심스럽게 살짝 처리되었던 것이다. 어쨌든 하나의 빈자리가 더 생긴 셈이다.

슈퇴르 부인은 빈자리 옆에 앉는 것을 기분 나쁘게 생각하고, 완쾌하여 퇴원한 로빈손 양의 옆자리로 옮겼다. 그리하여 한스 카스토르프의 왼쪽 옆에서 조금도 동요치 않고 계속 머물고 있던 여교사와 마주 앉게 된 것이다. 현재로서 여교사는 식탁 저쪽에서 혼자가 되었고 다른 세 자리는 비어 있게 되었다. 학생인 라스무센은 날이 갈수록 멍해지고 기력이 없어지더니, 침대에서만 지내게 되어 위독한 환자로 간주되었다. 왕고모는 조카 손녀와 풍만한 가슴의 마루샤를 데리고 여행을 떠났다—우리는 모든 사람이 '여행을 떠났다'고 해둔다. 세 사람이 가까운 앞날에 돌아올 것은 이미 정해진 일이기 때문이다. 가을에는 세 사람 다 되돌아올 것이라는 말이다—눈앞에 다가온 오순절이 지나게 되면 하지까지는 금방이다. 그리고 하지가 지나면 그때부터는 급속도로 겨울이 되며, 요컨대 왕고모와 마루샤는 이제는 거의 돌아와 있는 거나 마찬가지이다. 이것은 좋은 일이었다. 웃기 좋아하는 마루샤는 결코 완쾌한 것이 아니며 병독이 없어진 것도 아니었다. 여교사의 말에 따르면 갈색 눈의 마루샤는 풍만한 가슴에 결핵성 궤양이 있어서 여러 번 수술을 받아야 했다. 한스 카스토르프는 여교사가 그것을 말했을 때 요아힘의 얼굴을 힐끗 쳐다보았는데, 요아힘은 반점이 있는 얼굴을 접시 위에 떨구고 있을 뿐이었다.

명랑한 왕고모는 같은 식탁의 일원인 사촌들과 여교사, 그리고 슈퇴르 부인에게 식당에서 작별을 위한 만찬을 베풀었다. 철갑상어의 알, 샴페인, 리큐어 등의 특별 음식을 곁들인 만찬이었는데, 이 향연이 있는 동안 요아힘은 조용히 앉아 가끔 쉰 목소리로 몇 마디 말할 뿐이었다. 그러자 호인인 왕고모는, 그에게 기운을 내게 하려고 문명사회의 예의범절을 무시하고 요아힘을 '자네'라고 불렀다.

"아무것도 아닌데 왜 그렇게 신경을 쓰지? 마음껏 먹고 마시고 말을 해. 우리는 곧 돌아올 거야…… 모두 먹고 마시고 지껄여 봅시다. 비관할 이유는 조금도 없다고 봐요. 눈 깜짝할 사이에 하느님이 또 가을을 주실 겁니다. 비관할 필요가 어디 있어요?"

그리고 다음 날 아침 그녀는 식당의 거의 모든 사람에게 '작은 과자'가 담긴 여러 색깔의 작은 상자를 기념으로 돌리고, 젊은 두 아가씨와 함께 한동안 여행을 떠났다.

그러면 요아힘은 어떠했을까? 그는 그 이후 해방된 기분으로 마음이 한결 가벼워졌을까? 그렇지 않으면 식탁의 빈자리가 된 옆을 보고 참을 수 없는 공허함을 느꼈을까? 요즈음에 시작된 그답지 않은 반항적인 초조, 이 이상 더 놀려대면 무모한 출발을 하겠다는 위협은 마루샤의 출발과 관계가 있는 것일까? 그렇지 않다면 그가 곧 출발하지 않고 고문관의 얼음이 녹는 시기에 대한 예찬에 귀 기울인 것은 풍만한 가슴을 한 마루샤가 정말로 출발해 버린 것이 아니라, 잠깐 여행을 떠난 것뿐이어서 시간이 지나면 다시 돌아온다고 연관지어 생각한 것일까? 이런 문제에 대해서 한스 카스토르프는 요아힘과 서로 말을 하지 않아도 짐작할 수 있었다. 한스 카스토르프는, 요아힘이 잠깐 여행을 떠난 또 한 사람의 부인 이름을 입 밖에 내는 일을 피하고 있었던 것처럼 마루샤의 일을 입 밖에 내는 것을 엄격히 삼가고 있었다.

그건 그렇고, 네덜란드인 손님에 섞여 있던—이 네덜란드인들의 식욕은 대단한 것이어서 어느 남자나 매일 5품 요리의 점심 식사 전, 아직 수프도 나오기 전에 달걀부침을 세 개씩 가져오게 했다—세템브리니의 식탁에는 누가 앉아 있었을까? 바로 흉막 진탕(胸膜震盪)의 지옥과 같은 모험을 겪은 안톤 카를로비치 페르게였다! 그렇다. 페르게는 침대를 떠나 있었다. 기흉을 하지 않아도 상태가 좋아져 하루의 대부분 시간을 옷을 입고 걸어다니며 지냈다. 선량한 인상을 주는 수염, 역시 선량한 인상을 주는 목을 보이며 식사를 함께했다. 사촌들은 가끔 페르게와 식당 아니면 홀에서 이야기를 했으며, 가끔 형편이 좋으면 요양 근무의 산책도 함께했다. 사촌들은 이 소박한 참을성의 미덕을 가진 사람에게 깊은 애정을 느꼈다. 안개가 자욱한 녹아내리는 진흙 속을 함께 산책하면서 페르게는 고상한 말은 아무것도 이해하지 못한다는 점을 전제한 뒤, 고무신 제조와 러시아 벽지인 사마라와 조지아에 대한 것을 꽤 재미있게 들려주었다.

길은 거의 걸을 수 없을 정도로 질퍽질퍽했고 안개도 자욱했다. 고문관은 그것이 안개가 아니라 구름이라고 했지만, 이것은 한스 카스토르프에게 있어서는 궤변이었다. 봄은 악전고투를 거듭하며 찾아오는 중이었다. 3월에도 해가 비치는 날은 발코니에서 침대 의자에 누워 있으면 아주 얇게 옷을 입고 파라솔을 펴놓아도 더워서 견딜 수 없었다. 부인들 가운데에는 첫 번째 아침 식사에 벌써부터 여름 옷차림으로 모슬린 옷을 입고 나타나는 사람도 있었다. 이 위의 기후는 다른 데와는 달리 사계절을 뒤섞어 놓은 듯해서 헷갈리기 쉬웠다. 이 점에서 부인들의 이런 조급함도 어느 정도 이해할 수 있었다. 그러나 부인들의 조급함은 인식 부족과 상상력의 부족 때문이기도 했다. 상황이 어떻게 변할지 모른다는 것을 미처 생각지 못하는 찰나주의적 어리석음 때문이기도 했고, 무엇보다도 변화를 찾고 시간을 뛰어넘는 성급함 때문이기도 했다.

때는 3월로 봄이었지만, 여름이라고도 할 수 있을 정도로 더워서 모슬린 옷을 꺼내, 가을이 찾아오기도 전에 그 옷을 입은 모습을 보이려는 것이었다. 정말이지 이제는 가을이라고도 할 수 있었다. 4월로 접어들자 축축하고 냉랭한 날이 계속되었고, 연일 비가 눈으로 바뀌어 휘몰아쳤다. 발코니에서 자고 있노라면 손가락이 얼고, 두 장의 낙타 담요가 다시 사용되기 시작했으며, 침낭까지 나올 지경이었다. 사무국은 스팀을 넣기로 결정했고, 모두가 봄을 놓쳤다고 불평했다. 5월 끝 무렵에는 모든 것이 깊은 눈에 덮여버렸다. 그러나 민감한 경험자들이 예언한 것처럼 따스한 남풍이 불기 시작했다. 슈퇴르 부인도, 상앗빛 피부의 레비 양도, 헤센펠트 과부도 남쪽의 화강암 산봉우리 위에 한 점의 구름도 나타나지 않았는데, 입을 모아 남풍이 불기 시작했다고 예언했다.

헤센펠트 과부는 곧 신경질적으로 울음을 터뜨리게 되었고, 레비 양은 아예 침대에 드러누웠으며, 슈퇴르 부인은 토끼 같은 이를 드러내며 각혈을 할

지도 모른다는 미신적인 걱정을 한 시간마다 털어놓았다. 남풍은 각혈을 유발한다는 소문이 퍼져 있었기 때문이다. 믿기 어려울 정도로 따뜻해져서 스팀은 꺼지고 발코니로 나가는 문은 밤에도 열려 있었지만, 아침의 실내 온도는 11도였다. 눈은 녹아버려 얼음 같은 색깔이 되고 벌집처럼 구멍이 생겼으며, 많이 쌓인 눈은 무너져 땅속으로 스며들 것 같았다. 어디서나 눈이 녹는 소리, 눈이 녹으면서 똑똑 떨어지는 소리, 눈 녹은 물이 흘러가는 소리로 차 있었다. 숲 속도 눈이 녹아 물이 되어 떨어지는 소리로 가득 찼다. 그리고 길 양쪽에 삽으로 치워진 눈더미도, 풀밭의 창백한 눈의 융단도 서서히 사라져 갔다. 골짜기 산책길에는 한 번도 본 적이 없는 동화 같은 봄의 이상한 현상이 펼쳐져 있었다. 거기에는 넓고 푸른 초원이 있었고 그 근처에는 아직 많은 눈에 덮인, 슈바르츠호른의 돔 같은 봉우리가 솟아 있으며, 그 오른쪽에는 눈에 파묻힌 스칼레타 빙하가 보였다. 마른풀을 높이 쌓아올린 초원 지대도 아직 눈을 뒤집어쓰고 있었지만, 그 눈옷은 벌써 얄팍해져서 땅의 부풀어 오른 곳은 꺼멓고 거칠게 나타나 있었고 마른풀이 곳곳에 보였다.

산책을 하는 사촌들이 보았던 것처럼 풀밭 위에 쌓인 눈은 어디나 똑같은 것이 아니라 저쪽 숲의 비탈로 갈수록 깊어졌으며, 사촌이 보고 있는 가까운 곳은 아직 겨울처럼 빛바랜 풀 위에 눈이 점점이 꽃처럼 뿌려져 있을 뿐이었다. 사촌들은 그것을 더 가까이에서 보고 깜짝 놀라 그 위로 몸을 굽혔다. 그것은 눈이 아니라 정말 꽃이었다. 눈의 꽃인지, 꽃에 있는 눈인지 헛갈릴 정도였다. 대가 짧은 작은 꽃받침, 흰색과 청람색의 꽃, 그것은 틀림없이 사프란이었다. 눈이 녹은 풀밭에서 눈이라고 잘못 보아도 이상하지 않을 만큼 점점 거리가 멀어지면서 어느 사이에 정말로 눈처럼 보였다.

사촌들은 자기들의 착각에 웃고 말았다. 눈앞에 펼쳐진 봄의 기적, 모든 것에 앞서 용감하게 다시 땅 위에 머리를 들어올린 유기체의 가련하고 수줍어하는 모습을 보고 즐거워서 웃었다. 두 사람은 그 꽃을 꺾어서 가련한 술잔 모양을 바라보더니 단춧구멍에 끼워 가지고 왔다. 그리고 컵에 꽂아놓았다.

골짜기의 경직 상태는 꽤 오랫동안 계속되었다. 겨울은 역시 길었기 때문이다. 그러나 꽃눈은 다시 진짜 눈으로 덮여버려서 사프란 다음에 핀 푸른 앵초꽃과 누렇고 붉은 앵초도 같은 운명에 빠졌다. 그렇다. 봄은 이 위의 겨울을 뚫고 살아나가기 위해 얼마나 악전고투를 계속하는 것일까? 봄은 이 위에 발판을 굳히기까지 여러 번 후퇴해야만 했다. 다음 겨울이 다시 흰 눈보라와 얼음 섞인 바람과 난방 장치를 동반하여 찾아오기까지 이 위에 머물러 있기 위하여. 5월 초에는—우리가 눈꽃에 대해 이야기하는 사이에 벌써 5월이 되어 있었다—발코니에서 평지로 엽서를 쓰는 것조차 고통스러웠다. 11월 같은 심한 추위로 손가락이 얼었기 때문이었다. 주위의 얼마 안 되는 활엽수는 1월 무렵 평지의 나무처럼 스산한 모습이었다. 며칠 동안 억수 같은 비가 계속 쏟아져 내렸다. 만일 침대 의자에 누워 기분 좋은 위안을 가질 수 없었다면, 물안개 속에서 얼굴을 적시고 몸이 굳어지면서까지 여러 시간을 바깥에서 지내는 일은 고행이었을 것이다. 그러나 계속 내리는 비는 봄비여서 그것을 확실히 느낄 수 있었다. 그 비로 거의 모든 눈이 사라져 버렸으며, 여기저기 회색으로 더럽혀진 얼음처럼 된 눈이 남아 있을 뿐이었다. 흰 것은 차츰 없어지고 드디어 풀밭은 푸르러지기 시작했다!

한없이 오랫동안 흰빛뿐이었던 뒤에 풀밭의 푸른색은 눈에 얼마나 큰 기쁨을 주었던가! 풀밭에는 어린 풀의 푸른색보다 더 가련하고 신선한 부드러움을 가진 푸른색들이 있었다. 그것은 가문비나무의 어린 침엽이었는데, 너무 부드럽고 신선하며 사랑스러워서 한스 카스토르프는 규정된 산책 중에 그것을 손으로 어루만지고 그것에 볼을 대보지 않을 수 없었다. 그는 함께 산책하는 사촌에게 말했다.

"식물학자가 되어도 좋겠어. 이 위에서 겨울이 끝나고 자연이 눈을 뜨기 시작하는 것을 보는 기쁨은 식물학에 흥미를 느끼게 해. 저것은 용담이야. 저기 비탈에 보이는 것 말이야. 그리고 저기 저것은 누렇고 작은 오랑캐꽃인데, 내가 아직 모르는 종류야. 그리고 여기에 봉선화도 있지. 평지에서 보는 것과 그다지 다를 바 없는 것 같아. 미나리과 식물인데, 이것은 이상하게 꽃잎이 여러 겹이구나. 아주 매력적인 식물이야. 게다가 양성화(兩性花)의 식물로, 많은 화분 주머니와 몇 개의 씨방이 있어. 내 기억에는 수술과 암술일 거야. 식물학 헌 책을 한두 권 사서 생명과 과학 분야도 좀 찾아봐야겠어. 정말이지 온 세상이 이루 말할 수 없이 화려하게 울긋불긋해졌는걸."

요아힘이 말했다.

"6월이 되면 더 아름다워질 거야. 여기 꽃들은 유명하대. 그러나 나는 여기에 그때까지는 있지 않을 거야. 자네가 식물학을 공부하고 싶다는 것은 아마

크로코브스키의 영향이겠지?"

크로코브스키의 영향? 왜 이런 말을 하는가? 아, 그렇군. 사촌이 그런 말을 한 것은 크로코브스키가 연속 강연의 일부로 요즈음 식물학자처럼 말했기 때문이었다. 시간이 만들어 내는 변화에 있어서 크로코브스키 박사의 강연도 마지막이라고 생각하는 사람이 있다면 그것은 큰 오산이다! 그는 지금도 2주일에 한 번씩 강연을 했다. 여름에 한동안 신었던 샌들은 이제 신고 있지 않았지만—얼마 안 있으면 또 신을 테지만—여전히 연미복 차림이었다. 한스 카스토르프가 여기에 처음 와 있을 무렵, 피투성이가 되어 늦게 출석한 때처럼 식당에서 격주로 월요일마다 강연을 계속하고 있었다. 그 뒤로도 분석학자는 9개월 동안 사람과 병에 대해 계속 이야기했다. 그는 한꺼번에 많이 이야기하지 않고 30분이나 45분 동안 잡담 형식으로 과학적이고 철학적인 지식을 펼쳐 보였는데, 누구든지 이 학자가 중단하는 일 없이 언제까지나 그런 식으로 이야기를 계속할 것 같은 인상을 받았다. 그것은 보름에 한 번씩 들려주는《아라비안나이트》와 같은 것이었다. 매회마다 새 길로 들어가는 세헤라자데 왕비의 이야기처럼, 호기심 강한 왕을 즐겁게 하여 무모한 행동을 단념시키는 힘을 가지고 있었다.

크로코브스키 박사의 주제는 끝없이 막막하다는 점에서 세템브리니가 하고 있는 힘겨운 백과사전 작업을 연상시켰다. 그것이 얼마나 변화가 심한 주제였는지는, 강연자가 요즈음에는 식물학, 더 자세히 말하면 버섯에 대해서까지 끄집어 내는 것에서도 상상할 수 있으리라. 그런데 그는 화제의 대상을 조금 바꾸었는지, 얼마 전부터 사랑과 죽음을 다루기 시작했다. 사실 사랑과 죽음에 대한 주제는 우아한 시적인 성격을, 한편으로는 준엄한 과학적인 관찰로 향해져 있었다.

분석학자는 이런 주제로 버섯에 대해 언급했는데, 동양인답게 질질 끄는 악센트, 입천장에 혀를 한 번 대는 r음으로 말했다. 성장력이 왕성한 환상적인 유기 생명의 그 그림자 같은 식물은 육감적인 성질을 갖고 있어 차라리 동물계에 가깝다. 그 조직에서 동물성 신진대사의 산물, 조직 속의 단백질, 글리코겐, 즉 동물성 전분을 가지고 있다. 크로코브스키 박사는 어떤 버섯에 대해 이야기했는데, 그 버섯은 고대 이래 그 형태와 그것이 가지고 있다고 믿어지는 성능 때문에 유명해진 버섯이었다. 그것은 균류의 하나로, 그 라틴명에는 '음탕한'이라는 형용사가 포함되어 있으며, 형태는 사랑을, 냄새는 죽음을 연상시켰다. 왜냐하면 그 음탕한 버섯의 종 모양 삿갓에서 푸르스름하고 끈적끈적한 점액, 포자(胞子)를 붙이고 있는 점액이 뚝뚝 떨어지고, 떨어질 때 발산하는 냄새가 이상하게도 시체 냄새를 생각나게 했기 때문이다. 그러나 이 버섯은 오늘날에도 무지한 사람들 사이에서 미약(媚藥)이 되어왔다.

아니, 이것은 부인들에게는 좀 심한 말이었다고 파라반트 검사가 비평했다. 그는 고문관의 선전을 도덕적인 근거로 삼고 여기서 얼음이 녹는 계절을 보내고 있었다. 마찬가지로 이 위에서 꿈쩍도 하지 않고 계속 머물러 무모한 출발의 어떤 유혹에도 넘어가지 않았던 슈퇴르 부인도 오늘 있었던 크로코브스키의 고전적인 버섯 이야기는 아무리 생각해도 외매(猥昧)했다고 식탁에서 비평했다. 이 어이없는 부인은 '음탕'을 '외매'라고 했는데, 이 말할 수 없는 무교양으로 병을 모독했다.

그러나 한스 카스토르프가 이상하게 느낀 것은, 요아힘이 크로코브스키 박사와 그 식물학의 이야기를 꺼낸 일이다. 사촌들은 분석학자에 대해서는 쇼샤나 마루샤에 대해서와 마찬가지로 말을 해본 적이 없었다. 두 사람 모두 분석학자에 대해 언급한 적이 없고, 이 학자의 인품과 활동을 묵살하고 있었다. 그런데 요아힘은 지금 조수의 이름을 입에 올렸고, 그 말투는 초조한 것 같았다. 게다가 들꽃이 만발하기까지 여기에 있을 생각이 없다고 한 마디로 내뱉는 듯했다. 선량한 요아힘은 점점 평정을 잃어가는 것처럼 말하는 목소리가 신경질적으로 되어, 온건하고 사려 깊었던 예전의 사촌과는 딴사람처럼 여겨졌다. 그는 오렌지 향수 냄새를 맡지 못하게 된 것을 괴로워하는 걸까? 가프키 번호의 조롱 때문에 자포자기 상태가 된 것일까? 아니면 여기서 가을을 기다릴 것인가, 그릇된 출발을 할 것인가를 아직 결정짓지 못한 걸까?

요아힘의 목소리가 신경질이 난 것처럼 떨리며, 거의 조롱하는 듯한 어조로 최근 식물학 강의에 대해 언급한 데에는 사실은 또 다른 원인이 있었다. 이 원인에 대해서는 한스 카스토르프는 아무것도 몰랐다기보다도, 요아힘이 그것을 알고 있다는 것을 모르고 있었다. 모험가이고 인생과 교육학에 있어 '걱정거리 자식'인 그 자신이 그것을 너무나 잘 알고 있었기 때문이다. 한 마디로 말해서 요아힘은 사촌의 어떤 비밀을 발견했다. 사촌이 사육제인 화요일에 범한 행위와 똑같은 성질의 불신 행위를 또다시 저지르는 것을 우연히 보았던 것인데, 한스 카스토르프가 이번에는 그것을 상습적으로 계속하고 있는 확고한 증거가 있었기 때문에 더욱 악질적인 배신 행위로 생각했던 것이다.

시간의 흐름은 영원히 단조로운 리듬이다. 하루하루가 같은 날의 연속이고 어느 것이나 혼동되며, 당황하리만큼 똑같이 정지하는 영원이면서, 어떻게 변화가 생길 것인가 하고 이상하게 느껴지는 매일의 구성이다. 이런 평일의 신성한 일과 속에는, 크로코브스키 박사가 행하는 오후 3시 반부터 4시까지의 병실 전체 회진이 포함되고 있다는 것은 독자들도 기억하고 있을 것이다. 그것은 발코니를 한 바퀴 돌고 침대 의자를 방문하고 다니는 회진이었다. 크로코브스키 박사가 용태를 보러 돌아왔을 때에, '동료'라는 호칭을 여러 번 썼는데, 혓바닥을 외국인답게 입천장에 한 번만 치는 r음의 이 군대 용어는, 한스 카스토르프가 요아힘에게 말한 바에 따르면 크로코브스키에게는 몸서리쳐질 정도로 어울리지 않았다. 그러나 조수의 억센 남성적인 밝은 태도, 순진하게 신뢰하기를 재촉하는 태도에는 그 말도 그다지 우습지는 않았다. 물론 그 태도는 꺼먼 콧수염과 창백한 얼굴 때문에 어딘지 모르게 가짜같이 느껴지고 뭔가 의심스러운 느낌이 언제나 붙어다니고 있었다.

"그런데 동료, 어떻게 지냅니까? 몸 상태는 어떻습니까?"

크로코브스키 박사는 행실이 나쁜 러시아인 부부의 발코니에서 옮겨와서는 한스 카스토르프의 침대 의자 머리맡에 가까이 왔다. 그토록 용감한 말로 불린 청년은 두 손을 가슴 위에 모으고 의사의 꺼먼 수염 사이에 보이는 누런 이를 바라보면서 몸이 오싹하는 이 방문에 날마다 애써 상냥하게 미소지었다.

크로코브스키 박사는 계속 질문했다.

"아주 잘 쉬었습니까? 체온 곡선은 내려갑니까? 오늘은 위로 올라갔습니까? 괜찮습니다. 결혼식까지는 잘될 겁니다. 자, 그러면 안녕."

이 '안녕'도 어쩐지 이상하게 발음하여 몸이 오싹했지만, 크로코브스키는 이렇게 인사하고 요아힘의 발코니로 사라졌다. 잠깐 용태를 보러 다니는 회진이었기에 그것뿐이었다.

물론 크로코브스키 박사는 다른 곳으로 회진을 가기 전에 가끔 넓은 어깨를 보이고 서서 남성적인 미소를 짓고, 동료와 이것저것 말을 나누었다. 그 내용은 날씨, 출발한 사람과 도착한 사람, 환자의 기분, 환자의 개인적 사정, 출생과 장래의 일 등에 대한 것이었다. 한스 카스토르프는 기분을 바꾸기 위해 이번에는 두 손을 머리 밑에 넣고, 역시 미소를 지으면서 조수의 모든 질문에 일일이 대답했다. 물론 온몸이 오싹 오므라드는 느낌은 여전했다. 두 사람은 낮은 목소리로 이야기했다. 방마다 발코니에 칸막이를 한 유리판은 방들을 완전히 갈라놓은 것은 아니었지만, 요아힘은 이웃 발코니의 대화를 알아들을 수 없었고 엿들으려고도 하지 않았다. 하지만 요아힘은 사촌이 침대 의자에서 일어나고, 크로코브스키 박사와 방 안으로 들어가는 소리를 들었다. 아마 체온표를 보이기 위해서 들어간 것이겠지만, 대화는 방 안에서도 한동안 계속되었던 모양이어서, 조수가 안쪽 복도를 나와 요아힘 앞에 얼굴을 나타내는 데는 시간이 많이 걸렸다.

동료 두 사람은 무엇을 이야기했을까? 요아힘은 그것에 대해 묻지는 않았다. 그러나 만일 우리 가운데 요아힘의 그런 결백성을 따르지 않고 그것을 알고 싶어하는 사람이 있다면, 우리는 그 사람에게 막연하게나마 다음의 사항을 지적해야 할 것이다. 즉 두 동료 중 한 사람은 수양 가운데 물질을 정신의 타락, 물질 자체가 정신의 의심스러운 자극 증대라고 생각하는 영역에 이르러 있었다. 그리고 다른 한 사람은 의사이긴 하지만 유기 질환의 제2차적 성질을 평소부터 주장하고 있는 인물이니, 이상주의적인 색채를 띠고 있는 두 동료 사이에서는 정신적 교환의 재료와 계기가 얼마나 많겠는가? 비물질의 파렴치한 타락이라는 의미에서의 물질, 물질의 음탕한 결과로서의 생명, 생명의 방종한 형태로서의 병에 대해 두 사람은 토론하고 이야기하는 일이 얼마나 많았을 것인가? 지금 계속하는 강연에 관련하여 병을 형성하는 힘으로서의 사랑에 대해, 병적 징후의 정신적 의의에 대해, '낡은' 환부와 '신선한' 환부에 대해, 가용성 독소와 미약(媚藥)에 대해, 무의식 세계의 의식화에 대해, 정신 분석의 효능에 대해, 징후의 환원에 대해, 이 밖에 여러 사항에 대해 서로 말을 주고받았겠지만, 이것은 모두 크로코브스키 박사와 한스 카스토르프 두 사람이 어떤 대화를 나누었는지 생각해 본 우리의 생각과 억측에 지나지 않는다.

그러나 이제는 두 사람 모두 말을 하지 않게 되었다. 그것은 오래전의 일, 잠시 동안의 일로 2, 3주 사이에 나눈 것이었다. 요즈음 크로코브스키 박사는 이 환자가 있는 곳에도 다른 환자들이 있는 곳보다 더 오래 있지 않게 되었고, 그 방문은 또다시 "그런데 동료는?" "안녕"으로 줄어들고 말았다. 그 대신 요아힘은 다른 사실을 발견했는데, 이것을 그는 한스 카스토르프의 배신 행위라고 느꼈던 것이다. 그가 이것을 발견한 일은 정말 우연이었다. 군인답게 담백한 그가 탐정 같은 짓을 하지 않았다는 것은 믿어도 좋다. 요아힘은 수요일 아침의 안정 요양 때 마사지를 하고 지하실로 내려갔던 것인데, 거기서 우연히 그 사실을 보게 되었다.

그는 깨끗한 리놀륨이 깔린 진찰실 문이 내려다보이는 계단으로 내려갔다. 진찰실 양쪽에 두 개의 투시실이 있었는데, 왼쪽에는 유기 투시실, 즉 뢴트겐실이었고, 오른쪽에는 복도에서 한 계단 내려가 정신 투시실, 즉 정신 분석실이 있었으며, 이쪽 문에는 크로코브스키 박사의 명함이 있었다. 계단을 내려오던 요아힘은 한가운데서 걸음을 멈추었다. 한스 카스토르프가 주사를 맞고 진찰실에서 나오는 것이었다. 그는 바쁜 발걸음으로 나오더니 그 문을 닫고, 정신을 가다듬어 오른쪽의, 명함이 핀으로 꽂혀 있는 문을 향해 소리 없이 발걸음을 옮겨 그 문 앞으로 갔다. 그리고 문을 두드리고 귀를 기울였다. 방에서 주인의 바리톤 음성으로 "들어오시오!"라는 말이, 외국인다운 발음의 r음과 비뚤어진 ei의 이중모음이 들려왔다. 그리고 요아힘은 사촌이 크로코브스키 박사의, 함정과 같은 분석실의 어둠 속으로 사라져 가는 것을 보았던 것이다.

또 한 사람

1년 중에서 낮이 가장 긴 날이 계속되었다. 길다고 해도 이것은 태양 시간의 숫자적인 개념으로 말한 것이다. 하루하루를 개별적으로 생각하거나 하루하루의 단조로운 흐름을 생각해 볼 때, 그것은 천문학상의 길이와는 상관없이 하루가 짧게 느껴졌다. 춘분에서 거의 3개월이 지나 지금은 하지였다. 그러나 이곳 산 위의 세계에서 실제 계절은 달력의 계절 표시보다는 늦어지게 마련이어서, 요즘에 와서야 비로소 봄이 되었다. 여름의 짓눌리는 것 같은 괴로움은 아직 없이 향기롭고 상쾌하며, 가벼운 공기와 눈부시게 빛나는 푸른 하늘과 귀여운 들꽃들이 만발한 봄이 들어서는 참이었다.

한스 카스토르프는 전에 그가 올 때 요아힘이 환영의 뜻으로 방에 장식해 주었던 몇 송이의 꽃, 톱풀꽃과 방울꽃이 다시 비탈에 피어 있는 것을 보았다. 이것은 그에게는 이 산 위에 온 지 벌써 1년이 지나갔다는 것을 의미했다. 그러나 골짜기의 비탈과 초원의 어린 풀 속에서 종 모양, 별 모양, 술잔 모양, 그리고 고르지 않은 모양의 얼마나 많은 유기 생명이 햇빛으로 따뜻해진 공기를 마른 향기로 채우면서 모습을 나타내었던가! 끈끈이대나물, 야생의 삼색오랑캐꽃, 데이지, 마거리트, 노랑과 빨강의 앵초 등은 한스 카스토르프가 평지에서 보아 기억에 남아 있는 것보다도—평지에서 그가 이런 것을 눈여겨보았었다면 말이다—훨씬 크고 아름다웠다. 그리고 이 지방의 특산인 파란색, 자주색, 장미색의 암매(岩梅)도 섬모가 붙은 종 모양의 작은 꽃을 피우고 고개를 까닥이고 있었다.

한스 카스토르프는 이 귀여운 꽃들을 꺾어서 꽃다발을 가지고 돌아왔는데, 그것은 진지한 목적에서였다. 말하자면 그것으로 방을 꾸미기 위해서라기보다 과학 실험의 재료로 쓰기 위해서였다. 식물학 방면의 실험 도구 몇 점, 식물학개론 책 한 권, 식물 채취용 작은 삽 하나, 건조 식물 표본 한 권, 도수 높은 확대경 하나—이것들을 사용하여 청년은 발코니에서 연구를 계속했다. 그는 여기에 올 때 가지고 온 여름옷을 입고 연구를 했는데, 이것 역시 1년이 다시 돌아왔다는 것을 의미했다.

그는 싱싱한 꽃을 여러 개의 컵에 담아서 잠자리가 쾌적한 침대 의자 옆 테이블 위에 놓았다. 시들기 시작하여 약해지기는 했지만 아직 마르지 않은 꽃은 발코니 위와 마루에 놓았고, 다른 꽃은 수분을 빨아내는 압지 사이에 끼워 돌로 눌러서 앨범에 붙이기에 알맞은 편평한 건조 표본으로 만들었다. 한스 카스토르프는 두 무릎을 세우고 동시에 두 다리를 포개어 침대 의자에 누웠다. 가슴 위에는 입문서를 지붕 모양으로 펴서 덮고, 확대경의 둥글고 두꺼운 렌즈를 한쪽 눈과 꽃 사이에 들고 있었다. 그 꽃받침 일부는 꽃기둥을 잘 들여다볼 수 있게 잘려 있어서, 강한 렌즈에 대 보면 꽃 모양이 살이 두꺼운 모양으로 확대되어 보였다. 꽃줄기 끝에 달려 있는 꽃가루주머니에서는 노란 꽃가루를 떨어뜨리고, 씨방에서는 머리를 가진 암술대가 나와 있었다. 칼로 그 암술대를 자르면, 가운데에 가느다란 물이 있었다. 그리고 그 속에서 화분핵과 화분관이 당질의 분비물에 의해 배낭 속으로 보내지는 것이 보였다.

한스 카스토르프는 조사하고 비교하며 헤아려 보았다. 꽃받침과 잎, 꽃잎의 구조와 위치, 암수 생식 기관의 구조와 위치를 조사하고, 눈으로 관찰한 결과가 책에 표시된 도형이나 사진과 일치하는가를 비교하고, 그가 알고 있는 식물이 과학의 설명대로의 구조를 가지고 있는 것을 보고 만족을 느꼈다. 이름을 알 수 없는 꽃들은 린네*[7]의 식물 분류법에 따라 유(類)·군(群)·과(科)·종(種)·족(族)·속(屬) 별로 분류하는 작업을 시작했다. 그는 시간이 많았기 때문에 비교 형태학에 따른 식물 분류를 어느 정도 이해하게 되었다. 그리고 앨범의 건조 표본 밑에 라틴명을 꼼꼼한 필체로 적어넣고 그 꽃의 특성도 덧붙여, 그것을 선량한 요아힘에게 보여 그를 깜짝 놀라게 했다.

그리고 밤에는 별을 관찰했다. 순환하는 해(年)에 강한 흥미를 느꼈기 때문인데, 지구가 20회 이상 돌아가는 동안 지상에 살고 있던 그는 그런 것에는 아직 한 번도 흥미를 가져본 일이 없었다. 우리는 '춘분'이라는 말을 아무렇지도 않게 쓰는데, 이것은 이미 한스 카스토르프의 정신에서 일어났던 일이며, 그의 현재 상태를 염두에 두고 사용한 말이다. 요즘 한스 카스토르프의 입에 오르내리는 용어는 그쪽 방면의 말이며, 또 거기에서 얻은 지식은 수시로 사촌을 깜짝 놀라게 했다.

한스 카스토르프는 어느 날 산책길에서 이런 말을 했다.

"지금 태양은 게자리로 들어가려 하고 있어. 자네는 알고 있나? 12궁 가운데 최초의 여름 별자리야. 알았어? 얼마 안 있으면 태양은 사자자리와 처녀자리를 지나 낮과 밤이 같아지는 추분점으로 향해. 그리고 9월 말에는 태양이 양자리에 들어갔을 때처럼 태양의 위치가 또다시 천구의 적도 위에 오게 되지."

요아힘이 투덜거리듯 말했다.

"그건 몰랐는데. 자네는 수다스럽게 무슨 말을 하고 있는 거야? 양자리? 12궁?"

"그래, 12궁. 태곳적 그대로의 12궁이야. 전갈자리, 궁수자리, 염소자리, 물병자리 말고도 여러 가지가 있지. 어떻게 흥미를 갖지 않을 수가 있겠나? 별자리는 한 계절에 세 개씩 있는데, 오르막과 내리막 별자리로 나뉘어 있어. 그리고 태양이 통과하는 별자리의 원이야. 이것이야말로 웅장하지. 생각해 봐. 이것이 이집트의 어떤 사원의 천장에 그려져 있는 것이 발견되었어. 미의 여신인 아프로디테를 모신 테베*[8] 근처에 있는 사원 천장에서야. 칼데아인*[9]들도

---

*7 스웨덴의 식물학자. 1707~1778.

*8 나일 강의 오른쪽 기슭에 있는 도시로 사원과 궁전 유적이 많다.

*9 바빌로니아에 칼데아 왕조를 기원전 626년 무렵에 세웠다.

벌써 그것을 알고 있었어. 칼데아인들이 말이야. 아득한 옛날의 뛰어난 민족이고, 아라비아계의 셈족으로서 점성술과 예언에도 뛰어난 민족이지. 그들도 유성의 궤도인 황도대를 이미 연구하여 그것을 12개의 별자리, 즉 도데카테모리아로 나누어 이것이 현재 전해지고 있어. 웅대하지? 이것이야말로 인류야!"

"자네도 이제 '인류'라는 말을 하나? 세템브리니처럼!"

"그래, 그 사람처럼 하지. 혹은 좀 다른 의미일 수도 있어. 우리는 인류를 있는 그대로 평가하지 않으면 안 되지만, 그렇다고 하더라도 인류는 웅장해. 나는 침대 의자에 누워 칼데아인도 이미 알고 있었던 유성을 바라보고 있으면, 그들의 일이 하나하나 떠올라. 그들은 총명한 민족이었지만 유성 전부는 알지 못했어. 그런데 그들이 알지 못하는 유성은 우리도 볼 수 없는 유성이야. 천왕성은 요즈음 망원경으로 겨우 발견되었어. 120년 전에 말이야."

"그것이 요즈음인가?"

"괜찮으면 요즈음이라고 부르고 싶어. 발견되기까지의 3천 년에 비교하면 말이야. 나는 침대 의자에 누워 유성을 보고 있으면, 그 3천 년도 요즈음으로 되어버려. 그런 유성을 바라보면 그것을 규명해 낸 칼데아인의 일들이 떠오르는 거야. 이것이야말로 인류야."

"그럼 좋아. 자네는 장대한 구상에 빠져 있군."

"자네는 '장대'라고 하지만, 나는 '친밀'이라고 말하고 싶네. 어느 쪽이나 마찬가지지만. 그래서 태양이 약 8개월 뒤에 천칭자리에 들어오면 낮이 다시 짧아지고, 낮과 밤의 길이가 같아져서 크리스마스 때까지 낮은 계속 짧아지는 거야. 이것은 자네도 알고 있겠지? 그래서 말인데 생각해 보게. 태양이 겨울의 별자리, 즉 염소자리, 물병자리, 물고기자리를 통과하는 동안 낮이 다시 길어지면서 춘분이 돌아오는 거야. 칼데아인들 때부터 3천 번째이지. 그리고 낮이 다시 길어지다가 해가 바뀌어 여름이 시작되기까지 그것이 계속되는 거야."

"당연한 일이지."

"그렇지 않아. 이것은 '장난'이야! 겨울 동안 낮이 길어지고 1년 중에 가장 낮이 긴 날, 초여름의 6월 21일이 되면 다시 내리막길로 들어서서 낮이 짧아지고 겨울로 향하게 되네. 자네는 이것을 당연하다고 말하자만, 다르게 생각하면 불안해져서 걱정이 될 정도야. 순간적으로 말이야. 그리고 발작적으로 무엇인가에 매달려 보고 싶어진다네. 마치 오일렌슈피겔*10이 초겨울에 사실은 봄이 시작되고 초여름에 사실은 가을이 시작되는 것처럼 꾸민 것 같은 거야. 코가 끌려서 어떤 한 점을 향해 빙빙 돌려지면, 그 한 점이 회전점으로 바뀌는 거야. 원주의 회전점이 된다는 거지. 원주는 여러 개의 회전점이 모아진 것이니까 말이야. 곡선에는 직선과 같은 길이가 없고, 같은 방향으로 달리는 순간은 한 순간도 없이 영원은 '곧장'이 아니라 회전목마처럼 '빙빙' 도는 거야."

"이제 그만!"

그러나 한스 카스토르프는 계속 말했다.

"하지의 축하! 하지! 산불, 활활 타오르는 불 주위를 손잡고 춤을 추는 윤무(輪舞)! 나는 그것을 아직 한 번도 본 적이 없지만, 자연인들은 그렇게 춤을 춘다고 들었어. 사실은 가을이 시작하는 여름의 첫날 밤을 자연인들은 그렇게 축하한다는 거야. 하지는 1년의 정오이고 절정인 거야. 그러고는 다시 내리막길을 시작하는 첫날 밤에 그들은 춤추고 빙빙 돌면서 환호성을 지르는 거야. 그들은 무엇 때문에 그렇게 환호성을 지르는 걸까? 자네는 그런 걸 알겠나? 그들은 어째서 그렇게 들떠서 야단법석을 떠는 것일까? 이제부터 내리막길이 되어 캄캄해지기 때문일까? 아니면 그때까지는 계속 올라가다가 드디어 회전점이자 머무를 데 없는 낙하점인 한여름 밤의 절정이, 기쁨 속에 우수를 숨기고 돌아왔기 때문일까? 나는 있는 그대로를 생각나는 대로 말하고 있어. 자연인들이 환성을 올리고 불덩이 주위를 춤추며 돌아가는 것은 우수를 감춘 환희, 환희에 넘친 우수에서이며, 양성(陽性)의 절망에서 온 거야. 즉 원(圓)의 장난, 지속적 방향을 한시도 갖고 있지 않은 모든 것이 빙빙 도는 순환인 영원한 장난에 경의를 표시하는 거야. 자네는 그렇게 생각하지 않나?"

"나는 아무것도 말하고 싶지 않아. 나에게는 그런 말을 하지 말아주게. 자네가 밤에 누워서 생각하는 것은 까마득한 일이야."

"나도 자네가 러시아어 문법을 공부하는 것이 더 유익하다는 사실을 부정하지는 않아. 자네는 얼마 뒤면 그 나라 말을 유창하게 할 수 있겠지. 그렇게 되면 자네는 대단한 존재가 되는 거야. 전쟁이라도 시작되면 말이야. 물론 전쟁은 없어야겠지만."

---

*10 1305년에 죽은 독일의 장난꾸러기로 이 인물을 주인공으로 한 많은 이야기들이 있다.

"전쟁이 없었으면 좋겠다고? 하지만 문화인의 입장에서 말한다면 전쟁은 필요해. 전쟁이 없으면 세계는 곧 썩어버릴 거라고 몰트케도 그렇게 말했어."

"그렇기도 해. 이 세상은 확실히 그런 경향이 있어. 그리고 그것은 나도 인정할 수 있네만……."

그러더니 한스 카스토르프는 다시 칼데아인에게로 화제를 돌리려 했다. 칼데아인은 셈족으로 유대인이었지만, 전쟁을 해서 바빌로니아를 점령한 것이라고 말하려 했다. 그런데 그때 앞을 걸어가던 두 신사가 이쪽의 대화에 이끌려 자신들의 대화를 그치고 돌아보는 것을 보았으므로, 한스 카스토르프는 입을 다물었다.

그곳은 번화가로 요양 호텔과 벨베데레 호텔의 중간이었으며, 다보스 마을로 돌아가는 길이었다. 골짜기는 화려하게 단장하여 밝은 기쁨에 찬 색채로 물들어 있었다. 공기는 이루 말할 수 없이 상쾌했다. 마르고 청명해진 날씨에 따뜻해진 대기는 갖가지 들꽃 향기의 교향악으로 채워져 있었다.

그들은 로도비코 세템브리니가 낯모를 신사와 나란히 있는 것을 보았다. 그런데 세템브리니는 상대방이 누구라는 것을 몰랐는지, 그렇지 않으면 사촌들과 함께하는 것을 원하지 않았는지, 어쨌든 그는 얼른 얼굴을 앞으로 돌리고는 애써 손짓을 써 가면서 동반자와 이야기하며 발걸음을 빨리 하려고까지 했다. 사촌들은 그의 옆으로 다가가 반갑게 인사했다. 그제야 세템브리니는 놀란 시늉으로 "어이구! 이것 뜻밖입니다!"하고는 기뻐하는 얼굴을 보이면서, 이번에는 발걸음을 천천히 하고 사촌들 옆을 지나 앞으로 나아가려고 했다. 사촌들은 그의 이런 행동을 이해하지 못했다. 왜냐하면 그런 일은 도저히 생각할 수 없는 일이었기 때문이다. 오히려 그들은 오랜만에 만난 세템브리니를 진심으로 반갑게 생각했다. 그들은 세템브리니 옆에 서서 악수를 하고 안부를 물으며, 그가 동반자를 소개해 주기를 기대하면서 공손히 쳐다보았다. 그러나 세템브리니는 마음이 내키지 않는 것 같았다. 하지만 사촌들이 자기들에게 동반자를 소개해 주는 것을 당연하게 생각하는 듯싶어서, 그는 걸어가면서 동반자를 소개해야 하는 처지에 놓였다. 세템브리니는 몸짓과 명랑한 말로 세 사람을 각각 소개하고 자기 앞에서 세 사람이 악수를 나누도록 했다.

사촌들과는 초면인 이 신사는 세템브리니와 같은 또래로 보였는데, 세템브리니와 같은 집에 살고 있었다. 부인복 재단사인 루카세크의 방에 세들어 있는 한 사람이었으며 이름은 나프타였다. 그는 마르고 키가 작았으며, 수염은 마치 부식물이라고 해도 좋을 만큼 흉하게 깎아서 사촌들은 깜짝 놀랐다. 그의 얼굴은 전체적으로 날카로운 느낌을 주었다. 얼굴 인상을 결정하는 매부리코와 굳게 다물어진 조그만 입술이며, 엷은 회색눈과 테가 가느다란 두꺼운 안경알까지 모든 것이 차디찬 느낌을 주었다. 게다가 계속되는 침묵으로 보아 한번 입을 열었다 하면 이론이 신랄하고 정연할 것 같은 인상을 주었다. 모자는 쓰고 있지 않았고 외투도 입고 있지 않았으나 아주 고급 옷을 입고 있었다. 사촌들이 본 바로는, 감색에 흰 줄무늬가 들어간 플란넬 옷이었는데 고상하면서도 점잖게 유행에 따르고 있었다. 그리고 사촌들은 키가 작은 나프타가 두 사람의 옷차림을 날카롭게 훑어보는 것을 알아챘다.

세템브리니는 올이 굵은 거친 나사지의 웃옷과 바둑판무늬 바지를 입고 있었는데, 만일 그가 점잖고 고상하게 옷을 입는 습관이 없었다면, 이 고상한 동반자와 나란히 섰을 때 틀림없이 초라하게 보였을 것이다. 그러나 바둑판무늬 바지는 다리미로 잘 다려져 있어, 언뜻 보면 새 옷으로 생각될 정도로 말끔했기 때문에 조금도 손색이 없었다. 이 다림질 솜씨는 그의 하숙집 주인인 루카세크의 작업이었음이 틀림없다. 못생기고 키가 작은 나프타는 옷이 멋지고 세련된 점에서는 그의 동숙자보다는 사촌들에게 가까웠지만, 청년들보다 나이가 더 먹었다는 점, 그 밖의 여러 점에서 보면 청년들보다는 오히려 세템브리니에게 가까웠다. 그것은 이 네 사람의 얼굴빛 때문이라고 생각하는 편이 더 알기 쉬운 설명일 것이다. 두 청년은 갈색과 붉은색으로 그을려 있었고, 또 다른 둘은 다 같이 창백했기 때문이다. 요아힘의 얼굴은 겨울 사이에 적동색이 한층 더해졌고 한스 카스토르프는 금발머리 밑으로 보이는 얼굴이 장밋빛으로 반짝이는 데 비하여, 세템브리니의 이탈리아인다운 창백함은 햇빛에도 영향을 받지 않았다. 그의 검은 콧수염은 아주 고상하게 길러져 있었다. 그의 동행인도 머리칼은 금발이었지만—회색을 띤 금발로 금속적이고 광택이 없으며, 높이 솟은 이마에서 모두 뒤로 빗어 넘겨져 있었다—얼굴빛은 윤기가 없는, 갈색에 가까운 우윳빛이었다. 네 사람 가운데 지팡이를 가지고 있었던 사람은 한스 카스토르프와 세템브리니 둘뿐이었다. 요아힘은 군인이라는 이유에서 지팡이를 가지고 있지 않았고, 나프타는 소개가 끝나자 두 손을 곧 등 뒤로 돌린 것으로 보아 지팡이가 없는 게 확실했다. 나프타의 손은 발이 아주 작은 것처럼 마찬가지로 작고 아담하여 작은 체구에 어울렸다. 감기에 걸려 있는 인상을 주어 어딘지 기운 없는 연약한 기침을 했지만, 그것이 남의 주의를 끌지는 않았다.

세템브리니는 청년들을 보았을 때의 당황스럽고 불쾌한 듯한 기분을 교묘하게 극복했다. 그러고는 아주 기분 좋은 태도를 보이며 농담을 섞어 가며 세 사람을 소개했다. 예를 들면 나프타를 '스콜라 학파의 우두머리'라 소개하는가 하면, 아레티노의 말을 빌려 "내 가슴의 넓은 방에는 기쁨이 빛나는 별과 같은 궁전을 소유하고 있다" 말하면서 그것은 찬미할 만한 봄의 공적을 의미한다고 했다. 또 그는 이렇게 덧붙였다.

"내가 이 위의 생활에 대해 여러 가지로 할 말이 있다는 것은 여러분도 알고 있는 바와 같이, 지금까지도 여러 번 울분을 토로한 대로입니다. 그러나 이 고원의 봄만큼은 꼭 찬미하고 싶습니다! 이 위의 봄은 이곳의 모든 추악한 현상과 잠시나마 화해하게 합니다. 평지의 봄처럼 마음을 혼란스럽게 하거나 자극시키는 일이 조금도 없는 봄인 것입니다. 밑바닥에서 끓어오르는 것도, 수증기를 담은 무더운 안개도 없습니다! 청명하고 건조하며 명랑한 아름다운 봄입니다. 그야말로 내가 소망하는 봄이요, 최상의 봄입니다!"

네 사람은 줄을 맞추지는 않았으나 될 수 있는 대로 나란히 걸어갔다. 그러나 앞에서 사람이 오면 오른쪽의 세템브리니가 차도로 내려가기도 하고, 네 사람 가운데 누군가가 열 뒤로 빠졌다가 다시 열로 돌아오곤 하여 형태가 가끔 무너졌다. 나프타는 코감기 때문에 탁한 목소리로 짧게 웃었는데, 말하는 목소리는 금이 간 접시를 손가락으로 치는 것처럼 울렸다. 그는 오른쪽 끝을 걷고 있는 이탈리아인을 턱으로 가리키면서 질질 끄는 억양으로 말했다.

"여러분, 볼테르주의자이며 합리주의자가 하는 말을 들어보십시오. 그가 자연을 찬미하는 것은, 자연이 이 번식의 계절에 신비로운 수증기를 가지고 인간을 혼란에 빠뜨리지 않고, 고전적인 건조성을 잃지 않기 때문입니다. 그런데 라틴어로 습기를 뭐라고 합니까?"

세템브리니가 대답했다.

"후모르*[11]지요. 그리고 우리 교수의 자연관에 나타나는 후모르는, 그 교수

*11 humor. 라틴어로는 습기·액체·눈물, 독일어로는 유머·해학 및 체액·기질을 뜻한다.

가 빨간 앵초를 볼 때마다 시에나의 성녀(聖女) 카테리나처럼 그리스도의 상처를 생각한다는 점에 있습니다."

이에 나프타가 대꾸했다.

"그것은 유머라기보다는 기지라고 해야 될 것입니다. 아무튼 그것은 자연에 정신을 집어넣는 것에 있습니다. 자연은 그럴 필요가 있습니다."

세템브리니는 목소리를 낮추어 말했다.

"자연은 당신의 정신을 필요로 하지 않습니다. 자연은 그 자신이 정신입니다."

"당신은 일원론만 밀고 나가는 것이 지루하지도 않습니까?"

"아, 그렇다면 당신은 스스로 인정하시는군요. 당신이 세계를 서로 반대되는 두 부분, 신과 자연으로 떼어놓는 것은 지적 유희에 지나지 않는다는 사실을 말입니다!"

"내가 '정열'이라 부르고 '정신'이라 부르는 것을 '지적 유희'라고 말씀하시다니, 대단히 흥미롭군요."

"그런 저속한 욕구에 그런 어마어마한 말을 쓰는 당신이, 나를 언제나 웅변가라고 말씀하시다니 믿어지지 않습니다."

"당신은 '정신'을 저속한 것이라고 규정하고 있습니다만, 정신이 본디 이원적이라는 것에 대해 유감을 표명하신다 해도 어쩔 수 없습니다. 이원론, 반대 명제, 이것이야말로 세계를 움직이는 정열적이며 변증적인 지적 원리입니다. 세계를 서로 상반된 두 부분으로 떼어놓고 생각한다는 그 자체가 '정신'입니다. 모든 일원론은 지루합니다. 그래서 아리스토텔레스도 언제나 투쟁을 좋아했습니다."

"아리스토텔레스요? 그는 보편적 이념의 실재성을 각 개체에 옮겼습니다. 그것은 범신론입니다."

"틀렸습니다. 토마스 아퀴나스와 보나벤투라가 아리스토텔레스 학파를 대변해서 그렇게 한 것처럼, 당신도 개체에 실재성을 인정하고 만물의 본성을 보편적인 것에서 세계의 현상에 옮겨 생각하게 되면, 세계는 최고 이념과의 모든 일치성을 잃게 되고 신으로부터 분리되어, 신은 초월적인 존재로 변합니다. 이것이야말로 고전적 중세(中世)입니다."

"고전적 중세라, 재미있는 말의 조합이군요."

"죄송합니다. 그러나 나는 '고전적'이라는 개념이 들어맞는다고 생각되는 경우에는 서슴지 않고 사용합니다. 즉 하나의 이념이 절정에 이르렀을 경우에 사용한다는 말입니다. 고대가 늘 고전적인 것은 아니었습니다. 나는 당신이 범주의 자유성과 절대성을 혐오하고 있다는 것을 알았습니다. 당신은 절대적 정신도 원하고 있지 않습니다. 당신은 정신이 어디까지나 민주주의적 진보일 것을 요구하고 있습니다."

"정신은 아무리 절대적인 것일지라도 결코 반동의 대변자가 될 수는 없다고 확신하는 점에서 우리가 생각을 같이하기를 희망합니다."

"그러나 정신은 언제나 자유의 대변자입니다."

"'그러나'라고요? 자유란 인간애의 원리이지, 허무주의나 악의가 아닙니다."

"당신은 그 두 가지를 무서워하는 것 같군요."

그때 세템브리니는 머리 위로 팔을 휘젓는 듯한 몸짓을 했다. 논쟁이 중단된 것이다. 요아힘은 깜짝 놀란 눈으로 두 사람을 번갈아 보았고, 한스 카스토르프는 눈썹을 치켜뜨고 발끝에 눈길을 떨구었다. 나프타는 넓은 의미에서의 자유를 옹호하는 입장이었지만 그의 어조는 날카롭고 단정적이었다. 특히 '틀렸습니다'하고 항의하는 어조는 '슈'의 음으로 입술을 내밀고 난 다음 굳게 다물었는데, 보고 있으면 불쾌한 느낌마저 들었다. 그에 비해 세템브리니는 명랑하게 응수했다. 예컨대 어떤 근본적 의견에서 두 사람의 생각이 일치하는 것에 주의를 환기시킬 때에는, 말에 아름다움과 따뜻함을 품고 있었다. 그리고 나프타가 이제는 입을 다물고 있자, 사촌들이 초면인 나프타에 대해 여러 가지 알고 싶을 것이라 생각하고 설명을 해주었다. 나프타는 이 설명을 개의치 않는다는 듯이 그냥 내버려 두었다. 세템브리니는 이탈리아인답게 소개되는 인물의 지위를 될 수 있는 대로 드러내어 보이면서, 나프타는 프리드리히 대왕 학교의 상급반 고대어 교수라고 설명했다. 나프타의 운명은 세템브리니와 비슷했다. 그는 건강 때문에 5년 전 이 위에 올라왔지만 장기 체재를 필요로 한다는 진단을 받고는 요양원을 나와 부인복 재단사인 루카세크 집에 하숙인으로 머물게 되었던 것이다. 이 지방의 고등 교육 기관이 이 훌륭한 라틴어 학자, 어떤 수도원 부속학교의 졸업생을 현명하게도 학교의 자랑으로 생각하여 강사로 맞이했다고 했다...... 이런 설명을 할 때 세템브리니는 조금 애매하게 말했다. 요컨대 세템브리니는 지금까지 이론 투쟁을 했고 어쩌면 다시 논쟁이 시작될지도 모를 상대방인 보기 싫은 나프타를 적지 않게 추어올렸다.

다음으로 세템브리니는 사촌들을 나프타에게 설명했는데, 그는 나프타에게 전에도 한번 말한 적이 있는 듯했다.

"이쪽이 3주일 예정으로 여기에 왔다가 베렌스 고문관에게 침윤 부분을 발견당한 젊은 엔지니어이고, 저쪽이 프러시아 군대의 앞길이 창창한 침센 소위입니다."

그리고 세템브리니는 요아힘의 반항적 정신과 출발 계획을 말하고 나서, 엔지니어도 요아힘과 마찬가지로 작업의 세계로 돌아가는 날을 손꼽아 기다리고 있다고 말했다.

그러자 나프타는 얼굴을 찡그리며 말했다.

"두 분에게는 이렇게 웅변가 후견인이 있군요. 나는 세템브리니 씨가 두 분의 생각과 희망을 옳게 소개하신 것을 의심하지 않습니다. 어떻습니까? 작업이라고 했는데, 그는 아마 나를 인류의 적이라고 비난할 것입니다. 만약 그 작업이라는 용감한 말로 효과를 얻을 수 있었던 시대, 오히려 그 반대의 것이 훨씬 존경받았던 시대가 있었다는 사실을 내가 지적한다면 말입니다. 이를테면 클레르보의 베르나르*[12]는 로도비코 씨가 꿈에도 생각하지 못했던 완전한 생활 단계를 가르치고 있습니다. 어떤 단계인지 알고 싶으시지요? 그 생활의 가장 낮은 단계는 '제분소', 두 번째가 '밭', 세 번째의 가장 존경해야 할 단계는 '침대 위'라는 것입니다. 세템브리니 씨는 듣지 말아주십시오. 제분소는 세속 생활의 상징으로 옳은 비유입니다. 두 번째 단계인 밭은 성직자가 경작해야 할 세속인들의 영혼을 의미합니다. 이 단계는 첫 번째 단계보다도 존경할 만합니다. 그러나 침대 위야말로……."

그때 세템브리니가 외쳤다.

"이제 그만! 알고 있습니다! 여러분, 이 사람은 여러분에게 침대의 목적과 용도를 설명할 것입니다."

이에 나프타가 빈정거렸다.

"당신이 그렇게 점잖은 분인 줄은 몰랐습니다, 로도비코 씨, 아가씨들에게

---

*12 프랑스의 신학자(1090~1153). 시토파의 베네딕트회에 들어가서 수도원을 창설하고 시토 교단을 개혁했다.

추파를 던지는 당신을 보면…… 그 이교도적인 순수성은 어디로 갔습니까? 그리고 침대란 사랑하는 자와 사랑받는 자가 잠자리를 함께하는 장소이며, 인간이 하느님과 잠자리를 함께하기 위하여 세계와 피조물로부터 명상적으로 은신하는 상태를 상징하고 있습니다."

"안 돼! 그만해요. 그만해요!"

이탈리아인은 거의 울상이 되어 말을 가로막았고, 이에 모두 웃음을 터뜨렸다.

세템브리니는 다시 진지한 얼굴로 돌아가 말을 계속했다.

"그렇습니다. 나는 유럽인이고, 그중에서도 서유럽인입니다. 당신의 서열은 순전히 동양인입니다. 동양인은 행동을 싫어합니다. 노자(老子)는 무위(無爲)가 천지간의 모든 것보다도 유익하다고 했으며, 모든 인간이 행동하는 것을 그만두게 될 때 지상에는 완전한 평화와 행복이 찾아올 거라고 했습니다. 이것이 당신이 말하는 잠자리를 함께한다는 것입니다."

"무슨 말씀을 하는 겁니까? 그러면 유럽의 신비주의는요? 페늘롱을 그 일파의 한 사람이라고 생각할 수 있는 정적주의는요? 하느님은 자신만이 행동할 것을 원하기 때문에, 인간이 행동하려고 하는 것은 언제나 하느님의 불쾌한 감정을 사게 되고, 따라서 악이라고 가르친 정적주의는요? 나는 몰리노스의 제창을 인용한 것뿐입니다. 그러나 행복을 정적 속에서 찾으려고 하는 정신적 경향은 동서를 막론하고 인간에게 공통된 것입니다."

여기서 한스 카스토르프도 입을 열었다. 그는 용기를 갖고 논쟁에 끼어들어 자신의 의견을 말했다.

"명상의 경지, 은둔 상태, 나쁘지는 않군요. 들을 가치가 있습니다. 이 위에 우리는 꽤 높은 곳에서 은둔 생활을 하고 있다고 하겠습니다. 우리는 5천 피트의 고지에서 아주 기분 좋은 의자에 누워서 세계와 피조물을 내려다보며 명상에 잠기고 있습니다. 사실을 말한다면 침대 의자는, 평지의 제분소가 몇십 년 걸려도 이룩할 수 없었던 나를 10개월 사이에 진보시키고 많은 것을 생각하게 했습니다. 오해하지 마십시오. 이것은 아무래도 부정할 수 없는 사실입니다."

세템브리니는 슬픈 빛을 띤 검은 눈으로 청년을 바라보다가 가라앉은 목소리로 청년을 불렀다.

"엔지니어."
그리고 한스 카스토르프의 팔을 잡고는 다른 일행이 듣지 않게 개인적으로 타일러 주려는 듯이 그를 옆으로 끌어당겼다.
"내가 지금까지 당신에게 몇 번이나 말했습니까? 당신이 어떤 사람이라는 것을 알아차리고 스스로에게 알맞은 생각을 하라는 것 말입니다! 어떤 주창이 있더라도 유럽인의 이상은 이성, 분석, 행동, 진보이지 수도사의 나태한 침대는 아닙니다!"
나프타가 그 말을 들어버렸다. 그는 뒤를 돌아보며 말했다.
"수도사요? 하긴 유럽의 문화는 수도사 덕택입니다…… 현재의 독일, 이탈리아, 프랑스가 원시림과 늪에 덮이지 않고 우리에게 곡식과 과일과 포도주를 베풀어 주는 것은 수도사의 힘에 의한 것입니다. 수도사는 정말 근면하게 일했습니다……."
"아니, 그래. 그게 어떻다는 겁니까?"
"가만 계십시오. 종교인의 작업은 그 자신이 목적이 아닙니다. 즉 정신을 마비시키는 수단이 아니었습니다. 또 세계를 진보시킨다든지 경제적 이익을 얻는 것이 목적이 아니었습니다. 종교가의 작업은 순전히 금욕적인 수업, 참회 고행의 일부, 영혼의 구제 수단이었습니다. 육욕에 대한 방어, 정욕의 억압이었던 것입니다. 따라서 그런 작업은—단정하는 것을 용서해 주십시오—완전히 비사회적인 성질의 것이었습니다. 극히 순수한 종교적인 이기주의였습니다."
"깨우쳐 주셔서 고맙습니다. 그리고 작업에 의한 축복이 인간의 의도에 반해서도 실천된다는 것을 알게 되어 기쁩니다."
"그렇지요. 인간 의도에 반하더라도, 이것에 의해 배울 수 있는 것은 공리적인 작업과 인간적인 작업과의 차이점입니다."
"나는 당신이 다시 세계를 두 개로 갈라놓으리라는 것을 압니다. 무엇보다도 그것이 불만스럽습니다."
"불만스럽게 해서 미안합니다. 하지만 우리는 모든 현상을 구분하고 정리하여 하느님의 자식인 인간이라는 이념을 불순한 성분에서 보호해야 합니다. 당신들 이탈리아인은 화폐와 은행을 발명해 냈습니다. 하느님이 당신들의 죄를 용서해 주시기를. 그러나 하느님은 영국인을 용서하지 않을 것입니다."
"아, 인류의 수호신은 저 섬나라의 위대한 경제학자들 마음속에도 살아 있었습니다. 무슨 말씀을 하려 합니까, 엔지니어?"

한스 카스토르프는 할 말이 없다고 하면서도 뭔가 계속 지껄였으므로, 나프타와 세템브리니는 조금 긴장하여 청년의 말에 귀를 기울였다.

"그렇다면 나프타 씨, 당신은 내 사촌의 직업에 공감을 가지고 있고 사촌이 그 직업에 종사하고 싶은 나머지 못 견디게 초조해하는 것도 이해하고 계시겠군요…… 내가 철두철미한 문화인이라면서 사촌은 곧잘 비난합니다. 나는 한 번도 군복무를 한 일이 없으므로 그야말로 평화의 자식임을 명백히 언명하는 바입니다. 성직자도 충분히 될 수 있지 않았나 하고 가끔 생각하기도 합니다. 사촌에게 물어보십시오. 나는 그런 소망을 여러 번 입 밖에 내었습니다. 그러나 그런 개인적인 취미를 떠나서 생각해 볼 때—정확하게 말해서 그것을 떠나서 생각할 필요는 조금도 없겠지만—나는 군인의 계급에 대해서는 꽤 깊은 이해와 호감을 가지고 있습니다. 군인 계급은 아주 진지한 성질의 서열로, '금욕적'이라고도 할 수 있는 계급입니다. 당신은 아까 '금욕적'이라는 말을 쓰셨지요? 그리고 군인 계급은 언제나 죽음과 관계를 맺을 각오를 가져야 하는 것입니다. 게다가 성직자 계급도 죽음과 관계가 있습니다. 군인은 단정(端正), 서열, 복종, 그리고 이렇게 말해도 괜찮을지 모르지만 '스페인식 명예'를 존중합니다. 군인이 군복에 딱딱한 옷깃을 달고 있듯이, 성직자는 풀 먹인 깃을 하고 있습니다. 거의 차이가 나지 않는 것입니다. 당신이 아까 표현한 '금욕적'이라는 점은 아주 적절했습니다…… 어떻습니까? 내가 생각하는 것이 올바른지요……."

"무슨 뜻인지 잘 알겠습니다."

나프타는 이렇게 말하고 세템브리니를 힐끗 보았으나, 세템브리니는 지팡이를 흔들면서 하늘만 쳐다보았다.

한스 카스토르프는 말을 계속했다.

"그래서 나는 이렇게 생각합니다. 나프타 씨가 말씀하시는 것으로 보아 당신도 침센의 취향에 공감하고 있음에 틀림없다고 말입니다. 나는 결코 '왕권과 제단', 그리고 질서를 사랑하는 순수한 마음씨의 사람들이 그 두 권력의 배합이나 동질성을 가끔 정당화하는 일을 말하는 것은 아닙니다. 나는 다만 군인의 작업, 군인의 경우에는 복무라고 말합니다만, 그 일은 상업적 이익을 목적으로 행해지는 것이 전혀 아니고, 또 당신이 '경제 사회학'이라고 부르는 것과도 전혀 관계가 없다고 생각합니다. 그러므로 영국인들은 거의 군인을 가지고 있지 않고, 인도(印度)를 위해 얼마 안 되는 군인과 본국에서는 사열식을 위해 얼마 안 되는 병력만 가지고 있을 뿐입니다……."

세템브리니가 말을 가로막았다.

"아무리 말해 봤자 소용없습니다, 엔지니어. 소위님의 기분을 상하게 하려고 이러는 게 아닙니다. 군인은 정신적으로는 이론의 대상이 아니라, 순전히 형식적 존재로서 그 자체로서는 내용을 가지지 않는 존재입니다. 군인은 이런 목적 저런 목적에 따라 모집된 용병입니다. 말하자면 스페인의 반종교개혁의 군인, 혁명군의 병사, 나폴레옹의 병사, 가리발디의 군인, 프로이센의 군인이 있을 뿐입니다. 군인에 대해서는, 무엇 때문에 서로 싸우는가를 알아야 비로소 말할 수 있습니다."

나프타가 말했다.

"서로 싸우는 것은 어쨌든 군인의 특성이라고 말할 수 있습니다. 그것으로 충분하다고 할 수 있겠습니다. 그 특성만으로 그 계급을 당신이 말하는 의미에서 '정신적으로 이론의 여지가 있는' 것으로 규정하기에는 충분하지 않을지 모르지만, 그것으로도 그 계급을 시민적 현세주의로는 알 도리가 없는 영역으로 높일 수 있는 것입니다."

세템브리니는 뻗쳐오른 콧수염 밑에서 입을 굳게 다물고, 옷깃 위로 목을 비스듬히 위로 비틀고, 입술 끝만을 움직여 대답했다.

"당신이 시민적 현세주의라고 부르는 것은, 이성과 윤리의 귀중한 이념을 지키기 위해서, 그리고 그 이념이 청년들의 흔들리는 영혼에 올바른 영향을 주기 위해서는 어떤 형태로라도 계속 싸울 것입니다."

잠시 침묵이 흘렀다. 두 청년은 당황하여 앞을 쳐다보았다. 그 상태로 몇 걸음 나아간 뒤에, 세템브리니는 고개를 정상적인 위치로 돌리며 말했다.

"놀라지 마십시오. 이 사람과 나는 가끔 토론을 벌입니다만, 아주 우호적인 분위기에서 일어나는 것이며, 서로 양해가 되는 상태에서 하는 것입니다."

이것은 세템브리니의 신사적이고 인간적인 마음씨에서 온 고마운 말이었다. 그러나 요아힘은 뭔가 눈에 보이지 않는 압박과 강요 때문에 그런 것처럼, 본의 아니게 이런 말을 해버렸다. 물론 그로서는 선의에서 대화를 부드럽게 계속하려는 의도였다.

"우리도 우연히 전쟁 이야기를 했습니다. 사촌도 나도…… 조금 전 두 분의 뒤를 걷고 있을 때 말입니다."

나프타가 말했다.

"들었습니다. 나는 그 말을 듣고 뒤를 돌아보았던 것입니다. 정치를 논하고 있었습니까? 세계 정세를 논하고 있었습니까?"

한스 카스토르프가 웃으며 말했다.

"아니, 천만에 말씀입니다. 어떻게 우리가 그런 것을 말할 수 있겠습니까? 사촌은 직업상 정치를 논하는 것은 온당치 못하며, 나는 정치론이라면 기권입니다. 아무것도 모르니까 말입니다. 이 위에 올라온 뒤로 한 번도 신문을 읽어 본 적이 없습니다……."

세템브리니는 언젠가 그랬듯이, 그것은 현명하지 않다고 꾸짖었다. 그러고는 세계 정세를 누구보다도 잘 알고 있음을 과시하면서, 세계 정세가 문명에 유리하게 진전되고 있다고 평했다. 그는 다음과 같이 말했다—유럽은 평화 사상과 군축안(軍縮案)에 가득 차 있었다. 민주 사상이 세력을 점령하고 있다. '터키 청년당' 운동이 민주 혁명 운동의 준비를 완료하려고 한다는 믿을만한 정보를 들었다. 터키가 입헌국으로 변한다는 것은 얼마나 찬란한 인간성의 승리인가!

그러자 나프타가 비웃었다.

"이슬람교의 자유주의화? 걸작입니다. 계몽된 광신이군요. 훌륭합니다! 게다가 이것은 당신에게도 관계 있는 일입니다."

그러더니 그는 요아힘에게 고개를 돌리며 말했다.

"압둘 하미드가 몰락하면 터키에서 당신 나라의 세력은 마지막이 되고, 영국이 터키의 보호자로 등장하게 될 것입니다…… 그러니까 당신들은 세템브리니 씨의 정보와 연락을 중요시해야 합니다."

나프타가 사촌들에게 한 이 말은 무례한 충고로 들렸다. 그는 사촌들이 세템브리니의 말을 중요시하지 않는다고 생각하는 것 같았다.

"민주적 혁명 운동에 대해 세템브리니 씨는 정통해 있습니다. 그의 나라에는 영국의 발칸 문제 위원회와 긴밀하게 연락하는 사람들이 있습니다. 그런데 로도비코 씨, 당신의 진보적인 터키인들이 성공한다면 레발 협정은 어떻게 됩니까? 에드워드 7세는 러시아에 대해 다르다넬스 해협의 자유 통행권을 승인

하지 못하게 될 겁니다. 그런데도 오스트리아가 적극적인 발칸 정책에 매진한다면, 그렇게 되면……."

세템브리니가 나프타의 말을 가로막았다.

"또 세계가 멸망한다는 예언입니까? 러시아 황제인 니콜라이 2세는 평화를 사랑합니다. 최고의 도덕적 산물인 헤이그 평화 회의는 니콜라이의 노력으로 실현될 수 있었습니다."

"아니지요, 러시아는 동양에서 실패했기 때문에*[13] 한동안 휴식을 취할 필요가 있었습니다."

"무슨 말이요? 당신은 이상 사회를 건설하려는 인류의 동경을 조롱하는 것은 아니겠지요? 인류의 그런 노력을 방해하는 민족은 도덕적 부패를 경험해야 합니다."

"정치는 도덕적으로 부패하는 기회를 서로에게 주는 것 말고 어떤 존재 이유를 갖고 있습니까?"

"당신은 범게르만주의 찬미자입니까?"

나프타는 반듯하지 않은 어깨를 으쓱했다. 그는 외모도 볼품없는 데다 자세도 조금 비뚤어져 있었다. 그는 상대방을 얕보았는지 대답하려고 하지 않았다.

세템브리니가 비평했다.

"어쨌든 당신이 하는 말은 악의적입니다. 민주주의가 온 세계를 민주화하려는 고매한 노력을 당신은 단지 정치적인 관계로만 생각하려고 합니다."

"당신은 나에게 그런 노력에 대해서 이상주의나 경건한 정신을 인정하라고 요구하는 모양이군요? 그것은 아무에게서도 인정받지 못하는 세계관이 자기 보존 본능의 잔재를 가지고 마지막 발버둥을 치고 있는 것뿐입니다. 멸망은 반드시 찾아오며 찾아오지 않을 수 없습니다. 모든 방법으로, 여러 모습으로 찾아올 것입니다. 영국의 정책을 생각해 보십시오. 인도라는 보루를 확보하려는 영국의 욕구는 정당한 것입니다. 그러나 그 결과는 어땠나요? 에드워드는, 페테르부르크의 위정자들이 만주(滿洲)에서의 실패를 속여가며 민심을 혁명에서 다른 데로 돌리려 한다는 사실을 당신이나 나와 마찬가지로 잘 알고 있

---

*13 패배당한 러일 전쟁을 말한다.

습니다. 빵이 필요하듯이, 마땅히 그렇게 할 필요가 있기 때문이지요. 그는 그것을 알면서도 러시아의 팽창욕을 유럽으로 돌리려 하고 있습니다. 아마 그는 이렇게 할 수밖에 없었을 것입니다. 페테르부르크와 빈 사이에 잠자고 있는 경쟁의식을 눈뜨게 하려는 것입니다."

"아, 빈! 당신이 세계 진보의 장애가 되는 빈을 걱정하는 것은, 빈을 뒤따라 죽어가는 그 제국 오스트리아에 신성 로마 제국의 미라를 인정하기 때문이겠지요, 아마?"

"그러면 당신은 러시아 편이군요. 정교합일주의(政教合一主義)에 대한 인문주의적인 공감 때문이겠지요, 아마?"

"민주주의는, 빈의 궁정보다 크렘린에서 더 많은 기대를 할 수 있습니다. 그리고 이것은 루터와 구텐베르크를 낳은 나라의 치욕입니다."

"게다가 이것은 어리석은 짓이기도 합니다. 그러나 그 어리석음도 숙명입니다!"

"아, 숙명 같은 것은 들먹이지 말아주십시오! 희망한다면, 인간의 이성은 숙명보다 더 강하고 좋은 것입니다. 원한다면 더욱더 강해질 수 있는 것입니다."

"숙명만이 욕구의 대상이랍니다. 자본주의적 유럽도 스스로의 숙명을 원하고 있습니다."

"전쟁을 그다지 혐오하지 않는 인간만이 전쟁이 올 것을 믿습니다."

"당신의 전쟁 혐오는 논리적인 모순입니다. 애초에 국가 그 자체까지를 혐오하지 않는 한 말입니다."

"민족 국가는 지상의 원리입니다. 당신은 그것을 악마의 것인 양 말씀하시지만요. 그러나 국민을 자유롭고 평등하게 만들며, 약소 국민을 압박에서 지키고, 정의를 수립하고, 민족 간의 경계선을 확립하게 되면……."

"브렌네르 경계선 말이군요. 알고 있습니다. 그리고 오스트리아의 파산은…… 내가 알고 싶은 것은, 그것이 어떻게 전쟁 없이 실현될 수 있을까 하는 점입니다."

"나도 알고 싶은 것이 있는데, 언제 내가 민족 전쟁까지 부정했는가 그 말입니다."

"나에게도 귀가 있습니다."

그때 한스 카스토르프가 두 사람의 논쟁에 끼어들었다.

"아니지요, 이제 내가 세템브리니 씨를 위해서라도 증언해야겠군요."

그는 걸어가면서 머리를 비스듬히 하고는, 발언자가 바뀔 때마다 그의 말을 주의 깊게 듣고 있던 참이었다.

"사촌과 나는 이미 세템브리니 씨와 함께 그런 문제와, 그리고 그와 비슷한 문제에 대해 언급했던 적이 있었습니다. 그때마다 그는 자신의 의견을 펼치고는 거기에 대한 모든 것을 명확하게 단정했고, 우리는 그저 경청할 뿐이었지요. 그래서 나는 증언할 수 있고, 사촌도 기억할 수 있다고 생각합니다. 어쨌든 세템브리니 씨가 진보와 저항, 그리고 세계 개혁의 원리에 대해 아주 감격해서 여러 번 말씀하셨습니다. 그 원리 자체는 그다지 평화적인 것은 아닙니다만, 그 원리가 세계 어느 곳에서나 승리를 거두어 전세계에 행복한 세계 공화제가 선포되기까지는, 아직 많은 노력이 필요하다는 것이었습니다. 물론 조형적이고 저술가다운 말씀이었다는 것은 두말할 필요가 없겠습니다만, 어쨌든 그런 의미였습니다. 그러나 나는 순진한 문화인으로서 정말 놀랐기 때문에 지금도 생생히 기억하고 있습니다. 세템브리니 씨 말씀으로는, 그 승리의 날은 비둘기의 발로 찾아오는 게 아니라 독수리의 날개를 갖고 찾아올 것이라고 했습니다. 나는 독수리의 날개라는 말에 정말 놀랐습니다. 그리고 그 기쁜 날을 맞이하기 위해서는 빈의 뒤통수에 철퇴를 내려야 한다고 했습니다. 그렇기 때문에 세템브리니 씨가 전쟁 자체를 거부한다고는 말할 수 없습니다. 내가 말한 것이 맞습니까, 세템브리니 씨?"

이탈리아인은 얼굴을 돌리고 지팡이를 흔들면서 간단하게 대답했다.

"대체로 그렇습니다."

나프타가 징그럽게 미소지으며 말했다.

"안됐군요. 당신은 제자에게 호전적인 경향을 지적당했습니다. '그대 독수리의 날개로 오라…….'"

"볼테르도 문명 전쟁을 긍정하고, 프리드리히 2세에게 터키에 대한 선전 포고를 진언했습니다."

"그렇지만 프리드리히 2세는 터키와 동맹을 맺었지요. 허허, 게다가 세계 공화제! 행복과 통일이 실현되면 진보와 반항의 원리는 어떻게 될 것인지는 묻지 않겠습니다. 그러나 그 순간에 반항은 범죄가 될 것입니다……."

"무한으로 생각되었던 인류의 진보가 문제라는 것은 당신도 잘 알고 있겠지요. 이 젊은이들도 잘 알고 있습니다."

두 사람의 논쟁에 한스 카스토르프가 끼어들었다.

"그러나 모든 운동은 원을 형성하고 있습니다. 공간적으로도 그렇고 시간적으로도 그렇습니다. 이것은 질량 불변의 법칙과 주기율이 가르쳐 줍니다. 사촌과 나는 조금 전 여기에 대해서도 이야기했습니다. 다만 지속적인 방향이 없는 주기적 운동에 진보가 있을 수 있을까요? 나는 밤에 누워서 황도대(黃道帶)를 관찰합니다만, 우리 눈에 보이는 것은 절반뿐입니다. 그리고 고대의 현명한 민족을 생각하면……."

세템브리니가 한스 카스토르프의 말을 가로막았다.

"엔지니어, 당신은 환상이나 몽상에 빠져서는 안 됩니다. 당신은 행동력 있는 나이이니 종족의 본능에 반드시 따라가야 합니다. 당신은 자연 과학적 교양의 관점에서 진보의 이념에 맞게 살아가야 합니다. 당신은 생명이 한없이 많은 세월을 거쳐 적충류에서 인간으로 진화 발달한 것을 보았지요? 그리고 인간의 무한한 가능성도 의심하지 않지요? 당신이 어디까지나 수학을 고집한다면, 완전에서 완전으로 옮겨가는 당신의 순환 운동을 파고들어서 18세기의 가르침에 기쁨을 가져야 할 것입니다. 즉 인간은 본디 선량하고 행복하고 완전했는데, 사회적 결함 때문에 왜곡되고 타락되었을 뿐이며, 사회 기구를 비판하고 개선함으로써 다시 선량하고 행복하고 완전하게 될 것이라는 가르침 말입니다."

이번에는 나프타가 끼어들었다.

"세템브리니 씨, 거기에 덧붙여야 할 것이 있습니다. 루소의 전원시가 교회 교리의 개혁이라는 것입니다. 즉 인간은 무국가(無國家) 상태와 무죄 상태, 하느님에게 직접 속해 있고 하느님의 아들이었던 상태로 되돌아가야 한다고 설교하는 교회 교리의 궤변적 개악이라는 것을 말입니다. 그러나 지상 국가의 모든 형태가 분해되었을 때 하느님 나라의 재건은 지상과 천상, 감각계와 초감각계가 맞닿는 곳에서 행해집니다. 구원이란 초경험적입니다. 그리고 당신의 자본주의적 세계 공화제 말인데, 이와 관련하여 당신이 '본능'에 대해 말씀하시는 것은 정말 이상하게 느껴집니다. 본능이란 국민적인 것의 측면에만 있는 것으로, 하느님이 인간에게 자연적 본능을 부여했으며 그 본능에 따라 각 민족은 여러 국가로 분열했습니다. 그리고 전쟁은……."

세템브리니가 그 말을 받아서 말을 이었다.

"전쟁도 지금까지의 진보를 도와주는 결과가 되었습니다. 이것은 당신이 좋아하는 어떤 시대의 사건 가운데 하나, 즉 십자군 전쟁을 생각한다면 나에게 반대하지는 않을 것입니다! 그 문명 전쟁은 여러 국민의 관계를 경제적 교역 면에서, 그리고 산업 정책적 교역 면에서 현저하게 촉진시켰고, 유럽 인류를 한 가지 이념의 기치 아래 결합시켰습니다."

"당신은 이념에 대해서 아주 관용적입니다. 그렇다면 나도 한층 더 공손하게 당신의 생각을 바로잡고자 합니다. 십자군과 그 결과로서 생긴 교통의 활성화는 모든 국민을 접근시키기는커녕 서로의 차이점을 자각시켰고, 민족적 국가 관념의 형성을 두드러지게 재촉했던 것입니다."

"옳은 말씀입니다. 성직자 계급에 대한 모든 국민의 관계만을 문제로 하는 경우에는 그렇습니다! 그때부터 교회의 권력에 대해 국가적, 국민적 자각심이 높아지기 시작했습니다……."

"여기서 당신이 성직자 계급의 권력이라고 부르는 것은, '정신'의 기치에 의한 인류 결합의 이념에 지나지 않습니다!"

"우리는 그 정신이 어떤 것인지 알고 있습니다. 그러나 그것을 거부합니다."

"당신이 지닌 광적인 국가주의가 세계 극복에 의한 교회의 동포주의를 혐오하는 것은 이상한 일이 아닙니다. 하지만 당신이 그 혐오를 전쟁에 대한 혐오와 어떻게 조화시키려는 것인지, 그것을 가르쳐 주셨으면 합니다. 당신의 복고적인 국가 예찬에서 당신은 법률의 실증적 해석의 옹호자가 되지 않을 수 없습니다. 그 옹호자로서……."

"아, 이번에는 법률입니까? 국제법에는 자연법과 보편적 이성이라는 사상이 계속 살아 있습니다."

"아니, 당신의 국제법은 자연과 이성에는 아무 관계도 없는, 계시에 따른 신권(神權)의 루소적 개악에 지나지 않습니다……."

"선생, 이름을 가지고 서로 이러니저러니 논쟁하는 것은 그만둡시다. 내가 자연법, 국제법으로서 존중하는 것을 당신이 좋다면 신권이라고 불러주십시오. 중요한 것은 민족 국가의 실증적 법률 위에 상위의 보편적인 법이 존재하고 있으며, 국가 간의 이해(利害) 문제는 국제 중재로 해결될 수 있다는 것입니다."

"중재 재판에 의해서란 말이군요! 황송한 말씀입니다! 지상의 문제를 재판하는 시민적 중재 재판소에 의해 하느님의 뜻을 찾고 역사를 좌우하다니요? 좋습니다. 비둘기의 발에 대해서는 그 정도로 해둡시다. 그러면 독수리의 날개는 어떻습니까?"

"시민적 문명은……."

"아니지요. 시민적 문명은 자신이 무엇을 원하고 있는지를 모릅니다! 그들은 출산율 감소의 방지를 외치고, 자녀의 양육과 직업 준비를 위한 교육비의 경감을 떠들어댑니다. 또한 우리는 인구 과잉 때문에 질식할 것 같으며, 모든 직업은 공급 과잉으로 생존 경쟁의 무서움이 과거의 어떤 전쟁의 두려움까지 훨씬 넘어서고 있습니다. 빈 땅과 전원 도시! 종족의 체질 향상! 이렇게 외치고 있습니다. 그러나 운명과 진보가 전쟁이 일어나지 않기를 원한다면 어떻게 체질적 향상이 이룩될 수 있습니까? 전쟁은 모든 것을 방지하고 모든 것을 촉진시키는 수단입니다. 체질을 향상시키고 출산율 감소를 방지하기까지 합니다."

"당신은 농담을 하고 있습니다. 이제는 더 이상 진지한 이야기가 나오지 않는군요. 우리 이야기의 초점이 흐려지고 있습니다. 아주 알맞은 순간에 말입니다. 이제 다 왔군요."

세템브리니는 이렇게 말하고는 멈추어 서서, 사촌들에게 네 사람 눈앞에 있는 담 뒤의 작은 집을 지팡이로 가리켰다. 마을 어귀에 가깝게 거리로 향해 있고, 좁은 뜰이 거리를 막고 있는 소박한 집이었다. 포도덩굴이 땅에 드러나 있는 뿌리에서 뻗어 입구의 문을 둘러싸고 있었으며, 구부러진 가지는 벽을 따라 오른쪽 1층의 유리문, 작은 소매상의 진열창 쪽으로 기어올라가 있었다. 세템브리니는 1층은 소매상인의 거처라고 설명했다. 나프타의 방은 2층 재단사 거처의 일부분이고, 세템브리니 자신은 다락방에 살고 있다는 것이었다. 그리고 그것은 조용한 서재라고 덧붙였다.

나프타는 놀라울 만큼 어울리지 않게 상냥한 투로, 이것을 계기로 두 번째와 세 번째 모임을 갖고 싶다는 희망을 드러냈다.

"우리를 방문해 주십시오. 세템브리니 선생이 여러분의 오랜 친구가 아니라면 나를 찾아와 달라고 말하고 싶을 지경입니다. 조금이라도 대화를 하고 싶으면 언제든지 와주십시오. 나는 젊은이들과 이야기를 나누는 것을 좋아합니다. 아마 나에게도 교육자의 전통이 전혀 없는 것은 아닌가 봅니다…… 우리의 비밀 공제 조합 지부장(이렇게 말하고는 세템브리니를 턱으로 가리켰다)이 모든 교육자적 소질과 천직을 시민적 인문주의의 독점물이라고 생각한다면, 거기에 대해 항의해야 하겠습니다. 자, 그러면 머잖아 또 만납시다."

세템브리니는 그것은 어려울 것이라고 말하며 난처한 기색을 보였다. 소위님이 이 위에 있을 날이 앞으로 얼마 안 될 테고, 엔지니어도 뒤따라 평지로 돌아가기 위해 요양 근무에 더한층 노력을 해야 할 것이라고 말했다.

두 청년은 나프타와 세템브리니에게 번갈아 가며 동의를 표시해 보였다. 나프타의 초대에는 경례를 하여 받아들이고, 그 초대에 대해 세템브리니가 열거한 어려움에도 곧 머리와 어깨로 동의의 뜻을 나타냈다. 이렇게 하여 모든 것이 미결정 상태로 남게 되었다.

요아힘은 베르크호프로 향한 차도를 걸어 올라가면서 사촌에게 물었다.

"그 사람은 세템브리니를 뭐라고 불렀지?"

"비밀 공제 조합 지부장이라고 그랬어. 나도 그것을 생각하고 있었어. 농담 아닐까? 두 사람은 서로 이상한 이름으로 부르고 있어. 세템브리니도 나프타를 '스콜라 학파의 우두머리'라고 불렀지? 그것도 나쁘지 않군. 스콜라는 중세의 신학자이자 독단적인 철학자라고도 할 수 있으니 말이야. 게다가 이 밖에도 중세가 여러 가지로 화제에 올랐었지. 그래서 생각난 건데, 세템브리니는 내가 처음으로 그를 만났을 때 말하기를, 이 위의 우리가 있는 곳에는 중세를 연상시키는 것이 여러 가지 있다는 거야. 우리가 아드리아티카 폰 밀렌동크라는 이름 때문에 그런 이야기가 나왔던 거지. 그건 그렇고, 자네는 그에게서 어떤 인상을 받았나?"

"그 작은 사람 말이야? 별로야. 그렇지만 그가 했던 말 가운데 마음에 드는 것이 여러 가지 있기는 했어. 정말이지 그가 말한 대로 중재 재판은 위선이야. 하지만 그 사나이는 인상이 나쁘기 때문에 아무리 멋진 말을 많이 해도, 말하는 사람이 수상쩍으니 아무 소용이 없어. 수상쩍은 사람이야. 그것은 자네도 부정할 수 없을 거야. '잠자리를 함께하는 장소'라는 이야기만으로도 아주 이상해. 게다가 그 코, 그 매부리코는 어때? 그리고 그렇게 작은 몸집을 보니 유대인임에 틀림없어. 자네는 정말 그 사람을 방문할 작정인가?"

"물론이지. 방문하고말고! 자네는 군인이기 때문에 몸집이 작은 것에 대해 이러쿵저러쿵 말하는 거야. 그러나 칼데아인들도 그런 코를 하고 있었는데, 신비학(神祕學)뿐만 아니라 다른 면에 있어서도 아주 우수한 인종이었어. 나는 나프타의 신비학적인 면에 적지 않게 흥미를 느끼고 있어. 오늘로 그를 다 알아버렸다고 주장할 수는 없지만, 이제부터 자주 함께 있으면 알게 될 거야. 그리고 그때마다 우리는 다른 점에서도 더 현명하게 될 수 있을 거야."

"정말이지 자네는 생물학이니 식물학이니 쉬지 않는 전환점이니 하는 따위로 이 위에서 점점 현명해지고 있군. '시간' 문제만 해도 이 위에 온 다음 날부터 꺼냈던 말이야. 그러나 우리가 이 위에 있는 것은 건강하기 위해서이지, 현명하기 위해서는 아니야. 완전히 건강해지면 우리는 자유롭게 될 테고, 완치된 인간으로 평지로 돌아갈 수 있어!"

이에 한스 카스토르프는 마음이 들뜬 것처럼 노래를 불렀다.

"산 위에 자유가 있나니! 무릇 자유란 무엇인가를 들려주기 바라네."

그는 노래 부르는 것을 멈추면서 이야기했다.

"나프타도 세템브리니도 아까 이 문제로 논쟁했지만 결국 의견이 일치하지는 않았어. '자유는 인간애의 원리다!'하고 세템브리니는 말하지만, 이것은 그의 할아버지인 카르보나리의 말투야. 그러나 카르보나리가 아무리 용감하다고 해도, 또 세템브리니가 아무리 용감하다고 해도……."

"그렇지, 개인적인 용기라는 이야기를 했을 때 그는 안절부절못하는 기색이었어."

"……그는 작은 나프타가 무서워하지 않는 것을 무서워하는 게 아닐까? 그리고 그가 말하는 자유와 용기는 헛소리가 아닐까? 자네는 세템브리니에게 자기 몸을 희생할 용기가 있다고 생각하나?"

"왜 또 프랑스어로 말하는 거야?"(한스 카스토르프가 '자기 몸을 희생한다'라는 말을 프랑스어로 했다.)

"그냥 해보는 거야…… 여기 분위기가 아주 국제적이기 때문이지. 저 두 사람 중에 어느 쪽이 여기 분위기에 더 만족을 느끼는지 모르겠어. 시민적 공화제의 세템브리니인지, 아니면 교회적 세계 동포주의의 나프타인지 나로서도 그것을 알 수가 없단 말이야. 보다시피 나는 두 사람의 말을 긴장하여 듣고 있었지만 뭐가 뭔지 모르고 끝나버렸어. 오히려 나는 두 사람의 대화에서 일어난 것은 심한 혼란뿐이라는 것을 느꼈지."

"그건 언제나 그래. 토론하여 의견을 말할 때에는 혼란이 일어나기 마련이라는 것은 자네도 잘 알고 있지 않나? 생각건대 우리가 어떤 의견을 가지고 있느냐 하는 것이 문제가 아니라, 신뢰할 수 있는 인간인지 아닌지가 문제인 거야. 처음부터 의견 같은 걸 전혀 가지지 말고 할 일을 묵묵히 실행하는 것이 가장 좋은 거야."

"그렇지. 자네는 '용병'이고 순전히 형식적인 존재이기 때문에 그렇게 말할 수도 있지. 내 경우는 사정이 좀 달라. 나는 문화인으로 어느 정도 책임을 가지고 있어. 그래서 저렇게 혼란스러운 모습을 보고 있으면 흥분해 버려. 한 사람은 국제적 세계 공화제를 설교하고, 원칙적으로는 전쟁을 혐오하면서도 지독히 애국적이어서 브렌네르 경계선을 확정할 것을 주장하고, 그것을 위해서는 문명 전쟁도 마다하지 않지. 또 한 사람은 국가를 악마의 것이라 생각하고, 지상과 천상이 맞닿는 지평선에 있는 인류 결합을 노래하면서도 다음 순간에는 자연적 본능의 권리를 옹호하며 평화 회의를 조롱하고 있으니 말이야. 그 혼란을 해결하기 위해서도 꼭 방문할 필요가 있어. 자네는 우리가 여기서 현명해지는 것보다 건강해지는 것이 더 중요하다고 하지만, 건강해지는 것과 현명해지는 것은 양립시켜야 할 일이야. 그렇게 생각하지 않는다면 자네는 세계 양분(兩分)을 추구하는 인물이야. 자네에게 분명히 말해 두지만 그런 일을 하는 것은 큰 잘못이야."

신의 나라와 사악한 구원

한스 카스토르프는 발코니에서 식물의 소속을 조사하고 있었다. 천문학상의 여름이 시작되어 낮이 다시 짧게 된 요즈음, 여기저기에 자라고 있던 미나리재빗과의 매발톱꽃*14은 관목처럼 무성하게 자라 줄기가 길어지고, 채소같이 넓은 잎에 푸른색·보라색·적갈색의 꽃을 피우고 있었다. 이 꽃은 여기저기에 피어 있었는데, 특히 한스 카스토르프가 약 1년 전에 처음으로 이 꽃을 보았던 외진 골짜기에서 빽빽이 자라고 있었다. 1년 전 혈기에 찬 나머지 너무 서둘렀기 때문에 몸에 맞지 않았던 그날의 산책 때 방문했던, 작은 다리와 휴식용 벤치가 있고, 물살이 빠르고 얕은 여울 소리가 가득한 고요한 장소를 그

*14 일명 아퀼레지아.

는 그 뒤에도 여러 번 찾아갔었다.

그때 너무나 무리하다가 그런 결과가 되어버렸지만, 사실 거기까지는 그리 멀지 않은 거리였다. '마을'의 썰매 경주의 결승점에서 비탈을 조금 올라가면 샤츠알프에서 내려가는 썰매 코스가 군데군데 나무다리 밑을 지나는 숲길이 나오는데, 이 길을 돌아간다든지, 오페라 노래를 부르면서 쉬지만 않는다면, 20분 정도면 그 그림 같은 곳에 도착할 수 있었다. 요아힘은 진찰, 뢴트겐 사진 촬영, 혈액 검사, 주사, 체중 측정 등 요양 근무 때문에 외출할 수 없는 날은 빼고, 날씨가 좋으면 첫 번째 아침 식사나 두 번째 아침 식사를 끝마치고 그곳으로 가곤 했다. 때로는 오후의 차 마시는 시간이나 저녁 식사 전을 이용하여 가기도 했다. 그러고는 거기서 1년 전에 코피를 심하게 쏟았던 때에 앉았던 벤치에 기대어 머리를 갸웃거리면서 시냇물 소리에 귀를 기울이고, 주위의 고요한 풍경과 올해도 변함 없이 피어난 푸른 매발톱꽃을 바라보았다.

그는 단지 이런 이유로만 이곳을 찾아왔던 것일까? 아니다. 그는 혼자서 여러 달 동안 겪은 모험과 인상적인 것들을 돌아보고, 생각에 잠기기 위해 벤치에 앉아 있었던 것이다. 갖가지 모험과 인상이 여러 가지로 엉클어지고 섞인 것처럼 느껴져서, 그것이 현실에서 있었던 일인지, 단순히 생각했던 일인지, 꿈꾸었던 일인지, 공상했던 것인지 분간할 수 없어 생각을 정리하기가 그리 쉽지 않았다. 그러나 그 모든 것이 모험에 가득 차 있다는 공통점이 있었다. 그리하여 그것을 돌이켜 볼 때마다, 이 위에 온 첫날부터 민감해진 심장이 갑자기 멎었는가 싶다가도 다시 빠르게 고동을 치는 것이었다. 그게 아니라면 1년 전에 코피를 심하게 쏟아서 의욕이 떨어졌을 때 프리비슬라프 히페의 모습이 눈앞에 또렷이 나타났고, 그때 피어 있던 매발톱꽃이 1년 뒤에 다시 피어났으며, 처음 예정이었던 '3주일'이 얼마 안 있으면 꼭 1년이 되려 한다는 것을 생각하니 심장이 그렇게 고동을 치는 것일까?

물론 이제는 시냇가의 벤치에 앉아 있어도 코피가 나오지 않았고, 그것은 벌써 지나간 일이 되었다. 여기 기후에 익숙해지는 것이 얼마나 어려운지는 이 위에 오자마자 요아힘으로부터 들었으며, 한스 카스토르프도 그것을 경험했다. 그러나 요즈음에는 그 일에도 꽤 익숙해져서 그로부터 11개월이 지난 현재에는 순응이 완료되었다고 해도 좋을 정도였다. 위(胃)의 화학적 반응도 되찾았고, 마리아 만치니에 대한 미각도 회복했으며, 그의 마른 코 점막의 신경은 시가의 진가를 다시 느낄 수 있게 되었다.

이 국제 요양지의 진열창에도 마음에 드는 시가가 눈에 띄었지만, 한스 카스토르프는 마리아 만치니가 떨어질 것 같으면 보수적이고 경건한 마음에서 여전히 브레멘에서 마리아 만치니를 주문해 오고 있었다. 마리아 만치니는 평지에서 벗어난 한스 카스토르프와 평지를, 또는 그와 고향을 연결하는 매개체가 되어준 것이 아닐까? 예컨대 그의 마리아 만치니에 대한 주문이 가끔 평지의 숙녀들에게 보내는 엽서보다 평지와의 연결을 더 효과 있게 유지시켜 주는 것이 아닐까?

이제 엽서는 그가 이 위의 시간 관념에 젖어 시간을 낭비하는 것을 몸에 익힘에 따라 갈수록 사이가 멀어지게 되었다. 그는 일부러 눈에 덮인 골짜기나 여름 풍경이 펼쳐진 아름다운 골짜기의 그림엽서를 사용했다. 그는 의사의 최근 진단에 대한 보고와 매월 종합 진찰의 결과를 친척들에게 알리고, 청진의 결과와 뢴트겐 사진의 결과로는 분명히 병이 나아가고 있지만 아직 병독이 완전히 사라졌다고는 할 수 없으며, 여전히 가벼운 열이 있어서 작은 환부가 없어지지 않고 남아 있기 때문에, 인내하여 치료를 계속하면 반드시 완치될 테고, 그렇게 되면 이곳에 다시는 올라올 필요가 없을 것이라는 내용으로 엽서의 여백은 꽉 찼다. 더 자세한 내용의 편지가 요구되고 기다려질 이유가 없을 것은 확실했다. 편지를 읽는 사람들은 인문주의자적인 웅변가가 아니었고, 이쪽에서 받는 답장도 그렇게 열성을 띤 답장은 아니었다. 평지로부터의 답장과 함께 돌아가신 아버지의 유산 이자로 보내지고 있는 생활비를 받는 경우가 많았는데, 그 송금된 생활비는 이 위의 돈으로 환산하면 액수가 많아서, 다음 생활비를 받기 전에 이전 생활비를 다 쓰는 일은 한 번도 없었다. 편지는 타이프로 친 여러 행의 글로 제임스 티나펠이 서명하고, 종조부나 때로는 해군에 있는 페터의 인사와 안부가 덧붙어 있었다.

한스 카스토르프는 고문관이 요즈음 주사를 놓는 일을 그만두었다는 사실을 고향에 보고했다. 이 젊은 환자에게 주사는 체질에 맞지 않는 모양으로 두통·식욕 감퇴·체중 감소·피로가 따르게 되어서, 주사를 맞고 나면 곧 '체온'이 올라가 한참 뒤에도 내려가지 않았다. '체온'은 메마른 열이 되어서 그의 장밋빛 얼굴이 타오르는 것처럼 느껴졌다. 이 현상은 평지의 습한 기후에서 태어나 자란 청년에게 이 위의 기후에 익숙해지는 것이 어렵다는 사실을 증명했다.

라다만토스 자신도 익숙해지지 않는 모양인지 언제나 푸른 얼굴을 하고 있지 않은가.

"아무리 노력해도 익숙해지지 않는 사람도 가끔 있어."

한스 카스토르프가 이곳에 처음 도착했을 때 요아힘은 이렇게 설명해 주었는데, 한스 카스토르프도 이 부류의 한 사람인 것 같았다. 그가 이 위에 와서 곧 고통을 받기 시작한 목의 경련도 없어지지 않았고, 걸을 때나 말할 때에는 으레 시작되었으며, 푸른 매발톱꽃이 활짝 핀 명상의 장소로 올라와서 온갖 모험을 회상하고 있을 때에도 기다리고 있었다는 듯이 시작되었다. 그 때문에 한스 로렌츠 카스토르프처럼 그 중후한 턱을 당겨 붙이는 것이 이제는 거의 습성이 되어버렸다. 다시 말해서 한스 카스토르프도 몸이 떨리는 것을 막기 위해 턱을 당겨 붙이며 할아버지의 높은 옷깃, 주름잡힌 예복을 입은 자세, 담황색의 둥근 세례반, 경건하게 '증(曾), 증, 증' 하는 소리, 이 밖에 이와 비슷한 일들을 혼자 생각하고 자신의 험난한 운명을 새삼 되돌아보지 않을 수 없었다.

프리비슬라프 히페의 모습이 11개월 전처럼 확실하게 나타나지 않게 되자, 이 위에서의 그의 순응은 끝났고 이제는 환영도 보이지 않았다. 몸이 벤치 위에서 움직이지 않고 누워 있어도, 영혼이 예전으로 돌아가는 일은 없어졌다. 그런 일은 이제는 일어나지 않게 되었다.

추억의 모습이 눈앞에 떠오르는 일은 있어도, 그 선명함과 생생함이 정상적인 건강의 영역을 넘지는 않았다. 한스 카스토르프는 추억에 잠길 때마다 가슴에 달린 주머니에서 유리로 된 기념품을 꺼내어 보곤 했다. 그는 그것을 이중 봉투에 넣어 지갑 속에 간직하고 있었다. 그것은 지면과 평행한 위치로 보면 꺼멓게 반짝일 뿐 불투명한 유리판이었지만, 햇빛에 비추면 밝아지면서 인체 같은 형상이 나타났다. 인체의 투명상, 갈비뼈의 구조, 심장 모양, 횡격막의 활 모양, 폐장의 풀무, 쇄골과 위팔뼈가 청백색으로 보이면서, 한스 카스토르프가 사육제 밤에 이성(理性)에 거슬러 맛본 살에 싸여 있었다. 거친 휴식용 벤치에 앉아 두 팔을 모으고 고개를 비스듬히 한 뒤 시냇물 소리에 귀를 기울이고 앉아서, 짙푸르게 피어 있는 매발톱꽃과 기념품을 번갈아 보며 '모든 것'을 회상했다. 그렇게 되새길 때마다 민감해진 심장이 멎었다 빨리 뛰었다 한다고 해서 그것이 이상한 일일까?

별이 반짝이던 추운 밤에 고상한 연주를 하던 때와 마찬가지로, 지금도 한스 카스토르프의 눈앞에는 유기 생명의 고귀한 모습, 즉 인간 모습이 떠올라 그는 그 형상을 눈앞에 볼 때마다 여러 문제를 검토하고 해부했다. 선량한 요아힘은 그런 문제에 상관할 의무가 없었고, 한스 카스토르프도 아래 평지에서는 그런 문제를 한 번도 의식한 일이 없었다. 지금 평지에 있었다면 아마 의식하지 않고 지냈을 것이다. 하지만 5천 피트 높이의 관조적인 은둔 상태에서 세계와 피조물을 내려다보며 명상에 잠기는 이 위에서는 그것이 절실한 문제가 되고, 그것에 상관해야 할 의무가 있는 것처럼 느껴지기 시작했다. 아마 이것은 메마른 열이 되어 얼굴에 불타고 있었던 육체의 치밀어 오름, 가용성 독소에 의한 육체의 강조에 따른 것이리라. 한스 카스토르프는 그 모습을 볼 때면 이에 관련하여 손풍금장이 교육자인 세템브리니의 일을 생각했다. 그리스에서 태어난 인문주의자를 아버지로 가지고, 인간상에 대한 사랑을 정치, 저항, 웅변의 의미로 해석하고, 그 자신은 시민의 창(槍)을 인류의 제단에 바치는 세템브리니를. 또한 크로코브스키의 일도 생각했다.

얼마 전부터 이 동료와 함께 컴컴한 밀실에서 했던 일들을 생각하면서 분석의 명암인 양면의 성질을 생각하고, 분석의 어디까지가 행동과 진보에 도움이 되는지, 어느 부분이 무덤 구멍과 그 추잡한 분해와 흡사한가를 생각했다. 또한 반항적인 할아버지와 경건한 할아버지, 저마다 다른 이유에서 일생 동안 검은 옷을 입었던 두 할아버지를 생각하고 비교하며 대조하고 각자의 존엄성을 비교해 보았다. 또 형식과 자유, 정신과 육체, 명예와 치욕, 시간과 영원이라는 고매한 문제에 대해서도 명상하고…… 그리고 매발톱꽃이 다시 피어났으므로 1년이 된 것을 생각하고는 순간적이긴 했지만 심한 현기증에 빠졌다.

한스 카스토르프는 그림과 같은 이 은둔 장소에서의 명상을 '술래잡기'라고 불렀다. 이 명상은 공포와 현기증과 심장의 통증을 일으켜 얼굴을 더욱 달아오르게 했지만, 그는 이것을 사랑스러운 놀이라 느끼고 '술래잡기'라는 아이들 용어로 불렀다. '술래잡기' 놀이는 늘 긴장 속에 놓이게 하므로 명상과는 어울리지 않는 자세이기는 했으나 턱을 가슴에 당겨 붙이곤 했다. 왜냐하면 눈앞에 떠오르는 고귀한 형상을 보면서 빠져버리는, '술래잡기'가 마음에 불러일으키는 묵직한 기분에 도취되었기 때문이다.

얼굴이 못생긴 나프타는 영국의 사회학에 맞서 인간의 모습을 옹호하면서

'신의 아들인 인간'이라고 불렀다. 한스 카스토르프가 문화인으로서의 책임감과 '술래잡기'로 인한 흥미에서, 요아힘과 함께 이 작은 사나이를 찾아갈 생각을 한다는 게 이상한 일인가? 그러나 세템브리니는 분명히 이것을 달가워하지 않았다. 한스 카스토르프는 그것을 명확하게 느낄 수 있는 두뇌와 신경을 가지고 있었다. 그가 나프타와 처음 만났을 때에도 인문주의자는 그것을 가로막으려 했고, 두 청년을, 특히 한스 카스토르프를 틀림없는 '걱정거리 자식'이라고 못을 박았다. 즉 그 인문주의자는 한스 카스토르프에게 나프타와 가까이하지 말도록 한 것이다. 그런데도 세템브리니 자신은 나프타와 교제하고 나프타와 논쟁을 벌였다.

교육자란 모두 그런 식으로 행동한다. 그들은 자기들은 '면역'이 되었다면서 흥미로운 대상을 계속 가까이하면서도, 젊은이에게는 그것을 금지시키고 흥미로운 대상에 '면역'이 되어 있지 않다는 점을 강조하는 것이다. 손풍금장이는 사실 한스 카스토르프에게 무엇이든 금할 권리는 없었다. 그러면서도 금지하는 행동이 완강하지 않은 것은 다행스러운 일이었다. '걱정거리 자식'은 멍청하게 앉아 있기만 하고, 못생긴 나프타의 초대에 상냥하게 응해서는 안 될 이유가 없었으므로, 그는 드디어 방문을 실행에 옮겼다. 그는 나프타를 처음 알게 된 날부터 며칠이 지난 어느 일요일 오후, 정오의 안정 요양을 마친 뒤에 요아힘과 함께 나프타를 방문했다.

베르크호프의 차도를 내려가 포도덩굴이 감겨진 집 앞까지는 몇 분 정도 걸리는 거리였다. 안으로 들어가서 오른쪽에 보이는 구멍가게를 지나 갈색의 좁은 계단을 올라가면 2층 입구가 나오는데, 초인종 옆에는 부인복 재단사인 루카세크의 문패가 붙어 있었다. 사촌들에게 문을 열어준 소년은 짧은 줄무늬 셔츠에 행전을 동여맨 제복 차림의 나이 어린 귀여운 사환이었다. 그는 짧은 머리에 붉은 볼을 하고 있었다. 사촌들은 나프타 선생이 집에 있느냐고 물었다. 둘 다 명함을 가지고 있지 않았기 때문에 두 사람의 이름을 여러 번 되풀이해서 말한 뒤에야 사환은 그것을 나프타에게 알리기 위해 안으로 들어갔다. 소년은 나프타의 이름에 선생이라는 호칭을 붙이지 않고 불렀다. 입구에서 마주 보이는 열린 문 사이로 재단사의 작업장이 보였다. 안식일인데도 루카세크가 다리를 포개고 작업대 앞에 앉아서 재봉일을 하고 있었다. 루카세크는 얼굴빛이 좋지 않고 머리가 벗겨졌으며, 굉장히 큰 매부리코 밑에 새카

만 콧수염이 입술 좌우에 까다롭게 드리워져 있었다.
"안녕하십니까?"
한스 카스토르프가 먼저 인사했다.
"어서 오십시오."
재단사는 그의 이름과 외모에 어울리지 않는, 조금 어색한 느낌을 주는 스위스 사투리로 대답했다.
한스 카스토르프는 끄덕이면서 계속 말했다.
"수고가 많으십니다. 그런데 오늘은 일요일인데요."
"급한 일이라서요."
루카세크는 짧게 대답하고 계속 재봉틀질을 했다.
"아주 고급 옷인 것 같군요. 급히 필요한 모양이지요? 사교 무도회나 뭐 그런 데 입으려고……."
재단사는 이 질문에 한동안 대답을 하지 않고, 실을 이로 끊고는 바늘에 다시 새로운 실을 꿴 뒤에야 고개를 끄덕여 보였다.
한스 카스토르프는 계속해서 물었다.
"멋진 것이 되겠군요. 소매가 달리게 됩니까?"
"네, 소매를 답니다. 나이 든 부인의 옷이니까요."
루카세크는 심한 보헤미아 사투리로 대답했다. 문 너머의 대화는 소년 사환이 돌아왔기 때문에 그것으로 끝나게 되었다. 소년은 나프타가 손님들을 들어오시도록 했다는 말을 전하면서 오른쪽에 있는 문을 열고, 그 뒤에 드리워진 커튼을 손님들을 위해 올려주었다. 이어서 나프타는 이끼 같은 녹색 융단 위에 가죽 슬리퍼를 신은 채 들어오는 두 사람을 맞았다.
사촌들에게 안내된 서재는 유리창이 둘이나 있고 아주 호화스러워 눈이 부실 정도였다. 집 전체, 계단, 보잘것없는 복도를 생각해 보건대 이런 호화스러운 방이 기다리고 있으리라고는 짐작조차 할 수 없었다. 이런 대조가 동화 속에 빠져든 느낌을 주었다. 만일 이 대조가 없었으면 이 방의 장식만으로는 그런 느낌은 없었을 것이고, 한스 카스토르프와 요아힘의 눈에도 그런 느낌은 일어나지 않았을 것이다. 어쨌든 그 분위기는 매우 훌륭했고 번쩍거렸으며, 사무용 책상과 책장이 있기는 했지만 남자 방이라는 느낌은 주지 않았다. 연지빛과 빨간 비단 등이 사용되었으며, 허름한 문을 감추고 있는 커튼도 비단이고, 유리창의 커튼과 가구 세트의 덮개도 비단이었다. 그 가구 세트는 방의 좁은 쪽에 있었는데, 벽을 거의 남기지 않고 가리고 있는 벨벳으로 만든 벽걸이 앞에 놓여 있었다. 금속으로 장식된 둥근 탁자와 그 주위에 있는, 팔걸이에 가느다란 쿠션이 달린 바로크 양식의 소파, 그리고 둥근 탁자 뒤에도 비단 쿠션이 놓인 바로크 양식의 소파가 하나 있었다. 책장은 두 번째 문 옆의 벽 부분을 감추고 있었다. 이 책장은 마호가니로 만든 것인데 유리문이 달려 있고 그 안에는 녹색 비단이 드리워져 있었다. 두 개의 유리창 사이에 놓여 있는 책상도 마호가니 제품으로, 사무용 책상이라기보다 오히려 감아 넣은 어묵 모양의 뚜껑이 달려 있는 책상이었다. 그리고 소파 세트의 왼쪽 구석에는 붉은 천으로 덮은 장식대가 있고, 그 위에는 채색된 목각 미술품이 놓여 있었다. 그리스도의 시체를 안고 서러워하는 성모 마리아를 표현한 〈피에타〉였는데, 단순하고 기괴할 뿐 아니라 처절하기까지 한 인상을 주는 작품이었다.

베일을 쓴 성모는 눈썹을 찌푸리고 비통함에 일그러진 얼굴로 입을 벌린 채 무릎 위에 수난의 그리스도를 안고 있었는데, 그리스도의 모습은 신체 각 부분의 균형이 졸렬하여 해부학적으로 과장이 되었으며, 해부학을 전혀 모르고 만든 작품이라는 것을 느끼게 했다. 흐트러진 머리에는 가시관이 얹혀 있었고, 얼굴과 팔다리에는 피가 묻었으며, 옆구리의 상처와 손발의 못 자국에서 흘러나온 피가 커다란 포도알처럼 엉겨 있었다. 이 미술품이 비단으로 장식된 방에 어울리지 않는 독특한 인상을 주었던 것은 물론이었다. 책장 위와 유리창 양쪽 벽의 벽지도 현재의 하숙인이 바른 것이 확실했다. 그 벽지의 세로무늬의 녹색이 빨간 마룻바닥에 깐 부드러운 융단 색과 조화를 이루었다. 그러나 낮은 천장만은 어떻게 할 수 없었는지, 그 상태대로 틈이 벌어져 있었다. 그래도 베네치아풍의 작은 샹들리에가 천장에 달려 있었으며, 창에는 마룻바닥까지 내려온 크림색의 커튼이 드리워져 있었다.

"우리 두 사람은 대담을 하고자 왔습니다."

한스 카스토르프는, 이 뜻하지 않은 화사한 방의 주인보다는, 방구석에 있는 처절하고도 신성한 조각품에 눈길을 향하며 말했다. 나프타는 사촌들이 약속대로 찾아준 것에 대해 고맙다고 말했다. 그는 조그만 오른손을 정답게 들어 손님들을 비단 의자로 안내했지만, 한스 카스토르프는 조각 작품으로 끌려가듯이 곧장 그리로 가서는, 손을 허리에 대고 고개를 돌린 채 그 앞에 계속 서 있었다.

그는 작은 목소리로 말했다.

"이건 무슨 조각입니까? 정말 굉장히 잘 만들어졌군요. 이런 고뇌의 모습이 과거에 있었습니까? 물론 오래된 것이겠지요?"

나프타가 대답했다.

"14세기의 작품입니다. 아마 라인 강 지방의 것으로 생각됩니다. 감탄하셨습니까?"

"몹시 감탄했습니다. 이것을 보고 감명을 받지 않는 이는 아마 없을 것입니다. 나는 정말이지 생각도 못했습니다. 이렇게 추악하고—아, 실례입니다만—동시에 이렇게 아름다운 것이 있으리라고는 말입니다."

"영혼의 세계와 표현 세계의 산물은 아름답기 때문에 추악하며, 추악하기 때문에 아름다운 것입니다. 대개 그렇습니다. 이것은 정신적인 아름다움이지 육체적인 아름다움은 아닙니다. 육체적인 아름다움은 절대적으로 어리석습니다. 게다가 추상적이기도 합니다."

"육체의 아름다움은 추상적입니다. 진실성은 내면적인 아름다움, 종교적 표현의 아름다움에만 있습니다. 아주 명확하게 구분하고 분류해 주셨습니다. 음, 14세기라고요?…… 그럼 천삼백 몇 년이 되는군요. 그렇다면 정말 중세로군요. 내가 요즈음 중세에 대해서 생각했던 것이 이 조각품 속에서 그대로 확인되고 있습니다. 나는 사실 그런 것에는 전혀 문외한이었습니다. 나는 기술적 진보라는 방면의 인간이기 때문이지요. 그러나 이 위에서 살게 된 뒤로는, 중세에 대한 생각이 여러 형태로 친근하게 되었습니다. 중세에는, 경제 사회학 같은 건 아직 없었습니다. 이것만은 확실합니다. 도대체 이것을 만든 예술가는 어떤 사람입니까?"

나프타는 어깨를 움츠리며 말했다.

"그것이 왜 문제가 될까요? 우리는 그것을 문제 삼을 필요가 없을 것입니다. 이것이 만들어진 무렵에도 그것은 문제가 되지 않았으니까요. 이것은 어떤 특정한 개인을 작자로 갖는 작품이 아닙니다. 이름 없는 공동 작품입니다. 물론 이것은 훨씬 후기 중세의 고딕 양식의 것으로, 금욕의 상징입니다. 십자가에 못 박힌 그리스도를 상징하는 데 필요하다고 생각한 고도의 기술적 미학, 예컨대 그리스도의 가시관과 죄악의 세상과는 대조되는, 빛나는 승리와 순교자에 대한 로마네스크 시대의 표현을 이 작품의 어느 곳에서도 찾아볼 수 없습니다. 모든 것이 고뇌와 무력한 육체에 대한 과격한 표현입니다. 고딕풍의 취미야말로 회의적, 금욕적인 취미라고 할 수 있습니다. 당신은 인노켄티우스 3세의 《인간 조건의 비참함에 대하여》라는 저서를 읽어보셨습니까? 아주 기지에 찬 저서입니다. 12세기 말에 나온 것으로, 이 조각품이 비로소 그 저서에 삽화를 제공해 주고 있습니다."

한스 카스토르프는 한숨을 쉬었다.

"나프타 씨, 당신의 말씀은 모두 흥미롭습니다. '금욕의 상징'이라고 말씀하셨지요? 그 말을 잘 기억해 두겠습니다. 또 아까는 '이름 없는 공동 작품'이라고 하셨는데, 그것도 생각해 볼 말 같습니다. 교황의 저서—인노켄티우스 3세는 교황이었다고 생각합니다—에 대해서는 유감스럽게도 잘 모릅니다. 그 책이 금욕적이고 기지에 차 있다고 하셨는데 정말인가요? 솔직히 말씀드려서 나는 금욕과 기지가 결합할 수 있는 것이라고는 한 번도 생각한 일이 없었지만, 잘 생각해 보면 결합이 가능할 수도 있겠군요. 물론 인간의 비참함에 대한 논문은, 육체를 희생할 수만 있다면 기지를 놀리기 쉽겠지요. 그 책을 사볼 수 있습니까? 나의 라틴어 실력을 짜내면 그럭저럭 읽어 내려갈 수 있을 것 같습니다."

나프타는 책장 하나를 턱으로 가리키면서 말했다.

"나에게 그 책이 있습니다. 마음대로 이용하십시오. 어쨌든 앉으시지요. 〈피에타〉는 소파에서도 볼 수 있습니다. 아, 차가 나왔군요……."

소년 사환이 찻잔과 은제 금속으로 장식한 아름다운 바구니를 가지고 들어왔는데, 바구니 속에는 피라미드 모양의 케이크가 여러 조각 들어 있었다. 그때 소년의 뒤에서 "이거 뜻밖입니다" 하고 말하면서 부드러운 미소를 지은 채 들어온 사람은 누구였을까? 나프타의 위층에 살고 있는 세템브리니가 손님들을 상대하기 위해 들어온 것이었다. 사촌들이 오는 것을 창으로 보고는, 쓰고 있던 백과사전의 한 페이지를 서둘러 다 써놓고 아래층으로 내려온 것이라고 세템브리니는 말했다. 그가 온 것은 조금도 이상할 게 없었다. 베르크호프의 주민들과는 오랜 친구였고, 나프타와 심각한 의견 대립은 있어도 교제와 대담을 활발하게 해왔던 터라 방 주인도 별로 놀라는 기색 없이 자신의 논적(論敵)을 맞아들였다.

그러나 한스 카스토르프는, 세템브리니가 얼굴을 내밀었을 때 두 가지 인상을 받았다. 첫째, 세템브리니가 모습을 나타낸 것은 한스 카스토르프와 요아힘을—정말은 한스 카스토르프만을—키가 작고 못생긴 나프타와 단둘이만 있게 하지 않고 자기도 거기에 버티고 있으면서, 이른바 교육자로서 대항하기 위해 출두한 것처럼 느껴졌다. 둘째, 세템브리니가 자신의 다락방 생활을 잠시 동안 벗어나, 화려한 비단으로 사치스럽게 꾸민 나프타의 방을 구경하면서 정성껏 준비된 차를 마시겠다는 속셈이 아닐까 하는 느낌이 들었다. 어쨌든 세템브리니가 이 기회를 적절히 이용하고 있다는 느낌이 확실히 왔다. 그는 유난히 새끼손가락만 털이 난 누런 손을 비빈 뒤에, 그물코 모양의 초콜릿을 얹은, 어묵 모양의 케이크 조각을 손에 들고는 무척 맛있다는 듯이 찬사를 보내면서 먹었다.

한스 카스토르프가 처음부터 〈피에타〉를 주의 깊게 바라보고, 또 거기에 대한 이야기도 했기 때문에 〈피에타〉를 중심으로 하는 대화가 계속되었다. 한스 카스토르프는 세템브리니로 하여금 이 미술품에 인문주의적인 비판을 하도록 여러 번 유도했지만, 인문주의자가 그 미술품을 싫어하는 것은 그쪽을 돌아보는 그의 눈길만 보아도 역력히 알 수 있었다. 그는 그 미술품에 등을 돌리고 앉아 있었다. 세템브리니는 자신이 생각하는 바를 아무렇게나 말할 정도로 무례한 사람이 아니었기에, 〈피에타〉의 각 부분의 균형과 형태에 나타난 결함만을 비판하는 데 그쳤다. 그리고 그 조각의 과장은 그 조각이 만들어진 시대의 기술이 부족해서가 아니라 어떤 근본적인 악의(惡意)에 원인이 있기 때문에, 자기에게 감동을 주기에는 거리가 너무 멀다고 말했다. 이 말에는 나프타도 빈정거리는 말로 동의를 표시했다. 세템브리니 씨가 말한 것처럼 기술 부족 같은 것은 문제가 아니었고, 그것은 단지 자연의 속박으로부터 의식적으로 벗어나려는 것이며, 자연에 복종하는 것을 전면적으로 부정함으로써 자연이 얼마나 하찮은 것인가를 종교적으로 나타낸 데에 지나지 않는다고 덧붙였다. 여기에 대해 세템브리니는, 자연과 그 연구를 경시하는 것은 인간적으로 옳지 않다 비난하고, 중세와 중세를 모방한 시대를 이상으로 한, 부조리한 몰(沒)형식주의에 대해서 그리스와 로마의 문화·고전주의 형식·아름다움·이성·이교주의적 명랑성을 칭찬하면서, 그것만이 인간의 사명을 촉진시킨다는 점을 흥분하여 논하기 시작했다.

이때 한스 카스토르프도 끼어들었다. 세템브리니 씨가 말한 대로라고 한다면, 자기 자신의 육체를 부끄러워했던 플로티노스는 어떻게 되는 것일까? 그리고 리스본의 끔찍한 지진에 대해 이성의 이름으로 반항한 볼테르는 어떻게 될 것인가 하고 반문했다. 이것도 부조리란 말인가? 그래, 이런 것도 부조리라고 하자. 그러나 곰곰이 생각해 보면, 부조리한 것이야말로 정신적으로 훌륭한 것이라고 말할 수 있다. 고딕 예술의 부조리한 면인 반자연성도 결국은 플로티노스나 볼테르의 태도와 마찬가지로 훌륭하다고 할 수 있으며, 운명과 현실로부터의 해방을 의미한다는 점으로 봐도 어리석은 힘인 자연에 복종하는 것을 거절하려는 불굴의 자만심을 의미하고 있다…….

나프타는 금이 간 접시를 연상케 하는 소리로 웃었는데, 그 소리는 마지막에 가서는 기침으로 변했다.

세템브리니는 품위 있게 말했다.

"그렇게 예리하게, 기지에 넘친 반박을 하면 이쪽 주인에게 미안한 일입니다. 더구나 이렇게 값진 케이크 대접을 받았는데 말입니다. 도대체 당신은 감사할 줄 알고 있습니까? 물론 감사한다는 것은, 받은 선물을 잘 쓰는 것이라고 생각합니다만……."

이에 한스 카스토르프가 부끄러워하자, 세템브리니는 애교 있게 덧붙였다.

"당신이 장난꾸러기라는 것은 잘 알고 있습니다, 엔지니어. 나는, 당신이 훌륭한 대상에 대해 선의로 놀려대는 습관이 있는 것을 알고 있습니다. 그리고 당신이 그 대상을 사랑한다는 것도 의심하지 않습니다. 당신도 알고 있듯이, 자연에 대한 정신적 반항 중에서도 인간의 존엄과 아름다움에 의한 반항만이 훌륭하다고 말할 수는 없습니다. 인간의 오욕과 타락을 염원하지 않는다 해도, 거기서 비롯한 반항은 결코 훌륭하다고는 할 수 없습니다. 내 뒤에 있는 미술품을 낳은 시대가 얼마나 비인간적이고 잔인한 시대, 피에 굶주린 편협한 시대였는가를 당신도 알고 있을 것입니다. 나는 당신에게 종교 재판관들의 무서운 형벌과 고문에 대해 말하려 합니다. 예를 들어 콘라드 폰 마르부르크의 피비린내 나는 인품과, 그가 초자연적인 힘의 지배에 조금이라도 방해가 될 만한 모든 것을 마구 없애려고 했던 광신을 떠올리게만 하면 그것으로 충분합니다. 당신도 칼과 화형(火刑)의 장작을 인간애의 도구라고는 도저히 인정할 수 없겠지요……?"

나프타가 말했다.
“그렇지만 성직자 회의는, 그런 도구를 이 세상에서 나쁜 시민들을 제거하는 인간애를 위해서 사용했습니다. 교회의 형벌은 화형이나 파문인데, 모두 영혼을 영원한 타락에서 구원하기 위해 행사한 것입니다. 이것은 자코뱅 당원들의 살육을 위한 살육과는 비교가 안 될 정도로 거룩합니다. 내세의 신앙에서 출발하지 않은 고문과 피비린내 나는 재판은, 모두 비굴하고 무의미한 것이라고 말하고 싶습니다. 그리고 인간 타락의 역사는 시민 정신의 역사와 완전히 보조를 맞추고 있습니다. 르네상스와 계몽 정신, 19세기의 자연 과학과 경제 사상은 인간의 타락을 조금이라도 조장할 수 있는 것에게는 모두 시민 정신을 가르쳐 왔던 것입니다. 첫째로 천문학이 그것입니다. 신과 악마가 서로 자기 손에 넣으려고 열망하는 피조물인 인간을 사이에 두고 싸우는 존엄한 무대이자 우주의 중심인 이 지구를 근세 천문학은 한 개의 평범한 작은 유성으로 바꿔 버리고는, 이를 이용하여 인간의 위대한 우주적 지위, 즉 점성술의 성립을 가능하게 하는 기초 지위를 당분간 종결짓고 만 것입니다.”
“당분간이요?”
세템브리니는 종교 재판관이나 판사처럼 반문했다. 진술자가 자기도 모르게 엄청난 죄에 빠져 있다고 착각할 만큼 강압적으로 행동하는 재판관처럼.
나프타는 냉정하게 말했다.
“그렇습니다. 거의 2, 3백 년 동안은 말입니다. 모든 정세가 잘못되지 않는다면, 이 점에서도 스콜라 학파의 명예를 회복할 때가 가까워지고 있습니다. 아니, 현재는 순조롭게 진행되고 있습니다. 코페르니쿠스는 프톨레마이오스에 의해 패배당할 것입니다. 지동설은 점점 정신적 반격에 부딪치게 되고, 이 반격의 시도는 아마 소기의 목적을 이룰 것입니다. 그렇게 되면 과학은 교회의 교리가 이 지구를 유지시키려고 했던 모든 빛나는 지위를 부득이하게 다시 철학적으로 승인해야만 하겠지요.”
“뭐라고요? 정신적 반격이요? 부득이하게 다시 철학적으로요? 소기의 목적을 이룬다고요? 그건 또 무슨 주의설(主意說)입니까? 그렇다면 무전제적(無前提的) 탐구는요? 순수 인식은요? 자유와 밀접한 관계를 가지고 있는 진리의 개념은 어떻게 되는 것입니까? 당신은 과학에 종사하는 사람들을 지구를 비방하는 사람들이라고 단정하지만, 그들은 오히려 지구의 영원한 자랑이라고 할 수 있습니다. 그런 순교자를 태어나게 한 진리의 개념은 어떻게 되는 것입니까?"

세템브리니는 따지듯 물었다. 상체를 뒤로 젖힌 듯이 앉아서 작은 나프타의 머리 위에 진지하게 퍼붓다가, 마지막에 가서는 목소리를 높였다. 그는 나프타의 대답을 침묵에 대한 부끄러움에서 나온 것에 불과하다고 확신하는 것 같았다. 그는 손에 피라미드 케이크 한 조각을 들고 얘기하고 있었는데, 이렇게 따지는 동안 먹을 생각이 사라졌는지 케이크를 슬그머니 쟁반에 도로 놓았다.

나프타는 무서울 정도로 침착하게 대답했다.

"순수 인식이란 것은 존재하지 않습니다. 아우구스티누스의 '나는 인식하기 위해 믿는다'라는 말에 요약된 교육 철학은 움직일 수 없는 진리입니다. 신앙은 인식의 기관이며, 지성은 제2의 존재입니다. 당신이 말하는 무전제적 과학은 단지 신화에 불과합니다. 하나의 신앙, 세계관, 이념, 즉 하나의 의지는 언제나 존재하고 있으며, 이성은 단지 그것을 논평하고 증명할 따름입니다. 언제 어느 경우라도 마지막으로 문제가 되는 것은 '무엇을 증명하려고 했는가'입니다. 증명이라는 개념은 심리적으로 볼 때 많은 주의적 요소를 담고 있습니다. 12세기와 13세기의 위대한 스콜라 학자들은, 신학의 관점에 어긋난 진리는 철학적으로 진리일 수 없다고 확신했으며, 그 점에 대해서는 모두 생각이 일치하고 있습니다. 원하신다면 신학은 잠시 상관하지 말도록 합시다. 그러나 철학에 비추어서 오류인 것은 자연 과학에서도 오류이며, 결코 진리일 수 없습니다. 이런 현상을 부정하는 인문주의도 참된 인문주의가 아닙니다. 갈릴레이에 대한 종교 재판의 판결은, 그의 학설이 철학적으로 부조리했기 때문입니다. 이 이상 적절한 논증은 없습니다."

"천만의 말씀입니다! 불행하고 위대한 갈릴레이의 논증은 더욱 확실했다는 것이 증명되었습니다! 아니, 좀더 진지하게 말해 볼까요? 선생! 저렇게 열심히 듣고 있는 두 청년 앞에서 대답해 주십시오. 당신은 진리를 믿고 있습니까? 객관적 진리, 과학적 진리를 믿습니까? 모든 도덕의 최고 목적이 진리를 추구하는 것이며, 또 권위에 맞서 진리를 승리하게 하는 것이 인간 정신의 빛나는 역사를 의미한다고 하는 진리를 말입니다."

한스 카스토르프와 요아힘은 세템브리니에게서 나프타에게로 눈길을 옮겼지만, 한스 카스토르프는 요아힘보다 더 예리하고 날카로운 눈길이었다.

나프타가 대답했다.

"당신이 말하는 승리는 불가능합니다. 왜냐하면 권위는 인간 자신이며, 인간의 이해, 인간의 존엄성, 인간의 구원이 권위이기 때문입니다. 그래서 권위와 진리 사이에 충돌 같은 것은 있을 수 없습니다. 둘은 완전히 일치하니까 말입니다."

"그러면 진리란……."

"인간에게 도움이 되는 것이 진리입니다. 자연은 인간 속에 요약되어 있습니다. 모든 자연 가운데서 인간만이 창조되었고, 다른 자연은 모두 인간을 위해 만들어진 것입니다. 인간이 만물의 척도이며, 인간의 구원이야말로 진리의 목표입니다. 인간의 구원이라는 이념에 실제적 관련이 없는 이론적 인식은 의미 없는 것이어서 진리로서의 가치를 조금도 인정할 수 없고, 그런 인식은 받아들여질 수도 없습니다. 기독교적 세기의 전부는 자연 과학이 인간에게 아무 가치도 갖고 있지 않다고 인정한 점에서 완전히 일치된 생각을 가지고 있습니다. 콘스탄티누스 황제가 왕자의 교사로 선택한 락탄티우스도 솔직하게 말하고 있지 않습니까? 나일 강의 수원지가 어느 곳에 있는지를 알고 있어도 또 물리학자들이 주장하는 천체에 대한 바보 같은 이야기를 알고 있어도, 그것이 인간의 구원에 무슨 도움이 될 것인가를 정확한 의미에서 올바르게 물었습니다. 당신은 락탄티우스에게 그에 대한 대답을 할 수 있습니까? 플라톤 철학이 다른 모든 철학보다 더 존경을 받는 것은, 그 철학이 자연 인식을 문제로 삼지 않고 신의 인식을 문제 삼고 있었기 때문입니다. 나는 요즈음의 인류는 내가 말한 바와 같은 견해로 되돌아가고 있다고 단언할 수 있습니다. 참된 과학의 임무란, 구원이 없는 인식을 쫓아가는 것이 아닙니다. 해로운 것, 혹은 단지 관념적으로 가치가 없는 것을 원칙적으로 배제하고 본능, 절도(節度), 선택을 가르치는 데 있다는 것을 통찰하기 시작했습니다. 교회가 빛에 대항하여 암흑을 옹호했다고 생각하는 것은 유치하기 이를 데 없습니다. 교회가 자연 인식의 무전제적 추구를 응징해야 한다고 한 것은 현명한 처사입니다. 즉 정신을 고려하지 않고, 구원의 목적 또한 고려하지 않은 인식의 추구는 벌을 주는 것이 마땅합니다. 그러나 무전제적이고 비철학적인 자연 과학이 인간을 암흑으로 이끌었으며, 지금도 더욱 어두운 곳으로 인도하고 있습니다."

"당신은 하나의 실용주의를 주장하고 계십니다. 그 실용주의를 정치 세계로 옮겨서 생각한다면 그 엄청난 위험성을 알 수 있을 것입니다. 좋습니다. 국가에 이익이 되는 것만이 진리이고 옳은 것이라고 합시다. 그리고 국가의 행복, 국가의 존엄, 국가의 융성만이 도덕의 표지라고 합시다. 좋아요! 그 결과로 모든 범죄가 용서된다면 인류의 진리, 개인의 권리, 민주주의가 어떻게 될 것인지 두고 볼 만합니다……."

"좀 논리적으로 말해 주십시오. 프톨레마이오스와 스콜라 학파의 생각이 옳은 것이라고 한다면 이 세계는 시간적, 공간적으로 유한한 것이 됩니다. 그렇다면 신은 초월적인 존재이며, 신과 세계의 대립은 엄연히 존재할 뿐 아니라 인간도 이원적 존재가 되어 영혼의 문제는 감각적인 면과 초감각적인 면의 투쟁을 의미하고, 모든 사회적인 문제는 더욱더 부차적인 것이 되겠지요. 나는 이런 의미의 개인주의만을 한결같은 논리로서 인정할 수 있습니다. 이와 반대로 당신이 말한 것처럼 르네상스 시대 천문학자들의 주장이 진리라고 한다면, 우주는 무한입니다. 그렇다면 초감각적 세계는 존재하지 않고, 이원론도 성립하지 않게 되며, 내세는 현세 속에 포함되고, 신과 자연의 대립도 해소됩니다. 이 경우에 인간의 인격은 서로 대립되는 두 원리의 투쟁 무대가 아닌, 조화된 단일적인 것으로 돌변합니다. 따라서 인간의 내면적인 투쟁은 개인과 집단의 이해 충돌에 기인하게 되고, 국가의 목적이 도덕의 기준이 된다는, 그야말로 이교도적인 도덕관에 이르게 됩니다. 이상의 두 가지 견해 가운데 하나일 겁니다."

세템브리니는 찻잔을 든 손을 상대방에게 내밀 듯이 하면서 외쳤다.

"나는 그것에 항의합니다! 나는, 근대 국가가 개인의 저주받을 노예 상태를 의미한다고 하는 비판에 항의합니다. 또한 당신이 우리에게 프로이센주의나 고딕적인 반동 중에서 어느 한쪽을 택하게 하는 번거로움에 항의합니다! 민주주의의 의의는, 국가 지상주의에 개인주의적 수정을 가하는 데 있습니다. 진리와 정의야말로 개인주의 도덕의 정화입니다. 이 두 가지가 국가의 이해와 모순되는 경우에는 반국가적 사상과 같은 외관을 띨지는 모르지만 사실은 국가의 한층 더 높은, 좀 대담하게 말한다면 초지상적인 복지를 염두에 두는 것입니다. 르네상스가 국가 신화(神化)의 근원이라니요? 이런 궤변이 또 어디 있습니까? 르네상스와 계몽 정신이 서로 싸워서 쟁취한 전리품! 그것은 인격과 인간의 권리와 자유입니다."

세템브리니의 웅변적인 응수에 숨을 죽이며 듣고 있던 사촌들은 그의 말이 끝나자 숨을 크게 쉬었다. 한스 카스토르프는 조심스럽게 탁자 가장자리를 손가락으로 두드리며 조용히 말했다.

"훌륭합니다!"

요아힘도 프로이센주의에 대해 약간의 공박을 받기는 했지만 깊은 만족의 빛을 표시했다. 그리고 두 사람은 반격받은 나프타에게 다시 눈길을 돌렸다. 한스 카스토르프는 긴장한 나머지, 돼지의 선화(線畵)를 그릴 때처럼 팔꿈치를 테이블 위에 얹어서 턱을 주먹으로 받치고는, 나프타의 얼굴을 바로 옆에서 바라보았다.

나프타는 마른 손을 무릎 위에 놓고, 긴장한 자세로 조용히 앉아 있다가 말을 꺼냈다.

"나는 논리적으로 말하려고 했습니다만, 당신은 여기에 대해 유창한 웅변으로 대답했습니다. 르네상스가 이른바 개인주의, 자유주의, 인문적 시민주의를 불러온 것은 나도 어느 정도 알고 있습니다. 그러나 당신이 말하는 '어원적 강조'에 대해서는 흥미가 없습니다. 왜냐하면 당신이 이상으로 하는 진리와 정의는 그 '싸우는' 영웅적 시기를 이미 통과하여 사라졌고, 현재에는 거의 반죽음 상태에 있으며, 당신의 그런 이상에 마지막 일격을 가하는 새로운 이상이 찾아오려고 하기 때문입니다. 당신은 혁명가를 자칭하고 있습니다. 하지만 앞으로의 혁명적 산물이 자유라고 생각하신다면 그릇된 판단입니다. 자유의 원리는 지난 500년 동안 할 일을 다해서 노쇠해 버렸습니다. 또한 오늘날 참된 교육 수단이란 비평, 개인의 해방과 육성, 절대시되어 온 생활 양식의 폐지라고 생각하는 무리도 있습니다. 그들은 계몽 정신의 후예를 자처하면서도 그런 교육 수단이 옳다고 생각합니다. 그런 교육 수단은 웅변에 의해 일시적으로 갈채를 받을 수는 있겠지만, 그 반동성은 지식인의 눈에는 의심스러운 점이 많습니다. 모든 교육 단체는 교육의 목표가 무엇인가를 잘 알고 있었습니다. 즉 교육의 목표는 절대명령, 절대복종, 규율, 희생, 자기 부정, 인격의 억압에 있습니다. 청년들이 자유를 좋아한다고 생각하는 것은, 청년들을 진심으로 이해하는 것이 아닙니다. 청년들의 가장 크고 깊은 기쁨은 복종입니다."

요아힘은 나프타의 말을 듣고 자세를 가다듬었으며, 한스 카스토르프는 얼굴을 붉혔다. 세템브리니는 흥분하여 아름다운 콧수염을 손으로 비틀었다.

나프타는 자기의 주장을 계속 이어갔다.

"그렇습니다! 자기 해방과 발전은, 시대의 비밀이나 명령이 절대 아닙니다. 시대가 필요로 하고 요구하며 틀림없이 실현시키는 것, 그것은 테러리즘입니다."

나프타는 이 마지막 말을 할 때에는 흔들림 없는 자세로 목소리를 낮추어 말했고 안경알이 번쩍였다. 그의 말을 듣고 있던 세 사람은 깜짝 놀랐다. 세템브리니도 처음에는 그랬지만, 잠시 뒤에 평정을 되찾고 미소를 띠었다.

"그렇다면 질문을 해도 좋겠습니까? 어떻게 질문해야 할지 모를 지경입니다만, 당신은 도대체 누가, 또는 무엇이—당신이 한 말을 되풀이하는 것조차 주저됩니다만—그 테러리즘의 담당자라고 생각하십니까?"

나프타는 안경알을 번쩍이면서 조용히, 그리고 날카로운 자세로 앉아 있었다. 이윽고 그는 대답했다.

"대답해 드리겠습니다. 나는 인류의 이상적인 원시 상태, 국가도 없고 권력도 없었던 상태, 직접적으로 신의 자식이었던 상태, 즉 지배도 예속도 법률도 형벌도 부정도 없고, 육신의 결합도 계급도 노동도 재산도 없으며, 오직 평등과 우정과 윤리적 완성만이 존재하고 있었던 시대를 가정한다는 점에서만은 당신과 의견을 같이하고 있다고 생각해도 좋을 것입니다."

"좋습니다. 찬성입니다. 육신의 결합을 제외하면 말입니다. 이 결합은 어느 시대에나 존재했음에 틀림없기 때문입니다. 인간이 아주 고도로 발달한 척추동물임에도 다른 생물과 마찬가지로……."

"그 점은 좋을 대로 생각하십시오. 나는 인간의 원죄로 말미암아 잃어버린 원시적 낙원의 무법 상태, 신의 직접적인 아들이었던 상태에 대해서 우리 두 사람의 의견이 근본적으로 일치하는 것을 확인한 것뿐입니다. 우리는 앞으로도 한동안 손을 잡고 나갈 수 있을 것입니다. 즉 국가의 기원은 죄를 가려내고 부정을 막기 위해 체결된 사회 계약에 근거를 둔 것이어서, 국가를 지배 계급 권력의 근원이라고 생각하는 점에서도 우리는 의견이 같기 때문입니다."

세템브리니가 뜻밖이라는 듯 외쳤다.

"명언입니다! 사회 계약…… 이것이야말로 계몽 정신입니다. 루소입니다. 의외입니다. 당신이……."

"가만히 계십시오. 우리는 여기에서 생각이 갈라지기 시작합니다. 지배와 권력의 모든 것이 본디는 민중의 것이라는 사실, 그리고 민중이 입법의 권리와 모든 권력을 국가와 군주에게 맡겼다는 사실로 볼 때 당신의 학파는 군주에 대한 민중의 혁명 권리를 결론짓고 있습니다. 이와 반대로 우리는……."

그 순간 한스 카스토르프는 긴장하면서 생각했다.

'우리? 우리란 누구를 말하는 것일까? 나중에 반드시 세템브리니에게 들어야겠어. 나프타의 '우리'란 누구인가를.'

나프타의 말이 이어졌다.

"우리로서는—아마 당신들에게 지지 않을 혁명적인 생각일 겁니다—교회는 무엇보다도 지상의 국가보다 우위에 있다고 생각해 왔습니다. 왜냐하면 국가란 국가의 세속적인 본성이 확실하게 표면화하지 않더라도 본디 민중의 의사에 근거를 둔 것이며, 또한 교회처럼 하느님의 뜻에 의한 제도가 아니었던 역사적 사실로 볼 때, 비록 국가가 악의적인 제도는 아닐지라도 어쨌든 임시적이며 죄에 빠지기 쉬운 불완전한 것임이 증명되기 때문입니다."

"잠깐만요, 국가는……."

"당신의 민족 국가에 대한 견해는 나도 알고 있습니다. '조국애란 무한한 명예로운 모든 것에 우선한다.' 이것은 베르길리우스의 말입니다. 이것을 자유주의적 개인주의로 조금 고치면 그것이 민주주의입니다만, 그로 말미암아 국가에 대한 당신의 근본적 사고방식은 조금도 변하지 않을 것입니다. 국가의 영혼은 자본이라고 말씀드려도 당신은 반론하지 않을 것입니다. 내 말에 이의가 있습니까? 고대는 국가 중심이었기 때문에 자본주의적이었습니다. 기독교적이었던 중세는 확실히 세속적 국가의 자본주의적 경향을 인식하고 있었습니다. '금전은 황제가 되리라.' 이것은 2세기의 예언이었습니다. 모든 것이 이 예언대로 되었고, 이로써 인생의 타락이 절정을 이른 것을 당신은 부정하시겠습니까?"

"나프타 씨, 그대로 계속해 주시오. 나는 테러의 장본인, 위대한 수수께끼의 장본인을 알고 싶어서 이제 더는 참을 수가 없습니다."

"이 세계를 구렁텅이로 몰고 간 자유의 담당자이며 사회 계급의 대변자인 당신으로서는 대담한 호기심이라고 할 수 있습니다. 내 말에 대한 당신의 논박을 듣지 못해도 괜찮습니다. 나는 시민 계급의 정치적 이데올로기를 알고 있습니다. 시민 계급의 목표는 민주주의 국가이며, 민족 국가의 원리를 보편적 원리로 확대하는 것, 즉 세계 국가화입니다. 이런 국가의 황제는 누구이겠습니까? 나는 그것이 누구인지 알고 있습니다. 당신들의 유토피아는 추악합니다. 그러나 우리는 여기서 다시 의견이 일치하는 것 같습니다. 왜냐하면 당신의 자본주의적 세계 공화제는 초월적 성질을 가지고 있기 때문입니다. 그렇습니다. 세계 국가는 세속적 국가의 초월적인 존재입니다. 그리고 우리는 인류의 완전한 원시 상태의 재현으로서, 지평선 저쪽에 있는 완전한 이상향을 믿는 점에서 생각이 일치합니다. 신의 나라의 창시자인 그레고리우스 1세 시대부터 교회는 인간을 신의 통치 아래로 되돌아가게 하는 것을 임무로 생각해 왔습니다. 교황의 지배권 요구는 지배권 그 자체가 목적이 아닙니다. 신의 대리자로 행사한 교황의 독재권은 인류 구원이라는 목적을 위한 수단과 길이었고, 세속적 국가에서 신의 국가에 이르기 위한 과도기적 형태였습니다. 당신은 여기 듣고 있는 두 사람에게 교회의 살육 행위나 형벌의 비관용성을 말씀하셨지만 정말 우스운 일입니다. 신의 신앙이 평화적일 수 없는 것은 당연한 일이라고 그레고리우스도 말하고 있지 않습니까? '칼에 피를 묻히기를 꺼리는 자는 저주받을지어다!'라고요. 권력이 악이라는 것은 누구나 알고 있습니다. 그러나 신의 나라가 오게 하려면 선과 악, 내세와 현세, 정신과 권력의 이원론을 잠시 지양하고, 금욕과 지배로 이루어진 원리에 길을 열어주어야 하겠습니다. 이것이 내가 말하고자 하는 테러리즘의 필연성입니다."

"그 주체는! 주체는!"

"그것을 묻고 싶으십니까? 자유 무역학파인 당신들은 경제학의 인간적 극복을 의미하는 사회학의 존재를 깨닫지 못했습니까? 기독교적인 신의 나라와 그 원칙과 목적을 하나로 하는 사회학의 존재 말입니다. 교회의 장로들은 '나의 것', '당신의 것'이라는 말을 위험하다면서 꺼렸고, 사유 재산을 약탈이나 절도라고 불렀습니다. 장로들은 토지의 사유를 비난했습니다. 신의 자연법에 따르면 토지는 모든 인간의 소유물이며, 모두가 공동으로 사용함으로써 곡식의 결실을 맺을 수 있기 때문입니다. 장로들은, 원죄의 결과인 탐욕이 소유권을 옹호하고 사유 재산제를 낳은 것이라고 가르쳤습니다. 그리고 그들은 모든 경제 활동은 영혼의 구원, 즉 인간성에 매우 위험한 영향을 준다고 했습니다. 그들은 금전과 금융업을 미워하고, 자본주의의 재화를 지옥불의 연료라고까지 불렀습니다. 그들은 또한 물가는 수요 공급 관계의 결과라는 경계 원칙을 철저하게 무시하여 경기의 상황을, 이웃의 곤궁을 틈타 이용하는 비열한 착취라고 배척했습니다. 그러나 그들의 관점에서 더욱 모욕적인 착취는 시간에 의한 착취로, 시간이 지남에 따라 초과액, 즉 이자를 내게 하고 이로 인해 만인 공동 소유인 신성한 시간을 사리(私利)를 위해 남에게 해를 끼치면서까지 그것을 악용한다는 것이었습니다."

"명언입니다!"

한스 카스토르프는 감격한 나머지, 세템브리니가 찬성할 때의 말투를 흉내 내어 외쳤다.

"시간…… 만인 공동 소유의 신성한 조직…… 정말 중요한 것이지요……."

나프타는 말을 계속했다.

"물론입니다. 인간성이 풍부했던 장로들은 금전의 자동적 증가를 혐오의 대상으로 여기고, 금리적이거나 투기적인 사업은 모두 부정한 폭리 행위라는 개념 아래 한데 묶어, 부자는 모두 도둑이나 도둑의 상속인이라고 생각했습니다. 그들은 한 걸음 더 나아가서 토마스 아퀴나스의 말처럼 모든 순수한 장사는 이익을 거두어들일 뿐이며, 경제적 재화의 개선이나 가공을 고려하지 않는 상거래를 천하게 생각했습니다. 대체로 장로들은 노동 그 자체를 존중하지 않는 경향이 있었습니다. 왜냐하면 노동이란 윤리적인 문제이지 종교적인 문제는 아니며, 생활을 위한 것이지 신을 위한 일은 아니었기 때문입니다. 그리고 단순히 생활과 경제의 문제일 경우에는 생산적인 활동을 경제적 이익의 조건이 되어야 하고, 존경받을 사람인지 아닌지를 따져야 하는 척도가 돼야 한다고 요구했습니다. 그들의 눈에 존경할 만한 인간은 농민이나 수공업자이지, 상인이나 기계 공업가는 아니었습니다. 왜냐하면 생산은 수요에 응한 것이어야 하며, 대량 생산을 꺼렸기 때문입니다. 그래서 이 모든 경제 원칙과 기준은 수백 년 동안 파묻혀 있다가 근대 공산주의의 운동으로 되살아난 것입니다. 이 둘의 조화는, 국제 노동 계급이 국제 상인 계급과 투기자 계급에 맞서서 내건 지배권 요구의 의미에 이르기까지 일치하고 있을 정도입니다. 현세계의 시민적 자본주의의 부패에 대항하여 인도주의와 신의 나라를 창조하려는 세계, 무산 계급이 내걸고 있는 요구의 의미와도 일치하고 있습니다. 노동자 계급의 독재는 시대가 요구하는 정치적 경제적 구원을 위한 수단이지만, 이 무산 계급의 독재는 지배 그 자체가 목적이지 영원에 걸친 지배를 의미하지 않습니다. 그것은 십자가의 이름 아래 정신과 권력의 대립을 일시적으로 지양한다는 뜻이며, 지상 지배라는 수단에 의한 지상 극복, 초월을 의미합니다. 즉 신의 나라를 뜻합니다. 노동자 계급에 포함된 사람들은 그레고리우스 교황의 사업을 이어받아야 하고, 그레고리우스가 신에게 갖고 있는 열정을 무산 계급 속에 계속 불타게 하여, 그들의 손에 피를 묻히는 것에 대해서는 그레고리우스처럼 두려워하면 안 될 것입니다. 무산 계급의 임무는 세계 구원이며, 그 목표를 이루기 위해 노력하는 것입니다. 그러려면 국가도 계급도 없는 신의 자식이라는 상태를 재현해야 하고, 그렇기 때문에 공포 정치를 행해야 하는 것입니다."

나프타의 날카로운 열변에 세 사람은 아무 말도 할 수 없었다. 두 청년은 세템브리니를 쳐다보았다. 그가 응수할 차례였기 때문이다.

세템브리니가 말했다.

"놀라운 일입니다. 정말 놀랐습니다. 꿈에도 생각지 못했던 일입니다. '로마는 말했노라.' 그 말은 어떤 것이었겠습니까? 나프타 씨는 우리 앞에서 성직자적인 곡예(曲藝)를 해 보인 것입니다. 곡예에 성직자적이라는 형용사가 어울리지 않는다 해도, 나프타 씨는 그 모순을 한동안 '지향'했습니다. 아, 그렇지요! 되풀이하지만, 정말 놀라운 일이었습니다. 내가 거기에 이의를 제기해도 괜찮겠습니까, 선생? '시종일관'이라는 점에서 이의를 제기해도 되겠습니까? 당신은 아까 신과 세계라는 이원론에 기초한 기독교적 개인주의를 우리에게 설명하면서, 그 개인주의가 정치적 색채를 띤 모든 윤리성에 우선한다는 점을 이해시키려고 했습니다. 그런 당신이 몇 분 뒤에는 사회주의를 찬양하고, 더구나 독재와 테러까지 찬미하고 있습니다. 이 두 가지가 어떻게 조화를 이룬다는 것입니까?"

"서로 대립하는 것은 서로 조화를 이룰 수 있습니다. 서로 조화를 이루지 않는 것은 어중간한 것, 평범한 것뿐입니다. 아까도 말했듯이, 당신의 개인주의는 불완전하고 타협적인 것입니다. 당신의 개인주의는 당신의 이교도적인 국가의 도덕에 얼마 되지 않는 '기독교'와 얼마 되지 않은 '개인의 권리'와 얼마 되지 않은 '자유'로 수정한 것에 불과합니다. 이와는 반대로 비사회적이며 종교적인 개인주의—다시 말하면 개인의 영혼에는 우주적이며 점성술적인 중요성이 있다는 생각에서 시작하여, 인간의 문제를 자아와 사회의 충돌로써 경험하는 것이 아니라 자아와 신, 육체와 정신의 충돌로써 경험하는 비사회적이고 종교적인 개인주의는 아무리 구속이 많은 공동체와도 조화를 이룰 수 있습니다……."

이때 한스 카스토르프가 말했다.

"그것은 이름이 없고 공동적인 것이군요."

세템브리니는 한스 카스토르프의 얼굴을 깜짝 놀라 쳐다보더니 신경질적이며 긴장된 말투로 엄숙하게 명령했다.

"당신은 가만히 있어요, 엔지니어! 당신은 배우려고만 하십시오. 의견을 내세워서는 안됩니다!"

그리고 그는 다시 나프타를 향해 말했다.

"그것도 하나의 대답입니다. 만족을 시켜주는 것은 아니지만 하나의 대답임에는 틀림없습니다. 그러면 그 대답에서 결론을 끌어내 봅시다. 기독교적 공산주의는 공업을 부정함으로써 기술, 기계, 진보를 부정합니다. 당신이 상인계급이라 부르는 것, 즉 고대 사회에서 농업이나 수공업보다 더 높이 평가되었던 금융업과 자본을 배격함으로써 자유도 부정하게 됩니다. 왜냐하면 그렇게 함으로써 중세에 있어서와 마찬가지로 공적이며 사적인 관계 모두가, 그리고…… 그리고 입 밖에 내는 것도 수치스럽습니다만, 인격까지도 토지에 얽매이게 된다는 것이 분명합니다. 토지만이 인간을 기를 수 있다고 한다면 자유를 주는 것도 토지입니다. 수공업자와 농부는 아무리 훌륭한 존재라 할지라도 토지를 가지지 않는 한, 토지를 가지고 있는 자에게 예속될 수밖에 없습니다. 사실 중세 끝 무렵까지 도시에 사는 대부분의 주민들은 노예였습니다. 당신은 아까부터 인간의 존엄에 대해 말씀하셨지요? 그런 당신이 인간의 예속과 오욕의 원인이 될 경제 도덕을 변호하고 있습니다."

"존엄과 오욕에 대해서는 여러 가지 말할 것이 있을 겁니다. 그러나 오늘은 당신의 이야기에서 자유를 다만 하나의 아름다운 몸짓으로 생각하지 말고 하나의 문제로 생각할 수 있다면 나에게도 만족이라고 하겠습니다. 당신은 기독교적 경제 도덕이 아름다운 인간적인 것인데도 노예를 만든다고 말씀하셨습니다. 나는 거기에 찬성할 수 없습니다. 나는 자유의 문제, 더 구체적으로 말하면 도시의 문제라고도 할 수 있습니다만, 이 문제는 아무리 도덕적이라고 해도 경제 도덕의 가장 비인간적인 부패, 근대 상업주의와 투기 사상의 모든 끔찍한 불행, 금전 거래에서 오는 악마적 지배와 역사적으로 밀접한 관계가 있다고 확신합니다."

"나프타 씨, 회의와 이율배반만을 내세우지 말고, 당신이 가장 추악한 반동에 가담하고 있다는 것을 인정하십시오!"

"참된 자유와 인간성에 다다르기 위해서는 '반동'이라는 개념에 겁을 먹지 않는 것이 무엇보다 중요합니다."

"이제 그만합시다."

세템브리니는 찻잔과 과자 그릇을 물리고는—둘 다 비어 있었다—비단 소파에서 일어나며 떨리는 목소리로 말했다.

"오늘은 이것으로 충분합니다. 하루치 논쟁으로는 이것으로 충분합니다. 선생, 맛있는 다과와 의미 깊은 말씀에 감사드립니다. 베르크호프의 이 친구들은 요양을 하러 돌아가야 하고, 그 전에 나는 이 두 사람에게 위층의 나의 암실을 보여주려 합니다. 자, 두 분, 같이 가시지요! 안녕히 계십시오, 장로님!"

세템브리니는 이번에는 나프타를 '장로'라고 불렀다! 한스 카스토르프는 눈썹을 치켜세우면서 그 말을 마음에 새겨두었다. 세템브리니는 이야기를 매듭지으면서 사촌들에게는 입을 열 기회를 주지 않고, 나프타가 함께 구경할 것인지도 문제 삼지 않았으며, 다른 세 사람도 이에 이의를 제기하지 않았다. 청년들이 감사를 드리고 작별 인사를 하자, 나프타는 또 찾아오라고 했다. 두 청년이 이탈리아인과 함께 나갈 때, 한스 카스토르프는 낡고 두꺼운 표지의 《인간 조건의 비참함에 대하여》라는 책을 빌리는 것을 잊지 않았다. 세 사람이 다락방으로 올라가기 위해 사다리 같은 계단을 거쳐, 열려 있는 루카세크의 문 앞을 지나쳤다. 까다로운 느낌을 주는 콧수염의 루카세크는, 아직도 작업대 앞에 앉아 노부인의 소매 달린 옷을 재봉하고 있었다.

계단을 다 올라가 다다른 다락방을 자세히 보니, 방이라고 하기에는 너무 허술하고 초라했다. 지붕 널빤지 뒤로 들보가 드러나 있었고, 곡식을 두는 헛간처럼 더운 공기와 목재 냄새가 감돌았다. 방은 두 개나 있었는데, 이 다락방이 공화제적 자본주의자의 거처로 《고뇌 사회학》의 문학 부문 담당자인 세템브리니의 서재와 침실이었다. 세템브리니는 명랑한 얼굴로 두 청년에게 방을 보이면서 두 사람이 자신의 방을 칭찬하기를 바란 듯, 자신이 직접 적절한 표현으로 방에 대한 정보를 알려주려 했다.

"이 방은 따로 떨어져 있어 안정감을 준답니다."

그러자 손님들도 그렇다면서 입을 모아 칭찬했다.

"참 멋진 방이군요. 정말 안정감을 주는 방입니다."

두 사람은 침실을 들여다보았다. 다락방의 한쪽 구석에 좁고 짧은 침대가 놓여 있었고, 그 앞에 몇 가지 색실로 무늬를 놓은 작은 융단이 깔려 있었다. 사촌들은 다시 서재로 눈을 돌렸는데, 이곳도 초라한 점에서는 침실과 마찬가지였다. 그러나 모든 것이 깔끔히 정돈되어 있어서 오히려 싸늘한 느낌을 주었다. 짚으로 엮은 고풍스러운 의자 네 개가 문의 좌우에 똑같이 놓여 있고, 긴 의자가 벽 옆에 기대어 있으며, 녹색 천으로 덮인 둥근 탁자가 방 한가운데를 점령하고 있었다. 탁자 위에는 컵을 꼭지에 거꾸로 씌운 물병이 있었는데, 장식을 위한 것인지 물을 마시기 위한 것인지 어쨌든 소박해 보였다. 작은 책장에는 가제본의 책들과 제본이 완성된 책들이 비스듬히 세워져 있고, 열려진 창 앞에는 다리가 길고 간소한 빗면 책상이 있는데, 그 앞에는 한 사람 정도가 설 수 있는 넓이의 펠트 융단이 깔려 있었다.

한스 카스토르프는 시험 삼아 얼른 그 책상 앞에 섰다. 그는, 세템브리니가 인간의 고뇌라는 측면에서 백과사전을 위해 문학과 씨름하는 작업장을 보고 서야 비로소, 여기는 정말 동떨어져 있기에 안정감을 느낄 수 있다는 말을 이해했다. 로도비코의 아버지도 일찍이 파도바에서 이런 빗면 책상 앞에 긴 콧날을 세운 채 이렇게 서 있었을 것이라고 상상했다. 그런데 정말로 그가 서 있는 책상은 돌아가신 할아버지가 일하던 책상이었으며, 짚으로 엮은 의자와 둥근 책상, 또한 물병까지도 할아버지로부터 물려받은 것이었다. 짚으로 엮은 의자는 카르보나리 당원이었던 할아버지가 이미 사용했던 것으로, 할아버지가 변호사였던 시절에 밀라노의 사무실 벽을 장식하고 있었던 것이라는 말을 들으니 감명을 받게 되었다. 그 의자를 보자 청년들은 갑자기 정치적인 선동성을 띠는 것처럼 느껴졌다. 요아힘은 그 의자에 다리를 꼬고 무심코 앉았다가 그 말을 듣고는 당황하여 일어서더니, 두 번 다시 거기에 앉으려고 하지 않았다. 그러나 한스 카스토르프는 세템브리니의 아버지가 사용했다는 높은 책상 앞에 서서 그의 할아버지의 정치와 아버지의 인문주의를 문학 속에 결합시키면서, 그 책상에서 일을 하는 세템브리니의 모습을 상상했다. 이윽고 세 사람은 함께 방을 나갔다. 문필가는 사촌들을 베르크호프까지 바래다주겠다고 말했다.

세 사람은 한동안 말없이 걷고 있었는데, 사실은 세 사람 모두 나프타를 생각하고 있었다. 한스 카스토르프는, 세템브리니가 동숙자인 나프타에 대해서 먼저 이야기를 꺼내리라는 것, 그리고 그것을 목적으로 사촌들을 배웅하러 나온 것이 분명하다고 생각했다. 역시 한스 카스토르프의 생각은 적중했다. 마치 스타트를 끊는 듯 깊은 숨을 들이쉰 뒤, 이탈리아인이 말을 꺼냈던 것이다.

"여러분, 나는 여러분에게 경고하고 싶습니다."

세템브리니가 여기서 말을 끊었기 때문에, 한스 카스토르프는 자연스레 놀란 얼굴로 물었다.

"무엇을 말입니까?"

그는 '누구를요?' 하고 물을 수도 있었지만, 완벽한 순진성을 나타내기 위해 비인칭(非人稱) 형식으로 한 것이다. 세템브리니가 말하려 하는 경고의 의미는 한스 카스토르프뿐만 아니라 요아힘도 확실히 알고 있었다.

"우리가 방문했던 인물 말입니다. 내가 본의 아니게 두 분에게 소개한 그 사람 말입니다. 아시다시피 우연히 그렇게 된 것이라 나로서는 어쩔 수 없었습니다. 그러나 나는 그에 대한 책임을 느끼고 아주 상심하고 있습니다. 저 인물과의 교제가 젊은 당신들에게 얼마만한 정신적인 위험을 끼치는가를 주의시키고, 저 인물과의 교제를 위험하지 않은 범위 내에 머물도록 경계하는 것이 나의 임무입니다. 그의 말의 외면적 형식은 논리적이지만 그 본질은 혼돈 그 자체입니다."

한스 카스토르프가 말했다.

"그러고 보니 확실히 그런 것 같군요. 사실 나프타 씨는 기분 나쁜 데가 전혀 없다고는 할 수 없으며, 말하는 것도 가끔 이상한 느낌을 줍니다. 마치 태양이 지구의 주위를 돌고 있다고 주장하려는 것같이 들리기까지 합니다. 그러나 결국 세템브리니 씨의 친구인 나프타 씨와 사회적인 교제를 하는 것이 현명하지 않다고 어떻게 생각할 수 있겠습니까? 세템브리니 씨 자신이 말한 것처럼 우리는 당신의 소개로 나프타 씨를 알게 되어, 당신과 함께 나프타 씨를 만났습니다. 당신은 나프타 씨와 함께 산책하고, 가벼운 마음으로 나프타 씨의 방으로 차도 마시러 내려가곤 하지 않습니까? 요컨대 이것은……"

"그렇습니다, 엔지니어, 물론 그렇습니다. 당신이 그렇게 말하는 것은 당연합니다. 좋습니다. 나는 기꺼이 대답하겠습니다. 나는 저 인물과 같은 지붕 밑에서 살고 있기 때문에, 얼굴을 맞대지 않을 수 없어서 여러 이야기를 나누며 가까이 지내고 있습니다. 나프타 씨는 날카로운 두뇌를 가진 인물입니다. 정말 드물 정도로 뛰어납니다. 나도 그렇지만, 그는 토론을 좋아합니다. 나를 비난한다 해도 어쩔 수 없지만, 나는 언제나 대등한 논적과 관념의 칼을 겨눌 수 있는 기회를 놓치지 않고 이용합니다. 나는 이 위에서 그 사람 말고는 누구와도…… 요컨대 당신이 말한 대로입니다. 나는 그를 찾고, 그는 나를 찾아 둘이서 함께 산책도 합니다. 그리고 우리는 거의 날마다 철저하게 논쟁하지만, 솔직히 말해서 그가 나와는 대립적인 생각을 가지고 있다는 점이, 나에게는 그와 말을 주고받는 매력이 되고 있습니다. 나는 마찰을 필요로 합니다. 신념은 논쟁의 기회를 가지지 않으면 계속 유지될 수 없습니다. 그리고 나의 신념은 논쟁으로 더욱 확고해집니다. 당신은 자신에 대해서 같은 것을 주장할 수 있는 이론이 확실히 있습니까, 소위님? 그리고 엔지니어 당신은요? 당신들은 지적(知的) 기만에 대해서는 무방비 상태라, 절반은 광신적이고 절반은 악의적인 저 인물의 궤변에 감화되어 당신들의 정신과 영혼은 해를 입을 위험에 처해 있습니다."

세템브리니는 체념한 듯한 부드러운 목소리로 말했지만 그 목소리는 가냘프게 떨리고 있었다.

한스 카스토르프가 말했다.

"그렇습니다, 그렇습니다. 말씀대로일지도 모르겠습니다. 사촌과 나는 어쩌면 위험에 처했을지도 모릅니다. 예의 인생의 '걱정거리 자식'이라는 뜻이지요. 그것은 알고 있습니다. 그러나 세템브리니 씨도 알고 계시는 바와 같이, 거기에 대해서는 페트라르카의 잠언을 인용할 수 있을 것입니다. 나프타 씨의 이야기는 어쨌든 경청할 만한 가치가 있는 것으로, 이것은 인정해야 합니다. 예컨대 시간의 경과에 의해 이득을 취해서는 안 된다는 공산주의적 관점에서의 발언은 멋진 것이었고, 교육에 대한 발언도 아주 흥미롭게 들을 만한 것이었습니다. 나프타 씨에게서가 아니라면 그런 이야기는 아마 들을 수 없었을 겁니다……."

그 순간 세템브리니가 입술을 꽉 깨물었기 때문에 한스 카스토르프는 당황하여 말을 계속할 수밖에 없었다.

"물론 나로서는 어느 쪽을 편들 수 있는 처지가 아닙니다. 다만 나프타 씨가 청년의 기쁨에 대해 말한 것은 들을 가치가 있다고 느꼈을 뿐입니다. 그건 그렇고 한 가지 설명을 해주시지요. 이 나프타라는 사람…… 나는 굳이 '이 나프타라는 사람'이라고 말했습니다. 나는 그 인물에 대해 무조건적인 호감을 가지지 않았고, 오히려 마음속으로는 그 인물에 아주 냉담한 태도를 취하고 있다는 것을 암시하고 싶었기 때문입니다."

이에 세템브리니가 기쁜 듯이 말했다.

"그건 좋은 일입니다!"

"그런데 그는, 이른바 국가의 영혼이라는 자본에 대해서 악담하며, 사유 재산을 절도라고까지 비난했습니다. 요컨대 자본주의의 부(富)를 비난하여 지옥불의 장작으로 간주했습니다. 내 생각이 틀리지 않았다면, 그런 식으로 금전에 대해서 비난해 놓고 나서 중세의 이자 금지책(利子禁止策)에 대해서는 격찬하더군요. 유감입니다만, 나프타 씨 자신은…… 그의 방에 들어갔을 때 정말로 눈이 휘둥그레집디다. 사방이 비단으로 장식되어……."

세템브리니가 고개를 끄덕이며 미소지었다.

"그렇습니다. 그것은 그의 특색 있는 취미입니다."

한스 카스토르프는 생각나는 대로 이것저것 늘어놓았다.

"그 호사스러운 옛날 가구, 14세기의 피에타, 베니스제 샹들리에, 제복 차림의 사환…… 거기다 초콜릿이 든 피라미드 케이크도 실컷 먹을 수 있도록 나왔으니…… 그 자신은 아마……."

세템브리니가 말을 이었다.

"나프타 씨는 개인적으로는 나와 마찬가지로 자본가는 아닙니다."

"그러나?…… 이제 여기서 '그러나'가 나올 때가 되었는데요, 세템브리니 씨."

"그들은 자신들의 동지를 굶어 죽게 하지는 않습니다."

"'그들'이란 누구입니까?"

"장로들 말입니다."

"장로? 장로?"

"그렇습니다, 엔지니어. 예수회 회원들 말입니다."

잠시 침묵이 흘렀다. 사촌들은 완전히 놀라버렸다. 갑자기 한스 카스토르프가 외쳤다.

"맙소사! 원, 그럴 수가. 그가 예수회 회원입니까?"
세템브리니가 점잖게 대답했다.
"그렇습니다."
"아니, 나는 꿈에도…… 누가 그런 것을 생각했겠습니까? 그래서 당신은 그를 장로라고 부르셨군요?"
"그건 정중하게 대하기 위한 과장이었습니다. 나프타 씨는 장로가 아닙니다. 지금은 병 때문에 당분간 장로가 될 수 없습니다. 그러나 수련기를 졸업하고 이제 서원(誓願)을 끝마치려던 참입니다. 병 때문에 신학 공부를 중단해야 했지요. 하지만 병을 앓는 중에도 2, 3년 동안 수도회 소속 기관에서 생도감, 즉 젊은 생도들의 감독자, 교사, 지도자 일을 하고 있었습니다. 이것은 그의 교육자적 적성에 맞았습니다. 이 위에 와서도 프리드리히 대왕 학교에서 라틴어를 가르치면서 그 적성을 살리고 있습니다. 이 위에 온 지 벌써 5년이 됩니다만, 이곳을 떠날 수 있는지, 언제 떠나게 될지 그것도 확실치 않습니다. 그러나 그가 예수회 회원으로서 예수회와의 관계가 희박해졌다고 하더라도, 그가 어디에 있든지 생활만큼은 자유롭지 못합니다. 나는 아까 당신들에게, 그는 개인으로는 가난하며 가진 것이 없다고 말했었지요? 물론 그렇습니다. 그것은 예수회의 규약 때문입니다. 그렇지만 예수회 그 자체는 막대한 자산을 가지고 있어서, 당신도 보신 바와 같이 회원들의 생활을 보장해 줍니다."
"이건 정말, 그런 것이 있으리라고는 전혀 몰랐고, 생각조차 못한 일입니다! 예수회 회원이라, 정말 그렇습니까? 그러면 한 가지 물어보겠습니다. 저 인물이 예수회로부터 그렇게 풍족한 생활을 보장받고 있다면, 보장을 받고 있다면 왜 그런…… 물론 나는 당신들의 거처를 나쁘게 말하는 것은 아닙니다. 세템브리니 씨, 루카세크네 가게에 딸린 당신의 거처는 훌륭합니다. 편하게 동떨어져 있는 데다, 무엇보다도 안정감을 줍니다. 내가 말하고 싶은 것은, 나프타 씨가 그렇게 호주머니가 넉넉하다면—탁 털어놓고 말씀드립니다만—왜 좀더 멋지고 넓은 계단이 있는 방과 좀더 크고 좋은 집을 택하지 않는 겁니까? 뭔가 수상쩍은 이유가 있을 듯합니다. 그런 움막 같은 방에 살면서 비단으로 장식하다니……."
세템브리니는 어깨를 으쓱해 보였다.
"그가 그렇게 하는 것은, 체면과 취미상의 이유일 것입니다. 허술한 방에 머무르는 대신, 거기서 부족한 것은 생활 방식으로 보충함으로써, 그는 반자본주의적 양심을 수정하고 있다고 생각합니다. 게다가 체면이라는 것도 있겠지요. 뒷구멍으로 악마가 도와준다는 것을 세상에 떠벌리려는 사람은 아무도 없기 때문입니다. 정문은 아주 검소하게 해두고 방 안은 비단으로 꾸미는 성직자 취미를 발휘하는 것입니다……."

"정말 놀랐습니다. 솔직하게 말씀드리자면, 나로서는 처음 겪는 일이라 그런지 몹시 충격적이군요. 아니, 우리는 그 인물을 알게 된 것에 대해 정말 감사드립니다. 세템브리니 씨, 우리는 앞으로 가끔 그곳을 방문하려고 하는데 어떻게 생각하십니까? 이것은 이미 정해진 일입니다. 이런 교제는 정말 뜻하지 않게 시야를 넓혀주어, 이런 것이 있었는가 할 만큼 깜짝 놀랄 세계를 보여줍니다. '진짜' 예수회 회원! '진짜'라고 말한 것은 이미 내 머릿속에 번쩍이는 생각이 있어 이제부터 그것을 입 밖에 내어 표현하고 싶어서입니다. 그 표현을 위한 준비 작업으로 '진짜'라고 말했던 것입니다. '저 인물은 진짜일까' 하는 생각이 저절로 드는군요. 뒷구멍으로 악마의 도움을 받고 있는 인간이 진짜일 수 없다고 말씀하시는 것은 나도 이해할 수 있습니다. 그러나 나의 질문은 바로 이런 것입니다. 그는 '예수회 회원으로서 진짜일까' 하는 것입니다. 이것이 내 머릿속에 번쩍였던 의문입니다. 그는 여러 가지 견해를 밝혔습니다. 내가 어떤 견해를 말하는 것인지는 아시는 대로입니다. 근대 공산주의의 손에 피를 묻히는 것을 두려워해서는 안 된다는 무산 계급의 광신적인 신앙에 대해 여러 가지로 견해를 밝혔습니다. 나는 거기에 대해서 새삼 뭐라고 말하지 않겠습니다만, 당신의 할아버지—시민의 창을 가진 할아버지는 거기에 비하면 정말 순한 어린양과 같습니다. 이렇게 말한 것을 용서해 주십시오. 도대체 그는 이럴 수 있습니까? 상사의 승인을 얻고 하는 것일까요? 내가 알기로는, 예수회는 온 세계에 퍼져서 로마 가톨릭교를 위해 활동하고 있다는데 그 로마 가톨릭교와 그의 견해는 양립하는 것일까요? 그것은…… 뭐라고 해야 할까요? 이단적이고 탈선이며 불순한 것이 아닐까요? 나는 나프타에 대해 이렇게 생각하는데, 여기에 대한 당신의 생각을 듣고 싶습니다."

세템브리니는 미소지으며 말했다.

"아주 간단합니다. 나프타 씨는 확실히 예수회 회원입니다. 거짓 없는 진짜 회원입니다. 그리고 그는 총명한 인물입니다. 그렇지 않다면 나는 그와 교제하지 않았을 것입니다. 그 때문에 그는 새로운 결합, 적응, 관계, 시대에 알맞은 변화를 찾고 있습니다. 당신도 보시다시피 나도 오늘의 그의 이론에는 깜짝 놀랐습니다. 이때까지 나와 그렇게 구체적인 것을 토론해 본 일이 없었습니다. 당신들의 경청에 분명히 영향받고 있다는 점을 이용하여 그를 자극시켜, 어떤 면에서 그의 결정적인 말을 실토하게끔 했던 것입니다. 그런데 그 결정적인 말은 정말 기괴하고 몸서리쳐지는 것이었습니다……."

"그렇습니다, 그렇습니다. 그런데 그는 왜 장로가 되지 않았습니까? 나이로 보면 벌써 장로가 되고도 남았을 텐데요."

"그것은 아까도 말했습니다. 병 때문에 당분간 그렇게 될 수 없었습니다."

"그렇군요. 그렇지만 이렇게 생각할 수도 있지 않을까요? 그는 첫째로 예수회 회원이고, 둘째로 총명한 사람이라 여러 사상의 배합을 좋아하는 인물이니까, 이 둘째는 병과 무슨 관계가 있다고 생각하지 않습니까?"

"그건 또 무슨 뜻입니까?"

"아니, 아무것도 아닙니다. 세템브리니 씨, 나는 다만 이렇게 생각합니다. 그는 침윤 부분이 있어서 그것 때문에 장로가 될 수 없었을 것입니다. 또 그의 사상의 배합 취미 때문에도 장로가 될 수 없었을 것입니다. 사상의 배합 취미와 침윤 부분 사이에는 어느 정도 관련이 있다고 생각됩니다. 그도 그 나름대로 인생의 걱정거리 자식이라고 할 수 있는 인물입니다. '침윤 부분을 가지고 있는 예수회 회원'이 아닐까요?"

그러는 동안에 세 사람은 요양원에 도착했다. 작별하기 전에 요양원 앞 언덕에 기대어 서서, 세 사람은 작은 무리를 지어 이야기를 계속했다. 그때 현관 앞에서 왔다 갔다 하던 몇 명의 환자들이 세 사람이 이야기하는 것을 바라보고 있었다.

세템브리니가 말했다.

"젊은 두 분에게 거듭 경고하겠습니다. 이것을 계기로 젊은 호기심에서 앞으로도 교제를 계속할 생각이라면, 나로서는 이것을 금할 권리는 없습니다. 그러나 교제할 때에는 경계하는 마음과 정신으로써 무장하여, 비판적인 저항을 결코 게을리하지 말아주십시오. 저 인물은 한 마디로 말해서 음탕한 사나이입니다."

사촌들은 얼굴을 찡그렸다. 이윽고 한스 카스토르프가 말했다.

"그가…… 뭐라고요? 그러나 그는 예수회 회원이 아닙니까? 그렇게 되려면 일정한 선서를 하지 않으면 안 된다고 들었습니다. 게다가 그는 그렇게 작고 몸도 빈약하던데요……?"

"어리석군요. 엔지니어, 그런 것은 몸의 빈약함과는 아무런 관계가 없습니다. 그리고 '선서' 말인데요, 여기에도 예외가 있습니다. 하지만 내가 말한 것은 당신도 요즈음 조금씩 이해하시리라 생각하는 정신적인 의미에서 말한 것입니다. 당신은 아직 기억하고 있겠지요? 내가 언젠가 당신의 방을 찾아갔을 때의 일을 말입니다. 오래전의 일입니다. 당신은 뢴트겐 사진 결과에 의해서 마침 침대 생활을 끝낼 무렵이었습니다……."

"기억하고 있습니다. 당신은 저녁놀이 깃든 방에 들어오셔서 전등불을 켰습니다. 어제 일같이 기억하고 있습니다……."

"맞습니다. 그때 우리는 다행히도—우리 사이에서는 가끔 있었던 일입니다만—고상한 문제에 대해서 이야기했었지요. 삶과 죽음도 이야기했고, 삶의 조건이자 부속물인 경우에 죽음의 존엄성, 정신이 가련하게도 그런 죽음을 하나의 원리로서 독립시킬 경우에 죽음이 입는 추악함을 서로 얘기했습니다. 그러니 여러분!"

세템브리니는 갑자기 두 청년에게 바싹 다가서서 왼쪽 엄지손가락과 가운뎃손가락을 포크 모양으로 세웠다가, 다시 오른손의 둘째손가락을 경고하는 것처럼 세워 두 사람의 주의를 환기시키려고 했다.

"……잊지 마십시오. 정신은 주권자입니다. 정신의 의지는 자유이며, 정신은 윤리적 세계의 결정자입니다. 정신이 죽음과 삶을 이원적으로 분리하게 되면, 죽음은 그 정신의 의지로 말미암아 정말로 실재(實在)가 됩니다. 알겠습니까? 죽음은 삶에 대한 독립된 힘, 삶에 대립하는 원리를 지닌 무서운 유혹으로 돌변하여, 죽음의 세계는 음탕한 세계가 됩니다. 왜 음탕한 세계인가를 물으시겠지요? 대답해 드리죠. 죽음은, 분해되어 해방되기 때문입니다. 죽음은 해방입니다. 그것은 악으로부터의 해방이 아니라, 나쁘고 해로운 해방입니다. 죽음은 관습과 윤리를 분해시키고 규율과 절도로부터 해방시켜, 음탕에 빠지는 자유를 줍니다. 내가 본의 아니게 소개해 드린 인물을 경계하기를 간청하고, 그와 교제하고 토론할 때 비판 정신을 갖고 이중 삼중으로 무장해 달라고 주의시킨 것도, 그의 사상이 모두 음탕한 성질의 것이기 때문입니다. 그의 사상은 모두 죽음의 지배 아래에 있으니까요. 언젠가 당신에게 말한 적이 있는, 방종하기 그지없는 힘인 죽음이 지배합니다. 나는 그때 내가 한 말을 잘 기억하고 있습니다. 내가 기회를 봐서 얘기한, 아주 중요하고 적절한 말이었지요. 죽음은 풍기(風氣), 진보, 일, 생명, 이런 것들에 대립하는 힘을 가진 것입니다. 그래서 교육자의 가장 귀중한 의무는, 바로 그런 악마의 호흡에서 젊은 사람들의 영혼을 지키는 일입니다."

세템브리니보다 더 멋지고, 명석하고, 완전하게 이야기한다는 것은 불가능한 일이었다. 한스 카스토르프와 요아힘 침센은 그가 들려준 말에 대해 진심으로 감사드리고 작별 인사를 끝내고는, 베르크호프의 현관으로 들어갔다. 그리고 세템브리니는 비단으로 꾸민, 나프타의 암실 위층에 있는 자신의 다락방, 즉 인문주의자의 빗면 책상으로 돌아갔다.

이것이 사촌들이 첫 번째로 나프타를 방문한 일이었다. 그 뒤 두세 번의 방문이 있었으며 한번은 세템브리니가 없을 때도 있었다. 이런 방문은, 한스 카스토르프가 푸른 꽃들이 활짝 핀 은신처에 앉아 마음에 떠오르는 고귀한 인간상, 이른바 신의 아들인 인간을 바라보면서 '술래잡기'를 하고 있을 때 충분한 명상의 재료가 되었다.

분노, 그리고 더 서글픈 일

8월이 왔다. 그리고 다행히도 우리의 주인공이 이 위에 도착한 기념일은 8월 초에 슬쩍 지나가 버렸다. 그날이 지나가 버렸다는 것은 고마운 일이었다. 그날이 다가오는 것이 한스 카스토르프에게는 얼마간 불쾌하게 느껴졌기 때문이다. 대부분의 경우 이렇게 느끼는 것이 당연한 노릇이었다. 아무도 이 위에 도착한 날을 기억하고 싶어하지 않았으며, 1년 또는 1년 넘게 이곳에 있는 사람들도 그날을 생각조차 하지 않으려 했다. 여느 때는 축제와 축배의 핑계가 될 기회는 하나도 빼놓지 않았고, 1년이라는 리듬과 맥박을 타고 찾아오는 일반적인 큰 행사에도 가급적 많은 개인적인 사건들이 덧붙었다. 생일, 종합진찰, 자포자기 상태의 출발과 정식 퇴원, 그 밖에 이런 종류의 사건들이 식당의 요리와 샴페인 터뜨리는 소리로 축하되었지만, 이 위에 도착한 기념일만은 그저 조용히 보내면서, 아예 잊어버리는 일조차 있었다. 결국 본인 이외의 다른 사람이 그날을 그렇게 정확하게 기억하고 있지 않다는 것만은 분명했다.

모두가 시간이 흐르는 것을 존중하고 있어서 달력의 순환, 외부적 반복에는 주의를 게을리하지 않았지만, 그 밖에 주어진 공간과 결부되어 있는 각자의 시간, 즉 개인적인 시간을 셈하고 계산하는 것은 단기간의 체류자와 초심자에게만 있을 뿐, 그 점에 있어서 정주자들은 시간의 흐름에 대해서는 모르는 사이에 흘러가는 영원한 시간, 즉 '10년이 하루'처럼 지나가기를 바랐다. 그리고 다른 사람들도 자기와 같은 기분일 거라고 사려 깊게 이해해 주고 있었다. 누구에게든지 그 사람이 이 위에 온 지 오늘이 3년째 된다고 말한다는 것은 심한 실례요, 잔인한 행동이었다. 그런 일은 일어나지 않아야 할 일이었다. 다른 일에서는 실수가 잦은 슈퇴르 부인도 이 점에서만은 분명하게 지키고 있어서, 그런 실수는 절대로 저지르지 않았다. 그녀가 환자라는 것, 열이 높고 교양 없는 것이 사실이라 해도. 그녀는 요즈음도 식탁에서 그녀의 폐의 침윤을 습윤(濕潤)이라고 말해서 화제에 올랐고, 역사에 관계되는 이야기가 나오면 역사의 연대라면 자기가 가장 자신 있어하는 분야라고 자랑하여 주위 사람들을 깜짝 놀라게 했다. 그러나 이런 행동을 하는 그녀도, 2월에 있었던 침센 청년의 도착 기념일을 생각나게 하는 행동은 하지 않았던 것이다. 물론 그녀는 그날을 분명히 기억하고 있었겠지만 말이다. 그녀의 불쌍한 머릿속은 쓸데없는 날짜와 사건으로 가득 차 있었으며, 그녀는 남을 대신하여 계산하기를 좋아했다. 그러나 주위의 관습에 얽매여 잠자코 있었던 것이다.

한스 카스토르프의 기념일에 대해서도 마찬가지였다. 슈퇴르 부인은 식사 때에 그에게 한 번 의미심장한 눈짓을 해 보였지만, 그는 부인의 그 신호를 무표정한 얼굴로 받아넘겼기 때문에 그녀는 얼른 자신의 생각을 지워 버렸다. 요아힘도 사촌에게 1주년 이야기는 하지 않았지만, 이 위에 방문하러 온 사촌을 '마을' 역으로 마중 나갔던 날짜는 기억하고 있음에 틀림없었다. 하지만 요아힘은 천성적으로 말이 적은 사람이어서, 그 점에서는 한스 카스토르프가 적어도 이 위에서 수다쟁이가 된 것과는 비교도 되지 않았고, 두 사람의 친구가 된 인문주의자인 떠버리와도 전혀 비교가 되지 않았다. 요아힘은 얼마 전부터 이상하게 말이 더 없어지고, 눈에 띌 만큼 말수가 줄어들어, 입을 벌려도 두어 마디 띄엄띄엄 할 뿐이었다. 그러나 그의 표정은 뭔가를 심사숙고하는 것 같았으며, 그에게 '마을' 역은 마중과 도착이라는 생각 말고도 어떤 다른 생각이 결부되기 시작한 것이 분명했다. 그는 평지와 편지를 자주 주고받고 있었다. 그의 머릿속에는 결심이 무르익어 갔고, 그가 시작한 준비 공작은 막바지에 이르러 있었다.

7월은 따뜻하고 청명한 날씨가 계속되었다. 그러나 8월에 들어서자 날씨는 나빠지기 시작하여 음울하고 축축하게 진눈깨비가 내렸다. 이윽고 진눈깨비는 눈으로 변하고, 가끔 여름 같은 맑은 날씨가 섞이면서 8월 말에서 9월 초까지 나쁜 날씨가 계속되었다. 처음에는 방 안의 온도가 10도 정도였고, 며칠 전까지의 여름 같은 날씨의 잔재로 따뜻하게 지낼 수 있었지만, 그날부터 날이 갈수록 추위가 심해졌다. 환자들은 골짜기를 메우는 눈이 내리기 시작한 것을 환영했다. 아무리 추워도 골짜기를 메우는 눈을 보지 않으면 사무국 사람들은 스팀을 넣어줄 생각을 하지 않았기 때문이다. 처음에는 식당에만, 다음에는 각 방에 스팀이 넣어졌다. 환자들은 안정 요양이 끝난 뒤 두 장의 담요를 벗어버리고 발코니에서 방으로 돌아와, 축축하게 곱은 두 손을 따뜻한 스팀관에 대고 녹였다. 하지만 스팀으로 건조해진 공기 때문에 두 볼은 더욱 붉어졌다.

벌써 겨울이란 말인가? 감각으로는 그런 인상을 지울 수가 없었다. 환자들은 자연적이고 인위적인 환경의 영향을 받아 정신적으로나 실제적으로도 시간을 낭비한 탓인지, 자기 스스로가 자신을 속여 "여름을 사기당해 빼앗겼다"면서 불평이었다. 그러면서도 아직 좋은 가을 날씨가 남아 있을 것이라고 생각했다. 태양이 하늘을 지나가는 궤도가 이미 낮아졌고, 해넘이 시간이 어느새 빨라진 것 등을 생각하지 않는다면, 여름이라고 불러도 지나치지 않을 따스하고 화창한 날이 잇달아 찾아올 것이라고 생각할 만했다. 그러나 이런 터무니없는 위로보다 바깥의 겨울 풍경을 바라보는 데에서 오는 기분의 영향 쪽이 훨씬 강했다. 발코니로 나가는 문을 닫고 그 뒤에 서서, 휘몰아치는 눈보라를 참을 수 없다는 듯이 바라보는 사람이 있었다. 그는 바로 요아힘이었다. 그는 목멘 듯한 목소리로 말했다.

"또 시작이야."

한스 카스토르프는 그의 등 뒤 방 안에서 대답했다.

"아직 좀 이르지 않을까? 결정적인 것은 아니겠지. 그러나 무서울 만큼 결정적인 광경을 보이고 있어. 음산함과 눈과 추위, 따뜻해진 스팀관이 겨울 풍경이라면 이제는 부정할 도리가 없는 겨울이지. 바로 얼마 전까지만 해도 겨울이 계속되어 겨우 얼음이 녹는 계절이 끝났다고 생각했는데. 요 얼마 전까지만 해도 봄이 왔던 것처럼 느껴졌고 말이야. 그것을 생각하면 순간적으로 기분이 이상해져. 그래, 이건 우리의 생명 욕구에 대한 위험한 타격이야. 어째서 그런지를 설명해 주지. 나는 이렇게 생각하거든. 이 세상은 평범한 인간의 욕망에 적합하도록, 그리고 인간의 생명 욕구에 맞도록 만들어져 있어. 이건 누구나 인정해야 할 일이야. 자연의 질서—예컨대 지구의 크기, 지구가 자전과 공전에 각각 필요로 하는 시간, 하루와 사계절의 변화—는 우주의 리듬이라고 해도 좋지. 그것이 모두 우리의 요구에 맞추어 만들어졌다고 말하지는 않겠어. 그런 것은 뻔뻔하고 단순한 생각이라, 이른바 사상가들의 목적론이라고 할 수 있지. 그러나 우리의 요구와 근본적인 자연의 법칙이 고맙게도 꼭 들어맞는 것은 사실이야. '고맙게도'라고 한 것은, 정말 그것은 신에게 감사드려도 좋은 일이기 때문이지. 그리고 평지에서 여름이 찾아오고 겨울이 찾아온다는 것, 그전에 여름 또는 겨울이 있었기 때문에 그다음에 오는 계절이 가장 알맞은 것으로 느껴지고, 이번의 여름 또는 겨울이 신선하고 고맙게 느껴지는 거야. 그리고 이로써 생명을 느끼는 거지. 그런데 이 위에서는 그 질서 있는 조화가 깨뜨려져 있어. 첫째로 자네가 언젠가 말했던 것처럼 여기에는 정말 사계절다운 사계절이 없고, 여름다운 날과 겨울다운 날이 두루 섞여 있을 뿐이며, 둘째로 여기에서 흘러가는 시간은 대체로 시간이 아니기 때문에 새로이 찾아온 겨울이 조금도 신선하게 느껴지지 않고 언제나 똑같은 겨울로 느껴지는 거야. 자네가 유리문 너머로 밖을 보며 불만을 품고 있는 기분도 이런 이론으로 설명할 수 있어."

"고맙네. 자네는 그런 설명을 함으로써 아마 만족하겠지. 무엇보다도 상황 그 자체에 만족하는 모양이니까. 하지만 그것은…… 아니, 그만두지. 모든 것이 치사하고 구역질 날 정도로 더러워. 만약 자네가 아직도…… 그러나 나는……."

요아힘은 뭔가 말을 할 듯하다가 빠른 걸음으로 방을 나와 문을 거칠게 닫았다. 만약 잘못 본 것이 아니라면, 그의 아름답고 부드러운 눈에는 분명히 눈물이 괴어 있었다.

뒤에 남은 청년은 당황스러웠다. 한스 카스토르프는 사촌이 어떤 결심을 공공연히 입 밖에 내어 말하는 것은 곧이듣지 않았다. 그러나 그 결심이 사촌의 얼굴에 말없이 나타나고 지금과 같은 태도가 보이자, 이 군인이 자기 결심을 실행에 옮길지 모른다는 것을 느끼고 깜짝 놀랐다. 그는 새파랗게 질릴 정도로 놀랐는데, 그것은 자기와 사촌을 함께 생각한 데서 온 것이었다. "그이는 아마 죽을 거예요" 하던 쇼샤 부인의 말이 생각났다. 이것도 분명히 제3자로부터의 정보임이 틀림없겠지만, 절대로 지워진 적이 없는 의혹의 고통이 되살아났다.

'요아힘이 나를 이 위에 혼자 남겨두고 갈 수 있을까? 요아힘을 찾아 이 위에 온 나를?'

이런 생각이 들었으나 한스 카스토르프는 자기 자신을 타일렀다. 그런 것은 어리석고 무서운 일이다. 너무 두려워서 얼굴이 새파래지고 심장이 불규칙하게 뛰는 것을 느낄 정도였다. '혼자서 이 위에 남게 되면…… 요아힘이 출발해 버리면 혼자가 되는 수밖에 없다. 요아힘과 함께 출발한다는 것은 도저히 생각할 수 없기 때문에…… 그렇게 되면…… 생각만 해도 심장이 완전히 멎는 듯하구나. 만약 그렇게 되면 여기에 영원히 남게 되어, 혼자 평지로 돌아갈 희망은 절대로 없을 것이다.'

한스 카스토르프는 전전긍긍하며 여기까지 생각했다. 그리고 그날 오후 그 문제의 추이에 대해서 확실히 알 수 있게 되었다. 주사위는 던져졌고, 요아힘은 최후통첩을 들이밀면서 갑자기 결정해 버렸던 것이다.

차를 마신 뒤 사촌들은 다달이 받는 진찰을 위해 지하실로 내려갔다. 9월 초의 일이었다. 스팀으로 건조해진 지하실로 들어가자 크로코브스키 박사는 사무용 책상에 마주 앉아 있었으며, 고문관은 창백한 얼굴로 팔짱을 끼고는 벽에 기대어, 한쪽 손에 든 청진기로 어깨를 두드리고 있었다. 그는 천장을 쳐다보며 하품을 했다.

"안녕하십니까? 여러분!"

그는 나른한 목소리로 인사했다. 그는 힘이 없고 우울하며, 모든 일에 흥미가 없는 것처럼 보였다. 아마 담배를 너무 많이 피운 탓이리라. 그러나 사실 불쾌한 일도 있었다. 그 일에 대해서는 사촌들도 이미 들어 알고 있었는데, 병원 안의 흔해 빠진 한 사건이었다.

재작년 8월에 이 요양원에 입원했다가 6개월 뒤인 지난해에 완쾌하여 퇴원한 아미 뵐팅이라는 젊은 아가씨가 있었다. 그녀는 집에 돌아갔다가 '기분이 좋지 않다'는 이유로 작년 9월이 채 끝나기 전에 이 위에 다시 돌아왔다. 그리고 올해 2월에 다 나아 이상이 없게 되자 평지로 되돌아갔다. 그런데 어찌 된 일인지 7월 중순에는 또다시 일티스 부인의 식탁에 예전처럼 앉게 되었다. 이 여자가 오전 1시에 폴리플락시오스라는 환자와 함께 그녀의 방에 있는 것을 들키고 말았다. 폴리프락시오스는 사육제 밤에 날씬한 두 다리 때문에 물의를 일으킨 그리스인 젊은 화학자로, 아버지는 피레우스에서 염료 공장을 경영하고 있었다. 오전 1시의 현장을 발견한 것은 다른 사람이 아닌 아미의 여자 친구였다. 그녀는 폴리프락시오스와 같은 통로의 발코니를 따라 아미 방으로 살짝 들어갔다가 그곳에서 본 장면 때문에 마음의 고통과 분노를 일으켜 고함을 질러버렸다. 그 때문에 위아래에 커다란 소동을 불러왔고, 그들의 추문을 드러내게 한 것이다. 베렌스는 세 사람—아테네인, 뇔팅, 질투에 눈이 뒤집혀 부끄러움도 체면도 잊은 여자 친구—에게 모두 추방을 선언했다. 그러나 아미도, 아미의 행각을 폭로한 여자 친구도 크로코브스키 박사에게 개인적으로 정신적 분석 요법을 받고 있었기 때문에, 베렌스는 이 조수와 함께 추문의 대책을 의논하고 있었다.

베렌스는 사촌들을 진찰하는 동안에도 우울하고 체념한 투로 그 문제에 대해 계속 이야기했다. 그는 청진의 권위자라서 환자의 몸 안에서 나는 소리를 듣고 진단하면서도 다른 일에 대한 이야기를 계속했고, 그러면서도 조수에게 청진 결과를 받아 적게 할 수 있었다.

베렌스가 말했다.

"아, 신사 여러분, 정말 저주받을 성욕입니다! 당신들은 이런 일을 물론 재미있어할 것입니다. 지루함이 풀려서 좋을 것입니다—폐포음(肺胞音)—그러나 원장이 되고 보면 정말이지 질색입니다—유성음—정말입니다. 폐병에는 호색이 따른다고 하지만, 그걸 내가 어떻게 하겠습니까?—가벼운 거품 소리—내가 그렇게 하라고 시킨 것도 아닌데, 나도 모르는 사이에 이렇게 창녀의 포주같이 되어버렸지 뭡니까?—왼쪽 어깨 밑 타진음 단축. 여기서는 분석 요법을 하고 있어서, 무엇이든지 입 밖에 낼 수 있습니다. 그런데 말입니다—거품 소리—솔직히 말해서 인간은 성욕적인 존재입니다. 그래서 나는 수학을 권장하고 있습니다—이쪽은 회복·잡음 소멸—내 의견으로는, 수학 공부란 성욕을 가라앉히는 데 가장 효과가 있습니다. 그렇기 때문에 많은 괴로움을 당했던 파라반트 검사도, 수학에 전념하여 지금은 원(圓)의 구적법(求積法)에 열중하면서부터 그렇게 괴로워하지 않게 되었습니다. 그러나 대부분의 환자는 어리석고 게으르므로 수학에 관심을 두지 않습니다. 참으로 불쌍한 자들입니다—폐포음—그런데 여러분, 나는 잘 알고 있습니다. 여기서는 젊은이들이 쉽게 타락하여 폐인이 되어버린다는 것을요. 그래서 나도 전에는 풍기 문란을 여러 번 단속하려고 했습니다. 그런데 어떤 부인의 오빠인지 약혼자인지 하는 자가, 도대체 당신은 우리와 무슨 관계가 있느냐고 따져 물은 일이 있었습니다. 그 뒤부터 나는 오로지 의사로서만 일하고 있지요—오른쪽 위에 가벼운 거품 소리."

고문관은 요아힘의 진찰을 끝마치자 청진기를 수술복 주머니에 넣고는 커다란 왼손으로 두 눈을 비볐다. 이것은 '실패'하여 우울할 때의 버릇이었다. 그는 우울증 때문에 가끔 하품을 하면서 언제나 하는 설교를 유창하게 하기 시작했다.

"침센 군. 낙심하지 말고 기운을 내십시오. 아직 모든 상태가 생리학 책에 씌어진 대로라고는 할 수 없습니다. 여기저기 잡음이 있습니다. 게다가 가프키와의 관계도 완전히 끊어진 것이 아니어서 얼마 전에도 번호가 한 단계나 올라갔으니까요. 이번에는 6호지요. 그렇다고 해서 세상을 비관해서는 안 됩니다. 당신이 여기 왔을 때는 더욱 나빴습니다. 그것은 서류로 증명할 수 있습니다. 그리고 당신이 앞으로 5개월이나 6개월—옛날에는 달을 '모나트'라 하지 않고 '마노트'라고 한 것을 알고 있습니까? '마노트' 쪽이 사실은 훨씬 듣기가 좋습니다. 나는 이제부터는 '마노트'라고 하기로 했습니다."

"고문관님."

요아힘은 윗몸을 앞으로 내밀고 가슴을 펴더니, 구두 뒤꿈치를 부동자세로 서 있었다. 그의 얼굴빛은, 한스 카스토르프가 언젠가 햇빛에 탄 얼굴이 핏기를 잃으면 이런 색이 되는가 하고 생각했던 것처럼, 얼룩져 있었다.

베렌스는 여태까지 말하던 여세를 몰아서 이야기를 계속했다.

"당신이 앞으로 만 6개월 동안 여기서 엄격한 요양을 계속하면 성공입니다. 콘스탄티노플을 점령하는 것도 가능합니다. 그렇게 되면 용맹성을 인정받아, 국경 지방의 사령관이 될 수도 있을 것입니다."

요아힘이 흔들림 없는 자세로 '오늘이야말로 끝장을 내야지. 딱 잘라 끝장을 내자고 말해야지' 하는 단호한 결심을 보여 상대방을 어리둥절하게 하지 않았다면, 베렌스는 그의 우울한 상태를 누그러뜨리기 위해 또 무슨 말을 했을지 모른다.

"고문관님, 나는 고향으로 떠날 결심을 했습니다. 그 사실을 알려드리고 싶습니다."

"뭐라고요? 떠난다고요? 나는 당신이 시일이 더 지난 뒤에, 건강을 찾으면 군대로 들어갈 작정인 줄로만 알았는데요."

"아닙니다. 나는 곧 출발해야 합니다, 고문관님. 일주일 안으로 말입니다."

"내가 잘못 들은 것은 아닙니까? 당신은 계획을 단념하고 도망가려는 것입니까? 이것이 탈출을 의미한다는 것을 알고 있습니까?"

"아니오, 나는 그렇게 생각하지 않습니다, 고문관님. 나는 당장 연대로 원대 복귀해야 합니다."

"앞으로 반년이면 틀림없이 돌려보낸다고 하는데도 말입니까? 반년이 지나지 않고서는 돌려보낼 수 없다고 하는데 말입니까?"

요아힘의 자세는 점점 군대식으로 되었다. 배를 들이밀고 서서 말을 짧게 끊고, 목소리를 누르면서 말했다.

"나는 여기서 1년 반 넘게 있었습니다. 더는 기다릴 수 없습니다. 고문관님은 처음에는 3개월이라고 말했습니다. 그 뒤 나의 요양 기간은 차례차례 3개월, 그리고 6개월로 늦춰졌습니다. 그런데도 나는 아직 건강을 찾지 못했습니다."

"그것이 내 잘못이란 말입니까?"

"아니오, 고문관님. 그러나 나는 이 이상 기다리고 있을 수는 없습니다. 군대로 들어갈 기회를 놓치지 않으려면 여기서 완전히 병이 나을 때까지 기다리고만 있을 수는 없습니다. 지금이라도 내려가야 합니다. 장비와 그 밖의 준비를 하려면 시간이 좀 필요합니다."

"가족들의 양해를 받았습니까?"

"어머니는 이해해 주셨습니다. 모두 결말이 지어졌습니다. 나는 10월 1일에 사관후보생으로 제76연대에 입대합니다."

베렌스는 충혈된 눈으로 요아힘을 쳐다보았다.

"어떤 위험도 무릅쓰고 말입니까?"

요아힘은 입술을 떨면서 대답했다.

"그렇습니다, 고문관님."

"그렇다면 좋습니다, 침센 군."
고문관은 얼굴 표정을 부드럽게 하고 몸가짐을 늦추었다. 몸도 마음도 느슨하게 풀어준 것이다.
"좋습니다, 침센 군. 그렇다면 행동을 시작하십시오! 여행이 무사하기를 빕니다. 당신은 당신이 하는 일이 무엇을 의미하는지 분별하고 있는 것 같습니다. 당신은 모든 것을 책임지고 행동하려고 합니다. 그리고 당신이 그걸 맡는 순간부터 그건 당신의 문제이지 내 문제는 아닙니다. 그건 분명합니다. 대장부란 스스로 혼자 가는 법입니다. 당신은 보증 없이 여행을 합니다. 나는 전혀 책임을 지지 않겠습니다. 하지만 잘되겠지요. 당신이 하려는 일은 야외에서 하는 일이니까요. 그것이 몸에도 도움이 될 테니 당신은 성공할 수 있을 것입니다."
"나도 그렇게 생각합니다, 고문관님."
"그런데 문화인 청년, 당신은요? 당신도 함께 떠나시는 거겠지요?"
이번에는 한스 카스토르프가 대답할 차례였다. 그는 1년 전에 방문객에서 환자로 바뀌어진 원인이 되었던 창백한 얼굴로 그때와 똑같은 장소에 앉아 있었는데, 이번에도 심장의 고동이 갈비뼈에 울리는 것을 그때처럼 확실히 느꼈다.
한스 카스토르프는 대답했다.
"나는 당신이 결정하는 대로 따르겠습니다, 고문관님."
"내가 결정하는 대로요? 좋습니다!"
고문관은 청년의 팔을 끌어당기더니 진찰을 시작했다. 그는 그 결과에 대해서는 써넣지 않았다. 그리고 꽤 빨리 타진을 끝마치고는 말했다.
"당신은 여행해도 좋습니다."
한스 카스토르프는 말을 더듬거렸다.
"그렇다면…… 무슨 말씀이지요? 나는 건강해진 것입니까?"
"그렇습니다. 당신은 건강합니다. 왼쪽 위의 환부는 이제 문제가 아닙니다. 당신의 열은 그 환부에서 오는 것 같지는 않습니다. 그 열이 어디서 오는지는 나도 말할 수가 없습니다만, 그다지 걱정할 필요가 없는 열이라고 생각합니다. 내 의견으로는 출발하셔도 괜찮습니다."
"그렇지만…… 고문관님…… 지금 그 말씀은 진심이 아니지요?"

"진심이 아니라니요? 왜요? 도대체 당신은 무엇을 생각하고 있습니까? 당신은 나를 어떻게 생각하고 있습니까? 좀 들어봅시다. 당신은 나를 뭐라고 생각합니까? 창녀의 포주로 알고 있는 겁니까?"

분노였다! 고문관의 창백한 얼굴은 끓어오른 피로 자줏빛이 되었고, 콧수염을 기른 입술의 한쪽 끝이 치켜올라가 윗니가 보였다. 그는 황소처럼 머리를 내밀고 있었으며, 충혈되고 눈물이 괸 눈은 금방이라도 튀어나올 듯했다.

"그런 생각은 금물입니다! 첫째로 나는 이곳의 주인도 아무것도 아닙니다! 이곳의 고용인에 불과합니다! 나는 의사입니다! 그저 단순한 의사일 뿐입니다! 알았습니까? 나는 뚜쟁이 영감이 아닙니다! 아름다운 나폴리의 톨레도에 사는 색골은 더욱 아닙니다. 알았습니까? 나는 병을 앓고 있는 사람들을 도와주는 봉사자입니다! 당신들이 나를 그렇게 생각하지 않았다면 두 사람 모두 될 대로 되라지! 사라지든 파멸하든 마음 내키는 대로 하십시오. 기쁜 여행을 빌겠습니다."

고문관은 뢴트겐실의 대기실로 통하는 문을 향해 성큼성큼 걸어가서, 그 문을 뒤로 쾅 밀어붙이고는 나가버렸다.

사촌들은 어떻게 했으면 좋은가 하고 물어보듯 크로코브스키 박사를 바라보았지만, 조수는 서류를 열심히 읽는 체했다. 사촌들은 서둘러 옷을 입었다. 계단에서 한스 카스토르프가 말했다.

"굉장한데. 전에도 저렇게 화를 낸 적이 있었나?"

"없었어. 저렇게 화를 낸 적은 없었어. 저게 상관의 벼락이라는 거야. 그저 묵묵한 자세로 받아들이는 것이 상책이야. 보나마나 폴리프락시오스와 뵐팅의 일로 화가 나 있었던 거야. 그나저나 자네도 보았지?"

요아힘은 목적을 이룬 기쁨에 복받쳐, 가슴이 벅찬 것을 알 수 있었다.

"자네도 보았지? 내 결심이 대단하다는 것을 알고, 그가 손을 든 것 말이야. 칼을 빼어들고 끝까지 대들어야 해. 그래서 허락을 받은 거야. 그도 말했어. 나는 아마 성공할 것이라고. 그리고 일주일 안으로 우리가 떠나면…… 나는 3주 안에 연대로 가 있게 되겠지."

이렇게 말하고는, 한스 카스토르프의 일을 건드리지 않고 기쁨에 떨리는 말을 자기 영역에만 국한시켰다.

한스 카스토르프는 잠자코 있었다. 그는 요아힘의 '허락'에 대해서도 가만히 있었고, 자기에게도 '허락'이 떨어진 것에 대해 이야기해야 했으나 말을 아꼈다. 한스 카스토르프는 안정 요양을 준비했다. 두 장의 낙타 담요를 간단하고 정확하고 완벽한 기술로, 평지에서는 아무도 예상할 수 없는 완전하고도 차분한 솜씨로 몸에 감고는, 체온계를 입에 물고 초가을 오후의 싸늘한 습기 속에서 침대 의자에 기분 좋게 드러누웠다.

비구름이 낮게 드리워져 있었고, 뜻도 알 수 없는 도안의 깃발은 거두어들여졌다. 전나무의 젖은 가지 위에는 잔설이 얹혀 있었다. 1년 전에 알빈 씨의 목소리가 울려오는 것을 처음 들었던 아래쪽의 안정 홀에서는, 요양 근무를 하고 있는 청년의 귀에 소곤대는 말소리가 들려왔다. 한스 카스토르프의 손가락과 얼굴은 곧 축축하고 싸늘하게 굳고 말았다. 그는 이런 것에도 익숙해져서, 그에게는 이제 이것이 유일한 생활 방식이 되어 있었다. 그리고 그는 이곳 생활 방식의 은혜, 누구의 방해도 받지 않고 누워서 모든 것을 생각할 수 있는 것에 감사했다.

드디어 결단은 내려져서, 요아힘은 출발하는 것이다. 라다만토스는 요아힘을 풀어준 것이다. 정식적인 출발도 아니고, 건강한 사람으로서도 아니었지만, 요아힘의 단호한 결심을 인정하고 그것을 이유로 마지못해서 풀어준 것이다. 요아힘은 협궤 철도를 타고 아래 세상의 란트쿠아르트에 내려갈 것이다. 그리고 로만스호른에 도착해 시(詩) 속의 기사가 말을 타고 건너갔다는 넓고 깊은 호수*[15]를 건너 독일 땅을 가로질러서 집으로 갈 것이다. 그리고 사촌은 아래 세상, 평지 세계에서 살게 되는 것이다. 체온계 사용법, 담요를 몸에 감는 방법, 가죽 침낭, 하루 세 번의 산책에 대해 전혀 모르는 사람들 사이에서 말이다. 평지 사람들이 모르는 것을 하나하나 열거하여 입 밖에 내는 것은 쉬운 일이 아니었다. 그러나 요아힘이 이 위에서 1년 반 넘게 지낸 뒤에 아무것도 모르는 사람들 사이에서 살아야 한다는 생각은—요아힘에게만 관계되고, 아주 멀리에서 시험적으로만 한스 카스토르프에게도 관계되는 이 생각은—한스 카스토르프를 매우 혼란스럽게 했다. 그는 눈을 감고 그 생각을 뿌리치는 손짓을 했다. 그리고 "불가능해, 불가능해" 하고 중얼거렸다.

그것이 불가능한 것이라면, 이 위에서 요아힘 없이 혼자 계속 지낼 수 있을

---

*15 독일과 스위스 사이에 있는 보덴 호수.

까? 정말 그렇다. 언제까지? 베렌스가 이제는 완쾌되었으니 놓아주겠다고 할 때까지? 그것도 오늘처럼이 아니라 진정으로 놓아줄 때까지? 그러나 그 석방 시기란, 언젠가 요아힘이 허공에 대고 알 수 없다고 중얼거린 것처럼, 언제까지라는 것을 모른다. 또 그때가 온다고 '불가능한' 것이 '가능한' 것이 될까? 아니, 오히려 그 반대가 될 것이다. '불가능한' 것이 그때가 되어 정말로 '불가능한' 것으로 굳어지기 전에 이번의 석방이 있게 된 것은 구원의 손길이 뻗친 것이라고 인정해야 한다. 자기 혼자서는 영원히 평지로 돌아갈 것 같지 않았는데, 요아힘의 자포자기적인 출발로 한스 카스토르프에게도 평지로 돌아갈 지시와 인도가 부여된 것이다. 인문주의적 교육자가 이 기회를 알게 되면 그 구원의 손길을 붙잡고 인도에 따르도록 적극적으로 권했을 것이다! 그러나 세템브리니는 대변자의 한 사람에 지나지 않았다. 들을 가치가 있는 이야기들을 했지만, 그것만이 유일한 절대 진리라고는 할 수 없는, 사물과 정신의 대변자에 지나지 않았다. 요아힘에 대해서도 마찬가지였다. 그는 군인이었다. 그는 풍만한 가슴을 가진 마루샤가 돌아올 때를 즈음하여—마루샤가 10월 1일에 돌아온다는 것은 모두 알고 있었다—출발하는 것이다. 이와는 반대로 문화인인 한스 카스토르프는 언제 다시 돌아올지 전혀 알 수 없는 클라브디아 쇼샤를 기다리고 있어야 하기 때문에 출발할 수 없으며, 이것이 중요한 이유였다.

요아힘은, "나는 그렇게 생각하지 않습니다"라는 말로 라다만토스가 '탈출'이라고 규정한 데 대해 부정했다. 요아힘에게 있어서 '탈출'이라는 것은 우울증에 걸려 있는 고문관의 헛소리라고 하지 않을 수 없었다.

그러나 문화인인 한스 카스토르프의 경우에는 사정이 다를 수밖에 없었다—그렇다. 의심할 여지없이 그러함에 틀림없었다. 그 결정적인 생각을 그의 기분 속에서 포착하기 위하여, 그는 오늘 이 축축하고 차디찬 바깥에서 누워 있는 것이었다—그에게는 이번 기회를 붙잡아 무모한, 그리고 모험에 가까운 평지로의 출발을 감행한다는 것은 그야말로 탈출일 것이다. 신의 자식인 인간의 관점에서 이 위에서 일어난 방대한 책임에서의 탈출인 것이며, 이 위 발코니의 푸른 꽃이 피는 장소에서 전념했던, 곤란하고 힘에 겨운, 그러나 모험적인 기쁨을 느끼게 하는 '술래잡기'의 의무에 대한 배반을 의미하는 것이었으리라.

한스 카스토르프는 입에서 체온계를 뺐다. 수간호사에게 그 가느다란 기계를 사 가지고 처음 그것을 사용했던 때처럼 난폭하게 입에서 빼고는, 그때와 마찬가지로 수은주를 들여다보았다. 수은주는 껑충 올라가 37도 8부, 거의 9부에 이르렀다.

한스 카스토르프는 담요를 걷어차고 벌떡 일어나 방으로 뛰어 들어가서 복도로 나가는 문 앞으로 달려갔지만, 생각을 달리하고 다시 돌아왔다. 그리고 발코니에서 다시 안정 요양을 취했다. 그는 수평 상태로 누운 뒤, 작은 목소리로 요아힘에게 말을 걸어 체온을 물었다.

요아힘이 대답했다.

"나는 이제 체온을 안 재."

"그래? 그러나 나는 템푸스가 있는걸."

한스 카스토르프는 슈퇴어 부인이 샴페인을 '샴프'라고 하는 식으로, 체온을 템페라투어라 하지 않고 템푸스*[16]라고 흉내내어 말했다. 하지만 유리 칸막이 저쪽에서는 아무런 대답이 없었다.

요아힘은 그날도, 그다음 날도, 그리고 그 뒤에도 아무 말도 하지 않았으며, 한스에게 아무것도 묻지 않았다. 한스의 계획과 결심은 출발 날짜가 다가오면서 확실해졌다. 그의 결정은 그의 행동에 의해, 또는 행동하지 않는 것에 의해 자연히 요아힘도 알게 되겠기에, 그가 전혀 행동하지 않는 것으로 그 사실은 확실해졌던 것이다. 한스 카스토르프는, 하느님은 하느님 자신만이 행동하는 것을 바라기 때문에, 인간이 행동하려는 것은 하느님을 욕되게 한다고 주장하는 정적주의(靜寂主義)를 신봉하는 것 같았다. 아무튼 한스 카스토르프가 요 며칠 사이에 움직인 것이라고는 베렌스를 한 번 방문했던 것뿐이다. 그때 두 사람 사이에 오간 대화에 대해서는 요아힘도 알고 있었고, 그것이 어떻게 결론지어졌는지는 같이 있지 않았어도 충분히 상상할 수 있었다.

한스 카스토르프는, 고문관이 불쾌한 순간에 화를 내서 한 말보다도 고문관이 평소에 해준 충언, 병을 철저하게 고쳐서 두 번 다시 이곳에 돌아오지 않도록 해야 한다는 충언을 존중하고 싶다고 말했다. 자기는 현재 체온이 37도 8부나 되어 정식으로 퇴원할 수 있다고는 생각하지 않는다, 지난번에 고문관의 말을 추방 처분이라고 해석할 수 없는 데다가—그런 처분을 받을 일은 전혀 하지 않았기 때문에—자기가 냉정하게 숙고한 결과 요아힘의 결정에 무

* 16 Tempus는 시간·시기, Temperature는 체온.

조건 따를 것이 아니라 좀더 이곳에 머물러 병이 완전히 나을 날을 기다리겠다고 설명했다. 이에 대해 고문관은 거의 같은 대답을 했음에 틀림없다. "좋지요, 좋아요"라거나, "요전에 화를 낸 것은 나쁘게 생각하지 말아요" 하는 말들이다. 그리고 고문관은 이것이야말로 분별 있는 청년의 말이라고 칭찬하고는, 한스 카스토르프가 저 무분별한 탈주병보다는 월등한 환자의 천분을 가지고 있다는 것을 처음부터 알고 있었다고도 말했다. 그 밖에도 이와 비슷한 말이 오갔던 것이다.

요아힘의 추측에 따르면 한스 카스토르프와 고문관 사이의 대화는 이렇게 진행된 것이었지만, 요아힘은 여기에 대해서 한 마디 말도 하지 않았다. 그는 한스 카스토르프가 그의 출발 준비에 합류하려고 하지 않는 것을 말없이 확인했다. 게다가 선량한 요아힘은 자신의 일만으로도 얼마나 머리가 가득 차 있었던가! 정말이지 사촌의 운명이나, 사촌이 여기에 그대로 머물러 있는 것을 걱정할 겨를이 없었다. 그의 가슴은 폭풍으로 뒤흔들리는 심정이었으리라. 그것은 충분히 상상이 가는 일이었다. 그의 말에 따르면 체온계를 무심코 떨어뜨려 깨뜨린 것은 차라리 잘된 일이며, 그 바람에 체온을 재지 않게 된 것이라고 말했다. 현재의 요아힘처럼 흥분 상태가 되어 기쁨과 긴장 때문에 얼굴이 붉어졌다 푸르러졌다 할 때에는, 체온을 재는 일은 기분을 혼란스럽게 할지도 모를 일이었다. 한스 카스토르프가 들어서 판단한 바에 따르면, 그는 이제는 누워 있을 수가 없어서 하루 종일 베르크호프에서 수평 상태가 되어야 하는 하루 네 번의 안정 요양 시간에도 방 안을 이리저리 거닐었다.

여기에서 1년 반을 지낸 끝에 드디어 그는 아래의 평지로, 집으로, 연대로 돌아가는 것이다. 정식으로 퇴원 허락이 내려진 것은 아니지만 말이다. 이것은 어떤 의미로든 결코 보통 일은 아니었다. 한스 카스토르프는, 안절부절못하며 이리저리 서성거리는 사촌의 태도를 봐도 그것에 동감할 수 있었다. 18개월 동안, 즉 1년하고도 반년 동안 이 위에서 지내고, 이 위의 생활 기준과 신성한 생활 양식에 완전히 익숙해진 상태였다. 7일을 70번 곱한 세월 동안 이곳의 생활 양식에 젖어 있다가 마침내 집으로, 다른 세계로, 아무것도 모르는 사람들한테로 가는 것이다! 평지의 생활에 익숙해지려면 얼마나 많은 어려움이 기다리고 있을 것인가? 요아힘의 흥분이 기쁨 때문만이 아니라, 익숙해진 생활에서 떠나가는 불안과 슬픔으로 방 안을 서성거린다고 생각한다면 잘못

일까? 마루샤의 일은 문제 삼지 않더라도 말이다.

그러나 기쁨이 불안과 슬픔을 이겼다. 선량한 요아힘은 기쁨에 넘쳐 가만히 있을 수 없어, 자기 일만 이야기했다. 이제부터 펼쳐질 사촌의 일은 언급하지 않았다. 그는 모든 것이 얼마나 새롭고 신선해질 것인가를 이야기했다. 그 자신의 어떤 생활이나 어떤 하루라도 앞으로는 다시 충실된 시간을 갖게 될 것이며, 이제부터는 아주 천천히 귀중한 젊은 세월을 보내게 될 것이라고 말했다. 그리고 한스 카스토르프의 외숙모, 즉 자신의 어머니인 침센 과부 이야기를 했다. 요아힘과 마찬가지로 부드러우면서도 검은 눈을 한 침센 부인은 아들인 요아힘이 평지로 돌아올 수 없었던 것처럼, 그녀도 사정이 있어서 이 위로 아들을 보러 올 수가 없었다. 그 때문에 요아힘은 이 고원에 있는 동안 한 번도 어머니를 만나볼 수 없었다. 요아힘은 얼마 뒤 수행할 입대 선서에 대해서도 감격의 미소를 띠면서 말했다.

"장엄한 의식에 따라 연대기(聯隊旗)를 앞에 세우고, 연대기와 군기를 향해 선서한 뒤에 연대에 편입하는 거야."

"뭐라고? 진짜야? 나무토막에 묶인 헝겊에 대고?"

"암, 물론이지. 그리고 포병대에서는 대포를 향해 선서한다네. 상징의 의미에서."

"거참, 감상적이고 광신적인 관습인데?"

문화인의 말에 요아힘은 자랑스럽고 행복한 듯이 머리를 끄덕여 보였다.

요아힘은 준비에 몰두했다. 사무국에서 마지막 계산을 끝마치자, 자기가 결정한 출발 날짜의 며칠 전부터 짐을 꾸리기 시작했다. 여름옷과 겨울옷을 짐속에 넣고, 가죽 침낭과 낙타 담요도 기동 연습에 사용하는 일이 있겠거니 생각하여 요양원의 일꾼을 시켜 삼베 자루에 넣어 꿰매게 했다. 그러고는 혼자서 나프타와 세템브리니를 찾아가 작별 인사를 했다. 사촌은 그 방문에는 동행하지 않았을 뿐만 아니라, 세템브리니가 요아힘의 출발과 한스 카스토르프가 함께 출발하지 않는 것에 대해 어떻게 생각하며 무슨 말을 했는가에 대해서도 묻지 않았다. 세템브리니가 "그래요?"라고 했든, "좋아요"라고 했든, 또는 "불쌍한 사람"이라고 했든지, 그것은 사촌에게는 아무래도 상관없었다.

드디어 출발 전날 밤이 되었다. 그날 요아힘은 모든 것, 즉 식사, 안정 요양, 산책 등을 마지막으로 끝마치고, 두 의사와 수간호사에게 작별 인사를 했다.

그리고 출발일이 되었을 때, 요아힘은 충혈된 눈과 차가운 손으로 아침 식사 자리에 나타났다. 어젯밤에는 줄곧 잠을 이루지 못했던 것이다. 그는 아침 식사도 거의 손을 대지 않았다. 난쟁이 아가씨로부터 짐이 모두 마차에 실렸다는 말을 듣자, 요아힘은 의자에서 급히 일어서서 식탁 친구들에게 작별 인사를 했다. 슈퇴어 부인은 작별 인사를 하면서 눈물을 흘렸지만, 교양 없는 여자의 헤프고 무감각한 눈물이었다. 그녀는 그 눈물이 마르기도 전에, 요아힘에게는 보이지 않게 여교사를 향해 머리를 흔들고, 이쪽저쪽을 돌아보면서 요아힘의 출발에 대해 오만상을 찌푸리고, 사뭇 의심스럽다는 듯이 천박한 표정을 지어 보였다. 한스 카스토르프는 사촌 바로 뒤에 따라가려고 선 채로 커피를 마시다가, 슈퇴어 부인의 그런 얼굴을 보았다. 요아힘은 수고한 사람들에게 웃돈을 주고, 현관에서 요양원 대표자의 공식 작별 인사말에 대답을 해야 했다. 예에 따라 오늘도 환자들이 마차의 출발을 구경하려고 모여들었다. 키가 작은 일티스 부인, 상아색 피부의 레비 양, 품행이 단정치 못한 포포브와 그의 신부의 얼굴도 보였다. 마차가 뒷바퀴에 제동을 걸면서 차도를 내려가기 시작하자, 배웅하는 사람들은 손수건을 흔들었다. 요아힘은 선물받은 장미꽃을 품에 안고는 모자를 쓰고 있었다. 한스 카스토르프는 모자를 쓰지 않았다.

오랫동안 음산했던 날씨가 비로소 화창하게 갠, 햇빛이 비치는 멋진 아침이었다. 시아호른, 그뤼넨 튀르메, 그리고 도르프베르크의 둥근 정상들이 언제나처럼 이 지대의 상징처럼 푸른 하늘을 뒤로한 채 솟아 있었고, 요아힘의 눈길은 거기에 머물러 있었다.

한스 카스토르프가 말했다.

"유감인데. 출발하는 날에 이렇게 날씨가 좋아지다니 말이야. 심술궂은데. 마지막 인상이 나빠야 작별하기가 쉬운 법인데."

이에 대해 요아힘은 작별하기가 쉽지 않아도 괜찮다고 말했다. 군대 훈련에는 더 바랄 수 없는 날씨로, 평지에서는 마음껏 이용할 수 있을 것이라고.

두 사람의 어느 쪽의 사정으로도, 이렇다 하고 말할 것이 없었다. 게다가 마차 앞의 마부석에는 마부와 요양원의 절름발이 수위가 앉아 있었다.

한 마리의 말이 끄는 두 바퀴 마차의 딱딱한 의자 위에 똑바른 자세로 앉아 있는 사촌들은, 마차가 흔들리는 대로 움직이며 시냇물과 협궤 철도를 지나, 선로와 평행으로 뻗은 넓이가 일정치 않은 큰길로 나아갔다. 그리고 창고와 별 차이가 없는 '마을' 역 앞의 돌이 많은 광장에 이르러 마차에서 내렸다. 한스 카스토르프는 모든 광경을 깜짝 놀라는 기분으로 다시 보았다. 13개월 전에 이 역에 도착하여 황혼이 깃들기 시작할 때 보고 나서 한 번도 이 역으로 온 일이 없었다.

"여기에 내가 도착했었구나."

한스 카스토르프는 너무나 당연한 말을 했고, 요아힘은 "그렇지, 여기야" 대답하며 마부에게 요금을 건네주었다.

절름발이 수위는 고맙게도 차표와 짐 등을 모두 돌봐 주었다. 요아힘은 회색 쿠션이 모여 있는 작은 객실에 외투, 무릎덮개, 장미꽃을 놓아 좌석을 확보했다. 그리고 장난감 같은 기차의 자기 객실 앞 플랫폼에 사촌과 나란히 섰다.

"이제 자네는 열광적인 선서를 하겠군."

한스 카스토르프의 말에 요아힘이 대답했다.

"암, 하고말고."

이 밖에 무슨 할 말이 있단 말인가? 두 사람은 작별 인사를 하고는, 평지의 사람들과 이 위의 사람들에게 보내는 인사를 서로에게 부탁했다. 그러고 난 뒤 한스 카스토르프는 지팡이로 아스팔트 위에 뭔가를 그렸다 지웠다 했다. 승차를 재촉하는 소리를 들었을 때, 한스 카스토르프는 깜짝 놀라 요아힘을 쳐다보았고, 요아힘도 한스 카스토르프를 쳐다보았다. 두 사람은 서로 손을 꼭 잡았다. 한스 카스토르프는 막연한 미소를 지었으며, 요아힘의 눈은 진지하고 슬퍼 보였다.

"한스!"

아! 신이여! 이렇게 참을 수 없는 일이 이때까지 이 세상에 있었을까? 요아힘은 한스 카스토르프를 이름으로 불렀다! 언제나 서로 불렀던 '자네'나 '여보게'라 하지 않고, 관습이 갖는 신중성과 형식을 모두 버린 채, 도저히 참을 수 없는 감정적인 어조로 '한스'라고 불렀던 것이다.

"한스!"라고 부른 요하임은, 골똘히 생각하는 불안한 얼굴로 사촌의 손을 잡았다. 그때 한스 카스토르프는, 어제 잠을 자지 못한, 출발에 흥분하고 있는, 깊이 감동해 있는 사촌이 '술래잡기' 때의 한스 카스토르프 자신과 마찬가지로 목을 흔들고 있는 것을 보아야 했다. "한스! 곧 뒤따라오도록 해."

요아힘은 이렇게 말하더니 승강대에 뛰어올랐다. 문이 닫히고 기적이 울리면서 바퀴가 움직였다. 작은 기관차가 끌기 시작하자 열차는 미끄러져 가기 시작했다. 이곳을 떠나는 자는 창문에서 모자를 흔들고, 이 위에 남는 자는 손을 흔들었다. 한스 카스토르프는 가슴이 찢어지는 듯한 심정으로 한참 동안 멍하니 서 있었다. 그리고 그는 요아힘이 1년 전에 그를 안내해 준 길을 천천히 다시 돌아갔다.

물리친 공격

시간의 바퀴는 굴러가고, 시간의 바늘은 돌아갔다. 제비란과 매발톱꽃은 시들어버렸으며, 야생의 패랭이꽃도 사라졌다. 진한 푸른빛의 별 모양을 한 용담과 창백하고 독기 있는 사프란이 젖은 풀 속에 다시 보였고, 숲의 표면이 붉은빛을 띠기 시작했다. 추분이 지나 만령절(萬靈節)이 가까워 오고, 시간을 보내는 데 익숙한 사람들에게는 강림절의 제1주일과 동지와 크리스마스의 축제일도 가까워지고 있었다. 그러나 아직도 10월의 아름다운 날씨가 계속되었다. 사촌들이 고문관의 유화를 본 날과 같은 날씨가 말이다.

요아힘이 떠나고 난 뒤 한스 카스토르프는 이전의 식탁에는 앉지 않았다. 이미 고인이 된 블루멘콜 박사가 앉았었고, 마루샤가 까닭 없이 웃으며 오렌지 향수의 손수건을 입에 대고 있었으며, 슈퇴어 부인이 앉았던 식탁에는 앉지 않았다. 이제 그 식탁에는 그가 전혀 알지 못하는 새로운 손님들이 앉게 되었다. 우리의 친구는 1년 하고도 벌써 2개월 반이 지난 현재 사무국에서 다른 식탁을 지정받았다. 왼쪽 베란다로 나가는 문에 가까운 식탁과 '일류 러시아인 자리'에 있는 식탁, 그러니까 전에 세템브리니가 앉아 있던 식탁의 일원이 된 것이다. 그렇다, 한스 카스토르프는 비어 있는 인문주의자의 자리에 앉게 되었으니 이번에도 끝자리였다. 이 자리는 고문관과 조수가 식사할 때를 위해 일곱 식탁 중 언제나 비워 두는 위쪽 '의사 좌석'과 마주 보고 있었다.

빈 자리의 왼편에는 멕시코의 꼽추인 아마추어 사진사가 쿠션을 여러 개 겹친 위에 웅크리고 있었는데, 이 사나이는 이곳에서 오가는 언어를 전혀 몰라 벙어리와 다름없는 얼굴을 하고 있었다. 그 오른쪽에는 언젠가 세템브리니가 한탄한 것처럼, 아무도 모르고 알고 싶어하지도 않는 형부 이야기를 아무에게나 지껄이기를 좋아하는 지벤뷔르겐에서 온 노처녀가 앉아 있었다. 그녀는 요양 규정의 산책 때에는 튤라산의 은제 손잡이가 달린 지팡이를 짚고 다녔으며, 매일 일정한 시간에 발코니 앞에 서서 심호흡을 할 때에는 그 지팡이를 목에 비스듬히 대고 접시처럼 납작한 가슴을 펴곤 했다. 그 노처녀의 맞은편에 체코인이 앉아 있었는데, 아무도 그 사나이의 성을 발음할 수가 없어서 벤첼 씨라고 불렀다. 세템브리니도 베르크호프에 있었을 때, 자신의 라틴어가 무력함을 알고 일부러 그 성(姓)을 구성하는 까다로운 자음의 배합을 가끔 발음해 보려고 했던 적이 있었다. 그 보헤미아인은 오소리처럼 살이 쪄 있어서 이 위의 사람들 사이에서도 놀랄 만큼 특별한 식욕을 보였는데, 4년 전부터 곧 죽을 것이라고 입버릇처럼 말하곤 했다. 그는 밤의 모임에는 리본으로 장식한 만돌린으로 고향의 노래를 불렀고, 사랑스러운 아가씨들이 일하고 있는 그의 사탕무 재배장에 대해 이야기했다. 한스 카스토르프의 자리 가까운 곳에는 할레에서 온 양조가인 마그누스와 그 부인이 식탁 양쪽에 앉아 있었다. 마그누스는 당분을, 부인은 단백질을—둘 다 생명에 중요한 신진대사의 산물이었다—잃고 있었기 때문에, 부부의 신변에 어딘지 우울한 공기가 감돌고 있었다. 특히 마그누스 부인은 희망이라고는 전혀 갖고 있지 않는 것 같아, 정신적인 빈곤이 그녀에게서 지하실 공기처럼 발산되고 있었다. 한스 카스토르프가 언젠가 조화를 이루고 있지 않다고 주장하여 세템브리니에게 꾸지람을 들었던, 병과 어리석음의 결합이라는 점에서 교양이 없는 슈퇴어 부인보다 우울함이 더욱 짙게 나타났다. 마그누스는 부인보다는 좀 활기가 있었다. 가끔 세템브리니의 문학적 신경을 건드리는 말투이긴 했지만 이야기하기를 좋아했다. 게다가 그는 화를 잘 내어 체코인과 정치적인 일 이외의 다른 일로 가끔 충돌을 일으켰다. 마그누스는 보헤미아인의 국민주의적인 언동, 금주 운동의 지지자로서, 양조가에 대한 경멸적인 발언에 맞서, 자신의 이해(利害)와 밀접한 술의 위생상의 무해성(無害性)을 얼굴을 붉혀 가면서 옹호했다. 그럴 때면 전에는 세템브리니가 유머러스하게 중재한 일이 있었지만, 한스 카스토르프에게는 그를 대신할 만한 역량도 없었고 사람들에게 그럴 만한 권위를 인정받지도 못했다.

식탁의 동료 중에서 한스 카스토르프와 비교적 친했던 두 사람이 있었다. 한 사람은 그의 왼쪽에 앉은 안톤 카를로비치 페르게였다. 페테르부르크 출신의 이 선량한 인종자(忍從者)는 다갈색 콧수염이 더부룩한 입으로 고무신 제조, 변경 지방과 북극권, 노드카프 곶의 영원한 겨울에 대해 말했고, 한스 카스토르프는 이 이웃과 규정된 요양 산책을 가끔 함께하기도 했다. 다른 한 사람도 우연한 경우에 산책하는 둘과 합류하곤 했다. 그는 멕시코인 꼽추의 맞은편 식탁 위쪽 가까이에 앉아 있는, 머리숱이 적고 충치가 많은 만하임인으로 이름은 페르디난트 베잘이었다. 그의 신분은 상인이었는데, 쇼샤 부인의 요염한 모습에 욕정에 타는 눈길을 보내던 사나이였다. 이 사나이는 저 사육제의 밤부터 한스 카스토르프와 친구가 되고 싶어했다. 베잘은 한스 카스토르프의 우정을 끈기 있고 겸허하게, 비굴한 헌신으로 계속 희망했다. 헌신을 받는 한스 카스토르프는 그 헌신의 복잡한 의미를 간파하고 있었기 때문에 아주 싫고 몸서리쳐지는 기분이었지만, 애써 인간적으로 응대하고 있었다. 이쪽에서 눈썹을 조금 찌푸리기만 하면 가련한 사나이를 당황하게 하고 흠칫해지게 할 수 있다는 것을 알았기 때문에, 한스 카스토르프는 자기 앞에서 전전긍긍하며 당황하는 베잘의 비굴한 태도를 침착한 얼굴로 받아넘겼다. 만하임인이 산책할 때에 가끔 외투를 들어주는 것을—그는 어떤 경건함으로 외투를 팔에 걸고 따라왔다—참아냈으며, 만하임인의 하찮은 이야기까지도 참고 들어주었다. 그래서 베잘은 자꾸 질문을 걸어왔는데, 예컨대 이런 것이었다—이쪽의 일방적인 사랑에 상대도 해주지 않는 여성에게 애정을 고백하는 것은 의미가 있는 일일까? 희망이 없는 애정이긴 하지만 여러분은 여기에 대해 어떻게 생각하는가? 자기로서는 그것을 기쁨이 결합되어 있는 애정이라고 생각한다. 고백 그 자체는 물론 혐오감과 굴욕감을 동반하지만, 애정의 대상을 이쪽으로 향하게끔 만들어 그녀를 이쪽의 정열의 불길로 끌어들일 수 있다. 물론 이로 인해 모든 것이 끝장나기는 하지만 순간의 절망적인 쾌감은 영원한 상실을 보충하고도 남음이 있다. 왜냐하면 고백은 하나의 폭력을 의미하는 것으로, 상대방이 여기에 저항하고 혐오를 나타내면 나타낼수록 말할 수 없는 쾌감을 느끼기 때문이다. 여기서 한스 카스토르프가 눈썹을 찌푸렸기 때문에 베잘은 주춤 물러섰다. 그러나 우리의 주인공이 눈썹을 찌푸리는 것은 도학자(道學者)적인 완고함에서가 아니라, 고상하고 어려운 문제와는 관계가 없다는 것을 여러 번 강조하고 있는 선량한 페르게를 생각했기 때문이었다. 우리는 한스 카스토르프를 실제보다 더 좋게도 나쁘게도 보일 생각은 추호도 없으니 여기서 곧 다음의 이야기를 보고해 두기로 한다. 불쌍한 베잘이 어느 날 밤 한스 카스토르프에게, 사육제 모임 뒤의 체험과 경험에 대해 자세하게 말해 달라고 떨리는 목소리로 애원했을 때, 한스 카스토르프는 호의를 가지고 온화하게 그것을 말해 주었다. 이 조용한 대화 장면에는 천하고 경박한 느낌은 조금도 없었다. 여기서는 다만 베잘이 그 뒤부터는 한스 카스토르프의 외투를 더욱 충실하게 들고 다니게 되었다는 사실을 덧붙여 두는 것으로 그치겠다.

한스 카스토르프의 새로운 식탁 동료들에 대해서는 이 정도로 해두자. 그의 오른쪽 자리는 잠시 동안—불과 며칠 동안—점령되었다가 다시 비어버렸다. 며칠 동안 그 자리에 앉아 있었던 사람은 전에 한스 카스토르프가 그러했듯이 청강생, 친척의 한 사람이자 평지에서 올라온 손님이었다. 말하자면 평지의 사자(使者), 한 마디로 말하면 한스 카스토르프의 숙부 야메스 티나펠이었다.

뜻하지 않게도 고향을 대표하는 사자가, 멀리 잠겨버린 옛날 세계와 멀리 아래에 있는 사바의 공기를 풍기면서 옆자리에 앉게 된 것은, 어쨌든 모험적인 사건이었다. 그러나 이것은 언젠가는 오고야 말 일이었다. 한스 카스토르프는 오래전부터 평지의 이런 공격을 각오하고 있었으며, 마침내 그 정찰 임무를 띠고 '이 위'로 방문할 인물에 대해서도 처음부터 정확히 예상하고 있었다. 이 예상은 그리 어려운 것은 아니었다. 해군에 적을 두고 있는 페터가 올라올 리는 없고, 티나펠 종조부는 이 지방의 기압 때문에 만일의 경우를 염려하여 열 마리의 말에 끌려도 이 위를 방문할 염려가 없는 것은 처음부터 확실했다. 그렇다. 고향 사람들을 대표하여 고향을 이탈한 연고자의 상황을 탐지하기 위해 올 사자는 야메스밖에는 없었으며, 그가 찾아올 것은 훨씬 전부터 예상하고 있었다. 그러나 요아힘이 혼자 평지로 돌아가서 친척들에게 이 위의 사정을 보고하고 난 뒤, 공격의 시기는 너무나도 빨리 닥쳐왔다. 한스 카스토르프는 요아힘이 출발한 지 14일 만에 문지기에게서 한 통의 전보를 받고 '올 것이 왔구나' 생각했다. 그래서 그는 야메스 티나펠의 단기간의 체재를 알리는 전보를 읽었을 때 조금도 놀라지 않았다. 야메스 숙부는 스위스에 볼일이 있어 왔다가, 그길로 한스 카스토르프가 있는 고원에도 들러보기로 했다는 것이며, 모레 이곳을 방문한다는 것이었다.

'좋아' 하고 한스 카스토르프는 생각했다. 거기에 '어서 오십시오' 하는 말도 마음속에서 덧붙였다. 하지만 자신에게 다가올 사자에게 '숙부가 무엇을 안단 말인가' 하는 마음도 솔직히 들었다. 어쨌든 그는 그 통지를 태연하게 읽었으며, 그것을 베렌스 고문관의 사무국에 보고하여 방을 하나 준비하게 하고—요아힘의 방이 아직 비어 있었다—이틀 뒤 거의 오후 8시가 다 되어 요아힘을 태웠던 딱딱한 마차를 타고 '마을' 역으로 가서, 정찰하기 위하여 찾아오는 평지의 사자를 맞이하기 위해 기다리고 있었다. 한스 카스토르프는 붉어진 얼굴로 모자도 쓰지 않고 외투도 입지 않은 채 플랫폼 끝에 서 있었다. 그리고 열차가 들어오자 숙부가 앉아 있는 창 밑으로 가까이 가서, 도착했으니 빨리 내리시라고 재촉했다. 티나펠 영사는—그는 부(副)영사로 이 명예직 방면에서도 늙은 아버지의 부담을 크게 덜어주고 있었다—추운 듯이 겨울 외투로 몸을 감싸고 있었다. 10월의 저녁은 정말 몸에 느껴질 정도로 추워서 새벽에는 얼음이 얼 것임에 틀림없었다. 야메스는 자신의 들뜬 기분을 숨긴 채, 북서부의 독일 신사답게 세련되고 어딘지 섬세한 느낌을 주는 말과 태도로 객실에서 나왔다. 그리고 조카와 인사를 나누고, 조카의 건강한 모습에 만족한 듯 기뻐했다. 그는 절름발이 수위가 짐을 모두 돌봐 준다는 말을 듣고, 마차의 딱딱하고 높은 좌석에 한스 카스토르프와 함께 앉았다. 두 사람은 별이 많은 밤하늘 밑을 마차로 지나갔다. 한스 카스토르프는 머리를 뒤로 기대고 집게손가락을 들어, 사촌과 같은 숙부에게 고원의 장관을 설명하고 반짝이는 여러 별자리와 유성의 이름을 알려주었다. 그러나 야메스는 우주의 일보다도 옆자리의 조카 태도에 정신을 팔면서 혼자서 생각에 잠겼다.

'지금 여기서 별 이야기를 한다고 해서 나쁠 것도 없지만, 그보다는 더 중요하게 할 이야기가 많을 텐데.'

그러고는 도대체 언제부터 하늘에 대해 그렇게 박식해졌느냐고 그가 한스 카스토르프에게 물었을 때, 한스 카스토르프는 대답했다.

"그것은 봄 여름 가을 겨울 가릴 것 없이 언제나 발코니에서 밤의 안정 요양을 계속한 부산물입니다."

"뭐라고? 밤에도 발코니에서 잔다는 말인가?"

"그렇습니다. 숙부님도 그렇게 하시게 될 것입니다. 그렇게 하는 수밖에 별도리가 없습니다."

"물론이지. 여부가 있겠나."

야메스 티나펠은 좀 당황해서 대답했다. 그는 이 추위에 모자도 외투도 없이 앉아서 태연하고 담담하게 말하는 조카를 바라보았다.

"너는 조금도 춥지 않은 것 같구나?"

야메스는 이렇게 물었는데, 정작 자신은 두꺼운 나사지 외투를 둘러쓰고도 떨고 있었다. 이가 딱딱 부딪칠 것처럼 추워서 말투도 조금 얼어붙은 듯했다.

"우리는 춥지 않습니다."

한스 카스토르프는 조용하고도 짧게 대답했다.

영사는 한스 카스토르프의 얼굴을 한동안 뚫어져라 쳐다보았다. 한스 카스토르프는 고향의 친척들이나 친구들의 일도 물어보지 않았다. 야메스가 전한 평지 사람들의 인사, 그리고 이미 연대로 들어가 행복과 자부심의 절정에 있는 요아힘의 인사를 전해도 한스 카스토르프는 그저 고맙다고 하며 듣고 있을 뿐, 고향의 근황에 대해서는 그 이상 아무것도 들으려고 하지 않았다. 야메스는 막연한 불안을 느껴, 그 원인이 조카에게 있는 것인지, 여행 도중에 있는 야메스 자신의 생리 현상에 있는 것인지 판단을 내리지 못하고 주위를 돌아보았지만, 고원의 경치는 눈에 들어오지도 않았다. 그는 공기를 깊이 들이마시고 그것을 토해 내면서 멋진 공기라고 칭찬했다.

조카가 대답했다.

"그렇습니다. 이곳 공기는 대단한 성능을 가지고 있습니다. 온몸의 신진대사를 촉진시키고 몸에 살이 붙게 합니다. 또한 이곳 공기는 모든 사람이 잠재적으로 가지고 있는 병을 고치는 힘을 가지고 있습니다. 처음에는 그 병을 강하게 촉진시켜 유기체를 자극함으로써, 병을 화려하게 폭발시키는 힘을 갖고 있습니다."

"미안하지만 '화려하게'라고 말했나?"

"물론입니다. 숙부님은 병의 폭발에 어딘가 화려한 느낌이 뒤따른다는 것을 한 번도 느낀 적이 없습니까? 육체의 기쁨을 나타내는 듯한 느낌을요."

"물론이지, 당연하지."

숙부는 아래턱을 덜덜 떨면서 대답하고는, 이 위에서 8일, 혹은 일주일이나 6일간만 있게 될 것 같다고 말했다. 그리고 한스 카스토르프의 상태는 아까도 말했듯이 정말로 뜻밖에 길어진 요양 덕택에 놀랄 정도로 기운이 좋고 건강해졌으니, 함께 평지로 돌아갈 수 있을 것이라고 야메스는 말했다.

"오시자마자 그렇게 무리한 말씀은 말아주십시오."

한스 카스토르프는 말했다. 야메스 숙부의 말은 평지 인간들의 말이었다.

먼저 이 위의 환경을 보고 배우고, 여기 생활에 익숙해져야 한다. 그러면 숙부의 생각도 달라질 것이다. 병이 완치되는 것이 가장 중요하다. '완전하게'라는 것이 제1조건이다. 베렌스 고문관은 얼마 전에도 앞으로 반년을 선고했었다.

숙부가 흥분하여 말했다.

"너 정신이 나갔느냐? 휴가를 이용하여 잠깐 머문다고 하더니 벌써 1년 3개월이 지났는데, 앞으로 반년이 더 남았다니! 우리에게 그렇게 많은 시간이 있는 건 아니다!"

한스 카스토르프는 별이 빛나는 하늘을 쳐다보며 웃었다.

"시간이라고요? 그렇습니다. 지상의 시간에 대해서 말인데요. 숙부님은 무엇보다도 평지에서 가지고 온 시간 관념을 고쳐야 할 것입니다. 그러고 난 뒤에 여기서 시간에 대해 의논하는 것이 좋을 것입니다."

"그렇다면 내일 안으로 고문관과 네 문제를 의논해야겠다."

"좋습니다. 그는 틀림없이 숙부님 마음에 드실 겁니다. 아주 흥미로운 성격입니다. 명랑하고도 우울하거든요."

그러더니 한스 카스토르프는 샤츠알프 요양원의 전등불을 가리키면서, 쌍썰매를 이용해 골짜기로 내려지는 시체에 대해서도 덧붙여 이야기했다.

한스 카스토르프는 손님을 요아힘의 방에 안내하여 좀 쉬게 한 다음, 베르크호프 식당에 데려가 함께 식사를 했다. 이 방은 살균제로 소독했다고 한스 카스토르프가 말했다. 그러고는 방 주인이 자포자기로 출발한 것이 아니라 전혀 다른 출발, 즉 퇴거가 아니라 퇴출*[17]했을 때와 마찬가지로 철저하게 소독한다고 한스 카스토르프는 말했다. 숙부가 '퇴출'은 무슨 뜻이냐고 묻자, 조카가 대답했다.

"은어입니다! 우리가 쓰는 말이지요. 요아힘의 경우는 탈주입니다. 군기(軍旗) 아래로 탈주한 것입니다. 그런 경우도 있습니다. 그런 그렇고 식당으로 갑시다. 따뜻한 음식을 먹도록 말입니다."

이렇게 하여 두 사람은 식당에서 함께 식사했다. 기분 좋게 따뜻해진 식당에서 한층 높은 장소에 마주 앉았다. 식당의 난쟁이 아가씨가 민첩하게 두 사람의 시중을 들었다. 야메스가 부르고뉴산 포도주를 한 병 주문하자, 그것이

---

*17 죽음을 뜻한다.

작은 바구니에 담겨 식탁 위에 놓였다. 두 사람이 술잔을 서로 부딪치자 온화한 술기운이 몸 전체에 스며들었다. 한스 카스토르프는 이 위의 사계절에 따른 생활, 식탁 친구들 한 사람 한 사람에 대한 인물평, 기흉(氣胸)에 대해 말했다. 특히 선량한 페르게를 예로 들어 기흉이 어떤 것인가를 말하고, 그 수술 중에 일어나는 흉막 진탕의 무서운 점, 페르게가 경험한 3색의 기절, 흉막 진탕에 한몫을 차지한 후각의 환각, 기절하면서 일으킨 발작적인 웃음에 대해 설명했다. 그는 일방적으로 혼자서 지껄였다. 야메스는 늘 그렇듯이, 여행과 공기의 변화 때문에 식욕이 더욱더 왕성해져서 마음껏 먹고 마셨다. 그러나 그는 가끔 입에 꽉 찬 음식을 씹는 것도 잊어버리고 나이프와 포크를 접시 위에 팔자(八字)로 놓은 채 한스 카스토르프의 얼굴을 물끄러미 쳐다보았다. 한스 카스토르프는 그것을 별로 꺼리지 않는 것 같았다. 금발 머리칼이 엷어진 티나펠 영사의 관자놀이에는 혈관이 부풀어 있었다.

고향 이야기, 개인적인 가정 이야기, 도시 이야기, 장사 이야기, 기계 체조, 보일러 제작의 툰더 빌름스 회사 이야기도 전혀 화제에 오르지 않았다. 이 조선 회사에서는 젊은 수습 사원의 입사를 아직도 기다리고 있었지만, 이것만이 회사의 일은 아니었기 때문에, 언제까지나 기다려 줄 것인지는 의문이었다. 야메스 티나펠은 그런 이야기를 그 뒤에도 언급했지만, 한스 카스토르프의 냉정하고 무관심한 태도에 부딪혀 무슨 이야기도 땅에 굴러떨어져 그대로 버려졌다. 그 태연하고 불사신 같은 태도는 가을 저녁의 찬 기운에 무감각한 것이라든지, "우리는 춥지 않습니다"라는 말을 기억나게 했다. 숙부가 조카의 얼굴을 자세히 쳐다본 것도 아마 조카의 그런 태도 때문이리라. 간호장과 의사들의 이야기도 나왔고 크로코브스키 박사의 강연 이야기도 나왔는데, 야메스도 여기에 일주일 있게 된다면 한 번쯤은 강연을 들을 수 있을 것이라고 말했다. 숙부가 그 강연에 참석할 것이라고 조카에게 말해 준 사람이 있단 말인가? 아무도 그런 말을 하지 않았으나, 한스 카스토르프가 단호하게 그것을 정해진 일로 결정하고 있었던 것이다.

숙부는 거기에 참석하지 않을지 모르겠다고 생각하는 일조차 부자연스럽게 느껴져, 그런 부자연스러운 것을 잠시라도 생각한 것을 티내지 않으려고 얼떨결에 "그야 물론이지" 하고 대답해 버렸다. 조카의 그런 태도는 티나펠에게 막연하나마 어떤 위축감을 갖게 해, 자기도 모르게 조카를 쳐다보게 만들었던 것이다. 그는 대답하고는 입을 벌렸는데, 코감기에 걸린 것도 아닌데 숨을 쉬는 코의 통로가 막혀 있었기 때문이었다. 그는 이곳에 있는 모든 사람의 공통 관심 대상인 병에 대해, 그리고 그 병의 수용체질에 대해 조카가 이야기하는 것을 들었다. 또한 한스 카스토르프의 깊지는 않으나 오래 끄는 병의 증상, 기관지의 분지(分枝)와 폐엽의 세포 조직이 세균에 감염되었을 때의 자극, 결핵 형성, 가용성의 마취성 독소의 제조, 세포의 붕괴와 폐엽의 치즈화에 대해 들었고, 그 치즈화가 석회화와 결합 조직의 유착으로 무사히 정지하든지, 아니면 더욱 큰 연화(軟化) 구멍을 계속 형성하면서 공동을 크게 함으로써 폐장을 파괴하는가가 문제라는 이야기도 들었다. 그리고 그 파괴 현상의 과격한 분마성(奔馬性) 형태에 대해 듣고, 그 형태가 2, 3개월 사이나 2, 3주일 만에 환자를 죽게 만든다는 사실, 고문관의 대가다운 솜씨의 기흉술, 폐 절개에 대해서도 들었으며, 이 위에 온 지 얼마 되지 않은 중증의 부인이 곧 수술할 것이라고 하는데, 병만 없으면 매력적인 그 스코틀랜드 부인은 괴사 폐렴에 걸려 있어 체내에 암녹색의 병독이 번지기 때문에 구역질을 하거나 기절하지 않으려고 하루 종일 석탄산 용액의 분무(噴霧)를 들이마셔야 한다는 이야기도 들었다. 여기서 티나펠은 갑자기 웃음보를 터뜨렸다. 그러더니 자기로서도 전혀 뜻밖의 일이어서 크게 부끄러워했다. 그는 곧 웃음을 억누르고 기침을 하면서, 지금 자기에게 일어난 일을 모든 방법을 써서 얼버무리려고 애썼다. 게다가 그는 한스 카스토르프가 지금의 무례한 태도를 알아채지 못할 리가 없는데도 그것을 조금도 개의치 않고 무관심하게 있는 것을 보고 안심했다. 그러나 그 안심은 새로운 불만을 담고 있었다. 조카의 그런 무관심은 조심이나 예의 같은 것이 아니라 순전한 무관심, 무서울 정도의 관용으로, 그런 실책에 신경 쓰는 것을 잊어버린 태도였다.

야메스는 지각없이 웃어버린 것에 대해 뒤에라도 그럴듯한 이유와 의미를 붙이려고 했는지, 그렇지 않으면 어떤 생각에서였는지, 관자놀이에 부풀어오른 혈관을 보이면서 남자 동지들이 클럽에서 서로 주고받는 종류의 말을 하기 시작했다. 지금 함부르크의 성 파울리*[18]에서 떠들어대고 있는 '샹송 가수', 아주 멋지고 인기 있는 유행 가수 이야기를 하면서, 그 여자가 고향의 자유

---

*18 함부르크 도시의 환락가.

도시 신사들을 현혹시키고 있는 강력한 매력을 조카에게 설명해 주었다. 야메스는 그 이야기를 할 때 혓바닥이 덜 풀렸지만, 조카는 거기에 대해서도 신경 쓰지 않고 태연했기 때문에 더 이상 미안해하지 않아도 되었다. 아무튼 야메스는 여행으로 인한 심한 피로를 느껴 10시 30분쯤에는 대화를 중단했다. 크로코브스키 박사와도 처음으로 만나기로 되어 있었는데, 내심으로는 이것도 귀찮아했다.

조수는 신문을 읽으면서 살롱의 문 옆에 앉아 있었다. 조카가 그에게 숙부를 소개했다. 의사의 힘차고 명랑한 인사에 야메스는 "그럼요, 당연하지요"라는 말밖에는 대답할 말이 거의 없었다. 조카는 내일 아침 8시에 아침 식사를 함께 하러 오겠다는 말을 남기고, 소독이 끝난 요아힘의 방에서 발코니를 따라 자기 방으로 돌아왔다. 야메스는 언제나 자기 전에 피우기로 한 담배를 입에 물고 탈주병 요아힘의 침대에 몸을 던졌을 때에야 깊은 안도의 숨을 돌릴 수 있었다. 붉게 타들어가는 담배를 입에 문 채 두 번이나 꾸벅꾸벅 졸다가 하마터면 불을 낼 뻔하기도 했다.

한스 카스토르프가 '야메스 숙부'라 부르기도 하고 '야메스'라고만 부르기도 했던 야메스 티나펠은 마흔 살에 가까운 키가 큰 신사였다. 그는 영국제 천으로 맞춘 양복에 부드럽고 흰 속옷을 입고 있었다. 숱이 적은 머리칼은 담황색이며, 미간이 좁은 푸른 눈에 엷은 갈색 콧수염을 짧게 다듬었고, 손은 아름답게 손질되어 있었다. 야메스는 여러 해 전에 결혼하여 아이들까지 두었지만, 하르베스테후더 거리에 있는 늙은 영사의 저택이 너무 크고 넓었기 때문에 그 집에서 그냥 살고 있었다. 아내는 그와 같은 사회 계급 출신으로 문화적이고 세련되었으며, 작고 은근한 목소리로 빠르면서도 신랄하게 말했다. 가정에서의 야메스는 정력적인 데다 사려 깊고 우아했으며, 또한 냉정하고 실제적인 실업가였다. 그러나 풍습이 다른 지역으로, 예컨대 남부 독일로 여행할 때에는 상대방의 의견을 당황하면서도 받아들이려 하는 태도가 여실히 나타나 보였다. 그런데 자기 주장을 고집하지 않고, 정중하면서도 기꺼이 응하는 성질은 그가 자라온 문화에 자신이 없어서가 아니라, 오히려 그 문화의 굳건한 가치를 의식하고 있었기 때문이다. 또한 자기의 귀족적인 편협성을 수정하여, 자기에게 괴상하게 느껴지는 풍습을 만나도 그것을 이상하게 느끼는 기분을 보이지 않으려는 마음에서이기도 했다.

"그럼요, 당연하지요!"

그는 융통성 없는 신사라는 생각을 심어주지 않으려고 당황하여 이렇게 말했다. 이 위를 방문한 것은 실제적인 사명을 띤 것으로서, 나가서 돌아오지 않는 젊은 조카의 상태를 확인하고, 그가 마음속으로 생각한 것에 따르면 조카를 '단단한 얼음 속에서 끄집어 내어' 집안 식구들 손에 다시 넘기기 위해 찾아온 것이었다. 그러나 이 위에 와보니, 이 위의 세계임을 통감했다. 이 위에 도착한 순간부터 벌써 그가 손님으로 방문한 이 위의 세계, 다른 풍습이 지배하는 세계가 굳건한 자신(自信)을 가지고 있다는 점에서 그 자신의 세계에 지지 않을 뿐만 아니라 그것을 훨씬 넘어서고 있었다. 그는 실무자로서의 정력과 신사로서의 교양 사이에서 대단히 심각한 갈등을 일으키게 될 것이라는 강한 예감에 사로잡혔으며, 그를 맞이한 이 위 세계의 자신만만함에 압도되고 말았다.

한스 카스토르프가 영사의 전보를 읽고 침착하게 "어서 오십시오" 하고 중얼거린 것도 이런 일을 예견했기 때문이었다. 그렇다고 해서 그가 이 위 세계의 강한 개성을 의식적으로 숙부에게 이용했다고 생각해서는 안 된다. 그런 것을 하기에는 그는 오래전부터 이 위 세계의 한 사람이었다. 따라서 공격자에게 이 세계의 왕성한 기력을 의식적으로 이용한 것이 아니라, 그 반대로 영사가 사명을 다하지 못하리라는 걸 조카의 태도에서 막연하게 예감한 순간부터 시작되어 한스 카스토르프가 우울한 미소로 보내야 했던 결말에 이르기까지 모든 것이 아주 단순한 외부적인 경로로 그렇게 되었던 것이다.

다음 날 아침 식사 때 한스 카스토르프는, 이곳의 임시 청강생이 된 야메스를 식탁 동료들에게 소개했다. 베렌스 고문관도, 검은 콧수염과 창백한 얼굴의 조수를 데리고 그 큰 키에 이상한 표정을 지은 채 식당에 들어와서, 예의 수사적인 아침 인사로 "잘 주무셨습니까?"를 연발하면서 식당을 누비고 다녔다. 베렌스는 야메스에게, 야메스가 혼자 있게 된 조카의 상대를 잠깐이라도 해주기 위해 이 위를 방문한 것은 멋진 생각이었다고 하면서, 야메스도 언뜻 보아 빈혈임이 분명하기 때문에 이 위를 방문한 것은 그 자신의 심각한 이해 관계상으로도 현명한 일이었다고 말했다.

야메스는 깜짝 놀라서 베렌스에게 물었다.

"빈혈이요? 내가요? 이 야메스 티나펠이요?"

"그렇습니다. 물론입니다."

베렌스는 이렇게 말하고 야메스의 아래 눈꺼풀을 집게손가락으로 뒤집어 보았다.

"심한 빈혈입니다. 숙부님이 요 몇 주일을 여기 발코니에 누워, 모든 점에서 조카를 따라 생활하시면 그야말로 빈틈없는 행동이라고 할 수 있을 것입니다. 숙부님 같은 상태에 있으면 한동안 가벼운 폐결핵인 셈치고 생활하시는 것이 상책이라고 할 수 있을 것입니다. 아무튼 폐결핵의 징조가 존재하고 있습니다."

영사는 당황하여, 헤엄치듯 유유히 가버리는 고문관의 모습을 입을 벌린 채 한참이나 바라보았다. 조카는 그 옆에 태연하게 서 있었다. 숙부와 조카는 시냇가의 벤치까지 가는 규정된 산책에 나섰다. 그리고 산책에서 돌아오자 야메스 티나펠은 가지고 온 무릎덮개와 조카에게서 빌린 낙타 담요 한 장을 갖고—조카는 화창한 가을 날씨라 담요 한 장으로 충분했다—조카에게서 처음으로 안정 요양을 배웠다. 조카는 숙부에게 담요를 몸에 감는 일정한 순서를 한 가지씩 가르쳐 주었다. 숙부를 미라처럼 둥글게 감아놓은 뒤에, 숙부로 하여금 규정된 순서를 혼자서 되풀이하도록 했다. 그리고 아마포 양산을 의자에 고정시키고, 그것을 태양의 위치에 따라 이동시키는 것도 가르쳐 주었다.

야메스는 농담을 잘했다. 그는 평지의 기분을 아직 갖고 있어서 아까 아침 식사 뒤에 끝마친 규정의 산책에 대해서도 농담을 했고, 지금도 담요를 두르는 방법을 배우면서 여기에 대해서도 농담을 했다. 그러나 조카가 그 농담의 어느 것에도 전혀 상대를 해주지 않으려는 태연스러운 미소를 띠는 것을 보고, 그 미소에 이 세계의 얕볼 수 없는 자신만만함이 그대로 나타나 있는 것을 보고 불안을 느꼈다. 그리고 자신이 지닌 실무자로서의 정력이 압도당하는 것이 두려워, 평지에서 가지고 온 자아의식과 에너지를 동원할 수 있을 때 조금이라도 빨리, 그날 오후 안에라도 조카의 문제를 고문관과 의논하기로 결심했다. 이 세계의 정신이 그의 사교성을 이쪽으로 끌어들여서, 평지의 정신과 에너지가 사라져 가는 것을 느꼈기 때문이다.

또한 야메스는, 고문관이 그에게 빈혈을 이유로 이 위의 환자들 생활을 본받으라고 충고한 것도 따를 필요가 없다고 느꼈다. 그것은 당연한 일이라 달리 생각할 필요도 없다고 느꼈지만, 어디까지가 한스 카스토르프의 태연자약하고 자신만만한 태도에 의한 것인지, 아니면 객관적이고 필연적으로 그렇게 할 수밖에 없어서인지, 신사인 야메스로서는 처음부터 구별할 능력이 없었다. 첫 안정 요양이 끝나자 양이 많은 두 번째 아침 식사가 나오고, 아래 '마을'까지의 산책은 당연한 의무였다. 이 세상에 이것처럼 자연스러운 일은 없었는데, 그 산책에서 돌아오면 한스 카스토르프는 숙부의 몸을 다시 담요로 쌌다. 문자 그대로 숙부의 몸을 푹 쌌던 것이다. 가을 햇빛 속에서 잠자리로는 좋기가 이를 데 없는, 아니 극도로 찬미해야 할 침대 의자에 숙부를 눕히고 난 뒤 조카도 이웃 발코니의 침대 의자에 누워 있으면, 얼마 안 있어 환자들을 점심 식사로 부르는 종소리가 울려 퍼졌다. 그 점심 식사는 최상, 최고의 요리로 양도 꽤 많아 점심 식사 뒤에 하는 정오의 안정 요양은 형식적인 관습뿐이 아니라 생리적으로도 필요한 것이었다. 이렇게 하여 저녁 식사 때가 되는데, 역시 양이 많은 저녁 식사가 끝나면 광학 응용의 오락 기구가 갖추어져 있는 살롱에서 밤의 사교 모임을 갖는 것이다. 이렇게 온화하고 부드럽게 강요되는 일과에 대해서는 불평을 하려야 할 수 없었고, 영사의 판단력이 바뀐 몸의 상태 때문에 둔해져 있었다고 하더라도 그 일과에 대해서 이러쿵저러쿵할 수는 없었다. 영사는 좋지 않은 상태를 병이라고는 말하고 싶지 않았지만, 피로와 흥분이 결합되어 있어서 몸에 열이 나는 동시에 한기가 일어나는 것이었다.

불안한 기분으로 기다리고 있었던 베렌스 고문관과의 회담을 실현하기 위해 정규 절차가 밟아졌다. 한스 카스토르프가 그것을 마사지 선생에게 부탁하여, 그 선생이 그것을 수간호사에게 전달해 주었고, 영사는 수간호사와의 이상한 대면을 하게 되었다. 수간호사는 영사가 누워 있는 발코니에 나타나서, 둥근 통나무처럼 담요를 두르고 쓸쓸하게 누워 있는 영사에게 이 위의 이상한 관습에 따라 말을 걸어 예의 바른 그를 아주 번거롭게 했다.

"존경하는 당신, 부디 며칠만 더 기다려 주십시오. 고문관은 수술과 종합 진단 때문에 꼼짝 못하고 있습니다. 기독교의 가르침에 따라 병든 사람들을 먼저로 상대해야 합니다. 영사님은 건강하신 것 같으니 여기서는 제1호를 요구하지 마시고 한 걸음 위로 물러서서 기다려 주십시오. 그러나 진찰을 받으려고 하신다면 이야기는 달라집니다. 영사님이 진찰을 요구한다고 해도 나 아드리아티카는 그것에 별로 놀라지 않습니다. 시험 삼아 나를 쳐다보아 주십시오. 그렇습니다. 눈과 눈을 마주치면 됩니다. 당신의 눈은 약간 흐리고 열에 불타고 있으며, 침대 의자에 누워 있는 모습을 볼 때 아무리 생각해도 정상과는 거리가 멀다고 할 수 있습니다. 그런데 영사님이 바라는 것은 진찰입니까, 그렇지 않으면 개인적 의논입니까? 어느 쪽입니까?"

"물론 뒤엣것, 그러니까 개인적 의논입니다."

"그렇다면 나중에 통지가 있을 때까지 기다려 주십시오. 고문관은 개인적 의논을 할 시간은 거의 없기 때문입니다."

요컨대 모든 것이 야메스가 기대했던 것과는 틀어져 버렸을 뿐만 아니라, 수간호사와의 대화는 그의 마음의 평정에 지워질 수 없는 충격을 주었다. 조카가 이 위 세계의 습성에 적응하고 있는 것은 조카의 태연자약한 태도에서도 확실히 느낄 수 있었다. 그는 조카에게, 수간호사가 얼마나 몸서리쳐지는 여자로 느껴졌는가 하고 단도직입적으로 말할 수가 없었다. 그래서 조심스럽게 수간호사가 좀 이상한 여자가 아닌가 하고 조카의 생각을 살펴보았다. 여기에 대해 한스 카스토르프는 깊이 생각하는 듯 허공을 쳐다보다가 밀렌동크 양이 체온계를 강매하지 않더냐고 반문했는데, 이것은 야메스의 질문을 반은 긍정한 셈이 되었다.

"아니, 내게 말인가? 그녀가 그런 일도 한단 말인가?"

그러나 조카가 물어본 그런 일이 있다고 해도 조카는 놀라지 않았으리라는 것이 얼굴 표정에 확실히 나타나 있어 야메스는 마음이 좋지 않았다. 그 표정에는 마치 "우리는 춥지 않습니다"라는 말이라도 쓰여 있는 것 같았다. 야메스는 추워서 견딜 수 없을 정도였다. 얼굴은 열이 올라 있었지만 몸은 얼어 있었다. 그래서 그는 이렇게 생각했다. '수간호사가 정말로 체온계를 강매하려고 했다면, 나는 물론 그것을 거절했을 것이다. 그러나 거절하는 것은 옳지 않은 일이다. 왜냐하면 남의 체온계—설령 조카의 체온계라고 해도—를 빌리는 것은 문명 사회의 일원으로서는 불가능한 일이니까.'

이렇게 하여 며칠이 지나갔다. 야메스의 생활은 궤도에 올랐다. 주위에서 준비한 궤도였지만 그 궤도 밖을 달린다는 것은 생각할 수 없는 일이었다. 야메스는 많은 것을 보고 들었고 갖가지 인상을 받았지만, 우리는 그것을 더 이상 언급하지 않기로 하자. 어느 날 야메스는 한스 카스토르프의 방에서 검고 작은 유리판을 보았다. 그것은 방 주인이 그의 깨끗한 거처를 장식하고 있는 자질구레한 소지품 가운데 하나였다. 조각을 한 작은 사진틀에 끼워 넣은 것인데, 빛에 비쳐보면 음화인 것을 알 수 있었다.

"이건 도대체 뭔가?"

숙부는 그 유리판을 비쳐 보면서 물었다. 그렇게 묻는 것은 당연한 일이었다! 그것은 머리가 없고, 어렴풋이 살에 싸인 여자의 상반신 해골 사진이었다.

"그거 말입니까? 기념품입니다."

"이것 참, 실례했군."

숙부는 그 사진을 사진틀에 다시 꽂고 성급히 그곳을 떠났다. 이것은 요 4일 동안, 또는 5일 동안 야메스의 경험과 인상 가운데에서 한 가지 예를 들었을 뿐이다. 그는 크로코브스키 박사의 강연에도 빠짐 없이 얼굴을 내밀었다. 그리고 기다렸던 베렌스 고문관과의 상담은 이 위에 온 지 6일째에 이루어졌다. 호출을 받은 야메스는 첫 번째 아침 식사 뒤에, 조카와 조카의 시간 낭비에 대한 일로 고문관과 담판지을 결심으로 지하실로 내려갔다.

하지만 잠시 뒤, 그는 지상으로 올라오더니 작은 목소리로 물었다.

"자네는 이런 말을 들어본 적이 있나?"

그러나 한스 카스토르프는 그런 말은 이미 처음이 아니며 그런 말에 꿈쩍하지 않을 것이 확실했기 때문에, 야메스는 입을 다물었다. 조카가 그다지 흥미 없는 듯 어떤 이야기였느냐고 반문하자 아무것도 아니라며 얼버무렸다. 그렇지만 그때부터 영사는 새로운 버릇을 보이게 되었다. 눈썹을 찡그리거나, 입술을 삐죽하니 내밀며 허공을 비스듬히 쳐다보고, 그다음에는 당황하여 머리를 반대쪽으로 돌리고 아까와 똑같은 눈초리로 허공을 보는 것이었다. 베렌스와의 상담이 영사가 생각했던 것과는 다른 결과로 끝난 것일까? 말을 해봄에 따라 이야기는 한스 카스토르프의 일이 아니라 야메스 티나펠 자신의 일로 바뀌어 개인적 회담의 성질을 잃어버린 것일까? 영사의 상태는 그러했으리라고 상상되었다. 영사는 들뜬 듯 계속 지껄였고, 이유 없이 웃으며 조카의 옆구리를 주먹으로 찌르고는 이렇게 외치는 것이었다.

"여, 선배!"

그리고 그 사이 사이에 예의 저쪽을 보는 눈초리가 되었다가는 당황한 듯이 이쪽을 보는 눈초리가 되었다. 그러나 그의 눈길은 식사 때에도, 규정된 산책 때에도, 밤의 모임 때에도 일정한 방향으로 향해졌다.

한동안 부재중인 잘로몬 부인과 둥근 안경알의 대식가인 학생과 같은 식탁에 폴란드 공업가의 아내인 레디슈 부인이 앉아 있었는데, 영사는 이 부인에게 처음에는 그다지 주의를 기울이지 않았다. 그녀는 정말이지 요양 홀의 평범한 부인에 지나지 않았다. 게다가 뚱뚱하게 살찐 브뤼네트*19형의 부인으로, 이제는 그렇게 젊지도 않고 흰머리가 조금 섞여 있었다. 하지만 턱은 사랑스러운 이중턱이었으며 진한 갈색눈이 건강미를 느끼게 했다. 그녀는 세련성이라는 점에서는 아래 평지의 티나펠 영사 부인하고는 비교가 되지 않았다. 그러나 일요일 저녁 식사 뒤에, 영사는 홀에서 레디슈 부인이 풍만한 유방을 가지고 있는 것을 발견했다. 부인은 금박을 한 검은 옷에서 어깨와 가슴을 드러내어 양쪽에 붙은 여성다운 유방이 보였고, 양쪽 젖무덤 사이의 골이 꽤 아래까지 보였다. 이 발견은 한창 나이의 세련된 영사에게는 완전히 신선하고 전대미문의 발견인 것처럼 그의 영혼을 뒤흔들어 놓는 매력적인 것이었다. 그는 레디슈 부인에게 접근하려 했으며 성공했다. 처음에는 서서 오랫동안 그녀와 이야기를 나누었고, 다음에는 앉아서 이야기하고는 콧노래를 부르면서 방으로 돌아왔다.

다음 날 레디슈 부인은 금박을 한 검정 옷을 입지 않아서 어깨와 가슴은 보이지 않았지만, 영사는 어젯밤에 본 유방이 눈앞에 어른거려 그 인상을 계속 좇았다. 그는 요양의 산책에서 그녀와 되도록 함께했고, 그녀와 나란히 걸을 때에는 진지하고 애교에 찬 태도와 말씨로 그쪽에 몸을 돌리고 몸을 굽히면서 걸어갔다. 식탁에서는 그녀를 향해 유리잔을 들어 건배했고, 그녀도 이에 씌운 여러 개의 금니를 번쩍이면서 미소짓고 영사를 위해 건배했다. 영사는 조카와 이야기할 때 그녀를 '여신과 같은 부인'이라고까지 불렀으며, 그러고는 연신 콧노래를 흥얼거렸다. 한스 카스토르프는 숙부의 그 모든 행동을 지극히 당연하다는 듯한 얼굴로 침착하고 너그럽게 바라보았다. 그러나 그렇다고 해서 손윗사람인 숙부의 권위를 높이거나, 영사의 사명에 일치하는 것도 아니었다.

그가 식탁에서 레디슈 부인을 위해 술잔을 들어 건배한 것은—그것도 두 번이나 건배했으며, 생선 스튜와 셔벗이 나왔을 때였다—베렌스 고문관이 한스 카스토르프와 방문객의 식탁에서 식사를 하고 있을 때였다. 고문관은 일곱 식탁을 모두 순서대로 돌아다녀서, 그 때문에 어느 식탁에나 상석에 그릇

*19 살갗이 거무스름하고 머리칼과 눈이 갈색이라는 뜻.

이 한 벌 준비되어 있었다. 고문관은 큰 손을 접시 앞에 모으고 콧수염을 한쪽으로 추켜올리고는 베잘과 꼽추인 멕시코인과 스페인어로 말했다. 그는 모든 나라 말을 할 줄 알아서 터키어와 헝가리어로도 말했다. 그러면서 저쪽에서 티나펠 영사가 보르도산 포도주 잔을 들어 레디슈 부인에게 경의를 표시하고 있는 것을, 벌겋게 충혈된 눈으로 보고 있었다. 잠시 뒤 고문관은 식사 중에 식탁에서 일장 연설을 했는데, 이것은 야메스에게서 자극을 받았기 때문이었다. 즉 야메스가 식탁 이쪽에 앉아서 저쪽 끝을 향해 인체가 부패하면 어떻게 되는가 하고 질문했기 때문이었다.

"고문관님은 육체를 연구하고 있어서 당신의 전공 분야이니, 말하자면 당신은 인체의 전문가라고 할 수 있습니다. 그러니 만약 육체가 분해되면 어떻게 되는 것인지 말씀해 주십시오."

고문관은 식탁에 두 팔꿈치를 세우고 손을 모아 그 위에 몸을 굽히면서 대답했다.

"먼저 복부가 파열합니다. 당신이 죽어서 톱밥과 대팻밥 속에 누워 있다고 칩시다. 그러면 가스가 당신의 배를 부풀게 하여, 당신은 개구쟁이들이 개구리에 바람을 불어넣은 것처럼 됩니다. 결국 당신은 풍선처럼 되고, 당신 복부의 가죽은 그 고압에 견디지 못하므로 파열하는 것입니다. 그리고 '펑' 하고 터지면 당신은 홀가분해집니다. 가리옷의 유다가 나뭇가지에서 떨어진 것처럼 배 안에 있는 것을 모두 털어내는 것입니다. 그렇습니다. 그러고 난 뒤 당신은 다시 사람들 속으로 모습을 나타낼 수 있는 것입니다. 저 세계에서 휴가를 받고 이 세상에 다시 돌아와도 유족들의 미움을 받지는 않을 것입니다. 이것을 가스 방출이라 부르고 있습니다. 그 뒤에 속세의 공기를 만나도 첫날과 마찬가지로 영리한 남자가 됩니다. 포르타 누오바 근교의 카프친 수도원의 지하실에 달려 있는 팔레르모 시민들의 미라처럼 됩니다. 그들은 그곳에서 말라서 우아한 모습으로 천장에 매달려 만인의 존경을 받고 있습니다. 문제는 가스를 방출해 버리는 것입니다."

"그렇군요. 대단히 감사합니다!"

영사는 이렇게 말했다. 그리고 그다음 날 아침 그는 사라져 버렸다.

그는 아침 첫차로 평지를 향해 떠난 것이다. 모든 계산을 다 끝내고 난 뒤에 출발한 것은 두말할 필요도 없다. 이것은 당연한 일이다! 상담을 위해 만났다가 진찰비도 모두 지불하고 나서, 전날 저녁때 아니면 출발 당일, 아직 모두 잠든 이른 새벽에 조카에게는 한 마디 귀띔도 하지 않고 떠나갔다. 아마 남몰래 절름발이 수위를 시켜 두 개의 여행 가방에 짐을 꾸리게 했으리라. 한스 카스토르프가 첫 번째 아침 식사 시간에 숙부 방에 들어가 보니 방은 비어 있었다.

조카는 두 손을 허리에 대고 서서 "그렇군, 그랬었군" 하고 중얼거렸다. 그의 얼굴에는 우울한 미소가 떠올랐다. 숙부는 도망친 것이다. 지금이야말로 결단을 내릴 때다, 이 순간을 놓치면 큰일이다 하는 생각에 서둘러 짐을 싸서 도망친 것이다. 자신의 사명을 다하기는커녕, 혼자만이라도 도망갈 수 있음에 안도의 한숨을 쉬며, 숙부 야메스는 평지의 인생 연대의 군기 아래로 탈출한 것이다. 그 여행이 부디 무사하기를!

한스 카스토르프는 이 위를 찾아온 숙부가 출발하기까지 그것을 자기가 전혀 모르고 있었다는 것을 아무도 눈치채지 못하게 했다. 특히 영사를 역까지 배웅한 절름발이 수위에게는 더욱 그랬다. 그는 보덴 호수에서 엽서를 받았는데, 이 엽서에 따르면 야메스는 평지에서 전보를 받고는 거래처 일 때문에 평지로 바삐 돌아갔다는 것이었다. 조카에게 폐를 끼치고 싶지 않았기 때문에 아무 말도 없이 출발했다고 변명을 적어놓았다. 그러나 그것은 거짓말이다. 앞으로도 유쾌하게 지내라는 말도 적혀 있었는데, 이것은 빈정대며 하는 말일까? 그렇다면 정말 잔인한 악담일 수밖에 없다. 하지만 그렇게 황급히 떠난 숙부가 비웃거나 악담을 할 마음의 여유는 없었으리라고 한스 카스토르프는 생각했다. 숙부는 이 위에서 일주일을 지내고 난 뒤 평지로 돌아가면 식사 뒤의 요양 근무의 산책도 없을 테고, 또한 몸에 담요를 두르고 요양하는 대신 사무실에 출근해야 하는 평지 생활이 완전히 그릇되고 부자연스러워 받아들일 수 없는 생활로 느껴질 것을 예감하고, 그 예감이 그를 몹시 두렵게 했을 것이다. 그리고 그 예감이 그가 도망친 직접적인 원인이었던 것이다.

이 위에 머무른 채 꼼짝도 하지 않는 한스 카스토르프를 평지로 데리고 가려던 시도는 이렇게 하여 실패로 끝났다. 이런 평지의 공격이 완전히 실패로 돌아갈 것을 한스 카스토르프는 처음부터 알고 있었지만, 이 실패가 평지 사람들과 그의 관계에 중대한 의미를 가진다는 사실도 외면하려 하지 않았다. 그 실패는 평지 사람들에게는 어깨를 움츠리고 영원히 단념해 버린 것을 의미하며, 한스 카스토르프에게는 완전히 자유의 몸이 되었다는 것을 뜻했다. 그는 그런 생각을 해도 이제는 심장이 심하게 고동치지 않게 되었다.

정신 수련

레오 나프타는 갈리치아와 볼히니아 국경에 가까운 작은 마을에서 태어났다. 그는 아버지에 대한 이야기를 자랑스럽게 했는데, 그것은 그가 자라난 세계를 호의적으로 이야기할 수 있을 만큼 그 세계를 초탈했다는 감정을 뚜렷하게 나타내고 있었다. 그의 아버지는 거기서 도살업자 노릇을 하고 있었다. 그리고 그 직업은 직인(職人)이자 상인인 기독교의 도살업자와는 전혀 달랐다. 그는 공무원, 그것도 종교관계 공무원이었다. 랍비에게서 경건한 기능 시험을 받고 나서 모세의 율법에 따라 죽여도 좋다고 인정받은 가축을 유대교 율법집 《탈무드》의 규정에 따라 도살하는 권한을 수여받은 엘리아 나프타는, 아들의 말에 따르면 별과 같은 빛의 푸른 눈을 하고 있었으며, 그 눈은 조용한 정신성으로 가득 차 있었다. 인품은 어딘지 사제 같은 점을 띠고 있었으나, 그 장중한 느낌은 도살이 고대에는 사실 사제의 일이었다는 것을 상기시켰다. 아버지는 역기 선수 같은 유대인 젊은이를 하인으로 두고 있었는데, 이 힘이 장사인 젊은이와 나란히 있으면 금발 턱수염을 둥글게 깎은 약한 엘리아는 더욱더 우아하고 가냘프게 보였다. 레오, 또는 어릴 때에 부른 이름에 따르면 라이프는 아버지가 그 젊은 하인을 조수로 하여, 앞뜰에서 의식적인 직무를 집행하는 것을 보도록 아버지에게서 허락받았다. 팔다리가 빗장으로 죄어 묶여 있었지만, 의식을 잃지 않고 있는 동물을 향해 아버지는 도살용 큰칼을 휘두르고, 그것을 동물의 목에 깊이 찔렀다. 그러면 하인은 김이 펄펄 나며 흘러넘치는 피를 사발에 한 그릇이나 되게 받았다. 아들인 레오는 감각에 의한 경험에서 정신적인 것까지 보는 어린 눈으로 그 광경을 마음에 새기곤 했다. 그러한 눈은 별과 같은 눈을 가진 엘리아의 아들에게는 특별히 갖추어 있었음에 틀림없었다.

레오는 기독교의 도살자가 곤봉이나 손도끼의 일격으로 동물의 의식을 잃게 하고 죽이는 것을 알고 있었다. 이 규칙은 동물을 잔인하게 괴롭히는 것을 피하기 위한 규칙이라는 것도 알고 있었다. 그런데 그의 아버지는 다른 거친 도살업자들보다 훨씬 섬세하고 총명하며, 그들 중 어느 누구도 가지고 있지 않은 별과 같은 눈을 가지고 있었지만, 모세의 율법에 따라 의식이 확실히 있는 동물이 넘어질 때까지 칼로 찔러 피를 흘리게 하는 것이었다. 어린 라이프에게는 기독교도의 이런 방법은 철저하지 못하고 형편없으며, 세속적인 선량성에 근거를 두고 있다 느껴졌고, 아버지의 엄숙한 무자비함에 비한다면 신성한 것에 대한 경외심이 희박한 것처럼 느껴져, 그의 마음속에는 경건이라는 생각이 잔인함이라는 것과 결부되었다. 그의 공상 속에는 넘쳐흐르는 피와 그 냄새가 신성한 것, 정신적인 것이라는 관념과 결부되었다. 레오는 아버지가 그런 피비린내 나는 직업을 택한 것은 다른 도살업자들이나 아버지를 돕는 유대인 하인이 그 직업에 느끼고 있는 듯한 잔인한 취미에서가 아니라 정신적인 의미에서 택한 것이며, 아버지의 우아한 외모만 보더라도 그 별과 같은 눈에 나타나 있는 정신적인 이유에서 나온 것임을 알 수 있었다.

사실 엘리아 나프타는 명상가이고 사상가였다. 모세 오경(五經)의 율법 연구가였을 뿐만 아니라 율법의 비평가이기도 해서, 그 내용에 대해 랍비와 토론하고 논쟁으로 번지는 일도 드물지 않았다. 그는 그 지방에서 같은 종교인들뿐만 아니라 모든 일반인에게까지 널리 알려져 있었다. 한편으로는 어딘지 종교적으로 특별한 존재로 여겨졌지만, 또 한편으로는 특별한 종파에서 볼 수 있는 어딘지 으스스한 점을 지닌 존재였다. 즉 그에게는 신의 친근자, 바알, 차디크, 즉 기적을 행하는 사람이라는 분위기가 감돌았다. 그가 한 번은 어떤 부인의 악성 부스럼과 어떤 소년의 경련을 피와 주문(呪文)으로 고쳐준 사실도 있고 해서 기적을 행하는 사람이라는 느낌을 더 강하게 했다. 그의 신변에 따라다니는 어딘지 이상한 종교적인 분위기는 피비린내 나는 직업이 한몫하여, 그의 파멸의 원인이 되었던 것이다. 기독교도의 두 아이가 수수께끼의 죽음을 당한 것 때문에 민중의 폭동이 일어났을 때 엘리아는 참살당했다. 그는 불붙는 그의 집 대문에 못이 박혀 죽었던 것이다. 그 뒤 폐를 앓아 누워 있던 아내는 어린 라이프와 네 형제 자매를 데리고 처절하게 울부짖으면서 고향을 떠나야 했다.

엘리아가 평상시에 저축을 해두었던 덕에, 불행한 어머니와 아이들은 오스트리아의 포라를베르크 지방의 작은 도시에 정착할 수 있었다. 나프타 부인은 그 도시의 방적 공장에서 일자리를 얻어, 건강이 허락하는 대로 일을 계속하면서 아이들을 차례차례 초등학교에 보냈다. 이 학교의 교육 내용은 레오의 형제와 자매의 소질과 욕구를 충족시켰을지는 몰라도, 장남인 레오에게는 아주 불충분했다. 레오는 어머니에게서 흉부 질환의 싹을 이어받았으나, 아버지에게서 멋진 몸집과 비범한 오성(悟性)을 물려받았다. 그래서 어릴 때부터 강한 본능, 정신적 공명심, 귀족적 생활 양식에 대한 강한 동경과 결부되어 그가 태어난 계급을 빠져나가려는 강한 욕망을 낳게 되었다. 열네 살과 열다섯 살 때의 레오는 고생하여 구한 책으로 학교에서 배우는 것 말고도 많은 것을 불규칙적이고 성급하게 받아들여 그의 정신과 오성에 양식을 계속 주었다. 그는 점점 쇠약해 가는 어머니가 머리를 비스듬히 숙인 채 마른 두 손을 쳐들고 개탄하는 모습을 생각에 잠겨 바라보곤 했다.

그런데 학교에서 종교 시간 때 레오의 태도와 대답에 감탄한 학식 있는 랍비가, 레오의 개인 교수를 해주게 되었다. 소년의 어학 욕구에 대해서는 히브리어와 고대어를 가르쳤고, 논리의 욕구에 대해서는 수학을 가르쳐 그의 본능을 만족시켜 주었다. 그러나 이 선량한 학자는 그런 노력에 대해 은혜를 원수로 돌려받은 경우가 되어, 뱀을 가슴에 키웠다는 사실이 날이 갈수록 확실해졌다. 일찍이 아버지인 엘리아 나프타와 그 논적인 랍비 사이에 일어났던 일이 이 두 사람 사이에도 일어나, 사제지간은 사사건건 의견이 맞지 않게 되었다. 사제지간에 종교상, 철학상의 마찰이 끊이지 않았으며 그 마찰은 날이 갈수록 심해졌다. 성실한 율법학자는 젊은 레오의 정신적 반항심, 비평, 회의, 항변, 날카로운 변증논법에 정신적인 고통을 겪어야 했다. 그뿐 아니라 레오의 궤변과 정신적 선동에는 새로이 혁명적 색채가 더해 갔다. 오스트리아의 국회의원인 사회 민주주의자의 아들과 친해지면서 그 아들에 의해 아버지인 국회의원과 알게 되었고, 그 일은 레오의 정신을 정치 방면으로 이끄는 계기가 되었다. 그리하여 그의 논리적 열정은 사회 비판의 경향까지 띠게 된 것이다. 그는 온건한 사상을 충실하게 지키는 선량한 탈무드 학자에게 소름이 끼치게 하는 열변을 토해, 사제지간의 화합에 마지막 일격을 가하고 말았다. 결국 나프타는 스승에게서 배척을 받고 서재에서 영원히 추방당했는데, 공교롭게도 그때 어머니 라헬 나프타가 죽음을 맞이했다.

어머니가 죽고 얼마 안 있어, 레오는 운터페르팅거 신부를 알게 되었다. 그날 열여섯 살의 레오는 살고 있던 도시의 서부에 있는 마르가레테코프라고 불리는 언덕의 공원 벤치에 혼자 앉아 있었다. 거기는 일강과 라인강 유역의 골짜기를 멀리까지 훤히 바라볼 수 있는 곳이었다. 레오가 벤치에 앉아 자기 운명과 앞날에 대해 어둡고 쓰디쓴 생각에 잠겨 있을 때, 거기에 예수회의 '효성 학원(曉星學園)'이라는 기숙 학교의 교수 한 사람이 산책하러 와서 레오 옆에 앉았다. 신부는 모자를 옆에 놓고, 신부복 밑으로 다리를 모으고 성무 일과서(聖務日課書)를 읽고 난 뒤에 레오와 이야기를 시작했는데, 이 대화가 활발히 펼쳐지면서 레오의 운명을 결정하게 되었다.

그 신부는 세상을 넓게 보는 눈을 가졌고, 말과 행동에도 교양이 있었으며, 열렬한 교육자에 사람을 보는 눈이 날카로웠다. 그는 초라한 옷차림을 한 유대인 소년이 그의 질문에 대해 조롱조로 짜임새 있게 대답한 첫 말부터 귀를 기울이고 들었다. 그는 소년의 대답에서 예리하기는 하나 스스로를 다치게 하는 정신이 일고 있음을 느꼈다. 하지만 소년의 깊은 지식과 신랄한 사고의 세련성은 소년의 초라한 외모 때문에 한층 더 뜻밖이라는 느낌을 주었다. 마르크스가 화제에 오르면 그 《자본론》을 보급판으로 읽은 레오는 자기 견해를 펼쳤고, 마르크스에서 헤겔로 화제가 옮겨지자 이 철학자의 저서도, 또 이 철학자에 대한 문헌도 레오는 꽤 많이 읽었기 때문에 명석한 의견을 몇 마디 표명할 수 있었다. 타고난 역설 능력인지 아니면 상대방을 기쁘게 하려는 생각인지, 레오는 헤겔을 '가톨릭적' 사상가라고 말했다. 여기에 대해 신부는 미소를 지으면서, 헤겔은 프로이센적 국가 철학자로서 본질적으로는 프로테스탄트라고 생각해야 하는데, 가톨릭적이라는 것을 어떻게 논증할 수 있는지 물었다. 레오는 '국가 철학자'라는 칭호야말로 교회나 교리적 의미로는 별개로 치더라도, 종교적 의미에서는 헤겔이 가톨릭적 사상가라는 주장을 입증하는 것이라고 대답했다. 왜냐하면*[20] 정치성이라는 개념은 가톨릭적이라는 개념에 심리적으로 결합되어 있어서, 이 두 가지는 객관성, 실현성, 활동성을 실현하여 구체화한 개념을 포괄하는 하나의 범주를 이루고 있기 때문이다. 이 범주에 대해 경건주의적이고 신비주의 사상에서 생겨난 프로테스탄트식 세계가 대립하고 있다고 레오는 말했다. 레오는 여기서 괴테의 이름을 들었다. 괴테는 경건주의에 의거한 프로테스탄트임에는 틀림없지만, 그의 객관주의나 행동주의

---

*20 '왜냐하면'이라는 접속사는 나프타가 특히 좋아하는 말로서, 그가 이것을 입 밖에 내면 웬일인지 의기양양하고 가차없는 느낌을 주었다. 그는 그 접속사를 말 속에 집어넣을 때마다 안경알 뒤에서 눈을 번쩍였다.

에서 볼 때 가톨릭적인 면을 강하게 가졌고, 괴테는 비밀 고해성사를 옹호했으니 교육자로서는 거의 예수회 회원이었다고 말했다.

나프타가 이런 자신의 말을 믿었기 때문이었는지, 그것을 기지에 찬 생각이라고 느꼈기 때문이었는지, 또는 무엇이 자기에게 이익이 되고 불리한가를 신중하게 헤아리는 가난한 인간으로서 상대방에게 호감을 줄 만한 것을 말하려고 한 것인지는 알 수 없다. 그러나 어느 쪽이든지 간에 어쨌든 신부는 소년의 말이 옳은지 그른지 하는 것보다도 그 말에 나타난 전체적인 총명함에 주의를 돌려 대화는 계속되었다. 예수회 신부는 레오의 개인적인 사정도 알게 되자 레오에게, 가까운 시일 안에 학원을 찾아와 줄 것을 권유했다.

이리하여 나프타는 '효성 학원'에 발을 들여놓도록 허락을 받았다. 학문적으로, 그리고 사회적으로 자부에 찬 이 학원의 분위기는 오래전부터 소년에게 동경의 대상이었으며, 그는 이 새로운 상황의 전환에 의해 예전의 교사보다 그의 본질을 훨씬 깊이 평가해 주고 촉진시켜 주는 새로운 지도자와 후원자를 얻었던 것이다.

이번 지도자의 선량함은 냉정한 성질의 선량함, 널리 세상을 보고 있는 냉정한 선량함으로, 레오는 그 세계로 들어가는 것에 강한 동경을 느꼈다. 명석한 유대인의 대부분이 그런 것처럼 나프타는 본질적으로 혁명가이기도 하고 귀족주의자이기도 했다. 사회주의자인 동시에 자부심이 높고 고상한, 배타적이고 전통적인 생활 양식 세계에 들어가고 싶은 꿈을 좇고 있었다. 가톨릭 신학자의 면접에서 그가 입 밖에 낸 최초의 말은 순전히 분석적이고 비교적인 의미의 것이었지만, 로마 가톨릭 교회에 대한 사랑의 고백이었다. 그는 로마 가톨릭 교회를 고귀함과 동시에 정신적인 권력, 즉 반유물적(反唯物的), 비현실적, 반세속적, 다시 말해 혁명적인 권력으로 느꼈던 것이다. 그리고 그의 사랑은 마음으로부터의 사랑, 그의 본성의 중심에서의 사랑이었다. 왜냐하면 그 자신도 주장했듯이 유대교는 그 현세적이고 즉물적(卽物的) 경향, 사회주의, 그 정치적 경향의 방향에 의해서 영상적 경향과 신비적 주관성을 특징으로 하는 프로테스탄티즘보다 훨씬 가톨릭 세계에 가까웠기 때문이었다. 따라서 유대인이 로마 가톨릭 교회로 개종하는 것은, 프로테스탄트가 로마 가톨릭 교회로 개종하는 것보다 정신적으로 훨씬 자연스러운 과정을 의미한다고 생각한 것이다.

최초의 종교 단체 지도자와는 사이가 나빠져 추방당하고 부모를 잃어 의지할 곳도 없었던 나프타는, 그의 타고난 재능으로 당연하게 권리를 주장할 수 있는 깨끗한 생활 환경에 강한 동경을 품고 벌써 성년(成年)에 이르렀다. 그는 고해에 의한 개종의 날을 몹시 애타게 기다리고 있었기 때문에, '발견자'는 그의 영혼과 비범한 두뇌를 자기들의 종교 세계에 끌어들이는 것에 별다른 노력을 하지 않았다. 신부의 노력으로 세례를 받기 전부터 레오는 효성 학원에 정착하게 되었고, 그의 신변과 정신적인 보호를 받게 되었다. 이리하여 그는 귀족주의자다운 무신경과 냉담성으로 아주 자연스럽게 형제 자매들을 그들의 가난한 신분에 걸맞은 운명에 맡겨 빈민 구제소의 손에 넘기고, 자기만이 효성 학원에 옮겨 살았다.

효성 학원의 대지는 드넓었고, 건물은 400명에 가까운 생도를 수용할 수 있을 만큼 넓었다. 교내에는 여러 개의 운동장, 숲, 목장, 농장용 건물, 수백 마리의 소를 넣는 외양간이 있었다. 학원은 기숙 학교이며 모범 농장이며 체육 학교이며, 고등학교와 극장의 성격도 띠었다. 극장이기도 했다는 것은 언제나 연극과 음악회가 열렸기 때문이었다. 학원 생활은 귀족적이고 수도원적이었다. 학원의 엄격한 규율과 우아함, 안정성, 심오한 정신성과 세련미, 변화가 많은 일과의 규칙성, 그런 것들이 레오의 깊은 본성에 꼭 맞았다. 그는 한없이 행복했다. 그는 학원의 복도에서와 마찬가지로 침묵의 의무가 지배하는 큰 식당에서 훌륭한 식사를 했다. 식당의 한가운데에는 젊은 생도감이 높은 단 위에 앉아 책을 소리 내 읽음으로써, 식사하는 생도를 즐겁게 해주었다. 학과에 대한 레오의 지식욕은 강렬했고, 오후의 운동과 오락에는 가슴이 약한데도 뒤지지 않으려고 온 힘을 다했다. 그가 매일같이 이른 아침 미사를 보고 일요일마다 장중한 예식에 참석하는 경건함은 신부인 교육자들을 기쁘게 하지 않을 수 없었다. 그의 사교적인 태도도 이에 못지않게 신부들을 만족시켰다. 축제일 오후에는 케이크와 포도주를 든 뒤에, 녹회색 제복, 높은 옷깃, 줄무늬 바지, 케피 모자 차림으로 질서정연하게 열을 지어 산책했다.

그의 신분과 개종한 지 얼마 되지 않았다는 사실 등의 개인적인 사정에 대해 다른 사람들이 베풀어 준 관대함에 그는 그저 감사하고 기쁠 뿐이었다. 이 학원에서는 그가 급비생임을 아무도 모르는 것 같았다. 학원의 규칙에 따르면 그가 연고자가 없고 고향이 없는 신세라는 것을 학우들에게 알리지 않게 되어 있었고, 먹는 것이라든지 과자류의 소포를 보내는 것은 일반적으로 금지되어 있었다. 그런데도 보내진 것은 모두에게 분배되고 레오도 나누어 가졌다. 그리고 이 학원의 국제적인 분위기는 레오의 민족적 특성이 드러날 두려움은 조금도 없게 했다. 레오보다 훨씬 '유대적'으로 보이는 포르투갈계 남아메리카인들이 있었기 때문에 '유대적'이라는 개념은 존재하지 않았다. 나프타와 같은 시기에 입학한 에티오피아의 왕자는 고수머리의 흑인이었지만 매우 세련된 생도였다.

레오는 수사 학급으로 올라가자 신학을 배우고 싶다는 희망을 말했고, 만약 자신이 어느 정도 자격이 있다고 인정되면 언젠가는 예수회의 한 사람이 되고 싶다는 뜻을 밝혔다. 그 결과 그는 식사와 생활이 비교적 검소한 '제2기숙사' 급비생에서 '제1기숙사' 급비생으로 옮겨졌다. 거기에서는 식사 때마다 사환이 시중을 들고, 침실도 슐레지엔의 폰 하르부팔 운트샤마레 백작과 모데나의 디 랑고니 산타크로체 후작의 침실과 이웃하게 되었다. 그는 훌륭한 성적으로 졸업한 뒤, 결심한 대로 가까이에 있는 티지스의 수도원으로 들어가 경건한 봉사 생활, 침묵과 복종, 종교적 단련을 위한 생활을 하며, 이전의 과격한 사상에서 느낀 만족과 똑같은 정신적인 만족을 느꼈다.

그러나 그동안에 그의 건강은 많이 상해 있었다. 그것은 건강에 도움이 되도록 했던 수련 생활의 엄격성 때문이라기보다는, 그의 내면 생활이 원인이었다. 그가 받은 교육은 현명함과 예리한 점에서 그의 개인적인 소질에 들어맞았고, 그의 타고난 소질을 길러주기도 했다. 그는 낮뿐만 아니라 밤에도 열심히 했던 정신적 수련, 양심의 검토, 관조, 사색, 명상은 비뚤어진 열정에 부딪쳐 많은 곤란과 모순과 자가당착에 빠졌다. 그는 담임인 묵상 지도 신부를 궤변과 비뚤어진 사고로 매일같이 괴롭혀 절망시키기도 했고, 동시에 큰 기대를 갖게 하기도 했다. 그는 수시로 안경알을 번쩍이면서 "이것을 어떻게 생각하십니까?" 질문을 해댔다. 그러면 신부는 궁지에 몰려, 영혼의 평화를 얻기 위해서 기도하도록 권하는 수밖에 없었다. 그러나 그렇게 얻어진 평화는, 그의 생활을 전반적으로 마비시키고 질식하게 만드는 '무덤의 평화'에 지나지 않았다. 수도사 나프타는 그런 허무한 평화의 징후를 주위의 공허한 눈초리와 표정에서 인정할 수 있었지만, 그는 육체의 파멸을 통한 평화만이 가능하다고 생각했다.

나프타의 이런 회의와 의혹에도 윗사람들의 신뢰감이 손상되지 않았다는 것은, 교부들의 정신적인 수준을 알려주는 것이었다. 2년의 수련기가 끝났을 때 관구장(管區長) 신부가 나프타를 자기 방에 불러, 그를 예수회에 받아들이겠다고 약속했다. 이리하여 젊은 스콜라 철학자는 하급 성직인 문지기, 미사의 복사(服事), 독사(讀師), 구마사(驅魔師)의 자격을 받고는 '통상(通常)' 서원을 마쳤다. 그리고 드디어 정식으로 예수회에 소속되어 신학 공부를 하기 위해 네덜란드의 팔켄부르크 신학원으로 가게 되었다.

그 무렵 나프타는 스무 살이었지만, 3년 뒤에는 북유럽의 나쁜 기후와 정신적 과로가 원인이 되어 어머니에게서 물려받은 폐병이 악화하여 그곳에 머물러 있다가는 목숨까지 위험할 판이었다. 그가 피를 토하자 윗사람들은 크게 놀랐고, 몇 주일을 삶과 죽음의 경계를 헤매고 난 뒤 얼마쯤 회복된 그를 효성 학원으로 돌려보냈다. 나프타는 그가 한때 생도였던 교육 기관에 생도감 겸 사감으로, 그리고 고전 문학과 철학을 가르치는 교사로 채용되었다. 이런 일시적 근무는 본디 규정에도 있었고, 일반적으로 이런 근무를 2, 3년 한 뒤 신학원으로 돌아가 7년간의 신학 연구를 계속해 완료하는 것으로 되어 있었다. 그러나 수도사 나프타는 이럴 수가 없었다. 그는 건강을 회복하지 못해서 의사와 교부들은 이 학원에서 신선한 공기를 마시고 생도들과 함께 지내며 농사일을 하는 것이 당분간 그에게 가장 알맞은 생활이리라 생각한 것이다. 그는 상급 품급(上級品級)의 제1단을 받아 일요일 장엄 미사에서 사도서한(使徒書翰)을 낭송하게 되었지만, 음악적 재능이 전혀 없는 데다가 목소리가 갈라져 노래 부르는 데에는 적합하지 않았기 때문에 그 자격을 제대로 행사할 수 없었다. 그는 차부제(次副祭) 이상으로는 승진하지 못했으며, 부제도 되지 못했고 더구나 사제 서품까지는 이르지 못했다. 각혈이 되풀이되었고 열도 떨어지지 않았기 때문에, 그는 예수회 비용으로 천천히 요양을 하도록 이 위에 오게 되었는데, 이 위의 체재도 이제 6년째에 접어들고 있었다. 지금은 거의 요양이라고는 할 수 없고 환자들을 위한 고등학교에서 라틴어 교사로 있지만, 이미 공기가 희박한 세계에서 지내는 것이 그에게는 절대적인 생활 조건이 되어버렸다.

이것은 한스 카스토르프가 나프타의 입에서 직접 듣기도 하고 이 밖의 이야기들도 덧붙여 듣고는 종합한 것이다. 한스 카스토르프가 나프타의 비단으로 꾸민 방을 혼자서 방문했을 때, 또는 식탁 친구인 페르게와 베잘을 데리고 갔을 때, 혹은 산책에서 나프타와 함께 '마을'로 돌아갈 때에 단편적으로 들은 연속적인 이야기였다. 그는 이것을 아주 색다른 이야기라고 느꼈고, 페르게와 베잘에게도 그렇게 생각하기를 촉구하여 두 사람도 그렇게 느꼈다. 페르게는, 고상한 것은 모두 이해할 수 없다고 되풀이했다—그에게는 단순하고 평범한 수준을 넘는 경험으로는 흉막 진탕의 경험이 있었을 뿐이다—베잘은 이와는 반대로, 처음에 불행했던 나프타가 행복해지면서 유명해지는 길로 접어든 순간에, 하느님을 잊어버리지 않게 하기 위해, 다시 운이 나빠지기 시작하여 보통 사람과 마찬가지로 병에 걸린 것은 퍽 마음에 든다고 했다.

한스 카스토르프는 나프타의 도중 하차를 애석하게 생각했고, 명예를 존중하는 요아힘의 정신을 자랑스럽게, 또 한편으로는 불안한 기분으로 떠올렸다.

'요아힘은 라다만토스의 강력한 궤변의 그물을 영웅적인 힘으로 끊어버리고 군기 아래로 뛰어갔다. 지금쯤은 그 깃대를 잡고 오른손의 세 손가락을 높이 쳐들고 충성을 맹세하고 있겠지.'

나프타도 또 하나의 깃발에 충성을 맹세할 것이다. 즉 하나의 깃발 밑에 포섭되었던 것이다. 이것은 나프타가 자신이 소속하고 있는 예수회에 대해 한스 카스토르프에게 이야기할 때 사용한 말이기도 했다. 그러나 샛길로 빠지고 새로운 철학적 사고에 빠졌던 나프타는 요아힘처럼 그 깃발에 충성하지는 못했다. 물론 한스 카스토르프는 문화인이자 평화의 아들로서 예전의 또는 미래의 예수회 이야기를 듣고 있으면, 요아힘과 나프타 두 사람이 서로의 직업과 계급에 호의를 느끼게 되어 서로 가깝게 생각할 것이라고 예감했다. 왜냐하면 둘 다 군사적 위계질서와 여러 가지로 비슷한 점이 있었기 때문이다. '금욕'이라는 의미에서도, '서열', '복종', '스페인적 명예심'이라는 의미에서도 그러했다. 특히 스페인적 명예심은 나프타의 예수회에서는 아주 큰 힘을 가지고 있었다. 예수회의 발상지는 다 아는 바와 같이 스페인이다. 예수회의 심령(心靈) 수업 규정은 뒷날 프로이센의 프리드리히 대왕이 프로이센의 보병을 위해 편찬한 규정과 쌍벽을 이루고 있는데, 본디 스페인어로 작성된 것이기 때문에 나프타도 그의 이야기와 설명 가운데 가끔 스페인어를 입 밖에 내곤 했다. 예컨대 지옥의 군대와 성직자의 군대가 일대 전투를 하기 위해 저마다 주위에 집결했던 '두 개의 군기'를 '도스 반데라스(dos banderas)'라 했고, 천국의 군대는 예루살렘 지방에 진을 치고 모든 선남선녀의 '총대장(capitan general)'인 그리스도가 지휘했으며, 지옥의 군대는 바빌론의 평야에 진을 치고 지옥의 왕이 그 '수령(caudillo)'이었다고 설명했다.

'효성 학원'에서는 생도들을 '부대'로 나누어 종교적이며 군대적인 예절을 본분으로 가르쳤으니, 이것이 바로 사관 학교가 아니었던가? 군인의 '딱딱한 옷깃'과 성직자의 '스페인식 장식의 옷깃'과의 결합이라고 할 수 있을 것이 아니겠는가? 요아힘의 계급에서 아주 중요한 역할을 하고 있는 명예와 공로는, 나프타가 유감스럽게도 병 때문에 높이 올라갈 수 없었던 사회에서도 얼마나 확실하게 나타나 있는 것일까! 나프타의 말을 듣고 있으면 예수회는 공명심에 불타는 사관 생도의 모임으로, 그들은 근무에 있어서 남보다 뛰어나고자 하는 공명심에 불타고 있는 것이다—그것을 라틴어로 'Insignes esse(인시그네스 에세)라고 했다—교단의 창시자이며 초대 총장인 스페인의 로욜라의 가르침과 규정에 따라, 생도들은 이성적으로 행동하는 사람들보다도 훌륭하게 많은 일을 수행했다. 그뿐 아니라 그들은 일반적인 이성으로 저항할 수 있는 육체의 유혹, 관능, 이기심, 세속적 집착의 움직임에 대해 처음부터 억압하려고 했다. 적에 대해 공격적으로 억압하는 것은, 단지 수세(守勢)를 취한다는 것보다 더 중요하고 명예롭기 때문이었다. 적을 약화시키고 격퇴하라고 야전 근무 규정에도 적혀 있듯이, 그 저자인 스페인의 로욜라는 그 점에서도 요아힘의 총대장인 프리드리히 대왕이 "돌격! 돌격! 적을 물고 늘어져라, 언제나 공격하라……!"는 전쟁의 철칙과 같은 정신을 가지고 있었다.

그러나 나프타와 요아힘의 세계가 같은 점은, 손에 피를 묻히는 것을 무서워하지 않는다는 원칙이었다. 이 점에서 두 세계, 즉 예수회와 군대 계급은 똑같으며, 평화의 자식인 한스 카스토르프는 나프타가 중세의 호전적인 수도사 유형을 이야기하는 것을 아주 흥미있게 들었다. 그 수도사들은 피로와 쇠약함이 극치에 다다르기까지 금욕적이었고, 그러면서도 종교적 정복욕에 불타서 신의 나라, 초자연계의 세계 제패를 실현하기 위해 피를 흘리는 것도 주저하지 않았다는 것이다. 또한 신앙을 갖고 있지 않은 사람들과의 싸움에서 죽는 것을 침대에서 죽는 것보다 명예로운 죽음이라 생각하고, 그리스도를 위해 죽이고 죽음을 당하는 것은 죄악이 아니라 최고의 명예라고 여겼다. 세템브리니가 이런 말을 듣지 않았던 것은 다행한 일이었다. 이 말을 들었다면 그는 늘 그랬던 것처럼 손풍금장이 역할로 평화를 앞장서서 부르짖었을 것이다. 세템브리니도 현재 빈에 대해 행해지고 있는 신성한 민족 전쟁과 문명 전쟁에는 결코 반대하지 않고, 그런 정열과 약점 때문에 나프타의 조롱과 멸시를 사고 있었다. 아무튼 나프타는 이탈리아인이 그런 민족적 감정에 불타버리면 여기에 대해 기독교적 세계 동포주의를 들고나와, 어떤 나라나 어떤 조국도 부르려 하지 않고, 예수회의 니켈이라는 이름의 한 장군이 말한 "조국애는 페스트와 같은 것이다. 그러므로 기독교적 사랑의 가장 확실한 죽음이다"를 신랄한 어조로 되풀이하는 것이었다.

그의 금욕주의에 따르면 페스트라는 말로 불리지 않는 것이 없지만, 조국애를 페스트와 같다고 한 이유는 가족과 고향에 애착을 느끼는 것과 건강과 삶에 애착을 느끼는 것이 모두 금욕과 신의 나라에서는 모두 위배된다고 생각했기 때문이다. 나프타는, 이탈리아인이 평화와 행복을 부르짖으면 그것을 건강과 삶에 집착하는 것이라고 인문주의자를 비난했고, 육체적이고 관능적인 사랑이라 하여 공격했으며, 건강과 삶에 조금이라도 가치를 인정한다는 것은 극히 시민적이고 반종교적 행동이라고 공박했다.

두 사람의 건강과 병에 대한 일대 토론은 크리스마스가 가까워진 어느 날, '마을'까지 눈 속을 산책하고 다시 집으로 돌아올 때 두 사람의 생각 차이에서 벌어졌다. 이 산책에는 세템브리니, 나프타, 한스 카스토르프, 페르게, 베잘 등 여러 사람이 함께했다. 모두 가벼운 열이 있는 데다 고원의 심한 추위 속에서 걷거나 지껄이거나 하여, 머리가 마비되고 흥분해 있어서 한 사람도 빠짐없이 덜덜 떨고 있었다. 나프타와 세템브리니처럼 줄곧 지껄이고 있던 사람뿐 아니라, 그것을 듣고 있다가 가끔 몇 마디 의견을 말하고 토론의 상대를 하고 있던 세 사람도 이성을 잃고 멈춰 서서 길을 막고 서로 엉켜 지껄였기 때문에, 통행인들은 그들의 주위를 돌아서 지나가기도 하고 또는 옆에 서서 귀를 기울이기도 하면서 놀라기도 했으나 그 이상 관심을 두지 않았다.

논쟁은 카렌 카르슈테트의 일에서 시작되었다. 그녀는 손가락 끝이 썩는 병으로 얼마 전에 죽었다. 한스 카스토르프는 카렌의 병이 갑자기 악화되어 이 세상을 떠난 것을 전혀 모르고 있었다. 알고 있었다면 동료로서 장례식에 참석했을 것이다. 모든 동료에게 친근감을 느낀다고 고백했던 그였으니 말이다.

그러나 그는 카렌이 죽은 것도, 그녀가 눈모자를 옆으로 비스듬히 썼던 수호신 큐피드상이 서 있는 무덤에서 영원한 수평 상태로 돌아간 것도 이곳의 관습인 비밀주의 때문에 뒤늦게 알게 되었다.

"영원한 안식이 있을지어다……."

한스 카스토르프는 카렌을 추억하면서 부드럽게 몇 마디 했는데, 이것이 계기가 되어 세템브리니는 한스 카스토르프의 자선 활동, 즉 라일라 게른그로스, 장삿속이 강한 로트바인, 너무 쌀쌀한 침머만 부인, 큰소리를 잘 치는 '둘 다'의 아들, 고통을 한 몸에 지고 있었던 나탈리에 폰 말린크로트 부인을 방문한 것을 조롱조로 공격하면서, 엔지니어가 전혀 쓸모없고 우스운 무리들에게 경의를 표시하기 위해 값비싼 꽃을 보낸 것을 비난했다. 이에 대해 한스 카스토르프는, 폰 말린크로트 부인과 테디 소년은 제외하더라도, 그 밖의 사람들은 모두 죽은 사람들이 아니냐고 강조하자, 세템브리니는 그 죽은 사람들에게 조금이라도 존경할 만한 것이 남아 있느냐고 반문했다. 그러자 한스 카스토르프는 비참한 불행에 대한 기독교적인 존경이 남아 있다고 맞받아쳤다.

그때 나프타는, 세템브리니가 그것을 공격하기 전에 중세에 행해진 종교에 기초한 극단적인 애정 행위, 즉 환자를 간호할 때의 광신적인 도취의 놀라운 실례를 이야기하기 시작했다. 왕녀들이 나병 환자들의 악취를 내뿜는 상처에 입을 맞추어 스스로 나병에 감염되어 생긴 궤양을 나의 '장미'라 부르고, 또 고름이 나는 환자들의 몸을 씻은 물을 마시면서 이렇게 맛이 있는 것은 마셔 본 일이 없다고 말했다는 것을.

세템브리니는 그 말을 듣고 금방이라도 구토를 일으킬 것 같은 얼굴을 했다. 그런 장면이나 생리적인 불쾌감보다는, 오히려 활동적인 인간애를 그렇게 해석하는 괴상한 광기가 구토를 일으키게 한다고 세템브리니가 말했다. 그러고는 자세를 바로잡아 밝고 우아한 태도로 근대의 진보적인 박애 행위의 형태와 전염병 방지의 빛나는 업적에 대해서 말하고, 중세의 추악한 간호 행위에 비교하여 근대의 위생과 사회 개선과 의학의 업적을 함께 열거했다.

그러자 나프타가 말했다.

"시민적인 의미에서 존경할 만한 그런 현상도 지금 예로 든 중세의 사람들에게는 그다지 좋지 못했을 것입니다. 그것은 환자나 비참한 사람들에게나 건강하고 행복한 사람들에게나 마찬가지이며, 건강하고 행복한 사람들은 동정심이라기보다는 자기들의 영혼 구원을 위해서 환자를 따뜻하게 대했던 것입니다. 만약 중세에 그런 사회 개혁이 일어났더라면 건강한 사람들은 그들의 가장 중요한 수단을 빼앗겼을 테고, 환자들도 신성한 뒷받침을 잃어버리게 되는 것입니다. 따라서 가난과 병이 언제까지나 없어지지 않게 하는 것은 당사자인 양쪽 모두에게 필요한 것이며, 순전히 종교적 관점을 고수하는 한, 이런 생각도 가능한 것입니다."

그러나 세템브리니는 그것은 잘못된 견해라고 반박했다.

"그런 어리석은 사고방식은 반박할 가치조차 없군요. 왜냐하면 '신성한 뒷받침'이라는 생각도, 또한 엔지니어가 남의 흉내를 내어 '비참한 불행에 대한 기독교적 존경'이라고 부른 것도 모두 속임수이며, 착각이고, 그릇된 감정 이입이며, 심리적 인식 부족에 근거를 두고 있기 때문입니다. 건강한 사람이 환자에게 품는 동정심, 즉 자기가 그런 고뇌를 당하면 얼마나 견딜 수 있을까 생각하여 환자에게 갖는 경외에 가까운 동정심은 지나친 것이라 환자에게는 적합하지 않고, 그릇된 추론과 상상에 의한 동정입니다. 건강한 사람은 자기의 예민한 감성을 환자에게 그대로 적용하여, 환자의 병고를 나누어 가져야 한다고 생각하기 때문입니다. 환자는 환자일 뿐이며, 환자대로의 체질과 약한 감성을 가지고 있을 뿐입니다. 병은 환자를 쇠약하게 하여 병고를 그다지 고통스럽게 느끼지 않도록 합니다. 즉 감성을 무디게 하거나 잃게 만들고, 몸의 감각을 둔하게 함으로써 정신적으로도 도덕적으로도 병에 순응하게 하여 병고를 완화시켜 주는 자연적 조처가 있는데도, 건강한 사람은 그것을 계산에 넣지 못하고 있습니다. 그 가장 좋은 예가 이 위에 있는 폐병 환자들의 경솔한 행동, 어리석음, 파렴치, 건강에 대한 의욕 결핍입니다. 요컨대 환자에게 동정적 경의를 품는 건강한 사람이 자기도 병에 걸리면, 병이라는 것이 하나의 상태이긴 하나 결코 명예로운 상태가 아니며, 자기가 이때까지 그것을 너무 진지하게 생각했음을 깨달을 것입니다."

여기서 안톤 카를로비치 페르게는 화를 내면서 세템브리니의 중상과 멸시에 대해 흉막 진탕을 옹호했다.

"아니, 뭐라고요? 흉막 진탕을 너무 진지하게 생각한다고요? 당치도 않은 말이지요!"

페르게는 선해 보이는 콧수염과 울대뼈를 올렸다 내렸다 하면서, 자기가 수술할 때에 경험한 고통을 절대로 무시받고 싶지 않다고 말했다.

그러고는 다음과 같이 덧붙였다.

"나는 보험 회사의 출장 사원에 지나지 않는 평범한 사람이라 고상한 것과는 거리가 멀지요. 아까부터 한 이야기는 내 수준을 뛰어넘는 말이더군요. 그러나 세템브리니 씨가 흉막 진탕을 지금 말한 것처럼 생각한다면, 유황의 악취와 세 가지 색의 기절을 동반하는 지옥 같은 가려움까지를 그렇게 생각한다면 당치도 않습니다. 그런 생각은 절대 반대입니다. 흉막 진탕에는 감퇴와 마비와 상상의 오류 같은 것은 전혀 없으며, 그것은 이 세상에서 가장 크고 심한 비열함이며 나처럼 경험한 일이 없는 사람들은 전혀 알 수가 없을 겁니다……."

세템브리니가 말했다.

"그렇고말고요, 그렇고말고요! 페르게 씨의 흉막 진탕은 그것을 경험한 뒤 시간이 지나면 지날수록 과장되고 후광처럼 머리를 둘러싼 오만으로 바뀐 것입니다. 그러나 나는 감탄을 강요하는 환자를 존경할 기분이 나지 않아요. 나도 결코 가볍지 않은 병을 앓고 있는데, 그것을 자랑스럽게 생각하기는커녕 오히려 부끄럽게 느끼고 있습니다. 이것은 물론 개인적 의미에서가 아니라 철학적으로 말하고 있는 것입니다. 내가 환자와 건강한 사람의 체질과 감성의 차이에 대해 말한 것도 전혀 근거 없는 것이 아닙니다. 여러분, 정신병자의 환각을 생각해 주기 바랍니다. 여기에 있는 다섯 명 중에 누구 하나가, 예컨대 엔지니어나 베잘 씨가 오늘 밤 어스름한 방 한구석에서 돌아가신 아버지가 나타나 말을 거는 일이 있다면 무척이나 놀랍고 당황스러운 체험일 것입니다. 아마 자기의 오관과 이성을 잃고, 곧 문을 박차고 나와 신경과 의사에게 달려가고 싶을 겁니다. 그렇지 않습니까? 그러나 여러분은 정신적으로 건강하기에 그런 일은 절대로 일어나지 않을 것이며, 그런 이야기는 재미있는 농담으로 끝날 것입니다. 만약 그런 일이 여러분에게 일어난다면, 여러분은 건강한 것이 아니라 병에 걸려 있다는 증거이며, 건강한 사람이 나타내는 반응, 즉 놀라서 뛰어나오는 반응을 보이지 않고 받아들이는 환각증 환자의 의식으로 대화를 시작할 겁니다. 그런 사람이 건강한 사람처럼 환영(幻影)에 대해 공포를 느낀다고 생각한다면, 그게 바로 건강한 사람이 빠지기 쉬운 상상의 잘못입니다."

세템브리니는 방 한구석에 앉아 있는 아버지의 환영에 대해 매우 조형적으로 이야기하여 사람들을 웃게 만들었다. 지옥과 같은 흉막 진탕의 경험을 가볍게 취급받아 기분이 상했던 페르게도 웃어버렸다. 인문주의자는 모두의 들뜬 기분을 이용하여, 환각증 환자와 정신병 환자는 일반적으로 논할 가치가 없다고 단호하게 주장했다.

"그리고 이런 인간들은 여러모로 자기들을 너그럽게 보게끔 만들고 있으며, 또 바보스러운 행동을 삼갈 수도 있습니다. 이것은 내가 정신병원을 방문하여 목격한 사실입니다. 의사나 외래인이 출입문에 나타나면, 환각증 환자는 거의 얼굴을 찌푸리면서 혼잣말을 하거나 이상한 몸짓을 그만둡니다. 그러나 아무도 자기를 보고 있지 않다고 의식하게 되면 다시 멋대로 이상한 행동을 하기 시작하는 겁니다. 대부분 광기란 자기를 억제하지 못하는 엄청난 괴로움으로부터의 도피이며, 약한 인간이 제정신으로는 견딜 수 없는 거센 운명에 대해 나타내는 방어 수단입니다. 그럴 때에는 누구라도 미친 사람을 노려보는 것만으로도, 그들의 헛소리에 준엄한 이성적 태도를 보이는 것만으로도 한동안은 그들을 정상으로 돌릴 수 있습니다."

나프타는 이 말을 듣고 비웃었지만, 한스 카스토르프는 세템브리니의 말을 전적으로 믿고 싶다고 말했다. 세템브리니가 콧수염 밑에서 싸늘히 미소지으며 준엄한 이성적 태도로 미친 사람을 노려보는 모습을 상상만 해도, 그 환자가 얼마나 제정신을 찾으려고 노력했을까를 잘 알 수 있었다. 물론 환자는 그의 출현을 그지없이 귀찮게 생각했을 것이다. 그러자 나프타도 정신병원을 방문한 일이 있어서 그런 시설의 '특별 병동'을 둘러보았을 때의 일을 말했다. 그 방에서 본 모습과 장면이란 세템브리니의 준엄하고 이성적인 눈초리나 엄격한 태도도 어쩔 수 없을 것이라고 말했다. 단테의 《신곡》 그대로의 장면 같은, 공포와 고뇌에 찬 기괴한 광경으로, 벌거벗은 미치광이들이 목욕탕 속에 웅크리고 앉아서 불안과 공포에 싸여 온갖 행동을 취했다. 어떤 자는 큰 소리로 울부짖고, 어떤 자는 팔을 들고 입을 크게 벌려 지옥의 모든 것이 죄다 모인 것처럼 괴로운 폭소를 터뜨리고 있었다…….

"바로 그겁니다."

페르게는 자기가 기흉 수술을 할 때 터뜨린 폭소를 생각해 달라고 했다.

냐프타는 말을 계속했다.

"요컨대 세템브리니 씨의 준엄한 교육학도, '특별 병동'의 처절한 광경을 앞에 놓고는 말없이 물러날 수밖에는 없었을 것입니다. 그 광경에 대해서는 종교적인 외경심을 품은 전율 쪽이, 우리의 '찬란한 태양 기사, 솔로몬의 대리자'가 기꺼이 광기에 대치한 오만한 이성 도덕가 같은 태도보다 더 인간적인 반응이었을 겁니다."

한스 카스토르프는, 나프타가 세템브리니에게 붙인 이름을 생각해 볼 겨를이 없었다. 그는 나중에 기회가 있으면 그 이름에 대해 알아보자고 생각했으나, 지금 당장은 계속되는 토론에 모든 정신을 빼앗겼다.

나프타는 인문주의자가 일반적으로 빠지기 쉬운 경향을 날카롭게 비판하고, 원칙적으로 건강에 모든 가치를 주고 병을 될 수 있는 한 천하고 가치 없는 것으로 보려는 것은 잘못된 행동이라고 공박했다.

"세템브리니 씨의 그 태도는, 그도 환자의 한 사람이라는 것을 생각하면 주목할 가치가 있는 공정하며 사사로움 없는 태도입니다. 그러나 아무리 드물게 보는 훌륭한 태도라 할지라도 그릇된 태도임에는 분명합니다. 그것은 육체를 존경하고 숭배하는 데에서 생긴 태도이지만, 육체가 지금처럼 오욕된 상태에 있지 않고 신의 손으로 만들어진 대로의 상태에 있을 경우에만 정당한 것이라고 인정할 수 있습니다. 하지만 처음에 죽지 않는 생명을 받았던 최초의 육체는 '원죄'라는 타락 때문에 사악하고 추악한 것으로 변해 주검과 부패의 운명을 면하지 못하게 되었으며 영혼의 감옥일 수밖에 없습니다. 성 이그나티우스가 말한 것처럼 수치와 곤혹의 감정을 불러일으킬 뿐입니다."

한스 카스토르프가 외치듯 말했다.

"그 감정에 대해서는, 다들 아는 바와 같이 인문주의자인 플로티노스도 말하고 있지요."

그러나 세템브리니는 손을 머리 위로 흔들면서, 여러 견해를 한데 섞지 말도록 잠자코 듣고만 있으라고 요구했다.

그러는 동안 나프타는, 기독교적 중세가 육체의 비참함에 대해 표시한 외경심을, 중세 사람들이 그 비참함을 보고 느낀 종교적 만족감에서 설명했다—육체의 고름은 육체의 타락을 확실하게 느끼게 할 뿐만 아니라 원죄에 의한 영혼의 부패적인 타락까지 느끼게 하여 교화적인 정신적 만족감을 갖게 하며, 이와 반대로 건강한 육체는 그릇된 생각을 하게 하여 양심을 상하게 하는 경우도 있는데, 이런 현상은 병고에 대해 깊은 경외심을 갖게 함으로써 부인하는 것이 필요하다고 했다. "이 죽을 육체에서 나를 구원해 줄 이가 누구인가?" 이것은 참된 인간성의 영원한 목소리이며, 정신의 외침이라고 덧붙였다.

세템브리니가 떨리는 목소리로 견해를 말했다.

"아닙니다. 그것은 암흑의 목소리입니다. 그것은 이성과 인간성의 태양을 본 적이 없는 암흑 세계의 목소리입니다. 육체야말로 병독에 침범되어 있지만 정신의 건강과 순결을 그대로 가지고 있습니다."

그러면서 성직자 냄새가 나는 나프타에게 육체 문제에 대해 멋지게 받아침으로써 나프타가 말하는 영혼을 비웃었다. 그러자 나프타는 인체를 '신이 계시는 참된 성당'이라고까지 부르면서, 인체라는 조직체는 인간과 영원 사이에 있는 막에 지나지 않는다고 주장했다. 이에 세템브리니는, 나프타가 '인간성'이라는 말을 입 밖에 내는 것을 단호히 금했다—논쟁은 이렇게 계속되었다.

추위에 얼굴은 얼었고, 모자도 쓰지 않고 고무 덧신을 신은 모습으로 길 위에 높이 쌓여 그 위에 재를 뿌린 눈을 힘껏 밟기도 하고, 차도에 쌓인 부드러운 눈을 밟아가면서 두 사람은 논쟁을 벌였다. 세템브리니는 비버의 털가죽 깃과 소매를 접은 곳의 털이 빠져 옴이 오른 것 같은 가죽 재킷을 멋지게 차려입었고, 나프타는 털가죽이 안에 있으나 밖에서는 전혀 보이지 않는, 복사뼈까지 내려오는 검정 외투를 입고, 육체와 영혼의 문제가 저마다에게 가장 절실한 문제인 양 열심히 논쟁하고 있었다.

그런데 서로 의견을 나눈다기보다는 한스 카스토르프를 향해, 말하는 사람이 상대방을 턱이나 엄지손가락으로 가리키면서 의견을 진술하거나 반론을 제기했다. 두 사람이 한스 카스토르프를 사이에 두고 맞서자, 청년은 얼굴을 이쪽 또는 저쪽으로 돌리면서 때로는 세템브리니의 말에 찬성하거나 나프타의 말에 동의하기도 하면서 몸을 비스듬히 뒤로 젖히고 염소 가죽 장갑을 낀 손을 흔들면서, 유치하기 짝이 없는 자기 의견을 말하기도 했다.

페르게와 베잘은 세 사람 주위를 앞서거니 뒤서거니 하면서 때로는 옆으로 나란히 걷기도 했다. 그러다가 다른 사람이 지나가면 열을 다시 풀기도 했다.

두 사람의 논쟁을 듣기만 하던 그들이 가끔 던진 말이 계기가 되어 논쟁은 더욱 절실한 문제로 옮아갔다. 화장, 태형, 고문, 사형 등의 문제가 속속 화제에 올라 다섯 사람 모두 열중하게 되었다. 태형(笞刑)이란 말을 처음으로 꺼낸 사람은 페르디난트 베잘이었지만, 한스 카스토르프가 느낀 바로는 베잘이 끄집어 낼 만한 화제였다. 세템브리니가 목소리를 높여 인간의 존엄성을 강조하며 교육상으로, 그리고 사법상의 관점에서 이 야만스러운 형벌에 반대한 것은 이상하지 않았다. 그러나 나프타가 태형을 지지한 것은 뜻밖의 일이었다. 나프타의 태형을 찬성하는 변론은 어딘지 음산하고 노골적인 의도가 담겨있어서 모두를 놀라게 했다. 나프타에 의하면, 태형에서 인간의 존엄성을 들고나오는 것은 바보스러운 짓이라는 것이다. 인간의 존엄성은 육신에 있는 것이 아니고 정신에 있기 때문이다. 그리고 인간의 영혼은 인생의 기쁨을 육신에서만 찾으려고 하는 경향이 있어서, 육신에 고통을 주면 육신의 감각적인 기쁨이 저지시킨다. 말하자면 육신의 기쁨을 정신의 기쁨으로 바꾸고, 정신을 다시 지배자의 위치로 올리기 위한 아주 적절한 수단이기 때문에, 태형을 특별히 저주스러운 형벌처럼 말하는 것은 옳지 않다. 성 엘리자베트도 그녀의 고해 신부인 콘라트 폰 마르부르크에게 피가 날 정도로 맞았지만, 그 때문에 성도전(聖徒傳)에도 '그녀의 혼은 제3급의 천사에게까지 이르렀다'고 적혀 있는 것이다. 그리고 그녀 자신도, 너무 졸려서 고해를 게을리하는 노파를 매질했다는 것이다. 어떤 수도회와 종파에 속한 사람들, 그리고 일반적으로 진지한 사람들이 정신적인 원리를 가슴에 깊이 새겨두려고 자기 손으로 자신의 육체에 가한 태형을 누가 야만스럽고 비인간적이라고 말할 수 있단 말인가? 문명국이라 자칭하는 나라에서 법률로 태형을 금지한 것을 참된 진보라고 생각하는 일은, 고집하면 고집할수록 우스운 생각이다.

한스 카스토르프가 말을 받았다.

"물론이지요. 육체와 정신의 대립에서는 그렇지요. 하하하…… 물론 육체가, 사악한 악마적인 원리를 몸으로 보여준다는 것은 절대로 부정할 수 없습니다. 왜냐하면 육체는 자연에 속해 있기 때문입니다. 자연, 이것은 틀린 말이 아닌데요! 자연은, 정신이나 이성과 대립할 때에는 분명히 사악함이기 때문입니다. 신비롭고 사악한 것이라고도 말할 수 있을 것입니다. 교양과 지식을 근거로 하여 한 마디 할 수 있다면, 그리고 이 관점을 지킨다면 육체를 거기에 맞춰 취급하고 신비로우면서도 사악한 형벌을 육체에 가하는 것은 논리적으로 필연적인 일입니다. 아아, 세템브리니 씨의 연약함 때문에 바르셀로나의 진보 회의에 가는 것을 단념해야 했을 때, 성 엘리자베트와 같은 여성이 옆에 붙어 있어서 세템브리니 씨를 채찍으로 때렸다면……."

이 말에 모두들 크게 웃었다. 인문주의자가 화를 낼 것 같아서, 한스 카스토르프는 얼른 자기가 예전에 채찍으로 맞은 경험담을 시작했다. 그가 다닌 고등학교에서는 저학년에 태형이 아직 남아 있어서, 승마용 채찍이 늘 준비되어 있었다. 교사들은 사회적 체면 때문에 한스 카스토르프에게는 채찍을 사용하지 않았지만, 같은 학급의 학생이며 그보다 힘이 센 장난꾸러기에게 그 질긴 채찍으로 허벅지와 양말만 신은 종아리를 맞은 적이 있었다. 그 아픔은 잊을 수 없을 만큼 치욕적이었다. 거의 '신비적'이라고 할 수 있는 아픔이어서, 그는 부끄러움도 잊은 채, 분하고 불명예스러운 베잘(고통) 때문에 (베잘 씨, 이 말을 사용하는 것을 용서해 주십시오) 눈물을 흘리며 엉엉 울었다. 어디서 읽은 일이 있었지만, 감옥에서 태형을 가하면 아무리 포악한 강도나 살인범이라도 어린아이처럼 울부짖는다는 것이다…….

세템브리니가 낡아빠진 가죽 장갑을 낀 손으로 얼굴을 가리고 있는 동안, 나프타는 정치가 같은 냉담성을 띤 말투로 반항적인 범인을 고문대와 채찍 없이 어떻게 다룰 수 있겠는가 반문하면서 이야기를 계속했다—그런 고문 도구는 감옥에 적합한 것으로서, 인도적인 감옥은 미학적으로도 성립될 수 없는 것이며 하나의 타협에 불과한 것이다. 또 세템브리니는 아름다운 문장의 웅변가이긴 하지만, 근본적으로 아름다움에 대해서는 조금도 아는 바가 없는 것 같다. 교육학에 있어서는 더더욱 그러하다. 나프타에 의하면, 체벌을 폐지하려는 사람들이 주장하는 인간적 존엄성은, 시민적 인문주의 시대의 자유주의적 개인주의, 계몽주의적 자기 중심주의에 뿌리박고 있는 생각으로, 그런 것은 이미 죽어가고 있으며, 새로 탄생하는 더욱 남성적인 사회 이념, 즉 속박과 봉사, 강제와 복종이라는 이념에 자기를 물려주고 있다. 그러나 이 새로운 이념을 위해서는 신성한 잔인성이 반드시 필요하며, 그것이 실현되면 짐승의 썩은 고기와 같은 육체에 체벌을 가하는 것도 지금과는 다른 눈으로 보게 될 것이라고 했다.

"그래서 그것을 '짐승의 썩은 고기의 복종', 즉 맹종이라 부르고 있습니다."

세템브리니는 이렇게 비웃었지만, 이에 대해 나프타가, 신은 원죄의 벌로 인간의 육체를 비참한 부패의 오욕에 맡겼기 때문에 그 육체에 태형을 가하는 것은 결코 큰 죄라고는 할 수 없을 것이라고 말했다. 이어서 화제는 화장(火葬)으로 넘어갔다.

세템브리니는 화장을 찬미했다—나프타가 말하는 오욕은 화장으로 제거될 것이라고 말했다. 인류는 실제적인 이유에서도, 정신적인 이유에서도 부패의 오욕을 제거하려고 한다. 그리고 자기는 국제 화장 보급 회의의 준비 위원이며, 그 회의의 개최지는 아마 스웨덴이 될 것이다. 그 회의에서는 현재까지의 모든 경험을 살려서 설계된 모범적인 화장터와 납골당의 모델 전시가 계획되고 있으며, 이 모형이 널리 여러 방면에 고무적인 자극을 줄 것이라고 기대해도 좋을 것이다. 매장은 얼마나 전근대적이며 현대 사회에 뒤떨어진 방법인가! 현대 사회의 모든 사정으로 생각할 때! 도시의 팽창! 장소가 모자라 묘지는 나날이 교외로 밀려 나가고 있다! 땅값! 매장의 간소화!

세템브리니는 그것들에 대해 실제적이고 적절한 의견을 진술했다. 그는, 슬픔에 잠긴 홀아비가 죽은 아내의 무덤을 매일같이 찾아가, 그녀가 잠들어 있는 곳에서 이야기를 하고 있는 모습을 무척 유머러스하게 말했다. 그런 목가적이고 감상적인 인물은 이 세상에서 가장 귀중한 보배인 시간을 이상할 만큼 많이 가지고 있는데, 근세의 공동 묘지를 대량으로 간소화하는 것은 그런 시대착오적인 감상을 깨뜨린 것이다. 불꽃에 의한 시체 소멸, 얼마나 깨끗하며 위생적이고 훌륭하며 영웅적인 생각인가! 시체를 하등 생물의 분해 작용에 맡겨 그들의 먹이로 내주는 매장에 비교할 때! 이 새로운 처리법은 인간의 기분, 바로 영원을 갈구하는 인간의 기분에도 맞을 것이다. 왜냐하면 불꽃으로 소멸하는 것은 살아 있을 때 신진대사에 의해 계속적인 변화를 한 부분으로, 신진대사에 거의 영향을 받지 않는, 일생 동안 거의 변화가 없는 부분은 불꽃으로도 소멸하는 일이 없이 재가 되어, 유족들은 그 재를 죽은 사람의 불멸 부분으로서 주워 모으는 것이다.

그 말을 들은 나프타가 비웃듯이 말했다.

"아주 훌륭한 말입니다. 아, 정말 훌륭한 말입니다. 인간의 불멸 부분이 재라니요."

"그렇고말고요. 나프타 씨는 생리학적인 사실에 대해 인류의 비합리적인 관점을 고집하려고 하시는군요. 죽음이 신비적인 공포의 대상이었던 원시 종교 시대에서는 그것에 냉정하고 이성적인 눈을 돌려서는 안 되었던 거지요. 그러나 이것이 얼마나 야만적인 생각입니까! 죽음에 대한 공포는 문화의 정도가 극히 낮고, 부자연한 죽음이 보통이었던 시대의 유물이며, 그러한 부자연스런 죽음에 관련된 섬뜩한 기분이 죽음에 대한 생각과 모르는 사이에 연결되었던 것입니다. 하지만 위생 관념과 생명의 안전이 확보됨에 따라 자연사가 일반적인 일이 되고, 근대의 노동자에게는 가지고 있는 힘을 합리적으로 다 쓰고 난 뒤 영원한 휴식으로 들어간다는 생각은 조금도 두려움을 주지 않으며, 오히려 자연스럽고 바람직하게도 느껴지는 것입니다. 그렇습니다. 죽음은 무서운 것도 아니고 신비스러운 것도 아니며, 명백히 이성적이고 생리적으로 필연적인, 환영할 만한 현상입니다. 따라서 필요 이상으로 죽음에 대한 생각에 몰두하는 것은 삶의 권리를 침해하는 것입니다. 그런 이유에서 앞에서 말한 모범 화장터와 부속 납골당, 즉 '죽음의 전당' 외에 '삶의 전당'이 만들어져, 건축·회화·조각·음악·문학이 협력하여 유족의 감정을 죽음의 경험, 무익한 비애, 소용없는 비탄에서 삶의 환희로 돌리는 것도 계획되고 있습니다."

나프타가 비웃으며 말했다.

"그렇다면 빨리 하셔야지요! 유족들이 죽음의 예배에 너무 빠져버리기 전에 말입니다. 죽음이라는 단순한 사실이 없으면 건축·회화·조각·음악·문학도 존재하지 않는다는 사실을 너무 깊이 생각하기 전에 말입니다."

한스 카스토르프도 꿈을 꾸듯 말했다.

"유족들이 죽음의 군기(軍旗) 밑으로 탈주해 버리기 전에 말이지요."

"당신은 어떻게 그런 애매한 말을 할 수 있습니까, 엔지니어? 그 말은 비난을 받아 마땅합니다. 죽음의 경험은 결국 삶의 경험이어야 합니다. 그렇지 않다면 죽음의 경험은 순전히 환상에 불과한 것입니다."

"아까의 '삶의 전당'은 고대의 석관(石棺)에서 가끔 볼 수 있듯이 음란한 상징화로 꾸며져 있는 것입니까?"

"어쨌든 멋진 눈요기가 될 것입니다. 부패에서 구원해 준 인체를 대리석과 유화로 찬란하게 표현할 것입니다. 이것은 조금도 이상할 게 없습니다. 너무도 사랑스러워서 채찍 한 번 대고 싶은 생각이 없을 테니 말입니다."

여기서 베잘이 고문을 화제에 올렸는데, 이것도 그에게는 어울리는 주제였다―고통을 주어 신문(訊問)한다. 여러분은 이것을 어떻게 생각하는가. 나 페르디난트는 여행을 하다가 한 번은 옛 문화를 자랑하는 지방을 지나가게 되었다. 그때 고문에 의해 양심 탐색이 행해졌던 장소를 둘러보는 기회를 가질 수 있었다. 그리하여 뉘른베르크와 레겐스부르크의 고문실도 교양의 목적으로 자세히 돌아보았다. 물론 거기에서는 영혼의 구원을 위해 육체에 정말 거칠게, 갖가지 교묘한 방법으로 고통을 주었다. 그러나 비명 소리는 하나도 들리지 않았다. 그 유명한 배(梨)맛이 하나도 없는 배를 입에 집어넣고 고문을 했던 것이다. 이리하여 고문이 행해지는 가운데도 거기에는 정적만이 흐르고 있었다.

"더럽군요."

세템브리니가 이탈리아어로 중얼거렸다.

페르게는, 배를 이용한 정적 속의 고문을 이상적이라고 말했다. 그러나 흉막을 탐색하는 것보다 더 야비한 짓은 그 무렵에도 고안해 내지 못했을 것이라고 했다.

세템브리니가 말했다.

"그것은 치료를 위해 행해진 일이 아닙니까?"

나프타가 받아쳤다.

"영혼의 구원뿐만 아니라, 정의가 해를 입은 경우에도 잔인함은 정당화될 수 있을 겁니다. 그뿐 아니라 고문은 합리적인 진보의 소산이라고 생각합니다."

"나프타 씨는 제정신이 아닌가 봐요."

"아니오, 나는 제정신입니다. 세템브리니 씨는 문필가이기 때문에 중세의 사법사(司法史)가 머리에 떠오르지 않을 것입니다. 중세의 사법 역사는 합리화 운동의 진전, 이성적인 생각에 기반을 두고 사법에서 점차 신을 추방하는 과정이었습니다. 신에 의한 재판은, 강자가 옳지 않아도 이기는 것을 알았기 때문에 없어진 것입니다. 세템브리니 씨 같은 비평가가 그 사실을 확인하고 옛날의 소박한 재판 대신 신문에 의한 재판을 등장시키는 데 성공한 것입니다. 이것은 진실을 확실하게 하는 데 신이 협력한다는 생각을 포기하고, 피고(被告)로부터 진실을 끄집어 내려는 것입니다. 자백 없이는 선고도 없다는 것이지요. 내 말을 믿을 수 없다면 오늘이라도 거리를 다니면서 물어봐도 좋습니다. 이 원리가 본능적으로 깊이 뿌리를 박고 있으며, 모든 증거가 정연하게 갖추어져 있어도 자백이 없으면, 어떤 선고도 위법이라고 느껴질 것입니다. 그러면 어떤 방법으로 자백을 시켜야겠습니까? 혐의에 머물지 않는 확실한 진실을 알려면 어떻게 해야 할까요? 진실을 감추고 자백을 거절하는 인간의 마음과 머리를 들여다보려면 어떻게 해야 할까요? 정신이 말을 듣지 않으면 말을 듣는 육체에 물을 수밖에 없습니다. 반드시 필요로 하는 자백을 끌어내는 수단으로서, 고문은 이성의 요구에 의한 것입니다. 그리고 자백에 의한 재판을 요구하고 그것을 실현시킨 것은 세템브리니 씨 같은 사람입니다. 세템브리니 씨는 고문의 원조인 셈입니다."

거기에 대해 인문주의자는, 모두를 향해 나프타가 한 말을 믿지 말아달라고 부탁했다.

"정말 악질적인 농담입니다. 모든 것이 나프타가 말하는 대로입니다. 잔인한 고문의 창안자가 이성이라고 해도, 그것은 이성이 주위로부터의 지지와 계몽을 얼마나 필요로 했는가를 증명하며, 또한 자연 본능의 찬미자들은 이성의 세력이 이 지상에서 너무 커져가는 것을 무서워할 필요가 없음을 증명할 따름입니다. 그러나 나프타 씨의 말은 확실히 그릇된 것입니다. 고문이라는 재판상의 만행은 지옥의 신앙에서 시작된 것으로서, 이성의 소산이라고는 할 수 없습니다. 박물관과 고문실을 돌아보면 압니다. 거기에 진열되어 있는 조르는 도구, 잡아당기는 도구, 비트는 도구, 불로 지지는 도구들은 모두 유치하고 어리석은 공상에서 나온 것입니다. 즉 영원한 괴로움이 주어지는 지옥에서 사용하는 것을 그대로 본뜨려고 한 것입니다. 게다가 고문이 범죄자를 도와주는 것이라고도 생각했습니다. 범죄자의 불쌍한 영혼은 자백하려고 하는데도, 사악한 원리인 육신이 방해를 한다고 생각했기 때문입니다. 그래서 범죄자의 육체를 고문으로 약화시키는 것은 사랑의 봉사를 베푸는 일이라고도 생각했던 것입니다. 참으로 금욕적인 망상입니다."

나프타가 비웃으며 물었다.

"그러면 고대 로마인들도 그런 망상에 사로잡혀 있었을까요?"

"로마인이요? 천만의 말씀!"

"그렇지만 로마인들도 재판의 수단으로 고문을 하지 않았던가요?"

논쟁은 미로 속을 헤매게 되었다. 한스 카스토르프는 그것을 깨뜨리려고 토론의 사회자인 양, 사형 문제를 화제에 올렸다.

"오늘날에도 예심 판사가 피고를 괴롭히려고 술책을 부리는 것은 변함없지만 고문만은 폐지되었습니다. 그러나 사형은 어느 나라에나 존재하고 있습니다. 문화가 발전한 선진국에서도 사형을 없애려고 하지 않습니다. 프랑스에서는 사형 대신 국외 추방을 했다는데, 그 대신 쓰라린 경험을 해야 했습니다. 사람의 가죽을 쓴 짐승에 가까운 인간은, 목을 자르는 것 말고는 어떻게 다루어야 할 것인지 정말 알 수 없는 경우가 있다는 것입니다."

그러자 세템브리니가 한스 카스토르프를 꾸짖었다.

"그런 인간이라 해도 '사람의 가죽을 쓴 짐승'은 아닙니다. 그들도 엔지니어나 지금 말을 하고 있는 나와 마찬가지 인간입니다. 단지 의지가 약하여, 불완전한 사회의 희생자일 뿐입니다."

그러더니 세템브리니는 전과 몇 범인 살인범 이야기를 했다. 그 사나이는, 검사가 논고에서 '짐승과 같은 인간', '인간의 모습을 한 짐승'이라고 부르는 유형의 사람이었다. 그런데 그 사나이는 독방의 벽에 시를 가득 써서 채웠다. 그것은 결코 서투른 시가 아니고 검사들이 기회 있을 때마다 썼을지 모를 시보다 훨씬 훌륭했다.

이는 예술의 독특한 면을 암시하는 사실이지만, 이 밖에는 그다지 특기할 만한 것은 아니라고 나프타는 대꾸했다.

한스 카스토르프는, 나프타가 사형의 존속을 찬성하는 것이 틀림없다고 말했다. 그러면서 나프타는 세템브리니와 마찬가지로 혁명적이기는 하지만, 단지 보수적인 경향의 혁명가라고 못 박았다.

여기에 대해 세템브리니가 자신만만하게 미소를 지으며 말했다—세계는 반인문적인 반동(反動)혁명을 뛰어넘어, 이제는 본궤도에 오를 것이다. 그리고 나프타 씨는, 예술이 극악한 인간까지도 인간으로 높여주는 사실을 인정하지 않기 위해서 오히려 예술 그 자체를 혐오하고 싶을 것이다. 그러나 그런 광신으로는 광명을 찾는 젊은이들의 마음을 잡을 수는 없다. 모든 문명국에서는 사형이 폐지될 것을 목표로 하는 국제 연맹이 탄생되었다. 나 세템브리니도 그 연맹의 일원이다. 처음 회의의 개최지는 이제 결정될 것이고, 사형 제도의 반대론을 준비하고 있다는 것에는 믿을 만한 충분한 이유가 있다. 이렇게 말한 뒤 세템브리니는, 사형에 반대하는 이유를 늘어놓았다. 그 가운데에는 그릇된 심리로 죄 없는 사람들을 사형시킬 위험이 언제나 있다는 것, 범죄자의 개심할 희망을 배제할 수 없다는 것 등의 이유가 있었다. 그는 "원수는 내가 갚으리라"*21는 구절을 인용하고, 국가가 원하는 것이 교화에 있고 폭력에 있지 않다면 악을 갚는 데 악을 이용해서는 안 된다고 주장했다. 또 '죄'라는 개념을 과학적 결정론의 관점에서 배격한 뒤, '벌'이라는 개념을 부정했다.

이어서 '광명을 찾는 청년'은 나프타가 세템브리니의 논거 하나하나에 반론하는 것을 경청해야 했다. 나프타는, 박애주의자인 세템브리니의 피를 두려워하고 생명을 존중하는 태도를 비웃으면서 다음과 같이 주장했다—개인의 생명 존중은 매우 저속한 것으로, 시민적 안일주의 시대의 것이다. '안일'을 뛰어넘는 하나의 이념, 즉 초개인적이고 초자아적인 이념이 등장하자마자 개인의 생명 같은 것은 그런 열정적인 상황 아래에서는 그 고귀한 이념 때문에 희생될 뿐만 아니라, 개인도 스스로 주저함 없이 생명을 저버리곤 한다. 하지만 그것이야말로 인간에게 잘 어울리며 고차원의 인간 상태라는 세템브리니의 박애주의는, 생명으로부터 무게가 있는 진지한 요소를 제거하고 생명의 거세(去勢)를 목표로 하고 있다. 그것은 과학적 결정론도 마찬가지이다. 그러나 죄의 개념은 결정론으로 제거되는 일은 없으며, 결정론에 의해 무게와 무서움이 더 한층 깊어지는 것이 사실이다.

세템브리니가 나프타에게 따져 물었다.

"그러면 나프타 씨는, 사회의 불쌍한 희생자가 마음으로 죄를 자각하여 기쁜 마음으로 단두대에 오르기를 요구하는 것인가요?"

"물론이지요. 범죄자는 자의식을 가짐과 동시에 자신의 죄를 의식하고 있습니다. 왜냐하면 그는 있는 대로의 그이며, 다른 그가 될 수도 없고, 되기를 원할 수도 없으니까요. 그리고 이것이 그의 죄인 것입니다."

이렇게 하여 나프타는 죄와 공적을 경험적인 차원에서 형이상학적인 차원으로 옮겨놓았다. 그는 이렇게 덧붙였다.

"행위나 행동에 있어서는 결정론이 성립하고 있어서 거기에는 어떤 자유도 있을 리 없지만, 인간의 본성에는 자유가 있습니다. 인간은 그렇게 존재하려는 욕구를 가지고 있으며, 세상을 떠날 때까지 그렇게 존재하려는 욕구를 버리지 않습니다. 범죄자는 자신의 '목숨을 걸고' 사람을 죽였기 때문에, 그것을 생명으로 지불해도 비싼 대가라고는 할 수 없지요. 그는 가장 깊은 쾌락을 경

*21 《신약성서》 〈로마서〉 제12장 제19절 참조.

험했으니 죽어도 좋은 것입니다."
"가장 깊은 쾌락이요?"
"그렇습니다. 가장 깊은 쾌락이요."
모두 입을 굳게 다물었다. 한스 카스토르프는 기침을 했고, 베잘은 아래턱을 일그러뜨렸다. 페르게는 한숨을 쉬었다. 세템브리니가 점잖게 말했다.
"일반론으로 말하면서 상대방에게 개인의 취향을 덧붙이려고 하는군요. 혹시 당신은 살인하고 싶은가요?"
"그것은 당신에게 아무런 관계도 없는 일입니다. 그러나 내가 누군가를 살해했을 때 나를 죽이는 대신 인도주의자들이 내가 타고난 수명을 다할 때까지 콩밥을 먹여준다면, 나는 그 인도주의적인 무지를 비웃어 줄 것입니다. 살인범이 피해자보다 더 오래 산다는 것은 무의미합니다. 두 사람은 둘만의 비밀을 나눠 갖고 그 비밀로 영원히 이어지는 것입니다. 이와 비슷한 또 하나의 경우처럼 한 사람은 능동적으로, 또 한 사람은 수동적으로 연결되어 하나를 이루고 있는 것입니다."
여기에 대해 세템브리니는, 그런 죽음과 살인의 신비론을 이해할 능력은 없으나, 그것을 유감스럽게 생각하지는 않는다고 냉담하게 말했다. 나프타의 종교적인 재능을 뭐라고 할 생각은 없으며, 그 재능이 자기 재능을 뛰어넘으리라는 것을 믿어 의심하지 않지만, 그것이 부럽지는 않다는 것이었다. 또한 실험을 좋아하는 한스 카스토르프가 아까 언급한 비참함에 대한 존경이 단지 생리적인 면뿐만 아니라 정신적인 면까지의 세계, 즉 덕과 이성과 건강이 멸시되고 악덕과 병이 존경받는 세계에 가까이 가는 것은 자기의 결백이 용서할 수 없다고 했다.
나프타가 말했다.
"덕과 건강은 사실 종교적인 상태는 아닙니다. 종교가 이성이나 도덕과 조금도 관련이 없다는 것이 명백하다면, 그것만으로도 충분합니다. 왜냐하면 종교는 대체로 인생과는 아무런 관련을 가지지 않기 때문입니다. 인생의 일부분은 인식론에, 일부분은 도덕의 영역에 속해 있는 여러 조건과 기초에 의지하고 있습니다. 인식론에 속해 있는 것은 시간·공간·인과율이고, 도덕의 영역에 속해 있는 것은 윤리와 이성입니다. 이것들은 모두 종교의 본질과는 관련이 없을 뿐만 아니라, 오히려 그것과는 대립 관계에 있는 것입니다. 왜냐하면 그런 것은 인생을 형성하는 것, 즉 저속한 건강 같은 가장 시민적인 것을 형성하고 있는 것이지만, 종교의 세계는 그것과는 절대적으로 정반대의 것이라고 해야 하기 때문입니다. 물론 내 인생에서 천재의 가능성이 전혀 없다고 말할 수는 없습니다. 지극히 훌륭한 현세적(現世的) 시민성과 속물적 위대성이 존재하기 때문이며, 그 장엄한 시민성을 내세우는 것이 반종교적인 권화(權化)를 의미한다고 생각하는 한, 존경할 가치가 있다고 할 것입니다."

그러자 한스 카스토르프가 학교에서 하는 것처럼 손을 들고 의견을 말했다.

"두 사람 가운데 누구의 기분도 건드리고 싶지는 않습니다. 그러나 지금 여기서 문제가 되는 것은 분명히 인류의 진보이며, 또한 어느 정도 정치와 웅변적 공화제와 개화된 서구 문명입니다. 내 생각으로는 인생과 종교의 차이점, 혹은 나프타 씨가 굳이 '대립'이라고 주장한다면, 양자의 대립은 궁극에 가서는 시간과 영원의 대립이 될 것입니다. 왜냐하면 진보는 시간 속에서만 존재하며, 영원 속에서는 진보도 정치도 웅변도 없기 때문입니다. 영원 속에서는 신의 품에 머리를 기대고 눈을 감고 있는 것입니다. 이것이 종교와 도덕의 차이점입니다. 두서없이 표현했지만 말입니다."

세템브리니가 한스 카스토르프에게 말했다.

"엔지니어가 말하는 방식의 유치함보다 더 위험한 것은, 남의 감정을 건드리지 않으려는 나약함과 악마적인 생각에 타협하려고 하는 경향입니다."

"아닙니다. 그 악마에 대해서라면 벌써 1년 전에 토론한 일이 있었습니다. 그때 세템브리니 씨는 '오, 악마여, 오, 반역자여!'라고 말씀하셨지요. 그러면 지금 내가 대체 어느 쪽의 악마와 타협하고 있다는 겁니까? 반역과 일과 비판의 악마라는 것입니까, 그렇지 않으면 또 다른 악마라는 겁니까? 정말 위험한 말입니다. 오른쪽에도 악마, 왼쪽에도 악마가 있다면 도대체 어떻게 빠져나가야 하는 것입니까?"

이번에는 나프타가 말했다.

"그런 방법으로는 세템브리니 씨가 실현하려는 사태를 올바르게 표현할 수 없습니다. 세템브리니 씨 세계관의 결정적인 특징은 신과 악마를 별개의 인물이나 별개의 원리라고 생각하며, 또한 중세적인 세계관을 모방하여 '인생'을 두 원리 사이에 두고 있는 점입니다. 그러나 사실 신과 악마는 서로 결합하여 종교적 원리를 나타내고, 인생의 현세적 시민성, 윤리, 이성, 덕과 대립하고 있을 뿐입니다."

세템브리니가 소리쳤다.

"정말 구역질이 나게 하는 혼합이군요. 가슴이 답답해지는 혼합이군요. 선과 악, 신성한 것과 악행의 모든 것이 뒤섞여 있다! 비판도 없다! 의지도 없다! 배격해야만 하는 것을 배격할 기력도 없다! 그렇다면 대체 나프타 씨는 이 청년들의 눈앞에서 신과 악마를 뒤섞어 놓고, 그 방종한 혼합으로 윤리적 원리를 부정하는 일이 무엇을 부정하는 것인지를 이해하고 있는 겁니까? 나프타 씨는 이로써 가치와 가치 판단을 부정하는 겁니다—말하기도 무섭습니다—좋습니다. 선도 없고, 악도 없고, 윤리적 질서도 없는 세계만 있다고 칩시다! 비판의 존엄성을 가진 개인도 없다고 합시다. 그러면 모든 것을 삼켜버려 균등화하는 공동체만이 존재하고, 개인은 그 공동체 속에 흔적도 없이 사라져 버리게 될 것입니다. 개인은……."

나프타가 외쳤다.

"세템브리니 씨가 또다시 개인주의자라고 자처하는 것은 재미있는 일입니다! 개인주의자가 되기 위해서는 윤리성과 종교적인 행복을 구별할 줄 알아야 할 텐데, 계명 결사(啓明結社)의 회원이고 일원론자인 세템브리니 씨는 그것을 전혀 알지 못하는 것 같습니다. 어리석게도 인생 그 자체를 자신의 목적이라고 생각하여, 그걸 넘어서는 의의와 목적을 생각하지 못할 때에는 종족의 윤리, 사회 윤리, 척추동물의 도덕은 있을망정 참된 개인주의는 있을 수 없습니다. 참된 개인주의란 종교와 신비의 세계, 세템브리니 씨가 말씀하시는 '윤리적 질서가 없는 세계'에만 존재하는 것입니다. 세템브리니 씨의 윤리성이란 도대체 어떤 것이며, 무엇을 바라는 건가요? 그 윤리성은 생활에 결부되어 있어 유용하다는 것 말고는 도무지 영웅적인 것이 아닙니다. 나이를 먹고 행복하게 되고, 유복하고 건강하기 위한 윤리성이며, 그것으로 끝입니다. 이런 저속한 이성관과 직업관이 세템브리니 씨에게는 윤리인 것입니다. 자꾸 되풀이하지만, 나는 그런 윤리를 불쌍한 현세적 시민주의라 말하고 싶습니다."

세템브리니는 그런 나프타에게 진정하라고 했는데, 그렇게 말하면서도 자기 역시 흥분하여 목소리가 떨렸다. 그러고는 경멸하는 투로 말했다.

"나프타 씨가 왜 이러는지는 모르지만, '현세적 시민주의'라는 것이 인생보다 더 고귀한 것처럼 말하는 것은 차마 들을 수가 없군요."

이리하여 또다시 새로운 표어가 등장했다. 이번에는 '고귀성'과 '귀족성'의 문제가 화제에 올랐다. 한스 카스토르프는 추위와 그런 화제 때문에 흥분되어 자신의 말이 이해가 되었는지, 그렇지 않으면 엉뚱한 말을 지껄였는지 자신 없어하면서 추위에 마비된 입술로 지껄였다. 자기는 죽음을 스페인식으로 풀을 먹여 주름을 잡은 깃, 높은 옷깃의 약식 예복으로 생각해 왔고, 삶을 현대적인 낮은 옷깃과 결부시켜 생각해 왔다고 말했다. 그러나 한스 카스토르프는 자기 말투가 지나치게 도취적이고 몽상적이어서 다른 사람에게 이해되지 않는다는 것을 느끼고는 깜짝 놀라, 그렇게 말할 생각은 아니었다고 변명했다. 그리고 계속 지껄였다.

"이 세상에는 너무나 속물이어서 죽을 것 같지 않은 인간이 있지 않습니까? 다시 말하면 생활력이 너무 강해서 결코 죽을 것 같지 않은 인간, 죽음이 무의미하게 느껴지는 인간이 있는 것 아닙니까?"

여기에 대해 세템브리니가 말했다.

"한스 카스토르프 씨가 그런 말을 입 밖에 내는 것은 그것에 대해 반박을 받기 위해서인 것 같은데, 이것이 내 오해인가요? 당신이 그런 위험한 생각에 사로잡힐 때마다, 나는 언제든지 도울 것입니다. '생활력이 너무 강하여'라고 하려는 것입니까, 아니면 경멸적인 의미에서 그렇게 부른다는 것입니까? '살아 있을 가치가 있다'는 말로 바꿔야 할 것입니다. 그러면 여러 개념이 융화하여 정말로 아름답게 조화될 것입니다. '살아 있을 가치가 있다' 는 말은 곧 '사랑할 가치가 있다'는 말과 아주 자연스럽게 어울립니다. '사랑할 가치가 있다'라는 생각은 '살아 있을 가치가 있다'는 생각과 아주 비슷해서, 정말로 살 가치가 있는 것만이 사랑할 가치가 있는 것이라고 말할 수 있습니다. 그리고 이 두 가지가 조화되어 '고귀한 것'을 만들어 냅니다."

"정말 멋지고 경청할 가치가 있는 말씀입니다. 나는 세템브리니 씨의 조형적인 이론에 완전히 매혹당했습니다. 물론 반대 의견이 나올 수도 있지만요. 예컨대 병이 깊어진 생명의 상태여서, 뭔가 진지하고 고상한 데가 있다고 말할 수도 있습니다. 그러나 어쨌든 병은 육체적인 것의 지나친 강조를 뜻하며, 인간을 육체만의 존재로 바꾸고 되돌려, 이로써 인간의 존엄성에 해를 끼칩니다. 즉 인간을 단순한 육체로 전락시켜 존엄성을 무(無)로 되돌린다는 겁니다. 그래서 병이란 비인간적인 것이라 할 수 있습니다."

이번에는 나프타가 즉시 반박했다.

"아닙니다. 병은 아주 인간적인 것입니다. 인간 자체가 병이기 때문이지요. 인간은 본디 병을 앓는 생물이며, 병을 앓는다는 것이 인간을 비로소 인간으로 만듭니다. 요즘에 새로운 생활을 주장하는 사람들, 즉 생식주의자, 옥외 생활 예찬자, 일광욕 지지자들이 선전하는 것처럼 인간을 '건강하게' 하고 자연과의 화목을 추구하여, 한 번도 '자연적'이지 않았던 인간에게 '자연으로 돌아갈 것'을 권합니다. 이런 루소주의는, 인간의 비인간화와 동물화를 지향하는 일 말고는 아무것도 아닙니다. 인간성이요? 고귀성이요? 이런 게 대체 무엇입니까? 자연에서 자신을 분리시켜 자연과의 대립을 깨닫고, 인간을 다른 유기생명으로부터 구별하는 것이 정신입니다. 그러므로 인간의 존엄성과 고귀성은 정신에, 즉 병에 있는 것입니다. 한 마디로 말해서 인간은 병을 앓으면 앓을수록 더욱 인간적이 되며, 병의 수호신은 건강의 수호신보다 훨씬 더 인간적입니다. 인간의 애호가로 자처하는 자가 인간성의 이런 근본 진리에 눈을 감으려는 것은 이해할 수 없는 일입니다. 세템브리니 씨는 입버릇처럼 '진보'를 말하는데, 그 진보라는 것이 있다면 그건 병이 주는 것이고, 천재만이 주는 것입니다. 천재란 병과 다름없기 때문이지요! 건강한 사람은 어느 시대나 병이 만드는 것에 의해 살아온 것입니다! 인류를 위해 진리를 인식하려고 자기 스스로 병과 광기에 빠진 사람들이 있는데, 이 사람들이 광기로 쟁취한 인식은 건강한 인식으로 변하고, 이 영웅적인 희생 행위로 인류가 소유하고 이용하는 인식은 벌써 병과 광기의 흔적을 남기지 않습니다. 이것이야말로 정말 십자가상의 죽음이 아닐까요?"

이 말을 들은 한스 카스토르프는 다음과 같이 생각했다.

'그렇구나. 이론의 배합으로 십자가의 죽음을 저렇게 새롭게 해석하는 부당한 예수회 회원! 왜 당신이 신부가 되지 못했는지 이해할 수 있겠습니다. 침윤 부분이 있는 멋진 예수회 수사라! 그러면 외쳐라, 사자여!'

그는 이번에는 세템브리니를 향해 마음속으로 말했다. 그러자 세템브리니가, 나프타가 지금 주장한 것은 모두 속임수이고 궤변이며 뒤죽박죽이라고 단호하게 말했다. 그는 논적을 향해 외쳤다.

"확실히 말하십시오. 이 교화되기 쉬운 청년들 앞에서 교육자로서의 책임감을 가지고 확실히 말하십시오. 정신은 병이라고 말입니다! 당신은 그것으로 청년들의 정신을 바르게 하고 신앙으로 끌어들일 수 있을 것입니다. 그리고 병과 죽음을 고귀한 것으로 만들고, 건강과 생명을 저속한 것이라고 단정하는군요. 그것이야말로 제자들에게, 인류에 대한 봉사를 계속하게 하는 가장 적절한 수단일 테니까요. 정말 무서운 일입니다!"

그리고 그는 자연이 주는 고귀함, 정신을 겁낼 필요가 없는 고귀함을 '형태'라고 말하자 나프타는 거만하게 '로고스'라고 바로잡았다. 다음에 세템브리니가 '이성'이라고 하자, 나프타는 '열정'이라고 주장했다. 한쪽에서 '예술'을 들고나오면 다른 한쪽은 '비평'을 외쳤으며, 마지막까지 '자연'과 '정신'이 반복되어 어느 쪽이 더 고귀한가 하는 '귀족성의 문제'가 논의되었다. 그러나 토론에는 질서도 없었고 명쾌함도 없었다. 두 사람 모두 이원적인 논쟁에 빠져 모든 의견이 서로 충돌했으며, 자가당착에 사로잡혀서 모순투성이 이론을 주장했다. 세템브리니는 '비평'에 대해 여러 번 웅변조로 주장하다가, 그다음에는 비평과 반대인 '예술'을 귀족적인 원리라고 들고나왔다. 나프타가 '자연 본능'의 옹호자로 자처하면, 세템브리니는 자연을 '어리석은 힘'으로 다루어 하나의 사실과 운명에 지나지 않는다 하고, 이성과 인간은 자연에 굴복할 필요가 없다고 역설했다. 그런데 나프타가 이번에는 고귀성과 인간성은 정신과 병에만 있다고 주장하자, 세템브리니는 이때까지의 주장을 모두 잊어버리고 자연과 고귀한 건강성을 옹호했다. '객체'와 '주체'에 대해서도 혼란 상태는 같았을 뿐만 아니라, 이제는 혼란을 도저히 수습할 수 없게까지 되었다. 도대체 어느 쪽이 경건한 신앙인이고 어느 쪽이 자유로운 사상가인지 아무도 알 수 없게 되었다.

나프타는, 세템브리니가 '개인주의자'라고 자칭하는 것을 엄금했다. 왜냐하면 세템브리니가 신과 자연의 대립을 인정하지 않고, 인간의 내면적 갈등을 개인의 이해와 전체의 이해의 싸움이라고 주장하며, 따라서 생활과 이어진 시민적 도덕, 즉 생활을 목적으로 생각하여 비영웅적인 행동으로 실리(實利)만을 따지고 국가의 목적을 도덕률이라고 생각하는 윤리성을 옹호했기 때문이다.

이와 반대로 나프타 자신은, 인간의 내면 문제는 감각과 초감각의 싸움을 확실히 인식하고 있기에 자신이야말로 참되고 신비로운 개인주의자를 대변하고 있으며, 참된 의미로 자유와 주체의 옹호자라고 힘주어 말했다.

이에 한스 카스토르프는 이렇게 생각했다.

'나프타가 자유와 주체의 옹호자라고 한다면 언젠가 나프타가 주장한 '무명성(無名性)과 공동성'은 모순이 아닐까? 그리고 전에 나프타가 운터페르팅거 신부와의 대화에서 국가 철학자 헤겔의 '가톨릭성', '정치적'이며 '가톨릭적'이라는 두 가지 개념의 내적 연관성, 또한 이 두 개념이 결부된 객관성이라는 범주에 대해 언급한 훌륭한 설명은 어떻게 되는 것일까? 정치와 교육은 나프타가 속해 있는 수도회의 전문적인 활동 영역이 아니었던가? 그런데 무슨 교육이란 말인가! 세템브리니 씨도 확실히 열성적인 교육자였다. 그러나 그의 금욕적이고 자아 부정적인 객관성의 교육 원리는 나프타의 원리와는 도저히 맞설 수 없다. 절대명령! 강한 구속! 강제! 복종! 공포!—이것도 훌륭한 원리일지는 몰라도 개인의 비판적 존엄성에는 생각해 볼 가치도 주지 않는다. 그것은 경건하고 피를 두려워하지 않을 정도로 엄격한 프로이센의 프리드리히 대왕과 스페인의 로욜라의 규정이다.

다만 한 가지 의문점은, 나프타는 객관적 진리, 과학적 진리, 순수 인식, 전제 조건이 없는 탐구를 조금도 믿지 않는다고 증언해 놓고는, 어째서 이렇게 피비린내 나는 절대주의만을 믿게 되었는가! 로도비코 세템브리니는, 객관적 진리를 추구하는 것을 인간 윤리의 최고 법칙이라 생각한다. 그의 이 생각은 경건하고 진지한 데 반해, 나프타가 진리의 기준을 인간에게 연관짓고, 인간을 위하는 것이 진리라고 주장하는 것은 방종이 아닐 수 없다. 진리를 인간의 이해(利害)에 종속시키는 것이야말로 세속적인 시민 근성이 아닐까? 엄밀히 말해서 그것은 철(鐵)과 같은 객관성이라고는 할 수 없다. 거기에는 레오 나프타가 생각하고 있는 것보다 훨씬 많은 자유와 주관이 들어 있다. 물론 그것은 세템브리니의 교훈적인 '자유는 인간애의 원칙'이라는 말과 마찬가지로 '정치적'이기는 했다. 세템브리니의 그 말은 그가 자유를 인간에게 결부시키는 것을 말하지만, 이는 나프타가 진리를 인간에게 결부시킨 것과 마찬가지이다. 이것은 확실히 자유이기보다 경건이라고 할 수 있지만, 이 구분도 이렇게 정의하다 보면 애매모호해지기 마련이다.

아, 세템브리니는 문필가, 정치가의 손자요 인문주의자의 아들이 될 만도 했다. 비평과 아름다운 해방을 고매하게 염원하면서도, 길거리에서는 아가씨들을 놀려대는 격이다. 그에 비해 작고 날카로운 나프타는 엄격한 서약에 몸이 묶여 있다. 그는 과격한 자유사상 때문에 방탕자에 가깝고, 세템브리니는 도덕적인 광인이라고도 할 수 있다. 세템브리니는 '절대정신'에 공포를 느껴, 무슨 일이 있어도 정신을 민주적 진보에 결부시키려고 한다. 나프타의 근대적이고 종교적인 방종—신과 악마, 덕과 악행, 천재와 병을 뒤범벅으로 만들어 어떤 가치 판단이나 이성적인 판단, 어떤 의지도 인정하려고 하지 않는—에 세템브리니는 떨고 있는 것이다. 도대체 어느 쪽이 경건하고 자유롭단 말인가? 그리고 인간의 참된 자격과 본질을 이루는 것은 무엇이란 말인가? 모든 것을 삼켜서 평준화하는 집단 속으로 침몰해 버리는 것, 이것은 방종인 동시에 금욕적인 것이기도 하다. 그렇지 않으면 호언장담과 시민적인 근엄함이 서로 영역 다툼을 하는 '비평적 주체'가 인간의 참된 위치이며 참된 국가인가? 아, 원리와 견해는 쉴 새 없이 서로의 영역을 침범하고 그 내용은 모순에 가득 차 있어서, 문화인으로서 책임을 느끼는 자에게는 대립된 견해나 원리의 어느 쪽을 결정하는 것도 어렵고, 그것을 표본으로 하여 분류하는 것도 곤란하기에, 나프타의 '윤리적 질서가 없는 세계'에도 뛰어들어가고 싶은 유혹이 자못 큰 것이다. 모든 것이 일대 혼란이어서, 논쟁하는 두 사람도 이렇게 무거운 정신적 압박을 느끼지 않았다면 이처럼 흥분하지는 않았을 것이라고 한스 카스토르프는 생각했다.

다섯 사람은 함께 베르크호프까지 올라갔다. 그리고 베르크호프에서 지내는 세 사람이 외부에서 사는 두 사람을 그 하숙집까지 바래다주었다. 그들은 또한 집 앞에서 오랫동안 눈 속에 서서 나프타와 세템브리니의 논쟁을 들었다. 한스 카스토르프도 잘 알고 있었던 것처럼, 그것은 교육적인 목적을 가진 논쟁이었으며, 광명을 찾는 청년의 약한 마음에 어떤 영향을 주려는 논쟁이었다. 페르게에게 이런 논쟁은 너무 고상했고, 베잘도 태형과 고문이 화제에 오르지 않게 된 뒤로는 별로 흥미가 느껴지지 않는 모양이었다. 한스 카스토르프는 고개를 숙이고 지팡이로 눈을 파면서, 일대 혼란에 빠진 이 논쟁에 대해 생각하고 있었다. 마침내 다섯 사람은 작별 인사를 했다. 영원히 거기에 서 있을 수도 없었고, 아무리 토론을 계속해도 끝이 없었기 때문이다. 베르크호프의 세 사람은 그들의 요양원으로 돌아갔다. 두 논쟁가 가운데 한 사람은 비단으로 꾸민 방으로, 또 한 사람은 빗면 책상과 물병이 있는 인문주의적인 다락방으로 돌아갔다. 한스 카스토르프는 자기 방 발코니로 돌아왔지만, 예루살렘과 바빌론에서 진격한 양군(兩軍)이 두 개의 군기 아래서 충돌하여 일대 혼전을 벌이는 아우성과 무기가 부딪치는 소리가 아직도 귓전에서 맴돌고 있었다.

눈(雪)

일곱 개의 식탁에서는 하루 다섯 번의 식사를 할 때마다, 올겨울 날씨에 대해 이구동성으로 불만을 털어놓았다. 모두의 생각에 따르면, 올해 겨울은 고원의 겨울로서의 임무를 게을리하고 있었다. 안내서에 나온 것처럼 요양에 맞는 날씨도 아니었고, 여러 해를 이 위에 있는 사람들이 해마다 보아온 날씨도, 그리고 새로 온 손님들이 만족할 만한 날씨도 아니었다. 이 겨울에는 햇볕이 아주 부족했다. 병 치료에 중요한 조건인 햇볕의 도움이 없으면 회복이 늦어질 수밖에 없었다. 이 고원에 모여 있는 요양객들이 이 위의 '고향'에서 평지로 향한 귀환을 얼마나 간절히 원했는가에 대한 세템브리니의 판단은 문제 삼지 않더라도, 요양객들은 그들의 권리를 주장했다. 부모나 남편이 그들을 위해서 내는 돈을 돌려받으려고 식탁에서, 승강기 속에서, 홀에서 불평을 털어놓는 것이었다. 사무국도 도움을 주고 보상 대책을 세우는 모습을 보여주었다. 고원의 태양을 인공적으로 보충하는 두 대의 '태양등' 장치만으로는, 전기의 힘으로 얼굴을 그을리게 하려는 사람들의 수요를 채워 줄 수 없었기 때문에 한 대를 새로 사들였다. 태양등에 의한 그을림은 아가씨와 부인들에게도 잘 맞았지만, 수평 상태로 지내고 있는 남자들에게도 강한 운동선수나 정복자다운 모습을 가져다주었다. 그런 겉모습은 구체적인 성과를 얻었다. 부인들은 그런 남성적 외모가 기계에 의한 공학적인 결과임을 잘 알면서도 어리석어서인지 교활해서인지 착각에 빠지고, 환영에 도취되어 마음을 빼앗겼다.

"아이, 멋져!"

베를린에서 온 머리칼이 빨갛고, 눈 가장자리가 붉은 쇤펠트 부인이, 어느 날 밤 홀에서 다리가 길고 가슴이 움푹 들어간 신사에게 말했다. 그 사나이는 프랑스어로 '면허 비행사, 독일 해군 소위'라는 글귀가 적힌 명함을 가진 기흉 요법을 받는 사람이었다. 그는 점심 식사에는 턱시도 차림으로 나타나고 밤에는 그것을 벗었는데, 해군에서는 이것이 규칙으로 되어 있다고 말했다.

쇤펠트 부인은 해군 소위를 탐내듯 들여다보면서 말했다.

"아이 멋져! 고원의 햇빛에 멋지게 그을렸군요. 독수리 사냥꾼 같아요. 오입쟁이!"

"각오하고 있어요, 물의 요정님!"

소위는 승강기에 타면서 부인의 귀에 속삭여 부인을 흥분시켰다.

"당신의 뇌쇄적인 추파는 대가를 치러야 합니다."

그러더니 오입쟁이 독수리 사냥꾼은, 발코니를 따라 유리 칸막이를 지나 물의 요정 방으로 살짝 들어갔다.

그러나 이런 태양등도 올겨울에는 부족한 햇볕을 충분히 보충시키지 못했다. 쾌청한 날은 한 달에 2, 3일 정도로—물론 그런 날에는 회색의 깊은 안개 베일이 점점 걷혀가는 가운데에서 하얀 봉우리들 뒤에 깊은 벨벳과 같은 푸른 하늘이 나타나 은세계가 금강석처럼 반짝였고, 사람들은 목과 얼굴에 쾌적한 태양열을 느꼈다—수 주일만에 한 번씩 찾아오는 그런 날씨로는 요양객들을 충분히 만족시키기에는 무리였다. 이곳 사람들은 평지 생활의 기쁨과 슬픔을 버린 대가로 활기는 없지만 아주 여유 있는 쾌적한 생활, 시간을 느끼게 하지 않고 싫증이 나지 않는, 정말 좋은 생활을 보증받을 것을 남몰래 기대하고 있었다. 고문관은, 베르크호프의 생활은 이런 날씨라 해도 감옥이나 시베리아 탄광 생활과는 다르다며 타일렀고, 이 위의 공기는 희박하고 가벼워서 우주의 에테르나 다름없으며, 지상의 갖가지 불순물이 적으니 햇빛이 없더라도 평지의 안개나 증기에 비하면 많은 장점을 가지고 있다고 설득했지만, 그다지 효과는 없었다. 날이 갈수록 사람들의 우울함과 항의는 더해 가고, 자포자기로 출발하는 환자의 수도 늘어났다. 요즈음에는 잘로몬 부인의 슬픈 귀향과 같은 실례를 실행에 옮기는 사람들이 속출했다. 잘로몬 부인의 병은 고질이긴 했지만 본디 그다지 중한 증상은 아니었는데, 습기가 많고 바람이 센 암스테르담에 제멋대로 머물러 있었기 때문에 불치의 병이 되어버렸다.

그러나 햇볕 대신 이곳에는 눈이 있었다. 한스 카스토르프가 이 세상에 태어나 아직 본 일이 없을 정도로 많은 양의 눈이었다. 지난해 겨울에도 눈의 양이 적지는 않았지만 올겨울 눈의 양에 비하면 새 발의 피였다. 올겨울 눈은 이상할 만큼 절제 없이 내려서, 이 위의 세계가 특이하고 야릇하다는 것을 확실히 느끼게 했다. 날이면 날마다 밤낮 구별도 없이 눈이 계속 내렸다. 흩어져 떨어지듯 내리기도 하고, 바로 앞도 보이지 않을 만큼 휘날리기도 했는데, 아무튼 눈은 계속 내렸다. 걸어갈 수 있게 열어놓은 좁은 길 양쪽에는 사람의 키보다도 높은 눈으로 된 벽이 서 있었다. 이 때문에 길이 좁게 보이고, 석고처럼 흰 벽면은 수정처럼 반짝여서 기분을 좋게 만들었다. 고원의 손님들은 그 벽면에 글씨와 그림을 그려 여러 가지 소식은 물론 농담이나 빈정거림을 전달하는 데에도 이용했다. 그렇게 벽을 높이 쌓아 올렸지만 그 밑에는 아직도 부드러운 눈이 듬뿍 쌓여 있어서, 발이 쑥 들어갈 정도였다. 그런 곳에서는 뜻하지 않게 발이 무릎까지 푹 들어가는 일이 있으므로, 다리를 다치지 않도록 조심하는 것이 현명했다. 휴식용 벤치도 눈에 덮여 팔걸이의 일부가 겨우 보일 뿐이었다. 아랫마을에서는 거리의 높이가 완전히 변하여, 건물 1층에 있는 가게가 지하실처럼 보이고, 보도에서 가게로 가려면 눈계단으로 내려가야 했다.

이렇게 쌓인 눈 위에도 눈은 계속 내렸다. 낮이나 밤이나 눈은 적당한 냉기를 머금고 소리 없이 내려 쌓였다. 영하 10도에서 15도 정도의 상당한 추위였으나, 그 추위는 영하 2도나 영하 5도의 추위로밖에 느껴지지 않았다. 바람이 없고 공기가 메말라, 찌르는 듯한 추위로는 느껴지지 않았던 것이다. 아침에도 아주 어두웠다. 아침 식사는 둥근 천장의 가장자리에 예쁜 무늬로 꾸며진 샹들리에 불빛 아래에서 했다. 밖은 음울한 허무, 유리창에 달라붙는 희뿌연 솜 같은 눈, 눈보라와 안개에 둘러싸인 세계였다. 산의 모습은 보이지 않았다. 가장 가까운 침엽수 숲도 가끔 희미하게 보일 뿐, 눈을 덮어쓴 숲은 언뜻 보이다가도 눈보라 속에 사라져 버렸다. 이따금 가문비나무 한 그루가 무겁게 얹힌 눈을 햇빛 속에서 흰 가루처럼 털어내곤 했다. 10시쯤이면 태양은 산 위 하늘에 약하게 비치는 연기처럼 올라와, 분별하기 어려운 무의 세계에 희미한 유령 같은 생기를 주려고 했다. 그러나 모든 것은 몽롱한 부드러움과 흐릿한 청백색에 녹아버려, 눈으로 확실히 잡을 수 있는 선은 어디에도 보이지 않았다. 봉우리의 윤곽도 안개와 연기에 뿌옇게 덮여 있었다. 창백하게 비치는 눈 덮인 산비탈을 더듬는 눈길이 공허한 상공까지 올라가다 보면, 어느새 공허한 길로 들어서고 있었다. 그리고 어딘가의 절벽 앞에 빛을 받은 한 조각 구름이 연기처럼 긴 모양으로 떠 있었다.

한낮이 되면 태양이 구름을 떠밀어 안개를 푸른 하늘로 바꾸는 노력을 시작했다. 그 노력은 거의 성공을 거두지 못했지만 푸른 하늘이 언뜻언뜻 보였고, 얼마 안 되는 햇빛만으로도 눈 때문에 놀랍게 바뀐 풍경을 멀리까지 금강석처럼 반짝이게 만들었다. 눈은 대체로 정오 무렵이면 일단 그쳤는데, 마치 그동안에 쌓인 눈을 보여주려 하는 것 같았다. 눈보라가 멎고 하늘에서 곧게 비치는 햇빛이 신선하고 아름다운 눈을 녹이려는 쾌청한 날이 가끔 낀 것도 그런 목적 때문인 것 같았다. 주위 풍경은 동화의 세계 같고, 어딘지 재미있는 데가 있었다. 나뭇가지에 쌓여 있는 두껍고 보송보송한 눈의 쿠션, 키가 작은 식물과 바위 밑에 쌓인 불룩한 지면, 푹 꺼진 부분 등이 유머러스하게 가장한 풍경은 옛날 이야기에서 나오는 난쟁이 세계를 생각나게 했다. 눈 속에서 고생하며 걷는 사람들의 눈에는 근처의 경치가 환상적으로 느껴졌지만, 멀리에서 바라본 풍경, 눈에 덮인 입상(立像)처럼 우뚝 솟은 알프스의 산은 숭고하고 신성한 기분을 불러일으켰다.

한스 카스토르프는 오후 2시부터 4시까지 발코니에서, 몸을 담요로 따뜻하게 감싸고 높낮이가 적당한 멋진 침대 의자의 등받이에 머리를 댄 채, 눈의 쿠션이 놓인 난간 너머로 숲과 산을 바라보고 있었다. 눈에 덮인 암녹색의 전나무 숲이 비스듬히 펼쳐져 있고, 나무와 나무 사이에는 그 어디나 부드러운 눈이 이불처럼 깔려 있었다. 숲 위에는 바위산이 잿빛 하늘을 배경으로 솟아 있어 넓게 눈 덮인 산비탈에 군데군데 꺼멓게 튀어나왔고, 산등성이는 안개로 부드럽게 흐려져 있었다. 또 소리 없이 눈이 내리고 있었다. 시선이 눈솜에 덮인 무의 세계로 빨려들어가면 졸음이 왔다. 잠드는 순간 선뜻한 한기를 느꼈지만, 얼음처럼 찬 공기 속의 이 잠보다 순수한 잠은 없었다. 공허하고 습기 없는 공기를 들이마시는 것은, 죽은 사람이 숨 쉬지 않는 것처럼 유기체에 부담이 되지 않는다. 꿈을 꾸지 않는 잠도 삶의 영위에 대한 막연한 괴로움에 얽매이지 않는다. 눈을 뜨자 산들은 눈의 안개 속에 완전히 모습을 감추고, 그 일부분인 둥근 봉우리와 바위가 교대로 나타났다가는 다시 안개에 싸여버렸다. 안개의 베일이 부리는 요술을 미묘한 변화에 이르기까지 엿보려면 날카롭게 살펴야 했다. 안개 속에서는 봉우리도 산기슭이 보이지 않고, 바위투성이 산줄기의 일부분이 순간적으로 험하게 불쑥 나타났다가 잠시 눈을 깜박이는 순간에 사라지고 말았다.

눈은 이윽고 눈보라로 바뀌었다. 그 눈보라가 바닥과 잠자리와 의자 모두를 덮칠 것 같아서 더는 발코니에 머물러 있을 수가 없었다. 사실 고원의 별천지에도 눈보라가 치는 일이 있었다. 희박한 대기가 난동을 부리기 시작하여, 바로 눈앞조차 볼 수 없게 휘날리는 눈보라로 채워졌다. 숨이 막힐 듯한 거센 돌풍으로 눈보라가 사납게 휘몰아쳐 아래에서 위로, 골짜기에서 공중으로 회오리치게 하고, 마구 뒤섞여 빙빙 돌며 춤추게 했다. 이제는 눈이 오는 것이 아니었다. 하얀 어둠의 혼돈, 뒤범벅, 상식을 벗어난 처절한 탈선이었고, 갑자기 떼를 지어 모습을 나타낸 눈방울새만이 그 세계를 자기 집인 양 날고 있었다.

그러나 한스 카스토르프는 눈 속의 생활을 사랑했다. 그는 눈 속의 생활이 여러 점에서 바닷가의 생활과 비슷하다고 느꼈다. 자연의 원시적인 단조로움이 두 세계에 공통점을 가지고 있었다. 이 위에서는 깊고 가볍고 깨끗한 가루눈이 평지 바닷가의 황색을 띤 모래와 같은 역할을 했다. 어느 쪽이나 감촉이 맑다. 추위로 마른 가루눈은 평지의 바다 깊이에서 밀어올린 모래나 먼지 없는 돌이나 조개 부스러기처럼 구두와 옷에서 깨끗이 털어낼 수 있었다. 눈 속을 걸어다니는 것은, 바닷가의 모래 언덕을 걸어다니는 것과 마찬가지 기분이 들었다. 특히 굳게 얼어붙은 눈 위는 마루 위보다 사뿐하니 걸을 수 있어서, 파도치는 기슭의, 부드러우면서도 딱딱하고 젖어서 탄력이 있는 모래밭 위를 걷는 것처럼 기분 좋게 걸을 수 있었다.

하지만 올해는 내린 눈과 쌓인 눈이 많아, 스키 타는 사람들을 제외하고는 마음대로 바깥을 돌아다닐 수가 없었다. 제설차가 활약했지만, 요양객들이 많이 붐비는 거리와 중심가를 다닐 수 있도록 하는 데도 시간이 많이 걸렸다. 눈이 치워진 몇 개 안 되는 길은 건강한 사람들과 환자, 온갖 국적의 손님들로 붐비고 있었다. 때로는 걸어다니는 사람들 틈으로 일인용 썰매를 타고 달리는 사람들이 뛰어들 때도 있었다. 이들 남녀는 몸을 뒤로 젖힌 채 두 발을 앞으로 내밀고, 썰매놀이를 얼마나 즐기는지를 짐작하게 하는 경고의 소리를 지르면서 비탈을 미끄러져 내려갔다. 다 내려가면 그 장난감을 줄로 묶어 다시 고개를 올라갔다.

한스 카스토르프는 이런 산책에 진저리가 났다. 그는 두 가지 소망을 품고 있었다. 그중 더 강한 소망은 혼자서 명상하고 '술래잡기'를 하고 싶다는 것인데, 이것은 발코니에서 형식적이나마 할 수는 있었다. 또 한 가지 소망이란, 지금 말한 소망과 관련이 있는 것으로 눈 덮인 산을 더 친밀하고 자유롭게 다니고 싶다는 것이었다. 그러나 이 소망은 그것을 원하는 본인이 장비를 지니지 않는 한, 한낱 꿈이었다. 눈이 치워진 길은 어느 곳이나 곧 막다른 골목이 되어, 그 지점에서 한 발자국이라도 앞으로 나가려고 하면 곧 가슴까지 눈에 묻혀버리는 것이었다.

그래서 한스 카스토르프는 이 위에서 두 번째 겨울을 맞게 된 어느 날, 스키를 사서 자기 소망을 이루기 위해 필요한 만큼의 기술을 몸에 익히기로 결심했다. 그는 운동선수는 아니었으며, 몸을 단련할 생각이 거의 없었기 때문에, 베르크호프의 몇몇 사람처럼 운동가임을 자랑한 적도 없었다. 이곳 사람들은 이곳의 유행에 따라 멋진 옷차림을 했다. 특히 부인들에게 이런 경우가 많았다. 예컨대 헤르미네 클레펠트는 그 가운데 한 사람이었는데, 호흡 곤란 때문에 코끝과 입술이 언제나 창백했지만, 양털 반바지 차림으로 다리를 넓게 벌리고 앉아서 정말 보기 흉한 모습을 하고 있었다. 만약 한스 카스토르프가 그의 엉뚱한 계획을 고문관에게 털어놓고 허락해 줄 것을 부탁했다면, 당치 않은 말이라고 거절당했을 것이다. 베르크호프에서도, 이 밖의 같은 시설에서도 일반적으로 운동 같은 것은 엄중히 금지되어 있었다. 이 위의 공기는 가볍게 들이마실 수 있는 것 같지만 사실은 심장 근육에 큰 부담을 주어, 환자들이 운동을 할 수 없었다.

한스 카스토르프에 대해서 말하자면, 그는 '익숙하지 못한 것에 익숙하다'는 경구(警句)는 그대로 진리였고, 라다만토스가 침윤 부분에서 설명한 발열도 현재까지 계속되었다. 그것이 없어졌으면 이 위에서 무엇을 더 찾을 필요가 있겠는가? 그래서 그의 소망과 계획은 이 위에서는 모순된 것이었고 허락될 수 없었다. 그러나 그의 기분은 이해해 주어야 한다. 그는, 유행이라면 공기가 탁한 실내에서의 카드놀이에도 열중하는 사람처럼, 바깥 산책을 하는 멋쟁이 남성들이나 멋진 옷뿐인 운동선수와 겨루어 보겠다는 야심에만 사로잡힌 것은 아니었다. 그는, 자신이 관광객이 아니라 구속받는 사람들 가운데 하나임을 분명히 알고 있었고, 더 나아가 새로운 관점에서도 자기는 세상 사람들과 다르다는 자부심이나 신중함이 필요한 책임감에서 관광객처럼 마음이 들떠 눈 속을 뒹굴고 다니는 행동은 어울리지 않는다고 생각했다. 그는 분수에 어긋나는 행동을 할 생각도, 과격하게 행동할 생각도 없었기 때문에 그가 계획했던 일은 라다만토스가 허락해 주어도 좋았을 것이다. 그러나 라다만토스는 요양원 규칙을 내세워 허락해 줄 것 같지 않았기에 그는 몰래 실행하기로 했다.

한스 카스토르프는 자기 계획을 세템브리니에게 어떤 기회에 이야기해 보았다. 세템브리니는 기뻐서 어쩔 줄 몰라 하며 청년을 껴안으려고까지 했다.

"좋습니다, 좋아요. 엔지니어, 꼭 실행해 보십시오! 아무와도 의논하지 말고 하십시오. 그야말로 당신 수호신의 분부입니다! 생각이 바뀌기 전에 곧 시작하십시오! 나도 함께 가겠습니다. 함께 가게로 가서 그 축복받은 도구를 사도록 합시다! 산에도 함께 가서 메르쿠리우스*[22]처럼 날개 달린 구두를 신고 마음껏 날고 싶습니다만, 나에게는 그것이 허락되어 있지 않습니다⋯⋯ 아니죠, '허락되어 있지 않을' 뿐이라면 좋겠습니다만, 나에게는 불가능합니다. 나는 이제 가망이 없는 사람입니다. 그러나 당신에게는⋯⋯ 아무 해가 없습니다. 그렇습니다. 좀 지장이 생긴다 해도, 역시 당신을 수호하는 천사가 그것을 당신에게⋯⋯ 나는 더 이상 아무 말도 하지 않겠습니다. 그렇지만 얼마나 멋진 계획입니까! 여기에 2년 동안 있으면서 그런 것을 생각해 내다니요. 아, 당신은 착실한 면을 가지고 있습니다. 당신 일로 절망할 일은 없습니다. 브라보! 브라보! 당신은 저 위의 염라대왕 눈을 속인 겁니다. 스키를 사서 내 방이나 루카세크한테로든지, 내 집 아래의 향료 가게에 맡겨두도록 하십시오. 그리고 발에 신고 연습하십시오. 그리고 곧장 미끄럼을 타는 것입니다⋯⋯."

모든 것이 세템브리니가 말한 대로 되었다. 운동에 대해서는 아무것도 모르면서 그럴듯한 전문가임을 자처하는 세템브리니의 눈앞에서, 한스 카스토르프는 중심가의 전문점에서 멋진 스키 한 벌을 샀다. 질 좋은 물푸레나무에 담갈색 래커 칠이 되어 있고, 멋진 가죽 끈이 붙어 있으며 앞이 뾰족하게 휘어 올라간 스키와 끝에 쇠가 박히고 고리가 달린 스틱도 산 것이다. 그는 그 모든 장비를 어깨에 메고 세템브리니의 하숙집으로 옮겼다. 그는 그것을 아무에게도 시키지 않고 스스로 했으며, 향료 가게에 매일 그것을 보관해 둘 것을 가게 주인에게서 허락받았다. 그 장비의 사용법은 여러 번 보아 알고 있었기 때문에 한스 카스토르프는 코치도 없이 혼잡한 연습장에서 멀리 떨어진, 나무 하나 없는 비탈에서 날마다 서툰 스키를 연습했다. 세템브리니도 가끔 거

*22 로마 신화에 나오는 상업의 신으로, 그리스 신화의 헤르메스에 해당한다.

기에 나타나, 조금 떨어진 곳에서 두 다리를 유연하게 모으고 스틱에 몸을 기댄 채, 청년의 기술이 늘어가는 데에 브라보를 연발하면서 기뻐했다. 어느 날 한스 카스토르프는, 소매 상인의 가게에 스키를 맡기려고 눈이 치워진 길을 통해 '마을'로 내려가던 중에 우연히 고문관을 만났다. 그러나 무사했다. 스키 초보자는 고문관과 거의 부딪칠 뻔했다. 대낮인데도 베렌스는 한스 카스토르프인 줄 모르고, 시가의 연기를 내뿜으며 힘찬 걸음으로 지나가 버렸다.

한스 카스토르프는 필요한 기술을 곧 익힐 수 있다는 것을 알았다. 그는 스키의 명수가 될 생각은 없었다. 그가 필요로 하는 기술은 지나치게 열을 올리거나 숨을 헐떡거리지 않아도 며칠 안에 습득할 수 있었다. 좌우의 스키를 평행선이 되도록 연습하고, 활강할 때에 스틱을 어떻게 조종하여 미끄러져 가는지를 실험하고, 지면에 작게 돌출된 장애물은 두 팔을 벌려 거친 파도를 넘어가는 작은 배처럼 몸을 띄우기도 하고, 공중에서 돌면서 뛰어넘는 법도 배웠다. 스무 번째 연습부터는 전속력으로 활강하면서 한쪽 무릎을 앞으로 내밀고 다른 한쪽 무릎을 뒤로 꺾어 굽히는 텔레마크 회전법으로 제동을 걸어도 넘어지지 않게 되었다. 그는 차츰 연습 장소를 넓혀갔다. 그러던 어느 날 세템브리니는, 한스 카스토르프가 회백색 안개 속으로 사라져 가는 것을 보고 두 손을 모아 입에 대고 주의하라고 외친 뒤, 교육자다운 만족을 느끼면서 하숙집으로 돌아갔다.

겨울 산은 아름다웠다. 온화하고 친근한 아름다움이 아니라, 서쪽 바람이 사납게 광란하는 북해의 아름다움이었다. 죽음과도 같은 고요함에 싸여 있었지만, 북해와 조금도 다르지 않은 경외심을 불러일으켰다. 한스 카스토르프는 날씬하고 긴 스키에 몸을 싣고 온갖 방향으로 미끄러져 내려갔다. 왼쪽 비탈을 따라 클라바델 방향으로 미끄러져 내려가기도 하고, 안개 속에 몽롱하게 서 있는 암젤플루의 프라우엔키르히와 글라리스의 기슭을 오른편으로 내려갔다. 디슈마 골짜기를 내려가거나 베르크호프의 뒤로 올라가 눈이 쌓인 뾰족 봉우리만 식물대(植物帶) 위로 솟아 있는 제호른 방향으로도 내려갔다. 때로는 깊은 눈에 쌓인 레티콘 산들이 물에 비친 창백한 그림자처럼 펼쳐져 있는 드루자차 숲의 방향으로 미끄러져 내려갔다. 그는 또 긴 스키를 메고 케이블카로 샤츠알프의 가파른 비탈을 올라가 2천 미터 높이의, 가루눈이 반짝이는 비탈에서 한가로이 스키를 타고 돌아다녔다. 전망이 좋은 쾌청한 날씨에는 그의 갖가지 모험의 무대인 웅장한 풍경을 멀리까지 바라볼 수 있었다.

한스 카스토르프는, 보통 때에는 갈 수 없는 곳도 갈 수 있게 해준 스키 기술을 습득한 것이 무척 기뻤다. 그 기술 덕분으로 자신의 소망인 혼자만의 세계로 들어갈 수 있었다. 그 세계는 더 깊은 정적을 상상할 수 없는 세계, 불안한 기분이 가슴을 스쳐가는 비정하고 위험한 세계였다. 한쪽으로는 전나무로 덮인 가파른 비탈이 안개 속으로 멀어져 있었고, 또 한쪽으로는 바위벼랑이 솟아 있었다. 그 바위벼랑에 거인처럼 큰 눈덩이가 반달 모양으로 아치를 만들고 있었다. 스키를 멈추면 주위의 정적은 절대적이고 완전하여, 눈에 덮인 정적은 듣지도 보지도 못한 깊은 정적이 되었다. 나뭇가지를 살랑살랑 흔들리게 하는 미풍도 없고, 재잘대는 새소리도 없었다. 한스 카스토르프가 스틱에 몸을 기대고 서서 고개를 기울이고 입을 벌린 채 들은 정적은 오랜 옛날의 정적이었다. 이 정적 속에 눈이 쉬지도 않고 소리도 없이 잠잠하게 내려 쌓이고 있었다.

밑바닥이 없는 깊은 침묵에 싸인 이 세계는 아주 냉정했다. 그것은 방문객을 받아들이기는 하되, 위험이 생겨도 아무런 책임을 지지 않겠다는 듯한 세계였다. 이것은 환영하겠다는 뜻이 아니었다. 그의 침입과 체류를 그 무엇도 보장하지 않는 냉정한 방법으로 감수하는 이 세계에서 나오는 것은, 말없이 위협하는 원시적인 것, 적의도 없으면서 오히려 무관심하게 생명을 빼앗는 감정이었다. 태어날 때부터 야성적인 자연과는 거리가 멀고 관계가 적은 문명의 아들은, 어릴 때부터 자연에 의지하고 자연과 함께 생활하는 순박한 자연의 아들보다 자연의 위대함에 훨씬 더 민감하다. 문명의 아들이 눈썹을 추켜올리고 자연 앞으로 나아가는 종교적인 외경심은 자연의 아들이 거의 모르는 기분이다. 그러나 이 외경심은 문명의 아들이 자연에 대해 지닌 모든 감정의 바닥을 이루고 있어서, 사라지지 않는 경건한 감동과 떨리는 흥분을 계속 가지게 하는 것이다.

한스 카스토르프가 소매가 긴 낙타털 조끼를 입고, 행전을 차고, 질 좋은 스키를 타고 원시의 고요, 죽음을 지닌 침묵, 소리도 없는 겨울의 황량함에 귀를 기울이노라면 사실 자기는 너무 앞뒤 생각이 없는 사람처럼 느껴졌다. 그러다가 돌아오는 길에 처음으로 사람 사는 집을 보았을 때 안도의 한숨을 쉬었지만, 여러 시간 동안 남이 모를 신성한 외경심으로 자기 가슴속이 가득 채워진 것을 알게 되었다. 한스 카스토르프는 한때 질트 섬의 성난 파도가 부딪치는 바닷가에서 흰 바지 차림으로 편한 마음과 유연한 기분으로 선 일이 있었다. 그것은 마치 무서운 이빨을 보이면서 큰 입을 하마처럼 벌리고 하품하는 사자 우리 앞에 서 있는 기분이었다. 그리고 그는 헤엄을 쳤는데, 감시인은 뿔피리를 불어서, 대담하게 바닷가 가까이의 파도를 헤치고 멀리 헤엄쳐 나가려는 사람들, 또는 몰려오는 거친 파도에 접근하는 사람들에게 위험을 경고했다. 물살이 빠른 엄청난 파도의 마지막 물결에 몸을 맞았을 때에는 정말 사자의 앞발로 맞은 것 같았다. 그때부터 한스 카스토르프는 자연의 힘에 완전히 안기는 것이 파멸을 뜻하며, 동시에 그런 자연과의 가벼운 사랑놀이가 감격에 찬 행복을 의미한다는 것도 알게 되었다. 그러나 그가 알고 싶었던 것은 무서운 자연과의 접촉을 얼마나 심화시킬 수 있으며, 완전히 자연에 안겼을 때 얼마나 견딜 수 있느냐는 것이었다. 문명의 힘으로 완전무장을 하고 있지만 본디 왜소한 인간의 자식인 그가 무서운 자연 세계에 깊이 파고들어가서 언제까지나 그 세계에서 나오려고 하지 않고 있어, 자연과의 놀이로 끝내는 것이 아닌, 바위에 부딪쳐 튀어오르는 물결이나 맹수의 앞발에 가볍게 두들겨 맞는 정도가 아닌 파도에, 나락에, 바다에 삼켜져 버리는 위험을 경험해 보고 싶은 기분, 바로 그것이었다.

한 마디로 말해서 한스 카스토르프는 이 위에서 용감해졌다. 자연의 힘에 대해 용감하다는 것은, 자연의 힘에 대한 무관심이 아니라 의식적인 외경심을 의미하며, 친근감으로 죽음의 공포를 억제하는 것을 의미하기도 했다. 친근감? 물론이다. 한스 카스토르프는 문화인다운 가냘픈 가슴속에 자연의 힘에 대한 친근감을 품고 있었다. 그리고 그는 미끄러지고 넘어지는 사람들을 보고 느낀 새로운 자부심, 즉 발코니에 있는 호텔식의 고독이 아닌, 깊고 위대한 고독을 바람직하고 희망적인 것으로 바뀌게 한 자부심과 자연의 힘에 대한 친근감이 서로 관련이 있다고 생각했다. 그는 발코니에 누워 난간의 보호를 받으면서 안개에 덮인 높은 산들과 미친 듯이 휘몰아치는 눈보라를 바라보는 자기를 내심 부끄럽게 생각했기에 스키를 연습했던 것이지, 결코 운동광이거나 체육에 대한 취미가 있어서는 아니었다. 거대한 자연, 눈이 계속 내리는 죽은 듯한 고요 속에서 문명의 아들인 그는 분명히 두려움을 느꼈다. 그는 이 두려움을 오래전에 이 위에서 정신과 감각으로 이미 맛보고 있었던 것이다.

나프타와 세템브리니의 논쟁만 하더라도 무시무시한 것이어서, 그것 또한 아주 위험한 세계로 말려들어가는 논쟁이었다. 한스 카스토르프가 황량한 겨울 자연의 거대함에 친근감을 품게 된 까닭을 말한다면, 그것은 그가 자연에 대해 경건한 두려움을 느끼면서도, 자연을 그의 갖가지 사상적 의문을 해결하는 데 알맞은 무대라고 느꼈기 때문이다 또, 신의 자식인 인간의 위치와 본성에 대해 '술래잡기'를 하는 의미를 가지게 된 인간에게 있어서 자연은 그것에 알맞은 무대라고 느꼈기 때문이다.

무분별한 인간에게 뿔피리로 위험을 경고하는 감시인은 여기에는 한 사람도 없었다. 시야에서 사라져 가는 한스 카스토르프의 뒷모습에 대고 두 손을 입에 모으고 외친 세템브리니가 감시인이 아니라고 한다면 말이다. 그러나 한스 카스토르프는 자연에 대해 용기와 공감을 가지고 있었다. 그는 등 뒤의 외침에 이제 돌아보지 않았다. 일찍이 사육제가 있던 날 밤, 뒤에서 들려온 외침에 신경 쓰지 않았던 것처럼.

"여보시오, 엔지니어. 이성을 좀 가지시오!"

그때 한스 카스토르프는 이렇게 생각했다.

'아, 이성과 반역의 교육자적 악마 같으니라고. 그러나 그래도 나는 당신이 좋아. 당신은 허풍쟁이 손풍금장이지만, 당신에게는 착한 마음씨가 있다. 당신은 저 날카롭고 작은 예수회 회원인 테러리스트, 안경알이 번쩍이는 스페인의 고문을 하고 볼기를 치는 형리보다는 마음이 좋아. 나는 당신이 더 좋다. 물론 당신들이 말다툼을 벌일 때에는 뒷사람이 거의 언제나 옳지만...... 중세에 신과 악마가 인간을 둘러싸고 싸웠던 것처럼, 교육적인 관점에서 나의 불쌍한 영혼을 둘러싸고 싸울 때에는......'

한스 카스토르프는 두 다리가 눈투성이가 되어, 어딘지 모를 새하얀 산비탈을 올라가고 있었다. 홑이불을 깐 듯한 그 길은 점차 테라스를 만들면서 계단의 무도장처럼 위로 계속되어, 어디까지 올라가는 것인지 끝이 없었다. 거기에는 끝이라는 것이 없는 것 같았다. 위쪽이 희고 어렴풋하게 하늘과 서로 합쳐져 어디서부터가 하늘인지 분간할 수 없었다. 봉우리도 산등성도 보이지 않고 모두 희미한 무(無)였다. 한스 카스토르프는 거기를 향해 올라가고 있었다. 그리고 그의 뒤에서도 세계—사람이 사는 골짜기—는 눈 깜짝할 사이에 닫혀 보이지 않게 되었고, 거기에서 소리 하나 들리지 않았으므로 그의 고독,

아니 실종은 모르는 사이에 더 이상 바랄 수 없는 깊이가 되어서 공포를 느낄 만큼 깊어졌다. 공포야말로 용기의 원천인 것이다.

"무릇 이 세상의 모든 것은 무상이니라."

한스 카스토르프는 이렇게 인문주의적 정신에는 어울리지 않는 말을 라틴어로 중얼거렸는데, 그 문구는 언젠가 나프타에게서 들었던 것이다. 그는 멈추어 서서 주위를 살펴보았다. 하얀 하늘로부터 하얀 땅으로 떨어지는 작은 눈송이 말고는 아무것도 보이지 않고, 주위의 고요는 압도당할 정도로 공허했다. 한스 카스토르프는 흰 무(無)가 눈부셔서 어디로 눈길을 돌릴지 몰랐으며, 여기까지 오르는 동안 심장이 심하게 뛰는 것을 느꼈다. 근육 조직에서 생긴 심장의 동물 같은 형태와 고동치는 상태를 언젠가 뢴트겐실에서 탁탁 소리 내는 불빛 속에서 엿본 일이 있었다. 그리고 지금 그의 심장, 자연 속에서 고동치는 인간의 심장에 대해 어떤 감동에 휘말려 경건한 친근감마저 솟아올랐다. 얼음과 눈에 덮인 이 위 무의 세계에서 의문과 수수께끼에 대해 생각하면서, 완전히 자기 혼자가 되어 뛰고 있는 심장에 무언가 감동된 기분, 단순하고도 경건한 친근감이 솟아오르는 것을 느꼈다.

그는 계속하여 위로, 위로, 하늘로 올라갔다. 가끔 스틱을 눈에 박았다가 다시 빼냈을 때, 눈구멍 밑으로 푸른빛이 지팡이를 따라 올라오는 것을 보았다. 그는 그것에 흥미를 느껴, 한동안 멈추어 서서 이 사소한 광학 현상을 여러 번 실험해 보았다. 그 푸른 빛깔은 산과 땅속의 독특한 빛, 녹색을 띤 푸른빛, 얼음처럼 투명하면서도 그늘진 신비스러운 매력에 찬 빛이었다. 한스 카스토르프는 그 빛을 바라보면서, 세템브리니가 인문주의자의 관점에서 '타타르인의 눈' '초원의 늑대의 눈'이라고 멸시하여 말한 눈, 숙명적인 저 사팔눈, 어렸을 때 보고 이 위에서 숙명적으로 다시 만난 눈, 히페와 클라브디아 쇼샤의 번쩍이는 눈빛을 떠올렸다.

그녀는 고요 속에서 작은 목소리로 속삭였다.

"좋아요. 그렇지만 부러뜨리지 않도록 조심하세요. 나사를 틀어야 심이 나오는 거예요."

그 순간 그는, 뒤에서 이성을 가지라고 경고하는 세템브리니의 낭랑한 목소리를 들은 것처럼 생각되었다.

오른편의 좀 떨어진 곳에서 숲이 안개처럼 떠올랐다. 한스 카스토르프는 온통 하얀 초현실적인 세계에서 벗어나 현실적인 목표를 향할 생각으로 그 숲 쪽으로 몸을 돌려 지면이 움푹 꺼진 것도 전혀 모르고 갑자기 활강하기 시작했다. 온통 흰빛에 눈이 부셔서 지형을 식별하지 못했던 것이다. 아무것도 보이지 않고 모든 것이 몽롱해져 있었다. 전혀 뜻밖의 장애물에 몸을 부딪히기도 하면서, 그는 비탈의 기울기를 눈으로 재지도 못하고 오직 스키의 활강에 몸을 맡겼다.

그를 끌어당긴 숲은, 그가 뜻하지 않게 미끄러져 들어간 골짜기의 저쪽에 있었다. 부드러운 눈에 덮인 골짜기 바닥은, 계속된 산의 비탈에 따라 급경사를 이루고 있었다. 그는 그곳으로 조금 내려가서야 그것을 알아차렸다. 내려가면서 좌우의 비탈면이 급해지고, 골짜기는 움푹 파인 길처럼 산속으로 파고 들어간 것 같았다. 이윽고 스키를 다시 위로 향하자 오르막길이 되었으며, 한스 카스토르프의 정처 없는 방황은 넓게 펼쳐진 산허리의 위를 향해 계속 올라갔다.

그는 가파른 뒷면의 다리 밑에 있는 침엽수 숲을 보고 그쪽으로 스키 방향을 돌려, 눈 덮인 전나무 숲에 이르렀다. 삼각형 모양으로 나란히 서 있는 전나무 숲은, 안개에 덮인 숲의 전초(前哨)처럼 나무가 없는 비탈로 뻗쳐 있었다. 한스 카스토르프는 그 전나무 가지 아래서 쉬면서 시가를 피웠지만, 주위의 깊은 정적과 모험에 대한 압박과 긴장으로 가슴이 답답해졌다. 그러나 이렇게 혼자만의 시간을 갖게 된 것에 자부심을 느끼고, 이런 혼자만의 세계를 찾을 자격이 자기에게도 있다고 자부하면서 용기를 가졌다.

오후 3시였다. 정오의 안정 요양의 일부분과 오후의 차 마시는 시간을 빼고, 어두워지기 전에 돌아갈 작정으로 점심 식사가 끝나자 스키를 타고 곧 출발했었다. 돌아가기까지의 몇 시간을 바깥의 넓은 천지를 방황한다고 생각하니 마음이 들떴다. 스키복 바지 주머니에 초콜릿이 몇 개 들어 있었고, 조끼 주머니에는 작은 포도주 병이 들어 있었다.

태양은 완전히 짙은 안개에 싸여 있었으며 위치는 거의 알 수가 없었다. 뒤쪽으로 눈에 보이지 않았지만, 골짜기의 출구에서 산들이 꺾어져 있는 근방에 검은 구름이 몰려 있었다. 안개도 다른 곳보다 더 깊어 그것이 이쪽으로 다가오는 것 같았다. 훨씬 많은 눈이 올 듯했고, 뭔가 긴급한 필요에 응하려는 것같이 본격적인 눈보라가 될 성싶었다. 이윽고 한스 카스토르프가 있는 산허리에는 작은 눈송이가 소리도 없이 더욱 심하게 쏟아지기 시작했다.

한스 카스토르프는 숲에서 나와, 눈송이를 여러 개 소매 위에 받더니 아마추어 연구가다운 과학자의 눈으로 그것을 관찰했다. 그것은 맨눈으로는 형상이 없는 작은 알갱이로 보였지만, 확대 렌즈로 관찰해 보면 얼마나 섬세하고 규칙적인 작은 형태로 구성되어 있는지—한스 카스토르프는 베르크호프에서 눈송이를 여러 번 관찰한 적이 있었다—를 알 수 있고, 아무리 양심적인 보석 세공업자라도 이보다 더 멋지고 섬세하게는 만들어 낼 수 없는 보석, 별 모양의 훈장, 다이아몬드 브로치로 조립되어 있음을 알고 있었다.

그렇다. 숲 전체를 깊이 덮고, 산과 골짜기를 감추고, 한스 카스토르프의 스키를 미끄러지게 해주는 이 가볍고 부드러운 눈은 고향 바닷가의 모래를 떠올리게 하면서도 그것과는 다른 특성을 가지고 있었다. 눈송이를 구성하고 있는 것은 모래알이 아니며, 무수한 물방울이 응결하여 갖가지 규칙적인 결정(結晶)을 이루고 있다. 이것은 식물과 인체의 생명 원형질(原形質)을 부풀게 하는 무기(無機) 성분인 물방울의 결정이었다. 그리하여 이 신비하고 은밀하며 세밀하고 아름다운 결정체는 어느 하나도 같은 것이 없다. 변과 각이 같은 육각형의 원형이 변화와 정교한 응용을 되풀이하고 있지만, 이 차가운 작품의 어느 하나도 그 자체는 절대적인 균형과 철저한 규칙을 가지고 있었다. 그것이야말로 이 눈꽃의 놀라운 점이며, 비유기성(非有機性) 생명의 적대감을 뜻하는 것이다. 생명을 이루는 유기 물질은 이렇게까지 정연한 법이 없다. 생명은 지나치게 균형적인 규칙성에 놀라고, 그것은 생명을 위협하는 죽음의 신비마저 느끼게 했다. 한스 카스토르프는, 고대의 신전 건축가가 줄기둥의 배치 어디에다 남몰래 그 균형을 조금 틀리게 한 것을 왠지 이해할 수 있을 것 같기도 했다.

그는 스틱을 짚고 스키를 전진시켜 숲 가장자리를 따라 비탈의 깊은 눈 위를 안개로 덮인 아래로 활강하며, 죽은 듯 조용한 세계를 올라가고 내려가고 하면서 정처 없이 돌아다녔다. 물결치는 공허한 눈 쌓인 비탈이 넓혀지고 말라빠진 낮은 소나무가 군데군데 외로이 거무스름하게 서 있을 뿐, 느슨한 높낮이가 시야를 한정시키는 죽음의 세계는 모래 언덕이 이어진 바닷가와 놀랄 만큼 비슷했다. 한스 카스토르프는 멈추어 서서 그 유사함에 재미있는 듯이 만족스레 고개를 끄덕였다. 얼굴은 붉어지고 손발은 떨렸으며, 흥분과 피로가 이상하게 뒤섞인 현기증을 느꼈지만, 그것도 바닷가의 공기가 신경을 흥분시키기도 하고 잠들게도 하는 원소를 많이 내포하고 있는 것을 다정스럽게 기억나게 했기 때문에 흐뭇한 기분으로 받아들였다. 날개라도 돋친 것처럼 자유롭게 활주하는 몸을 만족스럽게 생각했다. 앞으로 나아가는 데 길에 얽매이는 일 없이 돌아갈 때에도 여기까지 왔을 때와 같은 길을 선택할 필요도 없었다. 처음에는 말뚝과 꽂아놓은 막대기가 눈 속의 도표 역할을 했지만, 한스 카스토르프는 그 도표를 곧 무시해 버렸다. 그런 도표는 뿔피리를 쥔 사나이를 생각나게 했고, 웅장한 겨울의 황량함에 대한 그의 기분을 떨어뜨렸기 때문에 억지로 잊으려 했다.

눈 덮인 바위의 언덕 사이를 어떤 때는 오른쪽으로, 또 어떤 때는 왼쪽으로 방향을 바꾸면서 미끄러져 내려갔다. 언덕 뒤는 비탈이었다가 다음에는 평지가 되고, 평지 저쪽에 큰 산줄기가 이어졌다. 그 산줄기의 협곡과 고갯길은 눈에 부드럽게 덮여 있어서 쉽게 가까이 갈 수 있을 것 같았으며, 또 오라고 손짓하는 듯했다. 겹겹이 싸인 산들의 웅장한 모습은 한스 카스토르프의 마음을 유혹했다. 그래서 돌아가는 것이 늦어질 위험을 무릅쓰고 황량한 침묵의 세계, 무섭고 차디찬 세계로 깊이 들어가게 했다. 그럴 시간이 아닌데도 금세 어두워져서 하늘은 회색 베일이 주위에 드리워진 것 같았다. 한스 카스토르프의 긴장되고 불안한 마음이 공포로 바뀌었지만 그는 멈추지 않고 계속 나아갔다. 그 공포가 처음으로 그에게 이때까지의 방향을 알 수 없게 했고, 골짜기와 인가가 어느 방향에 있는가를 잊게 했다. 그는 정말로 방향을 완전히 알 수 없게 되어버린 것을 알아차릴 수 있었다. 물론 곧 돌아서서 활강을 계속하면 베르크호프에서 떨어진 곳이긴 하지만 골짜기로 돌아갈 수 있으리라는 한 가닥 희망은 있었다. 곧 되돌아가면, 시간이 남게 되어 시간을 다 써버리지 않은 셈이 될 것이다.

그러나 눈보라에 부딪치면 돌아갈 길을 한동안 전혀 알 수 없게 될 것임에 틀림없었다. 그렇지만 그 때문에 빨리 도망가기는 싫었다. 자연의 힘에 대한 공포, 마음으로부터의 공포에 가슴이 아무리 심하게 죄더라도 이런 모험은 운동선수다운 행동은 아니었다. 운동선수는 자연의 힘을 제어할 수 있는 자신이 있는 동안은 그 힘과 상대하지만, 신중히 행동하고 돌아가야 할 때에는 돌아가는 분별력을 가지고 있다. 그러나 한스 카스토르프의 마음에 스며든 기분은 '도전'이라는 단어로밖에 표현할 수 없었다. 도전이라는 말은 그 말이 나타내는 불손한 감정에 마음으로부터의 공포가 많이 결부되어 있는 경우에는 특히 많은 비난을 품고 있다. 그렇지만 한스 카스토르프처럼 이 위에서 여러 해를 지낸 젊은이의 영혼 속에는 갖가지 감정이 축적되어 있어—엔지니어인 한스 카스토르프의 말을 빌리면 '축적되어' 있어—그것이 어느 날 격하게 "아, 무슨 소리야!"라든지 "올 테면 오라지!" 하는 초조한 분노, 즉 도전과 현명한 포기의 형식을 취해 폭발하는 것은 인간적으로 생각해 보면 대체로 이해할 수 있는 기분이리라.

이리하여 한스 카스토르프는 긴 슬리퍼처럼 보이는 스키를 타고 계속 달려 눈앞의 비탈을 내려가, 여기에 이어진 산허리를 오르기 시작했다. 그 산허리에는 지붕에 무거운 돌을 눌러놓은, 마른풀 헛간인지 목동의 초가집 같은 것이 한 채 있었다. 한스 카스토르프는 그 산허리를 미끄러져 가장 앞에 있는 산을 향해 계속 올라갔다. 그 산등성이에는 전나무가 거칠고 빽빽하게 자라나 있었으며, 그 산 뒤에는 높은 봉우리들이 안개 속에 솟아 있었다. 눈앞을 가로막고 서 있는, 군데군데 나무가 모여 있는 산비탈은 급경사면이어서 오른쪽으로 비스듬히 올라가 그 빗면을 반쯤 돌고 암벽 뒤로 나가면, 그 앞에 무엇이 있는지 식별할 수 있을 것 같았다. 한스 카스토르프는 그 탐험 작업을 시작하기로 하고, 목동의 초가집이 있는 근처에서 방향을 바꾸어 꽤 깊이 떨어진 골짜기로 미끄러져 내려갔다.

다시 오르막길을 달렸을 때, 예상했던 대로 눈과 바람이 무섭게 휘몰아치기 시작했다. 한 마디로 말해서 위협은 눈보라로 바뀌었다. 물론 '위협한다'는 말을 맹목적이고 무의식적인 자연의 힘에 적용할 수 있다면 말이다. 자연은 우리를 파멸시키려고 계획하는 것은 아니다—그렇다면 비교적 마음이 차분해진다—눈보라가 우리의 파멸을 부차적으로 가져온다 해도, 자연은 무서울 만큼 그것에 무관심하다.

"왔구나!"

한스 카스토르프는 최초의 돌풍이 불어대는 눈보라에 부딪혔을 때, 이렇게 생각하고 멈추어 섰다.

"대단한 돌풍인데? 뼛속까지 스며드는구나."

정말이지 이 바람은 악질이었다. 사실 영하 20도라는 굉장한 추위였다. 습기가 없는 공기였다면, 움직이지 않고 조용히 있으면 심한 추위가 아니라 온화한 추위로 느껴졌겠지만, 돌풍이 되어 움직이자마자 칼로 살을 에는 듯했다. 그것이 지금처럼 계속되면 처음의 돌풍은 선발대에 불과했다. 담요를 일곱 장 덮고 있어도 얼음처럼 찬 죽음의 공포가 뼈를 찌르는 것을 막아주지는 못했을 것이다. 그리고 한스 카스토르프는 담요 일곱 장은커녕 양털 조끼 한 장만 입고 있을 뿐이었다. 보통 때 같으면 이것만으로도 조금도 춥지 않고, 햇볕이 조금이라도 비치면 그 한 장만으로도 힘에 겨운 짐이었을 것이다. 아무튼 바람은 약간 비스듬히 뒤쪽에서 불어왔기 때문에 뒤로 돌아서서 바람을 정면으로 받는 것은 그다지 현명하지 않은 행동이었다. 그런데 이 용감한 젊은이는 지지 않겠다는 기분, 내부에 축적된 '이것쯤이야, 뭐!' 하는 기분도 생겼으므로, 뒤로 돌아서 목표로 삼은 산을 향해 계속 올라가기로 했다.

그러나 이것은 쉬운 일이 아니었다. 휘몰아치는 눈은 굉장한 소용돌이가 되어 사방을 채웠고, 한 치 앞도 볼 수 없게 만들었다. 또 불어대는 얼음과 같은 거센 바람은 귀를 날카로운 아픔으로 불타게 하고, 팔다리를 마비시키고, 손의 감각을 빼앗아, 스틱을 쥐고 있는지조차 느끼지 못하게 했다. 눈이 뒤에서 목 언저리에 불어와 등골을 따라 녹아버리거나, 두 어깨 위에 쌓여 몸 오른쪽을 덮기도 했다. 한스 카스토르프는 이 산속에서 얼어붙은 손에 스틱을 쥔 채 눈사람이 되지나 않을까 생각했다. 비교적 조건이 좋은 현재에도 이렇게 처참했기 때문에, 만약 뒤로 돌아선다면 더욱 처참한 꼴이 될 것이었다. 돌아가는 길도 꽤 악전고투를 할 테지만, 이제는 더 이상 돌아가는 것을 주저할 수 없었다.

그는 이렇게 생각하고 화난 듯이 멈추어 서서 어깨를 움츠리고 스키를 돌렸다. 바람이 기다리고 있었다는 듯이 불어와 숨이 막힐 듯했다. 숨을 쉬기 위해, 그리고 각오를 더한층 새롭게 하고 비정한 적에 대항하기 위하여 다시 한 번 방향을 바꾸었다. 이번에는 머리를 푹 숙이고 숨 쉬는 것을 조절했더니 바람을 향해 이럭저럭 활주할 수는 있었다. 각오는 하고 있었지만 막상 눈이 잘 보이지 않았으며 숨 쉬기도 어려웠다. 그는 숨을 쉬기 위해, 또 눈앞에 희고 엷은 빛밖에 보이지 않았기 때문에 나무와 장애물에 부딪히거나 넘어지지 않도록 몇 번이고 멈추어 서야 했다. 눈송이가 얼굴로 불어와서 녹는 바람에 얼굴이 꽁꽁 얼었다. 입 속으로도 눈송이가 날아들어와 물로 녹았고, 눈꺼풀에도 눈송이가 붙는 바람에 경련적으로 깜박여야 했으며, 물이 되어 흘러내려 아무것도 보이지 않게 되었다. 시야는 두꺼운 베일로 완전히 닫혀 있어 보이는 것은 흰색 한 가지뿐이었다. 시각은 멈춰 있었기에 무엇이 보였다고 해도 의미가 없었다. 억지로 보려고 눈을 부릅떠도 보이는 것은 하얀 소용돌이뿐이었다. 가끔 그 무(無) 속에 키가 낮은 소나무, 가문비나무, 아까 지나온 마른풀 헛간의 희미한 그림자가 떠올라 보였다.

한스 카스토르프는 마른풀 헛간을 뒤로하고 그 헛간이 서 있는 산허리를 돌아 주위를 살폈으나 길은 없었다. 자기 손이 겨우 보일 뿐 스키의 앞끝도 보이지 않을 정도여서, 방향을 틀리지 않고 집으로 돌아간다는 것은 행운의 문제였다. 비록 앞이 잘 보였다고 해도 전진을 곤란하게 하는 장애가 이 밖에도 많았다. 눈으로 시야가 가려진 것도 그랬고, 강풍이 몰아쳐서 호흡을 곤란하게 하는 것도 그랬다. 이런 상태에서는 한스 카스토르프가 아닌 다른 사람이라도 숨을 헐떡거리고 눈을 깜박거리면서 눈을 털어냈을 것이며, 앞으로 나아간다는 것은 비상식적인 일이었다.

그러나 한스 카스토르프는 앞으로 나아갔다. 아니, 나아갔다기보다는 움직였다는 편이 옳을 것이다. 그것이 과연 올바른 방향으로의 움직임인지 아닌지는 알 수 없었다. 차라리 지금 있는 곳에서 꼼짝하지 않는 것이 좋지 않았을까? 물론 그것도 불가능해 보였지만, 어쨌든 올바른 방향으로 이동하는 것 같지는 않았다. 실제로 얼마 뒤에 현재의 위치가 자기가 목표로 한 곳이 아니며, 이 평탄한 산허리는 아무래도 활강해야 하는 평평한 곳은 아니라는 사실을 깨달았다. 평평한 부분이 너무 빨리 끝나버리고 이제 다시 오르막길이 되었기 때문이다. 남서쪽 골짜기의 어귀에서 불어오는 강풍에 밀려 진로가 바뀌었던 것이다. 있는 힘을 다해 꽤 오랫동안 움직여 온 것이 모두 잘못된 것이었다. 휘몰아치는 새하얀 어둠에 싸여, 그는 점점 무관심하고 위협적인 세계로 깊이 빨려들어갔다.

"큰일났구나!"

한스 카스토르프는 이를 악물고 외치더니 그 자리에 멈추어 섰다. 이전에 라다만토스가 침윤 부분을 발견했을 때처럼 심장이 일순간 얼음처럼 찬 손에 잡힌 것같이 경련적으로 오므라들고, 늑골이 들썩일 만큼 심하게 뛰기 시작했다. 그는 그저 "큰일났구나" 외쳤을 뿐 아무 일도 할 수 없었다. 도전한 것은 그였으며, 염려되는 정세도 모두 자초한 것이기에 놀란 소리를 내지르거나 아무런 몸짓을 할 수 없었던 것이다.

"이것도 나쁘지는 않지."

이렇게 말은 했지만 얼굴 근육이 이미 굳어져서 영혼의 명령대로 되지 않았고, 공포와 분노와 멸시의 어떤 감정도 표현할 수 없다는 것을 느꼈다.

"이젠 어떻게 하지? 여기를 비스듬히 내려가서 계속 나아가 바람을 안고 움직이는 거야. 물론 말하기는 쉽고 행동으로 옮기는 것은 어렵지만."

그는 다시 내려가면서 숨을 헐떡이며 혼자 중얼거렸다.

"그러나 무슨 수를 써야 한다. 여기 우두커니 앉아 있을 수만은 없다. 주저앉아 버리면 정육각형의 눈꽃에 묻혀서, 세템브리니가 뿔피리를 울리면서 찾아왔을 때에는 눈모자를 비스듬히 쓴 채 유리알 같은 눈을 하고 웅크리고 있을 테니 말이야……."

그는 자신이 이상한 혼잣말을 하고 있는 것을 깨달았다. 그래서 스스로를 꾸짖었지만, 곧 작은 목소리로 또 중얼거리기 시작했다. 입술은 감각이 없었기에 입술의 도움을 필요로 하는 자음(子音)은 생략하고 혼잣말을 했다. 중얼대면서 그는 이전의 사육제 밤을 떠올렸다.

"입을 다물고 여기서 빠져나갈 것을 생각해라."

이렇게 말하고 덧붙였다.

"헛소리를 하고 있어. 머리가 좀 이상해진 것 같아. 이것은 좋지 못한 일이다."

그러나 탈출이라는 관점에서 볼 때, 좋지 못한 일이 되었다는 인식은 검증하는 이성에 의한 순수한 확인, 말하자면 걱정은 해주지만 참견도 하지 않고 아무 관계도 갖지 않는 다른 사람의 확인이었다. 그의 자연의 부분에 속한 육체는 점점 심해져 가는 피로와 더불어 그를 소유하려는 혼미한 상태에 몸을 맡기고 싶다는 유혹에 빠져들었으나, 그는 이 유혹을 알아차리고 마음속으로 비난했다.

"이것은 산에서 눈보라를 만나 돌아갈 길을 알 수 없게 된 인간이 경험하는 상태의 한 형태이다."

그는 고생스럽게 나아가면서 숨을 헐떡이고 띄엄띄엄 중얼거렸는데, 더 확실한 말을 입 밖에 내는 것은 피했다.

"나중에 이런 경험담을 듣는 사람은 너무 무서운 것으로 상상하겠지만, 병이—내 현재 상태는 어느 정도 병이라고 할 수 있어—환자가 병과 타협해 나갈 수 있게끔 조정한다는 것을 잊어버린 것이다. 감각의 감퇴, 마비의 은혜, 자연이 강구하는 고통 완화의 조치 같은 것이 있어. 암 그렇고말고…… 그러나 이에 대해서는 싸우지 않으면 안 된다. 자연의 그런 조치는 선악의 두 면을 가지고 있어서 지극히 애매한 것이니까. 그것을 어떻게 평가하는가는 모두 관점의 문제다. 집으로 돌아가지 않으려는 사람에게는 그것은 선의(善意)에 의한 자선 행위이지만, 나같이 집으로 돌아가기를 원하는 경우에는 매우 악의에 차 있기 때문에 온 힘을 다해서 정복해야 할 문제이다. 나는 여기서 이 규칙적인 결정체에 몸을 묻을 생각은 추호도 없다. 이 폭풍처럼 뛰노는 심장은 그런 걸 꿈에도 생각하지 않아……."

사실 그는 완전히 피로해져서 의식이 몽롱해지기 시작했다. 그래서 열에 들뜬 것 같은 상태로 계속 싸우고 있었다. 이제는 평평한 코스에서 이탈해 버렸다는 것을 알아차려도 전처럼 깜짝 놀라지는 않았다. 이번에는 반대 방향, 산허리가 내리막으로 된 방향으로 나온 듯했다. 왜냐하면 맞바람을 비스듬히 받으면서 내려갔기 때문인데, 그가 지금 이렇게 내려가는 것은 삼가야 했겠지만 현재로서는 그것이 가장 고통이 적었다.

'상관없어. 좀더 내려가면 또 옳은 방향을 잡게 되겠지.'

그는 이렇게 생각하고 그 생각을 실행에 옮기거나 실행하리라 생각했다. 그것이 옳지 못하다고, 또는 자신이 그것을 실행했는지 안 했는지는 아무래도 상관없다고 생각하기 시작했다는 것이 더욱 걱정스러운 점이었다. 이렇게 해서 희미한 의식의 탈락이 일어났고, 그는 힘없이 그것과 싸우고 있었다. '익숙하지 못한 것에 익숙해진다'는 순응을 보인 한스 카스토르프의 피로와 흥분은 더 심해져서, 오관의 작용 저하에 대해 분별 있는 태도를 취한다는 것은 이제 생각할 수 없게 되었다. 현기증이 나서 비틀거리면서, 그는 도취와 흥분으로 몸을 떨었다. 나프타와 세템브리니의 논쟁을 들은 뒤의 상태와 매우 비슷했지만, 그것과는 비교가 되지 않을 만큼 떨림이 심했다. 그 때문에 그는 오관의 마비와 싸우는 미온적인 상태를, 그런 토론을 홀연히 회상함으로써 미화하려고 했으리라. 바로 그는 정육각형의 눈꽃에 묻히고 만다는 사실에 모멸감과 분노를 느끼면서도, 다음과 같은 의미 없는 말을 헛소리처럼 중얼거렸다.

"이 애매한 마비와 계속 싸우려는 의무감은 단순한 윤리, 즉 인색한 현세적 시민주의와 비종교적 속물근성에 지나지 않는다."

누워서 쉬고 싶다는 소망과 유혹이 사막의 열풍(烈風)처럼 그에게 스며들었다. 그런 때 아라비아인들은 얼굴을 숙이고 몸을 구부려, 모자가 달린 외투버누스를 머리에 뒤집어쓴다고 한다. 다만 그는 버누스를 갖고 있지 않아서 아라비아인 같은 조치를 강구할 수 없었다. 또한 그는 어린아이가 아니었기 때문에, 어떻게 얼어 죽는지를 여러 경험담으로 잘 알고 있었다.

활강은 꽤 빨리 끝나 한동안 평평한 곳이 이어졌다. 그러고는 다시 오르막이 되었는데 이번 오르막은 아주 가팔랐다. 골짜기를 내려가는 도중 한 번의 오르막이 있을 것이었기에 잘못 움직이고 있다고는 할 수 없었다. 다행히 바람의 방향이 바뀌어서 이번에는 바람을 등지며 달릴 수 있었으므로, 그것 자체로서는 고마운 일이었다. 그러나 뒤로 불어오는 강풍이 몸을 앞으로 구부리게 하는 것일까? 그렇지 않으면 어스름한 눈보라가 베일처럼 덮고 있는 눈앞의 부드러운 흰 비탈에 매력을 느껴서 그의 몸을 비탈로 기울게 하는 것일까? 비탈의 유혹에 몸을 맡기려면 그쪽으로 몸을 기울이기만 하면 되기 때문에 그 유혹은 매우 컸다. '완벽하게 전형적으로 위험한 상태'로 책에 씌어 있는 그대로였다. 하지만 그렇게 위험하다고 책에 씌어 있어도 유혹의 힘은 줄어들지 않았다. 그 유혹은 개별적인 권리를 주장하고, 보편적으로 알려진 것에서 분류되어 그 속에서 재인식되기를 바라지 않았으며, 그 박력에 있어서도 한 번뿐인 비할 데 없는 것임을 나타내고 있었다. 물론 그 유혹이 어떤 방면으로부터의 속삭임이라는 사실은 부정할 수 없었다.

주름 잡힌 눈같이 흰 쟁반 모양의 장식깃이 달린, 스페인식 검정 옷을 입은 어떤 존재의 암시였다. 그 이념과 원리적 관념에 모든 음산한 것, 예수회적이고 반인간적인 것, 고문하고 때리는 형리의 성격이 결부되어 있어서 세템브리니는 몸서리를 치며 이를 거절했지만, 어쨌든 세템브리니는 손풍금과 이성을 들고나선 가소로운 존재에 지나지 않는 그런 세계의 암시였다. 그래도 한스 카스토르프는 성실하게 계속 싸워 나가, 비탈에 쓰러져 버리고 싶은 유혹에 저항했다. 아무것도 보이지 않았지만 계속 싸우면서 움직였다. 목표에 맞는 움직임인지 아닌지는 몰라도 아무튼 최선을 다했고, 심한 찬바람에 팔다리가 점점 무겁게 마비되는 것과 싸우면서 계속 움직였다. 심한 비탈 때문에 곧장 옆으로 꺾어 한동안 비탈을 옆으로 돌았다. 경련되어 뻣뻣해진 눈꺼풀을 억지로 뜨고 앞을 본다는 것은 대단한 노력이고 헛된 노력이라는 것을 경험하니 용기가 사라졌다. 그래도 가끔 가문비나무가 무더기로 서 있는 모습이 보였고, 눈 쌓인 양 기슭 사이에 검은 선을 그은 듯한 시냇물인지 도랑이 보였다. 변화를 주려는 것처럼 또다시 눈 덮인 비탈이 내리막이 되어가더니, 이번에는 바람을 정면으로 안고 갈 때 조금 떨어진 앞쪽에 인가가 그림자처럼, 눈보라의 베일 속에 떠 있는 것처럼, 말하자면 공중에 떠 있는 것처럼 보였다.

반가웠다. 마음이 놓이는 발견이었다! 악전고투의 연속이긴 했지만, 성실하게 싸운 덕분에 사람이 사는 골짜기임을 알리는 인가가 나타난 것이다. 아마 저기에는 사람이 살고 있을 것이다. 어쩌면 집 안에 들어가 지붕 밑에서 눈보라가 그치기를 기다리다가, 저녁때가 되었을 때 필요하다면 동행이나 안내를 부탁할 수도 있을 것이다. 한스 카스토르프는 희부연 땅거미 속에 완전히 사라져 버리려는 환영 같은 그림자를 향해 방향을 잡았지만, 거기에 도착하려면 다시 바람을 거슬러서 힘을 소모시키는 등반을 감행해야 했다. 그리하여 그가 거기에 도착했을 때, 그것이 아까의 헛간, 무거운 돌로 지붕을 눌러놓은 헛간이며, 여러 가지로 길을 돌아서 가고 악전고투의 노력을 계속한 뒤 결국 똑같은 헛간에 이른 것을 알고, 그는 분개하고 놀라고 무서운 나머지 현기증이 일어났다.

분한 노릇이었다. 심한 저주의 말이 한스 카스토르프의 굳어진 입술에서 순음이 탈락된 채 흘러나왔다. 방향을 알기 위해 헛간 주위를 돌면서 자기가 헛간 뒤쪽에서 다시 헛간으로 접근한 것, 꼭 한 시간 동안 완전히 아무 소용없는 가소로운 노력을 계속한 것을 알았다. 그러나 이것 역시 바로 책에 씌어 있는 대로의 일이었다. 제 딴에는 악전고투를 하며 바로 가고 있는 줄 알지만, 실은 빙빙 돌면서 사람을 속이는 1년의 순환과 마찬가지로 다시 출발점으로 되돌아온다는 어리석은 원을 그린 것이다. 사람은 이렇게 빙빙 돌며 헤매다가 마침내 집으로 돌아가는 길을 잃어버리게 되는 법이다. 한스 카스토르프는 말로만 듣던 현상(現象)을 확인했다는 만족감을 가지기는 했지만, 이것은 끔찍한 일이었다. 이런 경우에 흔히 일어난다고 하는 일이, 그의 특수하고 개인적인 이 현실에서 이토록 정확하게 일어났으므로 그는 분노와 놀라움으로 자기 허벅다리를 쳤다.

이 외딴집은 문에 자물쇠가 잠겨 있어 안으로 들어갈 수도 없었다. 그러나 앞으로 튀어나온 차양이 있었고, 통나무를 쌓아올린 벽에 어깨를 기대면 실제로 눈보라로부터도 막아주었기 때문에 일단은 거기에 머물러 있기로 결심했다. 벽에 등을 기대는 것은 긴 스키가 방해가 되어 마음대로 되지 않았다. 스틱을 옆에 있는 눈 속에 꽂고, 양털 조끼의 깃을 올리고 두 손을 주머니에 넣은 채, 비스듬히 기대어 눈을 감고 머리를 힘없이 통나무 벽에 기댔다. 그리고 어깨 너머로 골짜기 저편의 절벽이 눈보라의 베일 속에 가끔 희미하게 모습을 드러내는 것을 보고 있었다.

그러고 있으니 비교적 기분이 좋아졌다. 이 상태라면 만약의 경우에 아침까지라도 서 있을 수 있겠다고 생각했다. 그러나 버팀목을 한 다리를 가끔 바꾸어 몸을 뒤치고 조금씩 움직여 돌아다녀야 했다. 몸은 얼어 있지만 움직인 덕분으로 몸속에는 열이 쌓여 있었다. 그러므로 비록 헛간에서 헛간으로 빙빙 돌기는 했지만 움직여 다니는 것은 전혀 헛된 일이 아니었다. '빙빙 돈다'란 무슨 말일까? 보통 때는 이런 말을 쓰지 않는다. 그가 지금 머리가 복잡해서 정신없이 그 말을 사용하기는 했지만 정말 알맞은 말일 것이다…… 아무튼 여기서 이렇게라도 견딜 수 있게 된 것은 고마운 일이다. 이 눈보라는 내일 아침까지 계속될지도 모른다. 어두워질 때까지 계속된다 하더라도 매우 위험한 일이다. 어두워지면 한자리에서 빙빙 돌 위험이 눈보라 속과 마찬가지로 커지기 때문이다. 지금쯤 저녁 6시에 가까워졌을 것이다. 빙빙 도는 데에 그렇게 시간을 소비했으니 말이다. 대체 지금 몇 시나 되었을까? 굳어져 감각이 무뎌진 손가락으로 시계를 옷에서 꺼낸다는 것은 어려운 일이었다. 그는 어렵게 시계를 끄집어 내어 시간을 보았다. 이름의 첫 글자를 새겨 넣은 뚜껑 있는 금시계는 이 황량한 눈보라 속에서도 기운 좋고 충실하게 시간을 가리키고 있었다. 그것은 그의 심장이 흉곽의 유기 체온 속에서 움직이고 있는 것과 같았다.

시계는 4시 반을 가리키고 있었다. 이게 어찌된 일일까? 눈보라가 시작된 것이 거의 4시 반이었는데, 길을 잃고 헤매면서 다닌 것이 고작 15분밖에 안 되었다는 말인가? 시간의 걸음이 자신에게만 길어졌다고 그는 생각했다. '빙빙 도는' 것은 시간을 길게 하는 것 같다. 그러나 5시나 5시 반이 되면 본격적으로 어두워지고, 그 뒤에는 어둠이 계속 머물러 있게 된다. 그때까지는 눈보라가 멎을 것인가? 다시 한 번 빙빙 돌지 않아도 좋을 것인가? 그때까지 포도주를 한 모금 마시고 기운을 내는 것이 좋을 듯싶었다.

한스 카스토르프가 포도주를 준비해 온 것은, 베르크호프에서 그 납작한 병을 소풍 나가는 사람들을 위해 팔고 있기 때문에 사온 것뿐이다. 그러나 이것은 추위가 심한 날에 산속을 헤매다가 이런 상황에서 밤을 맞이하려는 사람을 위해 팔던 물건은 결코 아니었다. 한스 카스토르프가 좀더 냉철한 감각으로 베르크호프로 돌아간다는 생각을 했다면, 포도주는 삼가야 할 음료수라고 생각해야 했을 것이다. 그는 포도주를 두세 모금 마시고는 그것을 깨달았다. 왜냐하면 두세 모금이 이 위에 도착한 밤에 마신 쿨름바흐산의 맥주와 똑같은 효과를 나타냈기 때문이다. 그날 밤 생선 요리 소스나 이와 비슷한 너절한 이야기를 하여 세템브리니의 교육자적 기분을 상하게 한 것이었다. 다루기 힘든 광인까지도 자신의 눈초리로 이성을 되돌린다는 세템브리니의 뿔피리 소리가 공중에 울려 퍼지는 듯했다. 웅변가인 교육자가 애를 먹이는 제자이며 인생의 걱정거리 자식을 무모한 상태에서 건져내려고 성큼성큼 다가와서 그것을 알리는 뿔피리 소리였다…… 이것은 물론 완전한 환청이었고, 어쩌다가 마신 포도주 때문이었다. 첫째로 세템브리니는 뿔피리를 갖고 있지 않았으며, 가진 것이라고는 한쪽의 의족으로 보도 위에 세워 놓고 타는 손풍금뿐이었다. 그는 그것을 멋지게 타면서 인문주의자다운 눈길을 집집의 창문을 향해 보낼 뿐이었다. 둘째로 그는 이제는 베르크호프에 살고 있지 않으며, 부인복 재단사인 루카세크 집 물병이 있는 헛간 같은 방—나프타의 비단이 깔린 방 위에 있다—에서 현재 무슨 일이 일어났는지도 모를 것이다. 게다가 언젠가 사육제날 밤에 한스 카스토르프가 병든 클라브디아 쇼샤에게 그의 연필, 프리비슬라프 히페의 연필을 돌려줄 때처럼, 이번에도 간섭할 권리가 조금도 없었다. 그러나 '상태'란 무엇을 의미하는 것일까? 상태라는 말은 '눕는다'는 말에서 만들어진 것이니, 수평이야말로 정규적 의미로 이 위에 여러 해 있었던 사람에게 가장 어울리는 상태였다. 그는 눈이 오는 추운 날에도 바깥에 누워 있는 것에 익숙해 있지 않았던가? 낮이나 밤이나? 한스 카스토르프는 이렇게 생각하고 주저앉으려 했으나 '상태'에 대한 쓸데없는 지껄임도 포도주 탓이며, 책에도 씌어진 대로의 위험한 욕망에서 나온 것이고, 이 욕망이 체면과 말의 유희로 자신을 속이려고 한다는 것을 알고는 깜짝 놀랐다. 그러고는 목덜미를 잡혀 흔들려 깬 것처럼 주저앉으려던 것을 그만두었다.

그가 중얼거렸다.

"실수를 저질렀구나. 포도주는 좋지 않았어. 몇 모금 마셨는데도 머리가 무겁고 턱이 가슴에 닿으려는 것 같아. 생각하는 것도 멍한 건지 어리석은 건지 분간할 수 없는 것뿐이어서 함부로 믿을 수가 없다. 처음 머리에 떠오르는 생각뿐만 아니라 그 생각을 비평하는 것도 믿을 수 없으니 큰일이다. 그의 연필? 아니다. 사실은 그녀의 연필이지, 그의 것은 아니다. 이 경우에는 연필이라는 말이 남성 명사이기 때문에 '그의'라고 말한 것뿐이다. 그 밖의 것은 모두 농담이다. 대체 그런 것을 이렇게 문제삼고 있다니! 그런 것보다 더 긴급하게 문제삼을 것이 있는데도 말이다. 예컨대 버팀목으로 하고 있는 왼쪽 다리가 세템브리니의 손풍금을 지탱하는 나무다리를 유난히 연상시킨다. 그것을 그는 언제나 무릎으로 밀며 보도 위를 나아갔다. 창 밑으로 다가가서 아가씨에게 그 속에 얼마간의 동전을 던져달라고 벨벳 모자를 내밀고 있는 것이다. 그런데 나는 무언가 눈에 보이지 않는 것에 끌리듯이 눈 속에 누워버릴 것만 같다. 그것을 막으려면 운동이 있을 뿐이다. 포도주를 마신 벌로, 그리고 나무다리처럼 굳어져 버린 이 다리를 부드럽게 하기 위해서도 움직일 필요가 있다."

한스 카스토르프는 기대어 있던 오른쪽 어깨에 힘을 주어 벽에서 몸을 떼었다. 그러나 헛간에서 몸을 떼고 한 발짝 디딘 순간, 바람이 낫같이 휘몰아쳐 그를 보호하는 벽 쪽으로 되돌려 보냈다. 그 처마 밑은 그에게 주어진 유일한 피난처로 한동안 거기서 가만히 있지 않으면 안 되었지만, 그래도 기분 전환을 위해 기대고 있는 어깨를 오른쪽 다리를 버팀목으로 하고 왼쪽 다리를 조금 흔들어서 발이 저리지 않도록 할 수는 있었다.

'이런 날씨에는 집에 가만히 있는 거야. 약간의 기분 전환은 좋지만, 혁신을 요구하거나 돌풍에 싸움을 거는 것은 해서는 안 될 일이다. 뭐라고 해도 움직이지 않고 가만히 머리를 숙이고 있는 게 제일이야. 아무튼 머리가 무거우니까 말이야. 이 통나무 벽은 고마운 존재다. 어딘지 모르게 온기가 벽에서 전해져 오는 느낌이 든다. 이런 상태에서 온기라고 할 수 있다면 말이다. 나무에 깃든 그윽한 온기가 전해져 오는 것 같다. 물론 이것은 아마 기분만의 문제로, 주관적인 온기일 것이다. 아, 저 많은 나무! 아, 저 생명에 찬 대지! 얼마나 멋

진 향기란 말인가!'

그의 눈 아래는 발코니에서 보는 공원처럼 느껴졌다. 활엽수로 덮인 넓고 넘칠 듯한 녹색으로 충만한 공원으로, 느릅나무·플라타너스·너도밤나무·단풍나무·자작나무 등이 가득하고, 풍만하고 신선한 잎새가 희미한 그림자를 보이며 나뭇가지 스치는 소리를 부드럽게 내고 있었다. 나무의 향기를 담은 상쾌하고 습한 미풍이 불고 있었다. 따스한 소나기가 살짝 지나갔지만, 그 비는 햇빛으로 밝게 반짝이고 있었다. 멀리 상공까지 대기가 밝은 안개비로 반짝이는 것이 보였다. 얼마나 아름다운가! 아, 고향의 숨결, 오랫동안 가까이하지 못한 평지의 향기와 생명! 대지는 새들의 지저귐에 가득 차서, 한 마리 새의 모습도 보이지 않는데도 그 가련하며 가느다랗고 감미로운 지저귐, 비둘기의 울음 같은 소리, 흐느끼는 소리로 넘쳐흘렀다.

한스 카스토르프는 감사하는 마음이 충만한 상태에서 공기를 들이마시면서 미소지었다. 모든 것은 순간마다 아름다움을 계속 더해 갔다. 무지개가 옆에서 풍경 위에 걸려, 완연하고 선명한 곡선을 그려 보였다. 무지개는 청순하고 화려하여, 일곱 빛깔의 묘미를 다하여 촉촉하게 반짝이고, 그 빛깔이 지상의 울창하고 밝은 푸르름에 풍요하게 흘러들어갔다. 마치 음악을 듣는 것처럼 플루트와 바이올린 소리가 섞인 하프 소리를 듣는 느낌이었다. 특히 푸른색과 보라색이 멋진 아름다움으로 흘러들어오고 있었다. 모든 것이 그 빛깔 속에 신비롭고 희미하게 녹아들어가, 변화하고 새로 탄생하며 순간마다 아름다워지고 있었다. 한스 카스토르프는 몇 년 전의 세계적인 성악가의 노래를 듣는 것 같았다. 그 이탈리아 테너 가수의 목에서 나온 은혜로운 예술의 힘이 청중의 마음에 불어넣어졌다. 성악가는 고음으로 계속 노래를 불렀는데, 그 고음은 처음부터 아름다웠다. 그 열정적이며 아름다운 목소리는 꽃봉오리처럼 점점 열리고 부풀어올라 시시각각으로 밝음을 더해 갔다. 아무도 그때까지는 알아차리지 못한 베일이 한 장, 그리고 또 한 장, 그 높은 음에서 벗겨지고 마지막 베일도 엿보여, 설마라고 생각했던 마지막 한 장이 벗겨져서 광채와 눈물로 반짝이는 아름다움을 발하고 눈부신 밝은 빛으로 바뀌어, 청중은 모두 기쁨의 신음 소리를 내어 한스 카스토르프도 흐느껴 울었다.

지금 그의 눈앞에서 변화하고, 베일을 계속 벗으며 광채를 더해 가고 있는 풍경도 이와 똑같았다. 푸른빛이 사방에 넘쳐흐르며 밝은 안개비의 베일이 벗겨지고 바다가 나타났다. 바다, 그것은 남국의 바다였다. 은빛으로 빛나는 깊은 남빛의 바다, 찬란하고 아름다운 바다, 해안에서 먼 바다 위에 아지랑이가 피어오르고, 육지 쪽은 푸른 산줄기에 넓게 둘러싸였다. 그 사이에 군데군데 떠 있는 섬에는 종려나무가 높이 서 있고, 측백나무 숲 속에 작고 하얀 집들이 햇빛을 받으며 반짝였다.

'아, 정말로 과분하다. 얼마나 즐거운 빛깔의 파도인가! 푸른 하늘처럼 깊고 깨끗한 파도여, 싱싱한 빛깔의 바닷물이여!'

한스 카스토르프는 세상에 태어나 한 번도 이런 풍경을 본 일이 없었다. 방학 때의 여행길에도 남국에는 가본 일이 없었고, 북쪽의 거칠고 푸른 바다만을 알고 있을 뿐이었다. 그 바다에 소년다운 아련한 애착을 느끼고 있었을 뿐, 지중해·나폴리·시칠리아·그리스를 방문한 일은 한 번도 없었다. 그러나 그는 이상하게도 재회의 기쁨을 느꼈다.

"아, 그렇다, 이것이다!"

마음속에서 이런 외침이 튀어나왔다. 눈앞에 펼쳐지고 있는 푸른 바다의 환희를 자신에게도 감춘 채, 이전부터 남몰래 가슴에 품고 있었던 것 같았다. 그리고 이 '이전'은 엷은 보라색에 싸인 하늘이 그 위에 드리워진 먼바다와 같이 무한히 먼 '이전'이었다.

수평선은 높고, 먼 곳은 올라가 있는 것처럼 보였지만, 이것은 한스 카스토르프가 조금 높은 장소에서 든바다를 내려다보고 있기 때문이었다. 주위의 산들은 앞쪽이 무성한 숲에 싸여 바다 가운데 튀어나온 곳 말고는, 조망의 한가운데에서 반원형으로 바다를 둘러싸고 있어 한스 카스토르프가 앉아 있는 데까지, 그리고 훨씬 뒤쪽까지 줄을 짓고 있었다. 그는 햇볕으로 따뜻해진 돌계단 위에 쭈그리고 있었는데, 거기는 앞산이 바다에 맞닿아 있는 바닷가였다. 눈앞에는 이끼 낀 돌들이 굴러다니는 모래사장이 숲이 우거진 계단 모양의 대지를 이루고 평탄한 물가에까지 내려와 있었다. 그 물가에는 갈대 사이에 자갈이 푸른빛을 띤 바다를 이루고 있었다. 그리고 이 화창한 장소는 접근할 수 있는 해안의 언덕도, 바위뿐인 밝은 분지도, 보트가 오가는 섬까지의 바다도 어디나 사람들로 붐비고 있었다. 사람들, 즉 태양과 바다의 아들들, 보기에도 즐겁고 총명하며 밝고 아름다운 젊은이들이 여기저기에서 뛰놀거나 쉬고 있었다. 한스 카스토르프는 그 젊은이들을 바라보자 가슴이 탁 트이고,

애정에 가득 차서 터질 듯이 부풀었다.

젊은 사람들은 말을 달리고 있었다. 힝힝대면서 머리를 흔들고 달리는 말의 고삐를 쥐고 나란히 달리기도 하고, 뒷발로 뛰는 말을 긴 고삐로 잡아당기기도 하며 안장 없는 말에 올라타 맨발의 발꿈치로 말의 옆구리를 차고 바다로 들어가곤 했다. 젊은이들의 근육은 햇볕을 받아 금갈색 피부 밑에서 꿈틀거리고 있었으며, 그들이 서로 나누는 외침과 말을 부르는 외침은 웬일인지 사람의 마음을 끄는 울림을 가지고 있었다. 산속의 호수처럼 기슭을 비치고 있는 바다, 육지에 깊이 들어가 있는 해안에서는 한 무리의 소녀들이 춤을 추고 있었다. 그중 머리를 뒤로 높이 묶은 소녀가 유난히 사랑스러웠다. 그 소녀는 웅덩이에 두 다리를 넣고 앉아, 피리를 불면서 피리 위에서 움직이는 손가락 너머로 주위에서 춤추는 소녀들을 보고 있었다. 춤추는 소녀들은 길고 느슨한 옷을 입고 웃으면서 두 팔을 벌리기도 하고 둘이서 볼을 사랑스럽게 맞대기도 하면서 스텝을 밟고 있었다. 피리를 부는 소녀는 희고 날씬한 두 팔을 뻗고 있었기 때문에 등이 약간 굽어 있었는데, 그 뒤에서 소녀들은 앉거나 껴안거나 서 있는 자세로 춤을 추고 있었다. 거기서 좀 떨어진 데에서는 청년들이 활 쏘는 연습을 하고 있었다. 나이가 위인 청년이 미숙한 곱슬머리 소년들에게 시위를 다루는 방법, 화살을 재는 방법을 가르치면서 함께 겨냥하고, 화살이 시위를 떠나는 반동으로 비틀거리는 소년들을 웃으면서 받쳐주는 광경은 보기만 해도 마음이 뿌듯해졌다. 낚시를 하고 있는 젊은이들도 있었다. 기슭의 평평한 바위 위에 배를 깔고 엎드려 한쪽 다리를 흔들면서 낚싯줄을 바닷물에 드리우고, 옆에 있는 젊은이와 이야기하고 있었다. 상대방은 비탈진 바위에 앉아 몸을 뻗는 듯하면서 미끼를 던지고 있었다. 돛대와 돛이 달린, 뱃전이 높은 보트를 바다에 띄우려고 밀고 버티는 젊은이들도 있었다. 어린아이들은 방파제 사이에서 뛰어놀면서 함성을 올리기도 했다. 한 젊은 여인이 다리를 쭉 뻗고 엎드려 위를 쳐다보고 있었으며, 그 여인 앞에는 늘씬한 젊은이가 잎이 달린 과일을 든 손을 여인에게 향해 장난하듯 내밀고 있었다. 그녀는 그 과일을 잡으려고 한 손을 과일 쪽에 내뻗고, 또 다른 손으로는 흘러내리는 옷을 유방 사이로 끌어올리고 있었다. 바위의 낮은 곳에 기대어 있는 사람, 두 팔을 가슴 위에 포개고 두 손으로 어깨를 누르면서, 발끝으로 물의 차가움을 시험해 보는 사람도 있었다. 젊은 남녀가 여러 무리를 이루어 바닷가를 거닐고 있었는데, 어떤 청년은 한 소녀를 사이좋게 이끌면서 소녀의 귓전에 뭔가를 속삭이고 있었다. 털이 탐스러운 산양들이 이 바위에서 저 바위로 뛰놀고, 산양들을 감시하는 젊은 목동은 한 손을 허리에 대고, 또 다른 손은 긴 막대기를 든 채, 뒤쪽 챙이 올라간 작은 모자를 갈색 곱슬머리 위에 쓰고 높은 곳에 서 있었다.

한스 카스토르프는 감격하여 생각했다.

'참 멋지구나! 정말 즐겁고 매혹적인 광경이다! 얼마나 사랑스럽고 총명하며 행복한 사람들인가! 모습뿐만 아니라 마음도 행복하게 보이는구나. 저것이 나를 이다지도 감동시키고 사로잡을 줄이야! 저것이 그들 본성 밑바탕에 숨어 있는 정신과 기분이라 말하고 싶다. 왜냐하면 그들이 함께 있고 함께 생활하는 정신과 감정이 행복하고 사랑스럽기 때문이다!'

그가 이렇게 생각한 것은, 태양의 아들들이 서로 어울리고 있는 깊은 친밀함과, 차별 없이 서로 대하는 우아하고 예의 바른 마음씨를 느꼈기 때문이다. 거의 눈에 띄지는 않았지만, 그들 한 사람 한 사람의 기분 속에 확실히 흐르고 있는 한 가지 생각과 깊이 뿌리박고 있는 이념의 힘으로 서로에게 언제 어디서나 표시하는 경애심, 미소로 감추어진 공경과 사랑의 정이었기에 그것은 품위와 엄격함이라고도 할 수 있었다. 그러나 그것이 밝음 속에 완전히 녹아버려 어둠이 없는 진지함, 총명한 근엄성의 비길 데 없이 아름다운 정신적인 형태로 그들의 행동 하나하나에 배어 있었다. 물론 의식적인 느낌을 주기는 했다. 저쪽에 있는 이끼 낀 돌 위에는 갈색 옷을 입은 젊은 어머니가 앉아서 아기에게 젖을 먹이고 있었다. 그리고 그 옆을 지나가는 사람들 모두가 특별한 방법으로 어머니에게 인사하는 것이었다. 젊은이들은 어머니를 향해 두 팔을 가슴 위에 가볍게 십자로 포개고, 미소를 지으면서 머리를 숙이고 지나갔다. 그리고 소녀들은 참배자들이 제단 앞에서 하듯이 살짝 무릎을 굽히고 지나갔다. 그러나 그들은 동시에 씩씩하고 밝고 기쁜 듯이 여러 번 어머니에게 끄떡여 보였다. 어머니는 유방을 눌러 아기가 젖을 먹기 쉽게 해주면서, 아기로부터 눈을 떼고 경애의 정을 나타내는 젊은이들에게 미소로 답례했다. 그 유연하고 온화한 답례는, 젊은이들의 의식적인 경애와 밝고 친밀함이 섞인 태도와 함께 한스 카스토르프의 마음을 황홀하게 해주었다. 그는 그 광경을 싫증 내지 않고 계속 바라보았다. 그러나 이렇게 보는 일이 허용되는 것일까? 자신이 생각해도 거칠고 더럽고 보기 흉한 모습을 하고 있는 국외자인 그가, 이 밝고 예의 바른 행복을 지켜보고 있다는 것이 죄악이 아닐까 하는 생각이 들어서 가슴이 죄어드는 것을 느꼈다.

하지만 그렇게 걱정은 하지 않아도 좋을 듯싶었다. 탐스러운 머리를 옆으로 가르고 그 머리카락이 이마 위에서 관자놀이에 드리워진 한 아름다운 소년이, 두 팔을 가슴에 십자로 포개고 한스 카스토르프가 앉아 있는 바위 밑에 멈추어 섰다. 토라지거나 슬픈 표정은 아니었고, 다만 웬일인지 모두로부터 떨어진 느낌이었다. 소년은 태양의 아들들을 엿보는 한스 카스토르프의 모습과 바닷가의 광경을 번갈아 바라보고 있었다. 그러다가 갑자기 소년의 눈은 한스 카스토르프의 머리 위를 넘어서 저쪽의 먼 곳으로 향했다. 그 순간 소년의 아름답고 단정하며 앳된 얼굴에서는 태양의 아이들에게 공통적으로 보이는 예의 바르고 친밀한 미소가 사라졌다. 눈썹은 찌푸리지 않았지만 그의 표정에는 마치 돌에 새겨진 것 같은 규명할 수 없는 무표정, 죽음과 같은 싸늘함이 나타났다. 그 바람에 가까스로 기분이 가라앉으려고 했던 한스 카스토르프는 소스라치게 놀랐지만, 그 표정의 의미에 대해서는 막연하나마 예측하는 바가 없지 않았다.

한스 카스토르프도 뒤를 보았다. 그의 뒤에는 대롱 모양의 석재를 쌓아올린 거대한 기둥들이 밑받침도 없이 나란히 서 있고, 석재 이음매에는 이끼가 끼어 있었다. 그것은 신전의 문기둥이었다. 그는 문의 한가운데에 내다보이는 돌계단 위에 앉아 있었던 것이다. 그는 무거운 마음으로 일어나 돌계단 옆에 있는 문으로 들어갔다. 포석이 깔린 길을 걸어 나가니 얼마 안 가서 새로운 앞마당 문이 나왔다. 그곳을 지나쳐 나가자 신전 앞이 나왔다. 신전은 장중하면서도 풍화 작용 때문에 녹회색이 되었고, 계단은 급경사를 이루고 있었으며, 정면은 널찍했다. 그 정면을 받치고 있는 돌기둥은 억세고 뭉툭했으며 위로 올라갈수록 가늘어졌다. 그리고 그 돌기둥 중에 세로로 홈이 파진 원통형 석재의 몇 개는 이음매에서 빗나가 옆으로 빠져나와 있었다. 한스 카스토르프는 가슴이 차츰 답답해져, 헐떡이면서 두 손을 사용하여 간신히 높은 돌계단을 기어올라가, 줄기둥이 늘어선 홀로 들어갔다. 그 홀은 아주 깊어서, 담청색 바닷가의 너도밤나무 숲을 걸어가는 느낌이었다. 그는 일부러 그 가운데를 피하고 거기에 발을 돌리지 않으려 하면서 홀 안을 걸어갔다. 그러나 그는 다시 한가운데로 돌아와, 받침대 좌우로 갈라지는 곳에 있는 하나의 군상(群像) 앞에 섰다. 그것은 받침대에 앉힌 두 여인의 석상으로, 어머니와 딸인 것 같았다. 앉아 있는 한 여인은 나이가 들고 품위도 있어서 정말 온화하고 거룩한 신(神) 같았지만, 눈동자가 없는 공허한 눈은 탄식하는 듯 눈살을 찌푸리고 있었으며, 주름이 많은 속옷과 웃옷을 입고 물결치는 머리칼을 베일로 덮고 있었다. 다른 한 여인은 처녀다운 얼굴을 했으며, 어머니에게 평화롭게 안겨서 두 팔과 두 손을 주름 사이에 숨기고 서 있었다.

한스 카스토르프는 그 입상을 보고 있는 동안, 어쩐지 가슴이 더욱 무거워져 불안감과 이상한 예감을 갖게 되었다. 그는 입상 주위를 돌아 그 뒤로 나왔다. 바로 가까이에 있는 두 줄의 둥근 기둥 사이를 지나갈 용기는 거의 없었지만, 그러지 않을 수 없었다. 줄기둥 사이를 지나가자 신전의 신각(神閣)이 있는 금속 문이 열려 있었다. 그 속을 들여다본 한스 카스토르프는 깜짝 놀라, 몸이 꼿꼿해져 금방이라도 고꾸라질 것만 같았다. 신각 안에는 흰머리를 풀어 헤치고 보기 흉하게 늘어진 유방과 손가락만 한 젖꼭지를 보이는 반나체의 두 노파가, 불이 타오르는 불쟁반의 빛에 반사된 채 처참한 일에 열중하고 있었다. 노파들은 큰 쟁반 위에 아기들을 몸서리처질 정도로 태연하게 찢어서—한스 카스토르프는 아기의 부드러운 금발이 피투성이가 되어 있는 것을 보았다—그 살점을 먹고 있었으며, 연한 뼈는 노파들의 입 속에서 오독오독 소리를 내며 부서지고, 핏방울이 추한 입술에서 뚝뚝 떨어졌다.

한스 카스토르프는 피가 얼어붙는 것 같은 공포에 사로잡혀 꼼짝할 수가 없었다. 두 손으로 눈을 가리려 했으나 그것마저 할 수 없었다. 도망치려고 했으나 도망칠 수도 없었다. 이윽고 노파들은 무서운 일에 열중하면서도 그의 모습을 재빨리 발견하고, 피투성이가 된 손을 그를 향해 흔들며, 몹시 더럽고 음탕한 욕을, 그것도 한스 카스토르프의 서민 계급의 방언으로 퍼부었다. 그는 너무나 기분이 나빠졌다. 이렇게까지 기분이 나빴던 적은 한 번도 없었다. 그는 죽을힘을 다해 그곳에서 빠져나오려고 하다가 돌기둥에 부딪혀 넘어지고 말았다. 그러나 사실은 헛간 옆의 눈 속에 한쪽 팔을 깔고 누워서 머리를 기댄 채 스키를 신은 두 다리를 뻗고 있는 자기를 발견했다. 그러나 노파들의 무서운 외침이 아직도 귓전을 울리고 무서운 공포에 온몸이 굳어 있었다.

하지만 아직 꿈에서 깬 것은 아니었다. 무서운 노파들로부터 도망쳐 나온

섯에 안도의 숨을 쉬면서 눈을 끔벅였을 뿐, 아직도 자기가 신전의 돌기둥 밑에 쓰러져 있는 건지 헛간 옆에 쓰러져 있는 건지 분간할 수 없었다. 그는 아직도 꿈을 꾸는 것 같은 형태였다. 장면으로서가 아니라 사상적인 것이었지만, 여태까지의 것에 못지않은 모험적이고 혼란한 꿈이었다.

한스 카스토르프는 잠꼬대처럼 중얼댔다.

"꿈을 꾸고 있다고는 나도 생각했어. 멋있었지만 지독하게 무서운 꿈이었다. 푸른 잎의 공원도, 기분 좋은 습기도, 그 밖의 아름다운 것도, 무서운 것도. 나는 처음부터 모두 알고 있었다. 그러나 어째서 그런 것을 알고 있거나 황홀해하거나 무서워할 수 있는 것일까? 저 섬이 있는 아름다운 바다, 혼자 서 있던 그 소년의 눈이 가르쳐 준 신전의 세계를 나는 어떻게 알았을까? 우리는 자기 영혼만으로 꿈을 꾸는 것이 아니라, 형태는 저마다 다르더라도 이름 없이 공동으로 꿈을 꾸고 있다고 말하고 싶다. 하나의 큰 영혼이 존재하고 있는데, 우리는 그 영혼의 일부분이며 그 큰 영혼이 우리를 통해, 우리들 각자의 형태로—그 영혼의 청춘, 희망, 행복, 평화—남몰래 바라고 있는 대상을 꿈꾸는 것이다. 그리고 나는 돌기둥 아래에 누워 영원 속에 꿈의 흔적을 남기고 있다. 피비린내 나는 향연의 몸서리처지는 공포, 그리고 거기에 앞선 마음의 기쁨, 태양의 아들들의 행복과 예절에 대한 기쁨이 아직 내게 남아 있다. 나에게는 그럴 자격이 있다. 여기에 누워 그런 것을 꿈꿀 수 있는 어엿한 자격을 가지고 있다. 나는 이 위의 사람들이 있는 곳에서 모험과 이성에 대해 여러 가지를 경험했다. 나는 나프타와 세템브리니와 함께 위험하기 그지없는 산들을 돌아다녔다. 나는 인간에 대한 모든 것을 알고 있다. 나는 인간의 살과 피를 맛보고 병든 클라브디아에게 프리비슬라프 히페의 연필을 돌려주었다. 살과 피를 맛본 자는 죽음도 맛본 것이다. 그러나 그것만으로는 전부가 아니다. 교육적으로 생각하면, 오히려 그것은 처음에 지나지 않는다. 거기에는 다른, 반대쪽의 절반이 덧붙어야 한다. 왜냐하면 죽음과 병에 대한 흥미는 삶에 대한 흥미의 한 형태에 불과하기 때문이다. 이것은 인문적 분과의 하나인 의학도 증명하는 것이다. 그것은 아주 우아한 라틴어로 생명과 그 병에 말을 하지만, 의학은 아주 절실한 관심의 한 형태에 지나지 않고, 그 관심에 친근감을 갖고 표현한다면 그것은 바로 인생의 걱정거리 자식이라는 거다. 즉 인간에 대한 것, 인간의 위치와 본성에 대한 것이다…… 나는 인간에 대해 아는 것이 적지 않으며, 이 위의 사람들이 있는 곳에서 많은 것을 배우고 있다. 평지에서 밀려나 숨이 거의 막힐 지경이지만, 지금 이렇게 돌기둥의 받침돌 옆에서 나쁘지 않은 전망을 즐기고 있다…… 나는 인간의 위치를 꿈꾸고—신전에서는 무서운 피의 향연이 벌어지고 있는데도—인간이 예의 바르고 총명하며 경건한 공동 생활을 하는 것을 꿈꾸었다. 태양의 아들들은 피의 향연의 공포를 염두에 두고 있기 때문에 그토록 예의 바르고 서로를 위로하는 것일까? 그렇다면 그들은 정말로 우아하고 훌륭한 결론을 끄집어 냈다고 할 수 있다! 나는 영혼 안에서 태양의 아들들과 같은 생각을 나누어야겠다. 그리고 나프타의 생각에는 물들지 말도록 하자. 세템브리니의 생각에도 물들지 않으리라. 두 사람 다 수다쟁이에 지나지 않는다. 한 사람은 음탕하고 악의적이다. 또 한 사람은 언제나 이성의 뿔피리를 불면서 미친 사람까지도 냉정하게 만들 수 있다고 자부하지만, 악취미이다. 확실히 속물근성과, 단순한 윤리와 비종교에 지나지 않아. 그리고 나는 키 작은 나프타에게도 동조할 수 없다. 신과 악마, 선과 악의 뒤범벅으로 개인이 공동체 속에서 침몰하는 것을 목적으로 하는 나프타의 종교에 동조할 수 없다. 그 두 사람의 교육자! 두 사람의 논쟁과 대립 자체가 엉망이며 혼란한 소용돌이이다. 머릿속이 조금이라도 자유롭고 마음이 경건한 사람이라면 아무도 그런 것에 현혹되지 않는다. 귀족성에 대한 두 사람의 논쟁, 고귀성에 대한 토론, 죽음과 삶—병과 건강—정신과 자연, 이건 정말 서로 모순된 것일까? 문제가 되는 것일까? 아니다. 그것은 문제가 되지 않는다. 어느 것이 고귀한가도 문제가 되지 않는다. 죽음의 모험은 삶에 포함되며, 그 모험이 없으면 삶이 아니다. 그 한가운데에 신의 아들인 인간의 위치가 있는 것이다. 모험과 이성의 한가운데에, 인간 국가가 커다란 집단과 미미한 개인 사이에 위치하는 것과 마찬가지이다. 그것을 나는 이 돌기둥 밑에서도 보고 있다.

그 중간 위치에서 인간은 우아하고 온화하며 경건하게 자신을 대우해야 한다. 왜냐하면 고귀한 것은 인간뿐이며, 대립하는 생각이 고귀한 것은 아니기 때문이다. 인간은 대립하는 생각의 주인이며, 모든 생각은 인간에 의해 존재하는 것이다. 그 때문에 인간은 어떤 대립보다도 고귀하다. 인간은 죽음에 종속시키기에는 너무나 고귀한 두뇌의 자유를 가지고 있다. 인간은 삶보다도 고귀하며, 삶에 종속시키기에는 너무나 고귀한 마음속에 경건함을 가지고 있다. 이제 나는 하나의 시를 썼다. 인간에 대한 꿈과 같은 시를. 그것을 잊지 말도록 하자. 나는 착한 마음씨를 가지도록 힘쓰자. 나의 생각을 죽음에 지배당하지 말도록 하자! 착한 마음씨와 인간애는 그것을 의미하는 것이며, 그것만을 의미하는 것이다.

죽음은 위대한 힘이다. 죽음 앞에서 우리는 모자를 벗고, 발끝걸음으로 몸을 흔들며 나아간다. 죽음은 어떤 것에 대한 과거의 존엄을 나타내는 장식깃을 달고, 살아 있는 우리도 죽음에 경의를 표하여 엄숙하게 검정 옷을 입는다. 이성은 죽음 앞에서는 어리석은 존재가 된다. 이성은 단순히 덕에 지나지 않지만, 죽음은 자유·안식·놀이이기 때문이다. 죽음은 즐거움이지 사랑은 아니라고 나의 꿈은 말한다. 죽음과 사랑, 이것은 잘못된 배합이다! 사랑은 죽음에 대립하는 것이다. 사랑만이 죽음보다 강한 것이다. 사랑만이 올바른 생각을 주는 것이다. 형식도 사랑과 착한 마음에서 생기는 것이다. 분별 있고 우정 있는 공동체와 아름다운 인간, 국가의 형식과 예절, 피의 향연을 조용히 염려하다가 나는 이처럼 확실하게 꿈을 꾸고 멋지게 '술래잡기'를 한 것이다. 이것을 잊지 말도록 하자. 마음속으로 죽음에 성실한 생각을 계속 가지도록 하자. 그러나 죽음과 과거에 대한 성실성이 우리의 생각과 '술래잡기'를 지배한다면, 그 성실성은 악의와 음산함과 음탕함과 반인간성으로 바뀐다는 것도 확실히 기억해 두자. '인간은 착한 마음씨와 사랑을 잃지 않기 위해서 생각을 죽음에 종속시켜서는 안 된다.' 자, 이제 눈을 뜨자…… 이것으로 나는 꿈을 마지막까지 다 꾸고 목적을 이룬 셈이다. 나는 오래전부터 이 말을 찾고 있었다. 히페가 모습을 나타낸 장소에서, 발코니에서, 어디에서나 그 말을 찾아 이 눈 덮인 산으로 들어왔던 것이다. 그런데 이렇게 하여 그것을 찾아낸 것이다. 내 꿈이 그것을 확실하게 보여주었고 영원히 그것을 잊지 않도록 해준 것이다. 그렇다. 나는 그 말에 기뻐서 몸이 완전히 따뜻해졌다. 심장이 크게 뛰고 있지만, 그것이 왜 그런지를 확실히 알고 있다. 단순한 생리적 이유에서 뛰는 것이 아니라—시체에서도 손톱이 자란다고 하는 생리적인 이유에서가 아니라—인간적인 이유에서 뛰고 있는 것이다. 참으로 행복한 기분 때문에 내 심장이 뛰고 있다. 내 꿈의 말은 향기 진한 술이다. 포도주나 흑맥주보다도 향기롭다. 혈관을 사랑과 생명으로 흐르게 하면서 나를 잠과 꿈에서 해방시켜 준다. 이 잠과 꿈이 내 생명에 아주 위험하다는 것은 나도 충분히 알고 있다…… 일어나라, 일어나라! 눈을 떠라! 눈 속의 이 다리는 내 다리다! 다리를 끌어당기고 일어나라!

보라, 좋은 날씨다!"

일어나지 못하도록 얽어매는 질곡에서 몸을 해방시키는 일은 무서울 만큼 곤란하지만, 한스 카스토르프가 분발한 용맹심은 그를 얽어맨 질곡보다도 강했다. 그는 한쪽 팔꿈치를 짚고 무릎을 용감하게 당겨 팔꿈치에 기대면서 일어섰다. 스키를 신은 발로 눈을 밟고, 팔로 늑골 둘레를 두드리며, 두 어깨를 흔들고, 흥분하고 긴장한 눈초리로 주위를 돌아보고는 하늘을 쳐다보았다. 베일처럼 엷은 청회색 구름이 천천히 흐르고 있었으며, 그 사이로는 물색의 하늘이 보였고, 가느다란 낫과 같은 달이 모습을 나타냈다. 어스름한 저물녘이었다. 폭풍도 끝나고 눈도 이제는 내리지 않았다. 전나무 숲에 얼룩덜룩 덮여 있는 저쪽 절벽이 그 모든 모습을 선명하게 보이면서 평화롭게 누워 있었다. 그 절벽 아래쪽은 어두웠으나, 윗부분은 희미한 장밋빛에 물들어 있었다.

'도대체 어떻게 된 것일까? 세계는 어떻게 된 것일까? 아침일까? 밤새도록 눈 속에 누워 있었는데, 그러면서도 얼어 죽지 않았단 말인가?'

한스 카스토르프는 머릿속에서 상황을 판단하려고 노력하면서, 걸음을 걸어보고 몸을 흔들고 두드리는 것을 게을리하지 않았다. 얼어붙은 데가 전혀 없었고 손가락 하나도 얼지 않았다. 귀와 손끝과 발끝은 감각이 무뎌져 있었지만, 이것도 겨울의 발코니에서 누워 있을 때 가끔 겪었던 일과 마찬가지였다. 시계를 꺼낼 수 있었다. 아직 가고 있었다. 밤에 시계태엽을 감는 것을 잊었을 때에는 늘 죽어 있었는데 오늘은 움직였다. 아직 5시도 되지 않았다. 5시가 되려면 아직 멀었다. 5시가 되려면 아직 12분 또는 13분이 남아 있다. 이건 놀라운 일이다! 여기 눈 속에 누워 행복과 공포의 장면을 그렇게 연이어 보고 모험에 찬 생각에 잠겨 있었는데, 10분 아니면 그보다 조금 더 길었을 뿐이라니. 그 사이에 육각형의 괴물은 들이닥쳤을 때와 마찬가지 속도로 재빨리 물러가 버렸으니, 이런 일도 있을까? 그렇다면 한스 카스토르프는 집으로 돌아간다는 관점에서 본다면, 감사해야 마땅한 행운의 자비를 받았던 것이다. 왜냐하면 그의 몽상과 공상은 흥분하여 뛰어오를 정도의 전환을 두 번이나 했기 때문이다. 한 번은 공포 때문이었고, 두 번째는 기쁨 때문이었다. 인생은 깊은 미궁에 빠진 걱정거리 자식에게 호의를 가지고 있는 것 같았다. 어쨌든 주위가 아침이든 오후이든 간에, 아직 같은 날의 저녁때가 가까운 오후임에 틀림없었다. 집으로 곧장 미끄러져 내려가지 못하게 하는 것은 주위의 상황에도 한스 카스토르프 개인의 상태에도 존재하지 않았다. 이리하여 그는 내려갔다. 직선 활주의 연속으로 골짜기로 내려갔다. 가는 길은 눈 속에 보존된 낮의 빛으로 충분히 밝았지만, 골짜기에 내려가 그가 도착했을 때는 전등이 켜져 있었다. 목장이 있는 숲 가장자리를 따라 브레멘뷜을 내려가 6시 반에는 '마을'에 도착했다. 그는 스키를 향료 가게에 맡기고, 세템브리니의 다락방에서 쉬면서 마침내 눈보라에 습격당한 일을 보고했다. 인문주의자는 정말로 놀라워했다. 그는 한 손을 머리 위로 올려 흔들면서 그런 위험한 행동을 호되게 나무랐다. 그러고는 기진맥진한 청년을 위해 알코올램프에 불을 붙여 커피를 끓여 주었는데, 그렇게 진한 커피도 한스 카스토르프가 세템브리니의 방에서 의자에 앉은 채 잠이 드는 것을 막을 수는 없었다. 그로부터 한 시간 뒤에 한스 카스토르프는 베르크호프의 높은 문화적 분위기에 잠겨 있었다. 저녁 식사는 대단한 식욕으로 먹어 치웠다. 눈 속에서 꿈을 꾼 것은 희미해져 가기 시작했다. 눈 속에서 생각한 것은 그날 밤 사이에 벌써 기억도 할 수 없게 되었다.

훌륭한 군인으로

요아힘이 떠난 뒤에도 한스 카스토르프는 계속 그에게서 간단한 소식을 받고 있었다. 처음에는 기세가 등등한 좋은 소식이었던 것이 갈수록 신통치 않은 소식으로 바뀌었고, 마지막에는 뭔가 대단히 슬픈 일을 암시해 주는 소식이 되어갔다. 첫 번째 엽서는 요아힘의 입대와 낭만적인 의식을 즐겁게 알려왔다. 이 의식에서 요아힘은, 한스 카스토르프가 답장으로 보낸 엽서에 쓴 말을 빌리면 청빈, 순결, 복종을 맹세했다. 그런 뒤에도 명랑한 소식이 계속 전해졌다. 좋아서 선택한 길이기도 하고 상관들에게도 사랑을 받아 순조롭게 진행되어, 사촌의 새로운 삶의 하루하루가 희망과 기대에 차 보고되었다. 요아힘은 전에 2, 3학기의 예비 교육을 받았기 때문에 사관학교의 입학과 수습 사관 후보생 근무가 면제되었다. 새해에는 소위로 진급하여 제복 차림의 사진을 보내왔다. 빈틈없는 조직이면서, 까다롭고 유머러스한 인간미를 살리고 있는 근엄한 계급 제도의 세계에 편입된 요아힘의 감격이, 편지 어디에서나 느껴졌다. 그가 속한 부대의 거칠고 광신적인 상사가 사촌에게 보이는 낭만적이며 복잡한 태도에 대해서도 여러 실례가 보고되어 있었다. 그 상사는 현재 미숙한 젊은 부하인 사촌이 앞으로 훌륭한 상관이 될 것을 믿었고, 또한 사실 요아힘은 이미 장교 집회소에 출입하고 있었다. 유머러스하고 별세계 같은 이야기였다. 그러고는 장교 시험 이야기가 씌어진 소식이 왔고, 4월 초에 요아힘은 소위가 되었다.

소위가 된 요아힘보다 더 행복한 사람은 없었으리라. 요아힘보다 본성과 소망이 군대라는 특수한 생활 방식에 잘맞는 사람은 없었을 테니까. 그는 소위로 막 진급해 처음 의사당 앞을 지나갔을 때, 거기에 있는 보초가 부동 자세로 경례를 붙이고 자신이 고개를 끄덕여 보인 것을 수줍은 듯, 그러면서도 기뻐하며 알려왔다. 근무에서의 작은 불만이나 만족, 멋진 동료애, 사병들의 요령 있는 충성, 훈련과 학과 때의 우스운 사건, 사열, 회식, 초대, 오찬, 무도회 같은 사교적인 일에 대해서 알려왔지만, 건강 상태는 한 번도 언급하지 않았다.

여름 무렵까지 건강에 대해서는 한 마디도 없었는데, 어느 날 병상에 누워 있으며 유감스럽게도 병가(病暇)를 내야 하겠다는 내용의 소식을 보내왔다. 카타르열이지만, 며칠 안에 회복될 거라는 내용도 덧붙였다. 6월 초에 그는 다시 군복무를 했는데, 그달 중순쯤에 다시 '지쳐'버려서 자신의 불운을 심하게 탄식하고 슬퍼하면서, 고대하고 있던 8월 초의 대연습에도 참가 못하지 않을까 하는 걱정을 내비쳤다. 그러다가 7월에는 완전히 건강해졌다며 몇 주일은 무사히 지나갔다. 그러나 얼마 안 있어 '진찰'이라는 말이 보이게 되었다. 체온의 심한 변화로 진찰을 받을 필요가 생겼고, 모든 것은 이 진찰 결과에 달려 있다고 했다. 이 진찰 결과에 대해서 한스 카스토르프는 그 뒤 오랫동안 아무 소식도 듣지 못했다. 그러다가 얼마 안 있어 그것을 알려온 사람은 요아힘이 아니었다. 요아힘은 편지를 쓸 상태가 아니었는지, 아니면 부끄러워서 그랬는지 어머니인 침센 부인이 전보를 보내왔다. 침센 부인은 의사의 진단 결과 요아힘은 반드시 한동안 쉬어야 한다는 것이었다. '즉시 알프스 전지 요양을 떠나라 함. 방 두 개 부탁. 반신 요금 보냄. 발신인 루이제 외숙모'라는 전문이었다.

한스 카스토르프가 이 전보를 받은 것은 7월 하순이었다. 그는 발코니에서 이 전문에 잠깐 눈을 보냈다가 몇 번 다시 읽으면서 고개를 가볍게 끄덕였다. 머리로뿐만 아니라 몸 전체를 움직이며 중얼거렸다.

"그래, 그래. 그것 보라지, 그것 보라지! 요아힘이 다시 돌아오는구나!"

그러면서 갑자기 기쁨에 넘쳐 있었지만, 곧 평정으로 돌아가 생각했다.

'흠, 흠. 이건 중대한 소식이다. 곤란한 소식이라고 말할 수 있다. 이건 정말 어이없는 일이다. 이곳으로 다시 돌아오다니! 그것도 어머니와 함께 오는구나.'

그는 '루이제 외숙모'라 하지 않고 '어머니'라고 불렀다. 친척과 일가에 대한 기분은 어느 새 다른 사람에 대한 기분만큼 엷어져 있었던 것이다.

"이건 어려운 일이구나. 그 착한 사나이가 그렇게 고대하던 연습을 앞두고. 흠, 흠. 이건 정말 기분 잡치는 일인데? 악질적인 장난이야. 이상주의에 대한 도전적인 사실이다. 육체가 제멋대로 날뛰고, 영혼이 바라는 것과는 반대의 것을 주장하고 자기 생각을 밀고 나가려고 한다. 육체를 영혼에 종속시키는 것이라고 가르치는 이상주의자들은 체면을 구기게 되겠다. 이상주의자들은 무엇을 말하고 있는지 자기들도 모르는 것 같다. 왜냐하면 그들이 말하는 것이 옳다면 사촌의 경우, 영혼이라는 것이 매우 의심스러워지기 때문이다. 사리를 잘 이해하는 사람에게 이만큼 말하면 충분하다. 나는 자신을 가지고 있다. 내가 말하고자 하는 것은, 영혼과 육체를 대립시키는 것이 얼마나 그릇된 일인가, 두 가지는 오히려 한 지붕 밑에 살면서 남모르게 친하게 지내느냐 하는 점이다. 다행히 이상주의자들은 이것을 모르고 있는 것 같다. 착한 요아힘, 책벌레인 너를 누가 욕할 것인가! 자네는 성실하다. 그러나 육체와 영혼이 한 지붕 밑에 살고 있다면, 성실하다는 것이 무슨 소용이 있는지 묻고 싶다. 자네는 슈퇴어 부인의 식탁에서 자네를 기다리는 저 신선한 냄새, 풍만한 가슴, 이유 없는 웃음을 아무래도 잊을 수 없었는가?…… 요아힘이 돌아온다!"

그는 기뻐서 가슴이 죄어드는 것 같았다.

"심각한 상태가 되어 돌아오는 것이 틀림없다. 그러나 우리는 또다시 둘이서 지내는 것이다. 나는 이 위에서 혼자서 지내지 않아도 된다. 고마운 일이다. 모든 것이 이전과 똑같이 되지는 않을 거야. 그가 있었던 방은 이미 다른 사람이 쓰고 있다. 맥도날드 부인이 그 방에서 힘없이 기침하면서 그녀의 어린 아들의 사진을 탁자에 놓고 있든가, 손에 쥐고 있는 것이 틀림없다. 하지만 그 부인은 말기 증상이기 때문에 그 방이 아직 예약되어 있지 않으면, 그렇게 되면…… 그렇다면 다른 빈 방을 찾아보자. 확실히 28호실이 비어 있지. 곧 사무국으로 가야겠어. 특히 베렌스를 찾아가야 해. 아무튼 뉴스거리다. 어떤 의미에서는 슬퍼할 소식, 어떤 의미에서는 기쁜 소식이지만 어떻든 간에 중대한 소식이다! 먼저 '안녕'했던 '전우(戰友)'를 기다려야지. 이제 3시 반이 되어가니 곧 나타날 것이다. 크로코브스키가 이래도 육체를 제2의 적이라고 생각해야 한다고 주장할 것인지 묻고 싶다……."

오후의 차 마시는 시간이 되기 전에 그는 사무국을 방문했다. 그가 생각한 방, 그의 방과 같은 복도에 있는 방은 역시 사용하고 있지 않았다. 침센 부인의 방도 준비해 두어야 했다. 한스 카스토르프는 급히 베렌스에게로 갔다. 베렌스는 실험실에서 한 손에 시가를, 다른 한 손에는 빛깔이 탁한 액체가 든 시험관을 쥐고 서 있었다.

한스 카스토르프가 물었다.

"고문관님, 알고 계십니까?"

기흉의 명의(名醫)가 대답했다.

"알고 있습니다. 골치 아픈 일이 이어지는군요. 이것은 우트레히트에서 온 로젠하임의 가래입니다."

이렇게 말하고 베렌스는 시가를 쥔 손으로 컵을 가리켰다.

"가프키 10호죠. 그런데 공장장인 슈미츠가 와서 로젠하임이 산책길에 침을 뱉었는데, 가프키 10호의 침을 뱉었다고 고함을 지르면서 불평하는 겁니다. 나더러 로젠하임을 꾸짖어 달라는 것입니다. 그러나 내가 꾸짖으면 로젠하임은 화를 낼 것입니다. 그 친구는 화를 잘 냅니다. 게다가 그는 가족과 함께 방을 세 개나 차지하고 있는 귀한 손님입니다. 나는 그를 내보낼 수는 없습니다. 그렇게 하면 이사회와 맞서게 될 것입니다. 이렇게 언제 어떤 다툼에 말려들지 모릅니다. 내가 아무리 점잖고 태연하게 내 길을 걸어가려고 해도 말입니다."

한스 카스토르프는 모든 일을 잘 아는 고참 환자다운 견식을 갖고 말했다.

"바보 같은 이야기입니다. 나도 저 두 사람을 알고 있습니다. 슈미츠는 지나치게 깔끔하고, 로젠하임은 야무진 데가 없습니다. 그러나 두 사람 사이에는 그런 위생상의 이유 말고도 마찰이 있을 겁니다. 나는 그렇게 믿고 있습니다. 슈미츠와 로젠하임은 둘 다 클레펠트 식탁에 있는, 바르셀로나에서 온 페레츠 부인과 친하게 지내고 있는데 거기에는 이유가 있을 것입니다. 나 같으면 가래를 뱉지 말라고 한 번만 주의를 주고, 다음에는 눈감아 줄 것을 권하고 싶습니다."

"물론 눈감아 주고 있습니다. 눈꺼풀이 경련을 일으킬 정도로요. 그건 그렇고, 무슨 일로 오셨습니까?"

이에 한스 카스토르프는 슬프고도 기쁜 소식을 털어놓았다.

고문관은 그리 놀라지 않았다. 그는 어떤 경우에도 침착했지만, 특히 이번에는 한스 카스토르프가 이미 요아힘의 용태에 대해 대강 이야기를 하여, 5월에 요아힘이 누워 있다는 것을 보고했기 때문에 새삼 놀라지 않았던 것이다.

"그래요? 역시 그랬군요. 내가 당신에게 뭐라고 말했습니까? 당신에게도 그에게도 열 번쯤, 문자 그대로 백 번도 더 이야기했지 않습니까? 그런데 결국은 이렇게 되었군요. 그는 9개월 동안 병독이 완전히 없어지지 않은 몸으로 제멋대로 자기의 천국을 가졌습니다. 꽃이 필 리가 없는데, 저 탈주병은 이 늙은 베렌스의 말을 믿으려고 하지 않았습니다. 늙은 베렌스가 하는 말은 어떤 경우에도 진짜 믿어야 합니다. 그렇지 않으면 결국 심지를 잘못 뽑고 변을 당하고 나서 눈을 떠보아야 때는 이미 늦은 겁니다. 그는 소위가 되었습니다. 물론 좋은 일입니다만, 그것이 무슨 소용이 있습니까? 신은 인간의 마음만을 보시고 계급과 지위는 보시지 않습니다. 신 앞에서 우리는 누구나 태어났을 때 그대로의 벌거벗은 모습으로 서는 것입니다. 장군이든 사병이든 간에 말입니다…… 요아힘의 방 문제는 잘 해결될 것입니다. 그가 도착하면 곧 침대에 누워 있게 하십시오. 나는 아버지처럼 두 팔을 벌려, 송아지를 요리해서 탈주병을 맞이하겠습니다."

그러더니 고문관은 시가를 손가락 사이에 끼고 있는 손으로 눈을 비비며, 오늘은 이만 실례하겠다고 말했다.

한스 카스토르프는 전보를 치고, 만나는 사람마다 사촌이 돌아올 것이라고 말했다. 요아힘을 알고 있는 사람들은 모두 진심으로 상심하기도 했고 기뻐하기도 했다. 요아힘의 소탈하고 기사도적인 인품을 모두 좋아했다. 그리고 많은 사람들이 입 밖에 내지는 않았지만, 요아힘이 이 위의 사람들 가운데서 가장 좋은 사람이었다고 느끼기도 했기 때문이다. 개인적으로 누구를 가리켜 말하는 것은 아니지만, 요아힘이 군인 사회에서 수평 상태로 돌아오게 되었고, 소탈한 인품의 그가 다시 이 위의 사람으로 살아야 한다는 것에 대해 몇몇 이들은 어떤 만족감을 느꼈을 것이라고 생각한다. 슈퇴어 부인은, 요아힘이 평지로 떠날 때 그녀가 입 밖에 낸 의혹이 적중한 것을 알고 그것을 거리낌 없이 자랑했다.

"이상했지요, 이상했어요."

그녀는 그때 이상하다고 생각했지만, 침센 청년이 고집을 부림으로써 일을 더 '크게 이상하게' 하지 않았으면 좋겠다고 말했다. 그녀의 저속한 말씨는 이루 말할 수 없는 것이어서 '크게 이상하다'고 말도 안 되는 소리를 지껄였다. 그렇게 될 것이라면 자기처럼 처음부터 얌전하게 있는 쪽이 훨씬 현명하며, 자기도 칸슈타트에서는 아내로서, 그리고 두 아이의 어머니로서의 여러 가지 일들이 기다리고 있지만 참고 있다고 말했다.

한스 카스토르프는 요아힘에게서나 침센 부인한테서나 답장을 받지 못했다. 그는 두 사람이 도착하는 날도, 시간도 모르고 있었다. 그 때문에 정거장에도 마중하러 나가지 않고 있는데, 전보를 치고 나서 사흘 뒤에 두 사람은 갑자기 모습을 나타냈다. 요아힘은 흥분한 웃음을 지으면서 사촌의 침대 의자에 가까이 왔다. 밤의 안정 요양이 시작되었을 때였다.

요아힘과 그의 어머니는 한스 카스토르프가 몇 년 전에—이 몇 년은 짧지도 않고 길지도 않으며, 여러 일을 겪었으면서도 동시에 영(靈)이나 무(無)라고도 할 수 있는 세월이었다—이 위로 찾아왔을 때와 같은 열차로 도착했다. 계절도 여름이고, 날도 같은 8월 첫 무렵 어느 날이었다. 아까도 말했지만, 요아힘은 기쁜 듯이 다가왔다. 그렇다, 기쁜 듯이 흥분하여 한스 카스토르프의 방으로 들어왔다. 아니, 들어왔다기보다 급한 발걸음으로 달려서 발코니로 나가 미소 띤 얼굴로 숨을 헐떡이며 목소리를 낮추어서 띄엄띄엄 인사했다. 그는 긴 여행 끝에 도착했던 것이다. 여러 나라를 지나고 바다와 같이 큰 호수를 넘어, 험한 길을 높이높이 올라와서, 마치 이때까지 이곳에 있었던 사람처럼 눈앞에 다가왔다. 그리고 수평 상태에서 몸을 일으킨 사촌으로부터 "야, 어때?"라는 환영 인사를 받았던 것이다. 요아힘은 군대 생활을 한 때문인지, 여행의 흥분 때문인지 얼굴이 좋아 보였다. 그는 어머니가 몸단장을 하는 동안, 다시 현실이 된 지나간 날의 반려자에게 인사하기 위해 자기 방에 들르기 전에 34호실로 직행했다. 10분 뒤에는 식당에서 저녁 식사를 하기로 되어 있었다. 한스 카스토르프는 이미 저녁 식사를 한 뒤였지만, 그래도 함께 무엇을 먹어도 좋고 포도주를 한 잔 마셔도 좋다고 말했다. 요아힘은 사촌을 28호실로 데리고 가, 그 방에서 한스 카스토르프가 이 위에 도착한 날 밤과 똑같은 일을 벌였다. 이번에는 주인과 손님이 뒤바뀌었을 뿐이다.

요아힘은 열에 들뜬 사람같이 흥분하여 지껄이면서 번쩍번쩍 빛나는 세면대에서 손을 씻었고, 한스 카스토르프는 그 모습을 지켜보고 있었다. 한스 카스토르프는 사촌이 신사복을 입고 있는 것에 놀라기도 하며 조금 실망하기도 했다. 사촌에게서는 어디에도 군인이라는 것을 인정할 만한 면이 없었다. 한스 카스토르프는 언제나 장교복 차림, 군복 차림의 사촌을 상상하고 있었는데 그 사촌이 다른 사람들과 다름없는 쥐색 신사복 차림으로 서 있는 것이었다. 한스 카스토르프가 이렇게 말하자 요아힘은 사촌의 생각이 어린애 같다면서 웃었다.

"천만의 말씀! 군복은 집에 두고 왔어. 군복이라는 것을 그렇게 생각하면 곤란해. 군복은 어디든지 입고 갈 수 있는 것이 아니야."

한스 카스토르프는 군대식 말투로 대답했다.

"아, 그렇구나. 설명해 줘서 고맙습니다."

그러나 요아힘은 자기 설명에 귀에 거슬리는 부분이 있다는 것을 전혀 모르고, 베르크호프의 모든 사람들과 상황에 대해서 마치 옛집에 돌아온 사람처럼 진심을 보이면서 물었다. 이윽고 침센 부인이 두 방을 잇고 있는 문을 열고 모습을 나타냈다. 이런 경우에 흔히 사람들이 하는 것처럼 조카에게 기쁜 듯이 놀라는 얼굴로 인사를 했는데, 그 모습은 여행의 피로와 요아힘의 일 때문에 우수에 잠겨 있었다. 세 사람은 승강기를 타고 내려갔다.

루이제 침센은 요아힘과 마찬가지로, 아름답고 온화하면서 검은 눈을 가지고 있었다. 흰 머리칼이 부쩍 늘어 있었으며, 그 머리를 눈에 거의 띄지 않는 그물로 단정하게 고정시켜 놓았다. 그 모습은 그녀의 사려 깊고 상냥하며 침착하고 착실한 인품과 어울려, 분명하고 진실한 성격까지 나타냈으며 이 인품이 그녀에게 기분 좋은 품위를 느끼게 했다. 요아힘은 숨을 헐떡이면서 계속 지껄였는데, 고향에 있을 때도 이 위에 오는 도중에도 이런 일은 없었던 모양이었고, 사실 그의 지금 처지에는 어울리지 않는 태도였으므로 침센 부인은 아들의 그런 태도를 이해할 수 없었으며 조금 불만스러웠다. 한스 카스토르프도 어머니의 그 심정을 모르는 것은 아니었다. 이 위로 다시 돌아오게 된 것은 슬픈 일이며, 그녀의 생각으로는 거기에 알맞은 태도를 취해야 하는 것이었다. 고향으로 돌아왔다는 요아힘의 들뜬 기분은, 이 위의 비할 데 없이 가볍고 공허하며 자극적인 공기를 오랜만에 들이마셨기 때문에 더욱더 일깨워져, 얼근히 취한 기분이 우울한 생각을 모조리 잊어버리게 한 것이었다. 하지만 침센 부인에게는 이해할 수 없는 기분이라 그것을 받아들일 수 없었다. 그러나 마음속으로는 '불쌍한 요아힘'이라고 생각하면서, 그 요아힘이 사촌과 지난 추억을 하나하나 꺼내면서 웃고 지껄이는 모습을 바라보았다. 부인은 여러 번이나 "아니, 얘들아!" 하고 꾸짖지 않을 수 없었다. 그리고 그녀가 드디어 "요아힘, 너의 그런 모습을 보는 것은 정말 오랜만이다. 소위로 진급하던 날처럼 기운을 되찾으려면 역시 이 위로 돌아와야 했구나" 하고 말하게 되었다. 그런데 기쁘게 들렸어야 할 말이 사실은 어이없다는 듯이, 조금 나무라는 듯이 들렸다. 그 때문에 요아힘의 들뜬 기분이 사라진 것은 물론이었다. 요아힘은 기분이 언짢아져서 생각에 잠겨 아무 말도 하지 않았으며, 크림을 얹은 아주 맛있는 초콜릿 수플레에도 손을 대려고 하지 않았다. 한스 카스토르프는 양이 많은 저녁 식사를 한 지 이제 겨우 한 시간이 지났지만, 요아힘을 대신하여 케이크를 먹었다. 요아힘은 마지막에는 얼굴조차 들려고 하지 않았는데, 눈에 눈물이 괴어 있었음이 틀림없었다.

침센 부인은 그런 마음으로 말한 것은 아니었을 것이다. 사실은 오히려 이곳이 요양원임을 고려하여 좀 진지한 기분을 가지도록 할 생각으로 말했던 것이지만, 이 위에서는 적당히 절제 있는 태도보다는, 극단의 선택을 할 수밖에 없다는 사실을 모르고 있었던 것이다. 그녀는 아들이 완전히 기운을 떨어뜨리는 것을 보고 자기도 눈물이 나올 것 같았고, 침울해진 아들의 기분을 다시 기쁘게 해주려는 조카의 노력을 고맙게 생각했다.

한스 카스토르프가 말했다.

"현재 여기 있는 친구들로 말하면, 자네도 여러 가지 변화를 볼 테지만, 자네가 없는 동안 옛날처럼 여기에 돌아와 있는 사람도 있어. 이를테면 왕고모는 동반한 처녀들을 데리고 돌아와 있네. 그들은 지금도 슈퇴어 부인의 식탁에 앉아 있지. 마루샤는 여전히 명랑하게 웃고 있고……."

요아힘은 잠자코 있었다. 침센 부인은 조카의 말을 듣고 여행 중에 만난 사람이 부탁한 전갈을 떠올리고, 잊어버리기 전에 말해야겠다고 생각했다. 그녀가 만난 인물은 동반자도 없어 보이는 부인이었고, 눈썹이 예뻐서 호감이 가는 여자였다. 이틀 밤을 기차에서 지내는 도중에 뮌헨을 지날 때, 식당에서 침센 부인과 요아힘의 식탁으로 다가오면서 요아힘에게 인사를 했다는 것이다.

"전에 함께 지냈던 환자인 모양인데, 요아힘, 네가 좀 말해 주려무나……."
"쇼샤 부인이야."
요아힘이 조용히 말했다. 쇼샤 부인은 현재 알고이의 어떤 요양지에 묵고 있는데, 가을에는 스페인으로 갔다가 겨울에는 다시 이곳으로 돌아오리라는 것이었고, 꼭 안부를 전해 달라는 것이었다.
한스 카스토르프는 어린아이가 아니었기 때문에, 얼굴을 푸르게 한다든지 붉게 하는 맥관 신경의 장난을 억제할 수 있는 힘을 가지고 있었다. 그가 말했다.
"아, 그 부인 말인가? 그럼 캅카스 산맥 저쪽에서 다시 나온 것이로군. 그리고 이제부터는 스페인으로 간다는 것인가?"
그 부인은 피레네산맥의 어떤 지명을 말했다는 것이었다.
침셴 부인이 말했다.
"예쁘고 매력이 있는 여자더라. 목소리도 호감이 가고 행동도 좋은데, 너무 개방적이고 둔한 데가 있더구나. 요아힘의 말을 들어보면 그렇게 친한 사이도 아닌 것 같은데, 우리에게 절친한 사이처럼 다정하게 말을 걸고 질문하는 걸 보니 좀 이상하더라."
"그녀는 동방 사람이고 환자니까요."
한스 카스토르프가 대답했다. 그리고 말을 계속했다. 그녀는 인문주의적 문명의 척도로 평가해서는 안 된다. 그것은 잘못이다. 그런데 쇼샤 부인이 스페인으로 가려고 하는 것은 좀 생각해 볼 문제다. 스페인이라는 곳 또한 인문주의적 중용과는 거리가 먼 나라이며, 부드럽다기보다는 엄격한 분위기의 나라이다. 스페인은 무형식이 아니라 형식 과다(過多), 형식에 의한 죽음, 죽음에 의한 분해가 아니라 죽음에 의한 엄격함이며, 검은 옷, 고귀하지만 피비린내 나는 종교 재판, 풀 먹인 주름으로 꾸민 것, 로욜라, 에스코리알 궁전이 있는 나라이다. 쇼샤 부인이 스페인에서 어떤 감상을 가지게 될지는 흥미로운 일이다. 스페인에서는 문을 '쾅' 하고 닫을 용기는 없을 테고, 두 개의 비인간적인 진영이 인간적인 것으로 바뀔지도 모를 일이다. 그러나 동방 사람이 스페인으로 가면, 아주 악의적이고 피비린내 나는 일이 생길지도 모른다…… 이런 내용이었다.
한스 카스토르프는 붉으락푸르락하지는 않았지만, 예기치 않던 쇼샤 부인의 소식을 듣고는 흥분하여 쉬지 않고 지껄여댔으므로, 듣는 쪽은 놀라서 잠자코 있는 수밖에 없었다.

요아힘은 이 위에서 사촌의 두뇌가 명석함을 전부터 알고 있었기 때문에 그다지 놀라지 않았지만, 침센 부인은 놀란 빛으로 한스 카스토르프가 뭔가 아주 실례되는 말을 입 밖에 낸 것 같은 반응을 계속 나타냈다. 한동안 어색한 침묵이 계속된 뒤에, 그녀는 아무렇지도 않은 듯이 그 장면을 마무리하는 말을 하고는 식탁에서 일어섰다.

저마다 자기 방으로 돌아가기 전에 한스 카스토르프는 요아힘에게, 진찰이 끝날 때까지 내일부터 곧 침대에 누워 있도록 하라는 고문관의 명령을 전했다. 앞일은 그때 가서 생각하자는 말도 전했다. 그리고 세 사람은 각자 자기들 생각을 하면서, 발코니로 나가는 문을 연 채 상쾌한 고원의 여름밤 공기 속에 잠자리에 들었다. 한스 카스토르프는 반년 이내로 이 위로 다시 돌아올 쇼샤 부인을 생각하고 있었다.

이리하여 불쌍한 요아힘은, 병후에 한동안 요양하는 것이 바람직하다는 권고를 받고 다시 고향으로 돌아왔다. '병후에 요양한다'는 말은 평지에서도, 이 위에서도 사용되는 말이었다. 베렌스 고문관도 요아힘에게 4주간의 침상 생활을 명령하면서 이 말을 썼다. 심하게 나빠진 부분을 고치고, 이 위의 기후에 익숙해져 체온 상태를 응급적으로 조절하는 데만도 4주간의 침상 생활이 필요하다는 것이다. 병후의 요양 기한을 확정하는 것은 어물어물 넘겼다. 총명하고 눈치가 빠르며, 다혈질인 데가 조금도 없는 침센 부인은 10월쯤이면 퇴원할 수 있을지 물어보았지만, 단지 지금보다는 이럭저럭 좋아질 것이라는 대답밖에 들을 수 없었다. 게다가 베렌스는 침센 부인이 마음에 든 것 같았다. 그는 침센 부인에게 상냥하게 대했고, 충혈된 젖은 눈으로 부인을 정중히 쳐다보면서 '사모님'이라고 불렀으며, 학생 조합원다운 말투를 연발하면서 슬픔에 잠겨 있는 침센 부인을 웃게 했다.

"나도 저 애를 안심하고 이곳에 두고 갈 수 있습니다."

그녀는 이렇게 말하고 도착한 지 일주일 뒤에 함부르크로 돌아갔다. 이렇다 할 간호가 필요하지 않았을 뿐더러 사촌이 곁에 붙어 있었기 때문이기도 했다.

한스 카스토르프는 28호실의 사촌 침대 옆에 앉으면서 말했다.

"정말이지 잘되었구나. 가을까지라잖아? 그 늙은이도 언질을 준 셈이야. 그것을 믿고 기다리고 있으면 되겠어. 10월이라는 것은 그런 달이구나. 10월이 되면 여러 사람들이 스페인으로 갈 것이고, 자네는 군기 아래로 돌아가 더더욱 두각을 나타내게 될 테니 말이야……."

요아힘을 위로해 주는 것, 특히 요아힘이 8월에 시작하는 대연습을 이 위에서 보고만 있어야 하는 것을 위로해 주는 일이 한스 카스토르프의 일과가 되었다. 요아힘은 이런 상황을 견딜 수 없어, 가장 중요한 때에 쓰러진 것에 대해 거의 자기혐오의 말까지 했던 것이다.

한스 카스토르프가 말했다.

"육체의 반항이라는 건 별 도리가 없는 거야. 아무리 용감한 장교라 해도 어떻게 손을 쓸 수 없어. 성 안토니우스도 이와 비슷한 말을 했지. 연습은 매년 있는 거야. 게다가 자네도 이 위의 시간이 어떤 것인지는 알고 있잖아? 시간이라고는 할 수 없지. 자네도 그렇게 오래 이곳을 떠나 있지 않았으니까 여기 속도에 맞추기는 어렵지 않아. 그리고 눈 깜짝할 사이에 병후의 요양이 끝나버릴 거야."

그러나 요아힘이 평지에서 경험한 시간 감각을 새롭게 바꾸기 위해서 4주라는 시간은 그리 넉넉한 것이 아니었다. 그래도 주위 사람들은 요아힘을 여러모로 도와주었다. 누구나 요아힘의 단정한 태도와 인품에 호의를 느껴 자주 방문했다. 먼저 세템브리니가 찾아와 동정과 애교를 보이면서, 예전에는 요아힘을 '소위님'이라고 부르더니 이번에는 '대위님'이라고 불렀다. 나프타도 찾아왔고, 베르크호프의 환자들 가운데 전에 친했던 사람들도 요양 근무 사이의 짧은 시간을 이용해 차례로 방문해서, 병후의 잠깐 동안의 요양을 위로하면서 요아힘의 불운에 대해 귀를 기울였다. 여자들 중에서는 슈퇴어, 레비, 일티스, 클레펠트, 남자들 중에서는 페르게와 베잘 등이 찾아왔으며, 어떤 사람들은 꽃을 가지고 오기도 했다. 4주가 지나자, 요아힘은 걸어다녀도 좋을 정도로 열이 내려가 식당에서 사촌과 맥주 양조가인 마그누스 부인 사이에, 즉 마그누스 씨 맞은편에 앉게 되었다. 식탁의 구석 자리는 전에 야메스 외삼촌과 침센 부인도 앉았던 자리였다.

이리하여 두 청년은 전과 마찬가지로 서로 이웃하여 지내게 되었다. 아니, 그뿐이 아니다. 맥도날드 부인이 아들 사진을 손에 쥐고 마지막 숨을 거두었기 때문에, 요아힘은 예전 생활을 그대로 재현하기 위해 한스 카스토르프의 옆방, 즉 이전 방으로 옮겼으며 그 전에 살균제로 철저히 소독했음은 물론이다. 사실대로 말한다면 이번에는 요아힘이 한스 카스토르프의 옆방에서 지내게 된 것이며, 요아힘은 사촌의 생활 양식을 한동안 실험적으로 함께하는 것뿐이었다. 요아힘은 중추 신경계의 어딘가가 정상적이지 않아 피부의 체온 발산을 가로막고 있었지만, 10월이라는 기한을 한사코 잊으려고 하지 않았다.

사촌들은 세템브리니와 나프타를 찾아가서 두 사람과 함께 산책하기도 했으며, 이 산책에는 안톤 카를로비치 페르게와 페르디난트 베잘도 가끔 동행했기에 모두 여섯 명이 되었다. 그러나 사상적으로 극단적인 세템브리니와 나프타는 끝날 줄 모르는 토론을 계속했다. 만약 그것을 어느 정도 완전하게 소개하려고 한다면, 우리까지도 절망적인 무한의 세계로 빠져들어갈 것은 뻔한 일이다. 두 사람은 날마다 몇몇 청중을 앞에 두고 논쟁을 벌였지만, 한스 카스토르프로서는 그의 불쌍한 영혼이야말로 두 사람의 변증법적 토론의 주요 대상이라고 생각했다. 한스 카스토르프는 나프타에게서 세템브리니가 프리메이슨 단원이라는 것을 들었을 때, 이탈리아인의 입을 통해 나프타가 예수회에 속해 있고 그곳의 지원을 받고 있다는 것을 들었을 때와 마찬가지 인상을 받았다. 정말이지 프리메이슨이라는 것이 존재한다는 말을 들었을 때 여우에라도 홀린 기분이었으며, 나프타에게서 앞으로 몇 년 있으면 창립 200주년이 되는 이상한 제도의 기원과 본질을 알아내려고 열심이었다.

세템브리니는 나프타의 정신적 경험에 대해 그것이 낡은 시대적 착오라고 느끼게 하려 했다. 그 세계는 과거의 시민적 계몽주의와 자유사상이 현재에는 불쌍한 망령(亡靈)에 지나지 않는데도, 아직까지 혁명적 생기에 넘쳐 있다고 하는 자기기만에 도취해 있다고 말했다.

그러자 나프타가 말했다.

"그렇지만 그의 할아버지는 이미 카르보나리, 즉 독일어로 숯 굽는 사람이었습니다. 그는 할아버지에게서 이성·자유·진보에 대한 숯 굽는 사람다운 사상을 이어받아 고전적, 부르주아적인 이데올로기 등을 모두 이어받았습니다…… 보십시오, 세계를 혼란케 하는 것은 정신의 민첩성과 물질의 터무니없는 둔중·완만·퇴보·정체 사이의 불균형입니다. 이 불균형만으로도 정신이 현실에 흥미를 가지지 못하는 것을 인정할 수밖에 없습니다. 왜냐하면 혁명을 불러일으키는 발효소(醱酵素)는, 정신에게는 오래전에 구토증을 느끼게 하는 것으로 되어버려 이미 생명을 잃었기 때문입니다. 살아 있는 정신에 있어서 죽은 정신은 현무암보다도 더 힘없는 존재입니다. 그런 현무암보다도 못한 존재는 오래전에 사라진 과거의 찌꺼기로, 정신은 거기에 현실이라는 개념을 결부시키는 것도 거부하고 있습니다. 그러나 그것은 계속 존재하고 있어, 그 진부한 것이 자신의 진부성을 느끼지 못하게 하는 우스운 결과를 불러오고 있습니다. 나는 일반적인 이야기를 하고 있습니다. 하지만 당신은 내가 한 말을 자유사상가의 틀에 맞추어 생각하실 겁니다. 지배와 권력에 대해 지금도 영웅적 위치에 있다고 믿는 저 인도적 자유사상가에게 말입니다. 아, 그리고 그가 자기 생활의 진가를 입증하고 싶어하는 저 파국은 무엇입니까? 그가 준비하고 있으며 언젠가 이루고자 꿈꾸고 있는, 시대에 뒤떨어진 위대한 승리는 무엇입니까? 그런 파국에 승자가 되고 수혜자가 되는 것은, 낡은 세계와 미래의 세계를 융합시키고 참된 혁명을 실현시키는 살아 있는 정신입니다. 그건 그렇고, 사촌은 어떻습니까, 한스 카스토르프 씨? 당신도 알다시피, 나는 그 사람에게 호의를 느끼고 있습니다."

"고맙습니다, 나프타 씨. 사촌에게는 모두가 진심어린 호의를 갖고 있는 것 같습니다. 누가 보든지 저렇게 훌륭한 청년이니까 말입니다. 세템브리니 씨도 사촌의 신분에 포함된 광신적인 테러리즘에는 물론 반대했지만, 사촌에게는 호의를 느끼고 있는 것 같습니다. 그런데 그 세템브리니 씨가 프리메이슨 단원이라고 들었습니다. 이건 정말 놀라지 않을 수 없는 일입니다. 그를 지금까지와는 다른 관점에서 보게 되고, 여러 가지 일이 확실해지기도 합니다. 그 사람도 가끔 두 다리를 직각으로 벌리고 악수에 특별한 의미를 포함시키는 것일까요? 나는 그런 것은 여태까지 한 번도 몰랐습니다만……."

"우리가 존경하는 삼변회 단원은 그런 어린애 같은 일에 대해서는 초월해 있을 겁니다. 내 생각으로는, 프리메이슨의 의식도 현대의 시민 정신에 겨우 순응하고 있을 것입니다. 단원들은 이전의 의식을 비문명적 속임수라고 부끄러워하고 있을 것입니다만, 그것도 틀린 생각이라고는 할 수 없습니다. 무신론적 공화주의를 비교(祕敎)처럼 생각하는 것도 우스운 일이니까요. 세템브리니 씨의 담력이 어떤 방법으로 시험당했는지는 나도 모르겠습니다. 눈을 가린 채 복도를 끌려다니다가 어두운 방에 갇힌 뒤 반사 광선으로 환한 본부 홀에서 눈가리개를 뗐는지, 또는 엄숙한 비밀 결사 문답을 받고 해골과 세 개의 촛불 앞에서 벌거숭이 가슴에 칼을 겨누었는지는 당신이 직접 그에게 물어보아야 할 것입니다. 하지만 아마 그는 그것에 대해 말하려고 하지 않을 것입니다. 왜냐하면 의식이 형식적으로 행해졌다고 해도, 그는 침묵을 서약했을 테니까요."

"서약했다고요? 침묵을요? 그러면 역시?"

"그렇습니다. 침묵과 복종을 서약했지요."

"복종까지도요? 그 말을 들으니 세템브리니 씨는 요아힘의 직업에 열성과 테러리즘이 들어 있다고 이러니저러니 비난할 수는 없다고 생각됩니다만. 침묵과 복종이라니요? 나는 세템브리니 씨 같은 자유사상가가 그런 스페인적인 규약과 선서에 복종한다는 것은 생각도 못했습니다. 나는 프리메이슨단에는 정말 무언가 군대적이고 예수회적인 데가 있다고 느껴집니다."

"당신이 그렇게 느끼는 것이 당연합니다. 당신의 마법 지팡이가 움직여서 광맥을 찾아낸 것입니다. 단(團)이라는 개념 자체가 벌써 절대적인 것이며, 따라서 테러리즘적인 개념은 비자유주의적이니까요. 그것은 개인의 양심에서 무거운 짐을 벗어버리고, 절대정신이라는 이름 아래 어떤 피비린내 나는 수단, 범죄까지도 인정합니다. 이전에는 프리메이슨 단원의 선서는 상징적인 의미에서 피를 가지고 행해졌다고 믿을 수 있는 이유가 있습니다. 무릇 모든 결사는 정관적(靜觀的)인 것이 될 수 없으며, 본질적으로 절대정신에 바탕을 둔 조직이라는 것이 일반적인 생각입니다. 한동안 프리메이슨단과 융합했던 계명 결사의 창시자도 한때 예수회 수사였었는데, 당신은 그것을 모르고 있었습니까?"

"네, 처음 듣습니다."

"아담 바이스하우프트는, 인도적 비밀 결사를 예수회와 똑같은 규범으로 조직했습니다. 그 사람도 프리메이슨 단원이었는데, 그 무렵 유명한 프리메이슨 단원은 계명 결사원이었습니다. 내가 말하고 있는 것은 18세기 후반의 일입니다만, 세템브리니 씨는 아무 망설임 없이 그때를 그의 결사의 부패 시대라고 인정할 것입니다. 사실 그때가 결사의 가장 찬란한 시대로, 일반적으로 비밀 결사의 전성기였습니다. 그 시대에 프리메이슨이 정말로 훌륭하다고 할 수 있는 활동을 시작했습니다. 그 뒤 그 활동도 박애주의자인 체하는 사람들의 손에 소탕되고 말았습니다. 세템브리니 씨도 그때에 살고 있었다면 프리메이슨

단의 예수회적 경향과 비개화주의를 비난한 사람 가운데 하나였을 것입니다."
"거기에는 그럴만한 이유가 있었을 것이 아닙니까?"
"그렇다고도 말할 수 있을 겁니다. 저속한 자유사상에도 거기에 상응하는 이유는 있었습니다. 그때는 신부들이 프리메이슨에 가톨릭적이고 교권제적(敎權制的)인 생활을 도입하려고 한 시대로서, 프랑스의 클레르몽에서는 예수회에 속하는 프리메이슨이 성했습니다. 또 황금 장미십자단의 사상이 프리메이슨단에 흘러들어간 시대이기도 합니다만, 이것은 정말로 이상한 결합입니다. 정치적·사회적인 개선, 행복 증진이라는 합리적 목표에 동방의 인도와 아라비아의 비교(祕敎)와 몽상적인 자연 인식에 바탕을 둔 기묘한 교리가 도입된 것이라고 생각해도 좋습니다. 그 무렵 '계율 엄수'라는 의미에서 프리메이슨의 많은 지부에 개혁과 수정이 행해졌습니다만, 이 '계율 엄수'는 완전히 비합리적·신비적·몽상적·비교적인 의미의 것으로, 스코틀랜드의 프리메이슨 계급은 이 정신으로 만들어진 것입니다. 하지만 이 계급은 수습공, 직인(職人), 장인이라는 군대식 계급 제도에 덧붙은 기사 수도회의 계급입니다. 이 기사 수도회 총회장의 계급은 교권제적인 색채를 띠어, 황금 장미십자단의 연금술적 비교(祕敎)에 속한 것이었습니다. 당신도 알고 계시겠지만, 예루살렘 장로들의 눈앞에서 청빈·순결·복종을 맹세한 신전 기사 수도회 수사가 부활한 것입니다. 오늘날에도 프리메이슨의 고위층은 '예루살렘의 대공'이라는 칭호를 가지고 있습니다."
"나에게는 모든 것이 정말 처음 듣는 이야기입니다. 나프타 씨, 나는 세템브리니 씨의 위선을 알 수 있을 것 같습니다…… '예루살렘 대공'은 나쁘지 않은데요? 당신도 한번 농담으로라도 그 사람을 그렇게 불러보시면 좋겠습니다. 그 사람이 요전에 당신에게 '천사 박사(天使博士)'라는 별명을 지어줬으니까, 복수를 할 필요가 있습니다."
"아니, 계율 엄수의 계급, 신전 기사 수도회 수사적인 계급에는 그것보다도 더 어마어마한 칭호가 많이 있습니다. 예컨대 '완전한 스승', '동방의 기사', '대사제장' 등이 있었고, 31번째 계급은 '왕자 같은 신비의 고귀한 대공'이라고까지 부릅니다. 보시다시피 이들 칭호는 모두 동양의 비교와 관계가 있다는 것을 암시하고 있습니다. 신전 기사 수도회 수사의 부활 그 자체가 벌써 그런 관계가 들어왔다는 것을 의미하고 있습니다. 즉 합리적이고 실리적인 사회 개선이라는 이데올로기 세계에 비합리적인 발효소가 들어온 것을 의미하고 있지요. 이로 말미암아 프리메이슨은 새로운 매력을 띠었기에, 그 무렵 프리메이슨이 많은 단원을 얻은 것도 이해가 됩니다. 그때의 이성 편중과 인도적 계몽주의와 합리주의에 싫증을 느껴, 더 강한 목표에 굶주리고 있던 사람들 모두를 프리메이슨으로 끌어들였던 것입니다. 프리메이슨의 성공이 눈부셨기 때문에 속인들은, 세상 남편들이 가정의 행복과 아내의 고마움을 잊어버렸다고 개탄했던 것입니다."

"아니, 그렇다면 당연하군요. 세템브리니 씨가 프리메이슨단의 그 화려했던 시대를 떠올리고 싶어하지 않는 것 말입니다."

"그렇고말고요. 자유사상, 무신론, 백과사전적 이성이 예전에 교회·가톨릭교·수도사·중세에 품고 있었던 반감이 세템브리니 씨의 수도회에 집중된 시대가 있었다는 것을 그는 기억하고 싶지 않을 겁니다. 당신은 프리메이슨단이 비개화주의라는 비난을 받은 것을 들은 일이 있습니까?"

"왜 그럴까요? 그 이유를 더 분명히 듣고 싶습니다."

"말씀드리지요. 계율 엄수는 수도회의 전통 심화와 확장, 즉 수도회의 역사적 근원을 중세의 신비적 세계, 이른바 암흑 시대로 되돌리는 것과 같은 의미를 갖고 있습니다. 프리메이슨단 지부장의 계급은 '신비적 자연 인식'에 능통한 사람, 마술적 자연 인식의 소유자, 대체로 위대한 연금술사들이 차지하고 있었습니다……."

"깊이 생각해 봐야겠습니다. 연금술이란 대체 무엇이죠? 돈을 만드는 것인지요? 현자의 돌, 마시는 황금*[23]인 것인지요?"

"쉽게 말하면 그렇습니다. 좀 학문적으로 말한다면 정련(精鍊)으로서, 물질의 변화와 순화(醇化), 화체(化體), 그것도 더 고귀한 것으로의 화체, 즉 승화입니다. 현자의 돌, 유황과 수은에서 나온 양성적(兩性的) 산물, 양성적 물질, 양성적 최고 물질이라는 말로 표현되는 것은 외부적 영향에 의한 승화, 정련의 원리에 불과합니다. 마술적 교육이라고도 할 수 있습니다."

그 순간 한스 카스토르프는 말이 없었다. 그는 눈을 깜빡이면서 비스듬히 위를 보았다.

---

*23 중세의 강장제.

나프타의 말이 이어졌다.
"연금술적 변형의 상징은 무엇보다도 묘혈이었습니다."
"무덤이요?"
"그렇습니다. 부패와 분해의 장소이지요. 무덤 안은 모든 밀봉 연금술의 정수, 물질이 마지막 변형과 순화를 하는 용기(容器), 밀봉된 수정(水晶)의 증류기에 지나지 않습니다."
"밀봉 연금술이란 좋은 표현인데요. 나프타 씨, 밀봉됐다는 말은 전부터 내가 좋아한 말입니다. 막연하며 여러 가지를 연상시키는 마술적인 말입니다. 이런 말을 해서 어떨지 모르겠지만, 나는 그 말을 듣고 함부르크의 우리집에 있는 가정부, 샬렌 양도 아니고 그냥 샬렌입니다만…… 이 샬렌이 식료품실 선반 위에 즐비하게 늘어놓은 저장용 유리병이 생각났습니다. 이것은 밀봉된 유리병으로 과일과 고기류, 그리고 그 밖의 모든 것이 들어 있습니다. 1년 내내 선반 위에 나란히 있어, 필요에 따라 열어보면 안의 것은 정말 신선하고 처음 그대로여서, 세월의 흐름도 무시하고 그것을 바로 먹을 수 있는 것입니다. 물론 이것은 연금술도 순화도 아니고 단순한 저장이라서 병조림이라 부릅니다. 그러나 신기한 점이 있다면, 밀봉된 것이 시간의 영향을 받지 않는 것입니다. 밀봉된 대로 시간의 영향에서 슬쩍 비껴가, 병 안의 것이 시간의 흐름 바깥에 있다는 점입니다. 아니, 그 이야기는 그 정도로만 해둡시다. 별로 대단한 이야기가 되지 못해 미안합니다. 뭔가 좀더 가르쳐 주시려는 것으로 알고 있었는데……."
"원하신다면 그렇게 하지요. 제자는 지식욕에 불타고 용감해야 합니다. 우리가 이야기하고 있는 프리메이슨단의 말투로 이야기해도 두려워하지 말아야 하기 때문입니다. 묘혈, 무덤은 언제나 입단식의 중요한 상징이었습니다. 제자, 즉 지식 세계로 들어갈 것을 갈망하는 초심자는 무덤의 공포에 떨면서 용기를 증명해야 했던 것으로, 수도회의 관습에 따라 수도 지망자는 시험삼아 무덤 속으로 끌려가 그 속에 머물러 있은 뒤, 어느 단원에 안내되어 무덤에서 나오는 것입니다. 수도 지원자가 걸어가야 하는 복잡한 복도, 어두운 둥근 천장, '계율 엄수'의 본부에 친 검은 휘장, 그리고 입단식과 집회식에 중요한 역할을 하는 관(棺)의 예배는 모두 그런 목적을 가지고 있는 것입니다. 비의(秘儀)와 순화의 길은 갖가지 위험에 싸여 있고, 죽음의 공포, 부패, 분해의 세계를 지나가고 있습니다. 제자, 즉 생명의 신비에 굶주려 매력적인 체험 능력이 일깨워지기를 갈망하는 젊은 수도 지원자는 비의의 그림자에 불과한, 복면을 한 사람들에게 인도되는 것입니다."

"정말로 감사합니다, 나프타 선생. 멋진 말씀이었습니다. 그것이 바로 연금술적 교육이군요? 거기에 대해서도 어느 정도 들을 수 있었던 것은 다행스러운 일입니다."

"물론입니다. 특히 그 인도(引導)는 최후의 것, 즉 초감각적인 것의 절대적 인식으로의 인도이자 비의로 도달케 하는 안내이기 때문에, 집회의 연금술적인 계율 엄수는 몇 년 동안 많은 훌륭한 구도자를 그 목표로 이끌었습니다. 그 목표를 여기서 말할 필요는 없을 것입니다. 왜냐하면 스코틀랜드의 계급이 성직단의 대용품이라든지, 프리메이슨 단원 우두머리의 연금술적 지식이 변화의 비의 속에서 실현되는 것이라든지, 수도 지원자들에게 주는 집회의 비밀스런 지도가 가톨릭 교회의 은총과 비슷하다든지, 대집회 의식의 상징적인 면이 가톨릭 교회의 전례(典禮)와 건축의 상징과 비슷하다는 것 등은 당신도 이미 알고 있을 테니까요."

"아, 정말 그렇군요."

"그러나 그것이 전부는 아닙니다. 아까도 잠시 언급했습니다만, 프리메이슨 집회제가 석공(石工) 조합에서 생겨났다고 생각하는 것은 피상적인 견해입니다. 적어도 계율 엄수의 일파는 집회제의 기원(起源)에 깊은 인간적인 근거를 주었습니다. 프리메이슨 집회의 비밀은 우리 가톨릭 교회의 어떤 비의와 마찬가지로 원시인의 제전적 비사(祕事)와 신성한 방일(放逸)과 확실한 관계를 가지고 있습니다. 가톨릭 교회의 비의란 만찬과 애찬(愛餐), 육체와 피의 성찬을 가리키는 것이지만, 프리메이슨의 경우는……."

"잠깐만요. 내 사촌이 속해 있는 절대적인 집단 생활에도 애찬이라는 것이 있습니다. 사촌은 거기에 대해서 편지에 써서 보내왔습니다. 물론 술에 조금 취하기는 하지만 학생 조합의 연회만큼 화려하지는 않다는 것입니다……."

"프리메이슨의 경우에는, 내가 아까 당신에게 주의한 것같이 무덤과 관(棺)의 예배가 있습니다. 이 의식의 무엇이든 목표로 삼는 것은 최후의 궁극적인 것을 상징하려는 열광적인 원시 종교성의 요소로, 사멸과 생성, 죽음과 변용과 부활을 찬미하려는, 방종한 어두운 밤의 예배입니다…… 당신도 알고 계시지요? 이시스*[24]의 비의도, 엘레우시스*[25]의 비의도 밤의 어두운 동굴 속에서 행해졌습니다. 그렇습니다. 프리메이슨 제도에는 이집트 제전의 흔적이 많이 남아 있어서, 프리메이슨의 비밀 결사 속에는 엘레우시스 대집회라고 부르는 것도 여러 개 있습니다. 엘레우시스와 아프로디테 신비의 제전에는 여자도 한몫 담당하게 되었습니다. 이것이 바로 장미 제전으로, 프리메이슨 단복(團服)에서 볼 수 있는 세 송이의 푸른 장미는 그것을 상징하고 있습니다. 그리고 그 제전은 주신(酒神)의 축제 소동으로 그친다는 것입니다……."

"아니, 그건 무슨 말씀입니까, 나프타 선생? 모두가 프리메이슨에 대한 이야기가 아닙니까? 이 모든 것을 저 두뇌가 명석한 세템브리니 씨와 결부시켜 생각한다는 것은……."

"그에게 결부시켜 생각한다면 정말 안 된 일입니다! 세템브리니 씨는 그런 것에 대해서는 전혀 모르고 있습니다. 아까 말씀드린 대로, 집회는 세템브리니 씨 같은 사람들에 의해 고귀한 생명의 요소를 남김없이 없애버린 것입니다. 프리메이슨은 문명화, 근대화된 것입니다. 유감스럽게도 옛날의 오류에서 실리(實利)·이성·진보 등으로, 왕과 신부와의 투쟁으로, 즉 사회 복지의 실현으로 되돌아가 자연·덕·절제·조국을 논하게 되었고, 장사도 문제가 되었다고 생각합니다. 한 마디로 말해서 클럽의 형태를 가진 부르주아적 비참함입니다……."

"장미의 제전이 없어진 것은 유감인데요. 나는 세템브리니 씨가 그런 것을 아는지 모르는지 한번 물어보기로 하겠습니다."

나프타가 비웃듯이 말했다.

"그 사람은 융통성이 전혀 없는 정직한 기사입니다. 그가 인류 신전(神殿)의 공사장에 들어가는 것이 어렵게 되었다는 점을 잘 생각해야 합니다. 왜냐하면 그는 빈털터리이기 때문입니다. 잘 들으십시오. 인류 신전의 공사장에서는 높은 교양과 인문적 교양이 요구되며, 자산 계급의 일원이라는 것도 요구되고 있습니다. 적지 않은 가입비와 회비를 낼 수 있어야 하기 때문입니다. 교양과 자산, 이것은 부르주아입니다! 이것은 자유주의적 세계 공화제의 주춧돌이기도 하지요!"

---

*24 고대 이집트 최고 여신.

*25 아테네 서북방의 도시.

한스 카스토르프는 웃으면서 말했다.

"물론이지요. 주춧돌이 우리 눈앞에 완전히 드러난 셈이군요."

나프타는 잠시 생각하더니 말했다.

"그런데 말입니다. 나는 당신에게, 그 인물과 그 인물의 일을 얕보지 말도록 충고하고 싶습니다. 이렇게 당신과 그의 사정에 대해서 이야기를 나누었기 때문에 부탁하는 것입니다. 주의를 게을리하지 마십시오. 저속한 것이라고 해서 반드시 위험하지 않다고는 할 수 없습니다. 천박한 것이 반드시 해가 없다고 말할 수 없습니다. 그들은 한때 독했던 포도주에 물을 탔습니다만, 프리메이슨의 이념 자체는 여전히 강렬해서 많은 물을 탄 오늘날에도 꿈쩍도 하지 않습니다. 그것은 지금도 풍요한 비밀의 여운을 남기고 있으며, 프리메이슨의 각 집회가 세상의 움직임에 영향력을 가지고 있다는 것, 또 저 상냥한 세템브리니 씨를 단지 그 정도의 인간이라고만 생각해서는 안 된다는 것입니다. 그의 배후에는 권력이 대기하고 있으며, 그는 그 권력의 동지이며 밀사(密使)라는 것은 의심할 여지가 없습니다……."

"밀사라고요?"

"그렇지요, 개종(改宗) 권유자, 영혼의 사냥꾼입니다."

한스 카스토르프는 잠깐 생각했다.

'그렇다면 당신은 어떤 밀사란 말인가?'

그러고는 소리 높여 말했다.

"감사합니다. 나프타 교수님, 주의와 경고를 진심으로 고맙게 생각합니다. 그런데 어떻습니까? 이제부터 계단을 한층 더 올라가—위의 것을 방이라고 할 수 있다면—그 방에서 복면을 한 비밀 결사원의 속셈을 알아볼 생각입니다…… 제자는 지식욕에 불타 용감해야 합니다. 물론 주의도 필요하지만요. 밀사를 상대하려면 대단히 주의해야 한다는 것은 두말할 필요가 없습니다."

한스 카스토르프는 세템브리니한테서 여러 가지 이야기를 들을 수 있었다. 세템브리니도 입이 가볍기로는 나프타에 못지않아서, 그 결사에 속해 있다는 것을 숨기려고 하지 않았다. 《이탈리아 프리메이슨 일람》이 탁자 위에 펼쳐진 채로 놓여 있었고, 단지 한스 카스토르프가 이때까지 그것에 주의를 하지 않았을 뿐이었다. 한스 카스토르프는 나프타에게서 방금 듣고 알았으면서도, 마치 예전부터 알고 있었다는 얼굴로 '왕자(王者)의 술(術)'에 대한 이야기를 꺼내자, 세템브리니는 조금 경계했다. 세템브리니는 거드름을 피우며 입을 다물었는데, 그것은 나프타가 말한 테러리즘적인 선서 때문에 그런 것 같았다. 프리메이슨이라는 조직 내의 외면적인 관습과 세템브리니 자신의 지위에 대한 비밀주의 때문임에 틀림없었다. 그러나 그 밖의 것에 대해서는 열변을 토하면서, 지식욕에 불타는 청년에게 결사의 세력에 대해 귀가 번쩍 뜨게 하는 이야기를 했다. 그리고 2만이 넘는 지부와 150개의 대지부를 가져서 세계 곳곳에 세력이 뻗쳐 있어 아이티나 흑인 공화국 라이베리아같이 문명이 낮은 나라에도 단원을 가지고 있다고 말했다. 그는 전에 프리메이슨 단원이었던 사람들인 볼테르, 라파예트, 나폴레옹, 벤저민 프랭클린, 워싱턴, 만치니, 가리발디의 이름을 들었다. 또 생존자로는 영국 국왕의 이름을 들고, 그 밖에도 유럽 제국의 운명을 장악하고 있는 몇몇 인물, 즉 정치나 의회에서 유명한 사람들의 이름을 들었다.

한스 카스토르프는 경의를 표시했지만 놀라지는 않았다—학생 조합에 대해서도 이것과 똑같다고 할 수 있다. 학생 조합도 평생토록 서로 손을 맞잡고 조합원이 훌륭한 지위를 얻도록 힘쓰고, 조합에 가입되어 있지 않은 사람은 관계(官界), 종교계에서 출세할 수가 없기 때문에, 세템브리니 씨가 나열한 사람들이 프리메이슨 단원이라는 것을 단의 명예라고 한 말은 이치에 맞지 않는다. 그런 중요한 지위가 프리메이슨 단원으로 점령되어 있다는 건 오히려 프리메이슨의 세력 정도를 증명하는 일이며, 결사는 세템브리니 씨가 입 밖에 내려는 것 이상으로 세계의 움직임에 영향력을 가지고 있음에 틀림없다고 말했다.

세템브리니는 미소지으며 손에 쥐고 있던 《프리메이슨》이라는 작은 책자로 부채질까지 했다. 그러면서 자기가 입을 열게 하려는 작전이냐고 물었다.

"단(團)의 정치적 경향, 정치적 정신에 대해 지각없는 발언을 시키려고 하는 것입니까? 아무리 그래도 소용없습니다. 엔지니어! 우리는 분명하게 정치를 표방하고 있습니다. 우리는, 당신 나라의 바보들—다른 나라에는 거의 존재가 없는—이 정치와 결부된 것을 증오하고 있음을 알지만 전혀 신경 쓰지 않습니다. 인류의 친구는 정치와 비정치(非政治) 사이의 구별은 인정하지 않습니다. 이 세상에 정치 아닌 것은 존재하지 않습니다. 모든 것이 정치입니다."

"모든 것이라고요?"

"프리메이슨의 사상은 본디부터 비정치적이라는 것을 지적하면서 의기양양해하는 사람들이 있는 것은 나도 잘 알고 있습니다. 그러나 그런 사람들은 말장난을 할 뿐이지, 그런 사람들이 생각하는 것은 공상적이고 무의미하다는 것을 인정해야 하는 때가 왔습니다. 첫째로, 스페인의 각 집회는 처음부터 정치적 색채를 나타냈습니다."

"그것은 이해할 수 있습니다."

"당신이 그렇게 쉽게 이해할 리 없습니다. 엔지니어, 처음부터 잘 이해할 수 있다고 생각지 말고, 내가 지금부터 당신에게 알기 쉽게 말하려는 것을 받아들여 나름으로 이해해 보도록 하십시오. 그것은 당신 자신의 이해관계와, 또 당신네 나라와 유럽의 이해관계를 위해서도 부탁드리고 싶습니다. 그러면 두 번째로, 프리메이슨의 사상은 어느 시대에도 비정치적이었던 적은 없고, 비정치적일 수도 없었습니다. 프리메이슨 사상이 스스로를 비정치적이라고 생각한 일이 있었다면, 그것은 자신의 본질을 인식하지 않는 것입니다. 우리 단원은 무엇이겠습니까? 하나의 건축물을 세우려는 건축가이고 조수입니다. 우리 단원 모두의 목적은 오직 한 가지로, 모든 인간의 최고 행복입니다. 그리고 그 최고 행복이란, 건축물이라는 올바른 법칙에 알맞은 사회 건물이며, 인류의 완성이고, 새로운 예루살렘입니다. 이 목적에 있어서 정치와 비정치의 구별이 대체 무슨 소용이 있겠습니까? 사회 문제, 공동 생활의 문제 그 자체가 이미 정치이며, 그 밖에 아무것도 아닌 것입니다. 이 문제에 몰두하는 사람은—물론 여기에 몰두하지 않으면 인간이라고 할 수 없겠습니다만—정신적인 의미나 외면적인 의미로 정치에 종사하는 것을 뜻합니다. 이런 사람은 '프리메이슨의 술(術)'이 통치술임을 이해하고 있는 사람입니다."

"통치술……."

"계명 결사파의 프리메이슨이 통치자 계급을 가지고 있었다는 것을 이해한다는 것입니다……."

"멋진 말씀입니다, 세템브리니 씨. 통치술, 통치자의 계급, 두 개 다 마음에 들었습니다. 그런데 한 가지 가르쳐 주십시오. 당신은, 그리고 결사에 속하는 사람들은 모두 기독교도입니까?"

"이건 또 무슨 말인가요?"

"실례했습니다. 다른 방식으로 물어보지요. 더 일반적으로 단순하게요. 당신들은 신을 믿습니까?"

"어째서 당신은 그런 것을 묻습니까?"

"당신을 시험해 볼 생각으로 물어본 것은 아닙니다. 그러나 성서에도 그런 이야기가 실려 있습니다. 어떤 사람이 로마의 화폐로 예수를 시험해 보려고 하자 예수께서, '황제의 것은 황제에게, 신의 것은 신에게 바치라'고 대답했다는 겁니다. 나는 그런 구분이 정치와 비정치 사이에도 있을 것이라고 생각합니다. 신이 존재한다면 그런 구분도 존재할 것입니다. 프리메이슨 단원들은 신을 믿습니까?"

"나는 대답하겠다고 약속했습니다. 당신은 우리가 이루고자 하는 통일 문제에 대해 언급하고 있습니다만, 유감스럽게도 오늘날까지 실현되지 않고 있습니다. 프리메이슨 단원의 세계적 단결은 아직 실현되지 못했습니다. 그러나 남모르는 노력을 기울이고 있으니 실현될 날이 올 것입니다. 그리된다면 단결의 종교적 신조는 의심할 여지없이 통일적인 것입니다. 그리고 그 신조는 '악을 말살하라'는 것입니다."

"강제적으로 말입니까? 그것은 아무래도 관용적이라고 할 수 없는데요."

"당신은 아직 관용이라는 문제를 다룰 만한 정도에 이르지 못했습니다, 엔지니어. 어쨌든 악에 관용을 베푼다는 것은 죄악임을 잊지 마십시오."

"신이 악인가요?"

"형이상학은 모두 악입니다. 왜냐하면 형이상학은 우리가 완전한 사회라는 전당을 건설하기 위해 바쳐야 하는 노력을 잠들게 해버리는 것 말고는 그다지 소용이 없기 때문입니다. 그래서 프랑스의 오리엔트 대지부는 30년 전에 솔선해서 모든 간행물에서 신이라는 이름을 삭제해 버렸습니다. 우리 이탈리아도 이 예를 따랐습니다……."

"정말 가톨릭적이군요!"

"그 말씀은……."

"신을 삭제한다는 것은 대단히 가톨릭적이라고 생각합니다!"

"당신이 표현하려는 것은……."

"들을 만한 것이 못 됩니다, 세템브리니 씨. 내가 두서 없이 지껄이는 것에 너무 신경 쓰지 마십시오! 나는 순간 느꼈을 뿐입니다. 무신론은 매우 가톨릭적인데, 거기서 더 가톨릭적으로 되려고 신을 삭제하는 것이 아닌가 하고요."

세템브리니는 한동안 잠자코 있었지만, 그것은 교육자적인 고려에 지나지 않는다는 것이 분명했다. 그는 잠시 뒤에 입을 열었다.

"엔지니어, 나는 당신의 신교 신앙을 흔들어 버린다든지, 해를 입히려는 생각은 조금도 없습니다…… 우리는 관용을 말했습니다. 내가 신교에 대해 관용의 정신을 가지고 있을 뿐만 아니라, 양심의 억압에 대해서 역사적 반대자로서 신교에 깊은 경의를 표시하고 있다는 것은 새삼 강조할 필요도 없습니다. 인쇄술의 발명과 종교 개혁은 중부 유럽이 인류를 위해 이룩한 두 개의 찬란한 공적임은 언제나 변하지 않는 사실입니다. 물론입니다. 그러나 그것은 문제의 한 면에 지나지 않으며 또 다른 면도 있다는 것을, 당신이 아까부터 말한 것으로 미루어 보아 내 말을 제대로 이해해 주시리라고 생각합니다. 신교에는 어떤 요소가 숨겨져 있습니다. 당신네 나라 종교 개혁자의 인품 자체에 이미 그 요소를 숨기고 있습니다. 내가 말하는 것은 정적주의의 더없는 행복과 최면술적 명상으로서, 이것은 활동적인 유럽의 생활 원리와는 인연이 없는 대립적인 요소입니다. 그의 초상(肖像)을 보십시오! 루터의 초상을! 젊었을 때의 초상과 후년의 어느 것이나 보십시오! 도대체 어떤 모양의 머리입니까? 어떤 광대뼈이며 얼마나 이상한 눈입니까? 저것은 아시아적입니다. 벤덴인, 슬라브인, 사르마티아인의 피가 섞여 있는 것이 분명합니다. 정말 이상하다고 할 수밖에 없습니다. 이상한 일이지만, 아무도 부정하려 하지 않을 것입니다. 저 인물의 커다란 모습이 당신네 나라에서 겨우 균형을 유지하고 있는 두 요소의 한쪽에 숙명적 무게를 둔 것을 의미하지 않는다면 정말 이상하다고 할 수 있습니다. 즉 그의 등장이 아시아적 요소에 무게를 더한 것이죠. 그래서 유럽적 요소는 지금까지도 뒤지고 있으며 공중에 떠 있는 겁니다……."

세템브리니는 창가의 인문적 빗면 책상 앞에 서 있었는데, 제자에게 가까이 가기 위해 물병을 얹은 둥근 탁자 옆으로 걸어갔다. 한스 카스토르프는 벽 쪽에 있는 안락의자에 앉아 있었는데, 기댈 곳이 없어서 무릎 위에 팔꿈치를 얹고 턱으로 손을 괴고 있었다.

세템브리니가 이탈리아어로 말했다.

"친구! 친애하는 친구! 결단을 내릴 때입니다. 유럽의 행복과 앞날에 있어 중대한 의의를 갖는 결단입니다. 그리고 이 결단은 당신네 나라의 손으로 행해집니다. 당신네 나라의 영혼 내부에서 행해지지 않으면 안 됩니다. 동방과 서 방 사이에 놓인 당신네 나라가 그 본성을 정의하려면, 서로 대립하는 두 세계 가운데 어느 것을 택할지를 의식적이고 최종적으로 결정해야 합니다. 당신은 젊기에 그 결단에 관여하게 될 것이며, 그 결단에 영향을 주게 될 것입니다. 그런 의미에서 우리는 우리 운명을 축복하기로 합시다. 당신이 이 비참한 곳에 들어와서, 미숙하고 무력한 나의 말을 듣고 당신의 약한 젊은 영혼이 영향을 받아, 당신네 나라가 세계 문명에 그 책임을 느끼도록 한 운명을……."

한스 카스토르프는 여전히 턱을 괴고 앉아 있었다. 그는 창밖을 바라보고 있었는데, 그 단순한 눈에 어떤 반항의 빛이 스쳐 지나갔다. 하지만 그는 잠자코 있었다.

세템브리니가 흥분하여 말했다.

"당신은 침묵하고 있군요. 당신과 당신네 나라가 계속 침묵하고 있어서, 어떤 비평도 그 침묵의 깊이를 알아볼 수 없습니다. 당신들은 말을 좋아하지 않는 것인지, 말을 가지고 있지 않은 건지, 그렇지 않으면 말을 신성화하려는 것인지 모르겠습니다. 말을 사랑하는 사람들로서는 당신들을 어떻게 생각해야 할지 모르겠습니다. 이것은 위험한 일입니다. 말이란 문명 그 자체입니다. 아무리 반항적인 말이라 할지라도 사람들 사이를 맺어줍니다. 이와 반대로 무언(無言)은 사람을 고독하게 합니다. 나는, 당신이 그 고독을 행동으로 깨뜨리려고 하는 것이 아닌가 추측하고 있습니다. 당신은 사촌인 자코모 씨(세템브리니는 요아힘을 언제나 '자코모'라고 불렀다)를 당신의 침묵 앞에 세워보십시오. 그러면 그는 '칼을 휘둘러 두 사람을 쳐부수고 다른 사람들은 도망갈' 것입니다……."

한스 카스토르프가 웃자, 세템브리니도 자신의 조형적인 말이 준 효과에 만족감을 느끼고 미소지었다.

세템브리니가 말했다.

"좋습니다. 우리 웃읍시다! 당신을 유쾌하게 할 수 있다면 언제든지 상대해 드리겠습니다. '웃음은 영혼의 빛이다'라고 옛사람들이 말했습니다. 그런데 본론에서 좀 벗어난 것 같습니다. 빗나가기는 했지만, 프리메이슨의 세계적 단결을 이루고자 하는 우리의 준비 공작이 맞닥뜨린 어려움, 특히 신교적 유럽이 당면한 문제와 관계가 있는 것이지만……."

그는 세계의 단결이라는 이념에 대해 열심히 말했다. 헝가리에서 시작된 그 이념이 실현된다면 프리메이슨은 세계의 움직임을 결정하는 힘이 될 것이라고 했다. 그리고 그 증거로 외국의 유력한 단원들에게서 받은 편지를 보여주었다. 그 가운데에는 스위스의 기사 수도회 총회장, 제33위의 라텐테 지역 수도사의 자필 편지도 있었다. 그는 또 인조어(人造語)인 에스페란토를 세계 공용어로 하려는 계획에 대해서도 말했다. 열이 더해 감에 따라 고급 정치론을 펼치고, 눈길을 이리저리 돌리면서 혁명적 공화 제국 사상이 그의 모국인 이탈리아, 스페인, 포르투갈에서 얼마나 실현될 전망이 있는가를 검토했다. 그는 포르투갈 군주국에서 대집회를 장악하고 있는 사람들과도 편지로 계속 연락하고 있다고 말했다. 포르투갈에서의 정세로 보면, 확실히 결정적인 사건이 일어날 낌새가 있으며, 그 나라에서 가까운 앞날에 여러 사건이 일어난다면 지금 자기가 하는 이야기를 떠올리기 바란다고 했다. 한스 카스토르프는 그렇게 할 것을 약속했다.

여기서 미리 말해 두지만, 이 두 사람 사이의 프리메이슨에 대한 이야기는 요아힘이 이 위에 다시 올라오기 전의 일이었다. 그러나 이제부터 언급하려는 이야기는, 요아힘이 다시 이 위에 있게 된 뒤의 일이다. 그가 돌아온 지 9주일 뒤인 10월 첫 무렵 일이었다. 한스 카스토르프는 '마을'의 요양 호텔 앞에서 가을 햇살을 받으며 청량음료를 마시던 그날의 일을 두고두고 잊을 수 없었다. 왜냐하면 그때 요아힘의 일이 한스 카스토르프에게는 남몰래 불안을 느끼게 했기 때문이다. 보통 때 같으면 조금도 불안을 주지 않는 증상과 현상, 즉 사촌의 목의 통증과 쉰 목소리는 귀찮기는 하지만 해롭지 않은 증상과 현상이었지만, 한스 카스토르프에게는 그것이 왠지 모르게 특별한 의미를 가지는 증상으로 느껴졌다. 그것은 요아힘의 눈빛에서 확인할 수 있었다. 보통은 온화하며 커다란 요아힘의 눈이 그날은, 아니 그날부터 생각에 잠긴 듯했고, 위협하는 듯한 표정을 띠게 되었으며, 확실하게는 말할 수 없지만 크고 깊어진 느낌을 주면서 조용한 빛을 띠었다. 이 눈빛이 한스 카스토르프의 마음에 들지 않기는커녕 오히려 마음에 들었으나 어쩐지 불안스러웠다. 요컨대 이런 인상에 대해서는 복잡한 설명을 늘어놓을 수밖에 없었다.

이날의 대화와 논쟁, 물론 나프타와 세템브리니 사이의 논쟁에 대해 말한다면, 이것은 그것만으로 독립된 논쟁이며 프리메이슨 집회에 대해 개별적으로 행해진 논쟁과는 막연하게 연관이 있을 뿐이다. 사촌들 말고도 페르게와 베잘이 함께 있었지만, 모두 그 논쟁의 주제를 이해할 힘을 가지고 있지 않았다. 페르게는 분명히 그런 능력을 가지고 있지 않았는데도 열중하여 듣고 있었다. 이 논쟁은 마치 목숨을 건 듯이 맹렬하기 이를 데 없었으나, 사실 기지에 찬 세련된 논쟁이었다. 세템브리니와 나프타 사이의 논쟁은 어느 것이나 그러했다. 그런 논쟁은, 내용을 그다지 이해하지 못하고 그 중대성을 막연하게 짐작하지 못하는 사람들에게도 꽤 재미있게 들렸다. 그 논쟁에 관계가 없는 주위 사람들도 말다툼의 격렬함과 세련성에 끌려들어 눈썹을 추켜올리면서 듣고 있었다.

아까도 말했지만, 오후의 차 마시는 시간 뒤의 요양 호텔 앞에서였다. 베르크호프의 네 사람은 거기서 우연히 세템브리니를 만났는데, 나프타도 마침 거기에 와 있었다. 여섯 사람은 금속제의 작은 탁자를 둘러싸고 앉아, 소다수를 탄 아니스주와 베르무트주를 마시고 있었다. 나프타는 언제나 여기서 간식을 들었는데, 오늘도 포도주와 케이크를 주문했다. 이것은 기숙학교 생활 때의 추억 때문임이 틀림없었다. 요아힘은 레모네이드를 여러 번 마시면서 아픈 목을 축였다. 그는 레모네이드가 목의 근육을 오그라들게 하여 아픔을 덜어준다고 해서 아주 진하고 쓴 것을 마셨다. 세템브리니는 그냥 설탕물만 마시고 있었는데, 가장 비싼 음료수라도 되는 양 빨대로 품위 있고 맛있게 마시면서 농담을 했다.

"내가 무슨 말을 들었다고 생각합니까, 엔지니어? 어떤 소문을 들었다고 생각하십니까? 당신의 베아트리체가 다시 돌아온다지요? 당신을 데리고 천국을 빙빙 도는 아홉 계단을 안내하여 준 그녀가요. 그렇지만 그렇게 돼도 당신은 베르길리우스가 안내하는 우정의 손길을 냉정하게 뿌리쳐서는 안 됩니다. 여기에 있는 이 전도사나 프란체스코파의 신비주의도, 그 반대의 위치에 있는 토마스 아퀴나스의 인식이 존재하지 않았더라면 중세는 완전하다고는 할 수 없다고 단언할 것임에 틀림없습니다."

그들은 세템브리니의 이 박식한 익살스러움에 웃었다. 한스 카스토르프 또한 웃으면서 '그의 베르길리우스'를 위해 베르무트의 컵을 들었다. 그러나 세템브리니의 이 겉치레 많고 악의 없는 발언으로 얼마나 끝없는 이론 투쟁이 펼쳐졌는가. 나프타는 조금 고전하는 듯하더니 곧 공세로 나가, 세템브리니가 우상처럼, 아니 호메로스 이상으로 찬미하는 라틴 시인 베르길리우스를 깎아

내렸다. 이때까지도 나프타는 베르길리우스에 대해, 또 라틴 문학에 대해 신랄하기 짝이 없는 비판을 해왔는데, 이번에도 그 기회를 놓치지 않았던 것이다. 위대한 단테가 이 엉터리 시인에게 《신곡(神曲)》에서 그렇게 찬란한 역할을 시킨 것에 대해 로도비코는 아마 프리메이슨적 의미를 줄 테지만, 단테는 너무 사람이 좋아 시대의 사상에 사로잡혀 있었기 때문이라고 강조했다. 저 궁정의 계관 시인(桂冠詩人), 율리우스 왕가의 어용 시인, 독창성이란 조금도 없는 세계 도시적 시인의 미사여구가 대체 얼마만큼의 가치가 있겠는가! 그들이 설령 혼을 갖고 있다고 해도 빌린 혼에 불과하며, 시인이라고도 할 수 없고, 아우구스투스 시대의 가발을 쓴 프랑스인이라고밖에 할 수 없는데 베르길리우스의 어디가 위대하다는 것이냐고 반박했다.

여기에 대해 세템브리니는, 나프타 씨가 라틴어 교사직을 가지고 있으면서도 로마의 찬란한 문명을 무시하는 것은 모순이며, 이것을 모순 없이 조화할 수 있는 수단과 방법을 알고 있으리라 믿는다고 말했다. 그러나 지금 베르길리우스에 대한 비평을 들으니, 나프타 씨는 그가 애착을 갖고 있는 시대의 생각과는 모순되지만, 그것을 지적해야겠다고 했다. 왜냐하면 그 시대에는 베르길리우스를 멸시하지 않았을 뿐만 아니라, 그를 지혜가 넘치는 마술사라고 인정했기 때문이라는 것이다.

그러자 나프타가 받아쳤다.

"세템브리니 씨가 그 시대의 단순성을 들고나오려는 것은 아무런 소용이 없는 일입니다. 중세의 단순성은 정복한 문화에 악마의 성격을 부여한 점에서도 창조력을 나타낸 승리자입니다. 게다가 초기 가톨릭 교회의 지도자들은 고대 철학자와 시인들의 기만에 현혹되지 않도록, 특히 베르길리우스의 달변에 넘어가지 않도록 경고하는 것을 게을리하지 않았습니다. 그러나 한 시대가 끝나고 프롤레타리아의 새 아침이 찾아오려는 지금은 이들 지도자들의 경고에 동감하기에는 매우 좋은 때인 것입니다! 그리고 분명히 대답한다면, 로도비코 씨가 친절하게도 야유를 퍼부은 나의 부르주아적 교직에 대해 나는 충분한 정신적 보류를 가지고 수행하고 있으며, 아무리 낙관적으로 생각해도 몇십 년 안으로 끝장이 날 고전적·수사적 교육 제도에 나는 익살스러운 기분 없이는 종사할 수 없다는 것을 믿어주기 바랍니다."

"그렇지만 당신들은 고대의 시인들과 철학자들이 땀흘려 연구하여 이룬 업적을 이용하려 했습니다. 마치 교회당의 건립을 위해 고대 건축물의 석재를 이용한 것처럼요! 당신들은 자신의 프롤레타리아적인 영혼의 힘만으로는 새로운 예술 형식을 창조할 수 없음을 알고, 고대(古代)를 고대의 무기로 정복하려고 생각했던 것입니다. 그것은 지금도 그렇고 앞으로도 계속 그럴 것입니다! 당신들의 거친 젊음은, 자기에게나 남에게나 멸시하도록 하는 고대 문화의 가르침을 받아야 하겠습니다. 교양이 없으면 인류 앞에 나설 수 없기 때문입니다. 당신들에게는 부르주아적 교양, 인간적인 교양만 있을 뿐이기 때문입니다!…… 그리고 인문주의적 교육 원리의 종말이 몇십 년 사이에 찾아올 것이라고요? 내 생각 같아서는 큰소리로 비웃고 싶군요. 재물을 계속 지켜갈 줄 아는 유럽은, 여기저기에 흩어진 프롤레타리아적 묵시록은 무시하고, 고전적 이성에 의한 오늘날의 문제로 유유히 나아갈 것입니다."

그러자 나프타가 신랄하게 비판했다.

"세템브리니 씨는 오늘날의 문제를 충분히 알지 못하는 것 같습니다. 당신이 이미 결정된 것이라고 생각하는 지중해 연안의 고전적·인문주의적 전통이 과연 모든 인류의 유산이며 영구적인 것인지 아닌지, 또는 시민적 자유주의 시대가 한 시대의 정신 형식과 부속품에 지나지 않으며, 그 시대와 함께 멸망하는지 아닌지 하는 점이야말로 오늘날의 문제입니다. 그것을 결정하는 것은 역사의 일이지만, 세템브리니 씨는 그 결정이 자신의 라틴적 보수주의에 유리한 결정이 되리라는 달콤한 꿈에서 벗어나는 게 현명할 것입니다."

스스로를 진보의 사도라 여기는 세템브리니를 보수주의자로 몰아붙이는 나프타의 뻔뻔스러움도 보통이 아니라고 할 수 있었다. 모든 사람이 그렇게 느꼈겠지만, 당사자인 세템브리니는 더욱 흥분하여 오른쪽 콧수염을 비틀어 올리면서 반격의 말을 생각하고 있었다. 그러나 나프타는 그사이에도 고전적 교육의 이상, 유럽의 학교와 교육 제도의 수사학적·문학적 정신, 까다로운 문법적·형식적인 고집을 비웃었으며, 이것들은 시민적 계급 제도의 타산적인 부산물이며 벌써부터 민중의 조롱의 대상이 되었다고 말했다. 민중이 박사의 칭호나 교육적 사대주의를 얼마나 조롱하고 있으며, 민중 교육이 학자적 교양을 떨어뜨렸다는 망상에서 생긴 부르주아 계급의 지배 수단인 초등학교에 대해서 민중이 얼마나 비웃고 있는지도 덧붙였다. 민중은 부패한 부르주아 국가와의 투쟁에 필요한 교양과 교육을 당국의 강제적 기관에 의지하지 않고도,

언제 어디에서나 얼마든지 습득할 줄 알고 있다. 게다가 중세의 수도원 부속 학교에서 발달한 현재의 학교 제도 자체가 우스운 유물이며 시대착오이다. 오늘날 사람들은 교양을 학교에서 얻지 않고, 공개 강연, 전람회, 영화를 통해 얻은 자유로운 공공 교육이 어떤 학교 교육보다 훨씬 더 훌륭하다는 것을 알고 있다…….

세템브리니도 지지 않고 받아쳤다—나프타 씨가 모두에게 맛보게 한 혁명과 비개화주의의 잡탕요리는, 비개화주의적인 재료가 너무 많아 식욕을 일으키지 않는다. 나프타 씨가 민중의 계몽에 마음을 쏟고 있는 데에는 호감이 가지만, 민중과 세계를 문맹의 어둠 속에 덮어두려는 본능에 지배되고 있다는 의심이 들기 때문에 호감도 희미해지고 만다.

나프타가 미소지으며 대답했다—문맹이라니! 세템브리니 씨는 이렇게 끔찍한 말을 입 밖에 냄으로써 괴물 고르곤의 무서운 머리라도 보이게 한 것처럼 생각하고 누구나 얼굴이 창백해지리라 생각하는 모양인데, 유감스럽게도 세템브리니 씨를 실망시키지 않을 수 없다. 인문주의자가 문맹이라는 말에 공포를 느끼는 것은 우스운 일이다. 읽고 쓰기의 훈련에 커다란 교육적 의의를 두어, 읽고 쓰기를 모르는 인간을 정신적 암흑에 덮인 인간처럼 생각하는 것은 르네상스적 문학자, 건방진 자, 꽉 막힌 예술가, 마리노적 문체주의자, 박식함을 예찬하는 어릿광대들뿐이다. 세템브리니 씨는 중세 최고 시인인 귀족 볼프람 폰 에셴바흐가 문맹이었다는 사실을 기억하고 있는가? 그때 독일에서는 성직자를 만들려는 경우를 제외하고는 자식을 학교에 보내는 일을 창피하게 생각했으며, 이런 문학적인 기능에 대한 멸시는 언제나 고귀한 영혼의 본질이 되는 것이 특징이었다. 귀족·군인·민중은 읽고 쓰기를 전혀 할 수 없든지, 그저 흉내를 낼 뿐이었다. 그러나 인문주의와 시민 계급의 자식인 문학자는 읽고 쓰기는 할 수 있었지만, 이 밖의 것은 아무것도 할 수 없었고, 알지도 못했으며, 그저 수다쟁이 라틴어 학자에 지나지 않았다. 그들은 웅변만이 장기여서 생활다운 생활은 진실한 사람들에게 맡기는 수밖에 별 도리가 없었다. 이리하여 문학자는 정치를 수사학과 문학뿐인 빈 것으로 바꾸어 버렸는데, 이것을 그 당파의 용어로 말하면 급진주의 민주제이다.

이번에는 세템브리니가 큰 소리로 대꾸했다.

"나프타 씨는, 어느 시대의 광신적 야만성을 좋아한다고 대담하게 고백하면서 문학적 형식에 대한 사랑을 비웃었지만, 그 사랑이 없다면 인간성은 있을 수도, 생각할 수도 없습니다! 문맹이 고귀하다고요? 말할 줄 모르는 벙어리 같은 행동주의를 고귀하다고 부르는 것은 인간에게 적의를 가진 자임이 틀림없습니다. 고귀성은 고상한 사치와 관용에만 있으며, 또한 이것은 형식적 내용에서 독립한 인간다운 절대 가치를 인정하는 데 있습니다. 기술을 위한 기술로서의 수사학 존중이 그것이고, 그리스와 로마의 문명 유산은 인문주의자에 의하면 라틴 민족, 적어도 라틴 민족에게만 다시 주어진 것이며, 이 수사학이야말로 모든 정치적 이상주의의 원천이기도 합니다. 그렇습니다. 당신이 수사학과 생활의 분리라고 비난하려는 것이야말로, 이 두 가지가 영광 속에서 더욱더 훌륭하게 통합되는 것을 뜻합니다. 따라서 나는 문학과 야만 가운데 어느 쪽을 택할 것인가 하는 논쟁에서 고매한 젊은이들이 어느 편에 가담하는가에 대해서는 조금도 불안해하지 않습니다."

한스 카스토르프는 옆에 있는 고귀한 영혼의 전사(戰士)요, 대표자인 요아힘의 이상한 눈빛에 정신이 팔려 있었기에, 논쟁은 듣는 둥 마는 둥 하고 있었다. 그러나 세템브리니의 마지막 말이 대답을 요구한 것 같아 움찔했다. 하지만 언젠가 세템브리니에게서 '동양과 서양'의 어느 쪽이든 마음을 결정하라고 재촉받았을 때처럼 고집스런 얼굴로 잠자코 있었다. 무슨 토론에서든지 극단화하지 않으면 못 배기는 이 두 사람을 위해서는 필요한 일이겠지만, 한스 카스토르프가 볼 때 인간다운 것이라든지 인간적이라는 것은 논쟁이 되는 두 극단의 가운데, 수다스러운 인문주의와 문맹의 야만성 사이에 있는 것처럼 생각되는데도 두 사람은 극단인 듯이 흥분하여 말다툼을 벌이고 있었다.

그러나 한스 카스토르프는, 두 이론가를 화나게 하지 않도록 고집스럽게 침묵하면서 라틴 문학자 베르길리우스에 대한 세템브리니의 가벼운 농담에서 시작된 논쟁을 구경만 하고 있었다. 세템브리니는 승리를 즐기기라도 하는 것처럼, 아직 결정적인 말은 입 밖에 내지 않고 말장난을 계속했다. 그는 자기가 문학 정신의 보호자라 주장했고, 문학 역사는 인간의 지식과 감정을 영원히 남기기 위해 문자를 돌에 새겨넣은 기념비로부터 시작되었다며 그 문자를 찬미했다. 그는 또 이집트의 신(神) 토트에 대해 말했는데, 이 신은 헬레니즘 시대의 위대한 헤르메스와 같은 신으로 문자를 발명한 신, 도서(圖書)의 수호신, 모든 정신 활동의 장려자로 존경받았다고 말했다. 또한 인류에게 문학적 언어와 투쟁적 수사학이라는 귀중한 선물을 남긴 숭고한 헤르메스, 인문주의적 헤르메스, 투기장의 수호신인 헤르메스 앞에 무릎을 꿇어야 한다고 덧붙였다. 그러자 한스 카스토르프는 이집트 출생인 헤르메스는 정치가로 봐야 하며, 그는 틀림없이 피렌체 사람들에게 정치와 화술을 가르쳤을 테니, 공화제를 정치 원칙으로 삼아 통치하는 기술을 가르쳤다는 브르네토 라티니보다 더 중요한 역할을 했을 것이라 생각한다고 말했다.

이때 나프타가 끼어들어 말했다.

"세템브리니의 말은 좀 억지스럽습니다. 한스 카스토르프에게 토트 헤르메스에 대해 너무 훌륭하게 말했군요. 토트 헤르메스는 원숭이와 달, 그리고 죽은 영혼의 신, 머리에 반달을 쓴 원숭이로서 헤르메스라는 이름을 가지고 있지만, 그는 죽음과 죽은 자의 신, 심령 유괴자, 심령 안내인으로 고대 후기에는 이미 대마술사로 여겨졌고, 유대적 신비 철학이 지배했던 중세에는 신비적 연금술의 시조로 추앙받게 되었습니다."

"뭐라고요?"

나프타의 말에 한스 카스토르프의 사고와 관념은 일대 혼란이 일어났다. 푸른 외투를 입은 죽음의 신이 인문주의적 수사학자로 생각되었고, 그 교육적 문학의 신과 인류의 친구를 자세히 바라보는 사이에 밤과 마법의 상징인 반달을 머리에 쓴 원숭이가 되었다…… 한스 카스토르프는 거절하듯 손을 흔들고는 눈을 가렸다. 너무나 큰 혼란에 스스로 눈을 가리고 아무것도 보이지 않는 어둠의 세계로 달아난 한스 카스토르프의 귀에, 문학을 계속 칭송하는 세템브리니의 목소리가 들려왔다. 세템브리니는 문학에는 관조적 위대함뿐만 아니라 행동적 위대함까지 결부되었다면서 알렉산드로스 대왕, 카이사르, 나폴레옹과 프로이센의 프리드리히 대왕, 그 밖의 영웅들 이름을 늘어놓았으며, 라살과 몰트케의 이름까지 들먹였다. 여기에 대해 나프타는, 세템브리니가 중국에서 태어났어야 할 인간이라고 비웃었다. 중국에서는 전에 볼 수 없었던 희한한 문자 숭배가 행해지고 있으며, 4만 자의 한문(漢文)을 모두 붓으로 쓸 수 있는 사람만이 원수(元帥)가 된다면서 인문주의자의 마음에 꼭 들 것이라고 빈정거렸다. 하지만 세템브리니는 그런 비난에도 끄떡하지 않으면서 말했다.

"나프타 씨는, 내가 하려는 말이 단순히 글자를 쓴다는 것이 아니라 인류의 본능적 욕구로서의 문학, 문학적 정신이라는 것을 분명히 알면서도 조롱하고 있으니 정말로 불쌍한 독설가입니다! 문학적 정신은 정신 그 자체이며, 분석과 결합으로 이루어진 기적입니다. 문학적 정신이야말로 모든 인간적인 것에 대한 이해를 불러일으켜, 어리석은 가치 판단과 신념을 해소시키고, 인류의 교화와 순화를 향상시키는 것입니다. 그리고 문학적 정신은 최고의 도덕적 세련성과 감수성을 만들어 내, 감정에 휘둘리지 않은 회의·정의·관용의 정신을 발전시키기도 하지요. 문학의 정화 작용과 순화 작용 인식, 언어에 의한 열정의 억제, 이해와 용서, 사랑으로 인도하는 길로서의 문학, 언어를 해방시키는 힘, 인간 정신 일반에 대한 가장 고귀한 표현으로서의 문학 정신, 완전한 인간과 성자로서의 문학자……."

이렇듯 찬란한 어조로 세템브리니의 변호적인 송가가 이어졌다.

그러나 나프타는, 세템브리니의 정신을 위선(僞善)으로 덧붙인 파괴적 정신이라 헐뜯고, 자신은 그 정신에 맞서서 보수와 생명의 편에 서겠다고 말했다. 그러면서 다음과 같이 주장했다.

"멋진 결합이란 기만과 사기일 뿐입니다. 왜냐하면 문학의 정신은 탐구와 분류(分類)의 원리에 형식을 결합시킨다고 하지만, 그 형식이라는 것은 기만적 형식에 지나지 않고, 진실하며 완전한 자연적 형식, 즉 생명에 찬 형식은 아니기 때문입니다. 이른바 인간 개조자들은 인류의 정화와 순화를 입버릇처럼 말하지만, 그들이 바라는 것은 사실 생명의 거세와 빈혈화(貧血化)에 지나지 않습니다. 뿐만 아니라 정신이다, 열정적인 이론이다 하고 주장하는 것은 생명을 해칠 뿐이며, 열정을 억제하려는 것은 무(無)를 원하는 것입니다. 그것도 완전하고 순전한 허무일 것입니다. 허무에 결합할 수 있는 형용사가 있다면 그것은 정말 '순전한'이라는 형용사뿐입니다. 그러나 이 점에서야말로 문학자 세템브리니 씨의 본령(本領), 즉 진보와 자유주의, 그리고 시민적 혁명 투사로서의 본령이 여실히 나타납니다. 왜냐하면 진보는 순전한 허무주의이며, 사실 자유주의적 부르주아란 허무요, 악마에게 복종하는 인간이기 때문입니다. 그러니까 악마적이며 반절대적인 생각을 신봉하고, 죽음과 다름없는 평화주의를 경건한 것으로 여기면서, 신을 보수적이라고 하여 그의 절대적인 존재를 부정하고 있습니다. 그러나 그런 평화주의는 경건하지 않을뿐더러 생명을 약화시키는 죄인이며, 생명의 이름에 의한 종교 재판, 준엄한 비밀 재판에 붙여서 벌을 주어야 합니다."

이렇게 나프타는 세템브리니의 송가를 악마적인 것이라 하고, 자신을 사랑의 보수주의 화신이라고 주장했기에 두 사람 가운데 어느 쪽에 신이 있고 악마가 있는지, 어느 쪽에 죽음이 있고 삶이 있는지를 판단하는 것은 이번에도 불가능했다. 상대방인 세템브리니도 공박을 받고 순순히 물러갈 사람은 아니었기에 그것에 대해 명쾌하게 논법을 펼쳤으며, 나프타의 응수도 그에 못지않게 나무랄 데 없었음은 독자들도 충분히 알 수 있을 것이다. 한동안 이런 식으로 토론이 이어지다가, 말다툼은 아까 언급한 문제에 다다랐다. 한스 카스토르프는 요아힘에게 감기 기운이 있는 것 같아 걱정이 되었지만, 이곳에서는 감기를 '인정받고' 있지 않기 때문에 어떻게 해야 할지 모르겠다고 한 마디 하고는 더 이상 그 토론에 귀 기울이지 않았다. 두 논적은 그 말에 개의치 않고 계속 토론했다. 한스 카스토르프는 앞에서 말한 것처럼, 요아힘의 일이 걱정되는 터라 사촌과 함께 물러났다. 페르게와 베잘만을 청중으로 삼아 논쟁을 계속할 만한 교육자적 열의가 있는지에 대해서는 신경 쓰지 않았다.

돌아오는 길에 사촌들은 요아힘의 감기와 목의 통증에 대해 정규 절차를 밟기로 결정지었다. 즉 마사지 선생을 통해 수간호사에게 전달하도록 하면 환자를 위해서 어떤 조치가 취해질 것이라는 데 의견이 모아졌던 것이다. 이것은 현명한 일이었다. 그날 밤 저녁 식사 뒤에 한스 카스토르프가 요아힘의 방으로 함께 들어가니, 아드리아티카가 방문을 두드리고 들어와 이상한 목소리로 젊은 장교의 소원과 하소연을 물었다.

"목이 아프다지요? 목소리가 쉬었다지요?"

수간호사는 마사지 선생에게서 들은 내용을 새삼스럽게 물었다.

"뭔가 경솔한 짓을 하지 않았어요?"

그러면서 상대방의 눈을 날카롭게 쳐다보려고 했지만, 두 사람의 눈은 마주치지 않았다. 그것은 요아힘의 책임이 아니라, 옆으로 미끄러져 나간 수간호사의 눈길 탓이었다. 상대방의 눈을 쳐다보려고 해도 그것이 안 된다는 것을 경험으로 잘 알고 있으면서도, 그런 행동을 여러 번 되풀이하다니! 수간호사는 허리에 차고 있던 가방 속에서 금속성의 구둣주걱 같은 것을 꺼내 그것으로 환자의 혓바닥을 누르고 목구멍을 들여다보았다. 한스 카스토르프는 수간호사의 명령대로 침대용 탁자의 전기스탠드를 들고 목구멍 깊숙이 비추어 주었다. 수간호사는 발끝으로 서서 요아힘의 목젖을 들여다보면서 물었다.
"잠깐만, 이때까지 사레들린 적이 있었어요?"
그 질문에 어떻게 대답하면 좋을 것인가? 수간호사에게 목을 진찰받고 있는 동안은 대답하기가 불가능했고, 그 뒤 입이 자유롭게 되었어도 대답할 수가 없었다. 물론 요아힘은 오늘까지 마시고 먹고 할 때 사레들린 일이 여러 번 있었지만, 그녀가 물어본 것은 흔히 있는 그런 일에 대한 것이 아니었음에 틀림없었다.
요아힘이 대답했다.
"왜요? 최근에 그런 일은 없었는데요."
"좋아요, 잠깐 그것을 생각했기 때문이에요. 그런데 감기에 걸렸다지요?"
사촌들은 수간호사의 말에 깜짝 놀랐다. 이 요양원에서는 '감기'라는 말이 금지어였기 때문이다. 수간호사는 목을 더 자세히 살펴보려면 후두경(喉頭鏡)이 필요하다면서, 방을 나갈 때 양치용 포르마민트와 취침 중 찜질에 사용하는 붕대와 구타페르카 고무를 두고 갔다. 요아힘은 이것을 사용하여 치료한 덕분에 통증이 많이 가라앉은 듯했다. 그렇지만 쉰 목소리는 낫지 않고 점점 심해져 치료를 계속해야 했다.
그러나 감기 기운은 정말로 그의 기분 탓이었다. 다른 사람이 알아볼 수 있는 증상은 언제나 있는 것으로, 명예를 존중하는 요아힘이 연대기 밑으로 다시 달려가게 될 때까지 당분간 요양하게 된 증상과 고문관의 진찰 결과가 일치했다. 고문관이 약속한 10월이라는 기한은 소리도 없이 슬쩍 지나갔다. 고문관도 사촌들도 여기에 대해서는 말이 없었다. 사촌들은 조용히 눈을 내리깔고 10월을 보냈다. 베렌스가 10월의 진찰 때 정신 분석가 조수에게 쓰게 한 진단으로도, 뢴트겐 사진에 나타난 결과로도, 자포자기의 출발이라면 몰라도 그 밖의 출발은 생각할 수 없는 것이 분명해졌다. 게다가 이번만은 이 위의 근무, 즉 평지에서의 선서 이행에 노력해야 했다.
이것이 현재의 목표였고, 사촌들은 그것을 서로 이해하는 듯한 태도를 취했다. 그러나 둘 모두 상대방이 그 목표를 마음속으로 믿고 있다고는 생각하지 않았으며, 그들이 눈을 내리깐 것은 그런 의심 때문이었다. 문학에 대한 논쟁 뒤로는 두 사람의 눈길이 마주치는 횟수가 잦아졌다. 그 논쟁 사이에 한스 카스토르프는 요아힘의 깊은 눈빛에서 그때까지 본 일이 없던 눈빛을 처음으로 알아보고, 묘하게 위협적인 느낌을 받았다. 특히 언젠가 식사 때 요아힘이 갑자기 사레가 들려 거의 숨을 쉴 수 없게 된 적이 있었다. 요아힘이 냅킨으로 입을 막고 계속 헐떡여, 옆자리의 마그누스 부인이 민간요법에 따라 등을 두드려 주는 동안 사촌들의 눈이 마주치기는 했지만, 갑자기 사레들리는 것은 누구에게나 있을 수 있는 일이라서 한스 카스토르프는 그리 놀라지 않았다. 그 일보다는 오히려 두 사람의 눈길이 마주친 것에 당황했을 뿐이다. 요아힘은 곧 눈을 감고 입에 냅킨을 댄 채 식당을 나가 밖에서 기침이 멈추기를 기다렸다.

10분쯤 지나자 요아힘은, 얼굴색이 창백하긴 했지만 미소를 지으며 돌아와서 소동을 일으킨 데 대해 사과하고 아직도 많이 남아 있는 식사를 아무 일도 없었던 것처럼 계속했다. 다른 사람들도 이 사건을 곧 잊게 되었다. 그러나 그로부터 2, 3일 뒤의 점심 식사 때 똑같은 일이 되풀이되었다. 이번에는 사촌끼리 눈이 마주치지 않았다. 한스 카스토르프는 모른 체하면서 접시 위에 머리를 숙이고 계속 음식을 먹었기 때문이었다. 하지만 식사가 끝난 뒤 그 일에 대해 한 마디 하지 않을 수 없었다. 요아힘이 밀렌동크 수간호사가 멋대로 질문하여 신경을 건드렸기 때문이라며 분개하면서 저런 사람은 악마가 잡아가야 한다고 말하자, 한스 카스토르프는 틀림없이 무슨 암시일 것이라고 말했다. 조금 불쾌하기는 했지만 그렇게 단정하니 기분이 나아졌다면서 요아힘은 수간호사의 마술에 저항할 수 있었다. 식사 때에도 그런 암시를 받지 않으려고 조심했으므로 약간 목이 멜 정도에 그쳤고, 열흘쯤 뒤에 다시 그런 일이 일어났지만 별 문제가 되지 않았다.

어느 날 요아힘은, 그의 차례도 시기도 아닌데 라다만토스에게 불려갔다. 수간호사가 그의 일을 전달했기 때문이었지만, 잘못된 일은 아니었다. 요아힘의 목은 거의 몇 시간이고 목소리가 전혀 나오지 않을 만큼 심하게 잠겨서, 침의 분비를 촉진시키는 약을 먹지 않으면 곧 아프기 시작했기 때문에 후두경으로 치료받아야 했다. 그건 그렇고, 요아힘이 최근에는 사레들리는 일이 줄어든 것은 식사 중에 매우 조심했기 때문이며, 그래서 그는 다른 사람들보다 식사를 늦게 끝내곤 했다.

고문관은 후두경으로 빛을 반사시켜 가며 요아힘의 목구멍 깊숙한 곳을 한참 동안 들여다보았다. 진찰이 끝나자 환자는, 한스 카스토르프의 특별한 부탁에 따라 발코니로 보고를 하러 왔다. 마침 정오의 중요한 요양 시간 중이라 이야기하는 것이 금지되어 있었으므로, 요아힘은 속삭이듯이 작은 목소리로 정말 거북하고 간지러웠다고 말했다. 베렌스는 마지막으로 염증 상태에 대해 길게 설명하고 나서, 날마다 거기에 약을 발라야 하는데 그 약을 만들어야 하니 내일부터 염증이 난 곳에 약으로 치료하자고 했다는 것이다.

"그러면 염증을 일으키고 있는 데를 약물로 치료한다는 말인가?"

한스 카스토르프는 이렇게 물으며 여러 가지 생각을 했다. 그다지 관계없는 일들이지만 절름발이 문지기의 일, 일주일 동안 귀를 계속 막고 있으면서 조금도 걱정하지 않아도 된다고 말한 부인의 일까지 생각이 났다. 그는 그 자리에서 다른 것도 물어보고 싶었지만 입 밖에 내지 않고, 직접 고문관에게 묻기로 결심했다. 그리고 요아힘에게는 이런 귀찮은 일이 의사에게 알려져 치료받게 된 것은 다행이며, 고문관은 대단한 실력의 의사이기 때문에 반드시 고쳐 줄 것이라고 위로했다. 요아힘은 사촌의 얼굴을 보지도 않고 고개를 끄덕이면서 발길을 돌려 이웃 발코니로 돌아갔다.

명예를 존중하는 요아힘이 도대체 어떻게 된 것일까? 요즈음 그의 눈은 불안하고 슬퍼 보였다. 요전에도 밀렌동크 수간호사가 요아힘의 조용하고 검은 눈을 똑바로 쳐다보려 했으나 실패했다. 그녀가 다시 한 번 시험해 보면 이번에는 어떤 결과가 될지 정말 알 수 없었다. 아무튼 요아힘은 눈을 마주치는 것을 피했고, 뜻하지 않게 눈이 마주치게 되면—한스 카스토르프는 자주 사촌을 지켜보고 있었기 때문이다—이쪽도 명랑한 기분이 될 수 없었다. 한스 카스토르프는 당장이라도 원장에게 물어보고 싶어 안절부절못했으나, 무거운 마음으로 발코니에 남아 있었다. 지금 곧 침대 의자에서 일어나면 요아힘이 눈치챌 터이니 그렇게는 할 수 없고, 한동안 기다렸다가 오후 중에 베렌스를 만나는 것이 좋을 듯했다.

그런데 베렌스를 만나기가 힘들었다. 이상한 일이었다! 고문관을 만나는 것이 그렇게 힘들 수가 없었다. 그날 밤뿐만 아니라 그로부터 꼬박 이틀 동안이나. 물론 요아힘에게 비밀로 했기 때문에 조금 방해가 되기는 했지만, 라다만토스와 서로 이야기하지 못하고 만날 수 없다는 이유만으로는 충분히 설명할 수가 없었다. 한스 카스토르프는 요양원 곳곳을 찾아다니며 베렌스의 소재를 물어서, 아무아무 데로 가면 꼭 만날 수 있을 것이라고 해서 거기에 가보면 벌써 그곳에는 없었다. 식사 때 한 번 나타나긴 했지만, 그와는 멀리 떨어진 '이류 러시아인 자리'에 앉아 있다가 후식이 나오기 전에 모습을 감추어 버렸다. 틀림없이 만날 수 있으리라고 생각한 적도 두세 번 있었다. 고문관이 계단이나 복도에서 크로코브스키나 수간호사, 환자 중 누군가와 함께 있는 것을 보고 잠복하고 있었으나 잠깐 한눈을 파는 사이에 베렌스는 사라지고 말았다.

그러다가 나흘째에야 만날 수 있었다. 한스 카스토르프는 쫓아다니던 그 상대가 정원에서 정원사에게 무언가를 일러주고 있는 것을 발코니에서 보고, 허둥지둥 담요에서 빠져나와 계단을 뛰어내려갔다. 고문관은 등을 구부리고 헤엄치는 것 같은 걸음걸이로 돌아가는데, 한스 카스로르프가 뛰어가면서 불렀지만 고문관에게는 들리지 않은 듯했다. 한스 카스토르프는 헐떡이면서 쫓아가 베렌스를 겨우 멈추게 할 수 있었다.

"이곳에서 무슨 볼일이 있습니까?"

고문관은 젖은 눈을 이쪽으로 돌리면서 고압적인 태도로 물었다.

"당신에게는 요양원 규칙 사본을 드려야겠네요. 내가 알기로 지금은 안정요양 시간입니다. 당신의 체온 곡선과 뢴트겐 사진을 봐도, 이렇게 당신 마음대로 행동할 특권은 없습니다. 2시부터 4시까지 정원을 어슬렁거리는 자들을 혼내주기 위해 이 부근에 허수아비라도 세워야 하겠습니다! 대체 무슨 일입니까?"

"고문관님, 고문관님에게 꼭 말씀드려야 할 일이 있습니다!"

"나도 알고 있습니다. 당신이 벌써 오래전부터 그렇게 생각하고 있다는 것을요. 당신은 내가 마치 여자인 양, 애욕의 대상인 것처럼 내 뒤를 쫓고 있었으니까요. 나에게 무슨 볼일이 있습니까?"

"사촌의 일 때문입니다. 고문관님, 미안합니다! 사촌은 약을 바르고 있습니다. 나는 그것으로 이제는 걱정할 필요는 없다고 생각합니다만. 아무렇지도 않겠지요? 이런 일을 물어보아서 어떨까 하는 걱정이 됩니다만."

"당신은 언제나 무슨 일이든 아무렇지 않게 생각하려는 사람입니다. 카스토르프 군, 당신은 그런 사람입니다. 당신은 특별한 일에 끼어들면서도 그걸 아무렇지도 않은 일처럼 알고 있는데, 그걸 아무렇지도 않은 일처럼 여김으로써 위안을 얻으려 하고 있습니다. 요컨대 당신은 비겁자이고 위선자입니다. 당신 사촌이 당신을 문화인이라고 부른 것은 그나마 봐준 말입니다."

"말씀대로입니다, 고문관님. 물론입니다. 나의 결점은 어제오늘의 것이 아닙니다. 그러나 지금은 그것이 문제가 아닙니다. 내가 이전부터 고문관님에게 부탁드리려고 생각한 것은 ……."

"나더러 달착지근한 맛 좋은 술을 따라달라는 것이겠지요. 당신의 한심스러운 위선을 칭찬해 달라는 것이겠지요. 남들은 잠도 자지 않고 갖은 고생을 하고 있는데, 당신 혼자 편안히 잠잘 수 있도록 끈질기게 나를 쫓아다녀 귀찮게 굴려는 것이겠지요."

"고문관님, 당신은 나에게 너무 엄하십니다. 나는 오히려……."

"그렇지요. 엄격함! 이것이야말로 당신이 가지고 있지 않은 것입니다. 그 점에서 당신 사촌은 당신과는 인품이 다릅니다. 그는 모든 것을 통찰하고 있습니다. 그는 입 밖에 내지 않고 모든 것을 통찰하고 있습니다. 아시겠습니까? 그는 남의 옷자락에 매달려 임시적인 안심이나 아무렇지도 않은 것을 말해 줄 것을 바라지 않습니다. 그는 평지에 돌아감으로써 무엇을 하고, 무엇을 그 대가로 지불하는지를 알고 있습니다. 그는 이성을 잃지 않고 침착하게 입을 다물 수 있는 인물이지요. 이것이야말로 남성적인 태도입니다. 이것은 당신 같은 타협적인 팔방미인에게는 흉내낼 수 없는 곡예입니다. 미리 말해 두지만, 당신이 여기서 이상한 행동을 하거나 소란을 일으키려 한다면, 나는 당신을 쫓아낼 것입니다. 여기서는 사나이다운 사람을 원합니다. 양해해 주시기 바랍니다."

한스 카스토르프는 말을 할 수 없었다. 그도 이제 햇볕에 얼굴이 그을렸기 때문에 얼굴색이 변하면 얼룩이 졌다. 그러나 창백해 보이는 일은 없었다. 그는 입술을 떨면서 겨우 입을 열었다.

"정말 감사합니다. 고문관님, 이제 나도 잘 알았습니다. 요아힘의 상태가 걱정스러운 것이 아니라면 당신도 이렇게까지…… 뭐라 말해야 할지……이렇게 엄숙한 말은 하지 않았을 테니까요. 나도 이성을 잃고 떠들어댈 인간은 아닙니다. 당신은 나를 잘못 보셨습니다. 떠들지 말고 있으라면, 나도 기꺼이 그렇게 하겠습니다. 맹세할 수도 있습니다."

"당신은 사촌을 사랑하고 있군요, 한스 카스토르프 군."

고문관은 갑자기 청년의 손을 잡고, 푸르게 젖은 눈으로 청년을 쳐다보며 말했다.

"그거야 말할 필요도 없지요, 고문관님. 요아힘은 아주 가까운 친척이자 좋은 친구이며, 이 위에서는 내 짝이니까요."

한스 카스토르프는 이렇게 대답하고 흐느껴 울면서 한쪽 발끝을 세우더니 발길을 돌렸다.

고문관은 황급히 청년의 손을 놓았다.

"앞으로 6주일 내지 8주일 동안 그를 잘 돌봐주도록 해요. 무슨 일이든 아무렇지 않게 생각하려는 당신의 천성에 의지하십시오. 그것이 그에게도 가장 좋은 일일 것입니다. 미흡하지만 나도 있으니까, 될 수 있는 대로 일이 편안하게 잘 진행되도록 애쓰겠습니다."

한스 카스토르프는 고문관에게 고개를 갸우뚱하며 물었다.

"후두입니까?"

"후두 결핵입니다. 급격한 파괴 작용이 진행되고 있습니다. 그리고 기관 점막도 이미 신통치 않습니다. 아마 군대에서 호령했던 것이 국부 저항력을 감퇴시켰나 봅니다. 그러나 이런 증상은 언제 급변할지 모르니, 늘 각오하고 있어야 합니다. 희망은 거의 없다고 봐야 합니다. 아니, 전혀 없습니다. 물론 유효 적절하다고 생각되는 것은 무엇이든지 해보겠습니다만."

"어머니에게는……."

"아직은 그렇게 서두를 필요는 없습니다. 어머니에게는 점차 알 수 있도록 당신이 잘해 주시기 바랍니다. 자, 그러면 당신도 돌아가십시오. 그가 눈치챌지도 모르니까요. 이런 이야기를 숨어서 몰래 하고 있다는 것을 그가 알게 되면, 그야말로 좋은 기분이 아닐 것입니다."

요아힘은 날마다 약을 바르러 다녔다. 화창한 가을 날씨가 계속되어, 요아힘은 푸른 윗옷에 흰 플란넬 바지의 산뜻한 제복 차림으로 진찰실에 들렀다. 진찰을 받느라 가끔 식사 시간에 늦기도 했는데, 그럴 때면 늦은 것을 사과하면서 남성답게 간결한 말투로 인사하고는 그를 위해 특별히 준비된 식사를 하기 위해 앉았다. 그는 사레들릴 염려가 있어서, 다른 사람들과 보조를 맞출 수 없기 때문에 수프와 다진 고기와 죽을 먹었다. 그의 식탁 동료들은 곧 사정을 알아차렸다. 모든 사람이 그를 '소위님'이라고 불렀으며 그의 인사에 특별히 친절하고 공손히 대답했다. 요아힘이 없을 때에는 모두들 한스 카스토르프에게 그의 상태에 대해 물었다. 다른 식탁 사람들도 한스 카스토르프에게 와서 요아힘에 대해 묻곤 했다. 슈퇴어 부인도 주먹을 쥐고 와서는 교양이 없는 동정을 표시했다. 그러나 한스 카스토르프는 두세 마디밖에 대답하지 않았다. 그는 사태를 낙관할 수 없다는 점을 인정하면서도, 그것을 어느 정도 부정하기도 했다. 요아힘을 벌써부터 살 가망이 없는 사람으로 단정해 버려서는 안 된다는 마음에서였다.

사촌들은 함께 산책했다. 고문관은 요아힘의 체력을 불필요하게 소비시키지 않게 하기 위해 산책을 요양 산책만으로 엄격히 제한했는데, 두 사람은 그 산책길을 하루 세 번 오갔다. 한스 카스토르프는 사촌의 왼쪽에서 걸어갔다. 전에는 두 사람이 그때그때의 형편에 따라 한스 카스토르프가 왼쪽에 서기도 하고 오른쪽에 서기도 했지만, 이번에는 한스 카스토르프가 언제나 왼쪽에서 걸어갔다. 두 사람은 그다지 말을 하지 않으며 걸었다. 베르크호프의 일상 생활만 화제에 오를 뿐, 그 밖의 것은 언급하지 않았다.

두 사람은, 정말 어쩔 수 없는 경우가 아니면 서로 이름을 부르지 않았기 때문에 더욱 대화가 없었다. 그런데도 한스 카스토르프의 가슴은 무언가가 치밀어 올라 당장에라도 말이 쏟아져 나올 듯한 때도 있었다. 그러나 그런 기분에 져서는 안 되었다. 그는 강렬하게 솟아오르는 안타까운 감정을 억눌러 버리고 잠자코 있을 수밖에 없었다.

요아힘은 고개를 수그리고 한스 카스토르프와 나란히 걸어갔다. 그는 흙을 바라보듯 눈을 땅바닥에 떨어뜨리고 있었다. 정말로 이상했다. 요아힘은 산뜻하고 단정한 모습으로 걸어가면서, 만나는 사람마다 기사(騎士)답게 인사했다. 언제나처럼, 자신의 겉모습과 몸차림에 주의를 하면서도 흙으로 돌아가는 운명을 예감한 것 같았다. 물론 사람은 누구나 언젠가는 흙으로 돌아가야 한다. 그러나 이렇게 젊은데, 군기 밑에서의 근무를 그토록 갈망하고 있는데도 흙으로 돌아가야 한다는 것은 참혹한 일이었다. 이것은 흙으로 돌아가는 본인보다도, 그것을 알면서 침묵하며 나란히 걸어야 하는 한스 카스토르프가 훨씬 더 괴로운 노릇이었다. 모든 것을 알면서도 의연하게 잠자코 있는다는 것은 관념적인 성질로서 요아힘 자신에게는 그다지 실감나지 않는 사실이었지만, 다른 사람들에게는 매우 중대한 문제였다. 사실 우리가 죽는다는 것은 죽는 본인의 문제라기보다 오히려 뒤에 남는 사람들의 문제이다. 어느 기지에 찬 그리스의 현자는 이렇게 말했다—우리가 살아 있는 한 죽음은 우리에게 존재하지 않으며, 죽음으로써 우리는 존재하지 않는 것이다. 따라서 우리와 죽음 사이에는 어떤 현실적인 관계도 성립되지 않는다. 죽음은 우리에게 대체로 아무런 관계가 없는 것이며, 기껏해야 우주와 자연에 어느 정도 관련이 있다고 말할 수 있을 뿐이다. 그런고로 모든 생물은 아주 무관심하고 무책임하며 이기적인 단순한 기분으로 죽음을 바라보는 것이다. 이것은, 이해하건 이해하지 못하건 인간의 기분을 그대로 나타내는 말이다.

한스 카스토르프는 요 몇 주일 사이에 요아힘의 태도에서 인간의 이 순진성과 무책임을 충분히 느꼈다. 그리고 요아힘이 죽음이 다가오고 있다는 것을 알면서도 잠자코 있을 수 있는 것은, 그에게 있어서 죽는다는 것이 절박한 일이 아니라 관념적인 생각이었든지, 혹은 실감적으로 다가오기는 하지만 정신력으로 억제하고 버티기 때문이라고 한스 카스토르프는 이해했다. 그 정신력으로 죽음이 가까워지고 있음을 침묵하는 것은, 삶에 관련된 갖가지 생리상의 비밀을 의식하면서도 그것을 비밀로 하는 것과 같았다.

이런 상황에서도 사촌들은 산책을 계속했고, 삶에 알맞지 않은 문제에 대해서는 줄곧 침묵을 지켰다. 요아힘은 처음에는 기동 훈련에 참가하지 못하고 평지의 군복무에 종사하지 못하는 것에 대해 흥분하고 한탄했으나, 요즈음에는 그것에 대해 한 마디도 입 밖에 내지 않았다. 그 대신 요아힘의 고요한 눈에 깃든, 겁에 질린 듯한 어두운 빛이 여러 번 떠오르는 것은 무엇 때문일까? 만약 수간호사가 요아힘의 눈을 다시 한 번 쳐다보려고 했다면, 이번에는 틀림없이 쳐다볼 수 있을 만큼 겁에 질린 눈이었다. 자신의 눈이 너무 커지고 볼이 여윈 것을 알고 겁에 질린 걸까? 요 몇 주일 사이 그의 눈과 볼이 금세 그렇게 되어, 평지에서 다시 돌아왔을 때보다 훨씬 심해졌다. 게다가 날이 갈수록 그을린 얼굴색이 누렇게 되어 가죽 같은 색으로 변했다. 알빈 씨가 말한 불명예의 끝없는 특전을 누리는 일 말고는 생각하지 않은 주위 사람들이 요아힘에게 부끄러움을 느끼게 하고, 자신을 혐오하게 만드는 것 같았다. 한때는 그렇게도 밝았던 눈빛의 요아힘이었는데, 대체 무엇을 무서워하고, 또 누구를 피해 눈길을 돌리는 것일까? 동물이 동료의 눈이 닿지 않는 장소로 가서 몰래 죽으려고 하는 수치심, 바깥 자연 속에 명랑하게 살고 있는 동료들로부터 자신의 고뇌와 죽음에 대해 어떤 위로도 기대하지 않고서 모습을 감추려고 하는 수치심은 정말 불가사의한 것이었다! 또한 죽음에 대한 어떤 위로나 경건함도 기대할 수 없을 것을 확신하고 있다. 기쁘게 하늘을 나는 새는 병든 친구를 위로하기는커녕 멸시하면서 주둥이로 쪼아대고 학대하는데, 이것은 하등 동물 세계에서 흔히 볼 수 있는 현상이다. 한스 카스토르프는 불쌍한 요아힘의 깊은 눈 속에서 본능적이고 어두운 수치심을 느낄 때마다 지극히 인간적인 애정과 연민의 정으로 가슴이 미어졌다. 그는 요아힘의 왼쪽에서 부축하며 걸어갔다. 의식적으로 그렇게 했던 것이다. 요즘에는 요아힘이 발목도 조금 불편해했기 때문에, 한스 카스토르프는 약간 비탈진 풀밭을 올라갈 때면 평소의 조심성을 버리고 사촌을 껴안듯 부축해 주었다. 어떤 때에는 다 올라가서도 요아힘을 놓는 것을 잊고 있다가, 요아힘이 그의 팔을 뿌리치며 화를 내기도 했다.

"자네 왜 이래? 누가 보면 나를 주정뱅이로 알겠어."

그러나 얼마 안 있어 한스 카스토르프에게 요아힘의 어두운 눈초리가 지금까지와는 다르게 보이게 되는 순간이 왔다. 그것은 요아힘이 침대에서 지내도록 명령을 받은 11월 첫 무렵 일이었는데, 눈이 높게 쌓여 있었다. 그 무렵 요아힘은 한 모금이라도 음식을 입에 넣을 때마다 목이 메어 다진 고기와 죽을 먹는 데도 몹시 고생하고 있었다. 그래서 유동식만 섭취하라고 지시를 받았고, 동시에 체력 소모를 막기 위해 늘 침대에 누워 있도록 명령을 받았다. 요아힘이 마지막으로 돌아다닐 수 있었던 저녁, 한스 카스토르프는 요아힘을 보았다. 요아힘은 저녁 식사 뒤 밤의 사교 모임 때, 홀에서 오렌지 향수 냄새가 나는 손수건을 갖고 다니는 풍만한 가슴의 마루샤, 이유 없이 웃는 마루샤와 이야기를 나누고 있었다. 한스 카스토르프는 피아노가 있는 살롱에 남아 있었는데, 요아힘이 무엇을 하고 있는가 싶어 그곳을 나왔다가 타일 난로 앞에서 마루샤의 의자 옆에 서 있는 요아힘을 보았다. 마루샤는 흔들의자에 앉아 있었고, 요아힘은 왼손으로 의자의 등을 쥐고 뒤로 젖히고 있었다. 그 때문에 마루샤는 거의 누운 자세가 되어 다갈색의 둥근 눈으로 요아힘을 올려다본 상태가 되었다. 요아힘은 자신의 얼굴을 그녀의 얼굴 위에 구부린 채 작은 목소리로 띄엄띄엄 말을 했고, 마루샤는 가끔 미소를 지으며 흥분한 듯 어깨를 움츠렸다.

한스 카스토르프는 그 모습을 보고는 당황하여 얼른 물러갔으나, 다른 사람들은 언제나 그렇듯이 호기심어린 눈초리를 하고 있는 것을 알게 되었다. 요아힘은 그런 상황을 아는지 모르는지, 또는 알고 있어도 문제삼지 않는 건지 여전히 그 상태였다. 그는 이때까지 마루샤와 같은 식탁에 앉아 있었지만, 그녀와 한 번도 대화를 나눈 적이 없었다. 그녀에 대한 이야기가 나오면 얼굴이 창백해지고, 그녀의 앞에서는 언제나 찡그린 얼굴로 엄숙하게 눈을 내리깔던 요아힘이, 지금은 모든 것을 잊고 풍만한 가슴의 마루샤와 황홀하게 이야기를 하고 있다니! 그것을 보았을 때 한스 카스토르프는, 요 몇 주일 사이에 갑자기 쇠약해진 사촌을 볼 때보다 더욱 놀랐다.

'그렇다, 이제는 희망이 없어!'

그는 이렇게 생각하고, 이 마지막 날 밤에 사촌이 홀에서 즐기는 대화를 방해하지 않으려고 피아노실로 가서 의자에 앉았다.

이렇게 하여 요아힘은 그날 밤 이후 줄곧 수평 상태로 지내게 되었고, 한스 카스토르프는 이 일을 루이제 침센에게 알려주었다. 잠자리가 좋은 침대 의자에 누워서, 침센 부인에게 지금까지 써왔던 보고서 형식으로 편지를 썼다—요아힘이 침대에서 지내게 되었다. 그는 입 밖에는 내지 않지만 어머니가 와주었으면 하는 마음이 눈에 나타나 있다. 베렌스 고문관도 그 무언의 소망을 확실하게 지지한다…….

그러니 침센 부인이 급행열차를 타고 아들 곁으로 달려온 것은 당연한 일이었다. 한스 카스토르프가 급히 전보를 친 뒤 사흘 만에 침센 부인이 도착했고, 한스 카스토르프는 썰매를 타고 눈보라 속을 달려서 '마을' 정거장에 그녀를 마중하러 나갔다. 그는 정거장에서 기차가 들어오기 전에 얼굴 표정을 태연하게 하여, 어머니가 겁을 집어먹지 않고, 그러면서도 쓸데없는 희망을 품지 않도록 신경을 썼다. 지금까지 이 정거장에서는 이런 만남과 인사가 여러 번 있었을 것이다. 기차에서 내린 사람과 마중 나온 사람이 서로의 눈빛 속에서 모든 것을 읽어내려고 필사적으로 서로를 쳐다보는 장면이! 침센 부인은 함부르크에서 여기까지 줄곧 달려오기라도 한 것 같은 태도였다. 그녀는 흥분한 얼굴로 한스 카스토르프의 손을 끌어당겨 가슴에 갖다 대고는, 겁에 질린 듯 주위를 돌아보면서 조용히, 그러나 재빨리 여러 가지를 물었다. 한스 카스토르프는 그 질문에 대답하는 대신 그녀가 이렇게 빨리 와준 것에 감사드리고, 요아힘이 무척 반가워할 것이라고 얼버무리며, 요아힘이 누워 있는 것은 다만

유동식 때문이며, 그것이 체력에 영향을 주기 때문이라고 덧붙였다. 하지만 인공 영양의 방법도 있으니 그 방법을 쓰면 괜찮을 거라면서, 어쨌든 직접 볼 수 있으리라고 말했다.

어머니는 보았다. 그리고 어머니와 함께 한스 카스토르프도 요아힘을 보았다. 그제야 비로소 한스 카스토르프는 지난 몇 주일 사이에 일어난 변화를 확실히 볼 수 있었다. 젊은 사람들은 이런 상황을 보는 눈이 없기 때문이다. 그러나 이번에는 바깥에서 온 어머니와 함께, 오랜만에 보는 것처럼 그녀의 눈을 통해 요아힘을 보게 된 것이다. 그리고 어머니도 알아차렸음에 틀림없는 것, 그렇지만 세 사람 가운데 누구보다도 요아힘 자신이 알고 있었음에 틀림없는 것, 즉 요아힘이 위독 환자라는 것을 분명히 알게 되었다. 요아힘은 어머니의 손을 꼭 잡고 있었지만, 그의 손은 얼굴과 마찬가지로 누렇고 말라 있었다. 건강했을 때 그가 부끄럽게 생각했던 귀도 여윈 탓인지 보기 흉하게 옆으로 툭 튀어나와 있었다. 그러나 그런 결점에도 그의 얼굴은 고뇌의 빛, 진지함, 엄격함, 자랑스러운 표정 때문에 오히려 사나이답고 아름다워 보였다. 꺼먼 콧수염 밑의 입술은 움푹 들어간 볼과는 커다란 대조를 이루었다. 누렇게 변한 이마에는 두 줄의 주름이 눈과 눈 사이에 세로로 새겨져 있고, 그 눈은 뼈가 드러나 보이는 눈구멍 깊숙이 들어가 있었지만 전보다 더 아름답고 커서, 한스 카스토르프는 그 눈을 보고 어떤 기쁨마저 느낄 수 있었다. 침대에서 지내게 된 뒤로 요아힘의 눈에서는 혼란, 고뇌, 불안의 기색은 모두 사라지고, 앞서 말한 광채만이 조용하고 어두운 눈빛에 담겨 있었다. 물론 예의 '위협적인' 느낌도 남아 있었다. 요아힘은 어머니의 손을 잡고 "안녕하세요. 잘 오셨어요" 하고 속삭였을 뿐 웃지는 않았다.

루이제 침센은 야무진 부인이었다. 착한 아들의 변한 모습을 보았어도 이성을 잃지 않았다. 거의 눈에 띄지 않는 그물망으로 머리칼을 고정시키고 있는 몸가짐을 보더라도 느껴지는 침착한 태도와, 또 그녀의 고향 사람들의 특징으로 알려져 있는 냉정함과 정력(精力)을 가진 부인임을 한눈에 알 수 있었다. 그녀는 아들의 모습을 보고 모성애가 일어났고, 또 정성껏 간호하면 나을 수 있을 거라는 신념에 차 있었다. 며칠이 지나고 나서 그녀는, 중병인 아들을 위하여 시중을 들어 줄 간호사를 오게 했다. 그러나 그것은 자기 몸을 위해서가 아니라 체면을 생각해서였다. 요아힘의 머리맡에 검은 손가방을 갖고 나타난 사람은 베르타 간호사였는데, 그녀의 본명은 알프레다 쉴트크네히트였다. 하지만 침센 부인이 간호를 정력적으로 독점하다시피 했기 때문에 베르타 간호사는 그다지 할 일이 없었으며, 그저 하는 일이라곤 복도에서 코안경 끈을 귀에 걸고 주위를 살피는 것뿐이었다. 이 신교 계통 간호사는 무미건조한 인물이었다. 그녀는, 요아힘이 눈을 크게 뜨고 천장을 보면서 누워 있는 병실에서 한스 카스토르프에게 말하는 것이었다.

"두 분 중에서 어느 한 분의 임종을 지켜보며 간호하게 되리라고는 꿈에도 생각하지 못했어요."

깜짝 놀란 한스 카스토르프는 무서운 얼굴로 주먹을 내밀어 보였지만, 그녀에게는 그 의미가 거의 통하지 않는 것 같았다. 그녀는 요아힘의 기분을 위로해 주어야겠다는 생각은 전혀 하지 않았다. 게다가 이 환자의 상태와 결말에 대해 누군가가, 특히 가장 가까운 사람이 헛된 희망을 품고 있을지도 모른다는 사실을 그녀는 생각해 보지도 않았던 것이다. 그녀는 오드콜로뉴 향수를 뿌린 손수건을 요아힘의 코밑에 갖다 대면서 이런 말을 했다.

"이것 보세요. 좀 기운을 내세요, 소위님!"

침센 부인이 아들에게 회복에 대한 희망과 기운을 북돋우려고 격려하려는 목적이라면 몰라도, 지금에 와서 요아힘에게 헛된 희망을 품게 하는 것은 별로 의미가 없는 일이었다. 왜냐하면 확실한 두 가지 이유가 있기 때문이었다. 첫째로 요아힘은 의식이 말짱한 채로 죽음에 가까워지고 있다는 것, 둘째로 그가 불안과 번민에 시달리지 않고 죽음을 기다리고 있다는 사실이다. 11월 끝 무렵에 이르자 심장이 극도로 약해져서 몇 시간이나 의식이 흐려지곤 했다. 그는 그때서야 편안한 혼미 가운데에서 자기 상태를 잊어버리고, 얼마 안 있으면 연대로 돌아가서 대연습에 참가할 것이라는 헛소리를 지껄여댔다. 베렌스 고문관이 두 사람의 가족에게 희망을 가지는 것을 단념시키고, 임종은 시간문제라고 선고한 것도 이때였다.

파괴 작용이 마침내 치명적인 죽음의 종착점에 이르렀을 때에는 아무리 의지가 강한 사람이라도 낙관적이 되어 헛된 희망에 도취하게 되는 것은 슬픈 일인 동시에 당연한 현상이기도 하다. 얼어 죽을 위기에 처한 사람이 견딜 수 없는 졸음에 빠지는 현상이나, 길을 잃은 사람이 빙빙 도는 것 같은 유형적이고 비개인적인 현상이다. 한스 카스토르프는 걱정하고 슬퍼하면서도 사촌의 의식이 흐려진 현상을 냉철하게 살피고, 나프타와 세템브리니에게 사촌의 상태를 날카로우면서도 모호한 표현으로 말했다. 세상에서는 철학적인 낙관, 밝은 결과를 믿는 자신감을 건전한 표현이라 생각하고, 비관과 염세를 병의 징조처럼 여기는데 이것은 확실히 잘못이다, 그렇지 않다면 절망적인 최후 상태에 이르러 저렇게 낙관에 빠질 리가 없다, 저런 병적인 낙관에 비하면 그 직전의 침울한 상태는 오히려 건강하고 억센 생명의 발현이라고도 할 수 있다고 말했다가 세템브리니의 꾸지람을 받았다. 그러나 한스 카스토르프는 걱정해 주는 두 사람에게, 라다만토스가 절망적이긴 하지만 작은 희망을 남겨주어, 요아힘이 젊은 나이이지만 잠들듯이 조용히 숨을 거두게 될 것이라고 말해 준 것을 보고할 수 있었다.

"고요하고 아름다운 심장의 정지입니다, 사모님!"

베렌스는 눈물에 젖어 충혈된 눈을 한 채 삽처럼 큰 손으로 루이제 침센의 손을 잡으며 말했다.

"나로서는 대단한 만족입니다. 모든 것이 조용히 끝나서 아드님이 성문(聲門)의 수종(水腫)이라든지, 그 밖의 굴욕적인 경험을 하지 않아도 된다는 점에서 말입니다. 아드님은 갖가지 어려운 일을 겪지 않게 되는 것입니다. 심장은 곧 멎겠지만 그것은 그에게도 우리에게도 고마운 일입니다. 우리는 의사로서 캠퍼 주사로 가능한 모든 조치를 취하겠지만, 아드님은 이렇다 할 가망은 없겠습니다. 아드님은 마지막에 잠들 듯 편안하게 죽음의 길에 들어설 것입니다. 이것만은 약속할 수 있습니다. 게다가 마지막에 가서 잠들 수 없다고 해도 무의식중에 저세상으로 갈 테니, 어느 쪽이든 본인에게는 마찬가지 결과일 겁니다. 그것만은 틀림없습니다. 나는 오래전부터 죽음의 고용인 노릇을 해오고 있었으므로 죽음에 대해 알고 있습니다만, 세상 사람들은 죽음을 너무 대단하게 여기고 있습니다. 죽음 같은 것은 거의 문제가 아닙니다. 경우에 따라서는 죽기 전에 땀을 흘리면서 괴로워하는 일도 있는데, 이것을 죽음의 부름이라고 생각하는 것은 잘못입니다. 이런 경우는, 산 채로 잡힌 물고기와 마찬가지로 다시 생명과 건강을 찾을 수도 있습니다. 그러나 죽음 그 자체에 대해서는 되살아난 사람이 있다 하더라도 진정한 사실을 말할 수 없습니다. 그 누구도 죽음은 경험할 수 없기 때문입니다. 우리는 어둠에서 태어나 어둠으로 돌아가는 것입니다. 이 두 어둠 사이에는 여러 경험이 있는데, 처음의 탄생과 마지막 죽음은 아무도 경험할 수 없습니다. 그러므로 이 두 가지는 순전히 주관성이 없는 현상이며, 객관의 세계에 속해 있는 것입니다. 죽음이란 그런 것입니다."

이것이 고문관의 위로 방법이었다. 우리는 착한 침센 부인이 이 위안의 말로 조금은 기분이 가라앉았다고 생각하기로 하자. 게다가 고문관의 예언은 상상한 대로 이루어졌다. 쇠약해진 요아힘은 마지막 며칠 동안 잇따라 즐거운 꿈을 꾸며 지내는 것 같았다. 아마 평지의 일, 군대의 일들이었을 것이다. 그리고 잠에서 깨어나 기분이 어떠냐고 묻자, 확실하게 알아들을 수는 없었지만 행복하고 좋은 기분이라고 대답했다. 그러나 그는 맥박이 거의 희미해져서, 결국에는 주삿바늘의 통증도 전혀 느끼지 못하게 되었다. 그의 몸은 아주 무감각해져서, 불에 데거나 꼬집혀도 끄떡도 하지 않을 것 같았다.

그러나 어머니가 오고 난 뒤 요아힘에게는 큰 변화가 일어났다. 수염을 깎는 것이 곤란해져서 일주일이나 열흘 동안 면도를 하지 않았는데, 수염이 어찌나 빨리 자라는지 온화한 눈을 한 납빛 얼굴이 검은 수염에 온통 뒤덮여, 마치 전쟁터에서 자라는 대로 내버려 둔 군인의 수염 같았다. 하지만 모두가 그렇게 생각했듯이 오히려 그런 모습이 그를 더욱 잘생겨 보이게 했다. 그렇다. 요아힘은 그 군인 수염 때문에, 그리고 그 이유뿐만이 아니라 갑자기 청년에서 어른이 된 것 같았다. 태엽이 끊어진 시계처럼 요아힘은 순식간에 일생을 끝마쳐, 시간에 의해 도착하지 못하는 나이의 계단을 눈 깜짝할 사이에 뛰어넘어 마지막 하루 사이에 노인이 되어버렸던 것이다. 심장이 쇠약해져서 얼굴은 부어올랐으나, 당사자는 감각 상실과 감퇴 때문에 아무것도 느끼지 못하는 것 같았다. 특히 입술 부분이 심하게 부었고, 입 안이 바싹 말라 감각이 없어졌는지 그 때문에 요아힘은 말을 해도 노인처럼 중얼거릴 뿐이었다. 이런 모습을 보면서 한스 카스토르프는 틀림없이 죽음이라는 것 또한 무척 괴로운 일이라는 것을 느꼈다. 요아힘 자신도 그 장애를 마음으로부터 괴로워하는지, 이것만 아니면 모든 것이 잘될 텐데 정말 견딜 수 없다고 혀가 꼬부라진 소리로 중얼거렸다.

그가 '모든 것이 잘된다'고 한 것은 어떤 의미에서 그랬는지 잘 알 수 없었다. 모호하게 말하는 것은 요아힘과 같은 상태에는 흔히 있는 일로, 요아힘의 경우에도 그것이 심하게 나타났다. 그는 여러 번 모호한 말을 입 밖에 내고,

자기가 하는 말의 의미를 알고 있는 것 같기도 하고 모르는 것 같기도 했다. 한번은 무(無)로 돌아간다는 생각에 마음이 떨렸던지 머리를 흔들며 화가 난 듯, 이렇게 참을 수 없는 기분은 처음이라고 말했다.

이 일이 있은 뒤부터 그는 부정적인 태도를 보였고, 엄하고 노여움에 차서 고압적인 태도로 어떤 위로도 받아들이려고 하지 않았으며, 대답도 하지 않고 냉담하게 앞을 바라볼 뿐이었다. 한편 루이제 침센이 부른 젊은 목사는 풀 먹인 빳빳한 깃 대신 제복의 깃을 달고 있을 뿐이어서 한스 카스토르프를 실망시켰다. 목사가 요아힘과 함께 기도를 드리고 난 뒤로, 요아힘의 태도는 사무적이고 군대적인 색채를 띠었고 뭔가 부탁할 때에도 짧은 명령조로 말했다.

오후 6시부터 요아힘은 이상한 동작을 하기 시작했다. 금팔찌를 한 오른손으로 이불 위에서 허리 쪽을 여러 번 쓰다듬었다. 쓰다듬을 때마다 손을 약간 들어 무언가 긁어모으려는 듯, 자기 쪽으로 끌어당기는 것이었다.

그리고 오후 7시에 요아힘은 죽었다. 알프레다 쉴트크네히트는 그때 복도에 나가 있었고, 어머니와 사촌만이 방 안에 있었다. 요아힘은 침대 깊숙이 누워 있다가 베개로 자신을 높여달라고 짧게 명령했다. 침센 부인이 그의 두 어깨를 팔로 안아 올리는 사이에, 그는 조금 초조한 얼굴로 휴가 연장 신청서를 써서 제출해야겠다고 말했다. 그러나 그 말을 하고 있는 사이에 '어느덧 저세상의 길'로 들어가고 말았다. 붉은 천으로 덮인 침대용 탁자의 전기스탠드 빛 속에서, 한스 카스토르프가 경건하게 지켜보는 가운데 벌어진 일이었다. 요아힘의 눈동자가 열리고 얼굴의 무의식적인 긴장이 사라지면서 입술에 괴로운 듯 부어올랐던 것도 없어졌다. 요아힘의 온화한 얼굴에는 어른다운 젊음과 아름다움이 퍼지더니 그것으로 끝이었다.

루이제 침센은 흐느껴 울면서 얼굴을 돌려버렸다. 한스 카스토르프는, 꼼짝도 하지 않고 숨도 쉬지 않게 된 요아힘의 눈꺼풀을 손가락 끝으로 감겨주고, 두 손을 이불 위에 살짝 모아주었다. 그러고는 그도 서서 울었다. 일찍이 영국 해군 장교의 볼을 뜨겁게 한 눈물을 흘렸다. 그것은 언제 어디서나, 세계 곳곳에서 아낌없이 계속 흘러내리고 있으며, 어느 시인이 '이 세상은 눈물의 골짜기'라고 읊게 한 투명한 액체였다. 그리고 몸과 마음의 어느 쪽이 심한 고통을 받았을 때 신경의 충격으로 육체에서 나오는, 염분을 담은 알칼리성의 선(腺)분비물이었다. 한스 카스토르프는 거기에 점액소(粘液素)와 단백질이 조금 포함되어 있는 것도 알고 있었다.

고문관도 베르타 간호사로부터 보고를 받고 나타났다. 그는 30분 전까지는 아직 거기에 있으면서 캠퍼 주사를 놓고 있었는데, 막상 '저세상의 길로 들어선' 순간에는 없었던 것이다.

"드디어 끝났습니다."

고문관은 움직이지 않게 된 요아힘의 가슴에서 청진기를 떼고, 몸을 일으키면서 담담하게 말했다. 그리고 두 사람의 손을 꼭 잡고 고개를 끄덕였다. 그러고 난 뒤 그는 두 사람과 함께 한동안 침대 곁에 서서, 군인 수염을 한 요아힘의 움직이지 않게 된 얼굴을 지켜보고 있었다.

"무분별한 젊은이, 그러나 멋진 분이었습니다."

그는 누워 있는 젊은이를 턱으로 가리키면서 어깨 너머로 말했다.

"무리하게 강행군을 했던 것입니다. 평지에서 그의 근무는 모두 무리였고 강행군이었습니다. 열이 있는데도 그는 운명을 걸고 군무에 종사했던 것입니다. 명예로운 전쟁터에서 말입니다. 우리들 손에서 달아나 명예로운 전쟁터로 갔던 것입니다. 그러나 명예가 그에게는 죽음이었습니다. 아무튼 그는 지금 '나는 작별할 영광을 가집니다!' 말한 것입니다. 멋진 젊은이이고 무모한 분이었습니다."

고문관은 이렇게 말하고는 큰 키를 구부리고 가버렸다.

요아힘의 유해(遺骸)를 고향으로 운반하는 것은 이미 결정된 사실이었다. 베르크호프 당국은 이에 필요한 사무 일체는 물론, 그 밖에 적절하다고 생각되는 것은 남김없이 해주어 어머니와 사촌은 거의 아무 일도 하지 않고 지냈다. 다음 날 요아힘에게는 비단 와이셔츠가 입혀졌고, 이불 위에는 꽃이 놓였다. 흰 눈빛이 반사되는 방에 눕혀졌을 때 그는 저세상의 길로 들어선 직후보다 더 아름다워 보였다. 긴장의 흔적은 씻은 듯 얼굴에서 사라졌으며, 차가워진 얼굴은 무어라 말할 수 없이 청순하고 평화로운 모습을 보였다. 납이랄지 대리석이랄지, 고귀하면서도 깨지기 쉬운 재료로 만들어진 듯한 누런 이마에는 까만 고수머리가 드리워졌고, 물결치는 듯한 수염과 잘 어울렸다. 이 얼굴에는 고대의 투구가 어울릴 것이라고 작별 인사를 하러 온 조객(弔客)들은 한결같이 말했다.

슈퇴어 부인은 죽은 요아힘을 보고 감동하여 울었다.

"영웅이었어요. 영웅이었어요!"

그녀는 여러 번 이렇게 외치면서, 장례식에는 베토벤의 〈에로이카〉를 연주해야 한다고 요구했다.

"당신은 가만히 계십시오!"

세템브리니가 옆에서 꾸짖었다. 그는 나프타와 함께, 슈퇴어 부인과 동시에 방으로 찾아와, 역시 감동하고 있던 터였다. 그는 두 손으로 요아힘을 가리키면서, 방 안에 있는 모든 사람들에게 애도하도록 촉구했다.

"이렇게 호감이 가는 청년을, 이렇게 훌륭한 청년을!"

그는 이탈리아어로 여러 번 탄성을 질렀다.

나프타는 공손한 자세를 한 채, 세템브리니의 얼굴은 보지도 않고 낮은 목소리로 신랄하게 말했다.

"당신이 자유와 진보 말고도 엄숙한 것에 마음을 움직이는 것을 보니, 나는 기쁩니다."

세템브리니는 잠자코 있었다. 아마 그는 새로운 사태로 말미암아 나프타의 상황이 자기 처지보다 일단 더 유리해진 것을 느꼈기 때문이리라. 그리고 그는 나프타의 일시적인 유리한 상황에 절박한 비탄을 갖고 맞서려는 것이었다. 또한 상대방의 유리한 위치를 생각하고 가만히 있는 것인지, 나프타가 현재의 유리한 위치를 이용해 다음과 같이 공박했을 때에도 세템브리니는 계속 침묵을 지켰다.

"문학자의 잘못은, 정신만이 인간을 진지하게 만든다고 생각하는 점입니다. 사실은 오히려 그 반대입니다. 정신이 없는 데에만 진지함이 있는 것입니다."

'아니, 이건 또 애매한 발언인데? 모두 입을 다물면 그도 가만히 있겠지…….'

한스 카스토르프가 이렇게 생각했다.

오후가 되자 금속제의 관이 운반되어 왔다. 금고리와 사자(獅子) 머리로 장식한 화려한 관에 요아힘이 옮겨질 때, 관을 따라온 사나이는 아무에게도 손을 빌리려 하지 않았다. 그 사나이는 장의사와 연고가 있는 사람으로, 짧은 프록코트 같은 검은 옷을 입고 무딘 손에 결혼반지를 끼고 있었는데, 그 누런 반지는 살 속에 파묻혀 있었다. 그 사나이의 프록코트에서 시체 냄새가 풍겨 나오는 것 같았지만 이것은 지나친 생각이었다. 그 사나이는 무대 위에서 남몰래 일을 끝마치고 유족에게는 오로지 경건하고 조용한 의식만을 행하게 하려는 전문가적 직업 의식이 느껴져, 한스 카스토르프에게는 불신감과 불쾌감을 갖게 했다. 그래서 그는, 침센 부인에게는 물러가 있도록 권했지만, 자신은 자리를 비워달라고 해도 방을 나가지 않고 도와주었다. 요아힘의 겨드랑이 밑에 손을 넣어 끌어안고는, 침대에서 관으로 옮기는 일을 도왔다. 요아힘의 유해는 관 속의 아마포 홑이불과 술이 달린 쿠션 위에 높다랗고 엄숙하게 눕혀졌고, 관 좌우에는 베르크호프 당국에 의해 큰 촛대가 세워졌다.

그러나 그다음 날 요아힘에게 새로운 변화가 생겼기 때문에, 한스 카스토르프도 마음속으로 유해와 작별을 고하고 그 뒷일은 기분 나쁜 장의사의 일꾼에게 맡기기로 했다. 그때까지 엄숙하고 근엄한 얼굴을 한 요아힘이 수염 속에서 미소짓기 시작했기 때문이다. 한스 카스토르프는 그 미소가 더 심하게 변한다는 것을 잘 알고 있었기 때문에, 빨리 서둘러야겠다는 기분에 마음이 어지러웠다. 따라서 관이 닫히고, 나사못을 박은 뒤 운반 절차만 남은 것은 다행한 일이었다. 한스 카스토르프는 날 때부터의 조심스럽고 소극적인 성격을 버리고 돌처럼 찬 요아힘의 이마에 작별 키스를 했다. 그는 장의사 일꾼이 못 미더워 그에게서 눈길을 뗄 수 없는 것을 느끼면서도, 루이제 침센과 함께 방을 나왔다.

우리는 여기서 일단 막을 내리도록 하자. 그러나 막이 천천히 내려가는 동안 우리는 이 위 세계에 남은 한스 카스토르프와 함께, 먼 평지의 축축한 묘지에 눈을 돌리자. 그 묘지에서 군도가 번쩍이면서 들리는 호령 소리와, 군인 요아힘의 나무뿌리가 엉킨 묘지 위에 낭만적인 조례(弔禮)로 울려 퍼지는 세 번의 소총 사격 소리에 귀를 기울여 보기로 하자.

제7장

바닷가 산책

우리가 시간을 이야기할 수 있을까? 시간 그 자체를 순수하게? 아니다, 그것은 불가능하고 바보 같은 시도이다. '시간은 지나갔다. 시간은 흐른다. 시간은 옮겨간다'라는 진부한 이야기를 올바른 상식을 가진 사람이라면 인용할 수 없다. 그것은 하나의 음(音)이나 화음을 한 시간 동안 계속 울려대고서, 그것을 음악이라고 하는 것과 마찬가지이다. 세상을 떠난 요아힘이 어떤 기회에 입 밖에 낸 말을, 죽은 사람들의 말을 추억하는 데에 알맞은 경건하고 차분한 기분으로 인용해 보자. 이야기는 시간을 채운다. 즉 시간을 '반듯하게 메우고', 시간을 '분할하며', 시간에 '어떤 내용을 주어서', 언제나 '뭔가가 시작되는' 점에서 음악과 비슷하다. 요아힘이 얼마나 오래전에 이 말을 했었던가를 독자들이 과연 지금도 분명하게 기억하고 있는지 모르겠다. 시간이 인생과 이야기의 밑바탕이다. 그리고 시간이 공간 속의 물체에 결부되어 있듯이, 시간도 이야기와 긴밀히 결부되어 있다. 시간은 또한 음악의 요소이기도 하다. 음악은 시간을 재고 나누어 쪼개며 단축시키고 귀중하게 만든다. 그런 점에서 음악은 이야기와 닮은 것이다. 이야기도 음악과 같이 '조형 미술 작품이 한꺼번에 눈에 비치는 현존재로 나타나며, 단순히 물체로서만 시간에 결부되어 있는 것과는 달리' 연속적으로, 즉 변화를 표현할 수 있는 것으로 어느 순간 전체의 모습으로 드러내려고 해도, 이야기의 형태로서 나타나기 위해서는 역시 시간을 필요로 한다.

이것은 다 알고 있는 사실이다. 그러나 이야기와 음악 사이에 차이점이 있다는 것 또한 분명한 사실이다. 음악의 시간적 바탕은 하나로, 지상에서 일부분의 시간을 구분짓고, 그것을 메우고, 그것을 비길 데 없이 고귀한 것으로 높이는 것이다. 그에 비하여 이야기의 시간적 바탕은 두 가지이다. 그 하나는 이야기가 필요로 하는 시간—이야기의 경과와 재현에 소비되는 음악적·현실적 시간—이며, 또 하나는 이야기의 내용적 시간이다. 내용적 시간은 탄력성이 강해 이야기의 비현실적 시간이 음악의 현실적 시간과 꼭 일치하는 일도 있고, 별과 별 사이의 거리처럼 멀어질 때도 있다. 〈5분간 왈츠〉라는 곡은 5분 동안 이어지는 음악이라는 점 말고는 시간과 관계가 없다. 그러나 5분 동안 일어난 여러 사건을 마음껏 전달하려고 한다면 5분의 천 배의 시간도 계속할 수 있을 것이며, 허구적인 5분보다 아주 길거나 또는 아주 짧게 느낄 수도 있다. 또 반대로 이야기의 내용을 구성하는 시간이 현실적 시간보다 터무니없이 길어서 현실적 시간을 짧게 느끼게 할 수도 있을 것이다. '짧게 느끼게 한다'고 말했지만, 이것은 현혹적 요소이며 병적인 요소를 암시하고 싶었기 때문이다. 즉 이 경우의 이야기는 연금술 같은 마술, 시간을 뛰어넘는 최면술을 써서 현실 세계에 앉아서 초감각적 세계에 속하는 실례를 떠오르게 한다. 아편 중독자의 수기를 보면 아편에 중독된 사람은 짧은 시간 동안에 갖가지 환상에 빠지게 되는데 그 환상의 시간적 확장은 10년, 30년, 또는 60년까지 이르게 되며, 인간 경험의 한계를 넘기도 한다는 보고가 있다. 바로 그런 환상의 시간은 현실의 시간보다 훨씬 길어지며, 믿을 수 없을 만큼 단축된 채 체험되어, 한 중독자의 말을 빌리면 마취된 인간의 뇌는 '부서진 시계의 태엽처럼 뭔가 빠져버린' 상태에서 갖가지 상념이 눈부실 정도의 속도로 엉겨버리게 된다.

말하자면 이야기도 아편 중독자의 이상한 환상처럼 시간을 늘리거나 줄일 수 있다는 것이다. 그러나 시간을 다룬다는 점에서 이야기의 바탕이 되는 시간은 이야기의 대상도 될 수 있다. '시간을 이야기한다'는 것은 좀 지나친 말인지 몰라도 결코 이치에 어긋난 시도는 아니라는 것이다. 따라서 '시대 소설'이라는 이름에는 조금 색다르고 몽상적인 이중의 의미가 포함되어 있다고도 할 수 있다. 우리가 지금 시간을 이야기할 수 있을까 하는 것을 문제로 삼은 것은, 현재 여기서 진행되는 이야기에서 시간에 대한 고백을 하고 싶었기 때문이다. 그리고 이제 고인이 된 진지한 요아힘의 음악과 시간에 대한 의견이—그런 것을 입 밖에 냈다는 것은 사실 요아힘의 진지한 성격에 어울리지 않는 것이기 때문에, 그가 어떤 연금술적 마술의 힘을 경험했음을 추측하게 한다—언제의 발언이었는지를 기억할 수 있는지에 대해 묻기는 했지만, 독자들이 확실히 기억하지 못한다고 대답하더라도 우리는 그다지 화를 내지는 않을 것이다. 아니, 오히려 만족할 것이다. 왜냐하면 모든 독자가 우리의 주인공 한스 카스토르프의 경험을 그대로 경험할 수 있도록 하는 것이 우리가 바라는 일인데, 한스 카스토르프 자신도 이 문제에 대해 잘 알지 못하기 때문이다. 이것은 그가 말하는 시대 소설, 그리고 현대 소설이라는 이중의 의미를 갖는 한스 카스토르프의 이야기에 알맞은 것이다.

요아힘은 그 무모한 출발을 하기까지 얼마만큼의 기간 동안 이 위에서 한스 카스토르프와 함께 지냈는가, 또는 모두 합하여 얼마 동안 여기서 지냈는가? 그가 이곳에 없었던 것은 얼마만큼의 기간인가, 또 그는 언제 이곳으로 되돌아왔는가, 그리고 그가 이곳으로 되돌아왔다가 얼마 지나지 않아 이 시간의 세계에서 사라져 버릴 때까지, 한스 카스토르프는 대체 얼마나 여기에 있었는가? 요아힘의 일은 그만두고라도 쇼샤 부인은 이 위를 얼마 동안 떠나 있었는가, 서기 몇 년부터 그녀는 이 위에 다시 있게 되었는가?—사실 그녀는 이 위로 되돌아와 있었다—쇼샤 부인이 되돌아올 때까지 한스 카스토르프는 어느 정도의 세월을 이 '베르크호프'에서 보내고 있었던가? 이런 내용은 아무도 생각해 본 일이 없으며, 한스 카스토르프 스스로도 그것을 생각하고 싶지 않았다. 혹시 누군가가 그것을 물어보았다 해도 손가락으로 이마를 칠 뿐, 분명히 대답할 수 없었을 것이다. 이것은 그가 이 위에 머물게 되었던 첫날 밤에 겪었던 순간적인 불능 상태, 즉 세템브리니에게 자신의 나이를 대답할 수 없었던 상황에 못지않은 걱정스러운 현상으로서, 차라리 기억 상실이라고 해야 옳을 것이다. 왜냐하면 그는 자신이 몇 살이 되었는지를 이제는 정말로 알지 못하고 있었기 때문이다!

이런 이야기가 몹시 이상하게 들릴지 모르지만, 결코 전대미문의 있을 수 없는 일은 아니다. 오히려 어떤 조건에서는 언제 누구에게나 일어날 수 있는 일로, 그런 조건이 갖추어지면 시간의 경과에 따라 자기 나이에 대해 아무것도 모르게 될 수도 있다. 이런 현상이 생기는 것은 우리 내부에 시간의 경과를 느끼는 감각 기관이 존재하지 않기 때문이며, 시간의 흐름을 외부와의 접촉 없이 우리만의 힘으로는 대략적으로라도 맞힐 능력이 전혀 없기 때문이다. 탄광 안에 매몰되어 밤낮이 바뀌는 것을 전혀 느낄 수 없게 된 광부들이 구출된 뒤, 그들이 암흑 속에서 희망과 절망 사이에서 지낸 시간이 사실은 열흘임에도 사흘이라고 생각하는 일이 가끔 있다. 긴박한 상황에서는 시간이 길게 느껴지리라고 생각하는 것이 일반적이지만, 광부들에게는 시간이 현실의 3분의 1 길이로 줄어들었던 것이다. 그렇다면 인간의 무력함은 의식이 흐린 상태에서는 시간을 현실보다도 길게 느끼지 않고 오히려 극도로 단축하여 경험하는 경향이 있다.

한스 카스토르프도, 그런 기분이 되면 그다지 수고하지 않고도 계산에 의해 그런 의심스러운 상태에서 빠져나올 수 있었을 것이며, 독자들 또한 애매하고 불확실한 상태가 생리에 맞지 않는다면 그렇게 고생하지 않고서도 정확한 것을 알아낼 수 있었으리라. 그런데 한스 카스토르프는 그런 애매한 상태에 머물러 있는 것이 자기 생리에 맞아서가 아니라, 그런 애매한 상태에서 벗어나 이 위에서 나이가 얼마나 되었는지를 확실하게 알고 싶지 않았던 것이다. 그 이유는 양심의 가책에서 오는 것이었다. 시간에 주의하지 않는 것이야말로 가장 문책을 받아야 할 양심 부족임은 분명한 일이었지만.

그의 이런 기력 부족—그것이 의식적이라고까지는 할 수 없어도—을 조장하는 데는 주위의 사정이 한몫했다고 해도 지나친 말이 아니다. 쇼샤 부인이 다시 돌아온 것은—한스 카스토르프가 예상했던 것과는 다른 귀환이었지만, 여기에 대해서는 뒤에 또 언급하기로 한다—강림절 기간이었는데, 1년 중 낮이 가장 짧은 날, 천문학적으로 말하면 초겨울이 가까운 때였다. 그러나 이론적인 계절의 구분을 생각하지 않더라도, 눈과 추위로 보아 사실은 벌써 오래전부터 겨울에 접어든 상태였다. 아니, 이 위에서는 겨울이 아닌 적은 한 번도 없었다. 그것이 아주 일시적으로 중단되어 햇볕이 내리쪼이는 타는 듯한 여름날이 끼어 있을 뿐이었다. 그런 날에는 하늘이 거무스름해 보일 만큼 깊고 푸르렀다. 눈만 없다면 겨울에도 여름 같은 날이 끼어 있었고, 또 여름에도 눈이 내리는 날이 있었다. 한스 카스토르프는 이처럼 심한 혼란에 대해서 죽은 요아힘과 몇 번이나 서로 이야기했던 것일까? 사계절이 한꺼번에 뒤섞여 1년의 네 구분을 없애버리고, 그로 말미암아 1년이 긴 것 같으면서도 짧게 느껴졌고, 한편으로는 짧은 것 같으면서도 길게 느껴져서 한번은 요아힘이 불쾌한 듯이 불평한 적도 있었다. 이것은 시간이라고 정의할 수도 없을 만큼 대혼란이었다. 이 대혼란에서 뒤죽박죽되어 버린 것은 사실은 '아직'과 '벌써'라는 기분상의 구분, 또는 의식적인 차이로서, 정말로 머리를 혼란하게 하는 기묘한 경험의 하나였다. 그렇지만 한스 카스토르프는 이 위에 머무르게 된 첫날부터 그것을 경험하는 데 부도덕적인 쾌감을 느꼈던 것이다. 밝은 줄무늬 벽지를 바른 식당에서 하루 다섯 번 상당한 양의 식사를 할 때마다, 현기증이 날 것 같은 짜릿한 기분을 느끼곤 했다.

그 뒤 감각과 정신의 착각은 그 정도가 갈수록 심해졌다. 시간은 그것을 경험하는 개인의 감도가 쇠약해지던가, 또는 없어진 경우에도 여전히 그 활동을 계속하며 변화를 '낳는' 것을 보면, 객관적인 현실성을 갖고 있음에 틀림없다. 부엌 선반에 놓인 밀봉된 저장 식품이 시간의 영향을 받는지 받지 않는지는 전문가가 생각할 문제로, 한스 카스토르프가 언젠가 그것에 대해 입 밖에 낸 것은 순전히 젊은이의 혈기에서였다. 그러나 우리는, 잠자는 7인의 성자*[1]에게도 시간이 작용했던 것을 알고 있다.

어떤 의사는, 열두 살짜리 소녀가 어느 날 잠을 자기 시작해 13년 동안 계속 잠들어 있었는데, 열두 살 소녀로 머물러 있지 않고 자는 사이에 성숙한 여성으로 변했다는 사실을 증언하고 있다. 이것은 당연한 일이리라. 죽은 자는 시간의 세계에서 사라졌기 때문에 무한한 시간을 가지고 있다. 이것은 개개인의 죽은 사람으로 말하면 시간을 전혀 가지고 있지 않은 것이다. 그럼에도 죽은 사람 또한 손톱과 머리칼이 자라며 결국은…… 아, 이런 이야기는 여기서 그만두기로 하자. 요아힘이 언젠가 이와 관련된 말을 입 밖에 낸 데 대해, 한스 카스토르프가 평지인의 습관에서 벗어나지 못하고 대답한 것을 여기서 되풀이하지는 않을 것이다. 한스 카스토르프의 손톱과 머리칼도 자랐다. 무엇 때문인지 그의 손톱과 머리칼은 유난히 빨리 자라는 편이었다. 그래서 그는 '마을'의 큰 거리에 있는 이발소 의자에 앉아 흰 천을 두르고, 귀를 덮은 머리칼을 깎게 했다. 아니, 사실은 줄곧 그 의자에 앉아 있었다고 할 수 있다. 그는 의자에 앉아서 상냥하고 숙달된 이발사에게서 시간의 작용으로 길어진 머리칼을 깎이면서 이야기하고 있을 때, 또는 자기 방 발코니로 나가는 문 옆에 서서 벨벳 화장 상자에서 작은 가위와 줄을 꺼내 손톱을 깎고 있을 때에는, 갑자기 현기증을 느끼며 호기심 섞인 즐거움에 사로잡히곤 했다. 현기증이라는 말이 가지는 무어라 규정할 수 없는 의미, 즉 혼미와 현혹의 현기증에 빠져서 '아직'과 '벌써'의 구분이 헷갈려 확실하게 구별하지 못하게 되었다. 그리고 이 '아직'과 '벌써'가 혼동되어 구별할 수 없게 되면, 시간이 사라져 버린

---

*1 기독교도 박해 시대(251~447)에 박해를 피해 200년 동안 바위굴 속에서 계속 잠을 자고 있었다는 전설의 7인의 성자.

'언제나 영원하다'로 되는 것이었다.

여러 번 말했지만, 우리는 한스 카스토르프를 실제보다 더 훌륭하게 보이려거나, 실제보다 더 나쁘게 보이려고도 생각하지 않는다. 따라서 그가 그런 신비로운 현기증에 옳지 못한 만족을 느끼고 의식적으로 그런 기분에서 벗어나려 했으며, 반면에 그것에 대한 보상으로 정반대의 노력을 했다는 점도 여기서 말해 두어야 할 것이다. 그는 시계를 손에 쥐고 앉아 있는 일이 더러 있었다. 그 시계는 납작하고 매끄러운 금뚜껑이 있었는데, 그 뚜껑에는 그의 이름 첫 글자가 새겨져 있었다. 그 뚜껑을 열어 손에 쥐고 사기 글자판 위를 내려다보면, 글자판 위에는 검붉은 아라비아 숫자가 두 줄로 빙 둘러 있고, 섬세하고 화려한 장식이 있는 금으로 된 두 개의 바늘이 저마다의 방향을 가리켰으며, 가느다란 초침은 자기 담당의 작은 원 주위를 바삐 돌고 있었다. 한스 카스토르프는 그 초침을 바라보면서 시간의 걸음을 2, 3분이라도 멈추게 하거나 늦춰서 시간의 꼬리를 잡으려고 했다. 그러나 초침은 빨리 나아갈 뿐, 차례로 다가오는 숫자는 그대로 지나쳐 멀리 갔다가 다시 가까이 와서는 또 그대로 지나가곤 했다. 초침은 목표, 구분, 도수(度數)의 숫자에는 관심이 없었다. 60이라는 숫자가 있는 곳에서 잠깐 멈추어 서서 자기에게 맡겨진 한 가지 일을 끝마친다는 눈짓이라도 했으면 좋으련만, 초침은 60이라는 도수의 숫자에서도 아무런 암시도 주지 않고 단순히 선만 그어진 곳을 지날 때처럼 황급히 지나가는 것이다. 그 상태를 계속 보고 있으면, 초침에게는 도중의 어떤 숫자나 구분도 그저 나란히 있는 것에 지나지 않으므로 한눈팔지 않고 앞으로 달리고 있을 뿐임을 느끼게 했다. 이런 상태에 다다르면 한스 카스토르프는 그의 글라스휘테제(製) 시계를 다시 조끼 주머니에 집어넣고 시간이 흘러가는 대로 내버려 둘 수밖에 없었다.

우리는 이 젊은 모험가의 내면 생활에 일어난 변화를 평지의 순진한 사람들에게 어떻게 이해시켜야 할까? 현기증이 날 것 같은 동일성이라는 척도가 그의 내면에서 더해 갔던 것이다. 자세히 말한다면 오늘의 현재와 똑같은 어제, 그저께, 그끄저께의 현재와 구별하는 것이 그리 쉽지는 않지만, 그 현재는 한 달 전의 현재, 1년 전의 현재와도 구별할 수 없게 되어 하나로 뭉쳐서 '영원한 현재'로 녹아버릴 성싶었다. 그러나 '아직'과 '벌써', 그리고 '앞으로'라는 윤리적 의식의 구별이 사라지지 않는 경우에는, '오늘'을 과거와 미래로 확실히 구분짓는 '어제'와 '내일'의 의미를 넓혀서 훨씬 더 큰 상대 관계에 적용해 보고 싶다. 작은 시간 단위를 바탕으로 살고 있는 그 '짧은' 일생에서 볼 때, 초침의 바쁜 종종걸음도 분침의 느릿하고 완만한 황소걸음처럼 느끼고 있을지도 모르는 생물이 지구보다 작은 어느 유성에서 살고 있는 것을 상상해 보는 일은 절대 터무니없지만은 않을 것이다. 그러나 또 그 반대의 생물도 충분히 상상할 수 있으리라. 바로 그 생물이 살고 있는 공간에는 한없이 거대한 걸음 폭으로 나아가는 시간이 결부되어, '방금', '조금 뒤에', '어제', '내일'이라는 구분의 개념은 한없이 확대된 의미를 갖고 있을 수도 있다. 우리에게 그런 상상이 가능할 뿐만 아니라 너그러운 상대주의의 정신에서 판단해도, 또 '장소가 다르면 습관도 다르다'는 법칙에서 보아도 올바르고 건전하며 훌륭한 상상이라고 하지 않을 수 없다. 하지만 이 지구에 살고 있는 인간이라면 하루, 일주일, 한 달, 한 학기라는 시간이 얼마나 큰 의미를 가지고 있는지 잘 알 것이다. 그럼에도 그런 시간 단위가 생활에 여러 가지 변화와 진보를 가져오는 나이의 사람이 어느 날 1년 전을 '어제'로, 1년 뒤를 '내일'이라고 착각한다면 우리는 그 사람을 어떻게 생각해야 할까? 그 현상은 확실히 '혼미와 혼란'이라는 비평이 적절하며, 따라서 지극히 걱정해야 할 일이다.

이 세상에는 시간과 공간의 구분이 모호하거나 현기증을 느낄 만큼 혼란스러운 상태가 되는 경우가 가끔 있다. 특히 휴가 중이라면, 그런 혼란과 착각에 끌려들어가도 허락해 줄 수 있는 경우, 즉 분위기적 환경—우리가 여기서 '분위기'라는 말을 쓸 수 있다면—이 있는 법이다. 예를 들자면 바닷가의 산책을 생각할 수 있다. 우리도 아는 것처럼 이 산책은 한스 카스토르프가 기억할 때마다 강한 애착을 느꼈던 것이며, 특히 그가 눈 속을 헤매고 다녔을 때에는 고향의 모래 언덕을 떠올리며 그리워했다. 우리가 여기서 뭐라고 말할 수 없는 바닷가에서의 기분을 끄집어 낸다 해도, 독자는 자기 경험이나 추억을 떠올리면서 우리의 기분을 짐작하고 동조하리라 믿는다. 당신은 바닷가를 거닐고 있다…… 당신은 시간으로부터, 그리고 시간은 당신으로부터 사라져 버려, 당신은 시간에 맞추어 산책을 끝내고 집으로 돌아올 수 없을 것이다.

아, 바다여, 우리는 지금 너로부터 멀리 떨어진 곳에 앉아서 너의 이야기를 하고, 너를 생각하며, 너를 그리워하고 있다. 우리는 네가, 큰 소리로 부르는 네 이름을 들은 듯, 우리 이야기 속에 나타나기를 바란다. 지금까지 너는 늘

우리 이야기 속에 있었으며, 현재도 있고 미래에도 있을 것이다!

파도가 출렁대는 황량한 바다, 퇴색한 회백색 하늘이 퍼지며 날카로운 습기가 사방을 채우면 우리의 입술에는 짭짤한 습기가 남는다. 우리는 이 공간을 스쳐가는 자유롭고 평화로우며 악의 없는 바람, 우리 머리를 가볍게 마비시키는 바람, 부드럽고 온화한 바람에 귀 기울이며 모래 위를, 해초와 작은 조개가 널려 있고 가볍고 폭신폭신한 모래 위를 마냥 걷고 있다. 우리는 헤매고 또 헤매며, 하얗게 부서지는 파도가 우리의 다리를 적시려고 밀려왔다가 밀려가는 모습을 바라보고 있다. 파도는 부서지면서 하얀 거품을 일으키고 밝고 시원한 소리를 울리면서 뒤집히며, 그 파도의 조각들은 편편한 바닷가에 하얀 비단처럼 퍼진다. 여기저기 모래사장에 흩어지는 평화로운 파도 소리는 우리 귀를 이 세상의 모든 소리에서 덮어버린다. 깊은 만족, 의식하고 있는 망각, 우리는 영원한 안식의 품에 안겨 눈을 감자! 아니, 눈을 뜨고 잘 보라. 흰 파도가 출렁대는 저 녹회색의 먼바다가 아주 가깝게 보이면서, 수평선 저쪽에 흰 돛단배가 떠 있다. 저쪽일까? 어느 쪽일까? 얼마나 먼 곳일까? 아니면 얼마나 가까운 곳일까? 그것은 당신도 모른다. 당신은 그 판단을 할 수 없어서 머리가 아찔해진다. 저 흰 돛단배가 바닷가에서 얼마나 떨어져 있는지를 알려면, 흰 돛단배가 물체로서 얼마만한 크기를 가지는지 알아야 할 것이다. 작으면서 가까운 곳에 있는지, 크면서 먼 곳에 있는지를 당신의 눈은 판단할 수 없어 머리가 멍해진다. 당신의 마음속에는 공간에 대해 가르쳐 주는 기관이나 감각도 없기 때문이다. 우리는 걷고 또 걷는다. 얼마 동안 걸었을까? 어느 정도의 거리를 걸었을까? 그것은 알 수 없다. 우리는 계속 걸어도 아무것도 모른다. 저쪽은 이쪽과 마찬가지이며, 아까는 현재와도, 미래와도 같다. 공간의 끝없는 단조로움 속에서 시간은 없어지고, 한 점에서 다른 한 점으로의 운동은 어디나 같은 세계 속에서는 운동이 아니며, 운동이 운동으로 되지 않는 세계에는 시간이란 없다.

중세의 학자들에 따르면, 시간은 사람의 착각으로 만들어진다고 했다. 시간이 인과 관계라는 형식으로 연속적으로 흘러가는 것처럼 생각되는 것은 우리 감각 기관의 산물이며, 사물의 참된 모습은 영원한 현재라고 가르쳤다. 그 생각을 처음으로 했던 학자는 바닷가를 산책하면서 짠 바닷물을 입술에 맛보았을까? 되풀이해서 말하지만, 우리가 여기에서 이야기하는 것은 휴가 중의 특전, 여가 중의 공상이며, 활동적인 사람들이 바닷가의 따스한 모래 속에 눕는 것에 쉽게 싫증을 느끼듯, 현실적인 사람들은 그런 공상에 이내 질리게 된다. 인간의 인식 방법과 형식을 비판하고 그 절대적인 타당성을 의심한다는 것은 이성이 넘어서는 안 되는 한계, 그것을 넘으면 이성의 본질적인 사명을 대수롭지 않게 여겼다는 비난을 받을 수밖에 없는 한계를 이성(理性)에게 나타낸다는 뜻이 있다면 몰라도, 그것이 아니라면 부조리하고 파렴치한 배반이 될 것이다.

우리는 세템브리니가 이야기하고 있는 운명의 주인공인 청년, 세템브리니가 어떤 기회에 적절하게도 '인생의 걱정거리 자식'이라고 부른 청년에게, 교육자다운 단호한 투로 형이상학을 '악'이라고 단정하여 들려준 것에 감사해도 좋을 것이다. 그리고 비평 원리의 의미와 목적은 오직 하나로, 의무의 관념과 삶의 명령이 아닌 다른 목표는 있지 않으며, 있어서는 안 된다고 단언함으로써, 우리가 사랑하는 요아힘을 추모하는 최상의 경의를 표명한다. 그렇다. 우리 생활을 지도하는 최고의 지혜는 이성의 한계를 비평하고 정리하여, 그 한계점에 삶의 깃발을 세우고, 그 깃발 밑에서 삶의 근무에 종사하는 것이 우리 인간의 군인적 의무라고 선언했다.

우울증에 걸린 수다쟁이 베렌스가 말한, 이른바 '지나친 근면' 때문에 우리는 충실한 군인 요아힘이 자신의 죽음을 재촉한 것을 안다. 그러나 한스 카스토르프의 의심스러운 시간 관리, 너무 지나친 영원과의 곤란한 장난과 그의 부족함을 얼마만큼 너그럽게 이해해야 할 것인가?

페페르코른 씨

'국제'라는 간판에 가장 알맞은 요양원 베르크호프에, 페페르코른이라는 중년의 네덜란드인이 한동안 머물러 있게 되었다. 페페르코른은 네덜란드의 식민지 자바에서 커피를 재배하는 사람이었는데—그래서 그런지 유색 인종 같은 느낌이 들었다—유색 인종 같다는 특징만으로 피테르 페페르코른—이것이 그의 이름으로, 그는 자기를 꼭 이렇게 부르면서 "지금 피테르 페페르코른은 브랜디로 원기를 돋우고 있습니다" 하고 입버릇처럼 말했다—을 이 이야기의 마지막 부분에 등장시키는 충분한 이유는 되지 않을 것이다.

여러 나라 말을 하는 수다쟁이 베렌스 고문관이 원장으로 있는 이 유명한 요양원 베르크호프에는 얼마나 많은 온갖 손님들이 머물고 있는 것일까? 얼마 전에도 이집트의 왕녀, 언젠가 고문관에게 진기한 커피 세트와 스핑크스가 새겨진 담배를 보낸 왕녀까지 있었다. 이 왕녀는 니코틴으로 누렇게 된 손가락에 여러 개의 반지를 끼고 머리를 짧게 자른 파격적인 여성이었다. 그녀는 중요하다고 생각되는 식사에는 파리풍 옷을 입고 나타났지만, 그 밖에는 남자용 양복을 입었다. 특히 줄이 선 바지 차림으로 돌아다녔는데, 다른 남자는 본 체도 하지 않고, 란다우어 부인이라고 불리는 루마니아 유대 부인에게만 집요하리 만큼 강렬한 애정을 바치고 있었다. 파라반트 검사는 이 왕녀에게 완전히 반해 수학 공부까지 소홀히 하게 되었으며, 완전히 넋이 나간 사람처럼 되었다. 이 왕녀의 수행원 가운데에는 흑인도 한 사람 끼어 있었다. 이 흑인은 카롤리네 슈퇴어가 가끔 훔본 것처럼 거세를 하여 성불구자였는데도 인생에 대한 애착이 강했지만, 검은 피부를 투사하여 몸속을 찍은 사진을 보고 매우 비관했다.

이런 파격적인 사람들에 비하면 페페르코른은 거의 특징이 없었다. 이 장(章)에도 우리의 이야기는 앞의 어떤 장과 마찬가지로 '또 한 사람'이라는 제목이 붙여질 것 같지만, 독자는 여기서 정신적 혼란과 교육적 혼란을 일으킬 사람이 하나 더 늘어났다고 해서 걱정할 필요는 없다. 아니, 페페르코른은 이 세상에 논리적 혼란을 가져올 인물은 결코 아니었다. 이제 곧 알게 되겠지만, 그는 이와는 정반대 인물이었다. 그런데도 이 인물이 나타남으로써 우리의 주인공이 심각한 혼란을 겪은 것은 다음 내용으로 이해할 수 있을 것이다.

페페르코른은 쇼샤 부인과 같은 저녁 열차로 '마을' 정거장에 도착했고, 같은 썰매로 베르크호프로 올라와 베르크호프의 식당에서 그녀와 함께 저녁 식사를 했다. 이것은 우연의 일치가 아니라 함께 도착했다고 해야 옳을 것이다. 페페르코른은 식당에서 '일류 러시아인 자리'에, 더구나 다시 돌아온 쇼샤 부인의 옆자리, 즉 의사의 맞은편에 있는 자리, 그 전에 난폭하고 이상한 발작을 일으켰던 교사 포포브가 앉았던 자리를 지정받았는데, 선량한 한스 카스토르프는 이 일은 꿈에도 예상하지 못했었기 때문에 멍해져 버렸다. 고문관에게서 클라브디아가 들어온 날짜와 시간을, 예의 그 말투로 미리 듣기는 했었다.

고문관이 말했다.

"어때요, 노총각 한스 카스토르프 군? 성실하게 기다리던 보람이 있었습니다. 모레 저녁, 우리의 새끼 고양이가 이곳에 다시 살짝 들어옵니다. 전보로 알려왔습니다."

그러나 쇼샤 부인 혼자가 아니라는 것에 대해서는 고문관은 한 마디도 하지 않았다. 아마 그도 쇼샤 부인과 페페르코른이 함께 온다는 것, 두 사람이 동행이라는 것은 전혀 몰랐던 것이리라. 어떻든 쇼샤 부인이 도착한 다음 날 한스 카스토르프에게서 문책을 당했을 때, 그는 놀랍다는 표정을 지으면서 말했다.

"나는 그녀가 어디에서 그 남자를 주워 왔는지 설명해 드릴 수가 없습니다. 여행 중에 알게 된 것이겠지요. 상상컨대 피레네 산맥 부근에서 알게 된 것이겠지요. 그렇습니다. 저 사람의 일에 대해서는 당신도 참아야 합니다. 실망하고 낙담한 패전(敗戰)의 멋쟁이 양반, 이제는 늦었어요. 두 사람은 심각한 사이인 것 같습니다. 여행 비용도 공동으로 부담하는 모양이에요. 들은 바를 종합하면 그자는 대단한 갑부인가 봅니다. 은퇴한 커피 왕이랍니다. 말레이인 하인을 두고 호화로운 생활을 하고 있어요. 물론 그는 여기에 놀러온 것은 아닙니다. 심한 알코올성 점액 과다 말고도 악성 열대열에 걸려 있습니다. 바로 말라리아열이지요. 이 열에 많이 파먹힌 상태입니다. 그러니 당신도 당분간은 꾹 참아야 하겠지요."

한스 카스토르프는 느릿느릿 말했다.

"아니, 괜찮습니다."

그러고는 이렇게 생각했다.

'그러면 당신 기분은 어떤가? 이것저것 생각하면 당신도 전부터 그녀에게 무관심했던 것은 아니었지. 창백한 낯빛으로 그 실감 나는 유화를 그린 독신자인 당신도 말이야. 당신의 말을 들으면 나의 괴로움을 즐기고 있는 듯하지만, 페페르코른에 대한 한 우리는 똑같이 불쌍한 환자이다.'

한스 카스토르프는 스케치를 해 보이는 몸짓으로 말했다.

"괴상하고 독특한 사나이군요. 억세면서도 뭔가 모자란다, 이것이 그에게서 받은 인상입니다. 적어도 나는 오늘 아침 식사 때 그런 느낌을 받았어요. '억세면서도 뭔가 모자란다.' 나는 이 두 가지 형용사로 그를 나타낼 수밖에 없습니다. 보통 이 두 형용사는 어울리지 않는다고 말합니다만. 그는 몸이 크고 어깨 폭이 넓으며 두 다리를 펴고 힘차게 서 있는 경우가 많은 것 같습니다. 위로 뚫린 바지 주머니에 두 손을 넣고 있더군요. 금방 알아차렸습니다. 당신이나 나처럼 중류 이상의 사람들은 바지 주머니에 손을 옆으로 넣도록 되어 있는데, 그 사람 것은 위에서 손을 넣도록 되어 있더군요. 그리고 그가 그렇게 서서 네덜란드인답게 입에 발린 소리로 지껄이고 있으니 정말 억센 느낌이 들었습니다. 그런데 그의 턱수염은 길지만 드문드문 나 있어 하나하나 셀 수 있을 정도입니다. 눈도 작고 눈동자 빛이 엷어서 거의 색이 없는 것 같더군요. 하지만 이건 사실이니 어쩔 수 없습니다. 그는 그 눈을 언제나 크게 뜨려고 하지만, 눈은 조금도 커지지 않고 그 때문에 이마의 주름만 깊어질 뿐이었어요. 그 주름이 관자놀이께에서는 위를 보고 있지만 이마에서는 수평으로 되어 있지요. 그 넓고 넓은 이마에서 말입니다. 그 주위에 있는 흰머리도 길지만 숱이 적어요. 눈은 아무리 크게 뜨려 해도 작고 빛깔도 엷습니다. 그리고 그의 프록코트는 바둑판무늬인데 조끼는 어딘지 성직자 같은 느낌을 주더군요. 이것이 오늘 아침 식사 때 내가 받은 인상입니다."

"당신은 그를 눈엣가시처럼 생각하여 그의 특징을 남김없이 관찰한 것 같군요. 그래야 할 것입니다. 당신은 이제부터 그가 존재하는 것에 익숙해져야 하니까요."

"그렇습니다. 우리는 그것에 익숙해져야만 합니다."

우리는 뜻밖의 새로운 손님에 대해 대강의 생김새를 설명했어야 하는데, 그 일을 한스 카스토르프에게 모두 맡겼다. 그가 매우 잘 설명했으므로 우리가 다시 스케치를 한다 해도 중요한 점에 대해서는 이에 못 미쳤을 것이다. 물론 한스 카스토르프의 자리는 그를 관찰하기에 가장 유리한 곳이었다. 우리가 알고 있듯이, 그는 클라브디아가 없는 사이에 '일류 러시아인 자리'의 이웃에 있는, 러시아인 자리와 나란히 있는 식탁으로 옮겼다—일류 러시아인 자리 쪽이 베란다로 나가는 문에 더 가까웠다—한스 카스토르프와 페페르코른 둘은 식당 안쪽을 향해 가깝게 앉았다. 말하자면 두 사람은 나란히 앉은 것이다. 한스 카스토르프는 네덜란드인의 좀 뒤에 앉았으므로, 그를 관찰하는 데에는 편리했다. 그리고 그 자리에서 볼 때 쇼샤 부인의 옆모습이 비스듬히 나타나 4분의 3쯤을 볼 수 있었다.

우리가 한스 카스토르프의 훌륭한 스케치에 몇 가지를 덧붙인다면, 페페르코른의 콧수염은 깔끔하게 깎여 있었고, 코는 크고 살집이 있으며, 입은 큰데다 입술 형태가 불규칙하여 마치 찢어져 있는 것 같았다. 그리고 손은 폭이 넓고 손톱이 길며 끝이 뾰족했다. 그가 이야기할 때—한스 카스토르프에게는 전혀 알아들을 수 없는 내용이지만 페페르코른은 거의 끊임없이 지껄이고 있었다—듣는 이의 주의를 촉구하는 듯한 섬세한 손짓, 지휘자와 같은 미묘한 차이의 표시인 세련되고 정밀하며 깔끔한 품위 있는 손짓을 섞곤 했다. 그리고 엄지손가락과 집게손가락으로 동그라미를 그리며 손바닥—폭은 넓지만 손톱이 뾰족한 손바닥—으로 둘러싸는 듯한, 때로는 막아버릴 듯한 손짓도 섞으면서 모두가 자신에게 주목하기를 바라고 있었다. 그러면 모두들 미소를 띠며 그의 거창한 손짓을 눈여겨보았지만, 그가 준비한 말의 뜻을 이해하지 못하고 실망해 버렸다. 아니, 실망이라기보다는 오히려 즐거움이 스민 놀라운 표정을 금치 못했다. 힘찬 예고, 부드러움, 거창한 손짓 등이 여운을 남겨 그다음에 하는 말의 아쉬움을 충분히 채워주었으므로, 사람들은 그의 손짓에 즐거워하고 만족하며 마음까지 느긋해지는 것을 느꼈다. 때로는 손짓만으로 끝날 때도 있었다. 그는 왼쪽에 앉은 불가리아의 젊은 학자의 팔, 또는 오른쪽에 앉은 쇼샤 부인의 팔에 자신의 손을 살짝 대고, 이제부터 시작되려는 이야기에 모두 긴장하고 들으라는 듯이 손을 비스듬히 위로 올리며, 이마에서 눈초리까지 이르는 직각으로 꺾인 주름이 깊어질 때까지 눈썹을 추켜올리며 긴장한 상태로 그의 말을 기다리는 다른 사람들처럼 식탁보 위를 쳐다보았다. 그러고는 그 찢어진 듯한 입술을 열고 뭔가 대단히 중요한 것을 말하려는 듯했다. 그러나 얼마 안 있어 한숨을 쉬면서 말하려던 것을 그만두고는 '쉬어!'라고 하듯이 손을 흔들다가는 결국 커피를 다시 마시기 시작하는 것이었다. 그는 커피를 자기의 커피 도구로 특별히 진하게 끓여 마시곤 했다.

커피를 다 마신 뒤에는 연주회 지휘자가 음을 맞추는 온갖 악기들의 잡다한 소리를 중지시키고 연주 시작 순간으로 집중시키는 것처럼, 손짓으로 모두의 잡담을 막아 조용하게 했다. 엷은 눈빛, 이마의 깊은 주름, 긴 턱수염, 콧수염이 없어서 그대로 드러난 찢어진 듯한 입술, 이런 생김새와 함께 흰 머리칼에 덮인 큰 얼굴이 강한 인상을 주었으므로 모두가 그의 몸짓에 집중했다. 모두 입을 다물고 그에게 미소지었다. 여기저기에서 그에게 기운을 북돋아주듯 미소지으며 고개를 끄덕였다. 페페르코른은 낮은 목소리로 말했다.

"여러분, 좋습니다. 아주 좋습니다. 이제 되었습니다. 그러나 주의하십시오. 그리고…… 한시라도 잊지 마십시오…… 여기에 대해서는 이것으로 그만하겠습니다. 내가 말하려는 것은 오직 한 가지입니다. 우리에게 의무가 있다는 것…… 엄격한…… 나는 되풀이합니다. 그리고 이 말을 강조하려고 합니다. 우리에게는 엄격한 요구가 남아 있습니다! 아니, 그렇지 않습니다! 결코, 나는 예컨대…… 어림도 없는 오해입니다. 내가 뭔가…… 끝났습니다. 여러분! 완전히 끝났습니다. 우리 모두 의견이 일치한 것 같습니다. 자, 그러면 본론으로 들어가지요!"

그는 결국 아무 말도 하지 않은 셈이지만 그의 얼굴은 아주 의미심장하고, 표정과 몸짓이 힘찼으며, 박력이 있고 인상적이어서 모두들 귀를 기울이고 있었다. 한스 카스토르프도 뭔가 아주 중요한 말을 들은 것처럼 느꼈다. 구체적인 이야기를 듣지 못한 것을 의식했다 하더라도 아무도 그것을 아쉽게 생각하지는 않았다. 만약 귀머거리가 듣고 있었다면 어떤 기분이 들었을까? 아마 그는 페페르코른의 표정에서 이야기 내용을 지나치게 평가하고, 귀가 들리지 않기에 정신적인 손해를 받았다고 자신을 원망할 것이다. 이런 사람들은 남을 믿지 않고 마음이 비뚤어지기가 일쑤이다. 식탁 반대쪽 끝에 앉은 젊은 중국인은 독일어를 아직 잘 몰라 말을 이해하지 못했지만, 귀를 기울이며 쳐다보고는 "대단히 좋았습니다" 하고 기쁘고 만족한 듯이 외치고 박수까지 쳤다.

그리고 페페르코른은 '본론'에 들어갔다. 그는 몸을 똑바로 일으켜 넓은 가슴을 쭉 펴고 단추를 꼭꼭 채운 뒤, 조끼 윗부분 바둑판무늬의 프록코트 단추까지 끼웠다. 그러고 보니 흰머리로 에워싸인 얼굴에는 어딘지 왕자를 연상케 하는 구석이 있었다. 그는 식당 아가씨 난쟁이를 불렀다. 그녀는 눈이 돌아갈 정도로 바빴으나, 그의 장엄한 손짓에 곧 응하여 우유와 커피 그릇을 손에 쥐고 그의 의자 곁에 와 섰다. 그러고는 그의 이마의 깊은 주름과 그 밑의 엷은 색 눈, 동그라미를 그린 엄지손가락과 집게손가락 그리고 나머지 세 손가락의 손톱 끝을 창같이 나란히 세운 손에 한눈을 팔면서, 나이 든 얼굴에 미소를 띠고 그의 기운을 돋구듯 고개를 끄덕였다.

페페르코른이 말했다.

"아가씨, 좋습니다. 모든 것이 완전하군요. 다만 매우 작아서…… 하지만 그것이 어떻다는 것입니까? 나쁘다니요? 나는 그것을 좋다고 생각합니다. 나는 당신이 지금 있는 그대로의 모습으로 있는 것을 기뻐하고 신에게 감사드립니다. 그리고 당신의 특색인 그 작은 키…… 아니, 그만둡시다. 내가 당신에게 부탁하려는 것도 작고 특별한 것입니다. 그건 그렇고 당신 이름은?"

식당 아가씨는 미소지은 얼굴로, 더듬거리면서 에메렌티아라고 대답했다.

"멋집니다!"

페페르코른은 의자 등에 기대면서 팔을 난쟁이 아가씨에게로 뻗치며 외쳤다. 마치 "이것 봐, 모든 것이 멋지잖아?" 하고 말하려는 기세였다. 그러고는 진지하고 엄숙하게 말을 이었다.

"아가씨, 정말 내 기대를 넘어설 정도입니다. 에메렌티아, 당신은 그것을 겸손하게 말하지만, 그 이름은…… 당신과 결부시키면…… 요컨대 아주 아름다운 공상을 불러일으킵니다. 그 이름을 소중히 하고 가슴속 생각 모두를 바쳐 그것을 불러볼 만합니다. 그리고 애칭은…… 어떻습니까, 아가씨?…… 애칭으로 렌티아도 좋을 것입니다. 그리고 엠헨도 따뜻한 느낌을 주는군요. 오늘은 엠헨이라고 합시다. 그러면 엠헨 아가씨, 잘 들어주십시오. 빵을 좀 부탁합니다. 귀여운 아가씨, 잠깐 기다리십시오! 오해하면 안 됩니다! 당신의 큰 얼굴을 보고 있으면 왠지 착각할 위험이…… '빵' 말입니다. 엠헨 아가씨, 그러나 구운 빵이 아닙니다. 그런 것 같으면 여기에도 얼마든지 있으니까요. 내가 원하는 것은 만든 빵입니다. 천사 아가씨, 다르게 말하자면 신의 빵, 투명한 액체 빵, 기운을 돋우기 위한 빵 말입니다. 이 말의 의미를 이해할 수 있나요? 그렇지, 차라리 '강심제'라고 말을 바꾸는 게 좋겠군요. 이 말도 흔히 있는 천박한 의미로 오해될 위험이 없으면 말입니다. 됐어요, 끝났습니다. 렌티아, 끝났습니다. 결정했습니다. 그럼 우리의 의무와 신성한 본분의 의미에서 부탁합니다…… 이를테면 내가 당신에게 지고 있는 명예의 빚을 갚는다는 뜻에서 당신의 특징인 작은 키에 대해 진심으로 부탁합니다. 진도 한 잔 부탁합니다. 아가씨…… 축하를 위해서 스히담산(産)의 진을 말입니다. 에메렌티아 아가씨, 빨리 한 잔 가져다주십시오!"

"스히담산의 진 한 잔."

난쟁이 아가씨는 복창을 하고는, 가지고 있던 우유와 커피 그릇을 어디에든지 내려놓으려고 몸을 한 바퀴 돌려서 한스 카스토르프의 접시 옆에 내려놓았다. 아마 그녀는 거기가 페페르코른의 눈에 거슬리지 않는 곳이라고 생각했음에 틀림없었다. 그녀는 뛰어갔고, 주문한 사람은 곧 주문한 물품을 받았다. '빵'은 유리잔에 가득 채워져 넘쳐서 받침 접시로 흘러내렸다. 페페르코른은 유리잔을 엄지손가락과 가운뎃손가락으로 쥐고 밝은 쪽을 향해 번쩍 들었다.

"자, 피테르 페페르코른은 한 잔의 브랜디로 원기를 돋웁니다."

그는 곡물 증류주를 조금 씹는 듯하더니 이내 들이켜 버렸다.

"이제 여러분을 보는 눈에 기운이 생겼습니다."

그러고는 쇼샤 부인의 손을 식탁보 위에서 집어들고는 그것을 입술에 대고 나서 식탁 위에 다시 놓고, 그 손 위에 자기 손을 한동안 대고 있었다.

알 수 없는 사람이긴 했지만 색다른 인물이었으므로 베르크호프의 손님들은 페페르코른에게 완전히 흥미를 갖게 되었다. 그는 얼마 전 식민지 사업에서 손을 떼고 자본을 안전한 곳에 두었다는 것이었다. 헤이그에 있는 훌륭한 저택이라든지, 스헤베닝겐의 별장에 대해서도 소문이 났다. 슈퇴어 부인은 그를 '돈 자석'*2이라고 부르고—이 어이없는 여자는 부호라고 말한다는 것이 그렇게 되었던 것이다!—쇼샤 부인이 이 위로 다시 돌아온 날부터 야회복에 언제나 지녔던 진주 목걸이도 그 자석과 관계가 있는 것처럼 말했다. 그 목걸이가 카롤리네 슈퇴어의 생각에 따르면 캅카스 산맥 저쪽에 있는 쇼샤의 선물이라고는 볼 수 없기에 여행 중 '공동 계산'에 의한 선물일 거라는 추측이었다. 그녀는 이렇게 말하면서 눈을 끔벅거리고, 옆에 있는 한스 카스토르프를 턱으로 가리키면서 입을 씰룩거리며 기가 죽어 있는 그를 마음껏 비웃었다. 정말 병으로 그토록 고통당하면서도 이 여자는 조금도 고상해질 줄을 몰랐다. 한스 카스토르프는 태연한 태도를 유지하며, 그녀의 무식한 말실수를 농담을 섞어가며 바로잡아 주었다.

"말이 틀립니다. '부호'겠지요. 그러나 자석도 나쁘지 않은데요. 페페르코른에게는 확실히 사람을 끄는 데가 있으니까요."

여교사인 엥겔하르트 양은 솜털이 난 볼을 붉힌 채 청년을 보지 않으려고 하면서 살짝 미소지으며 새로 온 손님을 어떻게 생각하는지 물었다. 한스 카스토르프는 그 질문에도 침착하게 대답했다. 페페르코른은 '확실치 않은 인물'이며, 그럴듯해 보이기도 하지만 종잡을 수 없는 느낌이라고 말했다. 이 비

*2 자석(Magnet)과 부호(Magnat)라는 말이 비슷하다.

뻥의 정확성은 한스 카스토르프의 공정한 눈과 평정한 기분을 말해 주었기 때문에 여교사는 어쩔 줄 몰라했다.

다음에는 페르디난트 베잘인데, 이 사나이까지도 쇼샤 부인의 뜻하지 않은 귀환에 대해 빈정대는 말투였다. 여기에 대해 한스 카스토르프는 단호한 말에 지지 않은 단호한 눈초리가 있다는 것을 알려주었다. '불쌍하기 짝이 없는 사나이'라는 뜻이 담겨 있었고, 그 밖의 다른 의미로 볼 여지가 조금도 없는 단호한 것으로, 베잘도 그 눈초리의 의미를 곧 알아차렸으면서도 그것을 감수했다. 오히려 그는 충치가 많은 이를 드러내며 고개를 끄덕였지만, 그 뒤부터는 나프타, 세템브리니, 페르게와 함께 산책할 때 한스 카스토르프의 외투를 드는 일을 그만두고 말았다.

한스 카스토르프도 제발 그래 주기를 바랐다. 그는 외투쯤은 자기도 갖고 다닐 수 있었고, 자기 스스로 가지고 다닐 생각이었지만 그저 예의상 '불쌍하기 짝이 없는 사나이'에게 가끔 갖고 다니게 했을 뿐이다. 그러나 한스 카스토르프는 사육제 날 밤에, 모험의 상대와 다시 만날 경우를 대비해 남몰래 여러 가지 계획을 세우고 있었는데, 정말 뜻하지 않은 사정으로 모든 것이 물거품으로 돌아가게 되었다. 게다가 그가 호되게 당했다는 사실은 우리 사이에서 누구 하나 모르는 사람이 없게 되었다. 계획이 물거품으로 돌아갔다기보다 필요 없게되어버렸다 할 수 있고, 이것이야말로 굴욕적인 일이었다.

그가 남몰래 생각하고 있었던 계획은 어느 것이나 아주 섬세하며 사려도 깊은 것이어서, 거칠고 열정적인 데가 전혀 없었다. 누구도 클라브디아를 정거장에 마중하러 나가리라고는 꿈에도 생각하지 않았다. 그런 것을 생각하지 않은 것은 차라리 다행한 일이었다! 병 덕분에 저렇게 큰 자유를 맛보고 있는 부인이 가면을 쓰고 외국어로 이야기했던 먼 옛날의 꿈과 같은 밤의 사건을 지금도 기억하고 있는지, 아니면 그 사건을 직접 떠올리게 하는 것을 기뻐할는지 그것조차도 의문이었다. 물론 몰염치하게 군다든가 강제적인 요구는 하지 말아야 한다. 병든 사팔뜨기 부인에 대한 그의 관계가 사실은 서구적인 이성과 예절의 한계를 넘어섰지만, 적어도 형식적으로는 완전히 문명인답게 행동했다. 이제는 모든 일을 잊어버린 것 같은 문명인적 태도와 기억 상실의 태도를 한동안은 취해야 할 것이다. 식탁에서 식탁으로의 기사도적인 인사, 한동안은 그것만으로 그치기로 하자! 그러는 사이에 기회를 잡아 예의 바르게 접근하여 여행에서 돌아온 부인의 건강 상태는 어떤가를 가볍게 물어보기로 하자. 참된 의미의 재회는 이 훌륭한 기사도적인 태도의 보답으로 언젠가는 반드시 이루어지리라.

아까도 말한 것처럼 자유의사에 대한 보상은 사라져 버렸으므로, 그토록 치밀한 배려도 별 의미가 없게 되었다. 페페르코른의 출현 때문에 한스 카스토르프는 그냥 공손히 물러나는 길밖에는 달리 방법이 없었다.

한스 카스토르프는 쇼샤 부인이 도착하던 날 밤, 썰매가 차도를 달려 올라오는 것을 발코니에서 보고 있었다. 그 썰매의 마부석에는 마부와 나란히 털가죽 깃을 단 외투에 실크 모자를 쓴 누런 얼굴의 작은 말레이인 하인이 앉아 있었고, 뒷좌석에는 낯선 사나이가 모자를 깊이 쓰고 클라브디아와 나란히 앉아 있었다. 한스 카스토르프는 그날 밤 거의 잠을 이루지 못했다.

다음 날 아침 그 뜻하지 않은 동반자의 이름을 알아내는 것은 어렵지 않았으며, 두 사람이 2층 특별실에 나란히 안내되었다는 것까지도 덤으로 알게 되었다. 그리고 아침 식사 시간이 되자, 한스 카스토르프는 일찍 자리에 앉아, 유리문이 탕탕 여닫히는 것을 이제나저제나 창백한 얼굴로 기다리고 있었다. 그러나 요란한 소리는 들을 수 없었다. 클라브디아가 먼저 들어오고 뒤이어 페페르코른이 들어오면서 유리문을 닫았던 것이다. 클라브디아는 예의 고양이 같은 발걸음으로 머리를 내밀고 자기 식탁으로 나아갔으며, 그 뒤에는 불길처럼 치솟은 흰머리에 높은 이마를 하고, 크고 넓은 어깨를 가진 페페르코른이 걸어오고 있었다.

아, 그녀였다! 그전 그대로의 모습이었다. 한스 카스토르프는 자기도 모르게 모든 계획을 잊고, 잠이 부족한 눈으로 그녀를 지켜보았다. 아무렇게나 머리에 감아 올린 불그스름한 금발 머리도 그대로였고, '황야의 이리 눈빛', 목덜미의 통통한 선도 그대로였다. 또한 광대뼈가 조금 튀어나와서 실제보다 더 뚜렷해 보이는 입술, 그 때문에 더 아름답게 보이는 볼도 그대로였다. 클라브디아다! 그는 몸을 떨면서 생각했다. 그리고 뜻밖에 나타난 사나이를 쳐다보았다. 가면을 쓴 것 같은 사나이의 당당한 모습에 조롱과 반항의 감정이 치밀었고, 언젠가의 밤의 사건에 대해서는 아무것도 모르면서 마치 현재의 그녀를 자기 것처럼 생각하는 그 사나이를 마음껏 비웃고 싶은 욕구를 느꼈다. 그날 밤의 사건은 아마추어 화가의 유화에 얽힌 사건처럼 애매하고 확실치 않은 일이 아니었다. 물론 그 유화 사건에도 한스 카스토르프는 불안을 느끼기는 했지만, 쇼샤 부인이 자리에 앉기 전에 미소지으며 식당의 모든 사람을 똑바로 바라보는, 말하자면 모든 사람에게 자신을 드러내려는 습관도 그대로였다. 페페르코른은 마치 시중을 드는 것처럼 비스듬히 그녀 뒤에 서서, 그녀의 짧은 의식이 끝나는 것을 기다려 클라브디아의 옆자리인 식탁 끝에 앉았다.

한스 카스토르프가 생각했던, 자기 식탁에서 그녀의 식탁으로 기사도적으로 인사한다는 것은 엄두도 낼 수 없었다. 클라브디아의 눈은 '자신을 드러내려 할' 때에도 한스 카스토르프에게 향하기는커녕, 그가 앉아 있는 곳을 지나 식당의 가장 먼 곳으로 향했다. 다음에 식당에서 만났을 때에도 마찬가지였다. 이렇게 하여 쇼샤 부인은 식사하는 동안 이쪽을 돌아보는 일이 있어도, 그녀 쪽에서는 표정이 없는 무관심한 눈초리를 흘려보낼 뿐이어서 한스 카스토르프의 눈은 그녀의 눈길을 잡아둘 수 없었다. 이런 식사가 거듭됨에 따라, 새삼 기사도적인 인사를 보내는 것은 더욱더 생각할 수 없게 되었다.

저녁 식사 뒤의 짧은 모임 때에도 두 여행 동반자는 작은 살롱에 머물러서 식탁 동료들에 둘러싸여 소파에 나란히 앉았다. 페페르코른은 불길처럼 치솟은 머리칼과 흰 턱수염 때문에 더욱 붉게 보이는 당당한 얼굴로, 저녁 식사 때 주문한 붉은 포도주 한 병을 마시고 있었다. 그는 저녁 식사에 언제나 붉은 포도주를 한 병, 또는 한 병 반, 때로는 두 병 마셨지만 그의 이른바 '빵'이라는 것은 그것과는 별도로 첫 번째 아침 식사 때부터 마시고 있었다. 이 왕자다운 인물은 유달리 원기를 북돋울 필요가 있는 것 같았다. 그는 특별히 진한 커피를 가지고 하루에 여러 번 원기를 북돋웠는데, 아침뿐만 아니라 한낮에도 커다란 잔으로 마셨고, 그것도 식후뿐만 아니라 식사 중에도 포도주와 함께 마셨다. 어느 쪽이나 열에 효과가 있다고 페페르코른이 말하는 것을 한스 카스토르프는 들었다. 두 가지 다 원기를 북돋워 주는 효과 말고도 그가 앓는 간헐성 열대열에도 큰 효과가 있다고 했지만, 그는 그 열 때문에 이틀째에는 벌써 여러 시간을 방에 누워 있어야 했다.

네덜란드인은 대체로 4일마다 그 열에 시달렸기 때문에 고문관은 이것을 '4일열'이라 불렀다. 처음에는 오한이 나고 이가 덜덜 떨리다가 다음에는 몸이 타는 듯이 뜨겁게 되다가 땀이 나는 것이었다. 게다가 그의 비장(脾臟)도 그 때문에 부어 있다고 했다.

트웬티원 카드놀이

시간은 이렇게 해서 몇 주일이 지나갔다. 한스 카스토르프의 판단과 짐작만에 의지할 수 없기에 우리 스스로 짐작해 보는 것인데, 그것은 아마 3주일 아니면 4주일이었을 것이다. 이렇게 시간은 흘러갔으나 새로운 변화는 일어나지 않았다. 우리의 주인공은, 그에게 터무니없는 근신을 강요한 그 뜻하지 않은 사태에 대해 한결같이 반항적인 기분을 불태우고 있었다. 뜻하지 않은 사태란, 브랜디를 마실 때에 자기 스스로를 페페르코른이라 부르는 이 당당하며 왕자인 체하는 애매한 인물이 눈에 거슬려 견딜 수 없는 일이었다. 이 인물은 사실 그전에 세템브리니가 눈에 거슬렸던 것보다 훨씬 더 눈에 거슬렸다. 한스 카스토르프의 미간에는 반항적이고 불쾌한 주름이 세로로 새겨지고, 그 주름 밑에서 그는 다시 돌아온 부인을 하루에 다섯 번씩 쳐다보았는데, 그녀를 다시 보게 된 것은 기쁘게 생각했다. 그러나 그녀의 과거가 얼마나 수상쩍은 것인가를 전혀 모르고 있는 듯한 현재의 절대자에게 그는 커다란 환멸을 느꼈다.

어느 날 밤, 가끔 그렇듯이 이렇다 할 특별한 이유도 없이 홀과 살롱의 밤 모임이 보통 날보다 더 활기에 차 있었다. 그리고 음악 연주도 있었다. 헝가리의 학생이 바이올린으로 〈치고이네르바이젠〉을 힘차게 연주했으며, 크로코브스키 박사를 데리고 15분쯤 모임에 끼어들었던 베렌스 고문관이 어느 손님을 설득하여 피아노의 저음부로 바그너 작곡의 〈순례자의 합창〉을 치게 하고, 자기는 그 옆에 서서 피아노의 최고음부를 솔로 문지르는 것처럼 치면서 바이올린 소리를 흉내내 보였다. 모두가 웃었다. 고문관은 모두의 갈채를 받고, 자기 장난에 만족한 듯 고개를 끄덕이면서 살롱을 나갔다. 밤의 모임도 음악도 계속되었지만 다 같이 함께 있어야 할 의무는 없었기 때문에 모두 마실 것을 들고 도미노나 브리지를 하기도 하고, 광학 응용의 오락 기구를 가지고 놀기도 하며, 여기저기 모여서 지껄이기도 했다. '일류 러시아인 자리'의 구성원들도 홀과 피아노실에 있는 사람들과 어울렸다. 페페르코른이 여기저기 돌아다니는 모습도 눈에 띄었다. 그를 보지 않으려 해도 보지 않을 수 없었다. 그의 당당한 머리는 아무리 사람이 붐비는 속에서도 눈에 띄었고, 왕자 같은 위엄과 관록으로 주위를 압도했다. 그의 주위 사람들도 처음에는 그가 큰 부자라는 소문에 끌린 것뿐이었는데, 나중에는 그 인물과 인품 자체에 끌리게 되고 말았다. 그들은 그에게 미소지으면서 그를 재촉하듯 무의식중에 고개를 끄덕여 보이는 것이었다. 모두가 그의 이마의 깊은 주름 밑 엷은 색 눈에 매혹되었으며, 손톱을 길게 기른 손의 문화적인 손짓의 장엄함에 긴장했다. 그의 말이 더듬거리고 의미가 모호하여 불필요한 것이라 해도 그 때문에 환멸을 느끼는 일은 조금도 없었다.

이런 때에 한스 카스토르프는 어떻게 하고 있을까? 그는 글쓰기와 독서를 겸한 방에 있었다. 이것은 그가 언젠가 인류 진보의 조직화에 대해 중대한 고백을 한 응접실이었다—이 '언젠가'는 확실치 않다. 이 글을 쓰고 있는 사람도, 주인공도, 독자도 얼마나 오래전의 '언젠가'인지는 잘 알지 못한다—그 방은 다른 장소보다 조용했고 한스 카스토르프 말고는 두세 사람이 있을 뿐이었다. 천장에 매달린 전등불 아래 마주 놓인 한 책상 모서리에서 누군가 글을 쓰고 있었다. 그리고 코안경을 두 개 포개어 쓴 부인이 책상 앞에 앉아서 사진이 실린 책장을 넘기고 있었다. 한스 카스토르프는 피아노실로 통하는 복도의, 열려 있는 문 가까이에 놓인 의자에 앉아서 등을 문의 커튼 쪽으로 향한 채 신문을 읽고 있었다. 그 의자는 르네상스식으로, 벨벳을 씌운 등받이가 바르고 높으며 팔걸이는 없었다. 청년은 신문을 잡고 있었지만 실은 읽고 있지 않았고, 머리를 한쪽으로 기울이고 옆방으로부터 말소리에 섞여 띄엄띄엄 들려오는 음악에 귀를 기울이고 있었다. 눈썹을 찌푸린 것을 보면 음악도 반은 건성으로 듣고 있으며 음악과는 관계없는 것을 생각하고 있는 모양이었다. 그가 생각한 것은 오랫동안 기다렸으나 결국 비참한 바보가 되어버려, 그가 할 수 있는 온갖 환멸과 반항의 쓰라린 생각이었다. 그는 우연히 앉게 된 도무지 편하지 않은 의자 위에 지금이라도 신문을 던져버리고, 홀의 문을 지나 그의 마음을 끌지 못하는 모임에서 빠져나오고 싶었다. 그래서 그는 살을 에는 혹한의 세계가 펼쳐진 발코니로 나가서 마리아 만치니를 피우려 결심하고 그것을 실행에 옮기려 하고 있었다.

"그런데 당신 사촌은 어떻게 되었나요, 선생?"

그때 한스 카스토르프의 머리 위로 묻는 소리가 들려왔다. 그의 귀에는 매혹적인 목소리였고, 그의 귀는 그 짜릿하고 감미로운 목소리를 이를 데 없이 기분 좋게 느끼고 있었다—최고로 강한 의미로서 기분이 좋았다—그것은 전에 그를 쳐다보면서 "좋아요. 그렇지만 부러뜨리지 마세요"라고 한 그 목소리였으며, 의지를 마비시키는 운명의 목소리였다. 그가 잘못 듣지 않았다면 그것은 요아힘의 일을 묻고 있는 것이었다.

한스 카스토르프는 천천히 신문을 내려놓고 얼굴을 좀 위로 올렸다. 그 때문에 머리가 젖혀져 의자의 곧은 등받이에 닿을 정도로 되었다. 그는 잠시 눈을 감았다가 곧 다시 뜨고, 머리를 기댄 채 비스듬히 보이는 어느 공간을 바라보았다. 이 선량한 청년의 얼굴은 영(靈)을 보는 자, 아니면 몽유병자 같은 것이었다고 말해도 좋으리라. 그는 머리 위에서 들리는 목소리가 다시 한 번 물어주었으면 하고 바랐지만, 그 목소리는 이제 들리지 않았다. 그는 그녀가 아직 뒤에 서 있는지 어떤지도 모르는 채, 한참 있다가 작은 목소리로 대답했다.

"그는 죽었습니다. 평지에서 군에 복무하다가 죽었습니다."

그 말이 두 사람이 주고받은 최초의 대화다운 대화였다. 그리고 여기에 대해 머리 위에서 들린 그녀의 다음과 같은 말은, 그녀가 독일어에 능통하지 않아서 너무 평범했다.

"어머나, 가엾어라. 죽어서 묻혔겠군요. 그게 언제 일이에요?"

"한참 되었습니다. 그의 어머니가 유해를 갖고 돌아갔습니다. 그는 군인 수염을 기르고 있었지요. 그의 무덤 위에서 예포가 세 번 울렸습니다."

"당연하지요. 정말 성실한 사람이었으니까요. 다른 어떤 사람들보다도 훨씬 훌륭했어요."

"그렇습니다. 그는 성실했습니다. 라다만토스는 언제나 그를 대단한 노력가라고 했지요. 그러나 몸이 말을 듣지 않았습니다. 예수회 회원들은 그것을 '육체의 반항'이라 부릅니다. 그는 언제나 생각하는 것이 육체적이었습니다. 진지한 의미에서 말입니다. 하지만 그의 육체는 불성실한 분자를 들어오게 해서 대단한 노력가인 그의 뒷덜미를 치게 하고 말았지요. 그렇지만 몸을 망치고 몸을 죽이는 쪽이 몸을 지키는 것보다는 도덕적일 겁니다."

"당신은 여전히 철학적인 무능력자이시군요. 라다만토스란 누구지요?"

"베렌스 씨입니다. 세템브리니 씨가 그를 그렇게 불렀습니다."

"아, 세템브리니 씨, 알고 있어요. 이탈리아 사람이었지요. 나는 그 사람을 좋아하지 않았어요. 그는 사고방식이 인간적이 못 되었어요."

머리 위의 목소리는 '인간적'이라는 말을 어딘지 나른하니 꿈꾸는 듯이 길게 빼어 발음했다.

"그는 거만했어요"

그러고는 '만'에 악센트를 두었다.

"그는 이제 여기에 있지 않나요? 나는 무식해서 라다만토스가 무슨 뜻인지 잘 모르겠군요."

"무슨 인문적인 말이겠지요. 세템브리니 씨는 여기서 다른 데로 옮겨갔습니다. 우리는 그 뒤로 쭉 철학을 토론했습니다. 그와 나프타와 나, 이렇게 셋이서요."

"나프타 씨는 누구예요?"

"세템브리니 씨의 논적입니다."

"세템브리니 씨의 논적이라면 만나보고 싶어요. 그건 그렇고 내가 언젠가 말했었지요? 당신 사촌은 평지에서 군인이 되면 죽을 것이라고요."

"그렇습니다. 댁은 그렇게 말했었습니다."

"아니, '댁'이라니요?"

한동안 두 사람은 말이 없었다. 한스 카스토르프는 침묵을 깨려 하지 않았다. 그는 의자의 곧은 등받이에 머리를 대고 몽유병자 같은 눈을 하고서 머리 위에서 다시 목소리가 들려오기를 기다렸다. 그러나 그녀가 아직 있는지 없는지 알 수 없게 되어, 옆방에서 띄엄띄엄 들려오는 음악 소리가 그녀의 물러가는 발소리를 지워버리지 않았나 하는 생각이 들었다. 그러나 드디어 뒤에서 또 목소리가 들려왔다.

"그러면 선생은 사촌의 장례식에 가지 않았군요?"

"그렇습니다. 나는 그에게 여기서 작별 인사를 했습니다. 그가 미소짓기 시작했기 때문에, 관에 뚜껑을 덮기 전에 인사를 했지요. 그의 이마가 얼마나 찼던지 댁은 상상도 못할 것입니다."

"또 댁이군요. 잘 알지도 못하는 여자에게 그건 또 무슨 말투죠?"

"나에게 인간적으로 말하지 말고 인문적으로 말하라는 것입니까?"

한스 카스토르프는 자기도 모르게 인간적이라는 말을, 졸린 듯 하품하고 기지개를 켜면서 길게 빼어 말했다.

"무슨 말이 그래요? 당신은 줄곧 여기 있었어요?"

"그렇습니다. 나는 기다리고 있었습니다."

"무엇을요?"
"댁을요."
머리 위에서 웃음소리와 함께 이런 말이 들려왔다.
"바보! 나를 기다리고 있었다고요? 사실은 퇴원을 시켜주지 않아서 그랬겠지요."
"아닙니다. 베렌스 씨는 언젠가 화를 내면서 나를 추방하려고까지 했습니다. 그러나 그렇게 되면 자포자기의 출발이 되었을 것입니다. 댁도 알고 있는, 학교 시절부터의 낡은 상처 말고도 베렌스 씨가 발견한 새로운 환부가 있어서 그것 때문에 열도 있습니다."
"지금도 열이 있나요?"
"그렇습니다. 지금도 조금 있습니다. 그 뒤로 계속해서 있기도 하고 없어지기도 합니다. 그러나 말라리아는 절대 아닙니다."
"그건, 빈정대는 것인가요?"
그는 잠자코 있었다. 그리고 환영을 보는 듯한 눈초리로 눈썹을 찌푸렸다. 한참 뒤에 그는 물었다.
"그래, 댁은 어디에 있었습니까?"
의자의 등을 손으로 두드리는 소리가 났다.
"야만인과 똑같군요. 어디에 있었느냐고요? 여기저기 있었지요. 모스크바에도 있었고요."
머리 위의 목소리는 모스크바를 '무오스크바'라고 길게 늘여 말했다. 아까의 '인간적'이라는 것과 마찬가지로 완만하게 말을 끄는 것 같았다.
"그리고 바쿠에도, 독일의 온천장에도, 스페인에도 있었지요."
"아, 스페인에도 있었어요? 스페인은 어떻습니까?"
"그저 그랬어요. 여행하기에는 불쾌한 나라예요. 주민들은 반이 흑인에 가깝고, 카스티야 지방은 아주 메말라 있고 살풍경한 곳이었어요. 그에 비하면 크렘린 궁전이 더 아름다워요. 그 산맥 기슭에 있는 성과 수도원보다도요."
"에스코리알 성이군요."
"그래요. 필립의 성이지요. 인간적이 아닌 성이에요. 나에게는 카탈루냐 지방의 민속춤 쪽이 훨씬 마음에 들었어요. 손풍금에 맞추어 추는 사르다나 춤 말이에요. 나도 함께 춤을 추었어요. 손을 맞잡고 빙빙 도는 거예요. 광장이 사람으로 꽉 차 있었어요. 그게 멋졌고 인간적이었죠. 나는 그 지방에서 남자와 아이들이 쓰는, 작고 푸른 모자를 샀는데, 그야말로 터키 모자로 보이지만 다른 모자와 별다를 것이 없어요. 나는 그것을 안정 요양 때나 그 밖의 때에도 써요. 나에게 어울리는지 선생도 보시게 될 거예요."

"어느 선생이요?"

"이 의자에 앉은 선생이요."

"나는 페페르코른 씨를 말하는 줄 알았습니다."

"그분은 벌써 평을 해주었어요. 나에게 아주 잘 어울린다고 말했지요."

"그가 그렇게 말했단 말입니까? 끝까지요? 문장의 끝까지요? 문장의 끝까지, 무엇을 말하는지 알아들을 수 있게 말입니까?"

"아, 기분이 언짢으신 모양이군요. 신랄하게 보이려고 하는가 봐요. 얄미울 정도로 말씀하네요. 당신과 당신의…… 지중해에서 태어난 당신의 수다쟁이 웅변가 선생, 두 사람을 합친 것보다 훨씬 위대하고 뛰어나며 인간적인 사람을 놀리려는 거군요…… 하지만 그렇게는 못하겠어요. 당신이 내 친구 일을 그렇게……."

"댁은 내 뢴트겐 사진을 아직 가지고 있습니까?"

한스 카스토르프는 머리 위의 목소리를 나른한 말투로 가로막으며 말했다.

그녀는 웃으며 대답했다.

"찾아봐야지요."

"댁의 것을 나는 여기에 가지고 있습니다. 그리고 밤이면 이걸 장 위에 있는 작은 사진꽂이에……."

그는 끝까지 말을 다 할 수 없었다. 그의 앞에 페페르코른이 서 있었다. 페페르코른은 여행 동반자를 찾아 나섰다가 커튼을 들치고 들어와 동반자에게 등을 대고 이야기하고 있는 청년의 의자 앞에 섰던 것이다. 마치 탑처럼 한스 카스토르프의 바로 앞에 섰다. 한스 카스토르프는 몽유병자 같은 정신 상태에 있으면서도 의자에서 일어나 인사를 해야겠다고 생각했는데, 앞뒤 두 사람 사이에 끼인 의자에서 일어서느라고 애를 먹었다. 의자에서 옆으로 빠져나와야 했기 때문에, 세 사람은 의자를 중심으로 삼각형을 이루고 마주하게 되었다.

쇼샤 부인은 문명적인 유럽식 예의를 지켜 '신사'들을 소개했다. 한스 카스토르프에 대해서는 이전에 여기 머물렀을 때부터 아는 사이라고 소개했다. 페페르코른에 대해서는 소개할 필요가 없었다. 그녀는 페페르코른의 이름만 말했다. 네덜란드인은 덩굴무늬 같은 이마의 주름과 관자놀이의 주름을 더욱더 깊게 하면서 푸른 눈에 힘을 주어 청년을 주의 깊게 쳐다보고는, 주근깨투성이의 큰 손을 내밀었다. 손톱이 창처럼 길게 길러져 있지 않았다면, 선장과 똑같은 손이라고 한스 카스토르프는 생각했다. 그는 페페르코른의 당당한 체격에서 풍기는 힘을 처음으로 대하자, 그 또한 만만치 않은 인물이라는 생각이 들었다. 그를 보고 있으니 '인물'이라는 것이 무엇인지 이해되었다. 그뿐 아니라 인물이란 것은, 대체로 페페르코른과 같은 용모를 의미하는 것이라고 확신하게 되었다. 한스 카스토르프는 아직 동요하기 쉬운 젊음 때문에, 어깨 폭이 넓고 얼굴이 붉으며 흰머리가 물결치는 60대 사나이, 입이 길게 찢어지고 성직자처럼 앞이 트이지 않은 조끼 위에 턱수염이 길게 드리워져 있는 사나이의 풍모에 압도되고 말았다. 아무튼 페페르코른은 점잖기 그지없었다.

페페르코른이 말했다.

"선생, 정말 미안합니다. 오늘 밤 이렇게 당신과 알게 되어…… 젊은 당신과 나는 기꺼이 가까이하고 싶습니다. 선생, 온 힘을 기울여서 그렇게 하겠습니다. 나는 당신이 마음에 듭니다. 선생…… 정말 그렇습니다! 당신에게 호감이 갑니다."

그의 문화적인 손짓은 절대적이어서 이의를 제기할 수도 없었다. 그는 한스 카스토르프가 마음에 든 것이다. 페페르코른은 그 사실에서 결론을 끄집어내었고, 여행 동반자의 입을 통해 그 결론이 충실하고 합당하게 채워졌다.

페페르코른이 다시 말했다.

"당신, 모든 일이 좋습니다. 그런데 어떻습니까?…… 내가 말하는 의미를 잘 이해해 주시오. 인생은 짧고 인생의 요구를 충족시킬 우리의 능력은, 이것은 처음부터…… 이것은 부정할 수 없는 사실입니다. 법칙입니다. 피할 수 없는 것입니다. 요컨대 당신, 요컨대, 좋습니다……." 이렇게 암시를 해주어도 뭔가 중대한 오해가 생기게 되면 그 책임은 질 수 없다는 듯이, 페페르코른은 모든 일을 맡긴다는 확실한 손짓을 하고 있었다.

쇼샤 부인은, 페페르코른이 무엇을 원하는지를 마지막까지 듣지 않아도 아는 능력이 있는 것 같았다. 그래서 그녀는 말했다.

"좋아요. 모두 함께 앉아서 카드놀이를 한번 하고 포도주를 한 병 마시도록 하지요. 당신은 왜 그렇게 멍청히 서 계세요?"

그녀는 한스 카토르프에게 말했다.

"몸을 좀 빨리 움직이세요. 우리 세 사람뿐만 아니라 모두들 나와야지요. 살롱에 아직 누가 있어요. 만나는 사람을 죄다 불러오세요. 발코니에서도 친구들을 몇 사람 끌고 와야 해요. 우리 식탁의 중국인 의사 팅푸도 오라고 해요."

페페르코른은 두 손을 비벼대며 말했다.

"단연코 그래야지요. 훌륭해요. 서두르시오, 젊은이! 명령에 순종하시오! 원탁을 만듭시다. 카드를 하고, 먹고 마십시다. 그리고 우리가 젊은이라는 것을 느끼도록 합시다!"

한스 카스토르프는 승강기를 타고 3층으로 올라갔다. 그는 안톤 카를로비치 페르게의 방을 두드렸고, 페르게는 페르디난트 베잘과 알빈 씨를 아래의 공동 안정 홀의 침대 의자에서 끌고 왔다. 파라반트 검사와 마그누스 부부가 아직 홀에, 그리고 슈퇴어 부인과 클레펠트가 아직 살롱에 남아 있었다. 이 살롱 한가운데의 샹들리에 밑에 큰 카드대가 펼쳐졌으며, 그 주위에 의자와 작은 음식상이 차려졌다. 페페르코른은 이마의 덩굴무늬를 더욱 깊게 하고, 모여 온 손님 한 사람 한 사람을 엷은 빛의 눈으로 정중하고 주의 깊게 바라보면서 인사했다. 모두 열두 명이 자리에 앉았고, 한스 카스토르프는 왕자와 같은 주최자인 페페르코른과 클라브디아의 사이에 앉았다. 트웬티원 카드놀이를 여러 번 하자는 것이었다. 카드와 칩이 놓여졌다. 페페르코른은 불러온 난쟁이 아가씨에게 예의 장엄한 손짓으로, 1806년의 프랑스 샤블리산의 백포도주 세 병과 말린 열대과일과 과자 종류를 있는 대로 모두 가져오라고 일렀다. 그런 좋은 물건이 나오는 것을 페페르코른이 두 손을 비벼대면서 환영하는 모습을 보니 정말 기쁜 것 같았다. 그는 그 기쁜 심정을 거창하게 말로 나타내려고 했는데, 그 인물이 사람들에게 끼치는 느낌만으로도 사실 충분한 성공을 거두고 있었다. 페페르코른은 좌우 두 사람의 팔에 손을 얹고, 손톱이 창같이 뾰족한 둘째손가락을 세우고, 두툼한 녹색 유리잔에 부어진 포도주의 아름다운 황금빛과 스페인의 말라가산 포도알에서 풍기는 달콤한 향기와, 맛소금과 겨자가 든 B자형의 비스킷을 천하 일미라고 칭찬했다. 그리고 모두에게도 그것들에 대해 아주 천천히 음미하도록 설득력 있게 요구했다. 그런 거창한 말에 반대할 기분이 생긴다 해도, 그의 장엄한 문화적인 손짓 때문에 그 말은 입 밖에 나오기 전에 막혀버렸다. 처음으로 물주가 된 것은 페페르코른이었지만, 그는 그것을 곧 알빈 씨에게 양보했다. 물주가 되면 분위기를 자유로이 즐길 수 없을 것이라는 걱정 때문인 모양이었다.

그에게는 카드놀이에서 이기고 지는 것은 그리 큰 문제가 아닌 듯했다. 그의 제안으로 거는 돈은 최저 50라펜으로 결정되었으나, 그것은 그의 생각에 따르면 아무것도 걸지 않고 하는 거나 마찬가지였다. 그러나 참가자의 대부분에게 그것은 큰돈이며, 파라반트 검사나 슈퇴어 부인도 얼굴이 붉으락푸르락해질 정도였다. 특히 슈퇴어 부인은 손에 쥐고 있는 카드의 점수가 18이 되어 또 한 장을 받게 될 경우에는 어떻게 해야 좋을지 몰라 고민했다. 알빈 씨가 익숙하고 침착한 솜씨로 그녀에게 한 장을 더 던져서, 그 점수로 그녀의 모험이 완전히 실패가 되었을 때, 그녀가 쇳소리를 지르는 것을 보고 페페르코른은 즐거운 듯이 웃었다.

"마음껏 소리를 지르십시오. 마담! 날카롭고 생기에 찬 목소리입니다. 배 속에서부터 나오고 있군요. 자, 한판 하십시오. 원기를 북돋우시고 새로 한 번……."

이 말과 더불어 페페르코른은 슈퇴어 부인의 유리잔에 포도주를 붓고, 그와 이웃하고 있는 두 사람과 자신의 유리잔에도 술을 붓고, 또다시 세 병을 가져오게 했다.

베잘과 단백질 상실로 머리가 둔해진 마그누스 부인은 누구보다도 원기를 북돋울 필요가 있었기에, 특히 이 두 사람과 유리잔을 맞대었다. 정말로 멋진 맛의 포도주에 모두의 얼굴은 곧 붉어졌다. 그러나 의사 팀푸만은 예외여서, 그 누런 얼굴에는 조금도 변화가 없고 길게 찢어진 쥐 같은 눈만 반짝거리고 있었다. 이 중국인은 킥킥 웃으면서 큰 돈을 걸었는데 염치없을 만큼 계속 이기고 있었다. 다른 사람들도 지고만 있지는 않았다. 파라반트 검사는 몽롱한 눈을 하고 운명에 도전했다. 그는 그렇게 신통치 않은 자기 카드에 10프랑을 걸어놓고 좀 겁을 먹었지만, 알빈 씨가 손에 쥔 에이스의 위력을 과신하여 다른 사람들이 건 돈을 곱절로 만들어 주고 지는 바람에, 검사의 손에는 10프랑이 배가 되어 돌아왔다. 이것은 모두를 흥분시키는 일이어서, 스스로 그것을 구한 사람만 흥분한 것이 아니었다. 거기에 있는 모두가 흥분에 말려들어, 저마다 몬테카를로 도박장의 단골이라 자칭하고 나서서, 냉정하고 사려 깊은 점에서는 그 도박장의 종업원에게도 결코 지지 않는 알빈 씨도 흥분을 감추지 못했다. 한스 카스토르프도 큰돈을 걸었고 클레펠트, 쇼샤 부인도 마찬가지였다. 트웬티원에서 '여행'으로 옮기고, '철도', '나의 아주머니, 자네 아주머니'라는 놀이도 했으며, '위험한 디페랑스'도 했다. 누구나 변덕스러운 운명의 신에게 신경의 자극을 받아, 환성을 올리며 절망하고 자포자기의 소리를 외치고 히스테릭한 너털웃음을 웃기도 했다. 그것은 모두 진지하고 심각해서 실생활에 있어서의 재앙이나 축복의 경우도 이런 것이리라고 생각되었다.

그러나 거기에 있는 사람들의 기분을 극단적으로 긴장시키고 얼굴을 상기시키며 눈을 반짝반짝 크게 뜨게 한 것, 또는 이 작은 그룹의 흥분과 숨 막히는 듯한 심정, 고통스러울 만큼의 현재 순간에 정신을 집중시키게 한 이 자리의 분위기를 만든 것은 카드와 포도주만이 아니었다. 그것들은 단순한 부속물일 뿐이었다. 오히려 그 흥분이나 긴장은 거기 앉아 있는 사람들 속에 있는 지배적 인물의 영향, 거기 있는 사람들 가운데 '인물'인 페페르코른의 영향 탓이라고 생각해야 했다. 그는 모두를 표정이 풍부한 손짓으로 이끌었다. 당당한 눈, 코의 움직임, 이마 주름 밑의 엷은 눈, 말, 몸짓, 손짓 등으로 모두의 기분을 이 순간에 집중시키고 있었던 것이다. 그는 무엇을 말했던 것일까? 아주 확실치 않은 것, 포도주를 마시면 마실수록 더더욱 확실치 않은 것을 말했을 뿐이다. 그러나 모두 그의 입술에 눈이 끌렸고, 말하는 대신 왕자와 같은 얼굴 표정을 움직이고, 집게손가락과 엄지손가락으로 동그라미를 그리고, 그 동그라미 옆에 다른 세 손가락을 창과 같이 세우는 것을 미소를 띠고 눈썹을 추켜올리고 끄덕이며 지켜보았다. 그리고 모든 사람은 평상시 자기가 가지고 있다고 믿었던 찬미의 본능을 훨씬 넘는 감정 속으로 자기도 모르게 들어갔다. 이 감정의 높이는 저마다의 힘에는 벅찬 것이었다. 적어도 마그누스 부인은 속이 좋지 않았다. 그녀는 실신할 듯했으나 방으로 돌아가는 것을 완강히 거절하고, 적신 냅킨을 이마에 대고 긴 의자에 눕고 말았다. 그리고 얼마 동안 쉬고 난 뒤 다시 놀이에 끼어들었다.

페페르코른은 마그누스 부인의 이런 무기력은 영양 부족 탓이라고 말하고, 그런 의미를 거창한 말과 곤두세운 집게손가락으로 암시했다. 인생의 요구를 충족시키기 위해서는 충분히 먹어야 한다고 말하고는, 모두를 위해 기운이 나게 하는 새참을 주문했다. 구운 고기·차가운 고기·혀·거위 가슴살·비프스테이크·햄·소시지 같은 영양이 높은 맛있는 음식들을 여러 접시에 차리고, 작은 공 크기의 버터와 홍당무에 네덜란드 미나리를 곁들인 요리 등을 화려한 쟁반에 가득 담아 내왔다. 모두들 저녁 식사를 끝낸 뒤여서 충실했던 저녁 식사 메뉴에 대해서는 두말할 필요도 없었지만, 주문해 온 맛있는 음식에 마음이 들떠 모두 손을 내밀었다. 그러나 페페르코른은 조금 먹더니 맛있는 음식을 '겉치레만의 것'이라 말하고, 지배자다운 말투로 변덕스럽게 화를 내어 사람들을 당황하게 만들었다. 누군가가 조심스럽게 맛있는 음식을 칭찬하려고 하자, 페페르코른은 화를 내며 당당한 얼굴이 벌겋게 달아올랐다. 그는 식탁을 주먹으로 탕탕 치면서 모든 것을 몰염치한 찌꺼기라고까지 선언했다. 그는 접대하는 주인으로서 요리에 대해 비평할 권리가 있었기 때문에 모두들 난처한 얼굴로 잠자코 있었다.

그의 분노는 이해할 수 없는 것이긴 했다. 하지만 그에게는 그런 태도가 썩 잘 어울렸으며, 특히 한스 카스토르프는 이것을 인정하지 않을 수 없었다. 그의 분노는 페페르코른을 절대로 추하거나 작게 보이게 하지 않았다. 오히려 위대한 왕자다운 느낌을 불러일으켰으므로, 그것을 포도주의 과음과 결부시켜서 생각하려는 사람은 없었다. 모두가 몸을 움츠리고 고기 요리를 입에 대려고 하지 않았다. 그러자 쇼샤 부인이 여행의 동반자를 달래기 시작했다. 그녀는 선장의 손과 같은 넓적한, 식탁 위에 얹은 그의 손을 쓰다듬으면서 말했다.

"그러면 뭔가 다른 것을 주문하면 어떨까요? 괜찮다면, 그리고 주방장이 아직 뭔가 조리해 줄 수 있다면, 따뜻한 요리를 주문하면 어떨까요?"

"글쎄, 좋아요."

페페르코른은 클라브디아의 손에 키스하고 아주 자연스럽게, 조금도 위엄을 잃지 않고 온화한 태도로 돌아갔다. 그는 자기와 모두를 위해 오믈렛을 먹자고 하고는, 인생의 요구를 충족시키기 위해 각자에게 고급 야채 오믈렛을 시켜주었다. 이 주문과 함께 시간 외의 일을 하는 요리실 사람들을 위로하기 위해 100프랑을 보내주었다.

녹색 야채를 넣은 카나리아 빛의 오믈렛이, 달걀과 버터의 연하고 맛있는 냄새를 풍기면서 실내에 운반되어 왔다. 그제야 페페르코른의 기분은 완전히 좋아졌다. 모두들 페페르코른의 선물임을 알게 하는 그의 더듬거리는 말과 암시로 가득 찬 세련된 손짓을 보며, 정성 들여 맛보는 동안에 먹는 방법까지도 지시받으면서 함께 음식을 먹었다. 그는 네덜란드산의 진을 모든 사람에게 따르게 하고, 노간주나무의 연한 향기와 곡식 냄새가 나는 투명한 진을, 공손하고 경건한 마음으로 맛볼 것을 권유했다.

한스 카스토르프는 담배를 피웠다. 쇼샤 부인도 질주하는 트로이카 그림으로 꾸며진 러시아제 래커 칠을 한 담배 상자에서 필터담배를 꺼내 피웠다. 그녀는 그 담배 상자를 집어들기 쉽게 자기 앞 식탁 위에 놓아두었다. 페페르코른은 자신은 담배를 피우지 않았고 평소에도 피운 일이 없었으나, 좌우의 두 사람이 담배를 즐기는 것을 꾸짖지는 않았다. 그의 말로 미루어 보면, 담배를 피우는 것은 지나치게 세련된 향락의 하나로, 담배를 상습적으로 피운다는 것은 삶의 가장 소박한 선물, 우리가 감정의 모든 힘을 다 해도 충분히 누릴 수 없는 삶의 선물과 삶의 요구의 존엄성을 해치는 것이라고 생각하는 듯했다.

"젊은이."

페페르코른은 엷은 눈빛과 세련된 손짓으로 한스 카스토르프를 불렀다.

"젊은이…… 소박한 것! 신성한 것! 좋습니다. 당신은 내가 말하는 것을 압니다. 한 병의 포도주, 김이 나는 달걀 요리, 순수한 곡주(穀酒)…… 우리는 이것을 먼저 배에 채우고 맛을 봅시다. 충분히 맛을 봅시다. 그리하여 그 요구를 참되게 만족시킨 뒤에…… 말할 것 없습니다. 이제 됐습니다. 나는 온갖 사람들을 봐왔습니다. 코카인 상습자, 하시시 흡연자, 모르핀 중독자 같은 온갖 남자와 여자들을…… 좋습니다. 당신! 문제없습니다. 그들이 좋아하는 대로 내버려 두면 돼요. 우리가 그들을 심판할 의무는 없습니다. 그러나 이것에 선행해야 할 일, 소박한 것, 위대한 것, 신이 직접 주신 선물에 대해서 그 사람들은 모두…… 이제 그만둡시다. 안 그렇습니까? 유죄입니다. 버려야 합니다. 이런 모든 것에 대해 그들은 죄를 지었습니다. 젊은이, 당신 이름이 무엇인지는 모르나…… 좋습니다. 분명히 나는 알고 있었는데, 그만 잊어버렸습니다. 코카인, 아편, 악습 그 자체가 나쁜 것은 아닙니다. 용서할 수 없는 죄, 그것은……."

그는 입을 다물었다. 키가 크고 어깨가 벌어진 몸을 옆에 있는 한스 카스토르프 쪽으로 돌린 그는 매우 의미심장한, 상대방에게 이해시키지 않고는 견딜 수 없다는 듯한 침묵을 계속하고 있었다. 그는 집게손가락을 세우고, 콧수염을 깎다가 생긴, 면도칼 상처가 보이는 붉은 윗입술 밑에 어울리지 않게 찢어진 입을 보이며, 불길처럼 치솟은 흰머리에 둘러싸인 벗겨진 이마의 주름을 추켜올리고, 그 밑에서 작고 빛깔이 엷은 눈을 부릅뜨고 있었다. 한스 카스토르프는 그 눈 속에서 페페르코른이 암시한 죄악, 큰 모독, 용서할 수 없는 무력감에 대한 공포가 번쩍이는 것을 보았다. 페페르코른은 알 수 없는 지배자적 권위를 뽐내면서 침묵으로 그 죄의 무서움을 규명할 것을 명령하고 있었다. 이것은 객관적인 성질의 공포이긴 하지만, 또한 왕자와 같은 이 인물 자신에 관계가 있는 개인적인 공포이기도 하다고 한스 카스토르프는 생각했다. 즉 분노 중에서도 보잘것없는 공포가 아니라, 경악과도 같은 격한 분노가 그의 눈 속 깊은 곳에서 일순간 번쩍이는 것 같았다. 한스 카스토르프는 쇼샤 부인의, 왕자와 같은 여행 동반자에게 적개심을 품을 이유가 여러 가지 있었지만, 경건한 성격의 그는 페페르코른이 지닌 분노를 보자 충격을 받지 않을 수 없었다.

한스 카스토르프는 눈을 내리깔고, 옆자리의 위대한 인물에게 그 공포의 의미를 알겠다는 것을 알려주려고 고개를 끄덕였다.

"옳은 말씀입니다. 그것은 죄악일 것입니다. 그리고 무력을 증명하는 것입니다. 단순하고 자연스러운 삶의 선물, 위대하고 신성한 삶의 선물을 소홀히 하여 세련된 즐거움에 탐닉한다는 것이지요. 당신이 말씀하려는 것을 내가 올바르게 들었다면 그런 것이겠지요. 페페르코른 씨, 나는 이때까지 그것을 생각 못했습니다만, 당신에게 그것을 주의받고 보니 나 자신이 확신을 갖고 당신 생각에 찬성할 수 있습니다. 그리고 그토록 건강하고 소박한 삶의 선물이 충분히 쓰이는 일은 사실 드물 겁니다. 정말이지 대부분의 사람들은 그런 선물을 충분히 활용하는 데에 주의하지 않으며, 양심도 없고, 정신적으로도 마비되어 있을 겁니다. 아마 그러리라고 생각합니다."

당당한 인물은 최고로 만족하여 말했다.

"젊은이, 완벽합니다. 실례지만…… 아니 아무것도 덧붙이지 않겠습니다. 제발 나하고 함께 마십시다. 서로의 팔짱을 끼고 잔을 비웁시다. 이것은 당신에게 형제로서 서로 '자네'라고 부를 것을 제안하는 것은 아닙니다…… 그것을 제안하려고 했으나 아직 좀 성급한 생각이 들었습니다. 아마 가까운 앞날에 당신에게...... 그렇게 생각하고 계십시오! 그러나 원하신다면, 아무래도 괜찮다면 지금부터라도 즉시......"

한스 카스토르프는 페페르코른이 스스로 입 밖에 낸 연설에 찬성의 뜻을 비쳤다.

"좋습니다, 젊은이. 좋습니다, 동료. 무력감...... 좋습니다. 좋습니다. 그리고 정말 무서운 일입니다. 양심이 없다고 했지요?...... 아주 좋습니다. 도대체 선물이라니...... 이것은 안 되지요. 요구! 명예와 남성의 힘에 대한 신성하고 여성적인 삶의 요구......"

한스 카스토르프는 페페르코른이 취했다는 것을 갑자기 깨달았다. 그러나 왕자의 취한 모습은 보잘것없거나 야비한 느낌은 들지 않았으며, 추태라는 느낌도 없었다. 오히려 그의 왕자다운 품격과 어우러져 장엄한 모습, 외경을 느끼게 하는 모습이었다. 술의 신 바쿠스도 찬미자들의 어깨에 몸을 기대었고, 그러면서도 그 신성(神性)을 조금도 잃지 않았다고 한스 카스토르프는 생각했다. 술에 취해 있는 사람이 누구인가, 그럴듯한 인물인가, 단순한 직조공인가, 이것이 문제였다. 이렇게 생각하고 한스 카스토르프는 세련된 손짓이 축 늘어지고 혀도 꼬부라지기 시작한 이웃의 압도적인 여행 동반자에 대해 존경심이 줄어들지 않도록 주의했다.

페페르코른은 거나하게 취한 당당한 체구를 유유히 뒤로 젖히고, 팔을 식탁 위로 뻗쳐 부드럽게 쥔 주먹으로 식탁을 탕탕 치며 말했다.

"서로 '자네'라고 부르는 것은 얼마 안 가서, 가까운 앞날의 일로 합시다. 한동안은 아직 신중하게 하는 것이...... 좋겠지요. 이것으로는 안 됩니다. 삶은...... 젊은이...... 여성입니다. 부풀어 오른 탐스러운 유방, 풍만한 허리에 끼여 있는 펑퍼짐하고 부드러운 배, 날씬한 팔, 살집이 좋은 허벅지, 눈을 반쯤 감고 누워 있는 여자, 우리가 가지고 있는 최고의 열과 힘, 남성적 욕망의 활력 모두를 조롱조의 멋진 도전으로 요구하고, 남성의 활력이 그것에 합격하는가의 여부를 저울질하는 것이 여성입니다...... 패배, 젊은이, 이것이 무엇을 의미하는지 아십니까? 삶에 대한 감정의 패배, 이것이 무력이라는 것입니다. 이 무력에는 어떤 구제도 동정도 위엄도 없으며, 사정없는 비웃음으로 배척받을 뿐입니다. 외면당하고 침만 뱉어질 뿐입니다. 젊은이...... 패배와 파산, 이 무서운 치욕에는 굴욕이라든지 불명예 같은 말로는 불충분합니다. 이것은 종말,

지옥과 같은 절망, 이 세상의 마지막입니다……."

네델란드인은 거대한 몸집을 차츰 뒤로 젖혔는데, 동시에 왕자와 같은 머리를 가슴 위에 떨어뜨렸으므로 잠이 들려는 것 같았다. 그러나 마지막 말과 더불어 그는 가볍게 쥔 주먹을 휘둘러, 그것을 식탁 위에 탕 소리를 내며 내리쳤다. 섬세한 한스 카스토르프는 카드놀이와 포도주, 그리고 이상한 사태 때문에 신경과민이 되어 있었으므로 깜짝 놀라 몸이 굳어진 채 페페르코른을 외경의 눈으로 쳐다보았다. '이 세상의 마지막'이라는 말은 페페르코른에게 아주 잘 어울렸다. 한스 카스토르프는 종교 시간 말고는 이런 이야기를 들은 적이 없었으므로, 이것은 우연이 아니라고 생각했다. 그가 알고 있던 모든 사람들 가운데에서 누가 이 끔찍한 말을 입 밖에 낼 자격이 있을까? 다시 말해서 누가 그만한 도량을 가지고 있을까? 키 작은 나프타가 그것을 입 밖에 낸 일이 있겠지만, 그의 경우 그것은 남에게서 빌린 것이니 과격한 수다에 지나지 않는다. 이에 반하여 페페르코른이 이 말을 입 밖에 내면, 그 끔찍한 말은 벼락과도 같고 최후 심판 날의 나팔 소리에 싸인 듯한 무게, 한 마디로 구약성경적인 위대함을 지니고 있었다.

'아, 과연 인물이다.'

한스 카스토르프는 백 번이나 느낀 것을 다시금 느꼈다.

'나는 인물을 만난 것이다. 그런데 그것이 하필이면 클라브디아의 여행 동반자라니!'

한스 카스토르프도 머리가 꽤 몽롱해져 있었다. 한쪽 손을 바지 주머니에 넣고, 입가에 문 담배 연기에 한쪽 눈을 작게 뜨고 식탁 위에서 포도주 잔을 돌리고 있었다. 끔찍한 말이 적임자를 통해서 입 밖에 나왔기에 그는 입을 다물고 있어야 할 것이 아닌가? 새삼스럽게 자신의 보잘것없는 목소리로 무슨 말을 한다는 것인가? 그러나 한스 카스토르프는 민주적 교육자인 두 사람에게서—두 사람은 본디 민주적이었다. 둘 가운데 한 사람은 민주적인 것을 거역하려고 했지만 말이다—토론을 좋아하도록 교육을 받아왔기 때문에, 예의 주석을 무심코 붙였다.

"페페르코른 씨, 당신의 의견을 듣고(이건 무슨 말인가. 의견이라니? 이 세상의 마지막에 대해 의견 같은 걸 말하는 사람이 있을까?) 나는 아까부터 악습에 대해 결론을 내린 것을 다시 한 번 기억하는 바입니다. 삶의 단순함, 당신의 말에 따르면 삶의 신성함, 내 말로 한다면 삶의 고전적인 선물, 말하자면 삶의 위대한 선물을 뒷날 세련된 기교의 포로가 됨으로써, 다시 말해서 우리 두 사람 가운데 어느 한쪽이 말한 것처럼 그런 것에 '탐닉'함으로써 소홀히 하는 것이 악습이라는 결론 말입니다. 위대한 선물 같으면 '전심'한다든지 '정진'한다든지 하겠지만, 나는 그 점에서 변명의 여지가 있는 것 같아서…… 죄송합니다. 나는 변명하는 버릇이 있는 인간입니다. 변명에는 스케일이 없다는 것을 나도 확실히 느끼고 있습니다만…… 나로서는 악습에도 변명의 여지가 있는 것같이 생각됩니다. 그것도 우리가 아까 말한 '무력'에 의한 것이기 때문입니다. 당신은 무력의 무서움에 대해 아주 웅대한 말씀을 하셔서, 보시는 바와 같이 나는 그 말에 완전히 압도되어 버렸습니다. 그러나 내 생각에는 악습에 빠지는 인간도 그 무서움을 느끼지 못하는 것은 아니며, 삶의 고전적인 선물에 대한 감정의 패배에서 악습에 빠지는 것은 오히려 그 패배의 무서움을 인정하기 때문이라고 생각합니다. 따라서 결코 삶을 등한시하는 것이 아니며, 또 그렇게 생각할 필요도 없고, 마찬가지로 생에 대한 존경의 표시라고 생각할 수 있습니다. 세련된 선물도 도취와 고양(高揚)의 수단, 이른바 흥분제나 감정적인 힘의 보강과 증진 수단을 의미하고 있다고 봅니다. 그런 의미에서 역시 생명을 목적으로 하고, 의도하고 있는 것으로 감정에 대한 사랑, 감정의 무력이 바로 감정의 굳셈을 갈망하기 때문입니다…… 내가 말하는 것은……."

그는 무엇을 말하고 있는 것일까? 그 거물과 자신을 한데 묶어 "우리 두 사람 가운데 어느 한쪽"이라고 하는 것은 민주주의적인 몰염치의 극치라고 해야 하지 않을까? 그가 이런 뻔뻔스러움을 감히 스스로 받아들일 용기를 가질 수 있었다는 것은 현재 어떤 소유권에 그림자를 던지고 있는 과거의 그 사건 때문일까? 그래서 악습에 대해서도 마찬가지로 뻔뻔스러운 분석 따위를 시작할 만큼 그는 흥분해 버렸던 것일까? 이것을 어떻게 뚫고 나갈 것인지, 그에게는 짐작도 가지 않았다. 무서운 것에 도전한 것만은 분명했다.

페페르코른은 자기 손님이 말을 계속하고 있는 동안, 몸을 뒤로 기대고 머리를 가슴에 묻은 자세를 하고 있어서, 한스 카스토르프의 말을 듣고 있는지 어떤지 확실치 않았다. 그러나 청년의 말이 갈피를 못 잡기 시작하자 페페르코른은 의자 등에서 서서히 몸을 일으키더니 마침내 꼿꼿하게 일어나 앉았다. 이와 더불어 왕자다운 얼굴이 빨개지며 이마의 덩굴무늬가 치켜 올라가 긴장하고, 엷은 색의 작은 눈이 심상치 않게 떠지면서 위협하는 듯한 빛을 띠었다. 어떻게 될 것인가? 광포한 분노가 폭발할 것만 같았다. 이에 비하면 아까의 분노 같은 것은 하찮은 불쾌함에 지나지 않았으리라. 페페르코른의 아랫입술은 윗입술을 무섭게 밀어 올려, 그 때문에 입술의 양 가장자리가 축 늘어지고 턱이 내밀어졌다. 그리고 오른팔이 식탁 위에서 서서히 머리 높이에까지, 그리고 머리 윗부분에까지 올려져 주먹이 불끈 쥐어지더니 민주적인 잔소리꾼에게 맹렬한 일격을 가하기 위한 자세를 취했다. 민주적인 잔소리꾼은 눈앞에 펼쳐진 이 처절한 왕자의 분노한 모습에 떨면서도 그 전율감에 취해, 달아나고 싶은 무서움을 겨우 억눌렀다. 한스 카스토르프는 당황하여 선수를 치며 말했다.

"물론 내가 말한 방법은 불충분한 것이었습니다. 모든 것은 스케일의 문제, 그것뿐입니다. 스케일을 가지는 것을 악습이라고 부를 수는 없습니다. 악습에는 스케일이 없기 때문입니다. 세련된 것은 스케일을 가지고 있지 않습니다. 그러나 인간이 감정을 갈망하는 기분에 대해서는 먼 옛날부터 보조 수단, 즉 도취시키고 흥분시키는 수단이 주어져 있었습니다. 이 수단은 삶의 고전적인 선물 가운데 하나로, 소박하고 신성한 성질을 가지고 있기에 악습이 아닙니다. 이렇게 말할 수 있다면, 스케일을 갖는 보조 수단이라고도 할 수 있는 것입니다. 예컨대 포도주 말인데요, 이것은 고대의 인문적인 민족도 주장했듯이, 신이 인간에게 주신 선물, 우리 문명과도 밀접한 연관이 있는 바쿠스의 박애적인 발명품입니다. 우리가 듣고 있는 바로는 인간은 포도를 재배하고 포도를 짜는 기술을 배우기 위해 야만 상태에서 빠져나와 문명을 이루었다는 것입니다. 오늘날에도 포도주를 생산하는 나라와 민족은 포도주를 모르는 고대의 킴메르인들보다 훨씬 문명적이라고 일컬어지며, 또는 그렇게 자부하고 있습니다. 이것은 확실히 주목할 만한 일입니다. 왜냐하면 이 사실은 문명이 결코 이성과 웅변적 냉철의 선물이 아니라 오히려 흥분, 도취, 활기 있는 감정에서 생긴다는 것을 증명하고 있기 때문입니다. 이 점에 대해서는 당신도 같은 의견이 아니십니까? 버릇없게 이런 말씀을 드려 죄송합니다만 어떠신지요?"

이 한스 카스토르프는 만만치 않은 사나이다. 세템브리니가 문학자답게 세련성을 갖고 표현한 말을 빌리면 '교활한 놈'이다. 이 청년은 거물과 맞붙을 때에도 저돌적이고 뻔뻔스러웠지만, 궁지를 뚫고 나가는 면에서도 영리했다. 그는 첫째로 까다로운 궁지 속에서 포도주 예찬의 즉석 연설을 매우 교묘하게 피했고, 다음으로 페페르코른의 분노한 모습에서는 조금도 느낄 수 없는 '문명'에 대해 슬쩍 언급했으며, 마지막으로 호탕한 분노의 자세의 사나이에게 주먹을 쥐어 올린 채로는 대답할 수 없는 질문을 던져, 그 자세를 흐트러뜨린 것이다. 과연 네덜란드인은 구약성경적인 호탕한 분노의 몸짓을 누그러뜨렸다. 팔도 천천히 식탁 위로 내려졌고 얼굴의 홍조도 사라졌다. 그러나 아직 위협적인 느낌이 남아 있는 얼굴에는 '이 녀석이!' 하는 듯한 기색이 나타나 있었는데, 어떻든 폭풍은 가라앉았다. 게다가 쇼샤 부인도 그 사이에 끼어들어 여행 동반자에게 좌석의 공기가 침체되기 시작한 것에 대해 주의를 돌리게 했다.

"당신, 손님들을 너무 소홀히 대하고 있어요. 이분만 상대하고 계시는군요. 무슨 중요한 말씀이긴 하겠지만 이제 카드놀이도 거의 끝났고 해서 다들 지루해하고 있는 것 같아요. 오늘 밤은 이것으로 그치는 게 어떨까요?"

그녀는 프랑스어로 말했다.

페페르코른은 곧 둥근 식탁에 있는 사람들에게로 몸을 돌렸다. 쇼샤 부인이 말한 대로였다. 사기 저하, 권태, 무감각이 퍼져서 손님들은 선생이 없어진 교실의 학생처럼 야단법석이었다. 그 가운데 몇 사람은 졸고 있었다. 페페르코른은 늦추었던 고삐를 곧 잡아당겼다.

"여러분!"

그는 집게손가락을 꼿꼿이 세우면서 외쳤다. 손톱을 창처럼 뾰족하게 한 그 손가락은 지휘하는 군도나 군기와 같았고, '여러분'이라는 외침은 무너지려는 군세(軍勢)를 재정비하려는 사령관의 '내 뒤를 따르라' 하는 호령 같았다. 이 인물의 힘을 들인 한 마디는 즉시 사람들의 눈을 뜨게 했으며, 긴장을 되찾는 효과를 나타냈다. 모두 깜짝 놀라 정신을 차리고 흐려진 얼굴을 긴장시켰다. 그러자 그는 이마의 덩굴무늬 밑의 엷은 색 눈에 미소를 지으며 고개를 끄덕였다. 페페르코른은 집게손가락 끝을 엄지손가락 끝에 대고, 손톱을 길게 기르고 있는 나머지 세 손가락을 그 동그라미 옆에 세우고 모두의 주의를 끌어 저마다의 부서로 돌아가게 했다. 그는 무언가를 막는 것처럼 선장과 같은 손을 펴고, 무섭게 찢어진 입술로 띄엄띄엄 확실치 않은 말을 했다. 그 말은 그의 당당한 힘의 뒷받침 덕분에 모두의 마음을 압도적으로 억눌렀다.

"여러분…… 좋습니다. 육체는, 이것도 결국…… 끝났습니다. 아니…… 외람된 말입니다만, '약한 자'라고 성서에도 적혀 있습니다. '약한 자'란 자칫하면 인생의 요구에…… 그러나 나는 호소합니다. 당신들의…… 요컨대 여러분, 나는 호……소……합니다. 여러분은 말씀하실 것입니다. 졸음이라고. 좋습니다. 여러분 아주 멋집니다. 나도 졸음을 사랑하고 존경합니다. 나도 졸음의 깊고 감미로우며 상쾌한 기분을 존경합니다. 졸음은…… 당신, 뭐라고 불렀던가요, 젊은이?…… 삶의 고전적인 인물 가운데 하나입니다. 제1급, 최고급, 좋습니까? 최상급의…… 여러분. 그러나 마음에 새겨두고 기억해 두십시오. 겟세마네입니다. 예수께서 베드로와 세베대의 두 아들을 데리고 가셨습니다. 그리고 제자들에게 '너희는 여기 머물러 나와 함께 깨어 있도록 하라'고 말씀하셨습니다. 기억하고 계십니까? 그리고 세 제자에게 와보시니 그들이 자고 있으므로 베드로를 향하여 '너희는 한 시간도 나와 함께 깨어 있을 수 없느냐?' 꾸짖으셨습니다. 강렬합니다. 여러분, 뼈에 사무치도록 통렬합니다. 예수께서 다시 와보시니 제자들은 또 자고 있었습니다. 그러자 제자들에게 말씀하셨습니다. '아직도 자느냐?' 여러분, 폐부를 관통하고 가슴을 찌르는 것 같습니다."

정말이지 모든 사람들이 감동해 부끄러움을 느꼈다. 페페르코른은 가슴 위에 드리워진 숱이 적은 턱수염 앞에 두 손을 모으고 허리를 비스듬히 기울이고 있었다. 그의 찢어진 것 같은 입술에서 고독한 죽음의 슬픔에 대한 말이 흘러나왔을 때, 엷은 빛의 눈초리는 멍하니 열려 있었다.

슈퇴어 부인이 흐느껴 울었다. 마그누스 부인은 깊은 한숨을 쉬었다. 파라반트 검사는 모두를 대표해서, 말하자면 모든 이의 대표자로서 존경하는 초대자에게 낮은 목소리로 두세 마디 건네고, 모두 그의 뒤를 따라갈 것을 맹세해야 한다고 생각했다. 검사는 다음과 같이 선언했다. 뭔가 오해가 있는 것 같다. 모두 즐겁고 팔팔하며 명랑하고 몸과 마음에 힘이 넘친다. 멋지고 화려하고 정말 훌륭한 하룻밤으로 모두 생각하고 있으며 그렇게 느끼고 있다. 지금부터 졸음이라는 삶의 선물을 이용하려고 생각하는 자는 없다, 그러므로 페페르코른은 손님 모두를 하나하나 믿어도 좋을 것이다.

"완전합니다! 멋집니다!"

페페르코른은 이렇게 외치고 몸을 일으켰다. 그는 한데 모았던 두 손을 풀어 양쪽으로 벌리고, 이교도가 기도할 때처럼 손바닥을 밖으로 돌리더니 똑바로 위로 뻗쳤다. 조금 전까지 딱딱한 고뇌의 빛으로 채워졌던 당당한 얼굴은 풍성하고 밝게 빛났으며, 탕아처럼 보이게 하는 보조개까지 볼에 나타났다.

"때가 왔도다."

그는 이렇게 말하며 메뉴판을 가져오게 했다. 그러고는 테가 높아서 이마에까지 닿는 뿔테 코안경을 끼고, 맘 회사의 붉은 리본이 붙은 아주 독한 샴페인 세 병과 케이크를 주문했다. 이 원뿔형의 작고 멋진 케이크는 최고 품질의 비스킷 같은 것으로, 물들인 설탕이 겉에 뿌려져 있고, 붉은 초콜릿과 피스타치오 크림이 그 속에 있었으며, 그것이 레이스로 아름답게 선이 둘린 종이 냅킨에 얹혀 있었다. 슈퇴어 부인은 그것을 먹으면서 손가락을 하나하나 빨았다. 알빈 씨는 익숙한 솜씨로 샴페인의 첫 번째 병에서 철사로 묶은 것을 떼어내고, 장식이 달린 병의 목에서 버섯 모양을 한 코르크 마개를 장난감 권총 같은 소리를 내며 천장으로 날려 보냈다. 그러고는 우아한 예의범절에 따라 냅킨으로 병을 싸고 모두의 잔에 따랐다. 아름다운 거품이 차려놓은 리넨 식탁보를 적셨다. 모두들 잔을 서로 마주치고 첫잔을 단숨에 마셔버렸다. 얼음처럼 찬 향기로운 액체가 짜릿하게 위를 자극했다. 모두의 눈이 빛났다. 카드놀이는 치워졌으나, 카드와 돈을 식탁 위에서 치워놓으려는 사람은 없었다.

모두들 무위(無爲)의 행복한 시간에 도취되어 밑도 끝도 없는 이야기를 계속 나누었다. 흥분된 감정에서 생긴 이야기로, 아주 아름다운 생각에서 나온 듯했지만, 그것을 입 밖에 내어 지껄이는 동안에 단편적이고 혀 꼬부라진 발음이 되어 점잖지 못하고 뜻도 알 수 없는 헛소리로 바뀌었다. 만약 누군가 바른 정신을 가진 사람이 그 자리에 있었다면, 그 사람은 화를 내고 얼굴을 붉혔을 것이 틀림없었다. 그러나 말하고 있는 본인들은 모두 무책임한 상태를 즐기고 있었기 때문에, 다들 태연스레 지껄이고 들을 수 있었던 것이다. 마그누스 부인도 귀가 붉어진 채로 온몸의 구석구석까지 생명이 스며드는 것 같다고 했는데, 이 말이 마그누스에게는 그리 좋지 않게 들렸던 모양이다. 헤르미네 클레펠트는 등을 알빈 씨의 어깨에 기대고 잔을 내밀어 샴페인을 따라 받고 있었다. 페페르코른은 손톱이 창처럼 뾰족한 손으로 세련된 손짓을 하면서 바쿠스의 향연을 이끌었으며, 술과 음식 공급에 신경을 썼다. 그는 샴페인 뒤에 진한 모카커피를 주문했는데, 그 커피도 예의 '빵'이 곁해졌고, 또 부인을 위해서는 아프리코트 브랜디, 샤르트뢰즈, 바닐라 크림, 마라스키노 같은 달착지근한 리큐어를 가져오게 했다. 나중에 생선 요리와 맥주도 주문하고, 마지막 차 주문 때에는 녹차와 카밀러차가 나왔다. 이것은 샴페인이나 리큐어를 계속 마신 사람들과 페페르코른처럼 독한 포도주를 즐기지 않는 사람들을 위한 것이었다. 페페르코른은 12시가 지나고 나서도 쇼샤 부인과 한스 카스토르프를 상대로 톡 쏘는 산뜻한 맛의 스위스산 적포도주를 마시기 시작했는데, 그는 정말로 목이 마른 듯 연거푸 잔을 비웠다.

새벽 1시가 되어도 연회는 끝나지 않았다. 술의 취기가 손발을 납덩이처럼 무겁게 했을 뿐만 아니라, 취침 시간을 무시하고 자지 않고 있다는 하나의 색다른 즐거움도 있었다. 그리고 페페르코른이라는 인물의 영향력도 있는 데다가, 베드로와 세베대라는 본보기에 따라서 육체의 약함에 굴복하지 않으리라는 생각도 있었기 때문이다. 이 점에서는 대체로 남성보다 여성 쪽이 더 강했다. 남자들은 얼굴이 붉으락푸르락해지면서 두 다리를 뻗고 가쁜 숨을 쉬느라 볼이 부풀었으며, 이따금 예의상 술잔에 손을 댈 뿐 진심으로 술 상대를 할 생각이 이미 없어진 상태였는데, 여자들은 여전히 기운이 좋았다. 헤르미네 클레펠트는 드러난 두 팔꿈치를 식탁 위에 세워 턱을 고이고, 킥킥 웃고 있는 중국인 팅푸에게 가지런한 이를 드러내면서 미소짓고 있는가 하면, 슈퇴어 부인은 어깨를 움츠려 턱을 당기며 검사의 마음을 끌려고 애쓰고 있었다. 마그누스 부인은 알빈 씨의 무릎 위에 앉아서 그의 귓불을 잡아당기는 추태를 부렸지만, 마그누스는 그것으로 오히려 한시름 놓은 것 같았다. 안톤 카를로비츠 페르게는 흉막 진탕 이야기를 하도록 요청받았지만, 혀가 돌아가지 않아 말을 할 수 없게 되어 지쳤다고 정직하게 고백했다. 이 말이 술을 더 마시자는 계기가 되었다. 베잘은 뭔가 깊은 번민 때문에 한동안 엉엉 울고 있었는데, 그 번민을 친구들에게 이야기해 주려고 해도 혀가 뜻대로 돌아가지 않았다. 그러나 그도 커피와 코냑의 힘으로 다시 기분을 돌렸다. 그런데 그가 가슴을 떨면서 울거나 눈물에 젖은 주름진 턱을 꿈틀거리는 모습은 페페르코른의 흥미를 끌었다. 페페르코른은 집게손가락을 세우고 이마의 덩굴무늬를 추켜올리면서 베잘의 모습에 모두의 주의를 환기시켰다.

"이것이야말로…… 역시, 아니, 실례지만 신성합니다. 저분의 턱을 닦아드리십시오. 내 냅킨으로! 아니면 차라리 내버려 두십시오. 본인이 닦지 않고 있으니 말입니다. 여러분…… 신성합니다. 모든 의미에서, 기독교적 의미에서도, 이교도적 의미에서도 신성합니다. 근원 현상, 제1급의, 최고의…… 아니, 이것이야말로……."

페페르코른이 예의 정확한, 그러나 조금 우습게 느껴지기 시작한 문화적 몸짓을 섞어 가면서 연회를 이끌어 나가는 설명적인 이야기는 대체로 '이것이야말로 역시'로 한결같았다. 그는 집게손가락과 엄지손가락으로 만든 동그라미를 귀 위에 올리고, 머리를 그 반대쪽으로 장난스럽게 기울이는 버릇이 있었다. 그런데 이것은 이교의 나이 든 사제가 옷자락을 쳐들고 우아하게 춤추고 있는 듯한 느낌을 갖게 했다. 그리고 그는 당당한 체구를 의자에 편안하게 기대고 앉아 팔을 옆 의자의 등받이에 얹고, 모두에게 새벽녘의 광경을 생생하게 실감하도록 강요했기에 사람들은 모두 어안이 벙벙해졌다.

서리가 내린 혹한의 어두컴컴한 겨울 새벽녘, 식탁 위에 놓인 램프의 누르스름한 빛이 유리창을 통해 비치는 새벽녘의 느낌, 을씨년스러운 까마귀의 울음소리마저 차갑게 들리는 희미한 안개 속에서 앙상한 나뭇가지 사이로 비치고 있는 새벽녘의 느낌…… 그는 눈에 익은 이런 일상의 광경을 암시적으로 매우 교묘하게 그려냈을 뿐만 아니라, 특히 그가 신성이라고 일컫는 얼음같이 찬 물을 큼직한 해면(海綿)에서 짜내어 목덜미에 떨어뜨린다는 말을 했을 때 모두들 자기가 그런 일을 겪은 듯 몸을 부르르 떨었다. 그러나 이것은 경고라고 할까, 인생에 있어서 명심해야 할 사항에 대한 실례(實例)를 든 교훈이라고 할까, 어쨌든 공상적이고 즉흥적인 피력에 지나지 않았다. 그 뒤에 그는 늘 그랬듯이 화려하고 들뜬 밤의 모임의 주도자답게 열성적인 접대와 배려를 아낌없이 베풀었다.

그는 가까이 있는 여자라면 누구든지 구별하지 않고 반한 척했다. 난쟁이 아가씨에게도 그런 행동을 보였기 때문에 그 불구 아가씨는 몸에 비해 크고 늙은 얼굴에 주름을 짓고 히쭉 웃었다. 아주 과분하게 겉치레 인사를 들은 교양 없는 슈퇴어 부인은 보통 때보다 더 심하게 어깨를 흔들어대며, 도저히 제정신이라고는 생각할 수 없을 만큼 건방진 태도를 지어 보였다. 페페르코른은 클레펠트에게도 그의 크게 찢어진 입에 키스를 해달라 했고, 불쌍한 마그누스 부인하고도 시시덕거렸다. 그렇다고 해서 그가 여행 동반자에 대한 부드러운 애정을 잊어버린 것은 아니었다. 그는 쇼샤 부인의 손을 부드럽게 만지거나 공손히 입술을 갖다 댔다.

"포도주…… 부인…… 이것이야말로, 이것이야말로 역시…… 외람된 말이지만, 이 세상의 마지막…… 겟세마네……."

새벽 2시가 가까워졌을 때 '늙은이', 즉 베렌스 고문관이 큰 걸음으로 응접실로 오고 있다는 경보가 날아왔다. 지쳐 있던 손님들은 그 경보를 들은 순간 일대 혼란을 일으켰다. 의자와 얼음 항아리를 뒤집어엎으며 모두 도서실을 지나 달아났다. 페페르코른은 삶의 향연이 순식간에 해산되는 것을 보고 왕자다운 분노를 터뜨려 식탁을 주먹으로 치고, 달아나는 사람들을 '비겁한 노예들'이라며 욕설을 퍼부었다. 그러나 한스 카스토르프와 쇼샤 부인이, 향연도 여섯 시간 가까이 이어졌고, 그렇지 않아도 이미 해산해야 할 시간이라고 달래자 그도 그렇다는 기분이 드는 모양이었다. 그는 잠이라는 신성한 기쁨도 생각해야 된다는 말에 귀를 기울이고 자신을 침대로 데리고 가줄 것을 부탁했다.

"나를 부축하시오, 여보! 자네는 그쪽에서, 젊은이!"

그는 쇼샤 부인과 한스 카스토르프에게 이렇게 말했다. 이리하여 두 사람은 페페르코른의 무거운 몸을 의자에서 들어올리고 그를 부축했다. 그는 두 사람에게 의지하여 큼직하게 발걸음을 떼었는데, 커다란 머리를 어깨 쪽으로 숙이고 부축하는 두 사람을 갈지자걸음으로 번갈아 옆으로 밀면서 침실로 향했다. 이렇게 부축을 받은 것은 사실 왕자다운 호사를 즐기려고 했기 때문이리라. 아마 마음만 먹으면 혼자서도 걸어갈 수 있었을 테지만, 술기운을 부끄러워하며 숨기려는 쩨쩨한 노력을 그는 경멸했다. 그는 술기운을 조금도 부끄러워하지 않았을 뿐 아니라 오히려 마음껏 부풀려, 비틀거리면서 부축해주는 두 사람을 좌우로 밀면서 왕자답게 그것을 즐기는 것 같았다. 그는 걸어가면서 말했다.

"당신네들…… 바보 같으니…… 물론 결코, 만약 이 순간에…… 당신들도 알겠지요? 우습기 짝이 없소."

한스 카스토르프가 그 말에 찬성했다.

"우습기 짝이 없지요! 물론입니다! 삶의 고전적인 선물에 경의를 표하면서 천진난만하게 비틀거리는 것은 그 선물에 대해 당연한 일입니다. 거기에 대해 제정신으로 이러쿵저러쿵…… 나도 상당히 취해서 고주망태가 되었지만, 인물중의 인물을 침대로 안내하는 영광을 가졌다는 것은 확실히 의식하고 있습니다. 인간의 도량이라는 관점에서는 나 같은 건 비교도 안 되겠지만, 취했다고 해서 결코……."

"아니, 자네, 이건 또 무슨 수다이오?"

페페르코른은 비틀거리면서 쇼샤 부인은 끌어당기고, 한스 카스토르프는 계단 난간으로 밀었다.

고문관이 온다는 정보는 터무니없는 거짓말이었다. 아마 피로한 난쟁이 아가씨가 모두를 쫓아내기 위해서 퍼뜨린 거짓말이리라. 그것을 알자 페페르코른은 다시 돌아가 술을 마시자고 했지만, 두 사람의 만류로 다시 걷기 시작했다.

키가 작은 말레이인 하인이 흰 넥타이를 매고 까만 비단 구두를 신고 방문 앞의 복도에 서서 주인을 기다리고 있었다. 그는 가슴에 손을 대고 공손히 절을 하면서 주인을 맞았다.

"서로 키스를 하시오! 이 예쁜 여자의 이마에 작별의 키스를 하시오, 젊은이."

페페르코른은 한스 카스토르프에게 명령했다.

"이분도 이의는 없을 테니까 키스를 돌려줄 거요. 괜찮으니까 나의 건강을 축하하여 키스를 하시오."

그러나 한스 카스토르프는 이 명령을 거절했다.

"아닙니다. 각하! 용서해 주십시오. 그것은 안 됩니다."

페페르코른은 하인에게 몸을 기대면서 이마의 덩굴무늬 같은 주름을 추켜올리고 왜 안 되느냐고 물었다.

"당신의 여행 동반자에게 키스를 한다는 건 나로서는 할 수 없는 일이기 때문입니다. 그럼 안녕히 주무십시오! 정말이지 아무리 생각해도 그건 턱없는 짓입니다."

쇼샤 부인도 그녀의 방문 쪽으로 걸어가고 있었기 때문에 페페르코른은 이 고집쟁이 청년을 그냥 보냈지만, 한참 동안 이마의 주름을 깊게 하고 자기와 말레이인의 어깨 너머로 청년을 바라보고 있었다. 지배자형인 그는 자기 명령에 불복종하는 이런 행동을 처음 겪은지라 깜짝 놀랐던 것이다.

페페르코른은 그해 겨울 동안을 쭉 베르크호프에 머물러 있었다. 겨울의 나머지를 베르크호프에서 보냈고 봄이 와서도 머물러 있었기에, 마지막에는 플뤼엘라 골짜기와 그 골짜기의 폭포수로 여럿이 갔던 소풍에도 끼게 되었다—세템브리니와 나프타도 함께 갔다—그런데 마지막으로라니? 그러면 그 소풍 뒤에 그는 없어졌다는 말인가? 그렇다. 그는 없어져 버렸다. 떠났다는 말인가? 그렇다고 할 수도 있고 그렇지 않다고도 할 수 있다. 긍정인가 부정인가? 제발 수수께끼 같은 말은 하지 말기를! 무슨 말을 들어도 놀라지 않을 테니까. 문제로 삼을 필요조차 없는 죽음의 무용가들 일은 그만두더라도. 침센 소위도 이제는 죽지 않았는가? 그러면 그 이해할 수 없는 페페르코른도 악성 말라리아 때문에 저세상으로 갔다는 말인가? 아니, 그렇지는 않다. 그런데 왜 그렇게 서두르는가? 모든 일이 한꺼번에 일어나지 않는다는 사실은, 무시해서는 안 되는 인생의 조건이기도 하고 이야기의 조건이기도 한 것으로, 누구도 신에게서 받은 인간의 인식 형식에 거역하려고는 하지 않을 것이다. 우리는 적어도 이야기의 성질이 허락하는 동안은 시간의 흐름에 계속 여유를 주도록 하자! 그것도 앞으로 오래가지는 않을 것이다. 얼마 안 있으면 마침내는 후닥닥 끝나버릴 것이다! 후닥닥이란 말이 너무 듣기 거북하다면, 단번에 끝난다고 할 수 있겠다. 우리의 시간을 가리키는 바늘은 초를 가리키는 바늘처럼 움직여, 그 바늘이 냉정하게 쉬지 않고 정점을 지나갈 때마다 상상도 할 수 없게 시간이 지나가 버린다. 어쨌든 우리가 이 위에 벌써 여러 해 동안 있었던 것만은 확실하다. 정말로 현기증을 느낄 정도이며, 아편이나 하시시의 힘을 빌리지 않은 악몽이다. 도덕가 같으면 우리를 비난할 것이다. 그러나 우리는 이 부도덕한 몽롱 상태에 맞서기 위해 의식적으로 이성적인 총명과 논리적인 명석함을 듬뿍 담아놓았다! 그리고 우리가 이해할 수 없는 페페르코른과 같은 인물만을 등장시키지 않고 나프타와 세템브리니 같은 인물과도 사귀도록 한 것은 우연이 아님을 인정해 주기 바란다. 이 세 사람을 등장시킨 것은 필연적으로 이런 두 유형을 비교하는 것이 되고, 그 결과 여러 가지 점에서, 특히 도량이라는 점에서 뒤에 등장한 페페르코른 편에 유리하다고 하겠다.

한스 카스토르프는 발코니에 누워서 이 두 유형을 비교해 보고, 그의 불쌍한 영혼을 빼앗아 가려는 웅변적인 두 교육자가 피테르 페페르코른에 비교하면 아주 보잘것없는 난쟁이처럼 느껴지는 것을 남몰래 인정하며 머릿속으로 페페르코른에게 더 점수를 주고 있었다. 그리고 한스 카스토르프는 페페르코른이 포도주에 취해, 왕자다운 농담으로 자기를 '수다쟁이'라 부른 것을 흉내내어, 두 교육자를 '수다쟁이'라고 부르고 싶었다. 동시에 연금술적 교육 덕분으로 거물인 페페르코른과도 사귀게 된 것을 아주 즐겁고 행복하다고 생각했다.

그 인물이 클라브디아 쇼샤의 여행 동반자로서, 막강한 방해자로서 등장한 것은 또 별도의 문제로, 한스 카스토르프는 그 문제 때문에 페페르코른에 대한 그의 평가를 그르치지는 않았다. 되풀이하여 말하지만, 한스 카스토르프가 마음으로부터 존경하고, 때로는 좀 정상을 벗어난다고도 할 수 있는 관심을 기울이는 이 큰 인물이, 사육제 전날 밤에 한스 카스토르프가 연필을 빌린 부인과 여행 경비를 공동으로 계산하고 있다는 것만으로 그의 존경과 관심을 약화시키지는 못했다. 그에게는 그런 것은 불가능한 일이었다. 남성이든 여성이든 우리 그룹의 누군가가, 한스 카스토르프의 그런 '무기력'을 안타깝게 생각하고, 그가 페페르코른을 미워하고 늙은 바보 주정뱅이라고 욕해 주었으면 하고 생각하기를 우리가 예상 못하는 것은 아니다. 그러나 한스 카스토르프는 페페르코른이 말라리아열에 걸렸을 때마다 그 병실을 찾아가 그 머리맡에서 환자와 이야기하고, 수업 중의 청년답게 호기심을 갖고 이 인물의 도량에 영향을 받으려고 했다. 이야기라는 것은 대화 속에서 한스 카스토르프의 담당 부분에만 통용되는 말로, 페페르코른이 담당한 부분에는 통용되지 않는다. 한스 카스토르프가 그토록 영향을 받으려고 했다 하여 한스 카스토르프의 외투를 들고 다녔던 페르디난트 베잘을 독자들은 떠올릴지도 모르지만, 우리는 그것에 상관하지 말자. 베잘을 생각하는 것은 무의미한 일이다. 우리의 주인공은 베잘과는 다르다. 깊은 번민이 한스 카스토르프의 취미는 아니었다. 한스 카스토르프는 소설의 '주인공'과는 달라서, 여성의 일로 남자 간의 관계가 좌우될 사람은 아니다. 그를 실제보다 더 잘, 또는 더 나쁘게 보지 않는다는 우리의 원칙 아래 말해 두지만, 그는 소설적인 이유 때문에 남성에 대한 공정한 평가를 잃는다든지, 남성의 세계에서 교양상 유익하다고 생각되는 견문을 단념하기를 거부한 것이다. 의식하고 분명히 거부한 것이 아니라 아주 자연적으로 거부한 것이다. 이것은 부인들의 마음에는 들지 않을 것이다. 쇼샤 부인도 그 일로 무의식중에 화를 냈다고 할 수 있다. 그녀가 무심코 입 밖에 낸 가시 돋친 말이 이것을 증명한다. 이 말은 나중에 이야기하기로 하지만,

한스 카스토르프의 그런 성격이 그를 교육자들에게 둘도 없는 쟁탈의 대상으로 만들었을 것이다.

피테르 페페르코른은 상태가 악화되어 자리에 눕고 말았다. 누워버린 것이 저 카드놀이와 샴페인을 마시던 밤의 다음 날부터였다는 것은 이상하지 않았다. 긴 시간에 걸친 긴장된 모임에 참석했던 사람들은 거의 모두 앓아누웠다. 한스 카스토르프도 예외가 아니어서 심한 두통으로 고생했지만, 머리가 아파도 그는 전날 밤 주최자의 병상을 방문하는 일을 단념하지 않았다. 2층 복도에서 만난 말레이인에게 방문을 알렸더니 반가이 맞아주었다.

한스 카스토르프는 살롱을 지나 침대가 두 개 있는 네덜란드인의 침실로 들어갔다. 그 살롱은 쇼샤 부인의 침실 사이에 끼여 있었다. 안내된 침실은 베르크호프의 일반 손님들 방보다 넓고 가구와 장식품도 훌륭했다. 비단으로 꾸민 안락의자와 구부러진 다리가 달린 탁자가 있고, 부드러운 융단이 깔렸으며, 침대도 병원에 흔히 있는 임종용 침대가 아니고 호화로운 침대였다. 그것은 윤이 나는 벚나무로 만들어졌으며 부속품은 놋쇠로 되어 있고 두 침대에는 공통된 작은 덮개가 달려 있었다. 그러나 그 덮개에는 커튼이 드리워져 있지 않아서 두 개의 침대를 한 개의 우산으로 받치고 있는 것 같은 느낌의 작은 덮개였다.

페페르코른은 이 두 침대 가운데 한 개 위에 누워서 붉은 비단 이불 위에 책과 편지와 신문을 얹고, 테가 이마에까지 닿는 뿔로 만든 코안경을 걸고, 네덜란드의 신문 〈텔레그라프〉를 읽고 있었다. 커피 세트가 옆 의자 위에 놓여 있었으며, 반쯤 비운 붉은 포도주 병—전날 밤에 마셨던 담백하게 톡 쏘는 맛이 나는 포도주였다—이 약병과 나란히 침대용 탁자 위에 놓여 있었다. 한스 카스토르프는 네델란드인이 흰 잠옷이 아니라 소매가 긴 모직물 셔츠를 입고 있는 것을 보고 좀 놀랐다. 그 셔츠는 손목을 단추로 채우게 되어 있고 깃은 없으며 그냥 둥글게 파여 있었는데, 노인의 넓은 어깨와 벌어진 가슴에 착 달라붙어 있었다. 그 셔츠는 페페르코른의 모습을 서민적인 노동자같이 보이게 했고, 영구적으로 보관하려는 기념 흉상 같은 느낌을 주었다. 베개를 벤 머리는 인간적인 위대성을 더더욱 강화하고 있어 거의 시민적인 세계를 벗어나 있었다.

페페르코른은 뿔테 코안경의 높은 손잡이를 잡고 안경을 벗으면서 말했다.

"젊은이, 천만에요…… 절대로, 오히려 그 반대입니다."

한스 카스토르프는 그의 베갯머리에 앉아 공정하게 비평해야지 생각하면서도, 페페르코른이 누워 있는 지금의 모습에는 마음으로부터의 감탄을 느낄 수 없었다. 그러나 무관심하게 대할 수는 없어서 상냥하고 쾌활한 이야기로 감추며, 멋지게 딱딱 끊어지는 말과 세련된 손짓으로 페페르코른과 대화했다. 페페르코른은 기운이 없는지 얼굴이 누렇고 괴로운 듯 지쳐 있었다. 새벽녘에 기침의 심한 발작이 있어서 그 피로가 술 마신 뒤의 후유증과 겹쳐 있었다.

"어젯밤에는 완전히 지쳤어요. 정말로, 완전히 지쳤어요! 당신은 아직도…… 원기가 좋고 괜찮은 모양이군요. 그러나 내 나이로는 이렇게 위험하죠. 당신……."

그때 살롱으로부터 쇼샤 부인이 들어오자, 부드러우면서도 단호한 투로 말했다.

"모든 것이 좋습니다. 그러나 여러 번 말했던 것처럼 더 주의하여 나를 말렸으면 좋았을 것을요……."

이 말을 하는 그의 얼굴 표정과 목소리에서는 구름도 날릴 듯한 왕자다운 분노가 느껴졌다. 어젯밤의 향연에서 그에게 술을 마시지 못하게 했다면 어떤 벼락이 떨어졌을까를 생각하면, 그의 잔소리가 얼마나 부당하고 무리한 것인가를 알 수 있었다. 위대한 인물에게는 이런 데가 있는 법이다.

페페르코른의 여행 동반자는 의자에서 일어나, 한스 카스토르프에게 고개를 끄덕여 보이고 그 잔소리를 흘려버렸다. 그녀는 한스 카스토르프에게 인사하는 데 미소를 지으며 손을 흔들고, '제발 그대로' 앉은 채로 '걱정 마시고' 페페르코른과 재미있는 이야기를 계속하라고 말했다…… 그녀는 방에서 여기저기 움직이면서 하인에게 커피 세트를 치우게 하고, 한동안 사라져 있다가 이번에는 발소리를 내지 않고 돌아와서 이야기에 끼어들었다. 끼어들었다기보다 한스 카스토르프가 받은 막연한 인상을 그대로 전한다면, 남자들의 말을 어느 정도 감시했다. 당연한 일이다! 그녀는 도량이 큰 인물과 베르크호프에 돌아왔지만, 베르크호프에서 그녀가 돌아오는 것을 오랫동안 기다리던 사나이가 함께 돌아온 이 인물에 대해 남성 대 남성이라는 관계에서 당연한 경의를 표시하는 것을 보고, '제발 그대로' '걱정 마시고'라고 말하면서도 은근히 불안해했다. 아니, 신경과민까지 되어 있었다. 한스 카스토르프는 그것을 보고 미소지었다. 그는 그 미소를 보이지 않으려고 무릎 위로 몸을 구부렸지만, 기뻐서 몸이 확확 달아오르는 것 같았다.

페페르코른은 옆 탁자 위의 병에서 포도주를 잔에 따라주었다. 오늘 같은 날에는 어젯밤에 그친 데서 술 마시기를 시작한다는 것이 아주 현명하다고 네덜란드인은 말했다. 이 톡 쏘는 포도주는 소다수와 같은 효력이 있기 때문이라고 하며 한스 카스토르프와 잔을 마주쳤다. 한스 카스토르프는 마시면서 단추를 채운 모직 셔츠 소매 끝에 나와 있는 주근깨투성이의, 손톱이 뾰족한 선장과 같은 손이 잔을 들고, 두툼하게 찢어진 듯한 입술이 그 술잔 가장자리를 덮으면서, 포도주가 노동자나 흉상을 떠올리게 하는 목구멍으로 꿀꺽꿀꺽 흘러드는 것을 지켜보고 있었다. 그리고 두 사람은 옆 탁자 위에 있는 약에 대해서도 말을 나누었다. 페페르코른은 쇼샤 부인의 주의를 받고 그녀의 손으로 그 갈색 약을 한 숟갈 가득히 마셨다. 그것은 해열제였는데, 성분은 거의 키니네뿐이었다. 페페르코른은 손님에게도 그것을 권해 조금 입에 대게 하여, 쓰면서도 향기 나는 독특한 약제를 맛보게 하고는, 몇 가지 키니네 예찬을 했다. 키니네는 열의 원인적인 해열 작용과 치유 작용을 하는 점에서 특효가 있을 뿐 아니라 강장제로도 높은 평가를 받아야 하며, 단백질 대사를 억제하고 영양 상태를 양호하게 한다고 했다. 요컨대 참된 청량제, 멋진 강장제, 자극제, 활력제이지만, 한 걸음 더 나아가 도취제이기도 하여 잘못하다가는 취해 버리는 일도 있다고 페페르코른은 어젯밤처럼 손가락과 머리를 호탕하게 움직이며 말했는데, 그 모습은 이교도의 사제가 춤추는 느낌을 주었다.

"그렇습니다. 기나나무 껍질은 정말 멋진 물질입니다! 그러나 유럽의 약물학이 기나나무 껍질을 알게 된 지 채 300년도 지나지 않았으며, 기나나무 껍질의 유효 성분인 알칼로이드, 즉 키니네가 화학으로 발견되어 어느 정도 분석된 지 아직 100년도 못 됩니다. 화학은 현재로는 키니네의 성분을 충분히 해명하고, 그것을 완전히 인공적으로 만들어 낼 수 있다고 주장하기까지에는 아직 이르지 못하고 있습니다. 유럽의 약물학은 어느 방면에서도 뛰어난 식견을 가지고 있다고 불손한 주장을 하지 않는 것이 현명할 겁니다. 키니네의 경우와 같은 예는 이 밖에도 많이 있습니다. 이를테면 약물학은 물질의 힘과 작용에 대해 꽤 많이 알고는 있지만, 그 작용이 결국 무엇에 의한 것인가 하는 문제에 이르면 대답하지 못하는 일이 많습니다. 독물학(毒物學)을 보면 잘 알 수 있습니다. 이른바 독소 작용을 일으키는 원소의 속성에 대해서는 해답이 전혀 주어지지 않고 있습니다. 예컨대 '뱀의 독'처럼, 여기에 대해 알고 있는 것은, 이 동물성 물질은 단백질 결합물의 하나로 여러 가지 단백질로 되어 있고 일정한—어떻게 일정한가는 전혀 모르고 있습니다—결합에 있어서만 강한 작용을 한다는 것뿐입니다. 이 단백질 결합물이 혈액 속에 들어왔을 때에 일으키는 현상은, 아무도 단백질을 유독하다고 생각하지 않기 때문에 오직 놀랄 뿐입니다."

페페르코른은 엷은 빛의 눈과, 이마에 덩굴무늬의 주름이 새겨진 얼굴을 베개에서 일으켰다. 그리고 그 얼굴 가까이에 두 손가락으로 동그라미를 만들고, 나머지 세 손가락을 창과 같이 세우고서 말을 계속했다.

"물질의 세계는 삶과 죽음의 두 가지를 동시에 내포하고 있는 것이 사실이며, 어떤 물질이나 약으로 되기도 하고 독으로도 됩니다. 따라서 약물학과 독물학은 본디 같은 학문으로, 독에 의해 병이 낫는 일도 있고, 생명을 증진시킨다는 물질이 한번 경련을 일으키게 함으로써 졸지에 생명을 빼앗아 가는 경우도 있습니다."

페페르코른은 약물과 독극물에 대해 보통 때와는 달리 조리에 맞게 이야기를 했다. 한스 카스토르프는 머리를 갸우뚱하거나 끄덕이면서 듣고 있었지만, 페페르코른의 머리를 채우고 있는 말의 내용보다 오히려 페페르코른이라는 인물의 영향력을 연구하려고 했다. 그러나 이 인물의 영향력도 뱀의 독과 마찬가지로 결국은 수수께끼였다.

페페르코른은 계속 이야기했다.

"힘이 물질 세계의 전부이며, 이 밖의 것은 모두 부차적인 것입니다. 키니네는 약이 될 수도 있고 독이 될 수도 있는데, 무엇보다 그 힘이 특징입니다. 4그램의 키니네는 인간을 귀머거리로 만들고, 현기증을 일으키며, 숨을 가쁘게 하고, 아트로핀과 마찬가지로 시력 장애를 일으키며, 알코올과 마찬가지로 취하게 만듭니다. 키니네 공장에서 일하는 노동자들은 눈에 염증이 생기고, 입술이 붓고, 피부가 헙니다."

페페르코른은 다음으로 신초나, 즉 기나나무에 대해 말했다. 남아메리카의 코르디예라스 산맥의 해발 3천 미터의 원시림에서 자라는 이 식물의 나무껍질은 훨씬 뒤에 '예수회 회원의 분말(粉末)'이라는 이름으로 스페인으로 건너갔지만, 남아메리카의 토인들은 그 효력을 전부터 알고 있었다고 말했다. 또 자바에 있는 네덜란드 정부의 대규모적인 기나나무 재배에 대해 말하고, 자바로부터 해마다 계수나무의 껍질과 비슷하며 붉은 대롱 같은 키나나무의 껍질이 수백 만 파운드나 암스테르담과 런던에 수출되고 있다고 말했다. 대체로 수피(樹皮), 나무껍질 조직인 표피에서 형성층까지의 부분에는 힘이 감추어져 있어서 치유와 파괴의 어느 쪽으로나 강력한 힘을 간직하고 있는데, 유색 인종은 약물에 대해서는 백색 인종보다 훨씬 앞선 지식을 가지고 있다고 말했다. 뉴기니 동쪽의 몇 개 섬에서는 젊은 사람들이 어떤 나무의 껍질에서 마약을 만드는데, 그것은 자바의 안티아리스 톡시카리아 나무와 같은 독이 있는 나무로, 이 나무는 만차닐라처럼 독기로 주위의 공기를 오염시키고 사람과 동물을 마비 상태에 빠뜨린다는 것이다. 그런데 섬의 젊은 사람들은 그 나무껍질을 가루로 만들어 거기에 야자수 열매를 잘라 섞어 한 장의 나뭇잎에 싸서 태우는 것이다. 이 태운 혼합물의 즙을 마음에 두고 있는 냉담한 여자가 자고 있는 얼굴에 뿌리면, 그 여자는 그 즙을 뿌린 사나이를 쫓아다니게 된다고 한다.

때로는 효력이 뿌리 껍질에 숨어 있을 때도 있다. 예컨대 말레이 군도의 스트리크노스 티우테라는 덩굴 식물의 뿌리가 그렇다. 그곳의 토인들은 그 뿌리에 뱀의 독을 더하여 '우파스 라차'를 만든다. 그런데 이것을 화살에 발라 쏘면 그것에 맞은 사람은 혈관에 독이 퍼져 눈 깜짝할 사이에 죽게 된다. 그러나 어떻게 해서 그렇게 되는가를 한스 카스토르프에게 설명할 수 있는 사람은 아무도 없었다. 단지 우파스는 그것이 간직하고 있는 힘에 있어서 스트리크닌과 가깝다는 것을 알고 있을 뿐이다…….

페페르코른은 드디어 침대 위에 완전히 일어나 앉아서, 가늘게 떨리는 선장과 같은 손으로 이따금 포도주 잔을 찢어진 듯한 입술에 갖다 대고 목이 타는 듯이 꿀꺽꿀꺽 마셨다. 그러고는 인도의 코로만델 해안 지방의 마전자나무에 대해 이야기했다. 이 나무의 오렌지빛 열매인 '마전나무'에서 격렬한 힘을 가진 스트리크닌이라는 알칼로이드가 채취된다는 것이다. 그는 이마의 덩굴무늬 주름을 추켜올리면서 속삭이듯 낮은 목소리로 그 마전자나무의 회색 가지, 이상하게 윤기 있는 잎, 황록색 꽃에 대해 이야기했기 때문에, 한스 카스토르프는 음산하고 신경질적이며 현란한 빛깔의 나무가 눈앞에 떠오르는 것 같아 어쩐지 기분이 나빠졌다.

여기에 쇼샤 부인이 끼어들었다. 그녀는, 더 이상의 대화는 페페르코른을 피곤하게 하여 열이 나게 할지도 모르니 말을 계속하는 것은 몸에 좋지 않고, 두 사람의 모처럼의 이야기를 방해할 마음은 없지만 오늘은 이쯤으로 해주었으면 좋겠다고 말했다. 물론 한스 카스토르프는 이 말에 따랐다. 그러나 그 뒤 여러 달 동안, 왕자다운 인물이 4일마다 되풀이하는 열의 발작이 지나가면 그는 페페르코른의 머리맡에서 대화를 즐겼고, 쇼샤 부인은 그때마다 방 안을 이리저리 돌아다니면서 두 사람의 대화를 감시하고 몇 번 끼어들기도 했다. 한스 카스토르프는 페페르코른이 열이 없는 날에도, 페페르코른과 진주 목걸이를 한 여행 동반자와 함께 몇 시간을 보냈다. 네덜란드인은 침대에 누워 있지 않는 날에는 저녁 식사 뒤에 베르크호프의 손님들 몇몇을—때에 따라서 모이는 사람들이 달랐다—처음과 마찬가지로 응접실이나 식당에 모아 놓고, 카드놀이를 하거나 포도주와 그 밖의 음료를 대접하는 것을 빠뜨리지 않았다. 그러나 그럴 때마다 한스 카스토르프는 언제나 칠칠치 못한 부인과 위대한 인물 사이에 앉게 되었다. 어떤 때에는 모두 바깥에서도 행동을 같이 하고 함께 산책도 했는데 여기에는 페르게와 베잘도 끼어들었고, 얼마 안 있어 사상의 적인 세템브리니와 나프타도 참가하게 되었다. 산책 도중에 이 두 사람과 만나지 않는 일이 없었기 때문이었지만, 한스 카스토르프는 이 두 사람을 페페르코른과 클라브디아 쇼샤에게 소개할 수 있었던 것을 행복하게까지 느꼈다. 이 교류가 두 토론가에게 기쁜 일인지 귀찮은 일인지는 전혀 생각하지 않았다. 두 토론가는 교육의 대상을 필요로 하고 있었기 때문에, 그 대상인 한스 카스토르프 앞에서 토론을 벌이는 것을 단념하기보다는 차라리 달갑지 않은 이런 교제를 참을 수밖에 없다고 생각했다.

그의 이런 잡다한 교류 동료들이 적어도 서로 익숙해지지 않는 것에 익숙해질 것이라는 예상은 틀리지 않았다. 물론 그들 사이에는 긴장, 서먹서먹함, 남모를 적의 같은 것이 존재했지만, 이상한 것은 어떻게 우리의 단순한 주인공이 이런 사람들을 주위에 모을 수 있었을까 하는 점이다. 우리는 그것을, 그가 무슨 일이나 '경청할 가치가 있다'고 느낀 교활한 붙임성에서 나온 것이라고 설명하고 싶다. 그의 성질은 완전히 이질적인 부류의 사람들을 자기 주위에 모았을 뿐만 아니라, 그 사람들끼리도 어느 정도 서로 융합시켰기 때문에 결합력이라고까지 부를 수 있을 것이다.

기묘하고 까다로운 결합이었다! 한스 카스토르프가 모두와 함께 산책하면서 교활하고 상냥한 눈으로 관찰한 것처럼, 우리도 이 까다로운 관계를 잠깐 분석해 보면 흥미로울 것이다.

먼저 불쌍한 베잘인데, 이 사나이는 쇼샤 부인에게 정욕의 불길을 계속 보내면서 페페르코른과 한스 카스토르프에게는 비굴할 만큼 존경심을 보이고 있었다. 페페르코른은 현재의 승리자이기 때문에, 한스 카스토르프는 과거의 하룻밤에 대한 승리자로서 존경하고 있었다. 다음으로는 쇼샤 부인이다. 그녀는 우아하게 사뿐사뿐 걸어가는 부인 환자로서, 여행길에서 세월을 보내고 있었다. 그녀는 현재 페페르코른의 소유물이 되어 있지만, 전의 사육제 밤에 자신의 기사(騎士)였던 한스 카스토르프가 그녀의 보호자와 정답게 지내는 것을 보고 내심 편안치 않아 남몰래 화를 내고 있었다. 그녀의 이 신경질은 한스 카스토르프의 교육자이고 친구인 세템브리니에 대한 그녀의 관계에도 영향을 끼치고 있는 것이 아닐까? 그녀는 이 수사가(修辭家)인 인문주의자에게 호감을 가지지 못하고, 그가 거만하며 인간미가 없다고 비평했다. 세템브리니가 그녀의 모국어를 전혀 이해하지 못하고 또 그 나라 말을 멸시하고 있었던 것처럼, 그녀 또한 세템브리니의 지중해 연안의 말을 전혀 이해하지 못하고 멸시했다. 그러나 그녀의 멸시는 세템브리니의 멸시만큼 자신은 없었다. 세템브리니는 지중해 연안의 말로, 침윤 부분이 있는 용감한 부르주아 청년이며 좋은 집안의 자제인 착한 독일 청년이 그녀에게 가까이 가려고 했을 때 뒤에서 무엇이라고 외쳤는데, 그녀는 한스 카스토르프의 교육자적 친구에게 무엇을 외쳤는지 묻고 싶을 정도였다.

한스 카스토르프의 연심(戀心)은 세상에서 흔히 '홀딱 반해 있다'라는 말을 떠올리게 하는 즐거운 연정이 아니어서, 평지의 감미로운 노래에서 불리는 그런 몰상식한 취향 따위는 전혀 없었다. 요컨대 이 청년은 꽤 까다로운 연정을 품고 있어서, 그녀에게 종속하고 인종하고 봉사하는 노예적 상태에 있으면서도 예의 빈틈없는 태도는 잃지 않았다. 그래서 타타르인처럼 가느다란 눈을 하고 사뿐사뿐 걸어가는 부인 환자에 대해 자기의 연심이 어떤 의미를 가지고 있는가 하는 것쯤은 잘 알고 있었다. 그리고 그는 인종하고 봉사하면서도 세템브리니가 그녀에게 보이는 태도로 보아 그녀도 그 의의를 깨달아 줄 것이라고 생각했다. 세템브리니의 태도는, 그녀의 느낌이 옳았다는 것을 분명하게 증명하는 태도, 즉 인문주의자적인 올바른 예의를 나타내기는 했지만 아주 냉담한 태도였다. 그녀와 레오 나프타와의 관계도, 유감스럽기는 하나 한스 카스토르프의 입장으로 볼 때는 안성맞춤이었다. 그녀가 은밀히 희망을 걸고 있었음에도 충분히 보답받지는 못했던 것이다. 확실히 레오 나프타는 로도비코가 그녀의 존재에 대해 보인 원칙적인 거부는 나타내지 않았기 때문에 세템브리니와 이야기할 때보다는 대화하기가 좋았다. 클라브디아와 키 작은 예리한 나프타는 가끔 단둘이서 책에 대해서, 정치철학 문제에 대해서 이야기했는데, 두 사람 다 그런 문제에 대해 과격한 사고를 갖고 있는 점에서 일치했다. 그런 때엔 한스 카스토르프도 가끔 그 대화에 진지하게 끼어들었다. 그러나 나프타는 여느 자수성가한 사람들과 마찬가지로 신중한 태도로 아닌 척은 하지만, 역시 그녀에 대해 거만한 태도를 은연중에 나타냈기 때문에 결국 그녀도 그런 귀족적인 협량(狹量)을 눈치챌 수 있었다. 또한 나프타의 스페인적인 테러리즘 또한 문을 탕탕 여닫으면서 사방을 돌아다니는 그녀의 '인간성'과는 결코 뜻이 맞을 수가 없었다.

그리고 마지막으로 가장 미묘한 문제는, 두 논적인 세템브리니와 나프타가 그녀에게 품고 있는 걷잡을 수 없는 적의에 대한 것인데, 그녀는 여성 특유의 민감한 감각으로 그 적의가 자기에게 향해진 것을 느낄 수 있었다—그녀의 사육제 날 밤의 기사 또한 그것을 느끼고 있었다—이 적의의 원인은 두 논적과 한스 카스토르프에 대한 관계에 있었다. 두 사람의 일에 걸림돌이 되는 요소, 제자의 주의를 빼앗아 가는 요소에 대한 교육자로서의 불쾌감으로 인한 깊은 적의감은 교육자로서의 두 사람 사이에 축적되어 있는 미움을 잊게 하고 두 사람을 결속시켰다.

이 적의는 두 이론가와 피테르 페페르코른에 대한 관계에서도 어느 정도 느껴지지 않았을까? 적어도 한스 카스토르프에게는 그것이 느껴지는 것 같았다. 이것은 아마 그가 그것을 심술궂게 기대했기 때문이기도 했지만, 그가 가끔 혼자서 장난삼아 '참사관'이라고 부르던 두 사람을, 말이 어눌한 왕자다운 거물에게 접근시켜서 그 반응을 연구해 보았으면 하는 마음이 많았기 때문이기도 했다.

페페르코른은 밖에 나가면 사방이 닫힌 실내에서 볼 때만큼 당당한 느낌을 주지는 않았다. 깊숙이 쓰고 있는 부드러운 중절모자가 불길 같은 흰 머리나 이마의 굵은 주름을 감추어 버려 그의 용모에서 느껴지는 도량을 작게 했고, 붉은 코도 그 위엄을 잃었다. 걷는 모습도 서 있는 모습만큼 훌륭하지 못했다. 걸음걸이도 시원스럽지 못했고, 한 발자국마다 내디디는 발 쪽으로 무거운 몸과 머리까지 비스듬히 내미는 버릇이 있어서, 그 모양은 왕자라기보다는 오히려 마음씨 좋은 노인 같은 느낌이었다. 더욱이 서 있을 때처럼 몸을 반듯이 펴지 않고 몸을 구부리고 걸었다. 그래도 그는 로도비코보다도 컸고, 작은 나프타 따위는 그의 어깨에도 미치지 않았다.

그러나 한스 카스토르프가 처음부터 예상하고 있었던 것처럼, 페페르코른의 존재가 두 정치가의 존재를 완전히 압도해 버렸던 것은 몸의 크기 때문만은 아니었다. 이것은 이 인물과 비교되기 때문에 두 정치가가 압도되고 모습이 희미해지며 작아지는 것이었다. 이런 현상은 얕잡아볼 수 없는 관찰자인 한스 카스토르프는 물론이려니와 당사자들, 즉 빈약한 두 수다쟁이, 그리고 더듬거리며 말하는 왕자도 느끼고 있었다. 페페르코른은 나프타와 세템브리니를 아주 예의 바르고 정중하게 대했고 경의를 나타내기까지 했다. 만약 큰 도량이라는 개념과 익살이라는 개념이 양립하지 않는다는 것을 알지 못했으면 한스 카스토르프는 페페르코른의 이런 경의를 익살이라고 느꼈을 것이다. 왕자는 익살을 몰랐다. 수사학상의 솔직하고 고전적인 방법으로서의 익살까지도 몰랐으니, 더구나 까다로운 익살 같은 것은 알 수가 없었다. 따라서 네덜란드인이 한스 카스토르프의 친구들에게 보이는 어느 정도 부풀려진 정중함 뒤에 감추어져 있는 것, 또는 공공연히 나타낸 것은 익살이라기보다는 오히려 점잖으면서도 당당한 비웃음이라고 해도 좋은 것이었다.

"그렇지요…… 그렇지요…… 그렇지요!"

페페르코른은 찢어진 입술에 장난기 있는 미소를 띠면서, 얼굴을 쳐들고 두 사람 쪽을 손가락으로 위협하듯 가리키면서 말하는 것이었다.

"이것은, 이런 분은 말입니다. 여러분, 주의 드립니다. 바로 대뇌 그 자체, 대뇌적 존재, 그렇습니다. 아니…… 아니, 완벽합니다. 당치도 않지요. 이것은 분명하게……."

이 말을 들은 두 사람은 그 말에 반발심을 느껴 복수하려고 서로 눈짓을 했으나, 서로의 시선이 부딪치자 감당을 못하겠다는 듯이 허공을 쳐다보았다.

한스 카스토르프도 자기들 시선 쪽으로 끌어들이려 했으나 그는 응하지 않았다.

그러던 어느 날 세템브리니는 제자에게 단도직입적으로 교육자로서의 걱정을 밝혔다.

"아니, 엔지니어, 그 사람은 바보 늙은이 아닙니까? 그 사람의 어디가 마음에 든다는 겁니까? 그가 당신을 향상시킬 수 있는 힘을 가지고 있나요? 나는 뭐가 뭔지 모르겠습니다. 그 사나이는 핑계만의 존재이고, 사실은 그 사나이의 현재 애인에게 당신의 화살이 가고 있다면 칭찬할 일은 아니지만 차라리 이해가 갑니다. 그러나 그녀에게보다 그에게 더 신경을 쏟고 있다는 것은 보지 않으려고 해도 보지 않을 수 없는 사실이에요. 부탁입니다. 제발 그것을 설명해 주시오……."

한스 카스토르프는 웃으며 입을 열었다.

"완벽합니다. 그것은 실례지만…… 좋습니다!"

그는 페페르코른의 문화적인 손짓까지 흉내내면서 계속 웃었다.

"그렇습니다. 그렇습니다. 당신은 그런 내 태도를 바보스럽다고 말씀하고 계십니다. 세템브리니 씨, 어쨌든 애매한 태도인 것만은 확실합니다만, 애매하다는 것은 당신의 말씀에 따르면 바보보다 더 곤란한 것입니다. 바보에도 여러 종류가 있지요. 영리하다 해도 똑똑한 바보와는 비교도 안 되는 영리함도 있으니까요. 어떻습니까? 그럴듯한 문구지요? 명언(名言)이지요? 마음에 들었습니까?"

"네, 아주 그럴듯합니다. 당신의 잠언집의 처녀 출판을, 목을 빼고 기다리겠습니다. 그런데 아직 늦지 않다면 그 잠언집에 언젠가 우리가 논한 역설의 반인간성에 대해서도 덧붙여 주시기 바랍니다."

"그렇게 하겠습니다, 세템브리니 씨. 꼭 그렇게 하겠어요. 그러나 내 명언은 결코 역설이 목적이 아니었습니다. 나는 '바보'와 '똑똑함'을 가려 내는 것이 얼마나 어려운 것인가를 말씀드리고 싶었습니다. 그렇습니다. 어렵습니다. 그렇지 않습니까? 이 두 가지는 사실 서로 얽혀 있어서 가려 내기가 어렵습니다…… 나도 잘 알고 있어요. 당신이 그런 혼란을 싫어하고 가치와 비평, 가치 판단을 존중한다는 것을 말입니다. 그리고 나도 그것이 정말로 옳은 일이라는 것을 인정합니다. 그러나 '바보'와 '똑똑함'이라는 문제는 정말 신비롭습니다. 그리고 신비함의 정체를 될 수 있는 한 규명하려는 진지한 노력만 있다면, 신비함과 관계를 맺는 것도 괜찮다고 생각합니다. 나는 당신에게 묻고 싶어요. 당신은 그가 우리들 누구보다도 훌륭한 인물이라는 것을 부정할 수 있습니까? 내 말투가 좀 거칩니다만, 보건대 당신도 그것을 부정하지 못하는 것 같습니다. 그 사람은 우리들 누구보다도 훌륭해요. 그 사람에게는 어딘지 우리를 우습게 생각할 수 있는 자격이 있습니다. 어디에서라는 말입니까? 왜 그럴까요? 어느 정도라는 말입니까? 똑똑하지 않기 때문이라는 것은 물론입니다. 똑똑하다는 것은 문제가 되지 않아요. 오히려 그는 애매한 사람입니다. 감정을 갖고 있는 사람입니다. 감정이야말로 그의 인격입니다. 이런 속어를 써서 죄송합니다만! 내가 말하고 싶은 것은, 그가 우리보다 더 훌륭한 것은 똑똑하기 때문은 아니라는 겁니다. 정신적인 이유에서는 아닙니다. 당신도 설마 그 사람이 정신적으로 훌륭하다고는 생각하지 않을 것입니다. 그렇다고 해서 육체적인 이유에서도 아닙니다! 어깨는 선장 같고 완력은 굉장하여, 아마 우리들 가운데 누가 덤벼들어도 그 주먹으로 때려눕힐 것입니다. 그러나 그는 자기에게 그렇게 완력이 있다고는 생각하지 않을 것이고, 생각하는 일이 있어도 몇 마디 타이르면 그것으로 마음이 풀어질 것입니다…… 그러니 육체적인 이유에서도 아닙니다. 그렇지만 육체적인 요소가 이 경우에 한몫 차지하고 있다는 것은 의심할 여지가 없습니다. 완력이라는 의미에서가 아니라 더욱 신비로운 다른 의미에서 말입니다. 육체적인 것이 개입하면 곧바로 모든 것이 신비롭게 됩니다. 그리고 육체적인 것은 정신적인 것이 되고, 정신적인 것은 육체적인 것이 되어 어느 쪽도 구별할 수 없고, 따라서 바보인지 똑똑한 것인지도 구별할 수 없게 되는 것이지요. 이런 강력한 작용이 나타나서 우리는 압도되어 버리는 것입니다. 그것을 표현하는 말은 오직 한 가지뿐인데, 그것은 '인물'이라는 말입니다.

이 말은 상식적인 뜻으로도 쓰이고 있어, 그런 뜻으로는 우리는 모두 인물입니다. 도덕상, 법률상 그리고 그 밖의 점에서 인물입니다. 그러나 내가 말하는 것은 그런 인물이 아니에요. 내가 말하는 것은 바보라든가 똑똑함을 초월한 신비적인 인물로, 이 신비 또한 생각해 볼 필요가 있습니다. 그 신비를 될 수 있는 한 규명하기 위해서, 만일 규명하지 못한다면 그로 인해 기분을 높이기 위해서도 인물은 역시 적극적인 가치의 하나라고 생각합니다. 만일 당신이 가지를 문제로 삼는다면 말입니다. 바보라든가 똑똑하다는 것보다 더 높은 생명과도 같은 가장 적극적인 가치, 한 마디로 말할 때 생명의 가치로서 진지하게 맞붙어 볼 가치라고 생각합니다. 이것이 당신이 바보라고 말씀하신 것에 대해 대답해야겠다고 생각한 것입니다."

최근에 와서 한스 카스토르프는 이런 의견을 토로해도, 이제는 횡설수설한다든지 말이 막히는 일은 없었다. 말하고 싶은 만큼 말해 버리고는 목소리를 낮추어 결론을 맺고, 자기 구실을 할 수 있는 사람처럼 행동했다. 그러나 역시 얼굴이 빨개지는 버릇은 남아 있었고, 입을 다물고 나서도 세템브리니가 자기를 반격하기 위해서 침묵을 계속하는 것은 아닐까 겁을 먹고 있었다. 세템브리니는 한동안 침묵하더니 마침내 입을 열었다.

"당신은 조금 전에 역설을 좋아하지 않는다고 말했습니다. 그러나 당신이 신비를 좋아하는 것을 내가 싫어한다는 사실은 잘 알고 있을 것입니다. 당신은 인물을 신비화시켜서 우상 숭배에 빠질 위험이 있습니다. 당신은 가면을 존경하고 있습니다. 당신은 현혹을 신비라고 생각해 버립니다. 육체와 외모에 숨어 있는 악마가 우리를 속이려고 사용하는 기만적인 내용, 공허한 형상에 지나지 않는 것을 신비라고 믿습니다. 당신은 배우들과 사귀어 본 적이 있습니까? 율리우스 카이사르, 괴테, 베토벤을 함께한 것 같은 풍모를 가지고 있으면서 그 훌륭한 풍모의 소유자가 한번 입을 열면 불쌍한 바보에 지나지 않는 광대들이라는 것을 알고 계십니까?"

"좋습니다. 조화의 장난이라고 합시다. 그러나 조화의 장난, 기만이라고만 할 수는 없을 것입니다. 그들이 배우인 이상 재능이 있는 사람들임에 틀림없기 때문입니다. 그리고 재능은 지능을 초월하는 생명적 가치의 하나입니다. 페페르코른 씨도 재능을 가지고 있습니다. 당신이 뭐라고 말씀하든지 말입니다. 그래서 우리는 그에게 압도되어 버리는 것입니다. 이를테면 방 한구석에 나프타 씨를 세워 그레고리우스 교황과 신의 나라에 대한 명연설을 시키고, 다른 구석에는 페페르코른 씨를 세워 이마의 주름을 추켜올리고 찢어진 입술을 움직여서 '단연코 실례지만…… 끝났습니다!'를 되풀이하게 해보십시오…… 모두들 틀림없이 페페르코른 씨의 주위로 몰려버리고 신의 나라를 설득하는 똑똑한 나프타 씨는, 베렌스 고문관의 말마따나 골수에 사무치듯 명쾌한 이야기를 해도 아무도 오지 않아 혼자 서 있게 될 것입니다."

"결과 만능주의를 입 밖에 내는 것은 삼가야 합니다! 세상 사람들은 속기 쉽습니다. 나도 사람들이 나프타 씨의 주위에 모이는 것을 원하지 않습니다. 그는 위험한 선동가입니다. 그러나 당신이 비웃으면서 설명한 가공의 장면에 대해서는 차라리 그의 편이 되겠습니다. 당신은 확실한 것, 정확한 것, 논리적인 것, 인간적인 조리 있는 말을 멸시하는 겁니까? 그런 것을 멸시하면서 암시와 감정, 과장의 수상한 기만을 존경한단 말입니까? 그렇다면 당신은 이미 완전히 악마의 손아귀에……."

"그러나 페페르코른 씨도 열중하면 아주 훌륭하게 조리 있는 말을 할 줄 압니다. 그는 언젠가 강력한 작용을 갖는 약제며 아시아산(産)의 독 있는 나무 이야기를 들려준 적이 있습니다. 얼마나 재미있는지 기분이 언짢아질 지경이었습니다. 재미있는 이야기는 언제나 좀 기분이 언짢아지게 하더군요. 그런데 그 이야기는 이야기 자체가 재미있다기보다 오히려 그 내용이 페페르코른 씨의 알 수 없는 힘과 결부되어서 재미있게 느껴지는 것 같더군요. 그 인물에서 발산되는 힘이, 이야기를 무시무시하게 하는 동시에 재미있게 만드는 모양이지요."

"그럴 테지요. 당신이 아시아를 좋아하는 것은 어제오늘의 일은 아니니까요. 그렇고말고요. 나 같은 사람은 그런 진기한 이야기를 해드릴 수 없으니까 말입니다."

세템브리니는 자못 못마땅한 듯 대답했다. 그 때문에 한스 카스토르프는 세템브리니의 담화와 교훈의 이점은 물론 이것과는 전혀 다른 방면에 있는 것이어서, 둘을 비교하는 것은 양쪽을 욕되게 하는 짓이 되기에, 아무도 그런 일은 생각하지 않을 것이라고 당황한 투로 말했다. 그러나 이탈리아인은 이 정중한 말을 듣지도 않고 물리치며 이야기를 계속했다.

"아무튼 당신의 객관적이고 침착한 태도에는 정말 감탄하지 않을 수 없습니다. 엔지니어, 좀 기이할 정도인데 이것은 당신도 인정할 것입니다. 결국 현재의 상황으로 말한다면…… 저 멍청이는 당신의 베아트리체를 빼앗아 갔습니다. 나는 사실을 있는 그대로 말하는 것입니다. 그런데 당신은 어떤가요? 정말로 전대미문의 일입니다."

"기질 차이겠지요, 세템브리니 씨. 격한 기질과 기사도적인 기질의 차이일 것입니다. 물론 남쪽 나라 출신인 당신 같으면 독약을 마신다든가 단도를 휘두르는 행동을 사회적이며 열정적인 것, 즉 화려하고 훌륭한 것이라고 미화시키겠지요. 이것은 확실히 남성적이고 사회적이며 사나이답고 매력적일 것입니다. 그러나 나는 이런 것과는 좀 달라요. 나는 그를 적수라고 생각할 만큼 남성적이지 못합니다. 대체로 나는 남성적인 성격이 아닌 것 같은데, 어떤 이유인지 모르지만 왠지 '사회적'이라고 부르는 의미에서 특히 그렇습니다. 나는 답답하여 가슴을 치면서, 대체 저 사람을 나무랄 수 있을까 하고 물어봅니다. 저 사람은 나에게 고의로 어떤 짓을 했을까? 모욕이라는 것은 고의로 하기 때문에 모욕이지, 그렇지 않으면 모욕이 아닙니다. 그리고 그가 나에게 훼방을 놓는다면 나는 그녀를 놓치지 않도록 해야 할 텐데, 이것 또한 나에게는 권리가 없는 것입니다. 대체로 그 권리가 없는 데다가 상대가 페페르코른 씨일 경우에는 더욱 문제가 되지 않습니다. 그 이유는 첫째로 저 사람은 거물이기 때문입니다. 그것만으로도 벌써 여성들은 맥을 못 추지요. 둘째로 그는 나와 같은 일반 시민이 아니라, 나의 죽은 사촌과 마찬가지로 군인이라고 해도 좋은 사람입니다. 즉 그에게는 왕성한 명예심이 있어서 감정과 생활을 존중합니다…… 그러고 보니 좀 쑥스러운 말을 지껄였습니다만, 나는 언제나 틀에 박힌 문구만 지껄이는 것보다는 어딘가 좀 어리석은 말을 하고 싶을 때가 있어요. 이것은 내 성질 속에도 군인다운 데가 있기 때문이라고 말해도 괜찮으리라고 생각합니다……."

"그렇게 말해도 괜찮겠지요. 그것은 틀림없이 칭찬할 만한 면이기 때문입니다. 인식과 표현의 용기, 이것은 문학입니다. 그리고 인문주의입니다……."

세템브리니가 고개를 끄덕이며 말했다.

이렇게 두 사람은 이럭저럭 별일 없이 작별할 수 있었다. 언제나 마지막에는 세템브리니가 화해적인 결말을 맺는 것이었지만, 그로서는 그렇게 할 이유가 여러 가지 있었던 것이다. 그의 처지는 절대로 안전하다고는 말할 수 없었기 때문에 너무 엄격하게 하지 않는 것이 자기를 위해서도 상책이었을 것이다. 예컨대 질투가 문제되는 경우, 이것은 그가 설 땅을 잃어버릴 수도 있는 화제였다. 만약 이 화제가 더 깊숙이 들어가면, 세템브리니로서는 어떤 사실을 마땅히 인정해야 하는 것이다. 바로 그의 교육자적 자질에서 말할 때, 그 또한 사회적인 면에서 결코 남성답지 못했고, 따라서 나프타나 쇼샤 부인에게서와 마찬가지로 압도적인 힘이 있는 페페르코른에 의해 자기 영역을 침해받게 되리라는 것이다. 이리하여 마침내 그로서는 제자를 설복시켜 이 인물의 영향이나 타고난 우월성에서 벗어날 수 없었으며, 자신도 그의 논적인 나프타와 마찬가지로 페페르코른의 영향력과 우월성을 무시할 수 없었다.

두 논적이 가장 의기양양했던 때는 그들이 토론을 벌여 지적인 분위기를 만들 때였다. 그럴 때면 함께 산책하는 사람들은 으레 두 사람의 학문적이면서도 다급한 시사 문제와 사회 문제에 대해서 점잖고도 격렬하게 이어지는 토론에 귀를 기울였다. 거의 둘이서만 토론을 계속하는 동안, '인물'은 중립적인 태도로 이마의 주름을 깊게 하고 놀라는 태도를 보이거나, 애매하면서도 비웃는 말로 떠듬떠듬 참견할 따름이었다. 그러나 그런 경우에도 '인물'은 압력을 느끼게 했으며, 토론을 흐려지게 했고, 토론에서 광채를 빼앗는 것 같았으며, 토론을 뭔지 모르게 공허하게 만들었다.

페페르코른 스스로는 의식하지 않았을 테지만, 아니 어느 정도 의식하고 있었는지는 모르지만 다른 사람들이 모두 느꼈던 것처럼, 논쟁하는 두 사람의 어느 쪽에도 편들지 않는 분위기를 만들어 토론의 결정적인 중요성을 느끼지 못하게 했다. 솔직히 말해서—이렇게 말하는 것이 망설여지지만—두 사람이 쓸데없는 말을 하고 있다는 느낌을 가지게 했다. 다른 말로 한다면 목숨을 거는 것같이 격렬하게 이어지는 기지에 찬 토론이 옆을 걸어가고 있는 '인물'을 막연하게 의식하고 있어서, 그 인물의 자력(磁力)에 힘을 빼앗기고 마는 것이었다. 이렇게 생각하지 않고서는 두 논쟁자에게 아주 화가 나는 신비로운 현상을 설명할 수 없었다.

만약 피테르 페페르코른이 함께 있지 않으면 두 사람의 주장은 더욱 과격해졌을 것이다. 두 사람의 주장은 이러했다. 이를테면 세템브리니는 교회라는 역사적 전력을 음울한 침체와 보수의 원리로 보고, 고대 교양이 부활한 빛나는 시대에 탄생한 계몽, 과학, 진보의 원리와 대립되어 있음을 주장했는데, 그 주장을 아주 아름다운 말의 흐름과 몸짓으로 나타냈다. 레오 나프타는 세템브리니의 논설에 대해 교회의 극히 혁명적인 본질을 변호했다. 나프타는 냉정하고 날카롭게 이에 응수했는데, 그것은 반박을 침묵시키는 눈부신 화려함을 갖고 있었다. 나프타에 의하면 교회는 종교적, 금욕적 이념을 구원하려는 것이다. 교회는 근본적으로 영속하려는 것, 즉 세속적 교양이나 국가 질서 편에서서 그것을 옹호한다기보다는 오히려 옛날부터 급진적인 혁명이나 철저한 혁

병을 궁극적인 목표로 삼아왔다. 존속할 가치가 있다고 자부하는 자, 낙오자나 비겁자, 보수주의자, 부르주아들이 존속시키려고 시도하는 모든 것—국가나 가족, 세속적인 예술이나 과학—들은 의식적이든 무의식적이든 간에 종교적 이념에 대해, 즉 교회에 대해 이때까지 반대 입장을 취해 왔다. 그것은 교회의 본디 경향과 흔들리지 않는 목표가 현존하는 모든 세속적 질서를 없애고, 이상적이고 공산주의적인 신의 나라를 본보기로 하면서 사회를 재편성하려는 데 있기 때문이라고 했다.

다음에는 세템브리니가 맞설 차례였는데, 그도 자기 차례를 효과적으로 살리는 사나이였다.

"나프타 씨와 같은 혼돈, 계몽적인 혁명 사상과 모든 추악한 본능의 반역을 혼동하는 것은 한탄할 일입니다. 수세기에 걸친 교회의 혁신에는, 생명의 불꽃을 피우게 하는 사상을 판가름하여 교살하고 화형의 연기로 질식시키는 데 있었습니다. 그러나 오늘의 교회는 자유·교양·민주주의를 매장하고 민중 독재정치와 야만 상태를 실현하는 것을 목표로 하고 있어, 밀사(密使)들에게 교회가 마치 혁명을 좋아하는 것처럼 선전하고 있습니다. 정말 모순에 찬 결론, 악질적 모순의 최악의 표본이지요……."

나프타가 응수했다.

"이런 모순에 있어서는 세템브리니 씨의 경우도 마찬가지입니다. 당신은 민주주의자로 자칭하고 있지만, 당신이 입버릇처럼 하는 말로 보면 민중과 평등의 편이라고 할 수 없습니다. 오히려 모든 사람을 대표하여 독재할 사명을 가지고 있는 프롤레타리아를 민중이라고 부름으로써, 경멸해야 할 귀족적 오만을 드러내고 있습니다. 그러나 당신이 교회에 반대하는 것은 정말 민주주의자답습니다. 교회가 궁극적인 최고의 의미, 즉 정신적 의미에서 인류 역사상 가장 귀족적인 권력을 뜻한다는 것은 인정해야 할 사실입니다. 왜냐하면 금욕 정신,*3 즉 현세 부정과 현세 말살의 정신은 고귀성 그 자체, 순수한 귀족적 원리이기 때문입니다.

금욕 정신은 결코 민중적인 일이 없고, 어느 시대에도 교회는 본질적으로 비민중적이었습니다. 세템브리니 씨도 중세의 문화에 대한 문헌을 좀 연구해

*3 정신은 금욕을 의미하므로 이것은 중복어가 된다.

보면 이 사실을 인정할 것입니다. 민중, 그것도 가장 넓은 의미의 민중은 교회의 본질에 대해 언제나 노골적인 혐오를 보여왔습니다. 예컨대 민중의 단순한 시적 공상에서 탄생한 수도사들의 모습이 그것인데, 이 수도사들은 이미 루터와 같은 방법으로 금욕 정신에 대해 술과 여자와 노래를 예찬하고 있습니다. 세속적인 영웅주의의 모든 본능과 호전적 정신과 궁정 문학은 정도의 차이는 있지만 모든 종교적 이념에 대립했고, 따라서 교권 제도에 대립해 왔습니다. 왜냐하면 그것들은 모두 교회에 의해 대표되는 정신의 귀족성에 비교하면, '세속'과 '민중'을 의미하기 때문입니다."

"나프타 씨, 기억을 새롭게 해주어서 고맙습니다. 나프타 씨가 찬미한 음울한 귀족주의에 비하면, 영웅시 〈로젠 가르텐〉의 수도사인 일잔의 모습이 훨씬 깨끗한 느낌을 줍니다. 나는 나프타 씨가 말한 독일의 종교 개혁자를 조금도 좋아하지 않지만, 인격을 억압하려는 종교적이고 봉건주의적인 모든 본능에 대해 루터 교회의 민주적 개인주의는 전적으로 옹호하는 바입니다."

그러자 나프타가 갑자기 외쳤다.

"이건 정말! 세템브리니 씨는 교회가 민주적 사상을 가지고 있지 않고, 인격의 가치를 이해하지 못한다고 주장하는 것입니까? 로마법이 시민권의 유무로 권리 능력의 유무를 결정하고, 게르만법이 게르만 민족에 소속한 자와 개인적 자유를 갖는 자에게만 권리 능력을 인정한 데 비하여, 교회법은 교단 소속과 정교 신봉을 유일한 조건으로 하여 국가적이거나 사회적인 조건을 모두 폐기하고, 노예·포로·비자유인의 유언권과 상속권을 주장했습니다. 이런 인간적인 공정한 태도를 세템브리니 씨는 어떻게 설명할 작정입니까?"

"교회의 그런 주장은 유언할 때마다 교회의 품에 굴러들어오는 '교회 취득분'을 겨냥하고 한 것입니다. 또한 '신부의 선동 정치'는 탐욕스러운 권력욕에 의한 교태이며, 신에게 상대가 되지 않기 때문에 지옥의 세력을 움직이려는 것입니다. 그리고 교회는 영혼의 질보다 양을 목표로 해왔으므로, 이것은 교회가 정신적으로 저급하다는 것을 증명합니다."

"저급하다고요? 교회가요?"

나프타는 세템브리니에게, 오욕(汚辱)이 자손에게까지 미친다는 교회의 엄한 귀족주의에 대해 주의를 촉구했다.

"민주주의적인 사고에서라면 아무 죄가 없다고 할 수 있는 자손에게까지 무거운 죄가 미치게 됩니다. 예컨대 사생아는 일생 동안 부모의 죄를 짊어지고 권리를 부여받지 못한다는 겁니다."

"그런 말은 입 밖에도 내지 마십시오. 왜냐하면 첫째로 나의 감정이 그런 말에 태연스럽게 있을 수 없고, 둘째로 나는 그런 핑계에는 진저리가 나 있기 때문입니다. 나프타 씨, 당신의 교묘한 변명은 철저하게 파렴치하고 악마적인 허무 예찬에 지나지 않습니다. 왜 허무 예찬일까요? 그 허무 예찬을 정신이라 부르기를 요구하고, 금욕이라는 원리는 인기가 없다는 점을 인정하면서도 그것을 정당하고 신성한 것처럼 느끼게 하려고 하기 때문입니다."

"실례지만 배를 잡고 웃음을 터뜨리지 않을 수 없군요. 교회의 허무주의를 입 밖에 내다니요? 세계 역사에서 가장 실제적인 지배 체제인 교회를 허무주의라니요? 교회는 현세와 육욕에 대해서 양보하고 있으며, 그 양보로 금욕적 원리의 최종적인 결론을 감추고, 자연 본능에 대해 지나치게 엄격한 것을 피하며, 억제 조정의 의미에서만 정신을 간섭하고 있습니다. 그런데 세템브리니 씨는 교회의 이런 인간미에 찬 아이러니를 조금도 느낀 일이 없는 것 같군요. 그리고 관용에 대한 성직자의 섬세한 사고에 대해서도 들은 일이 없는 것 같습니다. 이를테면 혼인성사(聖事)도 그런 섬세한 사고의 하나로서 다른 성사와 마찬가지로 적극적인 것은 아니고 죄로부터 인간을 지키는 수단에 지나지 않습니다. 혼인성사는 육욕과 방종을 억제하기 위하여 부여된 것으로, 육체에 대해서 비정치적인 엄벌주의를 가지고 임하는 것이 아니라 금욕적 원리, 순결의 이상을 주장하려는 것입니다."

세템브리니가 '정치적'이라는 개념의 이 혐오할 적용에 대해 항의하지 않을 수 있을까? 감히 정신이라고 자칭하는 것과 그 반대의 것, 성직자의 주제넘은 관용을 조금도 필요로 하지 않는 것은 죄악이라고 하며, 그것을 '정치적으로' 알맞게 취급해야 한다고 너그러운 척, 현명한 척하는 나프타의 몸짓에 세템브리니는 항의하지 않을 수 없었다. 인생에 대립할 수 있다는 건방진 태도, 한 마디로 말한다면 우주를 악마화시키려는 우주관의 혐오스런 이원론(二元論)에 대해 항의했다. 왜냐하면 인생이 악이라고 한다면, 그 완전한 부정인 정신 또한 악이어야 하기 때문이다! 이렇게 세템브리니는 육욕을 변호하면서 그것이 아무 죄가 없다고 말했지만, 그것을 들으면서 한스 카스토르프는 책상, 짚이 든 의자, 물병이 놓여 있는 인문주의자의 다락방을 생각하지 않을 수 없었다.

나프타가 말했다.

"어떤 경우에도 육욕은 죄가 없다고 말할 수 없습니다. 자연은 정신에 대해 언제나 꺼림칙한 것을 느끼지 않을 수 없지요. 그리고 교회의 정책과 정신의 관용은 '사랑'입니다. 금욕적 원리는 허무주의입니다."

그러나 그 말을 들었을 때 한스 카스토르프는, 이 예리하고 마르고 키가 작은 사나이인 나프타에게 '사랑'이라는 말은 정말 이상하다고 느꼈다.

이렇게 토론은 이어졌는데, 우리에게는 두 사람의 토론이 이것이 처음은 아니고 한스 카스토르프에게도 처음은 아니었다. 그런데도 우리가 그와 함께 그 토론을 경청한 것은, 그런 소요학파적인 응수가 옆에서 걸어가는 '인물'의 영향 아래서 어떻게 되었을까, '인물'의 존재가 그 응수를 어떻게 남모르게 공허한 것으로 만들었는가를 관찰하고 싶었기 때문이다. 또 논쟁자들이 이 '인물'의 존재를 자기도 모르게 의식했으므로 논쟁의 열기가 식어버리고 전류가 완전히 끊어져 버린 것을 깨달았을 때의 무력감을 관찰하고 싶었기 때문이기도 했다. 그렇다! 그대로였다. 두 사람의 응수는 이제 불꽃이 튀기지도 않았고, 전류도 전혀 통하지 않게 되었다.

정신이라고 자칭하는 두 사람이 무력화시켰다고 믿은 '인물'이 반대로 정신을 무력화해 버리자, 한스 카스토르프는 그것을 경탄과 호기심을 갖고 바라보았다.

혁명측과 보수측 모두가 페페르코른에게 시선을 고정시켰다. 그는 모자를 깊숙이 쓰고 그다지 당당해 보이지 않는, 좌우로 흔들리는 듯한 발걸음으로 걸으며 불균형하게 찢어진 입술을 열고 논쟁자들을 장난스럽게 머리로 가리키면서 말했다.

"그렇지요…… 그렇지요…… 그렇지요! 뇌수(腦髓), 뇌수뿐인 그렇고말고요! 그것은 즉, 분명히 그것은……."

그러자 웬일일까? 그가 이런 말을 하자마자 논쟁의 불꽃은 꺼지고 말았다. 두 논쟁자는 불꽃을 다시 피우려고 다른 화제로 옮겨, 더 강렬한 투로 '귀족성의 문제', 즉 대중성과 고귀성이라는 문제에 대해 토론하기 시작했다. 그러나 불꽃은 다시 피어나지 않았다. 논쟁의 열기는 그 옆의 '인물'에 자석처럼 빨려들어간 것이다. 한스 카스토르프는 클라브디아의 여행 동반자가 깃이 없는 메리야스 셔츠를 입고, 늙은 노동자나 왕자의 흉상을 연상케 하는 모습으로, 붉은 비단 이불을 덮고 침대에 누워 있던 모습을 생각했다. 그 순간 토론의 중추 신경은 약해져서 경련을 일으키고 죽어버렸다. 그러자 두 논쟁자는 사상의 대립이 더욱 강렬해졌다. 나프타는 부정(否定)과 무(無)를 예찬하고, 세템브리니는 영원한 긍정과 삶에 대한 친근감을 주장했다. 그러나 페페르코른을 보기만 해도—보지 않으려고 해도 남모를 인력에 끌려 보지 않을 수 없었다—신경, 불꽃, 전류는 어디로 사라져 버리는 것이었다. 요컨대 불꽃이 튀기지 않게 되었는데, 이것은 한스 카스토르프의 말을 빌리면 '신비'였다. 한스 카스토르프는 신비에 대해 그의 잠언집을 위해서 적어두어야 했을 것이다. 신비는 아주 간단한 말로 표현하는 것이 표현할 수 없는 것이라고 말이다. 그러나 이 경우의 신비를 어떻게 해서라도 표현해 보자. 이마에 깊은 주름을 새기고 왕자와 같은 얼굴에 비통하게 찢어진 입술을 한 페페르코른은 언제나 두 가지 경향을 띠고 있어서 그를 보면 어느 쪽도 어울려서 그의 속에서 하나로 되든지, 이쪽인가 싶으면 또 저쪽인 것 같아 어느 쪽이라고 단정지을 수 없는 것이다.

아, 이 바보 같은 노인, 이 지배자적인 무(無)! 그는 나프타처럼 혼란과 선동으로 논쟁의 신경을 마비시키는 것이 아니었다. 애매하지 않으면서 완전히 정반대의 적극적인 의미에서 파악하기 어려운 것이다. 이 휘청거리는 신비는 바보라든가 현명함을 분명히 초월하고 있었을 뿐만 아니라, 세템브리니와 나프타가 불꽃을 튀기며 토론의 화제로 삼은 교육 목적의 반대 개념을 분명히 뛰어넘고 있음으로 보아 '인물'이라는 개념은 교육자적인 것은 아닌 듯했다. 그러나 수양 과정에 있는 청년에게 이 인물과의 만남은 얼마나 좋은 기회였던가! 두 논쟁가가 결혼과 죄, 관용의 성사, 육욕의 죄에 대한 유무를 논하고 있을 때, 이 신비로운 왕자 같은 존재를 관찰하는 것은 얼마나 기묘한 경험이었던가! 그는 머리를 어깨와 가슴 사이에 파묻고, 비통한 표정으로 찢어진 입술을 벌리고 있었다. 콧구멍은 긴장되어 고통스럽게 벌렁거렸고 이마의 주름은 위로 치켜졌으며, 엷은 빛깔의 눈에는 고뇌의 빛이 담겨 있었다. 그러나 보라! 다음 순간 그 고뇌의 표정이 장난스럽고 분방한 표정으로 바뀌었다! 옆으로 기울인 머리는 장난스럽게 까딱거렸고, 열려 있는 입술에는 음탕한 미소가 떠올랐으며, 전에도 본 적이 있는 탕아 같은 보조개가 한쪽 볼에 나타났다. 거기 있는 것은 미친 듯이 춤추는 이교의 사제 모습이었다. 그는 장난꾸러기처럼 머리로 두 논쟁가를 가리키면서 말했다.

"그렇지요, 그렇지요…… 완벽합니다. 이분은…… 이분들은……이제 자명해졌습니다…… 육욕의 성사, 아시겠습니까……?"

한스 카스토르프의 친구이며 교사인 두 사람은 페페르코른 때문에 가치가 떨어졌지만, 아까도 말한 것처럼 두 사람이 토론하고 있을 때에는 그래도 가장 화려했다. 그럴 때면 두 사람 다 물을 만난 물고기 같았고, 반면에 페페르코른은 물에서 건진 물고기 같았다. 아무튼 이런 경우에 '인물'이 행한 역할에 대해서는 여러 가지로 생각할 수 있을 것이다. 그러나 이와 반대로 기지와 말과 정신이 문제되지 않고 사실적이며 현실적인 사실, 즉 지배적 인물이 본령(本領)을 발휘하는 문제들이 토론의 대상이 되면 정세(情勢)는 두 논객에게 불리해졌다. 두 사람은 무대에서 한쪽 구석으로 밀려나 페페르코른의 독무대가 되고, 그가 결재·결정·명령·주문·호령을 하게 되었던 것이다. 페페르코른이 이런 정세를 조성하려고 이론적인 분위기를 현실적인 분위기로 바꾸려고 한 것을 이상하다고 할 것인가? 토론의 분위기가 이론적인 경우에는, 또는 그런 기간이 길어지면 페페르코른은 마음이 불행해졌다. 그것은 자기를 추어올려 주지 않아서가 아니었다—한스 카스토르프도 그것을 잘 알 수 있었다. 추어올려 주기를 원하는 것은 도량이 크지 못한 것이다. 거물은 그런 허영심은 없다—페페르코른이 현실적인 화제를 원한 것은 다른 이유에서였고, 간단히 말한다면 '불안'에서 온 것이었다. 한스 카스토르프가 언젠가 세템브리니에게 시험삼아 설명한 말 가운데에서 군인다운 강렬한 의무감과 명예심에서 나온 것이었다.

네덜란드인은 창과 같이 뾰족한 손톱을 기른 커다란 손을 쳐들며 간청하듯 말했다.

"여러분, 좋습니다. 여러분, 멋집니다! 완벽, 금욕, 관용, 육욕…… 아주 중대한 문제입니다. 그런데 실례지만…… 내가 두려워하는 것은, 그것으로 인해 우리가 중대한 죄를 지을지도…… 그 때문에 우리가 무책임하게도 가장 신성한……."

그는 깊이 숨을 들이켜더니 말을 이었다.

"여러분, 남풍을 품은 오늘의 이 공기는, 신경을 부드럽게 하기도 하고 피곤하게도 하고, 예감과 추억을 담은 봄 향기가 나는 공기입니다. 우리는 이 공기를 마시면서 부당하게도 이런…… 간절히 부탁드립니다. 그것은 좋지 않은 것입니다. 그것은 모독입니다. 우리는 이 공기에 우리의 모든 주의력을, 우리의 최고 정신을 완전히 집중시키고…… 여러분! 그리고 이 공기의 멋진 것을 즐기는 뜻에서 이 공기를 가슴에 다시 품고…… 말을 하다 말았습니다만, 여러분! 말을 하다 말았습니다만……."

그리고 그는 갑자기 몸을 뒤로 젖히고 모자챙을 쳐들었으므로 모두들 얼떨결에 그의 행동을 따라 했다.

"여러분, 눈길을 하늘로 돌리십시오. 저 넓은 하늘로, 저 검푸른 하늘 밑에 맴돌고 있는 저 검은 점으로요…… 저것은 거대하고 사나운 짐승입니다. 내 눈이 틀림없다면 저것은…… 여러분, 그리고 클라브디아, 저것은 독수리입니다. 저 독수리에 주의를 기울이십시오! 저것은 솔개도 매도 아닙니다. 나는 노안(老眼)이라 먼 곳이 더 잘 보입니다. 여러분도…… 나이를 먹으면 그렇게 되지요. 나의 머리칼은 희고 윤기가 없어졌습니다. 여러분도 그렇게 되면 나처럼 먼 곳이 더 잘 보일 것입니다. 날갯짓의 유연한 곡선으로 볼 때 독수리입니다. 여러분, 검독수리입니다. 우리 머리 위에서 원을 그리며 날개도 움직이지 않으면서 높은 하늘에서 날고 있습니다. 그리고 튀어나온 눈썹 밑에서 멀리까지 보는 빛나는 눈으로 지상(地上)을 엿보고 있을 겁니다. 여러분, 유피테르의 사랑하는 날짐승, 새 중의 왕, 하늘의 사자! 그는 깃을 달고, 안쪽으로 구부러진 갈퀴 발톱을 가지고, 앞발톱은 뒤의 긴 발톱을 꼭 물고 있습니다. 보십시오, 이렇습니다."

그는 손톱이 뾰족한 선장과 같은 손으로 독수리의 갈퀴 발톱을 흉내내려고 했다. 그러고는 다시 푸른 하늘을 향해 눈길을 돌리며 외쳤다.

"독수리야, 왜 빙빙 돌며 엿보고만 있는 거냐? 덤벼들어라! 무쇠 같은 부리로 그놈의 머리와 눈을 쪼아라. 배를 찢어라. 먹이로서 신께서 너에게 주신…… 완벽하게 끝났다! 너의 발톱은 그놈의 내장 속에 들어가야 한다. 너의 부리로 그놈의 피를 흘리게 해야 해……."

페페르코른은 매우 흥분해 있었다. 나프타와 세템브리니의 논쟁에 향해졌던 산책자들의 관심은 어느 틈에 페페르코른에게 옮겨졌다. 그 뒤에 페페르코른이 다시 한 번 나서서 뭔가를 제안해 의논이 일어나고 계획이 세워졌으나 아무도 말을 하지 않았다. 조금 전 페페르코른이 열변을 토한 독수리의 영상이 모두의 마음에서 떠나지 않아서, 그들은 토론을 멈추고 음식점에 들어가 먹고 마셨다. 식사할 시간은 아니었지만 모두들 그 독수리를 생각하느라고 식욕이 자극된 것이었다. 이것은 페페르코른이 베르크호프 밖에서 베푼 음식 대접이었다. 그는 '읍내'나 '마을'에서, 또는 기차로 소풍 간 글라리스나 클로스터의 요리점에서 가끔 그런 대접을 했다. 모두 그의 지배자적인 매력 아래에서 고전적인 선물을 즐겼다. 시골식 빵에 크림이 든 커피, 또는 향기 진한 알프스의 버터를 바른 빵에 부드러운 치즈, 방금 구운 뜨거운 빵에 버터를 발라 먹으면 기가 막힐 정도로 맛있었다. 그리고 펠트린산의 붉은 포도주를 마음껏 마셨다. 페페르코른은 이 즉흥적인 향연에 예의 떠듬거리는 말로 사회를 보기도 하고, 선량한 인종자(忍從者)인 안톤 카를로비치 페르게에게 무엇이든 말해 달라고 간청하기도 했다. 고상한 것과는 아무 인연이 없는 페르게는, 러시아의 고무 구두 제조에 대해 아주 실질적인 이야기를 들려주었다. 유황이나 기타 약품을 고무 원료에 혼합해 완성된 구두에 래커 칠을 하고 100도가 넘는 열로 경화시키는 과정에 대해 말했다. 페르게는 출장 여행으로 북극에도 여러 번 갔었기에 극지(極地)에 대한 이야기도 했다. 노스케이프의 한밤중의 태양과 영원한 겨울에 대해서 이야기했다. 튀어나온 울대뼈와 수염으로 덮인 입술을 움직이면서 하는 이야기에 따르면, 북극의 거대한 빙산과 차디찬 회색 바다에서는 기선이 장난감 배처럼 작게 보인다는 것이다. 그리고 하늘에 누런 베일과 같은 빛이 퍼지곤 했는데, 이것이 오로라였다. 그리고 이 모든 정경이 자신에게는 기괴하게 느껴졌다는 것이다.

페르게는 이렇게 이야기했지만, 그는 이 작은 모임에서 제외되어 있는 유일한 사람이었다. 이 작은 모임은 까다로운 관계로 이루어졌는데 이 관계를 알기 위해서는 주인공답지 않은 주인공인 한스 카스토르프가 클라브디아 쇼샤, 그리고 그녀의 여행 동반자와 남몰래 나눈 이상한 짧은 담화를 소개해 둘 필요가 있을 것이다. 어느 것이나 다 두 사람과 개별적으로 나눈 대화로서, 하나는 '방해자'가 말라리아열로 2층 방에 누워 있었던 어느 날 저녁에 홀에서, 또 하나는 어느 날 오후에 '방해자'인 페페르코른의 베갯머리에서 나눈 것이었다.

그날 밤 홀은 유난히 어두컴컴했다. 그날의 사교 모임은 탐탁지 않게 끝나 버려서 요양객들은 일찌감치 밤의 안정 요양을 하러 발코니로 돌아갔고, 그렇지 않은 사람들은 요양 규칙을 어기고 댄스와 카드놀이를 하러 읍내로 내려갔다. 고요해진 홀에는 천장 어딘가에 전등불이 하나 켜져 있을 뿐 그 옆의 담화실에도 불이 켜져 있지 않았다.

한스 카스토르프는 쇼샤 부인이 여행 동반자와 저녁을 같이 먹지 않고 식당에서 모두와 함께한 뒤 2층으로 올라가지 않고, 글쓰기와 독서를 겸할 수 있는 방에 혼자 남아 있는 것을 알고 있었기 때문에 그도 2층으로 돌아가는 것을 머뭇거렸다. 그는 홀 깊숙이 있는 사기 벽돌로 된 난로 앞의 흔들의자에 앉아 있었다. 여기는 기둥을 판자로 덮고 흰 칠을 한 아치가 두세 개 있어서 홀의 중앙부에서 떨어져 있었으며, 낮은 계단을 하나 거쳐서 내려가야 홀로 갈 수 있었다. 한스 카스토르프가 앉은 의자는 요아힘이 마루샤와 처음이자 마지막 담화를 하고 있을 때 마루샤가 앉았던 그 의자였다.

이 시간에는 홀에서 담배 피우는 것이 허락되어 있었으므로 한스 카스토르프는 담배를 피웠다. 그때 그곳에 그녀가 들어왔다. 그는 뒤에서 발소리와 옷자락 소리가 나는 것을 들었다. 그녀는 어느 틈에 옆에 서서 편지 모서리를 잡고 부채처럼 흔들면서 프리비슬라프의 목소리로 말했다.

"문지기가 없어요. 우표 한 장이 필요한데요!"

그날 밤 그녀는 얇고 검은 비단옷을 입고 있었다. 그 옷은 목둘레가 둥글게 파이고 소매가 넓었으며, 소매 끝은 단추 달린 커프스가 손목까지 덮고 있었다. 그는 특히 이 옷이 마음에 들었다. 그녀는 진주 목걸이를 걸치고 있었는데, 그것이 어두컴컴한 어둠 속에서 창백하게 빛났다. 그는 키르키스인과 같은 그녀의 얼굴을 쳐다보면서 되물었다.

"우표? 나는 가지고 있지 않아요."

"아니, 한 장도요? 그건 칭찬할 수 없는데요. 여자에게 친절을 베풀기 위해 언제나 준비하는 것이 아닌가요?"

그녀는 토라진 듯 어깨를 움츠렸다.

"다시 보아야겠어요. 남자들은 언제나 빈틈없고 믿음직해야 돼요. 나는 당신이 언제나 지갑 속에 모든 우표를 작게 접어 가격 순으로 넣고 다니는 줄 알았어요."

"아니 무엇 때문에요? 나는 편지를 써본 적이 없어요. 도대체 누구한테 쓴다는 말인가요? 아주 드물게 엽서를 보내는 일은 있지요. 엽서에는 우표가 인쇄되어 있거든요. 내가 누구에게 편지를 쓴단 말이지요? 내게는 편지 쓸 상대가 없어요. 이제는 편지와의 접촉도 끊어져서 이 세상과의 인연도 완전히 단절되고 말았어요. 우리나라 민요집에 이런 노래가 있습니다. '나는 세상과는 단절되어 있노라.' 내가 바로 그런 처지이지요."

"그렇다면 하다못해 담배라도 주셔요, 단절된 도련님."

그녀는 난로 옆에 있는 리넨 쿠션을 깐 의자에 그와 마주 앉아, 두 다리를 포개고 한쪽 손을 내밀며 말했다.

"담배는 가지고 있군요."

그리고 그가 내민 은제 담뱃갑에서 고맙다는 말도 없이 담배를 하나 집어 들더니, 그가 몸을 굽혀 켜준 라이터로 불을 붙였다.

"담배라도 주세요" 하는 말투에서나, 고맙다는 말도 하지 않고 담배를 집는 태도에서도 응석꾸러기 부인의 방자함을 느낄 수 있었고, 거기에는 또한 인간적인, 더 정확히 말한다면 '정이 있는' 연대감과 재산 공유의 사고, 즉 주고받는 것을 당연한 일로 느끼는 가식 없고 약간 방종한 기분이 숨어 있었다. 한스 카스토르프는 그런 행동을 미워할 수만은 없다고 생각하며 말했다.

"그렇지요, 담배는 언제든지 가지고 있어요. 이것이 없어서야…… 담배 없이 어떻게 지낼 수 있겠어요? 안 그래요? 이런 말을 하는 것을 세상에서는 정열이라고 부르겠지요. 솔직히 말해서 나는 결코 정열적인 인간은 아닙니다만, 그런 나에게도 정열이 아주 없지는 않습니다. 냉정한 정열 말입니다."

그녀는 빨아들인 담배 연기를 천천히 내뿜으면서 말했다.

"당신이 정열적인 인간이 아니라는 말을 들으니 정말 안심했어요. 당신은 정열적일 리가 없어요. 정열적이라면 독일 사람답지 않다는 말이 되니까요. 정열이라는 것은 인생 자체를 위해 인생을 산다는 뜻인데, 당신네 나라 사람들은 경험을 목적으로 살고 있잖아요? 이것은 널리 알려진 사실이에요. 정열이란 자기를 잊어버리는 거예요. 그런데 당신들은 자신을 풍요롭게 하는 것만 생각하고 있어요. 그래요, 그것은 추악한 이기주의로 당신들은 그 때문에 언젠가는 인류의 적이 될 수 있다는 것을 조금도 느끼지 못하고 있어요."

"아니, 아니! 갑자기 인류의 적 취급인가요? 댁은 그런 일반론으로 무엇을 말하려는 겁니까, 클라브디아? 댁은 무엇을, 누구를 염두에 두고 우리 독일인들이 인생을 위해서가 아니라 자신을 풍요롭게 하기 위해서 산다고 하는 거지요? 여성들은 막연하게 도덕론 같은 것을 펼치지는 않을 텐데요. 아, 도덕! 그것은 나프타와 세템브리니의 토론 주제이지요. 대단한 혼란을 불러일으킬 수 있는 주제예요. 우리가 우리를 목적으로 살고 있는지, 인생을 목적으로 살고 있는지는 우리 자신도 모를뿐더러 아무도 그것을 확실하게 자신을 갖고 대답할 수는 없어요. 그 경계선이 분명치 않아서 이기적인 헌신도 있고 헌신적인 이기주의도 있어요…… 연애의 경우에도 대개 마찬가지라고 생각해요. 내가 댁의 도덕론 같은 것에는 귀도 기울이지 않고 언젠가 단 한 번 그랬던 것처럼 오늘도 이렇게 마주 앉아 있을 기회가 생겼다는 사실만을 기쁘게 생각한다는 것, 이것은 물론 도덕적이라고는 할 수 없겠지요. 그리고 댁의 손목을 덮고 있는 블라우스의 커프스가 얼마나 기막히게 잘 어울리는지에 대해서도 댁에게 말해 줄 수 있다는 게 얼마나 기쁜 일인지 모릅니다만, 이것 또한 도덕적이라고는 말할 수 없을 테지요. 그 얇은 비단이 댁의 그 팔을 살포시 감싸고 있다는 사실이……."

"나는 이제 가서 잘래요."

"아니, 제발 가지 마십시오. 나는 현재의 사정도 잊지 않을 것이고, 여러 사람들에 대한 것도 생각하고 있으니까요."

"정열이 없는 사람이니 적어도 그것은 믿어도 될 것 같군요."

"그것 보십시오. 댁은 금방 놀리기도 하고 나무라기도 하지 않습니까? 내가 무슨…… 그러면서도 또 곧 가겠다고 하니 말이에요. 내가 좀……."

"무엇을 말하려는지 똑똑히 알려주려면 도중에서 끊지 말고 끝까지 말씀해 주시면 좋겠어요."

"댁은 도중에서 끊겨버리는 말의 끝부분을 알아내는 수련을 쌓고 있으면서도 내 말은 전혀 알아들을 수 없다고요? 그건 좀 불공평한데요. 이 경우에는 공평이니 불공평이니 하는 것이 문제되지 않는다는 것을 내가 모르고 있지는 않습니다만……."

"그래요, 문제도 되지 않아요. 공평이란 냉정한 정열이지요. 질투와는 다른 것이니 말이에요. 그러니 냉정한 사람이 질투하면 그야말로 우습지요."

"그렇지요? 우습고말고요. 그러니 내가 냉정한 것을 너그럽게 봐주기를 바라는 겁니다. 되풀이해서 말하지만 내가 냉정하지 않았다면 어떻게 참을 수 있었겠어요? 냉정하지 않았다면 어떻게 지금까지 참고 기다릴 수 있었겠느냐 말입니다."
"뭐예요?"
"댁을 기다린 것 말입니다."
"당신이 끈질기게 쓰고 있는 '댁'이라는 말은 이제 더 이상 문제삼지 않기로 했어요. 언젠가는 당신 쪽에서도 싫증이 나겠지만, 나 또한 고상한 체하는 말 많은 사모님은 아니니까요."
"그렇고말고요. 댁은 병을 앓고 있으니까요. 병은 댁에게 자유를 주고 있어요. 병은 댁을…… 가만 있자, 아직 한 번도 써본 일이 없는 말이 생각났어요. 병은 댁을 천재적으로 만들고 있어요."
"천재 이야기는 다른 기회에 논하기로 하지요. 내가 말하고 싶은 것은 그런 게 아니에요. 한 가지 부탁이 있어요. 착각을 하지 말아달라는 거예요. 당신이 기다렸다는 것에 대해, 정말로 기다렸다고 한다면 말입니다. 내가 무슨 관계가 있다든지, 내가 그렇게 하도록 만들었다든지, 그렇게 하는 것을 반대하지 않았다든지 하는 그런 터무니없는 말은 아예 하지 말아주셨으면 해요. 사실은 그 반대였다는 것을 지금 여기서 분명히 인정해 주셨으면 해요."
"좋아요, 클라브디아. 염려 마세요. 댁이 나더러 기다리라고 한 것이 아니라 내가 내 마음대로 기다렸던 것이니까요. 댁이 그걸 꺼려하는 마음도 잘 알고 있어요."
"당신이란 사람은 자기 잘못을 인정할 때에도 어딘지 거만하군요. 당신은 고자세예요. 왜 그런지는 모르지만 말이에요. 나에게뿐만 아니라 다른 사람에게도 그래요. 당신은 감탄하거나 겸손해할 때에도 그런 거만한 느낌을 줘요. 내가 그걸 모르는 줄 아세요? 그러니 당신 같은 사람하고는 말을 하지 않는 것이 좋을지도 모르겠어요. 고자세이면서도 나를 기다리고 있었다니 말이에요. 당신이 아직까지 여기에 있다는 것도 무책임한 일이에요. 당신은 일하러 벌써 평지로 돌아가 있었어야 해요. 조선소든지 아니면 다른 데라도 말이에요."
"지금 그 말은 천재적이 아니고 극히 상식적이군요. 클라브디아, 진심으로 그렇게 말하는 건 아니겠지요? 세템브리니 씨에게나 어울릴 그런 뜻으로 한 말은 아닐 거라고 생각해요. 틀림없이 그럴 겁니다. 그냥 아무 의미 없이 말했을 뿐일 테니까요. 나도 그걸 곧이곧대로 받아들일 수야 없지요. 나는 그 불쌍한 사촌처럼 무모한 출발을 하지는 않습니다. 사촌은 댁이 예언했듯이 평지에서 군무에 종사하려다가 죽고 말았습니다. 그는 스스로도 죽으리라는 것을 알고 있었던 모양인데, 여기서 요양 근무를 계속하느니 차라리 죽는 것이 낫다고 생각했던 거예요. 그것도 좋습니다. 그러니까 그는 군인이었던 거지요. 하지만 나는 군인이 아닙니다. 나는 평범한 시민이니 사촌의 흉내를 내어, 그것도 더구나 라다만토스의 금지 사항을 여겨가며 평지로 내려가 직접적인 실익(實益)과 진보를 위해 일하려고 한다면 그야말로 탈주가 되어버립니다. 이런 일은 다시없는 망은(忘恩)일 뿐더러 불신입니다. 병이나 천재에 대해서는 물론 옛 상처와 새로운 상처를 만들게 한 댁을 향한 사랑에 대해서도, 그리고 내가 잘 알고 있는 댁의 팔에 대해서도 말입니다. 물론 내가 댁의 팔에 대해 알게 된 것은 꿈속의 일이니까, 댁에게는 어떤 결과나 책임도 생기지 않을 것입니다. 댁의 자유가 그것 때문에 구속되는 일이 없다는 건 나도 인정합니다……."

그녀는 담배를 입에 문 채로 웃었는데 그 바람에 타타르인을 떠올리게 하는 눈이 가늘어졌다. 그녀는 벽에 기대어 두 손으로 걸상을 짚어 몸을 지탱하고, 검은 에나멜 구두를 신은 다리를 포개고는 한쪽 발을 흔들어댔다.

"정말 너그러우시군요! 아, 그렇지, 사실이에요. 나도 천재를 언제나 그렇게 상상하고 있었어요, 귀여운 도련님."

"그만둬요, 클라브디아. 물론 나는 도량이 큰 인물도 아니고 천재도 아닙니다. 천만의 말씀이에요. 그러나 나는 우연히도…… 그래요, 우연이지요. 나는 이 천재적인 세계로 높이 밀려 올라온 겁니다. 댁은 잘 모르겠지만 한 마디로 말하면 연금술적이며 비밀적인 교육과 고차원적인 고양에 의해 그런 성인(聖人)과 같은 천재적인 세계로 밀려 올라간 것입니다. 하지만 외부의 힘으로 높여지고 밀어 올려진 것도 본디 내부에 그런 것이 조금이나마 있었기 때문이지요. 그 내부에 있는 것이 무엇일까요? 분명히 기억하고 있습니다만, 나는 오래전부터 병이나 죽음에 대해서 잘 알고 있었습니다. 언젠가 사육제날 밤에 그랬듯이, 아니 아주 오래전 소년 시절에 분별력을 잃고 댁에게 연필을 빌린 적이 있단 말입니다. 이렇게 분별력을 잃게 하는 사랑이 바로 천재적인 것입니다. 왜냐하면 죽음은 천재적 원리, 이원적 원리, 현자의 돌이기 때문입니다. 그리고 죽음에 대한 사랑은 삶과 인간에 대한 사랑으로 통하고 있기 때문이지요. 나는 발코니에서 누워 자다가 이것을 깨달았습니다. 지금 그것을 이렇게 댁에게 말할 수 있게 되어 나로서는 아주 기쁩니다. 삶에 이르는 길은 두 가지가 있는데, 그 하나는 직선적이고 일반적인 큰길이고, 다른 하나는 죽음을 뚫고 가는 뒷길로서 이것이야말로 천재적인 길입니다."

"당신은 바보 같은 철학자이군요. 나는 당신의 까다로운 독일 철학을 전부 안다고 할 수는 없지만, 당신이 하는 말씀은 인간적으로 들려요. 그리고 당신은 선량한 청년임에 틀림없어요. 더욱이 당신은 정말 철학자답게 행동하셨어요. 그것은 인정해야겠지요."

"댁의 취미로 본다면 좀 지나치게 철학자다웠겠지요. 안 그래요, 클라브디아?"

"거만한 말투는 그만두세요! 이제 싫증나요. 당신이 기다리고 있었다는 것은 지독하게 무례한 일이었어요. 그리고 기다린 보람이 없어져서 나를 원망하고 있겠지요?"

"그래요, 좀 괴로웠어요, 클라브디아. 이 냉정한 정열가라도 말입니다. 댁이 그와 함께 돌아온 것은 정말로 괴로운 일이었지요. 댁도 참 지독한 사람이지, 내가 아직 여기서 댁을 기다리고 있다는 것은 베렌스를 통해 알고 있었을 것 아닙니까? 그러나 아까도 말한 것처럼 우리의 그날 밤 일을 꿈속에서의 일로밖에 생각하지 않으니까 댁은 댁대로 자유로운 겁니다. 아니, 결국 나는 기다린 보람은 있었습니다. 이렇게 댁이 여기 돌아왔고 우리는 그날 밤과 같이 나란히 앉아서, 전부터 내 귀에 익은 댁의 그리운 목소리, 날카로운 목소리를 듣고 있을 뿐 아니라 이 포근한 비단옷 안에는 내가 잘 알고 있는 댁의 팔이 있으니 말입니다. 물론 2층 방에는 댁의 여행 동반자가 열이 나서 누워 있지만 말이지요. 댁에게 진주를 선사한 위대한 페페르코른이……."

"당신이 자신의 경험을 풍부하게 하기 위해 그렇게 사이좋게 지내고 있는 분 말이지요?"

"그것을 나쁘게 생각하지 말아주십시오, 클라브디아! 세템브리니 씨도 그 일로 나를 꾸짖었지만, 그것은 세속적인 편견에 지나지 않아요. 그는 대단한 사람이고, 확실히 그는 인물입니다. 그는 나이도 꽤 먹었어요. 그건 그래요. 그렇지만 나는 댁이 여자로서 그를 무척 사랑하고 있는 기분을 잘 압니다. 댁은 그를 무척 사랑하지요?"

"철학자 같은 당신 태도에 경의를 표한다 하더라도 말이에요, 독일 도련님."

그녀는 그의 머리를 쓰다듬으면서 말했다.
"그이에 대한 나의 기분을 당신에게 말씀드리는 것은 인간적이 아닌 것 같은데요?"
"아니, 클라브디아, 왜 이야기하면 안 된다는 거예요? 나는 천재가 아닌 사람들이 인간적이 아니라고 생각하는 데서부터 인간적인 것이 시작한다고 생각해요. 그러니 안심하고 그분 이야기를 해도 괜찮습니다. 댁은 그를 무척 사랑하고 있지요?"
그녀는 다 피우고 난 담배를 난로 속에 던지고는 팔짱을 끼고 고쳐 앉았다.
"그분이 나를 사랑해 주고 있는 거예요. 나는 그것을 자랑스럽게도 생각하고 고맙게도 생각해요. 그래서 그분을 따르는 거예요. 그 심정 이해하시겠지요? 모르신다면 당신은 그분이 당신에게 쏟고 있는 우정을 받을 자격이 없어요…… 나는 그분의 심정을 생각하면 그분을 따르고 그분에게 봉사하지 않을 수 없었어요. 어떻게 그렇게 하지 않을 수 있었겠어요? 생각해 보세요! 그의 감정을 무시하는 것이 인간적으로 가능할까요?"
"그럴 수야 없지요. 물론 그럴 수 없다는 건 알아요. 그의 감정을 무시한다든지, 감정의 감퇴에 대한 그의 불안에 무관심하다든지, 말하자면 그를 겟세마네에 혼자 내버려 둔다는 것은 여자로서 할 수 있는 일이 못 되지요……."
"당신도 보통은 넘는군요."
그녀는 시선을 비스듬하게 위로 돌리고 생각에 잠긴 듯이 한곳을 응시했다.
"당신은 머리가 참 좋군요. 감정의 감퇴에 대한 불안……."
"댁이 그를 따라갈 수밖에 없었던 감정은 머리가 그다지 좋지 않아도 알 수 있어요. 그분의 애정에는 사람을 몹시 불안하게 만드는 것이 있는 듯합니다. 아니지, 오히려 그런 것이 있었기 때문에 댁은 그를 따를 수밖에 없었겠지요."
"맞아요…… 사람을 불안하게 하는 것, 그분은 왠지 나를 불안하게 만들어요. 아시겠지요? 아주 힘들어요."
그녀는 그의 손을 잡고 그 손목을 무의식적으로 만지작거렸다. 그러다가 갑자기 눈살을 모으더니 얼굴을 들면서 물었다.
"우리가 이렇게 그분 이야기를 하는 게 비겁하지 않을까요?"
"그렇지는 않지요, 클라브디아. 천만에요. 인간적이라고도 할 수 있어요. 댁은 인간적이라는 말을 좋아해서, 이 말을 할 때는 꿈꾸는 듯한 투로 길게 끌면서 하더군요. 나는 댁이 그 말을 할 때면 언제나 흥미를 가지고 들었답니다. 내 사촌인 요아힘은 그 말을 좋아하지 않았는데, 그건 군인다운 이유에서였지요. 그 말은 모든 점에서 칠칠치 못한 것을 의미한다고 그는 생각했던 거예요. 그 말이 그렇다면, 바로 모든 것을 무비판적으로 인정해 버린다는 뜻으로 받아들인다면 나도 그 인간적이라는 말이 어떨까 하는 생각이 들어요. 이건 분명하게 말해 둡니다. 하지만 이 말이 자유와 천재성과 선의의 뜻이라면 이 말 또한 멋진 말입니다. 그러니까 페페르코른 씨에 대해서, 또 그로 인해 당신이 느끼는 불안과 괴로움에 대해서 우리가 이야기할 때에도 이 말은 안심하고 쓸 수 있으리라고 생각해요. 그런 괴로움은 물론 그분의 명예심과 감정의 고갈에 대한 불안에서 생기는 거지요. 그분이 감정을 조장하거나 북돋우거나 하는 고전적 수단을 그토록 애용하는 것도 그런 불안 때문일 겁니다. 우리는 외경심을 조금도 잃지 않고 이런 말을 할 수 있어요. 왜냐하면 그분의 경우에 모든 점에서 도량을 가지고 있기 때문입니다. 위대한 왕자적인 도량을 가지고 있기 때문이에요. 그러니 우리가 그런 이야기를 한다고 해서 그나 우리 자신을 손상시키는 게 되지는 않지요."

"우리들 일은 문제가 아니에요."

그녀는 이렇게 말하고 다시 팔짱을 꼈다.

"여자의 입장에서 자기에게 감정의 감퇴에 대한 불안을 보여주는 남성, 그것도 당신이 말하는 이른바 도량을 가지고 있는 남성을 위해 어떤 굴욕도 참으려 하지 않는다면, 결코 여자라고 할 수 없을 거예요."

"그렇고말고요, 클라브디아, 맞아요. 그러면 굴욕까지도 도량을 가지게 되는 것이니까요. 여자는 굴욕의 최고 차원에서 왕자다운 도량을 가지고 있지 않는 인간들에게 거만하게 굴 수 있지요. 댁이 아까 나더러 우표가 없느냐고 묻고 나서 '남자라면 적어도 언제든지 여자에게 친절을 베풀 수 있어야 하지 않겠어요' 하던 그런 투로 말입니다."

"화났어요? 그러지 마세요. 우리 서로 화내는 것은 그만둡시다. 아셨지요? 나도 때로는 화가 났었어요. 오늘 밤 이렇게 함께 있으니까 솔직하게 말하지만 말이에요. 나는 당신의 냉정한 태도에 화를 내고 있었어요. 그리고 당신이 이기적인 경험욕에서 그와 그토록 사이좋게 지내는 일에 대해서도 말이에요. 그러나 나는 그것이 기쁘기도 했어요. 그리고 당신이 그분을 존경하는 것을 고맙게 생각하고 있었어요…… 당신의 태도는 아주 성실했지요. 좀 거만한 데가 없었던 것은 아니지만 말이에요. 그래서 결국 나는 그걸 너그럽게 받아들였던 거지요."

"거참 고마운데요."

그녀는 잠시 한스 카스토르프를 쳐다보았다.

"당신은 정말 어떻게 할 수 없는 사람 같아요. 교활한 청년이라고 할 수 있겠지요. 머리가 좋은지 어떤지는 몰라도 교활한 것만은 확실해요. 아무튼 좋아요. 교활해도 살아갈 수 있고 우정을 지켜갈 수도 있으니 말이에요. 우리는 언제나 친구로 지내자고요. 그이를 위해 동맹을 맺읍시다. 보통 누구를 공격하기 위해 동맹을 맺는 것이지만요! 약속의 표시로 악수해 주시겠어요? 나는 가끔 굉장히 불안해져요…… 그이와 단둘이 있는 것이 가끔 무서워져요. 기분상으로 단둘이 있을 때 말이에요. 그이는 상대방을 아주 조그맣게 만들어요. 어쩐지 그분에게 좋지 못한 일이 일어날 것만 같아 가끔 걱정이 돼요…… 어떤 때는 등골이 오싹해질 때도 있답니다. 누구든지 좋은 분이 옆에 있어주었으면 싶어요. 당신은 어떻게 생각할지 모르지만, 아마 그래서 나는 결국 그분하고 여기로 되돌아온 것 같아요……."

그는 흔들의자를 앞으로 기울여 앉고 그녀는 걸상에 앉아, 두 사람은 무릎과 무릎을 맞대고 있었다. 그녀는 마지막 말을 그의 코앞에서 속삭이면서 그의 손을 꼭 잡았다.

한스 카스토르프가 말했다.

"나한테로요? 정말 멋진데요. 아, 클라브디아, 그건 참 굉장한 이야기인데요. 댁이 그분과 함께 나한테로 돌아왔다 이 말이지요? 그러면서도 댁은 내가 기다린 것이 어리석고 헛된 일이라고 하는 건가요? 댁한테서 친구가 되어달라는 간청을 받고도 그것에 응할 수 없다면, 그야말로 난 어처구니없는 인간이지 뭐겠습니까……?"

그 말이 끝나는 순간 그녀는 그의 입술에 키스했다. 러시아식 키스였다. 저 광막하고 정이 많은 나라에서 기독교의 대축제일에 사랑을 맹세하는 의미에서 나누는 키스였다. 그러나 키스를 하는 두 사람 가운데 한 사람은 정평이 있는 '교활한' 청년이었고, 또 한 사람은 젊고 사랑스럽게 사뿐사뿐 걸어가는 매력적인 여성이었다. 우리는 여기서 두 사람의 키스를 이야기하면서 무의식중에 크로코브스키 박사가 사랑에 대해 말한 교묘한 이야기를 떠올리게 된다. 크로코브스키 박사는 사랑에 대해 좀 애매한 의미의 말을 했기 때문에, 그것이 경건한 사랑에 대한 것인지, 정열적이고 육체적인 사랑에 대한 것인지 듣고 있는 이에게는 분명하지 않았다. 우리가 크로코브스키 박사와 같이 말을 하고 있는 것일까? 그렇지 않으면 한스 카스토르프와 클라브디아 쇼샤가 나눈 러시아식 키스에 뭔가 애매한 데가 있었던 것일까? 어쨌든 우리는 이 문제에 대해 더 이상 생각하지 않으려 하는데 어떨지? 우리 생각으로는 사랑의 문제로 경건과 정열을 '정확하게' 구별하는 것은 분석적이긴 하지만, 한스 카스토르프의 말투를 흉내내면 '어처구니없는 얼간이' 같은 짓이기 때문에, 분명히 생명에 호의를 갖지 않는 것이라고 생각한다. 사랑의 문제에서 '정확하게'라는 것은 무슨 뜻인가? 의미가 애매하다든지 확실치 않다는 것은 무슨 뜻인가? 우리는 그런 구별을 깨끗이 일소에 붙이는 바이다. 언어가 모든 종류의 사랑에 대해 하나의 말만 가지고 있다는 것, 극히 근엄한 사랑에서 극히 관능적이고 정열적인 사랑까지를 사랑이라는 하나의 말에 포함시키고 있는 것은 멋지고 좋은 일이 아닐까? 왜냐하면 사랑이란 불확실하면서도 어떤 면에서는 확실한 것이기 때문이다. 사랑은 아무리 근엄한 사랑이라 해도 육체적인 면이 있고, 아무리 관능적인 사랑이라 해도 근엄한 면이 있다. 삶에 대한 교활한 호의라는 형태를 취하든지, 아주 맹렬한 정열이 되어 나타난다 해도, 사랑은 언제나 사랑이다. 사랑은 유기적인 것에 대한 공감이며, 부패의 운명을 가진 유기체의 감동적이고도 방종한 포옹이다. 아무리 경탄할 만한 정열에도, 또 아무리 미친 듯 날뛰는 정열에도 그 속에는 기독교적 사랑이 담겨져 있음에 틀림없다. 의미가 애매하다고? 그래도 사랑의 의미는 제발 애매한 대로 두었으면 좋겠다! 의미가 애매하기 때문에 사랑은 생명이 있고 인간적이다. 의미의 애매성으로 고민하는 것은 교활하며 '깊이'가 없고 절망적이며 단순하다는 것을 의미하는 것이리라.

그러면 한스 카스토르프와 쇼샤 부인의 입술이 러시아식으로 키스하는 동안, 우리는 이 작은 무대의 장면을 바꾸도록 하자. 그리고 이야기할 것을 약속한 두 대화 가운데에서 두 번째 대화를 취급하도록 하자. 무대가 다시 밝아지면 얼음이 녹는 어느 봄날, 해가 질 무렵에 우리의 주인공이 위대한 페페르코른의 침대 옆에 완전히 익숙해진 태도로 앉아, 환자와 공손하고 상냥하게 대화하고 있는 것이 보인다. 쇼샤 부인은 4시의 차 마시는 시간에 그때까지의 세 번의 식사 때와 마찬가지로 식당에 혼자 나타나 차를 마시고는, 그 길로 '읍내'에 쇼핑하러 내려갔다. 그때 한스 카스토르프는 여느 때처럼 병상 방문을 위해 네덜란드인의 방을 찾아왔던 것이다. 방문한 동기는 환자에게 경의를 표시하고 환자를 위로해 주기 위함이었고, 또 한 가지는 그 인물로부터 감화받기 위해서였다. 요컨대 인생 자체와 마찬가지로 애매한 동기에서였다.

페페르코른은 네덜란드 신문인 〈텔레그라프〉를 옆에 놓고, 뿔테 코안경을 벗어서 신문 위에 놓고는 방문객에게 선장과 같은 손을 내밀었는데, 그 두텁고 찢어진 듯한 입술은 괴로운 빛을 보이며 가냘프게 떨리고 있었다. 전과 마찬가지로 붉은 포도주와 커피가 손이 닿을 수 있는 곳에 놓여 있었다. 커피 세트는 침대 옆 의자 위에 놓여 있었는데, 사용한 뒤여서 갈색으로 젖어 있었다. 페페르코른은 늘 그랬듯이 오후의 따끈하고 진한 커피를 설탕과 크림을 넣고 마셔서 땀이 나 있었다. 흰 머리칼이 불길처럼 치솟은 그의 왕자다운 얼굴은 붉어져 있었고, 이마와 입술 위에는 작은 땀방울이 맺혀 있었다.

페페르코른이 말했다.

"땀을 좀 내고 있습니다. 잘 오셨소, 젊은이. 앉으시오! 몸이 약해졌다는 증거지요. 따끈한 것을 마시면 곧…… 미안하지만…… 그렇습니다, 손수건이요. 고맙습니다."

그의 얼굴의 붉은 기운이 금세 사라지더니, 말라리아 발작으로 누렇고 창백한 빛이 얼굴 전체에 퍼졌다. 그날 오후의 나흘째 이어지는 열은 오한, 고열, 발한의 세 단계 모두 다 맹렬했으므로, 페페르코른의 엷은 색 작은 눈은 이마의 덩굴무늬 같은 주름 밑에서 희미하게 흐려져 있었다.

"이건 정말…… 젊은이. 나는 단연코 '칭찬하고 싶다'는 말을…… 정말 친절하게도 이 늙은 환자를……."

"내가 방문한 것을 말씀하시는 겁니까? 그건 아닙니다, 페페르코른 씨. 나야말로 여기에 앉게 해주신 데 대해 감사를 드려야겠습니다. 나는 당신에게서 비교가 안 될 만큼 많은 것을 받고 있기 때문입니다. 전적으로 이기적인 이유에서 방문하고 있는 것입니다. 게다가 무슨 그런 당치도 않은 말씀을 하십니까? '늙은 환자'라니요? 아무도 당신을 그렇게 생각하는 사람은 없어요. 정말 당치 않은 말씀입니다."

"좋습니다, 좋습니다."

페페르코른은 턱을 내민 왕자다운 얼굴을 베개에 기대고, 셔츠 밑으로 두드러져 보이는 젊은 가슴 위에서 손톱이 긴 손가락을 깍지 끼고 몇 초 동안 눈을 감고 있었다.

"좋습니다, 젊은이. 그러나 당신은 호의에서 그렇게 말하고 있소. 나는 그것을 확실히 느낍니다. 어제 오후는 유쾌했습니다…… 그렇고말고요. 바로 어제 오후였지요. 그 즐거운 장소에서—이름은 잊어버렸지만—그 훌륭한 살라미 소시지와 계란찜을 먹고, 여기서 맛좋은 포도주를 마시고……."

한스 카스토르프가 고개를 끄덕이며 말했다.

"정말 아주 좋았습니다. 우리 모두 정신없이 먹고 마시고 했었지요. 이 베르크호프의 주방장이 그것을 보았으면 물론 기분이 언짢았을 것입니다. 어떻든 모두가 예외 없이 정력에 넘쳐 있었습니다! 진짜 살라미에 세템브리니 씨는 감격해 눈에 눈물을 글썽이면서 먹고 있었지요. 당신도 알고 계시지만 그는 민주주의적 애국자입니다. 그는 시민의 창(槍)을 인류의 제단에 바쳤습니다. 살라미 소시지가 언젠가는 브렌네르 국경선에서 관세를 붙일 수 있도록 말입니다."

"그건 중요한 것이 아니에요. 그 사람은 기사처럼 명랑하고 이야기를 좋아하는 신사입니다. 그런데 그는 때때로 옷을 갈아입을 처지는 못 되나 보지요."

"때때로가 뭡니까? 그는 전혀 갈아입지 않습니다. 나는 오래전부터 그를 알고 있어서 그 사람과 아주 친합니다. 그는 내 일을 친아버지처럼 걱정해 주고 있습니다. 내가 '인생의 걱정거리 자식'이라고 하면서 말입니다. 이것은 우리 두 사람에게만 통하는 말이라서 설명하지 않으면 모르실 겁니다만…… 아무튼 그는 나를 바로잡아 감화시키려고 심혈을 기울이고 있습니다. 그러나 나는 그 사람이 다른 옷을 입은 걸 본 적이 없습니다. 겨울이나 여름이나 그 바둑판무늬 바지에 거친 나사지의 더블 상의입니다. 그래도 그 하나 남은 옷을 어지간해서는 남이 흉내낼 수 없을 만큼 지적이고 맵시 있게 입고 있습니다. 그 점에서는 나도 당신과 전적으로 동감입니다. 그 옷맵시가 초라함을 극복하고 있는 모양이지요. 나에게는 그의 초라한 옷차림이 조그만 나프타 씨의 멋진 옷차림보다 더 호감이 갑니다. 나프타 씨가 멋진 것은 악마적인 것이라, 어딘지 불쾌한 느낌을 주기 때문에 몸서리가 쳐진다고 할 수 있습니다. 게다가 나프타 씨는 그 비용을 뒷구멍으로 조달받고 있다고 합니다. 나는 그 사정을 어느 정도 알고 있습니다."

"그는 예의 바르고 명랑한 사람입니다."

페페르코른은, 한스 카스토르프가 이야기하는 나프타에 대해서는 더 깊이 들어가지 않고 세템브리니에 대해서만 되풀이했다.

"그러나…… 이렇게 말씀드려 외람됩니다만, 편견을 가지고 있는 것 같습니다. 당신도 그것을 눈치챘을 테지만, 나의 여행 동반자는 그를 그렇게 높이 평가하지 않고 있어요. 그녀는 그에 대해서 호의를 갖고 말하지 않는데, 그것은 아마 그녀에 대한 그의 태도에 그런 편견이…… 아니, 젊은이, 나는 세템브리니 씨에 대해서, 그리고 그에 대한 당신의 따뜻한 심정에 대해서는 추호도…… 다 끝났습니다! 나는 주장하려는 것이 아닙니다. 그가 신사로서 부인에게 지키는 예의범절은…… 완벽하여 나무랄 데가 없을 정도입니다. 그러나 역시 거기에는 한계가, 냉정할 만큼의 태도가, 어떤 거리감까지 느껴져서…… 그러니까 세템브리니 씨에 대한 부인의 기분도 인간적으로 볼 때 너그럽게……."

"네, 이해할 수 있다, 받아들일 수 있다, 아주 당연하게 생각된다고 말씀하시는 거겠지요. 용서하십시오, 페페르코른 씨. 제멋대로 말을 덧붙여서요. 당신이 이런 생각을 하고 있을 거라는 확신이 서서 감히 말씀드리는 것입니다. 게다가 여성의—나처럼 젊은 남성이 여성에 대해 평가한다고 웃으실 것입니다만—남성에 대한 태도가, 남성이 여성을 대하는 태도에 얼마나 좌우되는가를 생각할 때, 부인의 감정은 조금도 이상하지 않습니다. 여성은 반응적인 존재라 말하고 싶습니다. 여성은 독자적인 주도권을 가지고 있지 않으며, 수동적이라는 의미에서 볼 때 칠칠치 못하다고 말하고 싶습니다…… 좀 지루한 설명이 됩니다만, 내가 관찰한 바로는 여성은 애정 문제에서는 언제나 자기가 사랑받는 입장에 있다 생각하고 있어서 남성이 접근하는 것을 기다릴 뿐입니다. 자기가 스스로 자유로이 선택하는 일은 없고, 남성이 선택해 주면 비로소 선택하는 주체가 되는 것입니다. 덧붙여 말한다면 그 경우에도 여성의 선택은, 자기를 선택해 주었다는 사실에 영향을 받아 농락당하게 되는 것이지요. 상대방이 그야말로 별 볼일 없는 인간이라면 별문제이지만, 그것까지도 엄격한 조건이 될 수는 없습니다. 내가 말하는 것은 상식적인 일이겠지만, 젊은 사람에게는 모든 것이 신기하게 느껴지는 법입니다. 예를 들어 당신이 어떤 여성에게 '당신은 그 사람을 정말 사랑하는가' 묻는다고 합시다. 그러면 그 여성은 눈을 똑바로 뜨거나, 아니면 눈을 내리깔고 이렇게 대답할 것입니다. '그이는 나를 진심으로 사랑하고 있어요!' 그런 대답을 우리 남성 가운데 한 사람이 했다고 하면 어떻게 되겠습니까? 당신과 나를 하나로 묶어서 '우리'라고 말하는 것을 용서해 주십시오! 그런 대답을 하는 남성도 있을 것입니다만, 그런 남성은 그야말로 한심한 사람입니다. 속되게 말해서 사랑하는 여성의 엉덩이에 깔린 남성입니다. 내가 알고 싶은 것은, 여성의 그런 대답은 도대체 자기 평가를 어떻게 하고 있는 것일까 하는 점입니다. 자기처럼 보잘것없는 여성을 사랑의 대상으로 선택해 주는 남성이기 때문에 훌륭한 남성이라고 결론 내리는 것일까요? 나는 혼자 조용히 있을 때면 그것에 대해 가끔 생각해 보기도 합니다."

"당신은 근원적 사실이며 고전적인 문제, 그야말로 교묘한 몇 마디 말로 신성한 문제를 언급했습니다. 남성은 자신의 욕망에 도취되려 하고, 여성은 남성의 욕망에 도취되기를 원합니다. 그래서 우리는 감정을 소중하게 생각해야 할 의무가 있는 것입니다. 그런즉 남성에게는 감정 연소의 의무가 있습니다. 여성의 욕망을 눈뜨게 할 수 없는 감정의 빈곤은 남성들에게 있어서 무서운 치욕입니다. 자, 나와 함께 붉은 포도주 한 잔 어떻습니까? 나는 목이 말라서 마셔야겠습니다. 오늘은 수분을 많이 소모했으니까요."

"고맙습니다. 페페르코른 씨. 이런 시각에 술 마시는 습관은 없습니다만, 당신의 건강을 위해서라면 한 잔쯤 마시겠습니다."

"그러면 그 포도주의 잔을 가지고 계십시오. 지금 여기에는 잔이 하나밖에 없습니다. 나는 이 물컵으로 마시겠습니다. 이런 시시한 컵으로 마신다고 해서 포도주에 실례가 되지는 않겠지요?"

페페르코른은 선장과 같은 손을 떨면서 한스 카스토르프가 따라주는 포도주를 받더니, 다리 없는 컵으로부터 흉상(胸像)과 같은 목에 붉은 포도주를 물 마시듯 흘려 넣었다.

"이러니까 기운이 납니다. 당신도 더 마시지 않겠습니까? 실례지만 나는 한 잔 더……."

페페르코른은 컵에 포도주를 따르다가 그만 컵 밖으로 쏟고 말았다. 홑이불에 붉은 얼룩이 졌다. 그는 손톱이 창처럼 뾰족한 손가락을 쳐들고, 포도주가 든 물컵을 떨면서 말했다.

"되풀이하여 말하지만, 우리는 감정 연소의 의무, 종교적 의무를 가지고 있습니다. 우리의 감정은 생명을 눈뜨게 하는 남성적인 힘입니다. 알겠습니까? 꾸벅꾸벅 졸고 있던 생명이 눈을 떠서 신성한 감정과 황홀한 결혼을 하게 합니다. 감정은 신성한 것입니다. 인간이 그런 것을 느낄 수 있기 때문이지요. 인간은 신의 감정을 대신 표현하는 기관입니다. 신은, 인간에 의해 감정을 느끼려고 인간을 만든 것입니다. 인간은 신이 눈을 뜨고 도취된 결혼을 하기 위한 기관에 지나지 않기 때문에, 인간이 감정적으로 무력하다면 신의 굴욕이 시작되는 것입니다. 그렇게 되면 신의 남성적인 힘의 패배, 우주의 마지막, 상상도 할 수 없는 공포가 됩니다……."

그러면서 그는 포도주를 마셨다.

"실례지만 컵을 이쪽으로 주십시오, 페페르코른 씨. 나는 당신의 말을 들으면서 아주 유익한 공부를 하고 있습니다. 당신은 신학적인 이론을 말씀하고 계십니다만, 그 이론에 따르면 인간은 아주 명예로운 일을 부여받고 있는 것이 됩니다. 아마 종교적으로 치우친 말인 것 같습니다. 실례를 무릅쓰고 말씀드린다면, 당신 생각에는 어딘지 엄격한 것, 불안하게 만드는 요소가 있습니다…… 이런 말씀을 드리는 것을 용서해 주십시오! 종교적인 엄격함은 도량이 작은 인간에게는 어떤 경우에도 불안을 느끼게 하는 법입니다. 그러나 나는 당신의 생각을 고치려는 것이 아닙니다. 다만 조금 전에 말씀하신 어떤 종류의 '편견'에 대해 화제를 다시 돌리고 싶습니다. 당신이 관찰한 바에 의하면, 세템브리니 씨가 당신의 여행 동반자인 부인에게 가지고 있는 '편견'에 대해서 말입니다. 나는 세템브리니 씨를 몇 년 전부터 잘 알고 있습니다. 그리고 단언합니다만, 그가 편견을 가지고 있다 해도 그 편견은 결코 인색한 속물적인 편견은 아닙니다. 그런 것을 생각하는 것조차 우스운 일입니다. 그의 경우는 비개인적인 종류의 편견, 즉 일반적인 교육 원리를 의미하는 것인데, 그는 그 교육 원리를 실현시키려고 합니다. 정직하게 말한다면 나를 '인생의 걱정거리 자식'이라는 의미에서…… 그러나 이것을 이야기하게 되면 길어질 것 같습니다. 대단히 광범위한 문제이기 때문에 여기서 두세 마디로 한다는 것은……."

"그런데 당신은 부인을 사랑하고 있지요?"

페페르코른은 느닷없이 이렇게 묻고는, 입술이 일그러지고 이마의 주름 밑에서 엷은 색의 작은 눈이 빛나는 왕자 같은 얼굴을 한스 카스토르프 쪽으로 돌렸다. 한스 카스토르프는 깜짝 놀라서 더듬거리며 대답했다.

"내가요? 물론 나는 쇼샤 부인을 존경하고 있습니다. 부인이 당신의 여행 동반자라고 하는 것만으로도……."

"잠깐만요!"

페페르코른은 연극적인 손짓으로 한스 카스토르프의 말을 가로막으며 말했다.

"다시 한 번 말해 보십시오."

그는 그 손짓으로 지금부터 말하려는 것에 여유를 준 다음 이야기를 계속했다.

"나는 저 이탈리아 신사가 부인에게 신사로서의 예의에 어긋나는 일을 했다고 비난하는 것은 결코 아닙니다. 누구에게도 그런 비난을 하려고 생각하지 않습니다. 그러나 내가 이상하게 느끼는 것은…… 오늘은 그것을 기쁘게 느끼는 것이지만…… 좋습니다, 젊은이. 멋집니다. 기쁩니다. 그것은 의심할 여지가 없습니다. 진심으로 기쁩니다. 그러나 '그것은 그렇다' 하고 생각하는 것입니다…… 요컨대 나는 생각합니다. 당신은 부인과는 나보다도 더 오래전부터 아는 사이입니다. 부인이 먼저 여기에 머무르고 있을 때 당신도 여기에 있었습니다. 그리고 부인은 아주 매력적이고 나는 늙은 환자에 지나지 않습니다. 그런데 어떻게 해서 이런 일이…… 그녀는 내가 쇠약해 있었으므로 오늘 오후에는 혼자서 읍내로 내려갔습니다…… 유감스럽지 않나요? 유감스럽기는커녕! 단지 이것은, 의심할 여지 없이, 이것은 어떤 영향을…… 지금 뭐라고 그랬지요? 세템브리니 씨의 교육 원리의 영향으로 돌릴 건가요? 당신의 부인에 대한 기사도에…… 제발 내가 말하는 것을 충분히……."

"충분히 알겠습니다, 페페르코른 씨. 그러나 그런 일은 없습니다. 전혀 그런 일은 없습니다. 나는 자주적으로 행동했습니다. 오히려 세템브리니 씨는 나에게 가끔…… 아니, 홑이불에 포도주 얼룩이 지고 말았군요? 페페르코른 씨, 어떻습니까? 우리 같으면 보통 얼룩이 마르기 전에 소금을 뿌립니다만……."

"그런 것은 아무래도 괜찮소."

페페르코른은 손님에게서 눈을 떼지 않으며 말했다.

한스 카스토르프의 얼굴색이 변했다. 그는 괴로운 미소를 지으면서 말했다.

"여기서는 모든 것이 다른 곳하고는 좀 다릅니다. 이곳의 기풍이라 부르고 싶습니다만, 세상의 일반 상식과는 다릅니다. 여기서는 환자가 우대받습니다. 남자든 여자든 말입니다. 그러니 부인에 대한 기사도는 이곳 풍습과 어울리지 않습니다. 당신은 지금 환자입니다, 페페르코른 씨. 당신은 급성병이라 실제로 몸이 편하지 않습니다. 거기에 비하면 당신의 동반자는 비교적 건강합니다. 그런고로 부인이 없는 동안 내가 당신 곁에서 부인의 일을 대신해 드리는 것이…… 즉 교대할 수 있다면 말입니다. 하하하…… 당신 곁에 있는 편이, 그와 반대로 당신을 대신해서 부인을 위해 '읍내'까지 함께 가는 것보다 부인의 마음에 들 것이라고 생각합니다. 그리고 어떻게 내가 당신의 여행 동반자에게 기사도적 봉사를 강요할 수 있겠습니까? 나에게는 그럴 자격도 없고 권리도 없습니다. 나는 이래 봬도 현실적인 권리 관계에 예민한 사람입니다. 요컨대 내가 하는 오늘의 행동은 정당한 것이고, 일반 정서에 맞으며, 특히 당신에 대한 나의 순수한 감정에도 충실한 태도입니다. 페페르코른 씨, 이상으로 나는 당신의 질문에 대해 수긍이 갈 수 있는 대답을 해드렸다고 생각합니다."

"대단히 좋은 대답이었어요. 나도 모르게 당신의 경쾌한 말에 마음이 사로잡혔습니다, 젊은이. 이야기가 기분 좋게 정리되고 있습니다. 그러나 수긍이 가느냐 하는 문제에 있어서는 부정적입니다. 당신의 대답은 나로 하여금 수긍이 가게 하지는 못했습니다. 이런 말을 해서 당신을 실망시켰다면 용서하시오. 당신은 내가 입 밖에 낸 어떤 생각에 대해 '엄하다'는 말을 쓰셨습니다. 그러나 당신의 사고방식에도 어떤 엄격한 점과 부자연스러움이 느껴집니다. 그 부자연성은 당신 태도의 어떤 면에서도 느낄 수 있었던 것인데, 당신의 성격에는 어울리지 않는 것 같군요. 그런데 나는 오늘 그런 감정을 또 느끼고 있습니다. 그것은 우리가 함께 계획을 실행한다든지 산책할 때, 당신이 부인에게만 보이곤 하는 어색함과 같습니다. 그것에 대해 나에게 설명해 주는 건, 당신의 의무이기도 하고 책임이기도 합니다. 젊은이, 내가 보는 눈은 틀림없습니다. 여러 번 관찰해 그때마다 느낀 것이고, 다른 사람들도 아마 그걸 눈치챘을 거요. 단지 다른 사람들은 나와는 달리, 그 부자연성의 이유를 알고 있는 것이겠지요."

페페르코른은 말라리아열로 쇠약해져 있었지만, 이날 오후에는 평소에 없이 정확하게 일관된 말을 했다. 더듬거리는 말투는 거의 한 번도 없었다. 그는 침대에서 반쯤 일어나 앉은 자세로 억센 어깨와 당당한 얼굴을 손님한테로 돌리고, 한쪽 팔을 이불 위에 뻗치고, 주근깨투성이의 선장과 같은 손을 면 셔츠 소매 끝에 바로 세웠다. 그리고 손가락으로 동그라미를 만들고는, 손톱이 창처럼 뾰족한 나머지 세 손가락을 그 동그라미 옆에 세우고 있었다. 그의 입술은 세템브리니가 들어도 합격점을 주리라고 여겨질 만큼 단어 하나하나를 또렷하고 정확하게, 아니 '조형적일' 정도로 '아마(wahrscheinlich)'라든지 '엄격함(aufgedrängt)'이라는 말의 후두음 r을 굴려서 발음했다.

페페르코른은 이야기를 계속했다.

"당신은 미소짓고 있소. 당신은 눈을 끔벅이며 머리를 좌우로 갸우뚱하고 뭔가 열심히 생각하고 있는데, 전혀 생각해 낼 수 없는 상태입니다. 그렇지만 내가 무엇을 말하며 무엇을 문제삼고 있는가는 잘 알고 계십니다. 나는 당신이 부인에게 말을 거는 일이 한 번도 없었다든지, 당신이 부인에게 대답하지 않았다든지 하는 것을 말하는 것이 아닙니다. 여러 번 말씀드렸듯이, 그런 경우마다 어딘지 어색한 느낌을 받았습니다. 더 정확하게 말하면 뭔가 피하려는 듯한, 달아나려는 듯한 점을 느꼈는데, 그것을 주의해서 보면 어떤 특별한 말씨를 피하려 하는 것을 알게 됩니다. 당신의 경우에 대해서 말한다면, 부인에게 무슨 말이라도 먼저 거는 자가 패했다고 하는 내기라도 하여, 그 약속 때문에 부인을 향해 부르는 말을 쓰지 못하는 것 같은 인상을 받았습니다. 당신은 한 번의 예외도 없이 부인을 부르는 것을 피하고 있습니다. 당신은 부인에게 '당신'이라고 부른 적이 없습니다."

"페페르코른 씨, 내기라니 도대체 어떤……."

"나는, 당신도 스스로 느끼고 있는 틀림없는 사실을 지적하겠습니다. 당신은 지금 입술까지 새파랗게 질려 있습니다."

한스 카스토르프는 얼굴을 쳐들지 않았다. 그리고 홑이불의 붉은 얼룩을 쉬지 않고 만지면서 생각했다.

'올 때까지 와버렸구나! 이렇게 될 것 같았어. 실은 이렇게 되도록 나 스스로 행동했다고도 할 수 있다. 이렇게 되고 나서야 알았지만, 나 스스로도 어느 정도는 이렇게 되는 것을 바라고 있었다. 정말로 그토록 새파랗게 질려 있었단 말인가? 아마 그랬을지도 모른다. 이제는 사느냐 죽느냐의 문제다. 어떻게 되어갈지 모를 일이다. 아직도 핑계를 찾을 수 있을 것인가? 불가능한 일

도 아니겠지만, 나는 전혀 그럴 생각은 없다. 한동안 이 피 같은 붉은 얼룩이라도 만지고 있자.'

그의 머리 위에서 내려다보는 페페르코른도 침묵을 지키고 있었다. 몇 분 동안 두 사람 다 침묵을 지키고 있었다. 이런 때에는 그런 작은 시간 단위가 얼마나 부풀어 오르는가를 느끼게 하는 정적이었다.

다시 말을 하기 시작한 것은 페페르코른이었다.

"당신과 처음으로 알게 되었던 즐거운 날 밤의 일이었습니다."

그는 노래를 부르는 듯이 말하기 시작했다. 그것이 긴 이야기의 서두라도 되는 듯, 그다음에는 목소리를 낮추었다.

"우리는 작은 향연을 벌여 먹고 마시다가, 밤이 깊어지자 자유롭고 대담한 기분이 되어 서로 팔짱을 끼고는 침실로 돌아갔죠. 그때 이 방 입구에서 헤어질 때, 당신이 부인의 이마에 키스하도록 요구할 생각이 갑자기 났습니다. 그녀가 전에 이곳에 입원하고 있을 때의 친구로서 나에게 소개된 당신이 그녀의 이마에 키스를 하면, 그녀는 멋진 하룻밤을 기념하여 내 앞에서 당신의 장중하고 명랑한 키스에 답하도록 주문했던 것이오. 그러나 당신은 내 요구를 즉시 거절했소. 나의 동반자 이마에 키스하는 것은 무의미하다는 이유로 요구를 거절했소. 그 이유가 설명을 필요로 한다는 것을 당신도 인정하면서도 오늘까지 설명을 해주지 않고 있습니다. 그 설명을 여기서 해 주실 생각이 있습니까?"

'그렇구나, 그것까지도 알고 있었구나!'

한스 카스토르프는 이렇게 생각하면서, 포도주 얼룩 위에 몸을 구부리고 집게손가락 끝을 굽혀 얼룩을 문질렀다.

'사실은 그가 그것을 알아차리고 기억해 두고 있기를 나는 희망했던 것이리라. 그렇지 않다면 나는 그런 말을 하지는 않았을 것이다. 그런데 어떻게 하면 좋단 말인가? 심장이 심하게 뛰고 있다. 거대한 왕자의 분노가 폭발할 것인가? 그의 주먹을 조심하는 것이 좋겠다. 어쩌면 벌써 이쪽 머리 위에서 휘둘러지고 있는 것이 아닐까? 아무튼 꼼짝할 수 없는 위기에 몰리고 말았구나!'

그러고 있는데, 갑자기 그의 오른쪽 손목이 페페르코른의 손에 잡혀지는 것을 느꼈다.

'이크, 드디어 잡혔구나! 뭐야, 우습지 않은가? 무엇이 부끄러워 꼼짝 못하고 있단 말인가? 페페르코른에게 나쁜 일이라도 했다는 것인가? 그런 일은 추호도 없다. 다게스탄에 있는 남편이야말로 누구보다도 불평할 권리가 있다. 그 다음으로도 여러 사람이 있다. 그다음으로 내 차례다. 페페르코른은 내가 알고 있는 한 아직 불평을 말할 처지가 못 된다. 그런데도 심장이 왜 이렇게 뛰는 것일까? 고개를 들어 그의 당당한 얼굴을 공손하고도 솔직하게 보는 것이다!'

마침내 한스 카스토르프는 얼굴을 쳐들었다. 페페르코른의 당당한 얼굴에는 누렇고 깊이 새겨진 이마의 주름이 있었고, 그 밑에 엷은 색의 눈이 쳐다보고 있었으며, 찢어진 듯한 입술은 엄숙하게 다물고 있었다. 위대한 노인과 단순한 청년은 한쪽이 다른 한쪽의 손목을 잡은 채 서로의 표정을 살펴보고 있었다. 그러다가 페페르코른이 낮은 목소리로 말했다.

"당신은 클라브디아가 전에 여기 있었을 때의 애인이었습니다."

한스 카스트로프는 다시 한 번 얼굴을 떨구었다가, 곧 얼굴을 쳐들고 숨을 깊이 쉬며 말했다.

"페페르코른 씨! 나는 당신을 속인다는 것은 생각만 해도 싫습니다. 그리고 그런 짓을 하지 않고도 지낼 수 있는 방법이 없을까 하고 생각해 보고 있습니다. 그것은 쉬운 일이 아닙니다. 당신이 단정하신 말을 긍정하면 이쪽에서 자만하는 것이 되며, 부정하면 거짓말을 하는 것이 됩니다. 다시 말해 이런 것입니다. 나는 아주 오랫동안, 클라브디아와—클라브디아라고 이름을 불러서 미안합니다—당신의 현재 동반자와 이 요양원에 함께 있으면서 사회적인 뜻으로는 알지 못하고 지냈습니다. 우리의 관계, 또는 나의 그녀에 대한 관계에는 사회적인 요소는 존재하지 않았습니다. 그 관계의 기원은 언제부터인지는 확실치 않았습니다. 그러나 클라브디아를 마음속으로는 '댁'이라 불러왔고, 지금도 그렇게 부를 수밖에 없습니다.

그것은 내가 아까도 잠깐 언급한 교육적 견제를 뿌리치고 그녀에게 접근했던 날 밤, 훨씬 전부터 준비되어 있던 핑계를 써서 접근한 밤은 가장무도회의 밤, 사육제의 밤, 책임에서 해방된 밤, '댁'이라고 부르는 밤이었습니다. 밤이 깊어짐에 따라 '댁'이라고 부르는 것이 꿈속처럼 책임을 동반하지 않고 완전한 의미를 갖게 되었던 것입니다. 더구나 그날 밤은 클라브디아가 떠나기 전날 밤이기도 했습니다."

"완전한 의미를…… 당신은 아주 고상하게……."

페페르코른은 그 말을 되풀이했다. 그리고 그는 한스 카스토르프의 손을 놓고 손톱이 길게 자란 선장과 같은 손바닥으로 얼굴의 양쪽, 눈두덩, 턱을 마사지하기 시작했다. 그러고는 포도주의 얼룩이 생긴 홑이불 위에 두 손을 모으고 머리를 왼쪽으로 기울였는데, 그쪽은 손님이 앉아 있지 않는 쪽이어서 얼굴을 돌린 거나 다름없는 모습이 되었다.

한스 카스토르프가 말을 이었다.

"나는 있는 그대로를 말하겠습니다, 페페르코른 씨. 더하지도 덜하지도 않고 말하도록 조심하겠습니다. 그녀를 완전한 의미에서 '댁'이라고 부른 날 밤, 다음 날에는 작별하게 된 그날 밤을 현실이라고 생각할 것인가 안 할 것인가는 자유입니다. 그것은 예외의 하룻밤, 달력에 없다고 할 수 있는 하룻밤, 말하자면 덤으로 된 밤인 2월 29일과 같은 것이었습니다. 그런고로 내가 아까 당신의 말을 부정했다 해도 그것은 순전한 거짓말이라고만은 할 수 없다고 생각합니다."

페페르코른은 대답하지 않았다.

한스 카스토르프는 한동안 가만히 있다가 말을 이었다.

"나는 당신에게 사실대로 말하기로 했습니다. 그 결과 당신의 호의를 잃게 될 위험을 무릅쓰고 말입니다. 당신의 호의를 잃는다는 것은 솔직히 말해서, 나에게는 아픈 손실이고 타격입니다. 정말로 타격입니다. 나에게는 쇼샤 부인이 혼자가 아니라 당신의 여행 동반자로서 여기에 다시 돌아왔을 때의 타격에도 비교할 수 있는 것이라고 할 수 있습니다. 나는 그 위험을 무릅쓰고라도 사실을 말하는 것입니다. 그것은 내가 그지없이 존경하는 당신과 나 사이를 분명하게 해두려고 전부터 소망하고 있었기 때문입니다. 그러는 편이 숨긴다거나 속이는 것보다 더 아름답고 인간적이라고 생각했던 까닭입니다. 클라브디아가 이 인간적이라는 말을 매력적인 목소리로 얼마나 사랑스럽게 끌면서 발음하는지는 당신도 알고 있는 대로입니다. 그렇기 때문에 당신이 아까 단정한 것을 듣고 나는 기분이 가벼워졌습니다."

상대방은 여전히 말이 없었다.

"그리고 페페르코른 씨, 사실을 말씀드릴 이유가 또 한 가지 있습니다. 확실한 것도 모른 채 엉거주춤한 추측을 강요당하는 것이 얼마나 불안한 것인가를 나는 경험으로 알고 있기 때문입니다. 이것으로 당신도 알게 되었겠지요. 현재의 확실한 권리 관계가 확립되기 전에—그 관계를 인정하지 않으려는 것은 물론 미친 짓이겠습니다만—클라브디아가 누구와 2월 29일을 같이 지내며 축하했을까요? 그렇습니다. 당신은 이제야 알게 되었습니다. 그런데 내 경우에는 그것이 아직도 확실하지 않은 상태입니다. 물론 그런 것을 생각해야만 할 곤란한 처지에 빠진 사람이라면, 누구든지 그런 선례가 있다는 것을 각오해야 한다는 것쯤은 나도 분명히 알고 있습니다. 게다가 베렌스 고문관이 취미로 유화를 그리고 있다는 사실은 아마 알고 계시리라고 믿습니다. 나는 베렌스 고문관이 클라브디아를 모델로 하여, 그녀의 아름다운 초상화를 그렸다는 것도 알고 있었습니다. 그 그림은—우리끼리 하는 이야기지만—살결을 그린 방법이 정말로 사실적이어서 깜짝 놀랄 만큼 생생합니다. 그래서 나는 베렌스 고문관과 쇼샤 부인과의 관계를 확실히 밝힐 수 없어서 지금까지 무척 괴로워했습니다. 그리고 그 고민은 지금도 변함이 없습니다."

"당신은 지금도 그녀를 사랑하고 있군요?"

페페르코른은 자세를 바꾸지 않고 얼굴만 돌린 채 물었다. 넓은 방 안은 차츰 어두워지고 있었다.

"미안합니다, 페페르코른 씨. 내가 당신의 동반자에게 느끼고 있는 기분을 여기서 입 밖에 낸다는 것은, 내가 당신에게 품고 있는 존경심과 경외심으로 볼 때 어떨까 하고 생각합니다."

"그런데 그녀도 당신과 같은 감정을 현재도 가지고 있는 것입니까?"

페페르코른이 조용한 목소리로 물었다.

"나는 그녀가 나에게 그런 감정을 가진 일이 있다고는 생각할 수 없습니다. 웬일인지 그건 믿을 수 없습니다. 여성의 반응 본능에 대해 이론적으로 언급했습니다만, 나는 여성으로부터 사랑받을 만한 매력이 거의 없습니다. 도대체 나에게 무슨 도량과 매력이 있겠습니까? 당신도 생각해 보십시오. 그런 내가 2월 29일을 경험하게 된 것은, 여성은 오로지 남성 쪽에서 자기를 선택하면 거기에 영향받기 쉬운 성질을 갖고 있기 때문이라고 생각해야 할 것입니다. 단 내가 '남성'이라고 자칭하며 자만하는 것은 허풍선이 같고 보잘것없는 행동으로 생각하지만, 클라브디아는 어떻든 여성이기 때문에……."

"그녀는 당신의 감정에 따랐습니다."

페페르코른은 찢어진 입술로 중얼거렸다.

"그렇습니다. 그리고 당신의 경우에 그녀는 훨씬 순순히 따랐지요. 이때까지 많은 남성들에게 따랐던 것처럼 말입니다. 그것은, 이런 일로 괴로워하는 사람이라면 누구나 각오해야 할 일입니다."

한스 카스토르프가 대꾸했다.

"잠깐만! 그녀에 대해 이렇게 서로 이야기하는 것은 비굴한 일이 아닐까요?"

페페르코른이 이번에도 얼굴을 돌린 채, 손을 올려 상대방을 막는 듯한 손짓으로 말했다.

"그렇지는 않습니다, 페페르코른 씨. 절대로 아닙니다. 그 일 같으면 조금도 걱정하시지 않아도 좋습니다. 인간적인 이야기를 하고 있는 것이니까요. '인간적'이라는 말은 자유와 천재성이라는 의미로 생각해서 한 말입니다. 내 말투가 좀 아는 체하는 것 같아 죄송합니다만, 이렇게 말하는 것은 그럴 필요가 있기 때문입니다."

"좋습니다. 계속하십시오!"

페페르코른은 목소리를 낮추어 재촉했다.

한스 카스토르프도 낮은 목소리로 말했는데, 그는 침대 옆 의자 가장자리에 앉아 두 손을 무릎 사이에 넣고, 왕자다운 노인 쪽으로 몸을 구부린 자세로 얘기했다.

"그녀는 천재적인 존재입니다. 캅카스 산맥 너머에 있는 남편도—그녀의 남편이 캅카스 산맥 너머에 있다는 것은 당신도 알고 계시겠지만요—그녀에게 자유와 천재성을 인정하고 있습니다. 나는 그 사람을 만난 일은 없습니다만, 무신경에서인지 총명함에서인지, 아무튼 그가 아내의 자유와 천재성을 인정해 주고 있는 것은 현명하다고 말할 수 있습니다. 그녀가 자유로운 것은 병이 들었기 때문입니다. 그녀를 지배하는 병의 천재적 원리가 그녀에게 자유를 주고 있는 것이지요. 그래서 그녀의 일로 괴로워하게 되면 누구나 그녀의 남편을 생각하고, 과거나 현재나 미래의 일에 대해서 어려움을 말하지 않는 것이 현명한 일이라고 생각합니다."

"그래서 당신은 어려움을 말하지 않고 있습니까?"

페페르코른이 물으면서 한스 카스토르프에게로 얼굴을 돌렸는데, 그 얼굴은 어둠 속에서 흙빛으로 보였다. 이마 주름 밑에 보이는 엷은 빛의 눈에는 생기가 없고, 찢어진 큰 입은 그리스 비극의 가면 입처럼 반쯤 열려져 있었다.
"나는 내 일에 대해서 말할 생각은 없습니다. 지금 내가 말씀드린 것은, 당신이 불평하지 않도록 하기 위해서입니다, 페페르코른 씨. 그리고 과거에 있었던 일 때문에 당신의 호의를 잃고 싶지 않기 때문입니다. 지금 이것이 내가 바랄 수 있는 전부입니다."
"그건 그렇다 치고, 내가 아무것도 모르고 당신에게 준 고통은 아주 컸을 테지요?"
"당신이 그것을 질문의 의미에서 물으신다면, 내가 긍정의 답을 해도, 당신을 알게 되었다는 더없이 소중한 행복을 내가 모른다는 뜻은 결코 아닙니다. 왜냐하면 그 행복은 당신이 말씀하신 실망과 밀접한 관계가 있기 때문입니다."
"고맙소. 젊은이, 고맙소. 나는 당신의 정중하고 경쾌한 그 말을 기쁘게 생각합니다. 그러나 우리가 서로 알게 된 것을 별도로 한다면……."
"그것을 별도로 한다는 것은 곤란합니다. 그러면 당신이 아까 한 질문에 대한 나의 겸손한 긍정도 전혀 바람직하지 않습니다. 왜냐하면 클라브디아가 당신과 같은 도량이 큰 인물과 함께 이곳에 돌아왔다는 것은, 그 사나이가 누구든지 그녀가 함께 돌아왔다는 사실은, 내가 감수해야 하는 비참함을 더 심각하고 복잡한 것으로 만들었기 때문입니다. 그래서 나는 아주 괴로워했고 지금도 괴로워하고 있습니다. 그것은 부정하지 않습니다. 그렇기 때문에 나는 현실적인 면, 즉 당신에게 느끼고 있는 존경심만은 잃지 않기 위해 의식적으로 노력해 왔습니다. 페페르코른 씨, 물론 거기에는 당신의 동반자에 대한 심술궂은 생각도 어느 정도 포함되어 있습니다. 왜냐하면 여성이란 자기를 사랑해 주는 남성들이 서로 사이좋게 지내는 것을 결코 기쁘게 생각하지는 않기 때문에……."
"그건 사실이지요."
페페르코른은 미소를 지었지만, 그 미소가 쇼샤 부인에게 보일까봐 손바닥으로 입과 턱을 어루만지면서 미소를 감추었다. 한스 카스토르프도 살짝 미소지었다. 그리고 두 사람은 약속이나 한 듯 서로 고개를 끄덕였다.
한스 카스토르프가 말을 계속했다.
"그 정도의 작은 복수는 아마도 내게 허락될 것입니다. 내 일을 문제로 하는 경우, 괴로움을 이야기할 이유가 충분하다고 보니까요. 클라브디아의 일이나 당신의 일로 한탄을 늘어놓는 것이 아니라, 막연하나마 나의 인생과 운명에 대해 한탄을 늘어놓고 싶어집니다. 그런데 황송하게도 나는 당신의 신뢰를 얻고 있고, 오늘은 이처럼 특별한 저녁 시간을 갖게 되었으니, 적어도 나의 인생과 운명에 대해 윤곽만이라도 이야기해 보려고 합니다."

"말씀해 주십시오."

페페르코른이 정중하게 말하자, 한스 카스토르프는 이야기를 계속했다.

"나는 이 위에서 오랫동안 지내고 있습니다. 벌써 몇 년이 되었는지 정확한 햇수는 모르겠지만, 아무튼 몇 년 몇 개월이 지났습니다. 그래서 아까도 '인생'이라고 말했던 것입니다. 그리고 '운명'에 대해서도 적당한 장소에서 한번 언급하겠습니다. 나는 내 사촌을 문병할 작정으로 이곳에 왔던 것이지요. 사촌은 진실하고 훌륭한 군인이었는데, 그런 것도 아무 소용없이 나를 혼자 남겨두고 죽고 말았습니다. 그러나 나는 아직 이곳에 남아 있습니다. 아마 당신도 들으셨겠지만, 나는 군인이 아니라 시민적인 직업을 가지고 있었습니다. 건실하고 합리적인 직업으로, 각 민족을 결합시킬 수 있는 힘도 있는 직업인 것 같습니다. 하지만 나는 그 직업에 그다지 열의를 가질 수 없었습니다. 그것은 정직하게 인정합니다. 열의를 가질 수 없었던 이유는 여러 가지이지만, 그 이유에 대해서는 나에게도 분명하지 않은 것이 있다는 점만 말해 두려고 합니다. 그러나 그 이유는 당신의 동반자에 대한 나의 감정—나는 현재의 확실한 권리 관계에 대해 이러니저러니 시비를 걸 생각이 없다는 증거로, 그녀를 분명하게 당신 여행의 동반자라고 부르는 바입니다—이나, 내가 그녀를 '댁'이라고 부를 수밖에 없는 관계의 근원과 연관을 가지고 있습니다. 처음으로 그녀의 눈을 보고 매혹되고 난 뒤부터, 나는 그녀를 '댁'이라고 부를 수 있는 관계라 생각하고, 그것을 한 번도 부정한 일이 없었지요. 그녀의 눈에 매혹되었다는 것은 이성을 벗어났다는 뜻입니다. 그녀를 위해서 나는 세템브리니 씨를 거역하고 비이성(非理性)의 원리, 즉 병의 천재적인 원리에 복종했습니다. 물론 이미 오래전부터 이 원리에 복종해 오고 있었던 것입니다. 그리고 그런 관계로 나는 이 위에 남아 있습니다. 벌써 몇 년이 되었는지도 확실치 않고 나는 모든 것을 다 잊어버려, 평지에서의 직업이나 장래 희망, 친척과의 인연 등도 모두 끊어졌습니다. 그리고 클라브디아가 여행을 떠나고 나서는 그녀를 계속 기다리며 내내 이 위에 있었기 때문에 이제는 평지와는 완전히 인연이 끊어져, 평지 사람들이 볼 때 나는 죽은 것과 다름없습니다. 이것을 염두에 두고 있었기에 나는 아까 '운명'이라는 것을 들추며 적어도 어느 정도는 한탄을 늘어놓을 권리가 조금이나마 있음을 감히 암시해 본 것입니다. 나는 언젠가 소설에서 읽은 일이 있습니다만, 아닙니다, 극장에서 보았습니다. 순진한 청년이—이 청년도 나의 사촌과 마찬가지로 군인이었습니다—매력적인 집시 여자와 관계를 맺었습니다. 그녀는 요염하며, 귀 뒤에 꽃을 꽂은 정열적인 요부(妖婦)였습니다. 청년은 그 여성에 빠져 완전히 탈선하여, 그 여자를 위해 모든 것을 희생하고 연대에도 돌아갈 수 없게 되었습니다. 그녀와 함께 밀수업자 패거리에 끼어들어 모든 점에서 타락해 버린 것입니다. 그런데 그가 그토록 타락하자 그녀는 그에게 싫증을 느껴, 투우사에게 안기고 맙니다. 이 투우사는 멋진 바리톤 목소리의 소유자로 정력적인 남성입니다. 이리하여 순진한 군인이었던 청년은 창백한 얼굴이 되어 셔츠를 풀어헤치고, 투우장 앞에서 여자를 단도로 찔러 죽이는 데에서 이 오페라가 끝나는 것입니다. 여자는 스스로 죽기를 바랐던 것 같습니다. 어쩌다 별로 관계도 없는 이야기를 해버렸습니다. 그렇지만 무엇 때문에 이런 이야기를 생각해 냈을까요?"

페페르코른은 '단도'라는 말이 나왔을 때 곧장 손님 쪽으로 얼굴을 돌리고 상대방의 눈을 살피듯 보았다. 그러고는 침대에 앉은 위치를 조금 바꾸더니, 옆으로 몸을 비켰다.

"젊은이, 잘 들었소. 그리고 잘 알았습니다. 당신의 말에 의거해서 나도 사나이답게 단언하게 해주시오. 내 머리칼이 이렇게 희지 않고 말라리아열로 시달리지 않는다면, 손에 무기를 들고 당신에게 사나이 대 사나이로 언제든지 만족시켜 드릴 것입니다. 모르는 사이에 내가 당신에게 드린 고통에 대해 보상하고, 동시에 나의 동반자가 당신에게 드린 고통에 대해서도 보상해 드려야 할 것입니다. 그러나 나는 이런 상태이기 때문에 여기에 관련된 제안을 하고 싶은 것입니다. 그것은 바로 이렇소. 당신과 알게 된 뒤 바로 크게 떠들썩하게 보냈던 그날 밤을 나는 기억하고 있습니다. 그때 나는 당신의 인품에 감명받아 당신에게 의형제까지 제안하려고 했으나, 좀 경솔하지 않을까 하는 생각에서 그만두었습니다. 좋습니다. 우리는 오늘 그날로 되돌아가, 그때 기약한 뒷날이 바로 지금이라고 선언하고자 합니다. 젊은이, 우리는 형제입니다. 나는 이 자리에서 그것을 선언합니다. 당신은 조금 전에 완전한 의미의 '댁'을 말했습니다. 우리의 '자네'도 완전한 의미를 가질 것입니다. 나이와 병 때문에 무기를 손에 쥐고 보상할 수 없지만, 그런 형식으로 보상할 것을 제안합니다. 의형제의 맹세 형식으로 보상해 드릴 것을 제안합니다. 이런 맹세는 제삼자, 즉 세상의 다른 인간에 맞서며 맺는 것이 보통이지만, 우리는 그것을 어떤 사람을 위해서 맺도록 합시다. 당신의 술잔을 손에 잡아주시오, 젊은이. 나는 이번에도 물컵을 잡겠습니다. 포도주를 이 물컵으로 마신다고 하여 그것을 탓하지는 않겠지요……?"

이윽고 그는 선장과 같은 손을 부들부들 떨면서 물잔과 술잔에 포도주를 가득 부었다. 한스 카스토르프는 황송하고 당황하여 그 일을 도왔다.

"자, 드십시오."

페페르코른이 소리쳤다.

"나와 팔을 낍시다! 그리고 이렇게 마십시다! 모두 마셔야 하오! 완전하게! 젊은이, 그러면 내 손을, 이제 자네는 만족하겠소?"

"물론 만족하고말고요, 페페르코른 씨."

한스 카스토르프는 이렇게 대답했지만 술잔에 가득 부은 포도주를 단숨에 다 마시는 것은 좀 고역스러운 일이었다. 그래서 무릎 위에 포도주를 조금 흘리고는 손수건으로 닦았다. 그는 다시 말을 이었다.

"나는 무척 기쁘다고 말씀 드려야겠지요. 왜 내가 그런 기쁨을 갑자기 받았는지 아직은 전혀 이해가 안 갑니다. 솔직하게 말하면 꿈꾸는 것 같은 기분입니다. 나로서는 이루 말할 수 없는 영광입니다. 내가 어찌하여 그런 영광을 차지하게 되었는지는 모르겠습니다만, 아무튼 소극적인 의미에서 차지한 것뿐이지 그 밖의 의미에서가 아닌 것만은 확실합니다. 그리고 새로운 호칭인 '자네'라는 말이 처음에는 어쩐지 어색한 생각이 들어서 그 말을 하는 데 더듬거린다 하더라도 이상할 건 없다고 생각합니다. 특히 클라브디아와 함께 있을 때에는 더욱 그렇습니다. 그녀는 아마 일반적인 여성처럼 우리의 이 결정이 그다지 마음에 들지는 않을 것입니다……."

"그것은 나한테 맡겨두십시오. 그리고 그 밖의 문제는 연습과 습관에 맡기도록 합시다! 자 그러면 가십시오, 젊은이! 나를 혼자 두고! 밖이 어두워졌습니다. 완전히 어둠에 잠겨버렸습니다. 우리의 애인은 지금 당장에라도 돌아올 텐데. 자네와 둘이 여기서 만나는 것은 아마 좋지는 않을 거요."

"그러면 안녕히 계십시오. 페페르코른 씨! 나로서는 당연히 두려운 생각에 억눌리면서도 이미 그 두려운 호칭인 '댁'이라는 말을 연습하고 있습니다…… 정말 어두워졌군요! 세템브리니 씨가 여기에 갑자기 들어와서 이성과 사회성에 따르라고 불을 켤 것 같은 어둠이군요. 그에게는 그런 취미가 있습니다. 그러면 내일 또! 나는 꿈에도 생각지 못했을 만큼 만족하고 자랑스러운 마음으로 여기를 나갑니다. 그럼 몸조심하십시오. 내일부터 적어도 사흘 간은 열이 안 나는 날이 이어지겠군요. 그동안은 당신도 인생의 모든 요구를 채울 수 있을 것입니다. 그것이 나에게는 마치 '댁'의 입장이 된 것처럼 기쁩니다. 그럼 안녕히 주무십시오!"

한스 카스토르프는 자리에서 일어나며 인사했다.

폭포는 언제나 산책의 목적지로 매력이 있다. 흘러 떨어지는 물에 유독 애착을 가지고 있던 한스 카스토르프가 플뤼엘라 골짜기의 숲 속에 있는 그림 같은 폭포를 아직 한 번도 찾아가지 않았다는 것은 이해가 가지 않는다. 요아힘과 같이 지내던 때라면 그 사촌의 엄격한 요양 근무의 탓이라고 생각하여 수긍이 갈 수도 있다. 요아힘은 이 위에 놀러온 것이 아니라고 생각했기 때문이다. 그런 현실적인 사고방식, 뚜렷한 목적의식 때문에 사촌인 두 사람의 행동 반경은 베르크호프에만 머물러 있었다. 그리고 요아힘이 죽은 뒤에도 한스 카스토르프는 이 위에서 여전히 보수적인 생활을 했다. 이 지방 풍경과 한스 카스토르프의 관계란 예의 스키 모험을 제외하면 전혀 없는 것과 마찬가지였다. 그런 보수적인 점과 그의 정신적 경험과 '술래잡기'의 의무가 서로 대조되어 청년에게 특수한 매력을 느끼게도 했다. 그러나 그의 좁은 의미의 친구들—그를 합쳐 7명으로 이루어졌다—모임에서 아름답기로 소문난 폭포로 드라이브하자는 계획이 세워졌을 때, 한스 카스토르프도 두 손을 들어 그것에 찬성했다.

5월은 평지의 단순하고 사랑스러운 노래에 따르면 한 해 중에서 가장 즐거운 달이었지만, 이 위의 기상 사정으로는 5월은 아직 차가운 기운이 남아 있어 그다지 감미롭지는 않았다. 하지만 얼음이 녹는 계절은 이미 끝난 것이라고 할 수 있었다. 요 며칠 사이에 여러 번 함박눈이 내렸지만 쌓이지 않고 땅에 습기를 조금 남겼을 뿐이었다. 겨우내 쌓여 있던 눈이 녹고 증발해 여기저기에 띄엄띄엄 남아 있을 뿐, 다시 걸어다닐 수 있게 푸르러진 세계는 사람들의 계획을 기다리고 있는 것 같았다.

한스 카스토르프가 포함된 사교적인 모임은 지도자격인 피테르 페페르코른의 건강이 좋지 않아 몇 주일은 활발히 활동하지 못했다. 페페르코른이 열대 기후에서 얻어온 말라리아열은 이 위의 좋은 기후의 영향에도, 베렌스 고문관 같은 훌륭한 의사의 해열제에도 물러서려고 하지 않았다. 페페르코른은 4일열이 맹위를 떨치는 날뿐만 아니라, 그 밖의 날에도 침대에 누워 있을 때가 많았다. 고문관이 환자의 측근들에게 살짝 알려준 바에 의하면, 페페르코른은 비장과 간장도 상해 있었고, 위도 좋은 상태가 아니어서 이런 상태로는 아무리 건강한 체질이라도 만성 쇠약을 초래할 우려가 있다는 것이었다.

페페르코른은 요 몇 주일 동안 밤의 주연을 한 번만 주최했을 뿐이고, 다 함께하는 산책도 그리 멀지 않은 곳으로 한 번 했을 뿐이었다. 그런데 솔직히 한스 카스토르프로서는 페페르코른 중심의 친구들과의 교류가 멀어진 것에 어떤 의미에서는 마음이 한결 가볍기도 했다. 쇼샤 부인의 여행 동반자와 형제 결의를 맺는 술잔을 나눈 것이 그에게는 큰 번민거리였기 때문이다. 즉 페페르코른이 지적한 한스 카스토르프와 클라브디아의 교제에서 느낀 '어색함'과 '회피'를 먼저 말하는 사람이 졌다고 내기라도 한 것 같은 '도망'을 느끼게 되었기 때문이다. 한스 카스토르프는 페페르코른을 부르는 일을 피할 수 없을 때에는 여러 가지 기묘한 수단을 써서 '자네'라고 부르는 것을 피했다. 이것은 그가 클라브디아와 사람들 앞에서, 또는 그녀의 동반자 눈앞에서 말을 하게 될 때 '댁'이라고 부르는 일을 피하는 것과 똑같은 궁지였다. 어쨌든 페페르코른으로부터 보상을 받은 뒤로는 한스 카스토르프의 궁지는 문자 그대로 완전한 궁지가 되어버렸다.

마침내 폭포로 소풍 가자는 계획이 일정에 올랐다. 페페르코른이 그 목적지를 결정했던 것인데, 그는 그쯤의 소풍이라면 몸이 견딜 수 있다고 느꼈던 것이다. 4일열의 발작이 끝난 뒤 사흘째에 소풍 가고 싶다는 의견을 전달했다. 요사이 자주 그랬던 것처럼 그날 오전에는 식당에 모습을 나타내지 않고 그의 방에서 쇼샤 부인과 단둘이서 식사를 마쳤다. 한스 카스토르프는 이미 첫 번째 아침 식사 때에 절름발이 문지기에게서 페페르코른의 지시를 들었다. 점심 식사 뒤 한 시간 동안 소풍에 참가할 준비를 하고, 페르게와 베잘에게도 그 뜻을 전하며, 세템브리니와 나프타에게도 모두 함께 두 사람의 하숙집까지 마차로 갈 테니 기다려 주고, 4인승 마차 두 대를 오후 3시까지 오도록 준비해 두라는 것 등이었다.

3시가 되자 모두 베르크호프의 현관 앞에 모였다. 한스 카스토르프와 페르게와 베잘 세 사람은 거기서 특별실의 두 사람을 기다렸다. 그들은 말의 목덜미를 어루만지면서 손바닥에 각설탕을 놓고, 말의 검고 젖은 입에 넣어주었다. 여행 동반자인 두 사람은 조금 늦어서야 현관 앞 돌계단에 나타났다. 왕자다운 얼굴이 좀 여윈 듯한 페퍼르코른은 오래되고 길고 부드러운 외투를 입고, 돌계단 위에 클라브디아와 나란히 서 있었다. 그러고는 둥글고 부드러운 모자를 벗은 채 뭔지 알아들을 수 없는, 그리고 누구에게 하는지도 알 수 없는 인사를 하려고 입술을 움직이면서 중얼거렸다. 그러고는 두 사람이 서 있는 돌계단 아래로 걸어온 세 사나이와 악수했다.

페퍼르코른은 한스 카스토르프와 악수를 나누면서 그의 어깨에 왼쪽 손을 얹고 말했다.

"젊은이, 어떻게 지내는가?"

"고맙습니다! 당신께서는?"

질문을 받은 청년이 대답했다.

햇살이 비치는 맑고 상쾌한 날이었지만 마차가 달리기 시작하면 차가워질 것이 틀림없었기 때문에 외투를 입고 있는 것이 현명한 일이었다. 쇼샤 부인도 바둑판무늬의 거친 나사로 만든, 벨트가 붙은 따뜻해 보이는 외투를 입고, 어깨 주위에 작은 털가죽까지 두르고 있었다. 펠트 모자를 쓰고 턱 밑에 올리브색의 베일로 모자 양 모서리를 아래까지 눌러쓴 모습이 아주 매력적이라, 거기에 있던 사람들 대부분은 가슴이 설레기까지 했다. 그러나 페르게만은 그녀에게 반해 있지 않았기 때문에 아주 태연스러웠다. 그래서 페르게는 요양원 밖에서 하숙하는 두 사람이 일행에 합류하기까지 선두 마차에 탄 페퍼르코른과 쇼샤 부인이 마주 보이는, 뒤를 향한 좌석에 앉았다. 한스 카스토르프는 페르디난트 베잘과 함께 둘째 마차에 타게 되었는데, 그것을 보고 클라브디아가 비웃는 미소를 짓는 것을 보았다. 말레이 태생의 빈약한 몸매의 하인도 일행에 끼었다. 그는 뚜껑 밑으로 튀어나온 두 개의 포도주병을 담은 큰 광주리를 가지고 주인을 따라 나와, 그 광주리를 선두 마차의 뒤로 향한 의자 밑에 넣었다. 이 하인이 마부와 나란히 앉아 팔짱을 낀 순간 말은 출발 신호를 받고, 마차는 브레이크를 걸면서 곡선도로를 내려가기 시작했다. 베잘도 쇼샤 부인의 미소를 알아차리고 충치를 드러내면서 같이 탄 한스 카스토르프에게 그것을 말했다.

"보셨습니까? 당신이 나하고만 마차를 타게 되었기 때문에 그녀가 통쾌해하고 있는데요? 그렇습니다. 나처럼 쓸모없는 사람은 남의 비웃음 같은 것은 신경 쓸 필요가 없어요. 이렇게 나하고 같이 앉으면 화가 나서 가슴이 답답해지지 않습니까?"

한스 카스토르프가 꾸짖었다.

"정신 차리십시오, 베잘 씨. 어째서 당신은 그런 비굴한 말을 합니까? 여자란 아무것도 아닌 일에도 웃는 법입니다. 그저 웃을 뿐입니다. 그러니 그럴 때마다 그것에 신경을 쓰는 것은 바보짓이지요. 당신에게도 모두와 마찬가지로 장점과 단점이 있습니다. 예컨대 〈한여름 밤의 꿈〉의 1절을 그처럼 잘 연주하지 않습니까? 아무나 할 수 있는 것은 아닙니다. 다음 기회에 한 번 연주해 주십시오."

비참한 사나이가 말했다.

"그렇지요. 당신은 그런 식으로 깔보는 말을 하고 있습니다. 당신은 위로의 말 가운데에 참으로 뻔뻔스러운 것이 가득 차 있어서 그 때문에 나를 더욱더 비참하게 만든다는 것을 모르고 있습니다. 당신은 무엇이든지 말하고 싶은 대로 말하며, 높은 곳에서 내려다보고 말하는 투로 나를 위로해 주고 있습니다. 그것은 당신이 지금은 속절없이 우스운 상황에 처해 있지만 한번은 운이 좋아 천국에서 놀았던 일이 있었기 때문이지요. 아, 그리고 그녀의 팔에 감겨 모든 것을…… 아, 그것만 생각하면 목구멍과 가슴이 타는 듯이 아파옵니다. 당신은 전에 경험한 것을 뽐내고 나의 괴로움을 비웃고 있습니다……."

"당신의 말투는 고상하다고 할 수 없습니다. 그뿐이겠습니까? 아주 불쾌한 느낌이 듭니다. 당신이 나를 뻔뻔스럽다고 비난했으니 나도 솔직하게 말하겠습니다만, 아마 나에게 좋지 않은 느낌을 주자는 것이겠지요. 당신은 자신을 비굴하게 느끼도록 하는 데 목표를 두고 언제나 비굴하게 행동하고 있습니다. 당신은 그녀에게 정말 그토록 반했습니까?"

베잘은 머리를 흔들면서 대답했다.

"견디지 못할 지경입니다! 내가 얼마나 그녀에 대한 갈망과 욕망을 견뎌야 하는지 도저히 말로는 표현할 수 없을 정도입니다. 죽을 지경이라고 말할 수 있습니다. 이대로는 살 수도 죽을 수도 없습니다. 그녀가 여기에 없었을 때에는 기분이 한결 편해져서 그녀의 일을 조금씩 잊어가고 있었습니다. 그러나 그녀가 다시 이곳에 돌아와서 날마다 얼굴을 보게 된 뒤부터는 가끔 견딜 수 없게 되었습니다. 그럴 때에는 내 팔을 깨물거나 몸부림을 치면서 괴로워합니다. 이런 일은 이 세상에서 있어서는 안 되는 것이지만, 그렇다고 해서 이 세상에서 없어져 주었으면 하고 소망할 수도 없습니다. 이것은 생명 자체와 하나로 결합되어 있어서, 이것이 없어지기를 소망하는 것은 생명 자체가 없어지는 것을 소망하는 일이기 때문입니다. 생명이 없어지는 것을 소망할 수는 없습니다. 왜냐하면 죽는다는 것은 무엇이겠습니까? 뜻을 이룬다면 기꺼이 죽을 수도 있습니다. 그녀의 팔에 안길 수 있다면 기꺼이 죽겠습니다. 그러나 뜻을 이루지 못하고 죽는 것은 무의미합니다. 삶이란 욕망하는 것이며 욕망하는 것은 삶이기 때문입니다. 그렇기 때문에 자기를 버린다는 것은 생각할 수 없습니다. 정말 저주스러운 궁지입니다. 그러나 '저주스럽다'고 말한 것도 단지 남의 일처럼 말해 본 것뿐이고, 나 스스로는 저주스럽다고 생각하지 않습니다. 이 세상에는 여러 가지 괴로움이 있습니다, 한스 카스토르프 씨. 그리고 괴로움에 시달리는 자는 그 괴로움에서 벗어나려고 합니다. 무슨 수를 써서라도 오로지 그것에서 벗어나는 것만을 바랍니다.

하지만 육욕의 괴로움은 육욕이 채워져야만, 그것을 조건으로 해서만 벗어날 수 있습니다. 육욕이 채워지지 않는 한은 안 됩니다! 절대로 안 됩니다! 그렇게 되어 있습니다. 그리고 이 괴로움의 포로가 아닌 자는 그다지 문제가 되지 않지만, 포로인 자는 우리 주 예수 그리스도를 알고 눈물을 흘립니다. 아! 이건 정말 어찌된 현상입니까? 육체가 이토록 육체를 갈망하다니, 그것도 자신의 육체가 아니라 남의 영혼이 깃들어 있는 육체라는 것을 이렇게 갈망하다니! 잘 생각해 보면, 사람을 따르는 육체의 소망은 얼마나 이상하고 얼마나 경건한 소망입니까! '그 정도의 소망이라면 얼마든지 소원을 이루어 주지!' 하고 누구든지 말하고 싶을 것입니다. 도대체 나는 무엇을 원하고 있는 것일까요? 그녀를 죽이기라도 하겠다는 것일까요? 그녀의 피를 흘리기라도 하려는 것일까요? 나는 그녀를 애무하고 싶을 뿐입니다! 카스토르프 씨, 사랑하는 카스토르프 씨, 이렇게 흐느껴 울어 죄송합니다. 그러나 그녀가 내 소망을 선뜻 채워준다면 좋을 텐데요! 이 소망에는 고상한 것도 결합되어 있으니까요. 나는 짐승이 아닙니다. 나도 인간입니다! 육욕은 대상을 정하지 않고 전전하면서 옮겨갑니다. 그렇기 때문에 육욕은 동물적이라고 말합니다. 그렇지만 육욕이, 하나의 얼굴을 가진 어떤 인간에게 고정되어 버리면 우리는 그것을 사랑이라고 부릅니다. 나는 그녀의 몸과 그녀의 살만을 욕망하는 것이 아닙니다. 만약 그녀 얼굴의 한 부분이 조금이라도 달라져 있다면, 나는 아마 그녀의 육체에서 아무것도 소망하지 않을 것입니다. 이것으로도 알 수 있듯이 내가 그녀와 그녀의 영혼을 사랑한다는 것이 분명합니다. 얼굴을 사랑하는 것은 영혼을 사랑하는 것이 되니까요……."

"도대체 당신은 어떻게 된 것입니까, 베잘 씨? 당신은 완전히 제정신을 잃고 전혀 알 수 없는 말을 하고 있군요……?"

"바로 그것입니다. 그것이 나의 불행이란 말입니다. 그녀는 얼굴이 있고, 육체와 영혼이 있는 인간이라는 것 말입니다! 그녀의 영혼은 내 영혼에 관심이 없고, 그녀의 육체도 나의 육체에 관심이 없습니다. 아, 울고 싶어도 울 수 없는 괴로운 일입니다. 그 때문에 나의 욕망은 비굴한 욕망으로 변하고, 나의 육체는 영원히 번민하지 않으면 안 되는 것입니다! 왜 그녀는 육체와 영혼의 어느 쪽으로도 나에게 관심이 없는 것일까요? 왜 나의 욕망이 그녀에게는 아주 싫은 것일까요? 도대체 나는 남성이 아니란 말입니까? 싫은 사나이는 남성이 아니라는 말입니까? 나는 남성적이기도 합니다. 나는 맹세합니다. 만약 그녀가 나를 그녀의 아름다운 팔에 껴안고 기쁨의 문을 열어준다면, 나는 그녀가 아직껏 느끼지 못했던 기쁨을 누리게 해주겠습니다! 그녀의 그토록 아름다운 팔이 그녀의 얼굴에 연결되어 있고, 그녀의 얼굴은 그녀 영혼의 창문이기 때문입니다! 만일 육체만이 문제이고 얼굴은 문제가 되지 않는다면, 그리고 나의 일 같은 건 상대도 하지 않는 그녀의 저주스러운 영혼이 없다고 한다면 나는 그녀에게 이 세상의 모든 기쁨을 맛보게 해줄 수 있습니다. 그러나 그 저주스러운 영혼을 그녀가 가지고 있지 않다면, 내 쪽에서도 그녀의 육체를 전혀 갈망하지 않을 것입니다. 정말로 악마처럼 저주스러운 궁지에 빠져버려 그 속에서 영원히 몸부림치며 괴로워하고 있습니다!"

"베잘 씨, 쉿! 작은 목소리로! 마부가 듣고 있습니다! 이쪽을 돌아보지 않고 있지만, 그가 듣고 있다는 것은 그의 등을 보면 알 수 있습니다."

"저 사나이는 이 이야기를 이해하고 있기에 자세히 듣고 있습니다. 중요한 것은 그 점입니다. 카스토르프 씨! 저기에도 지금 문제삼고 있는 상황의 특색과 성격이 나타나고 있습니다! 만약 내가 재생이라든지 유체역학(流體力學) 같은 말을 하고 있다면, 그런 말은 저 사람에게는 알 수도 없겠고, 전혀 짐작도 가지 않아 들으려고 하지 않을 것이며, 아무런 흥미조차 갖지 않을 것입니다. 통속적인 말이 아니기 때문이지요. 그러나 이 세상에서 육체와 영혼의 문제는 가장 궁극적이며 몸서리쳐지도록 은밀한 문제인 동시에 가장 통속적인 문제라서 누구라도 알 수 있고 누구라도 그 문제로 괴로워하는 자는 낮에는 욕망에 들볶이고 밤에는 오욕의 지옥에 빠집니다! 카스토르프 씨, 나를 위해 내 신세 한탄을 들어주십시오. 나의 밤이 어떤 것인지 모르고 계실 테니 말입니다! 밤마다 나는 그녀의 꿈을 꿉니다. 아, 그녀를 보지 않는 꿈이 있을까요? 그것을 생각하면 목구멍과 가슴이 타는 듯 아파옵니다! 어떤 꿈이나 마지막에는 그녀가 내 뺨을 때리고 때로는 침을 뱉습니다. 영혼의 창문이라고 할 수 있는 그녀의 얼굴이 천박하게 일그러지면서 내 얼굴에 침까지 뱉습니다. 그러면 나는 눈을 뜹니다. 땀과 오욕과 쾌락에 뒤범벅이 되어서 말입니다……."

"제발, 베잘 씨, 그 정도만 하고 입을 다뭅시다. 향료 가게에 닿아 모두 모일 때까지 가만히 있도록 합시다. 이것이 나의 소망입니다. 나는 당신의 기분을 모욕할 생각은 없습니다. 당신이 심한 고통을 겪고 있다는 것을 충분히 알겠어요. 그러나 우리나라 옛이야기에 말을 할 때마다 입에서 뱀과 두꺼비가 튀어나오는 벌을 받은 사람의 이야기가 있습니다. 그가 말할 때마다 두꺼비나 뱀이 튀어나온다는 것입니다. 그 죄인이 그 벌에 대해 어떤 태도를 취했는지는 책에 씌어 있지 않습니다만, 나는 언제나 그 사람은 입을 꾹 다물고 있었으리라고 생각했습니다."

베잘이 울먹이면서 말했다.

"그러나 카스토르프 씨, 나처럼 괴로워하는 사람은 말이라도 해서 마음의 짐을 덜어보려는 것이 인지상정 아니겠습니까?"

"그뿐이겠습니까? 그것은 인간의 권리라고 해도 좋겠지요. 하지만 내 생각으로는, 경우에 따라 조용히 있는 편이 더욱 이성적이라고 할 수 있는 권리도 있다고 봅니다."

이렇게 하여 두 사람은 한스 카스토르프의 제안에 따라 잠자코 있었는데, 어느새 마차는 포도 잎사귀에 덮인 향료 가게에 닿았다. 거기서는 기다릴 필요가 없었다. 나프타와 세템브리니는 길가에 서서 기다리고 있었다. 세템브리니는 낡은 털가죽 윗도리를 입고 있었고, 나프타는 노르스름한 외투를 입고 있었는데, 그 외투는 가장자리가 모두 한 땀 한 땀 꾸며져 있어 멋진 느낌을 주었다. 마차가 방향을 바꾸는 동안, 모두들 손을 흔들어 인사를 나누고 두 사람은 마차에 올라탔다. 나프타는 선두 마차에 탄 세 사람 사이에 끼어들어 페르게와 나란히 앉았다. 세템브리니는 아주 기분이 좋은 상태로 경쾌한 농담을 연발하면서 한스 카스토르프와 베잘이 탄 마차에 올라타 베잘에게서 뒷좌석을 양보받고, 그 좌석에 이탈리아의 마차 행렬에 참가한 사람처럼 유연하고 여유 있는 자세로 앉았다.

세템브리니는 시시각각으로 변하는 풍경을 바라보면서 쾌적하고 편안한 기분이 되었으며, 한스 카스토르프에게는 아버지와 같은 친절한 태도를 보이는가 하면 불쌍한 베잘의 볼을 어루만지기도 했다. 그는 닳아빠진 가죽 장갑을 낀 오른손을 크게 움직여 바깥 풍경을 가리키며 밝은 자연을 찬미하자면서 별로 호감이 가지 않는 자기 자신 같은 것은 잊어버리라고 권했다.

멋진 드라이브였다. 마차를 끄는 네 필의 말은 모두 이마에 흰 반점이 있는 팔팔한 말로 억세고 윤기 있고 영양 상태가 좋아서 아직 먼지가 일지 않는 좋은 길을 즐거운 발걸음으로 달리고 있었다. 길가의 무너진 바위 틈으로는 풀과 꽃들이 모습을 보이고 있었다. 전신주들이 연방 뒤로 달아나면서 잇따라 산의 숲이 나타났다. 아름다운 커브길이 가까이 왔다가는 어느새 뒤로 지나가 버려, 길의 변화에 대한 사람들의 호기심을 충족시켜 주었다. 그리고 여기저기 녹다 남은 눈이 번쩍이는 산줄기의 화려한 모습이 먼 곳에서부터 내내 희미하게 보였다. 눈에 익은 골짜기가 다리 밑에서 사라지고, 아침저녁으로 눈에 익은 풍경이 바뀌어지는 것이 마음을 들뜨게 했다. 얼마 안 있어 마차는 숲 가장자리에서 멈추어 섰다. 거기서부터는 걸어서 소풍을 계속해 목적지에 다다르기로 했다. 목적지인 폭포의 물소리가 처음에는 희미하게, 그러나 갈수록 또렷이 귀에 울려왔다. 처음에는 아무도 그것을 느끼지 못했지만 언제부터인가 모두의 귀에 스며들었다. 마차가 멈추자 먼 곳에서 들려오는 물소리가 또렷이 들렸다. 이따금은 들리지 않을 만큼 아련하게 울리는 철철 흐르는 소리, 와글와글하는 소리를 잘 들어보려고 서로 주의를 주면서 발소리를 멈추며 그 소리를 놓칠세라 귀담아들었다.

여기를 여러 번 찾아온 일이 있는 세템브리니가 말했다.

"여기서는 아직 희미하게 들립니다. 그러나 가까이 가면 이 계절치고는 엄청난 물소리가 들립니다. 그렇게 알고 계십시오. 자기가 하는 말까지도 들을 수 없을 정도입니다."

이렇게 일행은 젖은 침엽수 낙엽이 흩어져 깔린 길을 따라 숲 속 깊숙이 들어갔다. 맨 앞에는 피테르 페페르코른이 쇼샤 부인의 팔에 부축을 받으며, 늘 쓰고 다니는 검은 모자를 깊이 쓰고 좌우로 흔들리는 걸음걸이로 앞으로 나아갔다. 그 뒤에서 한스 카스토르프가 두 손을 주머니에 넣고 머리를 갸우뚱거리면서 낮게 휘파람을 불며 주위를 돌아보면서 따라갔다. 그는 다른 사람들과 마찬가지로 모자를 쓰지 않았다. 그의 뒤를 이어 나프타와 세템브리니, 그 뒤에 페르게와 베잘, 마지막으로 말레이인이 점심이 들어 있는 광주리를 팔에 걸고 따라갔다. 모두들 지금 걷고 있는 숲에 대해 이야기를 나누었다.

이 숲은 다른 숲과는 달리 그림처럼 색다른 데가 있었는데, 이국적이면서도 묘한 광경을 드러냈다. 숲 속에는 지의류(地衣類)가 번식하고 있어서 그것이 온통 드리워지고 얽혀 숲 전체를 완전히 덮고 있었다. 양탄자 같은 기생 식물은 나뭇가지마다 얽혀서 퇴색한 긴 수염 같은 꼴로 늘어져 있었다. 그래서 침엽수 잎사귀는 전혀 보이지 않았고 눈에 들어오는 것이라고는 오직 이끼뿐이었다. 그것은 답답하고 괴상하게 이지러진 세계, 다시 말하면 마술에 걸린 것처럼 무시무시한 광경이었다. 숲에게 이것은 좋은 현상이 아니었다. 무성한 이끼 때문에 숲은 괴로움을 받고 있었으며 질식할 지경이었다. 이것은 모두의 일치된 의견이었는데, 이런 말을 하는 사이에도 이들은 조금씩 가까워지는 목적지의 폭포 소리를 들으면서 침엽수 잎이 깔린 길을 나아가고 있었다. '쿵쿵' 소리로 들리는 폭포 소리는 갈수록 귀를 멍멍해지게 해서 세템브리니의 예언이 그대로 이루어질 기세였다.

길 모퉁이를 하나 돌아서자 숲과 바위에 에워싸인 골짜기에 걸린 다리와 폭포수가 보였는데, 그 순간 귀를 때리는 물소리도 절정에 이르렀다. 대단한 광경이었다. 많은 양의 물이 한 줄기가 되어 수직으로, 흰 물방울을 날리면서

첩첩으로 된 바위 위에 떨어지고 있었다. 폭포의 높이는 7~8미터쯤이었으며 넓이도 엄청났다. 떨어지는 물은 미친 듯이 으르렁댔고, 그 물소리에는 굉음, 쇳소리, 울부짖는 소리, 함성, 나팔 소리, 부서지는 소리, 폭음, 힘찬 울림소리, 종소리 등 모든 종류의 소음과 음정(音程)이 뒤섞여 정말로 정신이 멍해지는 것 같았다.

일행은 폭포 밑으로 가서 미끄러운 바위 위에 섰다. 그들은 안개를 들이마시고 물방울을 맞으면서, 물안개로 떨어지는 요란한 물소리에 정신을 못 차리며 서로의 눈을 쳐다보았다. 때로는 겁에 질린 미소를 띠며 머리를 흔들기도 했다. 이 물거품과 굉음을 내는 영원한 파국을 바라보며, 그 미친 듯한 물의 폭음 때문에 귀가 먹먹해지고 정신이 아찔해질 것 같은 공포를 느꼈다. 마치 뒤에서, 머리 위에서, 사방에서 위협하고 경고하는 외침 소리와 나팔 소리, 억센 남성의 목소리를 듣는 것 같은 착각이 일어났다.

일동은 페페르코른의 등 뒤에 모여서—쇼샤 부인도 다섯 남성과 함께—미쳐 날뛰는 물보라를 함께 바라보았다. 모두에게 페페르코른의 얼굴은 보이지 않았지만, 그가 불길처럼 치솟은 흰 머리칼을 덮었던 모자를 벗고 서늘한 폭포의 바람을 들이쉬는 모습이 보였다. 아무리 귀에 입을 바짝 대고 말해도 떨어지는 물소리로 목소리가 사라져 버리기 때문에, 그들은 눈길과 손짓으로 감정을 전했다. 모두의 입에서 경탄의 외침이 나오는 것 같았지만 목소리는 전혀 들리지 않았다. 한스 카스토르프와 세템브리니와 페르게는 모두가 서 있는 골짜기 바닥에서 위쪽에 걸린 좁은 다리로 가서, 거기에서 폭포수를 구경하려고 서로 머리로 신호를 보냈다. 바위에는 작지만 급한 계단이 파여 있었고 그 계단이 숲의 윗머리로 통해 있어서 올라가는 것은 어렵지 않았다. 세 사람은 그 계단을 일렬로 올라가 다리에 이르렀고, 폭포에 걸려 있는 다리의 한가운데에서 난간에 기대 아래쪽에 있는 사람들에게 손을 흔들었다. 그리고 세 사람은 다시 다리를 지나 저쪽 기슭으로 힘들게 내려가 냇물 반대편 기슭에 이르렀다. 그런데 거기에도 다리가 걸려 있었다. 세 사람은 그 다리를 지나, 나머지 사람들이 있는 데로 다시 모습을 보였다.

일행은 눈과 손짓으로 점심을 먹자는 신호를 했다. 대부분의 사람들은 시끄러운 장소에서 조금 이동해서 점심을 먹자고 신호했지만, 페페르코른의 생각은 이와는 반대라는 것을 알 수 있었다. 페페르코른은 머리를 흔들고 발목을 집게손가락으로 여러 번 가리키면서, 찢어진 듯한 입술을 될 수 있는 대로 크게 벌려 "여기서!" 하고 외치는 것 같았다. 이렇게 나오면 어떻게 할 수가 없었다. 이런 문제가 생기면 언제나 그가 대장이고 우두머리였다. 오늘의 소풍이 그의 주장과 지휘에 의한 소풍은 아니라고 하더라도, 인물의 비중은 모든 것을 결정하는 힘을 가지고 있었다. 도량이 큰 인물은 옛날부터 전제적이고 독재적이었지만 앞으로도 그런 현상은 변하지 않을 것이다. 페페르코른은 폭포수 밑에서 울리는 물소리에 싸여 점심을 먹을 것을 결정했다. 그것은 왕자다운 횡포였지만, 맛있는 음식을 포기하지 않으려면 폭포수 밑에 머물러 있을 수밖에 없었다. 대부분의 사람은 볼멘 얼굴이 되었다. 세템브리니는 인간적인 담화, 민주적인 명확한 대화, 토론을 못하게 된 것이 몹시 절망스러운 듯 머리 위로 손을 흔들어서 단념을 나타내는 손짓을 했다. 말레이인이 주인의 결정을 아주 충실하게 실행에 옮기기 시작했다. 말레이인은 접의자를 두 개 가지고 왔는데, 그것을 주인과 쇼샤 부인을 위해 암벽 밑에 펴놓았다. 그리고 두 사람의 발밑에 보자기를 깔고 광주리에 넣어 가지고 온 커피 그릇과 잼, 보온병, 빵, 포도주 병을 보자기 위에 놓았다. 모두들 자기 몫을 받으려고 보자기 주위에 모여들었다. 그러고는 따끈한 커피잔을 손에 쥐고 케이크 접시를 무릎 위에 놓은 채 돌 위나 다리 난간에 앉아, 울리는 물소리와 함께 묵묵히 점심을 먹었다.

페페르코른은 외투의 깃을 세우고 모자는 옆에 놓더니, 자기 이름의 첫 글자를 새긴 은잔으로 포도주를 여러 번 들이켰다. 그리고 갑자기 말하기 시작했다. 참으로 이상한 사나이였다! 자기 자신도 자기의 목소리를 들을 수 없었으니, 그가 지껄이는 들리지 않는 말을 주위의 사람들이 한 마디라도 알아들을 리 없었다. 그러나 페페르코른은 오른손으로 은잔을 쥐고 왼팔은 비스듬히 위로 올렸는데, 모두들 그의 왕자다운 얼굴이 뭔가를 지껄이면서 움직이는 모습을 보고 있었다. 진공 속에서 말하는 것처럼 그의 입에서는 소리 없는 말이 계속 튀어나왔다. 모두가 그의 이 무의미한 말을 난처한 미소를 지으며 보고 있었는데, 그가 곧 멈출 것이라고 생각했다. 하지만 그는 왼손으로 그 세련된 손짓을 계속하면서 사람들의 주위를 집중시켰고, 모든 것을 삼켜버리는 물의 울림 속에서 계속 이야기했다. 이마의 주름 밑에 있는 엷은 색의 작고 피곤해 보이는 눈을 크게 벌리고, 주위의 사람들을 차례로 쳐다보며 계속 지껄였다. 듣는 사람들은 눈썹을 추켜올려 끄떡인다든지, 입을 열고 손을 귀 뒤에 대는—어쩔 수 없는 사태를 조금이라도 좋게 하려는 듯이—수밖에 없었다.

그러다가 드디어 페페르코른은 일어섰다. 그는 은잔을 손에 쥔 채 거의 발에 닿을 듯한 구겨진 여행용 외투의 깃을 세우고 모자를 벗은 채, 주름이 새겨진 높은 이마에 흰머리를 흩날리며 암벽에 섰다. 그리고 엄지손가락과 집게손가락으로 동그라미를 만들고, 손톱을 창처럼 뾰족하게 기른 나머지 세 손가락을 나란히 하여 그 손을 마치 연설하는 사람처럼 얼굴 앞에 들고는, 소리는 들리지 않아도 건배라는 말을 손짓으로 보충하면서 얼굴을 흔들며 계속 지껄였다. 그의 몸짓과 입 모양으로 봤을 때 입버릇처럼 된 '좋습니다'나 '다 끝났습니다'를 중얼거리고 있다는 것을 짐작하여 읽어낼 수 있었을 뿐 다른 말은 도저히 알아챌 수 없었다. 그의 머리가 비스듬히 기울어지고, 찢어진 듯한 입술에 괴로운 빛이 떠올라 고민으로 바뀌는 것이 보였다. 이윽고 그의 볼에 음탕한 보조개가 나타나고, 향락적이며 장난꾸러기 같은 표정이 떠올랐다. 마치 옷자락을 걷어올리고 미친 듯 춤추는 이교도 사제의 신성한 음탕함이 넘쳐흐르는 것 같았다. 그는 은잔을 높이 올려 그것으로 손님들의 눈앞에 한 바퀴 원을 그리고 나서, 잔이 완전히 위로 향할 때까지 기울여 한 방울도 남기지 않고 포도주를 모두 마셔버렸다. 그러고는 팔을 뻗어 은잔을 말레이인에게 넘기고, 말레이인이 가슴에 손을 대고 그것을 받자 페페르코른은 곧 출발 신호를 했다.

모두가 그 명령에 따라 돌아갈 준비를 하면서 페페르코른에게 감사의 인사를 했다. 땅바닥에 앉아 있던 사람은 성급히 일어났고, 다리의 난간에 앉아 있던 사람은 거기에서 미끄러져 내려왔다. 실크 모자를 쓰고 털가죽 목도리를 한 빈약한 말레이인은 남은 음식과 그릇을 모았다. 모두가 왔을 때처럼 일렬 종대로 서서, 드리워진 이끼 때문에 잘 보이지도 않는 숲 속 길을 걸어 마차가 있는 데로 갔다.

한스 카스토르프는 돌아갈 때에는 페페르코른과 그의 여행 동반자가 탄 마차에 함께 탔다. 그는 고상함과는 무관한 선한 페르게와 나란히 앉아서 그 두 사람을 마주 보았다. 돌아가는 도중에는 아무도 말이 없었다. 페페르코른은 그의 무릎과 클라브디아의 무릎을 함께 덮은 담요 위에 두 손을 놓고 아래턱을 힘없이 떨구고 있었다. 세템브리니와 나프타는 마차가 선로와 시냇물을 넘기 전에 내려서 일행과 헤어졌고, 베잘은 뒷마차에 혼자 앉아 굽은 도로를 올라갔다. 베르크호프의 현관 앞에 닿자 거기서 일행은 모두 헤어졌다.

그날 밤, 한스 카스토르프는 스스로는 조금도 의식하지 않았지만 뭔가 마음속으로 각오한 바가 있었다. 그 때문에 깊은 잠에 빠지지 못했다. 그는 베르크호프의 여느 때의 고요했던 밤과는 전혀 다른 분위기, 아주 희미하게 들려오는 술렁임, 멀리서 어렴풋이 들려오는 발소리에 눈을 뜨고는 이불 속에서 일어나 앉았다. 새벽 2시가 조금 지났을 때 그의 방문을 두드리는 소리가 들렸다. 그는 그 얼마 전부터 눈을 뜨고 있었기에 문 두드리는 소리가 들리자, 잠에서 깬 힘찬 소리로 대답했다. 문을 두드린 사람은 베르크호프에서 일하고 있는 간호사였는데, 그녀는 높고 불안정한 목소리로 곧 2층으로 와달라는 쇼샤 부인의 말을 전달했다. 한스 카스토르프는 더욱더 힘찬 목소리로 곧 가겠다고 대답하고는 벌떡 일어나 급히 옷을 입은 뒤 손가락으로 이마의 머리칼을 쓸어 올리면서, 무슨 일이 일어났을까 하는 것보다는 어떻게 해서 그 일이 일어났을까를 생각하면서 서두르지도 않고 느리지도 않은 발걸음으로 2층으로 내려갔다.

그는 페페르코른의 살롱으로 통하는 문과 침실로 들어가는 문이 열려 있고, 그 침실의 불이 모두 켜져 있는 것을 보았다. 침실에는 두 의사, 밀렌동크 수간호사, 쇼샤 부인, 말레이 하인이 있었다. 하인은 보통 때와는 달리 자바의 민속 의상 같은 옷차림을 하고 있었는데, 긴소매가 달린 금은 줄무늬 셔츠에다 바지가 아닌 화려한 치마를 입고, 누런 나사지로 만든 원뿔형 모자를 쓰고, 구슬로 된 부적을 가슴에 장식처럼 달고 있었다. 그는 피테르 페페르코른이 두 손을 뻗고 누워 있는 침대의 왼쪽 머리맡에서 팔짱을 끼고 서서 움직이지 않고 있었다. 침실에 들어온 한스 카스토르프는 창백한 얼굴로 이 모든 모습을 눈에 담았다. 쇼샤 부인은 그에게 등을 돌리고 있었다. 그녀는 침대 발치에 있는 낮은 안락의자에 앉아, 침대 이불 위에 한쪽 팔꿈치를 짚고 손으로 턱을 괸 채, 아랫입술을 손가락으로 누르고 자신의 여행 동반자의 얼굴을 지켜보고 있었다.

"안녕하십니까?"

크로코브스키 박사와 수간호사를 상대로 작은 목소리로 이야기를 하던 베렌스는 한스 카스토르프에게 이렇게 인사하고는 흰 콧수염을 추켜올리면서 우울한 듯 고개를 끄덕였다. 그는 수술복을 입고 있었는데, 가슴 주머니에는 청진기가 보였고 수놓은 슬리퍼를 신고 있었으며 옷깃은 달고 있지 않았다.
그는 속삭이듯 말했다.
"속수무책이었습니다. 훌륭한 최후입니다. 가까이 가서 경험이 있는 눈으로 보십시오. 의술로서는 전혀 손댈 여지가 없다는 것을 알 수 있을 겁니다."
한스 카스토르프는 발끝으로 침대 가까이 갔다. 말레이인이 청년이 가까이 오는 것을 감시하느라고 머리를 움직이지 않고 눈동자만으로 그를 쫓았으므로 눈의 흰자위가 드러났다. 한스 카스토르프는 쇼샤 부인이 자신에게 아무 관심이 없다는 것을 곁눈으로 확인한 뒤, 평상시 자세로 페페르코른의 베갯머리에 서서 한쪽 다리에 무게를 주고 두 손을 아랫배 위에 모은 채, 목을 비스듬히 한쪽으로 기울이면서 경건하고 명상적인 얼굴로 죽은 사람을 지켜보았다. 페페르코른은 한스 카스토르프가 여러 번 보았던 것처럼, 메리야스 셔츠를 입고 붉은 비단 이불을 덮고 누워 있었다. 두 손은 검푸른빛을 띠었고 얼굴도 부분적으로 그런 빛이 되어 있었다. 이것은 용모를 매우 추하게 했지만, 그 밖에는 왕자다운 얼굴 모습에 별다른 변화가 없었다. 불꽃처럼 치솟은 흰 머리칼이 흩어져 있는 넓은 이마에는 여전히 주름이 수평으로 패어 있었으며 이마의 좌우에 직각으로 관자놀이를 따라 내려가고 있었다. 일생 동안 긴장이 이어졌던 탓에 새겨진 이 주름은, 눈꺼풀을 닫고 조용히 누워 있는 지금도 뚜렷이 드러나 있었다. 비통스럽게 찢어진 입술도 조금 벌려져 있었다. 푸른 반점이 나타나 있는 것은 급격한 울혈, 뇌출혈 때 생기는 현상처럼 생명의 기능이 무리하게 멈춰진 것을 나타내 주었다.
한스 카스토르프는 사태를 규명하려고 하면서도 경건한 자세로 한참 동안 서 있었다. 그러면서 '미망인'이 말을 걸어올 경우를 생각해서 자세를 바꾸는 것을 망설였다. 그러나 '미망인'은 말을 걸지 않았기에 그는 먼저 그녀를 방해하지 않으려고 뒤에 서 있는 사람들 사이에 끼어들어갔다. 고문관은 턱으로 살롱을 가리켰다. 한스 카스토르프는 고문관의 뒤를 따라 살롱으로 들어갔다.
"자살입니까?"
한스 카스토르프는 목소리를 낮추어 단도직입적으로 물었다.
"물론이지요!"
베렌스는 당연하다는 몸짓으로 대답하고는 덧붙였다.

"완전한 자살입니다. 가장 멋진 자살입니다. 그런데 당신은 이런 것을 장신구 가게에서나 다른 데서 본 적이 있습니까?"

그는 수술복 주머니에서 모양이 까다로운 작은 상자를 꺼내더니, 그 속에서 뭔지 작은 물건을 꺼내 청년에게 보였다.

"나는 처음 봅니다. 그러나 한 번 봐둘 가치가 있습니다. 배움에는 끝이 없습니다. 기상천외한 독창적인 기구입니다. 그의 손에서 빼낸 것입니다. 조심하십시오. 당신 피부에 조금이라도 그 안의 것이 묻으면 염증을 일으키게 됩니다."

한스 카스토르프는 이 기묘한 물건을 손가락으로 돌려 가면서 보았다. 그것은 강철과 상아와 금과 고무로 된 이상한 모양의 바늘이었다. 그것은 번쩍번쩍 빛나는 강철로 된 구부러진 두 개의 바늘이었는데 전체 길이는 2, 3인치에 지나지 않았다. 그 바늘은 상아에 금을 씌운 나선형으로 된 몸통에 타래쇠 같은 것으로 일정한 길이만큼 들어가게 되어 있고, 그 동체의 아래쪽에는 단단한 검은 고무로 만든 대롱 같은 것이 달려 있었다.

한스 카스토르프가 베렌스에게 물었다.

"이게 뭡니까?"

"정밀한 주사기입니다. 다른 말로 표현하면 코브라의 이빨을 본떠 만든 기구입니다. 알겠습니까? 아직 알아듣지 못하는군요."

그는 한스 카스토르프가 기묘한 기구를 멍하니 바라보고 있자 자세히 설명했다.

"이것이 이빨입니다. 보통 이빨이 아니라 내부에 모세관처럼 아주 가느다란 구멍이 통해 있습니다. 그 구멍이 이 뾰족한 끝의 바로 위에 확실히 보일 것입니다. 물론 구멍은 이빨의 뿌리에도 열려 있어 이 상아의 동체 속에 들어가 있는 고무 대롱과 연결되어 있습니다. 이빨은 살점을 물어버리는 순간, 동체 속에 들어갑니다. 이것은 분명합니다. 그리고 고무 대롱을 압박해 대롱 속의 액체를 구멍 속으로 밀어내어, 이빨 끝이 살갗을 찌르자마자 액체가 벌써 혈관 속으로 들어가는 것입니다. 아주 간단해 보이지만 이것을 고안해 낸다는 것은 대단한 일입니다. 아마 그가 주문해서 만들었겠지요."

"그렇겠습니다!"

"독이 든 액체량은 그다지 많지 않았을 겁니다. 그렇게 적은 양을 집어넣었다고 생각되는 것은……."
"강력한 힘일 것입니다."
한스 카스토르프가 베렌스를 대신해 뒷말을 덧붙였다.
"그렇습니다. 이 독물의 정체는 곧 분석될 것입니다. 그 결과는 매우 흥미 있을 것이며 반드시 배울 점이 있으리라고 생각합니다. 어떻습니까? 저쪽에서 눈을 번득이고 있는 저 말레이인은, 오늘 밤에 정장을 차려입고 있는데 저 사나이라면 이것이 무엇인지 잘 알고 있지 않을까요? 나는 동물성 물질과 식물성 물질의 혼합물이라고 생각합니다. 어쨌든 순수하고 아주 강력한 것이었을 겁니다. 그 작용이 매우 전격적이었을 것입니다. 어떤 점으로 보든 그 자리에서 숨이 멈추어졌으리라고 생각됩니다. 호흡 중추의 마비, 급격한 질식사입니다. 아마 고통이 없는 편안한 죽음이었을 것입니다."
"그랬기를 바랍니다!"
한스 카스토르프는 경건하게 말하고, 한숨을 쉬면서 그 이상한 작은 기구를 고문관의 손에 돌려주고 침실로 돌아왔다.
침실에는 이제 말레이인과 쇼샤 부인만 있었다. 한스 카스토르프가 다시 침대로 가까이 가자, 클라브디아는 이번에는 얼굴을 들고 청년을 보며 말했다.
"당신은 당연히 오셔야 했어요."
"불러주어서 고맙습니다. 당신이 말씀하신 대로입니다. 페페르코른 씨와 나는 서로 '자네'라고 부르는 사이였습니다. 나는 남들 앞에서 그렇게 부르는 것을 꺼린 것을 진심으로 부끄럽게 생각하고 있습니다. 당신은 마지막 순간에 그의 곁에 계셨습니까?"
"모든 것이 끝난 다음에 하인이 알려주었습니다."
"그는 인생에 대한 감정의 감퇴를 우주의 종말, 신의 오욕이라고 느낄 만큼 도량이 큰 인물이었습니다. 그는 자기를 신의 혼례기관(婚禮器官)이라고 생각했습니다. 왕자다운 망상이었지요. 세상을 떠난 분에게는 미안한 말이지만, 지금의 나처럼 감동해 버리면 감히 이런 무례하고 버릇없는 말을 하고 싶어지는 법입니다. 그리고 이편이 사실은 흔히들 말하는 애도의 말보다 훨씬 더 엄숙한 것입니다."
"그는 포기한 것 같습니다. 그는 우리 사이를 알고 있었던가요?"
"나는 그의 앞에서 부정할 수가 없었습니다, 클라브디아. 그의 눈앞에서 당신의 이마에 키스하라는 부탁을 내가 거절했을 때, 그는 알아차렸던 것입니다. 그의 눈앞에서, 눈앞이라고는 하지만 지금으로서는 현실이라기보다 상징이 되어버렸습니다만, 지금 여기서 그의 부탁을 실행해 주실 수 있겠습니까?"

그녀는 눈을 감고, 살짝 눈짓이라도 하듯이 그에게 얼굴을 가까이 했다. 그는 그녀의 이마에 입술을 댔다. 말레이인이 동물 같은 갈색 눈망울을 옆으로 굴리며 흰자위를 드러낸 채 이 광경을 감시하고 있었다.

거대한 둔감

우리는 다시 한 번 베렌스 고문관의 목소리를 듣게 된다. 자, 잘 들어두도록 하자. 그의 목소리를 듣는 것도 아마 이것이 마지막이 될 테니까. 이 이야기도 언젠가는 끝날 것이다. 이 이야기는 이미 꽤 오랫동안 이어졌다. 아니, 그보다는 내용적 시간이 이미 쉴 새 없이 흘러서 그것을 이야기하는 음악적 시간도 다 지나가고, 이제는 상투어를 좋아하는 라다만토스의 경쾌한 억양을 듣고 싶어도 아마 기회가 없을지도 모른다.

베렌스는 한스 카스토르프에게 말했다.

"한스 카스토르프 군, 당신은 따분해하고 있군요. 몹시 우울한 얼굴을 하고 있군요. 나는 날마다 그것을 보고 있습니다. 안달이 나 있는 것이 당신 얼굴에 씌어 있습니다. 그리고 모든 것에 흥미를 잃고 있습니다. 카스토르프 군! 당신은 문젯거리만을 찾고 있습니다. 뭔가 날마다 최상급의 자극을 보지 못하면 당신은 재미가 없어서 투덜거리고 있습니다. 어떻습니까? 내 말이 맞지요?"

한스 카스토르프는 말이 없었다. 그러나 말이 없는 것을 보면, 그의 마음은 정말 착잡했음에 틀림없다.

베렌스는 스스로 대답했다.

"내 눈은 틀림없습니다. 언제나 정확하지요. 그리고 당신이 여기서 독일적인 불만의 독소를 퍼뜨리기 전에, 불만의 시민이여, 당신이 알아두어야 할 것이 있습니다. 당신은 신과 세상에게서 버림받은 것이 아닙니다. 요양원 당국에서도 당신에게 눈길을 쏟고 있습니다. 그것도 쉴 새 없이 지켜보고 있죠. 또한 당신의 지루함을 달래주려고 쉬지 않고 마음을 쏟고 있습니다. 아, 농담은 그만두고, 젊은이! 당신의 일로 생각한 것이 있습니다. 잠 못 이루는 밤에 당신을 위해 생각한 것이 있어요. 정말 신의 계시라고 말할 수 있습니다. 그것은 다른 것이 아니고 병으로부터의 해방, 뜻하지 않게 빠른 앞날에 힘찬 귀환 소식입니다…… 봐요. 당신의 눈은 빛나고 있습니다."

베렌스는 일부러 사이를 두었다가 말했다. 그러나 한스 카스토르프는 눈을 빛내기는커녕 오히려 졸린 듯한 멍한 눈으로 베렌스의 얼굴을 바라볼 뿐이었다. 베렌스는 이야기를 계속했다.

"당신은 이 노인이 말하고자 하는 것이 아직 이해가 잘 되지 않는 것 같습니다. 내가 말하려는 것은 이렇습니다. 당신의 상태는 어딘지 모르게 이상합니다. 카스토르프 군, 이것은 당신도 날카로운 감수성으로 느낄 수 있을 것입니다. 어디가 이상한가 말한다면, 환부가 분명히 매우 좋아져 있어, 벌써 오래전부터 당신의 중독 증상을 그 환부에 의한 것이라고는 말할 수 없게 되었다는 점입니다. 이 점에 대해 내가 머리를 쓰기 시작한 것은 어제오늘의 일이 아닙니다. 이것은 당신의 최근 사진입니다. 이 마법의 거울을 한번 불빛에 비춰 봅시다. 보시다시피 아무리 심한 불평가나 비관론자라 해도 불평할 여지가 없을 만큼 훌륭한 사진입니다. 몇 군데의 병터는 완전히 없어졌고, 남은 것도 작아져서 확실히 굳어졌습니다. 당신도 전문가 이상으로 알고 있으니 하는 말인데, 이것은 완쾌를 암시하고 있지요. 한 부분의 이 상태를 가지고는 당신의 체온이 불안정한 이유를 도저히 설명할 수가 없습니다. 그래서 의사로서는 새로운 원인을 찾지 않을 수 없습니다."

한스 카스트로프는 머리를 끄덕여 보였지만, 그것은 단지 그에게 실례가 되지 않도록 하기 위해, 관심을 가진다는 뜻을 나타낸 것뿐이었다.

"그래서 당신은 이렇게 생각하게 될 겁니다, 카스토르프 군! 베렌스 노인은 치료법을 그르쳤다는 점을 인정하지 않을 수 없을 것이라고. 그러나 그것은 당치도 않은 생각이고, 사실과도 다르며, 베렌스 노인을 잘못 본 것입니다. 오늘까지의 치료법은 그릇된 것이 없었습니다. 다만 한쪽에 너무 치우쳤다고는 할 수 있을 것입니다. 나는 당신의 증상을 전부터 오로지 결핵 때문이라고 한 것은 잘못이 아니었던가 생각하기 시작했습니다. 그 이유는, 현재 나타난 당신의 증상이 오로지 결핵 때문이라고는 생각할 수 없기 때문입니다. 이 밖에 뭔가 장해의 원인이 있음이 틀림없습니다. 나의 의견은 당신이 구균을 보유하고 있다는 것입니다."

베렌스는 한스 카스토르프가 머리를 끄덕이며 수긍하는 것을 보고는 더욱

더 큰 소리로 되풀이했다.

"나의 깊은 확신에 따르면 당신은 연쇄상구균(連鎖狀球菌) 보유자입니다. 그러나 그렇게 얼굴빛을 바꿀 것까지는 없습니다."

얼굴빛은 조금도 변하지 않았다. 오히려 한스 카스토르프는 마치 고맙다는 듯이, 또는 가정적(假定的)으로 새롭고 훌륭한 자격을 주어서 고맙다는 듯이 비꼬는 표정을 띠었을 뿐이다.

베렌스는 말투를 바꾸어 되풀이했다.

"뭐, 그렇게 깜짝 놀랄 것은 없습니다. 구균은 누구나 가지고 있습니다. 어떤 바보라도 연쇄상구균쯤은 가지고 있습니다. 당신은 조금도 걱정할 필요는 없어요. 우리는 최근에 와서 알았습니다. 연쇄상구균을 우리 몸속에 지니고 있어도 이렇다 할 감염 현상을 일으키지 않는다는 것을 우리는 알아냈습니다. 이것으로 볼 때 다른 많은 동료들에게는 전혀 알려지지 않은 결론을 내리려고 합니다. 혈액 중에 결핵균이 존재하고 있어도 결핵 현상이 조금도 나타나지 않는 경우가 있다는 결론 말입니다. 우리는 결핵성 질환이라는 생각에 너무 집착하고 있습니다."

한스 카스토르프는 베렌스의 이 말이 아주 주목할 만한 생각이라고 말했다.

베렌스는 말을 계속했다.

"따라서 내가 연쇄상구균이라고 말해도 결코 중병이라고 생각할 것까지는 없습니다. 이 작은 균들이 당신의 혈액 속에 둥지를 치고 있다는 사실은 세균학적 혈액 검사를 기다려 봐야 압니다. 그리고 당신이 그 구균의 보유자라는 판명이 있어도, 당신의 열이 그 구균에 의한 열인지 아닌지는 연쇄상구균 백신 주사를 맞아 그 결과로 비로소 결정됩니다. 그것이 순서에요. 아까도 말했지만, 나는 그 백신 주사의 확실한 결과를 기대하고 있습니다. 결핵은 오랫동안의 치료를 요하는 병인 데 반해, 이런 종류의 병은 오늘날에는 금방 고칠 수 있습니다. 그리고 당신이 주사를 맞고 조금이라도 반응을 보이면 6주일 이내에 원기를 회복할 것입니다. 어떻습니까? 베렌스 노인은 직무에 충실하지 않습니까?"

그렇지만 한스 카스토르프는 마음에 내키지 않는 듯이 말했다.

"그러나 그것은 아직 가설에 지나지 않습니다."

"하지만 실증할 수 있는 가설입니다. 아주 효과 있는 가설이에요! 배양기에 구균이 나타나면, 그 가설이 얼마나 효과 있는 가설인지 당신도 알게 될 것입니다. 카스토르프 군! 우리는 내일 오후에 시골 외과 의술식으로 당신에게 방혈법(放血法)을 실시할 것입니다. 그것만으로도 지루함을 풀 수 있을 것이며, 몸과 마음에 아주 이로운 결과가 나타날 것입니다."

한스 카스토르프는 그 기분 전환에 기꺼이 응하겠다 말하고, 여러 가지로 걱정해 줘서 정말 고맙다고 인사했다. 그리고 그는 헤엄치듯 팔을 흔들면서 걸어가는 고문관의 뒷모습을 머리를 조금 기울이며 바라보았다. 베렌스가 한스 카스토르프의 위기일발 순간에 제안을 꺼낸 격이 되었다. 라다만토스는 베르크호프의 이 젊은 손님의 얼굴 표정과 기분을 꽤 정확히 꿰뚫어 본 셈이었다. 거기에 맞추어 그가 제안한 새로운 시안은 이 젊은 손님이 빠져 있는 침체에서 건져내고자 하는 목적을 갖고 있었다. 이것은 명백한 사실이므로 고문관도 그 의도를 조금도 숨기려 하지 않았다. 한스 카스토르프는 그의 궁지를 얼굴에 또렷하게 나타내고 있어, 죽은 요아힘이 자포자기의 반항적 결의를 굳히기 시작했을 때를 생각나게 하는 표정이었다.

그뿐만이 아니었다. 그는 자기가 그런 침체 상태에 빠져 있을 뿐 아니라 이 세상의 모든 것, '전체'가 다 자신과 같은 침체에 빠져 있는 듯이 느껴졌다. 그보다 여기서는 개인적 사정과 일반적인 상태를 분리해 생각한다는 것은 어려운 일이라고 생각되었다.

거물 페페르코른과의 교제가 그처럼 이상한 종말을 고했고, 그 결말로 인해 베르크호프에는 여러 움직임이 있었다. 클라브디아 쇼샤는 그녀의 보호자가 권리를 포기하는 비극에 타격을 받아, 그의 살아남은 친구인 한스 카스토르프와 경건하고 조심스럽게 작별 인사를 하고 이 위에 사는 사람들의 곁을 다시 떠나갔다. 이것을 전환점으로 한스 카스토르프는 이 세상과 인생이 차츰 이상하게 느껴져 날이 갈수록 괴상하고 비뚤어진 상태로 바뀌는 것 같았다. 다시 말하면 늘 마음속에서 불길한 영향으로 잠재하던 악마가 마침내 한스 카스토르프의 마음을 장악한 것이다. 그는 공공연히 무한한 악마의 지배에 휘둘려 신비스러운 공포를 느낀 나머지 달아나고 싶은 기분에 사로잡혔다. 바로 '둔감'이라는 이름의 악마였다.

둔감이라는 말에 악마의 이름을 결부시키고, 그것에 신비스런 공포를 느끼게 하는 힘이 있는 듯이 말하는 작가를, 독자는 터무니없이 허황된 비유라고 비판할 것이다. 그러나 우리는 허무맹랑한 이야기를 하는 것이 아니라, 우리의 단순한 주인공의 개인적인 체험을 충실하게 전달하고 있을 뿐이다. 그의 체험은 어떤 사정으로—어떤 사정인가는 캐보아도 물론 헛된 일이지만—우리에게 알려진 것이지만, 이에 따르면 둔감도 경우에 따라서 악마성을 띠는 일이 있고, 신비로운 공포를 불러일으킬 수도 있다는 것을 확실히 증명한다.

한스 카스토르프는 자기 주위를 둘러보았다. 그의 눈에 비친 것은 악마적인 현상뿐이며, 그는 이 현상이 무엇을 의미하는지를 알고 있었다. 그것은 시간을 잊은 생활, 걱정도 희망도 없는 생활, 겉으로는 바쁘고 수선스러운 것 같지만 안은 침체되어 거리낌 없는 생활, 죽어 있는 생활이었다.

그런데 이 죽어 있는 생활도 가끔은 분주한 것이어서 모든 종류의 활동이 동시에 행해지고 있었다. 그리고 가끔 그 가운데 어느 하나에 미쳐 그것이 유행으로 번지고 모두가 그것에 열중해 버리는 것이다. 예컨대 아마추어 사진은 이전부터 베르크호프 생활에 큰 역할을 차지하고 있었지만, 지금까지 두 번—이 위에 오랫동안 있었던 사람이면 그런 유행병의 주기적인 되풀이를 체험하고 있었다—이런 사진에 대한 열의가 몇 주 동안, 또는 몇 달 동안 이곳의 모두를 미치게 만들어 까다로운 얼굴로 카메라를 들여다본 뒤 셔터를 누르지 않은 사람은 하나도 없었으며, 식탁에서는 현상된 사진을 돌려보는 일이 끊이질 않았다. 더구나 자기 손으로 직접 현상하는 것이 갑자기 유행하게 되자 여태까지 준비된 암실만으로는 모자라, 아마추어 사진사들은 자기 방 유리창이나 발코니 유리문에 검정 커튼을 치고 붉은 전등 밑에서 현상을 했다. 그러나 갑자기 일류 러시아인 자리의 불가리아 학생이 불을 내 하마터면 타 죽을 뻔한 일이 생기자, 요양원 당국은 암실이 아닌 곳에서 현상하는 것을 엄금했다. 이런 일이 생긴 지 얼마 안 있어 단순한 사진은 유행에 뒤떨어지게 되고, 플래시 사진과 프랑스 화학자 뤼미에르가 발명한 천연색 사진이 유행하게 되었다. 모두들 갑자기 마그네슘의 불빛 세례를 받아 핏기 없이 굳은 얼굴로 눈을 뜨고 사진을 찍었다. 그들은 마치 눈을 뜬 채로 살해된 사람처럼 찍힌 사진을 보고는 매우 좋아했다. 한스 카스토르프도 틀에 넣은 유리판을 가지고 있었는데 그것을 밝은 데에서 비쳐보니, 하늘빛 스웨터 차림의 슈퇴어 부인과 빨간 스웨터 차림을 한 상앗빛 피부의 레비 양 사이에 끼여, 구릿빛 얼굴의 한스 카스토르프가 놋쇠로 만든 것 같은 노란 민들레꽃에 에워싸여, 한 송이 꽃을 윗도리 단춧구멍에 꽂고 짙은 녹색 초원에 서 있는 것이 보였다.

또한 우표 수집도 유행했다. 이것은 평상시에도 개인적으로 행해졌지만, 그것이 한동안 모두를 열병처럼 사로잡고 말았다. 모두들 우표를 앨범에 붙이기도 하고 서로 사고팔거나 바꾸기도 했다. 우표 수집가를 위한 잡지가 주문되어 군대와 국회의 전문점, 전문 연구가의 클럽, 아마추어 수집가들과 통신이 행해졌다. 사치스러운 이 요양원에도 몇 달이나 몇 년 동안 우표 수집이 유행되어, 주머니 사정이 빠듯한 사람들까지 진기한 우표를 손에 넣기 위해 상당한 돈을 썼다.

그러나 이 유행도 얼마 안 있어 새로운 오락이 유행하기 시작하자 그 힘을 잃고 말았다. 이번에는 모든 종류의 초콜릿을 쌓아올리고 그것을 탐욕스럽게 먹는 것이 유행했다. 모두 입술을 갈색으로 물들이면서 밀카 누트, 마르키 나폴리탱, 아몬드 크림이 든 초콜릿, 금색 설탕을 점점이 뿌린 혓바닥 모양의 초콜릿 등을 마구 먹어서 그 때문에 배가 이상해질 정도까지 되었다. 그래서 베르크호프의 주방장이 제공하는 최고급 음식도 내키지 않는 얼굴로 투정을 부리면서 먹게 되었다.

그리고 지난 사육제날 밤에 베르크호프의 최고 권위자가 피력한 실내 유희, 즉 눈을 감고 돼지를 그리는 유희는 그 뒤에도 가끔 행해졌지만, 과제가 더욱 복잡해져서 기하학적인 그림을 그리는 경쟁으로 바뀌어져 한동안 베르크호프 손님들의 정신력은 모두 이 유희에 집중했고, 심지어는 위독 환자도 꺼져가는 마지막 사고력과 정력을 짜내 여기에 참여했다. 몇 주일 동안 베르크호프의 거주자들은 너나 할 것 없이 하나의 복잡한 도형을 붙들고 늘어졌다. 그 도형은 적어도 여덟 개의 큰 원과 작은 원, 그리고 서로 교차한 여러 개의 삼각형으로 되어 있었다. 이 복잡한 평면도를 컴퍼스나 자를 사용하지 않고 붓 하나로 그리는 것이 과제인데, 이것은 결국 군데군데 잘못된 것을 불문에 붙인다면 파라반트 검사만이 이럭저럭 그려낼 수 있었다. 그는 이 놀이의 가장 열렬한 팬이었다.

이 검사가 수학에 열중하고 있다는 사실을 우리는 이미 알고 있었다. 우리는 그 사실을 고문관을 통해 알게 되었던 것이다. 또한 검사가 수학에 전념하게 된 금욕적인 동기도 알고 있었다. 우리는, 고문관이 수학 공부는 피를 진정시키고 육욕을 잠자게 하는 효과가 있다고 추천하는 것을 많이 들었다. 그래서 이 공부가 일반에게 더 널리 퍼져 있었더라면, 당국이 요즘에 와서 강구하지 않을 수 없었던 어떤 조치도 아마 필요 없었을 것이다. 이 조치의 주요한 점은 발코니와 거기까지 닿지 않는 젖빛 유리의 칸막이 사이의 통로를 작은 문으로 모두 막는 것이었다. 밤이 되면 마사지 선생이 손님들의 킥킥대는 웃음을 받으면서 그 문에 자물쇠를 잠그고 다녔다. 그 뒤로는 베란다 위에 있는 이층 방이 번거로워졌다. 그 방에서 난간을 뛰어넘어 튀어나온 유리 지붕을 건너면 작은 문에 구애받지 않고 방에서 방으로 마음껏 오갈 수 있었기 때문이다.

그러나 검사에 대한 한 풍기 개혁을 강구할 필요는 전혀 없었다. 검사가 이집트 왕녀의 모습에 반해 번민한 것도 이제는 지나간 일이 되었고, 그 왕녀를 마지막으로 그는 여성 때문에 번민하지 않게 되었다. 그 뒤로 그는 고문관이 적극적으로 추천한 윤리적 진정력을 발휘하게 하는 순결한 수학의 여신에게 더더욱 열을 올렸다. 그가 병 때문에 휴가를 얻게 되기 이전에—이 휴가는 그 뒤 여러 번 늦춰져 휴직으로 바뀌지려 하고 있었다—보였던, 죄인을 복역시키기 위한 끈기와 운동을 즐길 수 있는 구적법(求積法)에 대해 낮이나 밤이나 모든 것을 잊고 몰두하게 되었다.

이 탈선한 관리는 이 문제에 몰두할수록 수학이 해결 불가능한 것을 증명했다는 증명 자체가 실은 틀린 것임을 알았다. 그리고 이런 초경험적인 문제를 경험적으로 해명할 수 있는 문제로 만드는 천재로서 파라반트를 선택한 것이 신의 섭리이며, 그 사명 때문에 그를 평지의 인간 세상에서 납치해 이 위로 데려온 것이라고 믿게 되었다. 그런 관계로 그는 아침부터 밤까지 어디에서나 컴퍼스로 도형을 그리고 계산해 도형, 문자, 숫자, 대수 기호로 많은 종이를 채웠다. 그리고 구릿빛으로 탄, 건강해 보이는 얼굴이 무엇에 열중하는 인간 특유의, 끈질기게 붙들고 늘어지는 까다로운 표정을 뚜렷이 보여주었다. 그가 입을 열었다 하면 '또 그 말인가' 하고 진저리가 나게 하는, 판에 박힌 원주율 파이(π) 이야기, 절망적인 분수에 대한 이야기, 독일의 차하리아스 다제라는 암산에 능한 천재에 대한 이야기였다. 그의 말에 의하면 다제가 어느 날 소수점 이하 3백 단위까지 계산했는데, 설사 2천 단위까지 계산했다 해도 그 오차는 결코 없어졌다고는 할 수 없기 때문에 다제의 계산은 완전히 사치스러운 놀이에 지나지 않는다는 것이었다.

이런 식으로 수학 공부를 하느라 머리가 이상해진 검사를 모두 피하려 했다. 그에게 한번 잘못 붙들리면 π에 대한 열변을 듣게 되고, π의 절망적인 무리수(無理數) 때문에 인간 정신이 모욕을 당하는 것에 인간으로서 마땅히 의분을 느껴야 한다고 강요받는 것을 각오해야 했기 때문이다. 어쨌든 그는 자나 깨나 지름에 π를 곱해서 원둘레를 얻고, 반원의 제곱에 π를 곱해서 원의 넓이를 내는 등 끝을 볼 수 없는 π에 절망했다. 그래서 인류가 이 문제의 해결 방법을 아르키메데스 때부터 어렵게만 생각한 것이 아닐까 하는 의혹에 가끔 빠졌다.

'원둘레는 직선으로 늘릴 수 있지 않을까? 따라서 어떤 직선도 원으로 바꿀 수 있는 것이 아닐까?'

파라반트는 가끔 일대 발견을 한 것 같은 착각에 사로잡히기도 했다. 그는 가끔 밤늦게까지 조명이 캄캄한 텅 빈 식당에서 자기 자리에 앉아, 식탁보가 치워진 식탁 위에 한 개의 끈으로 매우 신중하게 동그라미를 만들고는, 그 끈을 갑자기 잡아당기다가 맥이 빠진 듯 턱을 괴고 번민하기도 했다. 고문관은 검사가 그 불행한 오락에 열중하고 있을 때 가끔 위로하러 와서 의기소침해 있는 그에게 충고하기도 했다.

괴로워하는 이 사나이는 한스 카스토르프에게도 자기의 상심을 호소해 보았다. 한스 카스토르프는 처음에 검사가 설명하는 원의 신비를 매우 열심히 들어주었기에, 그 이야기는 한 번이 두 번이 되고 세 번이 되었다. 검사는 청년에게 절망의 π를 생생하게 느끼도록 하기 위해 정밀하게 그려진 도면을 보여주었는데, 거기에는 원의 안팎 길이가 거의 없을 만큼 수없이 많은 짧은 변(邊)을 가진 두 개의 다각형이 겹쳐 있어, 많은 노력 끝에 그려졌다는 것을 금세 알 수 있었다. 두 다각형 가운데 하나는 원의 밖에 닿고, 또 하나는 안에 닿아 있어서, 원둘레와 다각형의 변은 인간의 작업이라고는 생각할 수 없도록 원에 가깝게 그려져 있었다.

"이렇게 계산할 수 있는 변으로 에워싸고 확실한 원을 그리려 해도 어느새 공기나 연기처럼 사라져 버리는 나머지 부분, 즉 만곡부(彎曲部)가 π입니다!"

검사는 아래턱을 떨면서 이렇게 말했는데, 한스 카스토르프는 검사의 기분을 충분히 알 수 있었지만 π에 대해 검사만큼 흥분할 수는 없었다. 한스 카스토르프는 검사에게, 그것은 속임수이니 도깨비장난 같은 연구에 너무 열중하지 않도록 충고했다. 그리고 원주의 가상 시점에서 가상의 종점에 이르기까지, 연장이 없는 만곡점에 대해 같은 방향으로 한시도 멈추지 않는 영원한 회전인 사계(四季)의 순환이 얼마나 명랑한 우수를 느끼게 하는지에 대해 말했다. 한스 카스토르프는 그것을 아주 냉정하고 경건하게 말했기 때문에 검사의 흥분은 그것으로 한동안 조용해진 것 같았다.

선량한 한스 카스토르프는 검사뿐만 아니라 그와 비슷한 처지의 사람들, 고정 관념에 사로잡혀 주위의 명랑한 사람들로부터 아무런 관심도 받지 못하고 고민하고 있는 동숙자들에게 신임을 얻어 이야기 상대로 선택되었다. 그런 동숙자의 한 사람에는 전직이 조각가이며 매부리코에 푸른 눈과 흰 콧수염을 한 상당한 나이의, 오스트리아의 시골에서 온 환자도 있었다. 이 사나이는 전체적인 계획을 세워 그 취지를 글로 옮긴 뒤 핵심적인 부분에 세피아색 그림물감으로 밑줄까지 그었다. 이에 따르면 신문 구독자 모두에게 지난 신문을 하루에 40그램씩 모으게 하여 그것을 매월 첫날에 회수한다. 그러면 1년에 1인당 약 1만 4천4백 그램, 20년이면 288킬로그램이 되어 1킬로그램당 20페니히에 팔면 57마르크 60페니히의 금액이 된다는 것이다. 이 계획에 따르면 신문 구독자 수를 전부 5백만 명이라고 치면 20년 사이에 지난 신문의 값은 2억 8천8백 마르크라는 거액에 이른다. 그러면 이 금액의 3분의 2를 신규 구독료에 돌려 신문을 싸게 읽힐 수 있고, 나머지 3분의 1인 약 1억 마르크는 인도적인 목적을 위해, 예컨대 민중 결핵 요양소의 자금이나 불우한 인재의 육영 자금 등에 충당시킬 수 있다는 것이다. 이 계획은 나무랄 데 없이 작성되어서 지난 신문의 회수 장소, 달마다 회수하는 지난 신문 값을 계산하는 센티미터 자, 대금의 영수증에 사용하는 구멍 뚫린 용지까지 적혀 있었다. 이렇게 계획은 모든 면에서 설명되고 입증되었다. 지난 신문이 무지한 사람들에 의해 하수구에 버려지고 불에 던져져, 생각 없이 낭비되고 탕진되는 것은 조국의 숲과 국민 경제에 엄청난 손실이다. 종이를 소중히 하고 아끼는 것은 펄프와 목재를 소중히 하고 아끼게 되어, 펄프와 종이를 제조하기 위해 소비되는 적지 않은 인적 자원과 자본을 아끼는 것이기도 하다. 그리고 헌 신문은 포장용지와 휴지로 재생되므로 쉽게 몇 배의 가치로 바꿀 수 있어, 중요한 자원도 되고 국세(國稅)와 지방세의 윤택한 세원(稅源)으로도 되기 때문에, 신문 구독자의 세금

부담이 경감되는 결과가 된다. 요컨대 이는 훌륭한 계획으로 나무랄 데 없는 완전한 것이었다. 그러나 그럼에도 어딘지 이상하고 소용없는, 아니 오히려 불투명하고 미친 것 같은 느낌까지 들었는데, 그것은 한때 예술가였던 그가 그와는 거리가 먼 경제 계획에 너무 집착한 나머지 그것만을 계속 생각하고 선전한 병적인 광신 때문이었다. 또한 그는 이 계획을 진지하게 생각한 것이 아니고 그것을 실현하려는 생각도 전혀 없었기 때문이다. 한스 카스토르프는 이 광신자에게서 열띤 말로 복지 증진의 계획을 들을 때마다 고개를 갸웃거리거나 끄떡이기는 했지만, 그 계획을 실현하지 못하는 지각없는 세상에 대한 분노로 이 계획의 입안자에게 동정을 보내야 마땅한데, 오히려 입안자에게 멸시와 혐오를 느끼는 것은 무슨 이유일까 하는 의혹을 갖게 되었다.

한편 베르크호프의 몇몇 손님들은 에스페란토를 공부하고 있었는데, 식탁에서 이 알 수 없는 인조 언어를 구사하며 말하는 것을 자랑으로 삼고 있었다. 한스 카스토르프는 그들을 음산한 얼굴로 바라보았지만, 그들은 제 딴에는 자신들이 상류층에 속한다고 생각하는 모양이었다. 이때부터 베르크호프에는 영국인의 한 그룹이 사교 유희를 유행시켰다. 그 유희란 모두 둥글게 모여서 한 사람이 옆 사람에게 영어로 "당신은 나이트캡을 쓴 악마를 본 일이 있습니까?" 하고 물으면 질문받은 사람은 "아니, 나는 나이트캡을 쓴 악마를 한 번도 본 일이 없습니다" 대답하면서 빙빙 도는 것이었다. 정말 참을 수 없는 사교 유희였다. 그러나 한스 카스토르프는 카드로 혼자 점치는 사람을 보면 더더욱 참을 수 없는 기분이 되었다. 그 놀이를 하고 있는 사람은 베르크호프의 어디에서나, 어느 시간에나 볼 수 있었다. 최근 이 지루함을 달래는 놀이가 일대 유행이 되어 베르크호프는 마치 악습의 소굴 같은 양상을 보였다. 한스 카스토르프도 한동안 이 병에 걸려 누구보다도 열을 올렸던 탓으로, 더욱 소름이 끼쳤던 것이다. 그는 11이라는 카드 점치기에 열중했다. 이것은 카드를 석 장씩 세 줄로 나란히 펼쳐가는 동안에 두 장의 카드 수의 합계가 11이 되든지, 그림 카드가 잇따라 석 장 나오면 그 위에 새로운 카드를 놓을 수 있어서, 이런 식으로 계속하면 카드가 깨끗하게 없어져 버리는 놀이였다. 이렇게 단순한 놀이가 제정신을 잃게 하는 매력을 가지리라고는 아무도 상상하지 못한 것이다. 그러나 한스 카스토르프는 다른 사람들과 마찬가지로 그런 매력이 있을 수 있다는 것을 경험했는데, 그런 탈선은 결코 바람직한 일이 아니었으므로 눈썹을 찌푸려 가면서 놀이에 끼어들곤 했다. 때로는 운이 좋아서 카드를 나란히 늘어놓자마자 그 합이 11이 되거나 잭·퀸·킹의 석 장이 처음부터 계속 나와 세 번째 줄을 다 채우기도 전에 카드가 손에 남지 않아 끝이 났다. 그것은 너무도 어이없는 성공이라서 곧 또 다른 운수점을 치게 되곤 했다. 그런데 어떤 때는 석 장씩 석 줄이나 늘어놓아도 새로 겹칠 수 없게 되어, 이제 이것으로 끝났다고 생각해 정돈이 되었다가 마지막 순간에 파산(破算)하기도 했다. 한스 카스토르프는 이렇게 변화무쌍한 카드놀이의 노리개가 되고, 수시로 변하는 운수에 농락되어 어디에 있거나 하루 종일, 밤에는 별빛 아래에서 낮에는 잠옷을 입은 채, 식탁에서나 꿈속에서나 카드를 계속 늘어놓았다. 스스로도 몸이 오싹할 지경이었으나 그 놀이를 그만두지는 못했다. 전부터 언제나 한스 카스토르프를 '방해하는' 사명을 가진 세템브리니가 어느 날 그를 방문했다가 청년이 혼자 카드놀이를 하고 있는 것을 보았다.

그는 이탈리아어로 물었다.

"이게 무슨 일입니까? 카드놀이를 하고 있군요, 엔지니어?"

"그런 것은 아닙니다. 그저 별 생각 없이 펴놓고 책상 위에서 운수를 보고 있을 뿐입니다. 장난꾸러기인 운수가 아양을 떠는가 하면 대단한 질투를 부리니까 그 변덕과 고집에 나는 말려들고 있습니다. 아침에 일어나자마자 했을 때는 세 번 잇따라 올랐는데, 한 번은 두 줄로 끝나버렸습니다. 이것은 기록입니다. 그런데 웬일일까요? 이번에는 이것이 32번째이지만 절반을 넘은 적은 한 번도 없었습니다."

세템브리니는 몇 년 동안 여러 번 그랬듯이, 검은 눈으로 청년을 슬픈 듯이 바라보았다.

"아무튼 당신은 바쁘게 지내고 있군요. 나는 이곳에서 나의 근심 걱정을 위로하거나, 나를 괴롭히는 마음의 갈등에 진통제를 찾을 수는 없을 것 같습니다."

"갈등이라고요?"

한스 카스토르프는 되물으면서 계속 카드를 펴 나갔다.

프리메이슨 단원은 한숨을 쉬면서 말했다.

"세계 정세가 내 머리를 뒤죽박죽으로 만들고 있습니다. 발칸 동맹이 이루어질 것 같습니다. 내가 수집한 정보 모두가 그것을 뒷받침해 주고 있습니다.

러시아는 동맹을 실현시키려고 혈안이 되어 있어요. 그리고 동맹의 창끝은 오스트리아와 헝가리 군주국을 향하고 있습니다. 이 군주국을 없애지 않는 한 러시아의 의도는 어떤 것이든 이루어질 수 없기 때문입니다. 당신은 내가 무엇을 걱정하고 있는지 아시겠죠? 당신도 아시다시피, 나는 빈을 마음속으로 미워하고 있습니다. 그러나 그렇다고 해서 사르마티아인의 전제주의에 정신적 지원을 보내야 할까요? 그들은 우리의 고귀한 유럽에 전쟁을 가져오려고 합니다. 만일 나의 조국이 오스트리아와 일시적이라도 외교적 협력 관계를 맺는다면, 나는 능욕을 받은 기분이 될 것입니다. 이 양심의 문제는……."

"7과 4, 8과 3, 잭과 퀸에다 킹, 이건 괜찮은데요? 당신이 옆에 있어서 운이 트이기 시작했습니다, 세템브리니 씨."

이탈리아인은 잠자코 있었다. 한스 카스토르프는 이탈리아인의 이성적이고 도덕적인 까만 눈이 슬픔을 띠고 자기를 지켜보는 것을 느꼈지만, 계속 카드를 펴고 난 뒤 장난꾸러기처럼 턱을 괴고는 그의 그런 눈빛을 못 본 척하며 멍청한 얼굴로 눈앞에 서 있는 세템브리니를 쳐다보았다.

"당신의 눈은 현재의 당신이 어떤 상태인지 스스로 알고 있다는 것을 나타내고 있습니다. 그것을 나에게는 알리지 않으려고 하고 있지만 전혀 감추지 못하고 있습니다."

"실험 채택."

한스 카스토르프는 대담하게 대답했다. 그것을 듣고 세템브리니는 자리를 떠났다. 혼자 남은 청년은 카드 펴기를 그만두고, 턱을 괴고 방 한가운데에 있는 탁자 앞에서 잠시 앉아 있었다. 세계를 사로잡은 괴이하게 비뚤어진 상태, 세계를 자기 마음대로 방종한 지배 아래에 넣고 있는 악마와 요괴, '둔감이라는 이름의 악마'가 깔보듯이 비웃는 것을 느끼고 등골이 오싹해졌다.

'둔감'이라는 이름은 무서운 수수께끼 같은 이름이었으며, 신비스러운 공포를 불러일으켰다. 한스 카스토르프는 여전히 앉아서 손바닥으로 이마와 심장 부근을 어루만졌다. 그는 공포를 느꼈다. '이 모든 것'이 무사하게 끝나지는 않으리라. 마지막에는 참을성 있는 자연도 더 이상 참지 못하고 뇌우와 폭풍우를 불러일으켜, 침체와 궁지를 모두 날려버리고 무서운 마지막 심판이 내릴 것이라고 느꼈다. 이미 말했듯이 그는 달아나고 싶었다. 따라서 요양원 당국이 이미 언급한 바와 같이 '낮과 밤을 가리지 않고 눈길을' 계속 쏟고, 그의 얼굴빛을 읽고, 새롭고 효력 있는 가설로 그의 기분을 달래려고 한 것은 고맙게 생각되었다.

사무국은 학생 조합원인 베렌스의 입을 빌려 한스 카스토르프의 체온 불안정의 진정한 원인을 규명 중이라고 언명했다. 당국의 과학적인 설명에 따르면, 그 참된 원인을 밝히는 것은 그다지 어렵지 않고, 완쾌하여 평지로 돌아가는 것도 가까운 앞날의 일이 될 것 같았다. 한스 카스토르프는 피를 뽑기 위해 팔을 내밀었을 때, 여러 가지 감회에 빠져 심장이 빠르게 뛰었다. 그는 투명한 채혈병을 조금씩 채우는, 생명의 상징인 아름다운 루비빛 액체를, 눈을 끔벅이면서 창백한 얼굴로 감탄하며 보고 있었다. 고문관이 크로코브스키 박사와 간호사의 도움을 받아 가면서 간단하긴 하지만 중요한 방혈법 수술을 해주었다.

그 뒤 며칠이 지나갔다. 그동안 한스 카스토르프는 자기 몸 안에서 뽑아낸 혈액이 몸 밖에서, 과학의 견지에서는 어떤 결과가 나타날까 하는 생각뿐이었다. 물론 아직은 아무런 변화도 나타날 때가 아니라고 고문관은 말했으나, 잠시 뒤 그는 유감스럽게도 아직 아무것도 나타나지 않는다고 말해 주었다.

그러나 어느 날 아침 식사 때, 고문관은 한스 카스토르프가 그 무렵 앉게 되었던 일류 러시아인 자리, 전에 그의 위대한 '친구'가 앉았던 맨 끝자리에 앉게 되었다. 고문관은 그날 아침에 그에게로 와서, 실험 배양기 하나에 생각했던 대로 연쇄상구균이 분명하게 나타났다고 상투어가 섞인 축사와 더불어 보고해 주었다. 그런데 문제의 중독 현상은 존재할 수 있는 결핵 때문인지, 또는 아주 적게 존재하는 연쇄상구균 때문인지는 아직 확실하지 않다고 말했다. 베렌스로서는 더 시간을 들여 정밀하게 연구해야 하는 것이다. 배양균은 아직 충분히 성장하지 않았기 때문이다. 고문관은 청년에게 그것을 실험실에서 보여주었는데, 젤리처럼 응결된 혈액 안에 회색 점들이 조금씩 나타나 있었다. 그 점들이 바로 구균이었다. (그러나 구균은 결핵과 마찬가지로 누구라도 갖고 있어 외부에 증상이 나타나지 않는 한 그것을 보유한다는 것은 특별한 문제가 되지 않았다.)

한스 카스토르프의 몸속에서 취해진 응결된 혈액은 몸 바깥에서, 과학의 눈 아래에서 결과를 계속 나타냈다. 어느 날 아침 또다시 고문관은 상투어가 섞인 흥분한 투로 하나의 배양기뿐만 아니라 다른 것에도 구균이 많이 나타났다고 보고해 주었다. 그 모든 것이 연쇄상구균인지 아닌지 확실하지는 않지만, 중독 현상이 이 균 때문이라는 것은 확실하다고 말했다. 한때 분명히 존재하고 있었으며 지금에도 완전히 없어졌다고 할 수 없는 결핵이, 중독 현상에 어느 정도까지 관계하고 있는지는 물론 알 수 없다. 그렇다면 결론은? 연쇄상구균의 백신 주사를 맞아야 하는 것이다! 경과는? 아주 희망이 있다. 특히 주사는 위험이 조금도 없고 절대 해를 끼치지 않기 때문이다. 혈청은 한스 카스토르프 자신의 혈액에서 만들어지는 것이기 때문에 주사로 몸속에 현존하는 균 외에 다른 균이 들어갈 염려는 절대로 없다. 최악의 경우라도 실험은 효과가 없을 뿐 아무 영향을 끼치지 않는다. 그러나 한스 카스토르프 또한 환자로서 여기에 있지 않으면 안 되기 때문에, 이 시험적인 주사의 효과가 없다 해도 본디부터 그렇기 때문에 최악의 경우라고는 할 수 없다!

한스 카스토르프는 여기에 반대할 생각은 전혀 없었다. 백신 요법 같은 것은 우습고 자랑할 수 없는 것이었지만 그는 이것을 받아들였다. 자기 혈액을 자기 몸속에 주사한다는 것은 싫고 불쾌하고 아무런 이득과 기쁨도 없는 일이었다. 그래서 자기로부터 자기에게로라는 근친상간적인 추악한 행위로 느껴졌다. 그는 신경쇠약증인 아마추어적인 생각에서 그렇게 느꼈지만, 이득이 없다는 점에서는 그의 생각은 완전히 옳았다. 이 검사는 여러 주일 이어졌다. 가끔 해로운 것처럼 느껴지기도 했고—물론 이것은 착각임에 틀림없었다—가끔 효과가 있는 것처럼 느껴지기도 했다. 하지만 이것 또한 착각이었는지도 모른다. 확실하게 입 밖에 내서 말한 것은 아니었지만 실험 결과는 '제로'였다. 이 실험은 실패하고 말았다. 한스 카스토르프는 악마의 방종한 지배로 이제는 결말을 짓게 될 무서운 일이 일어나리라는 것을 느끼면서도, 이 악마와 서로 얼굴을 맞대고 카드놀이를 계속하고 있었다.

묘음의 향연

우리의 친구인 한스 카스토르프가 그토록 열중했던 카드놀이를 그만두고, 그것에 지지 않을 만큼 이상하긴 하지만 더 고상한 오락에 열중하게 되었다. 그것은 베르크호프 당국이 새로 구입한 기계였는데, 도대체 어떤 것이었을까? 우리는 이 기계의 숨은 매력을 숨길 수가 없어서 이제부터 이야기하려고 한다.

넓은 담화실에 비치된 오락 기구가 하나 더 많아진 것인데, 그것은 낮이나 밤이나 서비스에 정신을 쓰는 베르크호프 당국이 생각해 내 위원회에서 구입을 결정했다. 우리로서는 그다지 계산해 보고 싶지 않지만 어쨌든 엄청난 돈을 쏟아부어 누구에게나 무조건 추천할 수 있는 기계를 이 요양원 관리 당국이 구입했던 것이었다. 그렇다면 실체경(實體鏡), 망원경식의 만화경이나 활동사진식의 깜짝 놀라게 하는 장난감이란 말인가? 물론이다. 그러나 또한 전혀 다르다고 말할 수도 있다. 왜냐하면 어느 날 밤, 그것이 피아노가 있는 담화실에 설치된 것을 보고 손님들은 손을 높이 들고 손뼉을 치거나, 몸을 구부리고 무릎 앞에서 손뼉을 치며 환영했기 때문이다. 그것은 광학 응용의 기계가 아니라 청각적인 기계였다. 그리고 이것은 여태까지의 단순한 오락 기구와는 품위나 등급에서 비교가 안 될 만큼 고급이었다. 3주일만에 싫증이 나는 어린아이 장난감 같은 단순한 물건이 아니었다. 그것은 명랑하고도 깊이 있는 예술적 감흥을 솟아오르게 하는 마법의 샘이었다. 바로 음악의 기계, 축음기였다.

어쩌면 독자 여러분은 축음기라는 말을 듣고 엉뚱하게 지레짐작하여, 이 기계의 케케묵은 유치한 원형을 떠올릴지도 모르겠다. 그 뒤 무사 여신이 부여한 기술이 밤낮으로 개량을 거듭해 기막힌 완성을 보게 된 우리의 축음기에는 비교할 수도 없는 뒤떨어진 축음기를 떠올리지나 않을까 불안스럽다. 베르크호프에 온 이 물건은 한 시대 이전의 축음기, 즉 윗부분에 회전반과 바늘이 있고 놋쇠로 된 흉한 나팔이 달려 있으며, 음식점 식탁에서 콧소리로 고함을 질러 점잖은 손님의 귀를 멍멍하게 한, 그런 별 볼일 없는 핸들이 달린 빈약한 작은 상자는 아니었다. 그것은 비단으로 덮인 코드를 벽의 소켓에 접속시키고, 전용대(專用臺) 위에 멋지게 얹혀 있었다. 그 상자는 옆넓이보다 안쪽이 깊고 약품을 써서 까맣게 만들었기에 저 조잡한 골동품 같은 기계와는 전혀 다른 멋진 것이었다. 윗부분은 아름답고 좁아서 뚜껑을 열면 안쪽 깊숙한 곳에서 놋쇠로 된 받침대가 올라와 반짝이면서 비스듬히 뚜껑을 고정시키게 되어 있었다. 그 아래쪽 평면에는 녹색 나사지를 깐 니켈의 회전반이 있고, 그 가운데 또한 니켈로 된 기둥에는 에보나이트제의 레코드 구멍을 끼우게 되어 있었다. 또한 상자 오른쪽 앞에는 빠르기를 조절하기 위해 시계의 문자반처럼 숫자를 새긴 장치가 있었고, 왼쪽에는 회전반을 움직이기도 하고 세우기도 하는 작은 스위치가 있었다. 작은 스위치 왼쪽에는 부드러운 접합부를 중심으로 어느 쪽으로나 돌아가는 픽업이 있으며 둥근 사운드박스가 붙어 있어, 거기에 달린 나사가 레코드 위를 따라 돌아가는 바늘을 누르게 되어 있었다. 상자 정면에 있는 두 개의 덧문을 좌우로 열면 그 안에는 까맣게 부식시킨 가늘고 긴 판이 차양처럼 양옆으로 나란히 있고 그 밖에는 아무것도 보이지 않았다.

고문관은 손님들과 그 방으로 들어가면서 설명했다.

"이것은 최신형 제품입니다. 아주 첨단을 달리는 제품입니다. 최상, 최고, 이 이상의 제품은 어느 시장에도 없습니다."

그는 시장이라는 말을 마치 무식한 점원이 손님에게 상품을 권하기 위해 지껄이는 묘하기 짝이 없는 투로 이야기했다. 그는 대 위에 놓인 색깔이 있는 작은 상자에서 바늘을 하나 꺼내더니 그것을 사운드박스에 끼워 넣으며 계속 설명했다.

"이것은 도구나 기계는 아닙니다. 이것은 악기입니다. 스트라디바리*4나 과르니에리의 손으로 된 악기에 견줄 수 있습니다. 이 속에는 매우 세련된 공명과 파장이 충만해 있습니다! 뚜껑 안에 있는 마크를 보면 아시겠지만 '폴리힘니아'라고 합니다. 독일 제품입니다. 여러분, 우리 독일 사람들은 이런 것을 만들면 타의 추종을 허락하지 않는 훌륭한 것으로 만듭니다. 근대적인 기계화와 음악적 정신의 성실한 결합입니다. 참신한 독일 정신입니다. 저기에 레코드가 있습니다."

그는 이렇게 말하고 벽장에 두툼한 앨범이 여러 권 꽂혀 있는 것을 가리켰다.

"나는 이 마법의 보물을 여러분이 자유로이 즐기도록 하겠습니다. 그러나 소중하게 다루어 주십시오. 그러면 시험삼아 한 곡 틀어보기로 합시다."

환자들의 간청에 따라 베렌스는 침묵 속에 풍부한 내용을 간직하고 있는 마법의 앨범 한 권을 꺼냈다. 그는 묵직한 페이지를 들추고 가운데를 동그랗게 파낸 구멍 근처에 색깔로 인쇄한 두꺼운 종이 봉지에서 레코드 한 장을 꺼내 회전반에 얹었다. 그리고 간단한 조작으로 회전반을 돌려 자기의 속도를 찾을 때까지 2~3초 기다리고 나서 강철 바늘의 뾰족한 끝을 조심스럽게 레

---

*4 이탈리아의 유명한 바이올린 제작자. 1644~1737.

코드의 가장자리에 얹었다. 희미한 마찰음이 들리기 시작했다. 고문관이 뚜껑을 닫자 그 순간 열어놓은 덧문 위의 차양 사이로, 아니, 상자 전체에서 악기 소리가 들려오기 시작했다. 그것은 명랑하게 울리는 빠른 속도의 선율, 오펜바흐 서곡의 첫 부분인 활발한 리듬이었다.

손님들은 입을 벌리고 미소를 띠면서 귀를 기울였다. 목관 악기의 장식음이 귀가 의심스러울 만큼 순수하고 자연 그대로였다. 바이올린이 환상적으로 전주곡(前奏曲)을 울리고 있었다. 그 활의 움직임, 손가락을 사용한 트레몰로, 하나의 음정에서 다른 음정으로 옮겨갈 때의 감미로운 활주(滑奏)를 들을 수 있었다. 이윽고 바이올린은 '아, 나는 그녀를 잃었노라'라는 왈츠를 연주하기 시작했다. 이 감미로운 선율이 가볍게 관현악의 하모니를 타자, 모든 악단이 멋지게 이것을 받으면서 물 흐르는 듯한 합주로 이 선율을 되풀이하여, 듣는 사람들을 황홀케 했다. 물론 이 방에서 진짜 관현악이 연주되는 것 같지는 않았다. 각 악기의 음들이 소리 크기가 뒤틀어지지는 않았지만 입체감을 잃고 있어서, 청각적인 음악에 시각적 비유를 쓰는 것이 허락된다면, 오페라글라스를 뒤집어 그림을 들여다보는 듯한 느낌이라, 선의 날카로움과 색채의 선명함은 조금도 줄어들지는 않지만 그림 전체가 멀고 작게 보이는 것 같았다. 기지에 넘치고 매력에 찬 악곡은 가벼운 착상을 풍부하게 펼치면서 끝났다. 마지막 곡은 명랑함 그 자체여서 고의로 천천히 시작하는 급템포의 왈츠, 본격적인 캉캉을 추게 하여 공중에 던져지는 실크해트, 춤추면서 올라가는 치마와 흔들리는 무릎을 떠오르게 하며 끝날 줄을 몰랐다. 마침내 자동적으로 회전이 멈추더니 곡이 끝났다. 모두들 진심으로 박수를 보냈다.

모두의 소망에 따라 한 장을 더 틀었다. 상자 안에서 남성의 목소리가 부드럽고도 힘차게 관현악의 반주와 함께 흘러나왔다. 이탈리아의 유명한 바리톤 가수의 목소리였다. 이번에는 둔하고 먼 음색은 조금도 느껴지지 않았고, 멋진 목청은 타고난 성량을 남김없이 뽑아 올렸다. 특히 문을 열어놓고 있는 옆방에서 기계를 보지 않고 귀를 기울이고 있으면, 살롱에 성악가가 악보를 가지고 실제로 서서 노래 부르는 것 같았다. 성악가는 이탈리아어로 오페라의 어려운 아리아를 불렀다.

"아, 이발사! 주인, 주인! 거기 가는 피가로. 저기 가는 피가로, 피가로, 피가로, 피가로."

듣고 있는 사람들은 높은 가성(假聲)으로 말하는 듯한 노래, 억센 목소리와 유창하게 혀가 움직이는 능숙한 대조에 흥겨워 배꼽을 쥐고 웃었다. 음악을 잘 아는 사람들은 가수의 분절법(分節法)과 교묘한 호흡법에 귀를 기울이고 감탄했다. 이 성악가는 청중을 흥분시키는 마력을 가지고 있고 이탈리아 음악가다운 앙코르의 대가였는지 마지막 주조음(主調音)으로 옮아가기 전에 무대 앞으로 걸어 나와 손을 올리고 마지막에서 두 번째 음을 길게 끌어 부르는 것 같았다. 그 부분에서 베르크호프의 청중은 그 창법에 흥분되어 노래가 끝나는 것을 기다리지 않고 잇따라 브라보를 외쳤다. 멋진 아리아였다.

레코드는 계속 틀어졌다. 어떤 판에서는 호른이 민요의 변주곡을 신중하고도 아름답게 연주했다. 어떤 판에서는 소프라노 가수가 〈라 트라비아타〉 속의 아리아를 낭랑하고도 멋들어지게 단음과 트레몰로를 잘 소화시켜 더없이 사랑스럽고도 냉정한 느낌으로 정확히 불렀다. 또 어떤 판에서는 스피넷처럼 담백한 느낌의 피아노 반주로, 세계적으로 유명한 바이올린 연주가가 루빈스타인의 〈로망스〉를 연주했는데, 거기에는 역시 뭔가 베일을 통해서 듣는 것 같은 느낌이 있었다. 이리하여 마법의 상자에서는 희미하고 은은히 울리는 종소리, 하프의 활주, 나팔의 요란한 취주, 북의 연타(連打)가 흘러나왔다. 마지막으로 춤곡의 레코드가 걸렸고, 외국의 레코드도 몇 장 있었다. 예를 들면 항구의 술집과 어울리는 이국적인 탱고곡이 있었는데, 이것에 비하면 빈 왈츠 같은 것은 벌써 구식처럼 느껴질 정도였다. 이 근대적인 스텝을 알고 있는 두 쌍의 손님이 융단 위에서 레코드에 맞추어 춤을 추었다. 베렌스는 한 개의 바늘을 한 번 이상 쓰지 말도록, 그리고 레코드를 '날계란과 똑같이' 취급하도록 주의하고 나가버렸다. 나중에는 한스 카스토르프가 뒷일을 맡아 했다.

왜 다른 사람이 아닌 한스 카스토르프가 이 일을 맡아 하게 되었는가? 그 이유는 이러했다. 고문관이 나간 뒤에 누군가가 바늘과 레코드를 바꾸고 전류를 잇고 차단하는 일을 하려 했을 때, 한스 카스토르프는 무뚝뚝한 목소리로 그를 가로막았다.

"그 일은 나에게 시켜주십시오!"

그가 이렇게 말하며 사람들을 밀치자 모두들 깨끗이 양보했다. 왜냐하면 그는 이런 기계를 전부터 잘 아는 듯했고, 또 누구나 이렇게 즐거움이 샘솟는 기계에 매달려 일을 하느니보다는 부담 없이 한가롭게 듣고 즐기는 편이 좋겠다고 생각했기 때문이다.

그러나 한스 카스토르프는 그렇지 않았다. 그는 고문관이 새로운 구입품을 소개하는 동안 손님들 뒤에 조용히 있으면서 모두의 웃음과 갈채와 함성에도 가담하지 않은 채 긴장해 음악에 귀를 기울이고 있었다. 그는 왠지 침착하게 앉아 있을 수가 없어서 뒤에서 이쪽저쪽으로 자리를 바꾸기도 하고, 도서관에 들어가 귀를 기울이더니, 마지막에는 베렌스 옆에 서서 뒷짐을 진 채 까다로운 얼굴로 마법 상자를 지켜보며 기계의 간단한 조작법을 살펴보고 있었다. 그는 마음속으로 '그렇다! 주의해라! 전기(轉機)다! 이것은 나를 위해 찾아온 물건이다!' 생각했다. 그는 새로운 열정과 도취와 애정을 가질 수 있다는 강한 예감에 마음이 뒤숭숭해졌다. 그것은 젊은 아가씨를 한 번 본 순간 큐피드의 화살에 심장 한가운데를 맞은 평지의 젊은이 기분과 똑같았을 것이다. 한스 카스토르프의 행동 하나하나는 곧 질투에 지배되기 시작했다.

'공동의 재산이라고? 천만의 말씀! 정열이 없는 호기심만으로는 소유할 권리도 자격도 없는 것이다.'

이런 생각이 들자 그는 자신도 모르게 "나에게 시켜주십시오!" 하는 말을 이 사이로 중얼거렸다. 그리고 아무도 여기에 이의가 없었다. 모두들 한스 카스토르프가 튼 경음악의 레코드에 맞추어 한동안 춤을 추었고, 다음에 노래 레코드를 또 한 장 틀었다. 그것은 가극 〈호프만 이야기〉에 나오는 곤돌라 뱃노래의 이중창으로 귀를 감미롭게 했다. 그 노래가 끝나자 그는 뚜껑을 닫았다. 사람들은 가벼운 흥분에 취해 이야기를 하면서 안정 요양으로, 또는 잠자리로 돌아갔다. 한스 카스토르프는 그 순간을 기다리고 있었다. 손님들은 모든 것을 어질러 놓은 채, 바늘 상자는 열어놓은 채, 앨범은 꺼내놓은 채, 레코드는 내동댕이친 채 저마다 방으로 물러갔다. 그것이 그들의 습관이었던 것이다. 한스 카스토르프는 사람들의 뒤를 따라가는 척하다가 계단 위에서 살짝 그들과 떨어져 살롱으로 되돌아오더니, 문을 모조리 닫고는 날이 샐 때까지 축음기에 몰두했다.

그는 새로운 기계를 잘 연구하고 여기에 딸려 있는 음악의 보고(寶庫), 무거운 앨범에 수록된 레코드를 샅샅이 조사했다. 앨범은 크고 작은 12권이 있었다. 어느 앨범에나 레코드가 12장씩 들어 있었는데, 빽빽하고 둥그렇게 금이 새겨진 검은 음반의 대부분은 양면용이어서, 많은 곡이 뒷면에까지 있었을 뿐만 아니라 앞뒤에 전혀 다른 곡이 새겨져 있었다. 한동안 그 모든 것을 정복해 보고 싶은 즐거운 기대에 사로잡히자 그의 머리는 혼란에 빠질 정도였다. 밤이 깊어졌으므로 주위 사람들에게 폐가 되지 않기 위해 음향을 약하게 하는 부드러운 바늘로 25장쯤의 레코드를 틀어보았다. 그래도 이쪽저쪽에서 차례를 기다리는 레코드의 8분의 1도 되지 않았다. 오늘 밤은 곡목을 대강 훑어보고, 어느 것이든지 적당히 꺼내어 틀어보는 것으로 만족해야 했다. 에보나이트 원반은 중심 부분의 색깔 있는 레테르로 구별될 뿐 그 밖에는 다 같은 모양이었다. 어느 레코드에도 가느다란 금의 소용돌이가 중심 부분까지 혹은 중심 가까이에까지 새겨져 있어 모두 똑같았지만, 이 가느다란 금에는 저마다 다른 모든 음악의 멋진 착상이 제1급의 연주로 새겨져 있었다.

훌륭한 교향악의 서곡이나 악장을 유명한 오케스트라가 연주한 레코드가 여러 개 있었는데, 여기에는 지휘자의 이름이 적혀 있었다. 다음으로 유명한 오페라 극장의 가수들이 피아노 반주로 부른 가곡이 여러 장 있었다. 여기에는 개성이 높은 예술가의 의식이 담긴 고도의 작품도 있었고, 또한 소박한 민요도 있었으며, 이 둘의 중간을 차지하는 것도 있었다. 중간이라는 것은 풍부한 정신에서 탄생한 예술인 동시에 민중의 마음과 느낌을 그대로 살려 그것을 겸손하게 옮기고 있어서, '인위적'이라는 말이 그 깊은 의미를 해치지 않는다면 '인위적 민요'라고도 부를 수 있는 것이었다. 그중 하나는 한스 카스토르프가 어릴 때부터 알고 있는 노래였는데, 지금 그것을 이 위에서 들으니 복잡하고 이상한 애정을 느꼈던 것이다. 이 노래에 대해서는 언젠가 다시 언급하게 될 것이다.

이 밖에 또 어떤 것이 있었을까? 아니, 무엇이 없었을까? 오페라곡은 헤아릴 수 없을 만큼 많았다. 유명한 남녀 성악가들로 구성된 국제 혼성 합창단이 부드러운 오케스트라의 반주에 맞추어 세련된 소리로 노래 불렀다. 감격적이고 도취적인 남국의 노래, 장난기 있고 악마적인 독일 민요풍의 노래, 프랑스의 본격적 오페라와 오페레타, 세계의 여러 지방과 여러 시대의 아리아, 2중창과 합창의 장면들이었다. 이것으로 끝났다는 말일까? 천만에 말씀이다. 4중주와 3중주의 실내악, 바이올린, 첼로, 플루트를 위한 기악 독주곡, 바이올린 협주곡, 플루트 협주곡, 피아노 독주곡도 있었다. 또한 조그만 재즈 밴드가 녹음한 댄스풍의 유행곡, 나쁜 바늘을 쓰는 편이 좋을 듯한 오락 레코드 같은 것들도 있었다.

한스 카스토르프는 혼자서 부지런히 레코드를 분류하고 정리하면서 레코드를 틀어 잠자고 있는 소리를 눈뜨게 했다. 그리고 왕자로서, 의형제로서 이제는 추억이 된 피테르 페페르코른과 처음으로 술자리를 벌였던 날 밤처럼, 밤이 이슥해진 뒤에야 뜨거운 머리로 잠자리로 돌아가 새벽 2시부터 7시까지 마법 상자의 꿈을 꾸었다. 그는 꿈속에서 회전반이 눈에 보이지 않을 만큼 빠른 속도로 소리도 없이 도는 것을 보았는데, 그것은 빙빙 도는 회전 운동 외에 물결이 옆으로 치는 것 같은 독특한 파동도 일으키고 있었다. 그 때문에 회전반 위를 도는 바늘을 받치는 픽업이 숨쉬는 것처럼 탄력 있게 진동했다. 이것은 현악기의 떨리는 음과 성악가의 떨리는 목소리를 재현하는 데 아주 효과적인 것처럼 느껴졌다. 그러나 음향에 민감한, 속이 빈 상자 위에서 바늘이 가느다란 홈을 따라가 그것이 사운드박스의 엷은 진동막에 전달된다는 것만으로 어떻게 자고 있는 한스 카스토르프의 마음의 귀를 뒤숭숭하게 하는 복잡한 결합음이 재현되는 것인지 전혀 이해가 가지 않았다.

다음 날 아침 한스 카스토르프는 아침 식사 전에 벌써 살롱에 와서 팔짱을 끼고 안락의자에 앉아, 상자 안에서 하프의 연주와 함께 멋진 바리톤으로 "고상한 모임을 바라보며……" 하고 노래 부르는 것에 귀를 기울였다. 하프 소리는 실제로 듣는 듯했다. 숨 쉬는 듯한 충만한 바리톤의 음절을 또렷하게 자른 노래를 반주하며 상자 속에서 흘러나오는 그 하프 소리는 어느 곳도 잘못되거나 왜곡되지 않았다. 참으로 놀라운 일이었다. 그다음에 한스 카스토르프는 이탈리아 근대 오페라의 2중창을 들었다. 세계적으로 유명해 이 앨범 속의 다른 많은 레코드에도 녹음되어 있는 테너와 영롱한 구슬처럼 감미롭고 가련한 소프라노와의 겸손하지만 농도가 짙은 연모의 2중창이었다. 테너의 "자, 팔을 주시오, 그리운 당신" 하는 노래에 대답하는 소프라노의 소박하고 감미로운 급템포의 선율적인 소악절, 이보다 더 사랑스러운 것이 이 세상에 또 있을까 싶어질 정도였다.

그러다가 한스 카스토르프는 뒤에서 문이 열리는 소리를 듣고 깜짝 놀랐다. 고문관이 방을 들여다보고 있었다. 수술복의 가슴 주머니에는 청진기가 삐죽이 나와 있었고 문의 손잡이를 쥔 채로 문 앞에 잠깐 서서 기계 책임자에게 고개를 끄덕여 보였다. 한스 카스토르프가 고개를 끄덕여 답하자 문이 닫히고, 한쪽으로 추켜올라간 콧수염이 달린 고문관의 창백한 얼굴은 그 너머로 사라졌다. 한스 카스토르프는 모습은 보이지 않으나 아름다운 목소리를 들려주고 있는 서로 사랑하는 두 사람의 노래에 다시 주의를 기울였다.

그날 점심 식사 뒤 한스 카스토르프는 청중을 앞에 놓고 레코드를 틀었다. 자신은 기계를 돌보기 때문에 이제 청중의 한 사람은 아니었다. 청중은 쉬지 않고 들락거렸다. 한스 카스토르프도 기계를 돌보는 사람으로 자처하고 있었고, 다른 사람들도 그가 공동 비품의 관리인 겸 감독자인 척하는 것을 처음부터 묵인하고 있었기 때문에, 그런 의미에서 그의 태도에 불평할 것은 없었다. 그것을 모르는 체한다고 해서 다른 사람들에게 손해가 갈 것은 없었다. 왜냐하면 음악 애호가들의 인기를 독차지한 테너 가수가 윤기 있는 아름다운 목소리로, 정열의 밑바닥에서 흘러나오는 아름다운 목소리로 소곡과 대곡을 불렀기 때문에—그들은 겉으로만 황홀해하고 그 느낌을 입 밖에 내서 말하기도 했다—그들은 거기에 아무 애착이 없었으므로 누가 기계의 일을 맡아 하는 것에 이의가 없었던 것이다.

그런 관계로 앨범의 내용을 표지 안에 적어놓고 희망과 주문에 따라 어떤 곡목도 빠르게 꺼낼 수 있게 레코드를 정리하는 일, 기계를 다루는 모든 일을 한스 카스토르프가 맡게 되었다. 곧 그의 레코드를 다루는 솜씨가 제법 익숙하게 되었다. 만약 다른 사람들에게 이 일을 맡겼더라면 어떻게 되었을까? 그들은 한 개의 바늘을 여러 번 써서 레코드를 상하게 했을 것이고, 의자 위에 레코드를 늘어놓았을 것이다. 또한 훌륭한 곡이라도 110의 속도에 맞추거나 거칠게 회전시켜 신경질적이고 시끄러운 소리를 내게 하고, 문자판의 바늘을 0으로 돌려 얼빠진 신음 소리를 내게 하여 축음기를 하찮은 장난감으로 만들어 놓았을 것이다. 사실 그들은 그와 같은 짓을 했던 것이다. 그들은 환자이긴 했지만 난폭했다. 이리하여 한스 카스토르프는 얼마 안 있어 앨범과 바늘을 넣어두는 벽장 열쇠를 보관하게 되었고, 레코드를 듣고 싶으면 그를 불러와야만 했다.

밤의 모임이 끝나 모두들 물러가면 다음에는 그의 세상이었다. 그는 살롱에 그대로 남아 있든지, 아니면 살짝 살롱으로 되돌아와 밤이 깊어질 때까지 혼자서 음악을 들었다. 음악 소리가 요양원의 고요한 잠을 방해하지 않을까 걱정했지만 그럴 필요는 없었다. 이 요정(妖精) 같은 음악의 음파는 그렇게 먼 곳까지 들리지 않는 것 같았다. 가까이에서 들으면 깜짝 놀랄 만큼 컸지만, 멀리서 들으면 요정처럼 덧없는 것이어서 사실 그렇게 강하게 들리지 않았으며, 거리가 멀어지면서 소리는 약해졌다. 한스 카스토르프는 마법의 상자—바이올린용 나무로 만든 낮고 작은 관(棺) 같은 까만 상자—에서 흘러나오는 멋진 음악을 혼자서 듣고 있었다. 덧문을 좌우로 연 상자 앞의 안락의자에 앉아서 팔짱을 끼고 고개를 숙이고 입을 벌린 채, 흘러나오는 화음을 만끽했다.

그가 들은 남녀 가수들은 모습은 나타내지 않았고 그들의 몸은 아메리카, 밀라노, 빈, 페테르부르크에 있지만, 어디에 있든지 상관이 없었다. 한스 카스토르프가 현재 여기서 들을 수 있었던 것은 가수들의 가장 순수한 목소리였기 때문이다. 그는 이 순수함과 추상성을 즐겁게 감상하고 있었다.

이 추상성으로 가수의 모습을 직접 보는 경우의 불리한 점이 모두 없어지고, 동시에 충분한 감각을 맛볼 수 있었다. 특히 같은 나라의 가수, 즉 독일인인 경우에는 인간적인 점에서도 이것저것 주의해 들을 수 있었다. 가수의 발음, 어법으로 출신지를 구별할 수 있었고, 목소리의 가락으로 가수의 교양도 어느 정도 알 수 있었으며, 정신적 효과를 살리고 있는가 아닌가에 따라 그 지성의 정도도 알 수 있었다. 한스 카스토르프는 가수가 그런 요소를 갖추지 못하면 화가 났다. 거기다 녹음 기술의 졸렬함이 더해지면 그는 자기도 책임감을 느껴 수치심으로 입술을 깨물었다. 자주 신청되는 레코드의 어느 것인가를 틀었다가 목소리가 날카롭거나 잡음처럼 들리면 그는 안절부절못했다. 이런 일은 특히 미묘한 여자의 목소리일 경우에 많이 일어났다. 그러나 그는 참았다. 사랑하는 자 또한 번민할 수밖에 없는 것이다. 어떤 때 그는 라일락 꽃다발 위에 몸을 굽히듯 조용히 회전하는 레코드에 얼굴을 가까이 댄 채 음의 구름에 휩싸이곤 했다. 때로는 덧문을 연 상자 앞에 서서 나팔 소리가 나오려는 순간에 손을 들어 신호를 하여, 지휘자처럼 지휘의 기쁨을 맛보려고 할 때도 있었다.

레코드 가운데에서 특히 그가 사랑하는 것이 있었는데, 그것은 성악곡과 기악곡이 새겨진 것으로, 몇 번을 들어도 싫증을 느끼는 일이 없었다. 그가 좋아하는 레코드를 여기서 소개하는 것을 허락해 주기 바란다. 아름다운 선율이 넘쳐흐르는 화려한 오페라의 마지막 장면이 녹음된 일련(一連)의 레코드였다. 이 오페라는 세템브리니의 위대한 나라인 남부 이탈리아 오페라의 거장이 전(前)세기 후반에 민족 결합의 공학(工學)적인 힘으로 준공된 대사업을 인류 전체의 손에 넘겨주는 엄숙한 기회에, 근동(近東)의 어느 왕의 위촉을 받고 작곡한 것이었다.

한스 카스토르프는 교양 있는 유럽인으로서 이 오페라의 줄거리를 알고 있었다. 상자 안에서 이탈리아어로 부르는 라다메스, 암네리스, 아이다의 운명의 대강을 알고 있었기 때문에 세 사람이 부르는 노래의 내용도 대략 이해할 수 있었다! 이루 비길 데 없이 아름다운 테너, 음역(音域)의 한가운데에서 뭐라고 말할 수 없이 아름다운 목소리의 변화를 들려주는 멋진 알토, 은방울처럼 청순한 소프라노, 이 세 사람이 부르는 가사는 한 마디 한 마디를 모두 이해할 수는 없었지만 각 장면을 다 알고 있었기 때문에 그 장면에 친밀감을 가지고 있었다. 4, 5장의 레코드를 여러 번 틀어서 듣다 보니 어느덧 관심이 깊어져 마침내는 여기에 완전히 열중해 가사도 군데군데 이해할 수 있게 되었다.

처음에 라다메스와 암네리스가 서로 노래를 주고받다가 왕녀 암네리스는 죄수인 라다메스를 자기 앞으로 오게 한다. 죄수는 이교도의 여자 노예 때문에 조국과 명예를 버린 것이지만, 왕녀는 그를 사랑하고 있어서 무슨 일이 있어도 그의 생명을 살려주려고 한다. 그러나 죄수는 명예를 버렸을망정 그가 노래 부르고 있듯이 "마음의 긍지는 버리지 않았다". 그는 죄를 범했어도 마음은 깨끗했던 것이다. 하지만 이것은 그의 죄를 가볍게 하지 않았고 엄연한 죄 때문에 성직자들의 재판에 회부된다.

인간성 같은 것을 고려하지 않는 종교 재판은 라다메스가 마지막 순간에 여자 노예를 단념할 것을 맹세하지 않거나, 음역의 한가운데에서 목소리의 변화를 들려주는 화려한 알토의 품으로 되돌아올 생각을 하지 않는다면 그를 사정없이 처형할 것이라고 했다. 확실히 이 알토의 목소리만이 문제라면 라다메스가 생각을 다시 해볼 만한 충분한 가치가 있었다. 비극적인 사랑에 눈이 멀어 "저는 할 수 없습니다! 싫습니다!"를 되풀이하는 아름다운 목소리의 테너에게, 암네리스는 여자 노예를 단념하지 않으면 목숨을 잃게 된다고 계속 애원하면서 열심히 설득한다.

"할 수 없습니다!"

"다시 한 번 생각해 봐요. 그녀를 단념하세요!"

"싫습니다."

죽음에 대한 도취와 열렬한 사랑의 고통이 하나가 되어 2중창으로 노래 부른다. 이 2중창은 비길 데 없이 아름다웠지만 결합될 가망은 전혀 없었다. 이어서 땅속에서 들려오는 것처럼, 종교 재판관의 틀에 박힌 무서운 유죄 선고가 둔하게 들려오자, 그 소리를 들은 암네리스는 몇 번이나 고통스럽게 외친다. 불행한 라다메스는 그동안 계속 침묵을 지키고 있다.

"라다메스, 라다메스."

재판장은 노래 부르며 조국을 배반한 그의 죄를 협박하듯 통렬한 투로 비난했다.

"해명하라!"

모든 성직자가 합창하면서 촉구했다. 재판장이 라다메스가 계속 잠자코 있는 것을 성직자들에게 알리자, 성직자들은 공허한 목소리를 하나로 모아서 유죄로 단정했다.

"라다메스, 라다메스! 자네는 전쟁을 앞에 두고 진지를 떠났어."

재판장은 다시 노래 불렀다.

"해명하라!"

성직자들이 두 번째로 재촉했다.

"보라, 그는 말이 없다."

완전히 편견에 사로잡힌 재판장이 두 번째로 단정하자, 이번에도 모든 재판관이 재판장과 목소리를 합쳐 "유죄!"라고 단정했다.

"라다메스, 라다메스! 자네는 조국과 명예, 그리고 왕에 대한 맹세를 깨뜨렸도다."

엄격한 논고자가 세 번째로 말했다.

"해명하라!"

다시금 성직자들은 외쳤다. 그리고 라다메스가 이번에도 아무 말이 없자 이것을 마지막으로 몸을 떨면서 "유죄!"라고 선고했다. 이리하여 피할 수 없는 결과가 찾아왔다. 그의 운명은 정해지고 중죄인으로 사형에 처해지게 된 것이다. 그는 성난 신의 신전 아래에 있는 지하 감옥에 생매장될 것이다.

성직자들의 무자비한 선고에 암네리스가 얼마나 분노했을까? 한스 카스토르프는 자기 나름대로 상상할 수 있었다. 레코드는 여기서 끝나 한스 카스토르프는 레코드를 바꾸어야 했다. 능숙하고 조용하게, 눈을 내리깔고 레코드를 바꾸고 다시 귀를 기울이려고 앉았을 때에는 멜로드라마의 마지막 장면이 흐르고 있었다.

지하 감옥 밑바닥에서 라다메스와 아이다가 부르는 마지막 2중창이 울렸고, 두 사람의 머리 위 신전에는 광신적이고 잔인한 성직자들이 두 손을 쳐들고 중얼거리면서 의식을 올리고 있었다.

"그대도 이 지하 감옥에!"

라다메스의 비길 데 없이 명쾌하고 감미로우면서 남성적인 목소리가 놀람과 기쁨에 넘쳐 노래했다. 그렇다. 그가 명예와 목숨을 버리고 사랑한 애인 아이다는 지하 감옥에 몰래 들어와 있었던 것이다. 머리 위 의식의 공허한 울림에 가끔 노래를 멈추면서 두 사람이 교대로 또는 함께 부르는 죽음에 도취된 노래를. 밤이 깊도록 혼자서 귀를 기울이고 있는 한스 카스토르프의 마음을 사로잡은 것은 이 마지막 노래로, 그는 이 장면의 내용과 음악적 표현에 매혹되었다.

이 노래는 천국에 대해서도 노래했지만, 노래 그 자체가 천국의 소리 같았고, 천사가 노래 부르는 것 같았다. 라다메스와 아이다의 목소리가 독창과 2중창으로 휘감긴 선율은 원음(原基)과 제5음을 중심으로 한 곡선으로, 원음에서 조금씩 올라가 제8음의 반음(半音) 앞의 음에 이르러 길게 힘을 주어 머물러 있다가, 드디어 제8음에 살짝 닿고는 다시 제5음으로 내려왔다. 한스 카스토르프는 이 단순하고 감미로운 곡선이 이때까지 들은 선율 중에서 가장 청순하고 놀랄 만한 선율이라고 생각했다. 그러나 이 선율의 배경이 되는 마지막 장면이 아니었다면 그렇게까지 이 선율에 매혹당하지는 않았을 것이다.

그 내용 때문에 그의 기분은 선율에서 생기는 감미로운 매력에 완전히 융합되었던 것이다. 아이다가 라다메스와 지하 감옥 속에서 운명을 같이하려고 그에게로 가 있었던 것은 정말로 아름다웠다. 지하 감옥에 생매장된 라다메스가 이처럼 사랑스럽고 생명 넘치는 여인을 죽음의 동반자로 하지 않았던 것은 당연한 일이었다. 그의 애정에 찬 절망적인 "아니야, 아니야, 당신은 너무나 아름다워"라는 노래 가사에는 이 세상에서 두 번 다시 만날 수 없다고 믿고 있었던 애인과 영원히 결합되는 기쁨이 느껴져, 한스 카스토르프는 그 감격을 짐작하는 데에 상상력을 동원할 필요가 없었다. 한스 카스토르프는 이 모든 감동이 흘러나오는 검고 작은 덧문을 들여다보면서 두 손을 모으고 귀를 기울였다.

그가 마지막으로 느끼고 깨달은 것은 현실에서 일어날 수 있는 현상의 추악함을 고귀하고 움직일 수 없는 것으로 아름답게 꾸민 것이다. 그것은 음악과 예술과 인간 마음의 자랑스러운 이상이었다. 우리는 이 경우에, 현실에서 일어나는 현상을 상상하는 것만으로 충분하다! 생매장을 당한 두 사람은 지하 감옥 안의 가스에 숨이 막히고, 굶주림으로 몸부림치면서 두 사람이 함께, 경우에 따라서는 서로 다른 시간에 생명이 끊어질 것이다. 그렇게 되면 두 사람의 시체는 썩어서 차마 눈으로 볼 수 없는 상태가 되고, 드디어 뼈가 되어 지하 감옥 속에 남게 될 것이다. 이것은 어디까지나 현실적이고 실제적인 독립된 한 면이며, 인간의 이상주의로서는 이것을 전혀 문제삼지 않을 뿐 아니라 아름다움과 음악성은 자랑스럽게 이것을 암흑의 세계로 내몰아 버린다.

오페라 속의 라다메스와 아이다의 운명은 현실적으로 두 사람을 기다리며 존재하는 것은 아니다. 두 사람의 목소리는 하나로 어우러져 제8음의 반음계 앞의 음에 올라가 거기에서 머물다가, 천국의 문이 열리면서 두 사람에게 영원한 빛을 비춰 주기 시작한다고 노래 불렀다. 이런 현실 미화에 깃든 위로의 힘은 이상하게도 한스 카스토르프에게 쾌감을 느끼게 했다. 그가 좋아한 레코드 가운데에서도 특히 이것을 즐겨 들은 것도 이 노래에 깃든 위로의 힘이 그를 크게 감동시켰기 때문이다.

이 오페라의 공포와 기쁨을 맛본 뒤 한스 카스토르프는 소품이기는 하지만 강한 매력을 가진 곡, 드뷔시의 〈목신(牧神)의 오후〉를 듣고 한숨을 돌리기로 했다. 이것은 〈아이다〉에 비하면 훨씬 온건한 내용의 곡이었다. 전원시(田園詩)였지만 현대 음악의 간결하면서도 복잡한 수법으로 묘사되고 작곡된 곡이었다. 노래가 없는 순수한 관현악곡, 프랑스가 낳은 교향악 서곡으로 현대 음악으로서는 규모가 작은 오케스트라로 연주되지만, 현대 음향 기술의 아름다움을 다한 작품으로 사람들의 마음을 꿈의 세계로 이끄는 음악이었다.

한스 카스토르프가 이 음악을 들으면서 꾼 꿈은 이런 것이었다. 그는 여러 색깔의 별 모양을 한 꽃들이 만발하고 햇빛이 반짝이는 풀밭에 누워, 불쑥 튀어나온 땅바닥을 베개삼아 한쪽 무릎을 조금 세워서 다른 한쪽 다리를 그 무릎 위에 포개고 있었다. 그런데 포갠 두 다리는 산양의 다리였다. 풀밭에는 한스 카스토르프 이외에는 아무도 없었다. 그는 자신을 즐겁게 하기 위해서 클라리넷 혹은 목동이 부르는 작은 피리를 입에 대고 그 위에 손가락을 움직이면서 부드러운 소리를 끌어내며 음 하나하나를 계속 내고 있었다. 그 소리는 저절로 아름다운 왈츠가 되어 푸른 하늘로 올라갔다. 그 하늘 밑에는 자작나무와 물푸레나무가 군데군데 서 있었으며, 나뭇잎은 바람에 나부끼며 햇빛에 반짝이고 있었다. 그러나 명상적이거나 부드럽다고만은 할 수 없는 선율이 조용한 풀밭에 들려오기까지는 그리 긴 시간이 필요하지 않았다.

더운 여름날 풀밭 속을 날아다니는 곤충의 붕붕거리는 날갯짓 소리, 햇빛, 미풍, 나뭇가지 끝의 흔들림, 나뭇잎의 반짝임, 희미하게 움직이는 여름의 고요함, 이 모든 것이 한데 어우러진 울림이 되어 한스 카스토르프의 단조로운 피리 소리와 뒤섞여서 끊임없이 변화하는 아름다운 화음이 되었다. 이 교향악적 반주는 가끔 끊기며 없어졌지만 산양 다리를 한 한스 카스토르프는 피리를 계속 울려, 소박하고 단조로운 소리로 다시 자연의 멋진 음조를 이끌어 냈다. 이 아름다운 곡조는 다시 한 번 잠잠해졌다가 이번에는 이때까지의 아름다움을 뛰어넘는 감미로운 음률로 새롭고 높은 기악음(器樂音)이 더해가면서, 지금껏 눌려 있던 모든 풍부함을 다 표현했다. 정말 그 순간의 감미롭고 완전한 충족감은 그 안에 영원을 간직한 듯했다. 젊은 목신(牧神)인 한스 카스토르프는 여름 풀밭에 누워 참으로 행복했다. 여기에는 "해명하라!"고 요구하는 사람도 없고, 책임감도 없었으며, 명예를 잊고 명예를 잃은 인간을 재판하는 성직자들의 종교 재판도 없었다. 여기에는 망각 그 자체, 완벽한 정지, 시간을 모르는 천진난만함이 있을 뿐이었다. 양심의 가책이 없는 방종, 유럽의 행동주의를 부정하는 모든 견해를 이상화하고 신격화하는 생활만이 있었다. 그리고 그것이 자아내는 부드러운 분위기가 한밤의 음악 애호가인 한스 카스토르프로 하여금 이 레코드를 다른 많은 레코드보다 즐기게 했던 것이다.

그리고 세 번째로 그가 좋아하는 레코드가 있었다. 이것도 석 장 또는 넉 장에 걸친 레코드였다. 이 가운데 테너가 부르는 노래만도 가운데까지 빽빽하게 금이 새겨진 한쪽 면 전부를 차지하고 있었다. 이것도 프랑스 작품으로 한스 카스토르프가 여러 번 극장에서 보고 들어 잘 알고 있었다. 한 번은 대화 속에서, 그것도 매우 중요한 대화 속에서 그 줄거리를 언급한 적도 있는 오페라였다.

레코드는 제2막의 스페인 주막, 넓은 선술집의 장면에서부터 시작되는데,

바닥에는 마루가 깔려 있고 주위에는 휘장을 드리운 무어식의 낡은 주막이었다. 카르멘의 열정적이고 조금 허스키한, 그러면서도 순수하고 호감이 가는 목소리가 젊은 상사 앞에서 춤을 추고 싶다고 노래 부르면서 캐스터네츠가 울리기 시작했다. 그러자 그 순간 좀 떨어진 장소에서 연대의 신호 나팔 소리가 울렸다. 그것을 듣고 젊은 상사는 깜짝 놀라며 소리쳤다.

"잠깐만! 잠깐만 멈추어 줘!"

그리고 그는 귀를 말처럼 곤두세웠다.

카르멘이 물었다.

"왜요? 도대체 무슨 일이 있단 말이에요?"

그러자 젊은이는 카르멘이 자기처럼 나팔 소리에 놀라지 않는 것을 의아스러워했다.

"저것이 안 들리나? 저것은 병사(兵舍)에서 들려오는 나팔 소리가 아닌가! 귀영 시간이 되었어."

젊은이는 노래를 부르면서 말했다. 그러나 집시 여자는 그 말을 이해할 수 없었다. 아니, 아예 이해하려고 하지 않았다.

"그럼 더 좋잖아요."

그녀는 아무것도 모르는지, 아니면 뻔뻔스러워서 모르는 척하는지 알 수 없는 투로 이야기했다.

"이제는 캐스터네츠를 울리지 않아도 되겠네요. 신께서 직접 음악을 보내주시니 말이에요. 자, 춤을 추어요, 라라라라!"

젊은이는 어쩔 줄을 몰랐다. 그는 카르멘에게 모든 것을 설명하고 이 세상의 어떤 사람도 귀영 나팔에는 거역할 수 없다는 것을 이해시키려고 열중한 나머지 자기의 낙담과 슬픔을 잊어버렸다. 이토록 중대하고 절대적인 것이 그녀에게 이해되지 않는다니 어찌된 일일까?

"나는 지금 당장 돌아가야 해요. 점호를 받으러!"

그는 여자의 태연스러움에 어이가 없어서 그렇지 않아도 무거운 기분이 더욱 무거워져서 외쳤다. 그러자 나온 카르멘의 대답이 걸작이었다! 그녀는 정말 미친 듯이 화를 냈는데, 그 목소리는 사랑을 배반당하고 짓밟힌 것을 원망하는 목소리였다. 또한 행동도 그러했다.

"돌아간다고요? 점호를 받으러? 그러면 내 기분은 어떻게 해주시겠어요? 당신한테 반해 있는 나는요. 그래요, 나도 인정해요. 당신을 노래와 춤으로 위로해 드리려고 어쩔 줄 몰라하는 가련하고 상냥한 이 마음을 어떻게 해주시겠어요?"

그리고 그녀는 "트라테라타" 하고 비웃으며 손을 오목하게 모아 입에 대고 귀영 나팔 흉내를 냈다.

"'트라테라타!' 이것만으로도 이 바보는 돌아가려고 하지요? 좋아요, 돌아가세요! 여기 모자, 여기 군도와 허리띠! 빨리요, 어서요. 병사로 돌아가세요!"

젊은이는 이해해 달라고 애원했다. 그러나 그녀는 나팔 소리에 제정신을 잃어버린 것은 그가 아니라 그녀 자신이라는 듯이 흥분하며 비웃었다.

"'트라테라타!' 이게 점호예요. 어서요, 지금부터 서둘러도 지각이에요. 어서 가세요. 점호 나팔이 부르고 있으니까요. 카르멘이 춤추어 드리겠다고 하는 순간에 나팔 소리를 듣고 미친 사람처럼 떠드는군요. 그것이 나에 대한 당신의 사랑이란 말인가요?"

괴로운 상태였다! 그녀는 모르고 있는 것이다. 집시 여자는 모르고 있었고 알려고도 하지 않았다. 그녀는 고의로 알려고 하지 않았다. 왜냐하면 그녀의 분노와 비웃음에는 분명히 이 문제가 아닌 것, 그녀만의 문제가 아닌 것이 숨어 있었다. 프랑스식 나팔 또는 스페인식 나팔 형태를 빌려 사랑에 눈먼 젊은 병사를 다시 불러가려는 원리에 대한 증오, 하와 이래의 적의가 숨어 있어 그 원리를 굴복시키려는 것이 그녀의 최고 야심, 여성으로서 태어날 때부터의 야심이었다. 그녀는 이 싸움에 쓸 아주 간단한 무기를 가지고 있었다. 바로 그가 귀영하면 당신은 나를 사랑하지 않는다고 주장하기만 하면 되는 것이었다. 그리고 이 말을 듣는 것이야말로 젊은 호세에게는 가장 괴로운 일이었다. 그는 자기에게 말할 기회를 달라고 애원했다. 그러나 카르멘은 그것을 승낙하지 않았다. 그는 무리를 해서라도 그녀에게 말해 보려고 했다. 숨 가쁜 순간이었다. 음산하고 위협적인 악상(樂想)이 관현악으로 연주되었다. 이 악상은 한스 카스토르프도 알고 있었던 것처럼 오페라의 발단에서 파국적인 종말에 이르기까지 이어지고 있으며 젊은 병사의 아리아 서곡이기도 했다. 그 아리아는 다음에 이어지는 레코드에 들어 있었다.

"이 가슴에 깊이 간직한……."

호세는 아름다운 목소리로 노래 불렀다. 한스 카스토르프는 언제나 듣는 순서에 따르지 않고 이 아리아 부분만을 가끔 틀었는데, 그때마다 깊은 공감을 느끼면서 주의 깊게 들었다. 이 아리아의 내용은 깊이가 없었지만 애원적인 표현이 아주 감동적이었다. 병사는 카르멘을 처음 보았을 때 그녀가 던져 준 꽃을 노래하고, 카르멘 때문에 영창(營倉)에 들어가 있는 동안에도 그 꽃이 오직 그의 유일한 위안이었다고 노래 불렀다. 카르멘을 알게 된 운명을 저주한 순간도 있었다고 격정적으로 외쳤다. 그러나 그런 것을 잠시라도 생각한 것을 곧 후회하고 그녀를 다시 한 번 만날 것을 무릎 꿇고 신에게 기도 드렸다고 노래했다. "그리고"—이 "그리고"는 바로 전에 나온 "아, 사랑하는 아가씨"라는 음과 마찬가지로 높은 곡조로 불렀다. 또한 여기서 젊은 병사의 고뇌, 동경, 이해받지 못하는 애정과 절망을 조금이라도 표현할 수 있는 관현악기의 신비로움이 아낌없이 구사된 반주가 시작되었다. "그리고" 그녀는 이번에도 그의 눈앞에 요염한 자태로 나타나, 그에게 어떤 한 가지를 분명히 깨닫게 했다. "이제는 파멸이다"라는 것을(이 파멸이라는 말은 제1음절에 전음의 장식음을 사용하여 흐느끼는 것처럼 불려졌다). 영원한 파멸이라는 것을.

"그대여 나의 기쁨, 나의 생명!"

그는 여러 번 나타나는 선율로 아주 절망적으로 노래 불렀다. 이 선율은 오케스트라에서도 다시 한 번 흐느끼는 것처럼 연주했는데, 그것은 원음(基音)에서 2음이 올라가고, 거기에서 열렬한 박자로 한 옥타브 아래의 제5음까지 내려갔다. "나의 마음은 당신의 것"이라고 아까와 같은 선율을 써서 뭐라고 말할 수 없는 부드러운 기분으로 맹세하고는, 음계를 제6음까지 올려 "영원히 나는 당신의 것!"이라고 노래 부른 다음, 목소리를 10음 내려서 격정적으로 "카르멘, 나는 당신을 사랑한다!"라고 고백했다. 이 가사의 마지막은 차례로 새로운 화음을 주는 걸림음에 의해 안타까울 만큼 길게 끈 다음 드디어 "사랑한다"의 마지막 음절이 그 직전의 음절과 함께 기본 화음으로 흘러들어갔다.

"그렇고말고, 그렇고말고!"

한스 카스토르프는 우울한 만족을 맛보면서 마지막 곡도 들었다. 전에 카르멘에게서 탈주를 권고받았을 때에는 놀랐던 젊은 호세도, 이번에는 상관과 충돌했기 때문에 연대로 돌아갈 수 없어 탈주병이 될 수밖에 없었다. 그러나 이 레코드에서는 모두 호세를 축하해 주었다.

아, 우리와 함께 바위 많은 골짜기로 오라.
거칠지만 상쾌한 바람이 분다

라고 합창하는 그들의 기분은 정말로 잘 이해할 수 있었다.

세상은 넓고, 마음을 괴롭히는 걱정도 없고
그대의 조국에는 국경이 없다!
그대의 의지만이 최고의 힘.
나아가자, 가장 복된 기쁨이여,
자유는 웃는다! 자유는 웃는다!

"그렇고말고, 그렇고말고!"
한스 카스토르프는 다시 중얼대면서 네 번째의 아주 가련하고 부드러운 곡을 틀었다. 이번에도 프랑스 음악으로 역시 군인 정신에 가득 찬 곡이었지만, 우리가 택한 곡이 아니기 때문에 우리의 책임은 아니다. 그것은 삽입곡과 독창으로, 구노의 오페라 〈파우스트〉 가운데에서 〈기도〉였다. 여기에는 아주 호감이 가는 어떤 인물이 등장한다. 이 사람은 발렌틴이라는 젊은이였는데, 한스 카스토르프는 이 청년을 더 친근하고 그리운 이름, 바로 죽은 사촌의 이름으로 불렀다. 상자 속에서 노래 부르는 젊은이는 사촌보다 훨씬 아름다운 목소리였지만, 한스 카스토르프는 그 젊은이를 사촌과 거의 같은 사람으로 느끼고 있었다. 힘차고 풍부한 바리톤으로, 가사는 3절로 구성되어 있으며, 서로 너무 비슷한 전절(前節)과 중절(中節)은 경건한 느낌에 차 있어 신교의 찬송가 양식과 같았다. 중절은 용감한 군인풍으로 경쾌하면서도 경건했고, 그 점이 바로 프랑스적이고 군인다웠다. 보이지 않는 젊은이는 다음과 같이 노래했다.

나의 사랑하는 조국을
떠나는 이때에.

그리고 젊은이는 출정할 때 하늘에 계신 하느님에게 그가 없는 동안 사랑하는 누이동생을 지켜달라고 노래 불렀다. 갑자기 전쟁 장면이 되면서 리듬은 진취적으로 급변하고, 근심과 비탄은 어디론가 날아가 버렸다. 모습이 보이지 않는 젊은이는 전투가 가장 치열하고 위험스러운 장소에서 경건하게 프랑스식으로 적에게 맞서려고 했다. 그러나 신이 자기를 지극히 높은 곳으로 부르신다면 "자기는 거기에서 '너'를 내려다보고 지켜줄 것이다" 하고 노래 불렀다. 여기에 나오는 '너'는 누이동생이었지만 한스 카스토르프는 마음 깊이 여기에 감동했고 그 감동은 끝까지 이어졌다. 마지막으로 상자 속의 젊은이는 찬송가와 같은 화음에 맞추어 노래했다.

> 오, 하늘에 계신 아버지시여, 나의 기도를 들어 주소서.
> 마르가레테를 보호해 주시옵소서.

이 레코드에 대해서는 그 밖에는 할 말이 없다. 우리가 이 레코드에 대해서 간단하게라도 언급해 두어야겠다고 생각한 이유는, 한스 카스토르프가 이 레코드를 유달리 사랑하고 있었기 때문이며, 나중에 어떤 기회에 이 레코드가 어떤 역할을 하게 되기 때문이기도 하다. 그러면 그가 사랑하고 있었던 몇 개의 레코드 가운데 다섯 번째인 마지막 곡을 소개하기로 하자. 물론 이 곡은 프랑스 음악이 아니라 전형적인 독일 음악이라 할 수 있고, 오페라가 아니라 가곡이었다. 민중의 재산이기도 하고 예술적인 명곡이기도 한데, 이 두 가지 성질 때문에 특수한 정신적 세계관의 의의를 갖는 가곡의 하나였다. 이렇게 돌려서 말해야 할 필요가 있을까? 그것은 바로 슈베르트의 〈보리수〉이다. 누구나 다 알고 있는 저 유명한 "성 문 앞 우물가에……"인 것이다. 테너 가수는 이 노래를 피아노 반주로 불렀는데, 절도 있고 고상한 취미의 성악가는 그 단순하고 심오한 노래를 깊은 이해와 섬세한 음악적 감각과 세심한 서창으로 노래 불렀다. 우리 모두가 알고 있듯이 이 훌륭한 노래는 민중과 아이들이 부를 때에는 본격적으로 부르는 경우와 좀 다른 창법으로 불린다. 일반적인 창법은 단순해서 중심 가락에 의해 한 절 한 절이 모두 똑같이 불린다. 그러나 본디 창법은 훨씬 복잡하다. 악보에서는 8행씩 된 절 가운데 제2절에서 벌써 단조(短調)의 변조가 나타나고, 제5행에서는 아주 아름다운 장조로 돌아가 그 뒤에 이어지는 "찬바람은"의 부분과 "머리에서 날아가는 모자" 부분에서는 멜로디가 극적으로 변하고, 제3절의 마지막 4행에서 비로소 본디의 선율로 돌아가게 된다. 그리고 노래로 끝맺기 위해 그 4행이 두 번이나 불리는 것이다. 선율의 압도적인 자리바꿈이 세 번 있는데, 모두 조를 바꾸는 후반에 나타난다. 따라서 세 번 자리바꿈은 마지막 가사인 "이제 나는 여러 시간을"의 되풀이로 나타난다. 이 멋진 자리바꿈은 감히 설명하지 않기로 하지만 "그토록 많은 아름다운 말", "나를 부르는 듯이", "그곳에서 멀리 떠나"라는 토막에 주어져 있듯이 성악가는 적절한 흐느낌을 느끼게 하는 밝고 따뜻한 목소리, 교묘한 호흡법으로 이 자리바꿈을 세 번 다 감정적으로 살려 노래했다. 특히 "그 나무에 언제나 끌리는"과 "그대는 이곳에 안식처를 찾으리"에서 정말로 감정에 찬 노래로 효과를 냈기 때문에, 한스 카스토르프는 들으면서 뜻밖의 감동을 받았다. 마지막에 되풀이되는 토막 "그대는 이곳에 안식처를 찾으리"에서는 '찾으리'를 첫 번째는 목소리를 높여 동경을 가지고 부르고, 두 번째는 아주 부드러운 은적(銀笛) 같은 소리로 조용히 불렀다.

〈보리수〉와 그 창법에 대해서는 이쯤으로 해두자. 한스 카스토르프가 밤마다 즐기는 음악회에서 특히 좋아한 곡목에 대해 얼마나 따뜻한 관심을 기울였는가는, 지금까지 소개한 레코드의 경우에서 충분히 짐작되리라고 믿는다. 그러나 마지막 레코드인 가곡 〈보리수〉가 그에게 얼마나 큰 의의를 가지고 있었는가를 설명하는 것은 미묘하기 그지없는 일로, 도움이 된다면 몰라도 오해가 되지 않으려면 극도로 주의해 설명해야 할 것이다.

우리는 다음과 같이 설명하려고 한다. 정신적인 대상, 즉 의의를 갖는 대상은 그 대상을 뛰어넘는 의의를 지니고 있다. '의의를 가지고' 있다는 이유만으로 더욱 높은 정신적이며 보편적인 세계, 감정과 사상을 가진 하나의 세계를 표현하고 대표하게 된다. 그리하여 그 세계를 조금이라도 확실하게 상징하게 되는데, 그것을 상징하는 정도에 따라 그 대상이 지닌 의미의 크고 작음도 결정된다. 그리고 그런 의의를 갖는 대상에 대한 사랑 또한 '의의를 갖는' 사랑이다. 그런 사랑은 그것을 품는 인간에 대해서도 시사해 줄 것이다. 그것은 그 의의 있는 대상이 상징하고 있는 보편적인 세계, 의식하든 의식하지 않든 간에 거기서 사랑받고 있는 세계에 대한 그 인간의 관계를 뚜렷이 나타내는 것이다.

우리의 단순한 주인공 한스 카스토르프는 비밀스럽고 교육적인 연금술에 여러 해 동안 연마되었으므로 현재에는 정신적 세계에 깊이 들어가 사랑의

'의의'와 그 '사랑의 대상의 의의'를 충분히 의식하고 있었다는 것을 여기에서 이야기하는 바이다. 그에게 있어 〈보리수〉는 중요한 '의의'를 갖고 있으며 하나의 세계를 의미하고 있어, 그는 그 세계도 사랑하고 있었음에 틀림없다. 그렇지 않다면 그 세계를 대표하고 상징하는 가곡에 그토록 열중하지 않았으리라. 그 가곡이 깊고 신비롭게 포함하고 있는 감정의 세계, 넓은 의미의 정신적 태도의 매력에 대해 그의 감정이 포로가 될 만큼 성숙해 있지 않았다면, 그의 운명은 현재와는 달랐을 것이다. 우리는 이렇게 수수께끼 같은 말을 덧붙이지만 우리 마음이 내키는 대로 말하고 있는 것은 아니다. 현재 그의 운명은 그의 정신을 향상시키고 모험과 인식을 초래하며 그의 마음에 술래잡기식의 여러 문제를 제기하고 있다. 그로 인해 그는 이 가곡이 상징하는 세계, 그 세계를 놀라울 만큼 참으로 훌륭하게 상징하고 있는 가곡, 그 가곡에 대한 애정에 회의적인 비판을 가하며, 그 세계와 가곡과 애정을 양심적인 회의를 갖고 바라볼 수 있게 되었던 것이다.

그런데 회의가 사랑에 방해가 될 것이라고 말하는 사람이 있다면 그는 사랑의 본질을 전혀 모른다고 말할 수밖에 없다. 오히려 이런 회의는 사랑을 더 깊게 하고, 사랑에 정열의 가시를 주는 것이기 때문에, 정열은 회의적인 사랑이라고 규정할 수도 있을 것이다.

한스 카스토르프는 매력적인 〈보리수〉와 거기에 상징되어 있는 세계에 대한 자기의 사랑이 허락된 것인지 아닌지를 양심적이고 철학적으로 의심했는데, 이 회의는 무엇에 기인하고 있는 것일까? 그의 양심의 소리에 따르면 이 가곡의 배경이 되고 있는 세계는 사랑이 금지된 곳이었는데, 그렇다면 어떤 세계였을까? 그것은 죽음의 세계였다.

그러나 이것은 있을 수 없는 폭언이다! 그토록 멋진 가곡을! 민중의 가장 깊은 곳, 가장 신성한 마음에서 나온 청순한 명곡, 최고의 보배, 친밀의 극치, 가련 그 자체인 것을! 그 얼마나 추악한 중상모략인가.

그렇다. 그 분개는 정말 당연한 것으로, 정직한 사람이라면 누구든지 그렇게 분개할 것이다. 하지만 이 사랑스러운 가곡의 뒤에는 역시 죽음이 숨어 있었다. 이 가곡은 죽음과 연관이 있어서 그 연관성을 사랑하는 것은 좋지만, 그 사랑이 어떤 의미에서는 불건전한 사랑이라는 것을 술래잡기식의 사색으로 확실히 해두어야 하겠다. 이 가곡은 본질적으로 말한다면 죽음에 대한 공감을 나타내는 것이 아니다. 매우 민중적인 생명력이 넘치고 있지만, 이 가곡에 정신적인 공감을 가지게 된다는 것은 죽음에 공감한다는 뜻이다. 처음에는 순수하고 경건하며 명상적이라고까지 말할 수 있는 것으로, 이 점에는 조금도 이의를 제기할 여지는 없겠지만, 그런 태도를 계속하는 사이에 음산한 죽음에 공감을 하게 되는 것이다.

한스 카스토르프는 도대체 무엇을 생각하고 있을까? 그러나 여러분이 아무리 설득하려 해도, 이 가곡에 정신적인 공감을 가지게 되면 죽음에 공감을 갖게 되는 음산한 결과를 그는 믿어 의심치 않는다. 접시 모양의 장식이 달린 검정 옷을 입은 고문관의 감각과 반인간성, 사랑이 아닌 정욕. 이것이 순수하고 충실하게 보이는 경건한 태도의 결과인 것이다.

확실히 문학자 세템브리니는 한스 카스토르프가 무조건 믿을 수 있는 인물은 아니었지만, 그가 연금술적 인생행로를 개척하기 시작했을 무렵인 몇 년 전에 이 두뇌가 명석한 선생으로부터 어떤 세계로 정신적인 '복귀'를 설교받았던 일을 떠올렸다. 한스 카스토르프는 이 설교를 〈보리수〉의 가곡과 맞추어 보는 것이 상책이라고 생각했다. 세템브리니는 이 복귀 현상을 '병'이라 규정했다. 그러나 이런 복귀가 행해지는 세계 그 자체, 그런 정신이 세력을 펴는 시기도 세템브리니의 교육자적 감각에는 '병적'으로 보였을지도 모른다. 그런데 그 이유는 또한 무엇일까? 한스 카스토르프가 사랑하는 향수의 가곡, 그 가곡이 상징하는 마음의 세계, 그리고 그 세계에 대한 사랑, 이것들도 모두 '병적'일까? 천만에 말씀! 그 가곡, 그 세계, 그 세계에 대한 사랑은 이 세상에서 가장 건전한 것이라고 할 수 있다. 하지만 그것은 이 순간, 또는 다음 순간까지는 신선하고 윤기 있고 건전하지만, 곧 썩어서 상하기 쉬운 과일과 같다. 신선한 동안에 먹으면 마음을 상쾌하게 해주지만 먹는 시기가 조금이라도 늦어지면 그것을 맛보는 사람에게 부패와 파멸을 초래한다. 이 가곡은 생명의 과일이긴 하지만 죽음에서 태어나 죽음을 잉태한 것이다. 이것은 영혼의 기적이다. 양심이 없는 아름다움의 관점에서는 아마 최고의 기적이겠지만, 책임감을 갖고 사색하는 인간의 생명력과 유기적인 것에 대한 사랑의 관점에서는 정당한 이유에서 의심스러운 눈으로 바라볼 수 있는 것이며, 인간의 최고 재판관인 양심의 소리에 따르면 이것은 극기로 극복해야 할 대상이다.

그렇다. 극기야말로 이 죽음에 대한 사랑, 음산한 결과를 초래하는 영혼의 마술을 극복하는 본질이다! 한스 카스토르프의 명상과 사고는 매일 밤 홀로 음악 상자 앞에 앉아 있을 때마다 날개를 펴서, 그의 사고력이 미치지 못하는 높이까지 날아올라 연금술적으로 다듬어진 사고가 되었다. 아, 영혼의 마술은 더할 수 없이 큰 것이다! 우리는 모두 이 마술의 후손이며 이 마술에 봉사함으로써 지상에서 엄청난 작업을 해낼 수 있는 것이다.

우리는 가곡 〈보리수〉의 작곡가보다 천재가 아니더라도 더 많은 재능만 가지고 있으면, 영혼의 마술사로서 그 가곡에 거대한 윤곽을 주어 이것으로 세계를 정복할 수도 있을 것이다. 이 가곡 위에 여러 나라를 건설할 수도 있을 것이다. 지상적(地上的)인 나라, 너무나 지상적인 나라, 억세고 진보적이지만 향수를 모르는 나라, 보리수의 가곡이 전기 축음기의 음악으로 타락하는 나라. 그러나 영혼의 마술을 가장 극적으로 이용하는 사람은 그 마술의 극복을 위해 목숨을 바치는 사람이다. 그가 아직 표현할 수 없었던 사랑의 새로운 말을 입에 담으면서 그 마술의 가곡 때문에 죽는다는 것은 아주 의미 깊은 일이다. 하지만 그 노래 때문에 죽는 것은, 사실은 그 노래 때문이 아니다. 그것은 사랑과 미래의 새로운 말들 때문에 죽는 것이며, 그런 의미에서 영웅의 죽음인 것이다. 아무튼 이런 것들이 한스 카스토르프가 사랑하는 레코드였다.

매우 의심스러운 이야기

에트힌 크로코브스키의 강연은 요 몇 년 사이에 뜻하지 않는 방향 전환을 하고 있었다. 정신 분석과 인간의 꿈을 대상으로 했던 그의 연구는 언제나 지하와 지하의 무덤을 연상시키는 내용이었는데, 요즈음 청중이 그것을 거의 알아차리지 못할 정도로 느린 곡선을 그리며 마법의 세계, 신비스러운 세계에 접촉하기 시작했다. 2주일마다 열리는 식당에서의 그의 강연—요양원에서 으뜸가는 인기 종목이며 안내서의 자랑거리로서, 프록코트에 샌들을 신고 식탁보를 덮은 작은 탁자를 앞에 놓고 외국인답게 길게 빼는 악센트로, 몸을 움직이지도 않고 경청하는 베르크호프의 환자들에게 들려주는 강연—은 이제는 가장한 사랑의 활동이라든지 병의 의식화된 감정에 대한 환원 같은 것을 주제로 삼지 않게 되었고, 최면술이나 몽유병 같은 무의식의 이상한 현상, 독심술·정몽(正夢)·천리안 같은 현상, 히스테리의 기괴한 현상을 주제로 삼고 있었다. 그리고 이런 이야기의 진전에 따라 철학적인 시야가 넓어져서, 청중의 눈에는 물질과 정신의 관계라는 수수께끼, 아니 생명의 수수께끼까지 깜박거리기 시작하여, 생명의 수수께끼를 풀려면 건전한 방법보다는 무섭고 병적인 방법을 택하는 편이 유망한 것처럼 생각하게 되었다.

우리가 이런 말을 하는 이유가 있다. 경솔한 사람들이 아는 척하면서, 크로코브스키 박사는 자기의 강연이 단조로워지는 것을 두려워하여 기분 전환을 목적으로 신비로운 것을 주제로 삼았다고들 말하는 데 대해, 그들에게 부끄러운 생각이 들도록 하는 것이 우리의 의무라고 생각했기 때문이다. 이런 험담을 하는 사람은 어느 세계에나 있는 법이다.

월요일 강연에서 신사들은 이때까지보다도 더 열심히 귀를 기울여 크로코브스키 박사의 목소리가 더 잘 들리도록 했고, 레비 양은 그 어느 때보다도 가슴에 나사 장치가 되어 있는 납인형과 똑같았다는 것이었다. 그러나 이런 효과는 당연한 것으로, 이 점에 있어서 분석학자인 크로코브스키의 정신이 걸어간 사고 발전의 경로와 똑같았으며, 학자의 그 경로는 자연스러웠을 뿐만 아니라 필연적이었다고 할 수 있었다. 인간의 영혼 가운데서 잠재의식이라고 불리는 어둡고 광범위한 영역은 이 때까지도 그의 연구 영역이었다. 물론 이 잠재의식의 세계는 초의식의 세계라고 부르는 것이 좋을 것이다. 왜냐하면 이 세계에서 가끔 개인의 의식적 지식을 훨씬 넘는 지식이 번뜩여서, 개인 영혼의 가장 깊고 어두운 부분과 전지전능한 만유(萬有)의 혼(魂) 사이에는 연결이나 관계가 있는 것이 아닌가 생각되기 때문이다. 잠재의식의 세계는 문자 그대로 '잠재적'이지만, 그것은 좁은 의미에서 '신비적'인 것임을 곧 알 수 있다. 이 잠재의식의 세계는 우리가 임시변통으로 신비라고 부르는 현상을 낳게 하는 원천의 하나이다. 그뿐 아니라 유기체의 병적 징조는 억압되고 신경질적인 흥분이 의식화해 생긴 것이라고 생각하는 사람은 물질 속에서도 정신이 창조력을 가지고 있음을 인정하는 셈이 되는데, 이 창조력은 신비적인 현상의 제2의 원천이라 부를 수 있다. 그리하여 병리학적인 것에 대한 관념론자는 존재 일반의 문제, 즉 정신과 물질의 관련 문제에 맞닥뜨려지는 사고의 출발점에 서게 된다. 단순하고 완강한 철학의 산물인 유물론자는 정신적인 것을 물질적인 것의 인광적(燐光的) 산물에 지나지 않는다고 고집할 것이다. 하지만 이와는 반대로 관념론자는 창조력을 가진 히스테리라는 원리에서 출발해 정신과 물질의 우위 문제에 대해 유물론자와는 정반대 생각을 가지기 쉬워서, 언젠가는 이 사고 방법의 정당성을 확신하게 된다. 이것은 옛날부터의 논쟁이었던 닭이 먼저냐, 달걀이 먼저냐 하는 논쟁과 다를 바가 없다. 또한 닭이 낳지 않은 달걀은 생각할 수 없고, 닭이 낳은 달걀에서 부화하지 않은 닭도 생각할 수 없다는 두 가지 사실 때문에 더욱 복잡하게 얽히게 되는 것이다.

크로코브스키 박사는 요즈음 강연 속에서 이런 문제를 논하기 시작했다. 그는 유기적이고 논리적이며 합법적인 경로로 이 문제에 이르렀는데, 우리는 이 점을 아무리 강조해도 좋다고 생각한다. 또한 크로코브스키가 이런 문제를 논하기 시작한 것은, 엘렌 브란트 양이 무대에 등장해 그런 문제가 현실적이고 실험적인 단계로 들어갔을 때보다 훨씬 이전의 일이라는 것을 덧붙이기로 한다.

엘렌 브란트란 누구인가? 우리에게는 이 이름이 친숙하지만 독자에게는 아직 알려져 있지 않다. 그것을 하마터면 잊어버릴 뻔했다. 엘렌 브란트가 누구인가? 얼른 보면 특징이 거의 없는 소녀였다. 그녀는 열아홉 살로서 엘리라고 불리고, 아마빛 머리칼을 한 귀여운 덴마크 아가씨였다. 사실은 코펜하겐 출신이 아니라 퓐섬의 오덴세 태생으로, 그녀의 아버지는 거기에서 버터 회사를 경영하고 있었다.

그녀는 직업 여성으로 벌써 몇 년 동안 도시 은행의 지방 지점에서 일을 했다. 오른팔에는 직무용 토시를 끼고 회전의자에 앉아 두꺼운 장부 위에 몸을 구부리고 일해 왔는데 그러다가 병이 났던 것이다. 걱정할 만한 상태는 아니고 조금 의심스러운 정도였다. 그녀는 날씬해서 얼른 보기엔 빈혈증인 듯했다. 그러나 뭐라 해도 호감이 가는 아가씨여서, 누구나 무심결에 그 아마빛 머리칼 위에 손을 얹고 싶어질 정도였다. 고문관도 식당에서 그녀와 이야기할 때에는 언제나 그렇게 했다. 북국 아가씨의 청순함, 유리처럼 순결하며 어린애 같고, 처녀다운 분위기가 정말 사랑스럽게 몸을 감싸고 있었다. 순진하게 바라보는 해맑은 푸른 눈길도, 그 말씨도 사랑스러웠다. 발음이 또렷또렷하고 음이 높은 얌전한 말투였지만, 고기를 '플라이쉬(Fleisch)'라고 하지 않고 '플라이휘'라 발음하는 식으로 조금 서툰 독일어로 말했다. 얼굴에는 이렇다 할 특징이 없었는데 턱이 좀 짧았다. 그녀는 클레펠트와 같은 식탁에 앉아 있었고, 클레펠트가 그녀를 어머니처럼 돌보아 주고 있었다.

그런데 이 브란트 양, 엘리 양, 자전거를 타고 다니는 귀엽고 작은 덴마크 아가씨, 은행 지점에서 사무를 보고 있던 상냥한 그녀에게도 한두 번 보아서는 상상도 할 수 없는 어두운 면이 있었다. 그것은 그녀가 이 베르크호프에 와서 2, 3주일 지나자 이미 나타나기 시작했지만, 이것이 얼마나 두드러진 면인가를 모조리 드러나게 한 것은 크로코브스키 박사에 의해서였다.

밤의 모임에서 함께 실내 오락을 했던 때의 일이 이 학자의 주의를 환기시켰던 것이다. 모두 여러 가지 수수께끼 놀이를 하기도 하고, 또 피아노의 소리에 이끌려 감추어진 물건찾기 놀이를 하기도 했다. 그 놀이는 찾는 사람이 감추어진 장소에 가까이 가면 피아노 소리가 높이 울리고, 엉뚱한 곳으로 멀리 가면 피아노 소리가 낮게 울리는 것이었다. 이 놀이 다음에는 순서가 된 사람을 밖으로 나가게 하고 그사이에 과제를 결정하고, 여러 개로 이어진 과제를 차례로 풀게 하는 놀이였다. 예컨대 누구와 누구 두 사람의 반지를 바꾼다든지, 누구에게 세 번 인사한 뒤 댄스 상대역을 신청한다든지, 표지를 단 책을 도서실에서 가지고 와 그것을 누구에게 넘긴다든지 하는 종류의 것이었다. 이런 종류의 놀이는 이때까지 베르크호프의 손님들 사이에서는 해본 적이 없다는 것을 말해 두어야겠다. 누가 도대체 이런 놀이를 하자고 했는지 이제 와서는 알 수 없지만, 엘리가 아니라는 것은 확실했다. 다만 그녀가 이곳에 오고 난 뒤 누군가가 생각해 낸 놀이임은 틀림없다.

놀이에 참가한 이들은 거의 우리가 잘 알고 있는 사람들로 한스 카스토르프도 그 가운데 하나였다. 과제를 꽤 훌륭히, 또는 그럭저럭 해낸 사람도 있고, 반면에 전혀 손도 못 대는 사람도 있었다. 그러나 엘렌 브란트의 능력만은 깜짝 놀랄 만큼 신기했다. 숨겨놓은 물건을 찾아내는 그녀의 육감이 빠른 점에 대해서는 갈채와 감탄과 웃음만으로 끝났을 테지만, 더욱더 복잡한 놀이가 되고부터는 모두들 숨을 죽이기 시작했다. 아무리 어려운 문제를 내도 그녀는 방으로 들어온 순간 조용한 미소를 띠고는 서슴지 않고, 피아노 소리에 이끌리지도 않고 과제를 풀어 나갔다. 예를 들면 식당에서 한 줌의 소금을 집어 와서 파라반트 검사의 머리에 뿌리고 난 뒤, 검사의 손을 잡고 피아노 앞으로 데리고 가서 검사의 한 손가락으로 〈한 마리의 새가 날아왔다〉라는 노래의 첫 부분을 연주한다. 그러고는 검사를 제자리로 데리고 가서 무릎을 꿇고 그에게 인사한 뒤 그의 발치에 받침을 끌어당겨 거기에 앉는다. 그런데 모두가 있는 지혜를 짜내서 만든 과제를 그녀는 빠짐없이 해내는 것이다.

분명히 살짝 엿들은 것이 틀림없다고 모두들 말했다. 그 말에 그녀는 얼굴이 붉어졌다. 그녀가 면목이 없다는 듯 얼굴이 붉어진 것을 보고는 모두 안심하고 그녀에게 시비를 걸기 시작했다. 그러자 그녀는 단호히 말했다.

"아니에요. 그렇지 않아요. 그런 말씀 마세요. 문밖에서 엿듣다니, 어떻게 그럴 수가 있겠어요?"

"문밖에서 엿들은 게 아니라고?"

"네, 어떻게 밖에서 들을 수가 있어요? 방에 들어온 뒤에 들었어요. 그리고 도저히 듣지 않을 수 없었어요."

"듣지 않을 수 없었다고? 이 방 안에서?"

"내 귀에 속삭여지는 거예요. 작은 목소리이긴 하지만 아주 확실하게요."

이것은 문제가 되는 고백이었다. 분명히 엘리는 어떤 의미에서는 모두를 속였다. 모든 것이 귀에 속삭여진다면 자신은 이런 놀이에는 참가할 자격이 없다고 처음에 말했어야 한다. 참가자의 한 사람이 초자연적인 능력을 가지고 있다면, 놀이는 인간적인 의미가 완전히 없어져 버린다. 스포츠 정신에서 볼 때 엘리는 자격을 잃은 것이 되었다. 그것도 그녀의 고백을 듣고 모두의 등골이 싸늘해진 의미에서 무자격자가 되었다. 여러 사람들이 한꺼번에 크로코브스키 박사의 이름을 외쳤고, 그를 데리러 사람이 보내졌다. 그는 미소를 짓고 곧 이곳의 상태를 알아차리고는, 침착하고 밝은 기분으로 마음 놓고 자신을 믿어달라는 태도로 들어왔다. 모두 숨을 몰아쉬면서 이 일을 보고했다. 엉뚱한 일이 생겼다, 천리안의 아가씨가 나타났다, 모든 것을 속삭임으로 듣는 아가씨가 나타났다고.

"아니, 그래서요? 조용히 하십시오, 여러분! 이제 곧 확실해질 것입니다."

이것은 그의 전문 분야였다. 모두에게는 걷잡을 수 없고 진흙탕의 수렁처럼 바닥이 없는 세계였지만, 그는 그 속에서 자신만만하게 행동했다. 그는 질문하고 보고하게 했다.

"아니, 이건 정말! 그러면 당신에게 정말 그런 면이 있습니까. 아가씨?"

그는 이렇게 말하고 소녀의 머리에 손을 얹었다. 아주 주목할 만한 일이기는 하지만 전혀 놀랄 것은 없다고 그는 말했다. 그는 손으로 엘렌 브란트의 머리에서 어깨와 팔을 어루만져 내려가면서 이국적인 다갈색 눈으로 그녀의 하늘빛 눈을 바라보았다. 그녀는 다소곳이 그의 시선에 응했다. 그녀의 눈이 멍해지기 시작하자 학자는 소녀의 얼굴 앞에서 손을 가볍게 흔들어 보고는 이제 걱정할 것 없다고 말했다. 그러고는 흥분한 환자들 모두에게 밤의 안정 요양으로 돌아가도록 권하고, 엘렌 브란트만은 아직 이야기할 것이 있다고 하면서 남게 했다.

이야기한다는 것이 뜻밖의 일은 아니었다. 그러나 쾌활한 동지 크로코브스키가 할 수 있는 이 말을 듣고 아무도 기분이 좋아지지는 않았다. 모두들 등골이 오싹해지는 것을 느꼈는데, 한스 카스토르프도 마찬가지였다. 그는 보통 때보다는 늦게 잠자기에 최고로 좋은 침대 의자에 누웠다. 아까 엘리의 초인적 능력을 보고 또한 그녀가 부끄럽다는 듯이 설명하는 것을 들었을 때, 발밑의 땅바닥이 흔들리는 것 같아서 어쩐지 기분이 이상해지고 육체적으로도 위협을 당하는 듯한 느낌을 받아 가벼운 현기증이 일어났던 것이 생각나서 새삼스레 등골이 오싹해졌다. 그는 지진을 한 번도 경험한 일은 없었지만 지진도 이와 똑같이 말로 나타내기 어려운 공포가 느껴질 것임에 틀림없다고 생각했다. 물론 엘렌 브란트의 이상한 능력은 한스 카스토르프에게 호기심을 느끼게 했다. 그리고 이 호기심에는 깊은 본질을 규명하는 것은 단념해야 한다는 기분, 즉 호기심의 대상이 인식의 대상으로는 될 수 없는 영역이라는 의식, 따라서 그런 호기심이 무익한 호기심일 뿐만 아니라 죄악이 되는 것이 아닌가 하는 생각이 들기는 했다. 그러나 이 또한 호기심임에는 틀림없었다. 누구나 그러하듯이 한스 카스토르프도 지금까지 살아오는 동안 신비스러운 자연, 또는 초자연적인 현상에 대해서는 이것처럼 듣고 있었다. 먼 조상 가운데에 천리안의 여자가 있었다는 것은 전에도 언급한 일이 있는데, 그는 이 여자에 대한 우울한 전설을 들어서 알고 있었다. 하지만 그는 그런 세계를 이론적으로, 또 국외자로서 인정했을 뿐, 이때까지 한 번도 개인적으로 그런 일을 겪은 적도 없었고, 현실적으로 보고 들은 일도 없었다. 그런 경험에 대한 그의 저항, 취미상의 저항, 심미감(審美感)에 의한 저항, 인간적인 자부심에서 나오는 저항—우리의 단순하기 그지없는 주인공에게 이런 어마어마한 말을 써도 좋다면—은 그런 경험 때문에 강하게 느껴진 호기심에 걸맞은 것이다. 그런 경험은 언제나 몰취미하고 이해할 수 없으며 인간의 품위를 손상케 하는 경과를 밟게 될 것이라고 처음부터 분명히 느끼고 있었다. 그런데도 그는 그런 경험을 열망했다. "무익한가, 그렇지 않으면 죄악인가" 하는 것은 이 경우에는 어느 한쪽이 아니라 어느 쪽도 될 수 있다는 것, 그리고 정신이 접근할 수 없는 영역이란, 접근이 금지되어 있다고 말할 것을 도덕 이외의 말로 나타낸 것에 지나지 않다는 것, 그것을 한스 카스토르프는 이해하고 있었다.

그러나 이런 실험을 할 작정이라고 말하면 당연히 거친 목소리로 비난할 인물에게서 배운 '실험 채택'이라는 사고가 한스 카스토르프의 마음속에 단단하게 뿌리내리고 있어서, 그의 도덕적인 의식은 차츰 호기심과 구별할 수 없게 되어갔다. 하지만 사실은 이전부터 계속 이랬을 것이다. 수양 과정에 있는 청년의 무조건적인 호기심은 거물인 페페르코른의 신비를 밤낮없이 접한 이래, 새롭게 닿게 된 세계에서도 멀리 떨어져 있지는 않았다. 그리고 그것은 금지된 세계에 대해서도 접근할 기회가 있으면 물러서지 않는다는 점에서 군인답다고 할 수 있는 성질의 호기심이었다. 그리하여 한스 카스토르프는 엘렌 브란트를 실험 대상으로 삼아, 이제부터는 실험할 일이 생기면 절대로 물러서지 않을 것을 결심했다.

크로코브스키 박사는 전문가가 아닌 사람이 브란트 양의 숨은 능력을 실험해 보는 일을 엄금했다. 그는 학자로서 소녀의 일을 봉인(封印)하고 지하 분석실에서 소녀와 여러 시간을 보내면서 일련의 실험을 했다. 들리는 말에 의하면 그녀에게 최면을 걸어 그녀 속에 잠자고 있는 힘을 불러내어 그것을 훈련하고 이때까지의 내면 생활을 조사한다는 것이었다. 그리고 소녀를 돌봐 주고 있는 친구이자 보호자인 헤르미네 클레펠트도 이와 비슷한 일을 하고 있었다. 그녀는 절대로 남에게 말하지 않을 것을 약속하고 소녀에게서 이것저것 캐물어서 알아낸 것을, 또 절대로 남에게 말하지 말라는 조건을 걸어 요양원의 구석구석에까지 퍼뜨리는 바람에, 이야기는 결국 요양원 수위실에까지 퍼지고 말았다. 예를 들면 그녀는 이런 내용까지 알아냈다. 놀이를 할 때 소녀 엘리의 귀에 과제를 속삭여 준 것은 홀거라는 청년으로, 이 청년은 엘리와 사이좋은 영(靈)이며, 이 세상이 아닌 저세상의 존재로 엘리의 수호신이었다. 그렇다면 그 영이 한 줌의 소금에 대한 것과 파라반트 검사의 집게손가락에 대한 것을 속삭여 주었단 말인가?

"그래요, 눈에 보이지 않는 입술로 내 귀에 부드럽게 속삭여서 간지러워 나도 모르게 웃어버렸어요."

"학교에 숙제를 해가지 않았을 때에도 홀거가 대답을 속삭여 주었을 테니

고마웠겠지?"

이 질문에 엘리는 말이 없었다. 그러다가 한참 뒤에 이렇게 대답했다.

"홀거는 그런 짓을 해서는 안 되었을 거예요."

그런 진지한 일에 끼어드는 것은 금지되었거나, 홀거도 숙제의 답을 잘 몰랐을 거라는 것이다.

엘리는 어렸을 때부터 가끔 그런 일이 있어서, 보이는 현상과 보이지 않는 현상을 겪었다. '보이지 않는 현상'이란 도대체 어떤 현상인가? 예를 들면 이런 것이다. 그녀는 열여섯 살 어느 오후에 부모의 집 거실에서 둥근 탁자 곁에 앉아 뜨개질을 하고 있었다. 그녀 앞에 있는 융단 위에는 아버지가 사랑하는 불도그 암놈인 프라이아가 누워 있었다. 탁자 위에는 아름다운 빛깔의 식탁보가 덮여 있었는데, 이것은 나이 많은 부인들이 삼각형으로 접어서 어깨에 걸치는 터키식 목도리로, 삼각형의 모서리가 탁자 밑으로 조금 드리워져 있었다. 그때 엘리는 자기 쪽에서 가장 가까운 식탁보의 끝이 갑자기 천천히 말려 올라가는 것을 보았다. 그것은 차근차근 규칙적으로 탁자의 중심 쪽으로 아주 길게 말려 올라갔고, 말려진 폭도 꽤 길게 되었다. 이러는 동안 프라이아가 뛰어 일어나 털을 곤두세우고 앞다리를 뻗고 뒷다리로 일어서서 맹렬히 짖으며 옆방으로 달아나더니 소파 밑으로 기어들어갔다. 그때부터 이 개는 1년 간을 거실로는 한 발짝도 들어오려고 하지 않았다.

식탁보를 말아 올린 것이 홀거였냐고 클레펠트 양이 물었는데, 브란트 소녀로서도 그것은 알 수 없는 일이었다. 그때 당신은 도대체 무엇을 생각하고 있었느냐고 물었을 때, 그녀는 그 때에는 아무것도 생각하지 않았다는 것이다. 부모에게 그것을 말했는지 물었을 때, 그녀는 부끄러운 생각이 들어서, 그것을 가슴에 담아두고 아무에게도 말해서는 안 되는 것이라 느꼈다고 했다.

"그것을 무거운 짐이라고 생각했어요?"

"아니오, 그다지 무거운 짐이라고는 생각하지 않았어요. 그리고 식탁보가 말려 올라가는 것이 어째서 무거운 짐이 되는 거죠? 그렇지만 다른 일 때문에 무거운 짐으로 느낀 일이 있었어요. 이를테면 다음과 같은 일로 말이에요."

그것은 1년 전의 일로 역시 오덴세의 부모 집에서 생긴 일이었다. 엘리는 아침마다 습관대로 부모가 식당에 나타나기 전에 커피를 끓여두려고, 아직 날이 밝기 전에 1층에 있는 자기 방을 나와 식당으로 가려고 했다. 그녀가 계단에 이르렀을 때, 그곳 계단 곁에 소피 언니가 서 있는 것을 보았다. 결혼해 미국에 사는 언니였다. 언니는 흰옷을 입고 갈대와 비슷한 수련 화관을 머리에 쓰고 두 손을 모은 채 엘리에게 고개를 끄덕였다.

"아니, 소피 언니, 어떻게 왔어요?"

어리둥절해서 그 자리에 서버린 엘리는 반은 기쁘고 반은 놀라서 물었다. 그러자 소피는 다시 한 번 고개를 끄덕이더니 아지랑이가 피어나는 것처럼 모습이 희미해지다가 완전히 사라져 버렸다. 그런데 그 시각에 소피 언니가 미국 뉴저지주(州)에서 심장병으로 죽었다는 것을 나중에야 알게 되었다.

한스 카스토르프는 그 말을 클레펠트에게서 들었을 때 그것은 황당무계하다고만 할 수는 없고, 들을 만한 가치가 있는 이야기라고 했다. 엘리의 눈앞에 나타난 환영과 그 언니가 미국에서 죽었다는 사실, 아무튼 이 두 가지 사실 사이에는 중요한 연관이 있다고 말했다. 그는 끝내 참지 못하고 크로코브스키 박사의 금지령을 깨뜨리고 엘렌 브란트를 중심으로 교령술(交靈術) 같은 실내 놀이인 '유리잔 돌리기'를 하게 되었을 때, 자기도 여기에 참석할 것을 동의했다.

이 모임은 헤르미네 클레펠트의 방이 무대가 되었고, 선발된 몇 사람만이 몰래 초대되었다. 주최자인 헤르미네 클레펠트와 한스 카스토르프, 그리고 브란트 소녀 외에 여자로는 슈퇴어 부인과 레비 양, 남성으로는 알빈 씨와 체코인인 벤첼, 팅푸 박사가 출석했다. 그들은 밤 10시가 되는 것을 기다렸다가 몰래 모여 클레펠트가 준비해 둔 물건들을 속삭이면서 바라보았다. 방 한가운데에 식탁보를 덮지 않은 중간 크기쯤의 둥근 탁자가 놓여지고, 그 위에 포도주용 유리잔이 밑받침을 위로 해 엎어져 놓였다. 그 유리잔을 중심으로 탁자 가장자리에 적당히 간격을 두고 뼈로 만든 작은 패가 놓여 있었다. 이 패는 보통 때에는 카드놀이의 숫자 찾기에 쓰이는 것이었지만, 오늘 밤에는 26개의 알파벳 문자가 잉크로 한 장에 한 글자씩 적혀 있었다.

클레펠트는 먼저 마실 차를 내놓았다. 마침 여자조의 슈퇴어 부인과 레비 양은 오늘 밤의 실험이 동심으로 돌아가는 무죄한 실험이라는 것을 알면서도 손발이 차가워지고 가슴이 두근거린다며 하소연하고 있을 때인지라 이 차 대접을 고마워했다. 차로 몸이 따뜻해지자 모두들 탁자를 둘러싸고 앉았다. 방 주인인 클레펠트는 기분을 북돋우기 위해 천장의 불을 끄고 옆 탁자에 놓인 종이로 덮인 전기스탠드만 켜놓아 방은 희미한 장밋빛으로 비쳤다. 그리고 모두 그 장밋빛 불빛 속에서 저마다 오른쪽 손가락 하나를 유리잔 받침에 살짝 댔다. 이것이 '유리잔 돌리기' 놀이의 방법이었다. 모두 유리잔이 움직이기 시작하는 순간을 고대하고 있었다. 유리잔은 쉽게 움직일 수 있는 상태에 있었다. 탁자의 표면은 미끌미끌했고 유리잔 끝도 미끄러웠으며 유리잔 밑받침 위에 살짝 놓인 여러 개의 손가락은 가볍게 떨리고 있었기 때문이다. 그리고 유리잔을 누르고 있는 그 힘이 손가락마다 똑같을 리는 없고 또 이쪽 손가락은 수직으로, 저쪽 손가락은 비스듬히 누르고 있었기에 한참 그러고 있는 동안 유리잔이 처음의 한가운데 위치에서 빠져나올 것은 당연했다. 그리하여 유리잔이 탁자 끝을 따라 움직이면 주위에 널린, 글자를 새긴 골패에 부딪치게 되어 있었다. 만약 그 글자의 배합이 단어가 되어서 무슨 의미를 갖게 되면, 이것은 내면적으로 불결하다고 할 수 있을 만큼의 복잡한 현상을 뜻하는 것이다. 이것은 저마다의 의식적, 반의식적, 잠재적인 요소가 뒤섞여 생긴 것이다. 이것을 의식하든 의식하지 않든 저마다의 소망에 뒷받침되어 영혼에 깃든 어두운 부분의 남모를 양해와 무의식적 협력에 의해 생겨, 겉으로는 소망과 관계가 없는 결과로 보인다.

그러나 사실은 저마다의 잠재의식이 많든 적든 관계하고 있으며, 사랑스러운 엘리 소녀의 잠재의식이 가장 많이 관계하고 있을 것임에 틀림없었다. 이것은 모두 처음부터 내심으로 알고 있었지만, 한스 카스토르프는 모두와 함께 벌벌 떨리는 손가락을 유리잔에 대고 기다리는 동안, 확실하게 그것을 말했다. 여자들의 손발이 차가워지고 심장이 뛴 것도, 남성들이 부자연스럽게 떠든 것도 그것을 의식하고 있었기 때문이었다. 바로 자기들의 잠재의식과 음산한 놀이를 하기 위해서 자신들의 영혼에 깃든 무의식의 어두운 부분을 두려워하면서도 호기심을 갖고 실험하려고 했다. 그래서 이렇게 깊은 밤에 모여 신비적이라고 불리는 사이비 현실, 또는 반현실적인 현상을 기다리고 있다는 것을 알고 있었다. 죽은 자의 혼이 유리잔을 통해 모인 사람들에게 말을 해온다는 것, 이것은 체재를 갖추기 위한 핑계였다.

알빈 씨는 전에도 교령술 모임에 가끔 참석한 일이 있었던 관계로 오늘 밤에도 사회자 역할을 자청했고, 영혼이 나타나면 응대하기로 했다. 20분 넘게 시간이 흘렀다. 속삭이는 이야깃거리도 바닥이 났고, 처음의 긴장감도 풀어졌다. 모두 오른쪽 팔꿈치를 왼손으로 받치고 있었다. 체코인인 벤첼은 잠이 들려 하고 있었다. 엘렌 브란트는 손가락을 유리잔에 가볍게 대고 어린애같이 순진한 큰 눈을, 가까이에 있는 물건을 지나 옆 탁자의 전기스탠드 불빛을 향하고 있었다. 그때 갑자기 유리잔이 기울어지면서 튀어오르더니 주위에 앉아 있는 사람들의 손에서 빠져나가려고 했다. 손가락으로 그것을 쫓아가기가 어려울 정도였다. 유리잔은 탁자 끝까지 미끄러져 가장자리를 따라 한동안 달리다가 일직선으로 탁자의 한가운데까지 돌아왔다. 그리고 거기서 다시 한 번 뛰고 나서 움직이지 않았다.

모든 사람의 놀람은 기쁨이기도 했고 공포이기도 했다. 슈퇴어 부인은 이제 그만해 달라고 울음 섞인 목소리로 말했지만, 그럴 생각이었으면 처음부터 마음을 정했어야 할 일이며 지금에 와서는 가만히 있어야 한다고 모두로부터 야단을 맞았다. 마침내 무슨 일이 벌어질 것 같았다. 유리잔이 '예', 또는 '아니오'로 대답할 때 글자를 그때마다 더듬어 가지 않아도 '예'일 때는 한 번, '아니오'일 경우에는 두 번 뛰면 되는 것으로 하자고 의견을 모았다.

"영은 나타났는가?"

알빈 씨는 엄숙한 얼굴을 하고 모두의 머리 너머로 허공을 향해 물었다. 망설이는 기척이 느껴지다가 유리잔이 한 번 뛰고서 그렇다고 인정했다.

"자네의 이름은?"

알빈 씨는 강조하기 위해 머리를 흔들며 거의 따지듯 물었다.

유리잔이 움직이기 시작했다. 유리잔은 쉬지 않고 탁자 한가운데로 돌아오면서 글자에서 글자로 지그재그 모양으로 활발하게 달려갔다. 처음에 H로 달리고 다음에는 O와 L로 달리다가 거기서 기운이 빠진 듯 어디로 가야 할지 몰라 주춤거리다가 다시 정신을 가다듬어 G와 E와 R로 만들었다. 예상대로였다! 홀거였다. 학교 숙제에는 참견하지 않았지만 한 줌의 소금 같은 것은 알고 있었던 홀거의 영혼이었다. 그가 지금 나타나서 공중에 머물러 주위에 떠돌고 있었다. 그러면 그를 어떻게 할 것인가? 모두 겁이 난 듯했다. 홀거에게 무엇을 물어볼 것인가 하고 목소리를 죽여 의논했다. 알빈 씨는 홀거의 생전 신분과 직업을 묻기로 했다. 그는 다시 힐문하는 투로 눈썹을 찡그리면서 질문했다.

유리잔은 한동안 움직이지 않고 가만히 있었다. 그러다가 비틀거리며 D로

갔다가 되돌아와 I를 가리켰다. 무슨 단어를 만들려는 것일까? 긴장감은 대단했다. 팅푸 박사는 도둑(Dieb)이 아니었을까 하고 낄낄거리며 농담을 했다. 슈퇴어 부인은 신경질적인 웃음을 일으켰지만, 유리잔은 이것에는 개의치 않고 계속 움직여 C와 H를 지나 T에 닿고는 글자를 하나 빠뜨리고 R에서 멈추었다. 시인(Dichter)이라는 단어를 만든 것이다.

아니, 그렇다면 홀거는 생전에 시인이었단 말인가? 유리잔은 의기양양하게 일부러 기울어지더니 한 번 뛰어서 긍정을 나타냈다.

"시정 시인?"

클레펠트가 물었지만, 한스 카스토르프는 그녀가 '서정'을 '시정'이라고 잘못 발음했기 때문에 눈썹을 찌푸렸다. 홀거는 그런 분류를 좋아하지 않는 듯 이 질문에는 대답이 없었다. 다시 한 번 아까 빠뜨린 F도 넣어서 시인이라는 단어를 자신 있고 확실하게 만들었다.

"좋아, 좋아. 그러면 시인이로구나."

사람들은 모두 당황했다. 자기들의 내면 생활에서 억누를 수 없는 부분이 이런 형태로 나타난 데 대한 당혹감이었지만, 그것이 본성을 숨기는 반현실적인 형식을 취했기에 당혹감 또한 외형적이고 형식적인 쪽으로 흐를 수밖에 없었다. 모두들 홀거가 현재 상태로 즐겁고 행복하게 느끼고 있는지 어떤지를 알고 싶었다. 유리잔은 꿈을 꾸듯 '유유히'라는 단어를 만들었다. 그렇구나, '유유히'라. 누구도 스스로는 이 말을 생각해 내지 못했지만 유리잔이 말을 만들면 적당하고 좋은 말이라고 생각했다. 홀거는 이 '유유히'라는 상태를 도대체 얼마 동안 계속해 왔을까? 유리잔은 이번에도 아무도 생각해 낼 수 없을 말, 꿈꾸는 듯한 말을 만들었다. '잠깐 사이의 긴 한때'라고 하는 것이었다. 명답이었다! '긴 한때의 잠깐 사이'라고 해도 좋았다. 시인이 저쪽 세상에서 복화술로 말하는 것 같아 특히 한스 카스토르프는 명답이라고 느꼈다. '잠깐 사이의 긴 한때'가 홀거의 시간 요소였다. 물론이다! 그는 질문자들을 격언 비슷한 말로 처리할 수밖에 없었고, 이 세상의 말과 시간 단위를 잊어버리고 있었음에 틀림없다. 그러면 홀거에게 또 무엇을 물어볼까? 레비 양은 홀거가 생전에 어떤 용모였는지 알고 싶다고 고백했다.

"미남 청년이었을까?"

그러자 알빈은 그런 질문은 자기 품위를 해치는 일이라고 생각했는지 레비에게 직접 그것을 묻도록 권유했다. 그래서 레비는 홀거가 금발의 고수머리였는가 하고 다정스러운 투로 물었다.

'아름다운 갈색의 갈색 고수머리'라고 유리잔은 '갈색'이라는 말을 두 번이나 되풀이했다. 모두들 흥겨워했다. 특히 여성들은 남의 눈을 꺼리지 않고 황홀해하면서 천장 쪽으로 키스를 던졌다. 팅푸 박사는 홀거가 매우 허영심이 강한 것 같다고 하면서 낄낄거렸다. 그러자 유리잔은 화를 냈다! 미친 듯이 탁자 위를 달리다가 거칠게 뒤집어지더니 슈퇴어 부인의 무릎 위로 굴러떨어졌다. 슈퇴어 부인은 겁이 나서 얼굴이 새파랗게 질린 채 두 팔을 벌리고 유리잔을 내려다보았다. 모두들 입을 모아 사과하고 유리잔을 공손하게 탁자 위로 돌려보냈다. 중국인인 팅푸가 비난을 받은 것은 물론이다.

"어떻게 그런 말을 할 수 있습니까? 보십시오. 그런 지나친 말을 하니까 이런 일이 생기지 않습니까? 홀거가 화를 내며 더 이상 아무 말도 하지 않고 가버리면 어떻게 하겠습니까?"

모두들 열심히 유리잔을 달랬다.

"무슨 시 같은 것을 만들어 줄 수는 없겠습니까? '잠깐 사이의 긴 한때'에 둥둥 떠다니기 전에는 시인이었다고 하지 않았습니까? 아, 모두들 얼마나 당신의 시를 듣고 싶어하는지 모릅니다! 모두들 진심으로 당신의 시를 경청할 것입니다."

그러자 선량한 유리잔은 '예'의 신호를 보냈다. 사실 그 승낙의 신호에는 선량함과 화해가 엿보였다. 저세상에서의 복화술처럼 읊어진 시는 정말 놀랄 만했다. 주위에 앉아 있는 사람들은 감탄하면서 그 시를 함께 중얼댔는데, 신비로우면서도 현실적이며 내용이 바다처럼 넓고 끝없는 시였다—가파른 비탈의 모래 언덕이 줄지어 있는 섬. 그 섬의 크게 구부러진 만(灣), 그 좁다랗고 긴 기슭을 따라 바다 안개가 사방에 자욱하게 끼어 있다. 아, 보라! 넓고 끝없는 바다가 녹색으로 엷어져 영원한 수평선에 녹아내리려 하며, 베일 같은 안개 속에 여름 태양이 진홍과 젖빛의 부드러운 빛에 싸여 머뭇거리며 잠겨간다! 은빛으로 반짝이던 물의 반사가 언제 어떻게 순수한 진줏빛 미광으로 바뀌고 다채로운 담색, 그리고 오팔색 같은 빛깔의 유희가 모든 것을 덮은 현상에 대해 어떤 말로도 그것을 나타낼 수는 없을 것이다. 아, 그러나 이 은밀한 마법은 나타났을 때와 마찬가지로 남몰래 사라져 버렸다. 바다는 잠이 들었다. 그러나 해넘이의 부드러운 자취는 저 먼바다 위에 떠 있다. 사방은 밤이 깊어질 때까지 어두워지지 않는다. 모래 언덕의 솔밭 속에는 엷은 어스름이 떠 있어 땅바닥의 흰모래를 눈처럼 보이게 한다. 겨울 숲은 침묵에 싸여 있고 나뭇가지 사이를 날아다니는 부엉이의 무거운 날개의 깃소리가 들릴 뿐이다. 이 시각이야말로 우리가 머물러 있는 순간이 되게 하라! 저 아래에서는 바다가 유유히 숨 쉬고 꿈을 꾸면서 조용히 속삭이고 있다. 그대는 다시 한 번 바다를 보고 싶은가? 그러면 빙하처럼 흰모래 언덕의 빗면으로 걸어나가 구두 속에 차갑게 스며드는 부드러운 모래를 밟으면서 올라가 보라. 떨기나무들이 빽빽이 들어서 있는 땅은 돌이 많은 기슭에 급하게 내려가 있고, 사라져 가는 지평선 저 위에는 저녁노을의 흔적이 아직까지 하얗게 떠 있다. 모래 언덕 위에 앉아보라! 얼마나 차가운가. 모래가 분가루나 비단처럼 부드럽지 않은가? 손에 쥐면 모래는 손가락 사이에서 흰 실과 같이 흘러내려 땅바닥에 귀여운 모래 언덕을 만든다. 그대는 이 아름다운 모래의 흐름을 보고 생각나는 것이 없는가? 그것은 은자(隱者)의 암자를 꾸미는 엄숙하고 섬세한 도구인 모래시계의 좁은 곳을 소리도 없이 실처럼 흘러 떨어지는 모습이다. 암자 속에 펼쳐져 있는 한 권의 책, 한 개의 머리뼈, 그리고 받침대 위에는 얇은 유리관(管)이 있다. 그 속에는 무한한 세계에서 떠낸 한 줌의 모래가 들어 있어, 차분하고 신성한 불안을 느끼게 하는 시간의 삶을 계속하고 있다.

이렇게 홀거의 영은 '서정적' 즉흥시 가운데서 고향인 바다를 노래하고, 은자와 그 명상, 생활의 동반자인 모래시계에 대해서도 노래했다. 그리고 여러 가지에 대해 계속 노래 불렀다. 인간과 신에 대해 몽상적인 말로 계속 노래했는데, 글자를 만들어 가던 사람들은 감탄하지 않을 수 없었다. 유리잔은 지그재그 모양으로 번개처럼 달렸기에 그 움직임이 언제 끝날지 알 수 없어 모두들 황홀해하는 갈채를 보낼 여유조차 없었다. 한 시간이 지나도 시작(詩作)은 끝날 기색이 없었다. 시는 해산(解産)의 고통, 사랑하는 두 사람의 첫 키스, 가시 면류관, 신의 엄하고 자비로운 사랑에 대해 무궁무진하게 노래했으며 피조물의 영(靈)에 대해 몰입하는가 하면 모든 시대와 나라와 천체에 대해서도 노래 불렀다. 칼데아인과 십이궁(十二宮)에 대해서도 언급했는데, 이 상태로 나가면 틀림없이 밤새도록 노래했을 것이다. 그래서 교령자 모두가 유리잔에서 손가락을 떼고, 홀거의 영에게 뜨거운 감사를 드린 뒤 오늘 밤은 이것으로 충분하다고 말했다. 정말로 뜻밖의 멋진 시였는데, 아무도 그것을 적어두지 않은 것을 두고두고 유감스러워했다. 시는 틀림없이 잊힐 것이다. 꿈을 기억하는 일이 어려운 것처럼, 유감스럽게도 벌써 시의 내용이 잊혔다. 그래서 다음에는 미리 속기사를 정해 종이에 적기로 했다. 적어둔 문장을 정리하여 읽는다면 얼마나 멋진 시가 될 것인지를 시험하기로 한 것이다. 그러나 오늘 밤은 홀거가 '잠깐 사이의 긴 한때'의 '유유한' 상태로 돌아가기 전에 모두를 위해 몇 가지의 구체적인 질문에 대답해 주었으면 대단히 고맙겠다고 말했다. 그것이 어떤 질문이 될지는 알 수 없지만 아무튼 그런 경우에 홀거는 특별한 호의를 갖고 여기에 대답할 작정인지 어떤지를 물어보았다.

이 질문에 '예'라는 대답이 나왔다. 그러나 막상 무엇을 물어야 할지를 몰라서 모두들 서로의 얼굴을 쳐다볼 뿐이었다. 요정이나 난쟁이에게서 한 번만 질문할 것을 허락받고 그 귀중한 한 번을 하찮은 질문으로 헛되게 써버리는 동화와 마찬가지였다. 세상일이나 미래에 대해 알아두어야 할 것이 너무나 많아서 질문을 택하는 데에는 책임이 무거웠다. 아무도 마음을 정할 수 없는 것 같아서, 한스 카스토르프가 한 손가락을 유리잔에 대고 말했다. 그가 이 위에 머무르는 기간이 처음 예정이었던 3주일에서 몇 년쯤 늦춰질지 알고 싶다고. 만약 이보다 더 멋진 질문을 생각해 낼 수 없다면 홀거 영은 그 풍부한 지식을 가지고 이 유일한 질문에 대답해 달라고 부탁했다. 유리잔은 한동안 머뭇거리다가 움직이기 시작했다. 그러나 정말로 이상하게 움직여, 질문과는 관계없어 보이는 글자를 만들었으므로 아무도 그것을 어떤 뜻으로 생각해야 좋을지 몰랐다. 유리잔은 '가라'는 글자를 만들고 다음으로는 '비스듬히'라고 만들었는데, 이 말에 이르러서는 아무리 해도 해석할 수가 없었다. 그러고 나서 유리잔은 한스 카스토르프의 방이라는 말을 나타낸 것 같았다. 따라서 이 짧은 지시를 종합하면 '질문자는 그의 방을 비스듬히 가라'고 하는 것이 되었다. 그의 방을 비스듬히 가라고? 34호실을 비스듬히? 그건 또 무슨 의미일까? 모두들 앉은 채로 의논하면서 고개를 갸웃거리고 있었는데 갑자기 주먹으로 문을 두드리는 소리가 났다.

모두들 피가 얼어붙는 것 같았다. 누가 급습한 것일까? 크로코브스키 박사가 금지되어 있는 모임을 그만두게 하려고 문밖에 서 있는 것일까? 사람들은 당황한 나머지 문을 쳐다보면서, 감쪽같이 속았다고 생각한 조수가 뛰어들 것을 각오하고 있었다. 그때 누군가 탁자의 한가운데를 '탕' 하고 두드렸다. 이번에도 주먹으로 힘껏 두드리는 소리였는데, 그것은 아까의 '탕' 소리도 문밖에서가 아니라 방 안에서의 소리라는 것을 알려주는 것이었다.

그렇다면 알빈 씨의 시시한 장난이었을 게 뻔하다! 그러나 알빈 씨는 자기는 그러지 않았다고 명예를 걸고 맹세했다. 그가 맹세할 것도 없이 그들 가운데 누군가가 두드리지 않았다는 것은 모두 알고 있었다. 그러면 홀거가 그랬을까? 모두들 엘리가 잠자코 있는 태도를 이상히 여기며 그녀를 쳐다보았다. 소녀는 손가락을 탁자 끝에 놓고 손목을 내려뜨리고, 목을 갸웃하면서 눈썹을 추켜올리고, 입술을 좀 작게 오므리면서 의미심장하면서도 순진한 미소를 띠며 의자 등에 기대어 공허한 눈초리로 위를 쳐다보고 있었다. 모두들 그녀의 이름을 불러보았지만 아무런 반응도 보이지 않았다. 그때 옆 탁자에 놓인 전기스탠드의 불이 꺼졌다.

왜 꺼졌을까? 슈퇴어 부인은 이제 참을 수 없어 비명을 질렀다. 그녀는 스위치를 돌리는 소리를 들었던 것이다. 전깃불은 자연적으로 꺼진 것이 아니라 '보이지 않는 손'이라고 할 수 있다면, 아무튼 그 손에 의해 꺼졌던 것이다. 홀거의 손이었을까? 홀거는 이때까지 아주 온건하고 예의 바르고 시인다웠지만 이제부터는 어린애 같은 나쁜 장난을 하기 시작한 것이다. 문과 탁자를 주먹으로 두드린다든지 장난으로 전깃불을 끄는 손이 누구의 목이라도 조르지 않을 거라고 누가 장담할 것인가? 모두들 어둠 속에서 성냥과 손전등을 찾느라 야단법석이었다. 레비 양은 누군가가 자기 머리칼을 잡아당겼다고 소리쳤다. 슈퇴어 부인은 무서운 나머지 염치도 체면도 없이 큰 소리로 하느님께 기도를 드리기 시작했다.

"아, 하느님! 이번만이라도!"

그녀는 이렇게 외치더니 큰 잘못을 용서하시고 자비를 베풀어 달라고 흐느껴 울었다. 전등 스위치를 돌리면 된다는 당연한 일을 겨우 알아차린 것은 팅푸 박사였다. 방은 다시 불빛으로 환하게 밝아졌다. 모두들 전기스탠드의 불이 우연히 꺼진 게 아니라 보이지 않는 손에 의해 스위치가 돌려졌다는 것, 그리고 보이지 않는 손으로 행해진 조작을 인간의 손으로 되풀이하기만 하면 다시 밝아진다는 사실을 확인하는 동안, 한스 카스토르프는 혼자서 뜻하지 않은 사실을 발견했다. 그것은 오늘 밤 여기서 활동하는 어린애 같은 잠재의

식이 그에게 특별한 관심을 쏟고 있다는 발견이었다. 그의 무릎 위에 뭔지 가벼운 것이 놓여 있었다. 그것은 언젠가 야메스 외삼촌이 조카의 서랍장 위에서 집어 들고 깜짝 놀라며 보았던 '기념품', 즉 클라브디아 쇼샤의 내면의 초상화가 찍혀 있는 뢴트겐 사진이었다. 그런데 한스 카스토르프는 그 사진을 이 방으로 가지고 온 기억이 전혀 없었다. 그는 자신이 발견한 사실을 떠들어 대지 않고 그것을 주머니에 살짝 넣었다. 다른 사람들은 엘렌 브란트에게 정신을 빼앗기고 있었다. 그녀는 아까의 자세로 공허한 눈을 한 채 조금 이상한 표정으로 의자에 앉아 있었다. 알빈 씨가 그녀에게 입김을 불어넣어 크로코브스키 박사의 흉내를 내서 그녀의 얼굴 앞에서 손으로 부채질을 하자 소녀는 생기를 되찾았다. 그리고 왠지 모르지만 그녀는 조금 울었다. 모두들 소녀를 보듬고 위로해 주면서 이마에 키스해 주고는 방에 가서 자게 했다. 교양이 부족한 슈퇴어 부인은 무서워서 오늘 밤에는 혼자 잘 수 없다고 하자, 레비 양이 아침까지 부인 방에서 같이 있어 주겠다고 제안했다. 기념품을 가슴 안주머니에 넣어둔 한스 카스토르프는 남자들과 함께 알빈 씨의 방에서 오늘 밤의 스산한 모임을 코냑 한 잔으로 마무리하자는 제안에 이의가 없었다. 그의 생각으로는 오늘 밤과 같은 사건은 영혼과 정신에는 자극을 주지 않지만 위의 신경에는 자극을 주는데, 그것도 뱃멀미를 하는 사람이 뭍에 오른 뒤에도 몇 시간 동안 몸이 흔들리는 것같이 구토를 느끼는 것과 같았다.

그의 호기심은 우선 충족되었다. 홀거의 시는 그 경우의 즉흥시로서는 나쁜 시는 아니었지만, 처음부터 예감했던 대로 그날 밤의 모든 것이 내면적으로 쓸쓸하고 저속한 것이었음이 확연히 느껴졌기에, 이번에 지옥의 불가루를 뒤집어쓴 것을 기회로 두 번 다시는 이런 실험에는 가담하지 않을 것을 결심했다. 세템브리니가 한스 카스토르프에게서 그날 밤의 경험을 듣고 청년의 그 결심을 적극 지지한 것은 쉽게 상상할 수 있는 일이다.

세템브리니가 소리쳤다.

"설마 그런 일까지는 하지 않으리라고 생각했는데요. 아, 서글프군, 서글퍼!"

그는 엘리 소녀를 말도 못할 사기꾼이라고 단정했다.

그러나 제자는 그것에 찬성도 반대도 하지 않았다. 그는 어깨를 움츠리면서 말했다. 진실이란 무엇인가 하는 것은 아직 충분히 밝혀지지 않았고, 따라서 무엇이 사기인가 하는 것도 밝혀지지 않았다. 아마 이 두 가지 사이에는 어느 쪽에도 속하지 않는 계단이 여러 개 있을 것이다. 언어도 평가도 존재하지 않는 자연계에는 진실성의 단계가 여러 개 있어 그 단계를 결정하는 것은 불가능하며, 자기에게는 그런 결정이 너무나 도덕적인 것같이 생각된다고 말했다. 세템브리니는 '사기'라는 말을 어떻게 생각하고 있는 것일까? 그 개념에는 꿈의 요소와 진실의 요소가 뒤섞여 있어, 그 혼합물이 자연계에서는 우리의 조잡한 이성적인 사고에서처럼 그리 이상하지는 않을 것이다. 삶의 비밀은 문자 그대로 규명할 수 없기에 가끔 '사기'적인 현상이 나타났다고 해서 이상할 것은 없다고, 우리의 주인공은 상냥하고 타협적인 투로 자기 생각을 털어놓았다.

세템브리니는 제자의 머리를 적당히 식히고 이 순간만이라도 청년의 양심을 불러일으켜, 그 뒤 그런 의심스러운 것에는 두 번 다시 관계하지 않겠다는 약속을 하게 했다.

세템브리니가 말했다.

"당신은 당신 속에 있는 인간성을 좀 더 존중해야 합니다. 엔지니어! 명쾌하고 인간다운 사상을 믿고 미친 생각이나 정신적 진흙탕을 혐오하시오! 사기? 삶의 비밀? 만약 사기와 진실을 결정하고 구별하는 윤리적 용기가 퇴색하기 시작하면 삶 그 자체는 물론이고 비판력, 가치, 혁신적 행위도 끝장이며 도덕적 회의가 무서운 파괴 작용을 일으키기 시작합니다."

이어서 그는 인간은 만물의 척도라고 덧붙였다. 선과 악, 진실과 사기를 구별하고 인식하는 인간의 권리는 포기할 수 없는 것으로, 이 창조적 권리에 대한 신앙을 허물어뜨리려는 자에게는 재난이 있어야 한다. 그런 인간은 차라리 자기 목에 연자 맷돌을 달고 우물 속에 빠져버리는 것이 나으리라고 말했다.*5

한스 카스토르프는 고개를 끄덕이고 정말 한동안은 실험 모임에 가까이 하지 않았다. 그는 크로코브스키 박사가 지하 분석실에서 엘렌 브란트를 상대로 실험을 거듭하고, 손님들 가운데 선택된 사람만 거기에 출석했다는 이야기를 들었다. 그는 거기에 참여할 것을 딱 잘라 거절했지만 출석한 사람들과 크로코브스키 박사의 입에서 실험 결과에 대해 여러 가지를 들었던 것은 물론이다. 먼젓번에 클레펠트의 방에서는 질서나 지도력도 없이 불러일으켜진 마

---

*5 《신약성경》 〈누가복음〉 참조.

술적인 현상, 즉 탁자와 벽을 두드린다든지 전기 스위치를 끈다든지 이 밖에 복잡한 현상이 있었으나, 이번 모임에서는 크로코브스키가 미리 소녀를 최면술로 잠재우고 몽롱한 상태로 만들어서 불순한 요소를 될 수 있는 대로 없앤 뒤 실험이 행해졌다는 것이다. 또한 음악이 실험을 쉽게 하는 역할을 한다는 것이 확실해졌기 때문에 모임의 밤에는 축음기가 그 장소로 옮겨졌다. 이런 기회에 축음기를 담당한 체코인 벤첼은 음악을 잘 이해하는 사나이로, 기계를 난폭하게 다룬다든지 깨뜨릴 걱정이 없었기에 한스 카스토르프는 레코드의 앨범에서 특수한 용도에 맞을 곡목을 선택해 그것을 한 권의 앨범으로 만들어 벤첼에게 주었다. 댄스곡, 경쾌한 서곡, 이 밖의 각종 경음악이 중심이 된 앨범인데, 엘리는 고상한 음악을 절대로 원하지 않았기에 그런 곡으로 충분했다.

한스 카스토르프가 들은 바에 의하면 이런 음악의 반주에 따라 손수건이 저절로라기보다는 손수건의 주름에 숨어 있는 '손톱'에 끌려서 허공으로 떠오르거나, 크로코브스키 박사의 휴지통이 천장으로 올라가거나, 벽시계의 추가 '어떤 사람'의 손에 의해 멈춰졌다가 다시 움직이고, 탁자 위에 놓인 종이 '집어 올려져서' 울리거나, 이 밖에 이와 비슷한 음산하면서도 하찮은 장난이 잇따라 일어났다는 것이다. 박식한 실험 지도자 크로코브스키는 이런 실험의 성과를 거창한 학술적 이름으로 부르면서 우쭐해하는 것 같았다. 그는 그것을 강연에서나 사적인 대화에서 '텔레키네제'라는 격동 현상이라고 설명하면서, 과학이 '심령 물화 현상'이라는 이름으로 부르는 하나의 현상이라고 했는데, 그가 엘렌 브란트의 실험에서 노린 것은 사실 이 '심령 물화' 실험이었다.

그의 용어를 빌리면 이것은 잠재적인 의식적 관념의 복합체가 물체에 물리적, 심령적으로 투영되는 현상이다. 그 현상의 원천은 영매(靈媒) 상태, 즉 최면 상태로 여겨질 수 있고, 그 현상에서 자연의 사념물화(思念物化) 능력이 실증된다는 점에서 그 현상은 객관화된 잠재적 관념으로 볼 수 있다. 사념물화의 능력이란 사념이 물질을 끌어당겨 그 물질에 의해 한동안 자신을 사물화하는 힘으로, 말하자면 어떤 조건하에서 사념을 획득하는 능력이다. 사념이 재료로 하는 물질은 영매의 육체에서 방출되고 육체 밖에서 생물학적으로 활동하는 말초 기관, 예컨대 손 같은 것을 일시적으로 형성해 이 손이 크로코브스키 박사의 실험실에서 보여진 것과 같은 말초적인 기적을 행하는 것이다.

또한 이 손 같은 말초 기관은 경우에 따라서는 눈에도 보이고 만져볼 수도 있는 파라핀이나 석고의 형태를 취할 수도 있다. 더 나아가 손과 같은 말초 기관에 머무르지 않고 머리나 어떤 사람의 특징을 갖춘 얼굴이나 전신상(全身像)으로도 나타나 실험자와 교섭을 가지는 일까지 있다. 여기서부터 크로코브스키 박사의 학설은 기괴하고 의심스러워져서 '사랑'에 대한 강연에서 느껴진 의혹스러운 느낌을 띠기 시작했다. 왜냐하면 영매와 그 수동적인 조력자들의 주관이 외계에서 객관화되는 현상에 대한 순수하고 과학적인 설에서 이미 벗어나고 있었으며, 막연하나마 저쪽 세상의 자아(自我)라는 개념이 들어왔기 때문이다. 말하자면 비록 공공연하게 인식된 것은 아니지만 생명을 가지지 않은 자아가 문제가 되기 시작한 것이다. 그것도 실험의 복잡하고 미묘한 기회를 잡고 물질 속으로 되돌아와 자기를 부르는 사람들 앞에 모습을 나타내는 자아가 문제가 된다. 즉 죽은 자를 교령술로 불러내는 문제가 되었다.

크로코브스키가 요즈음 자기 동료들과 함께 계속하고 있는 실험에서 노렸던 것은 그런 성과였다. 뚱뚱하게 살찐 이 학자는 그런 진구렁 같은 의심스러운 반인간적인 세계에도 밝아서, 그쪽의 은밀하고 비밀스러운 일에서도 훌륭한 지도자였다. 그는 씩씩하고 쾌활한 미소로 모두에게 신뢰감을 주면서 죽은 자를 불러내는 일에 힘쓰고 있었다. 그는 엘렌 브란트의 출중한 능력을 발전시키고 그것을 훈련하는 것에 특히 노력했는데, 한스 카스토르프가 들은 바로는 그녀의 그 뛰어난 능력 덕분으로 실험은 성공할 것 같았다. 거기에 출석한 사람 가운데에서 2, 3명이 직접 보이지 않는 손에 닿았던 것이다. 파라반트 검사는 저쪽 세상의 손으로부터 뺨을 세차게 얻어맞았지만, 이 구타를 학자답게 웃음으로 받아들였을 뿐 아니라, 더 때려달라고 조르듯 다른 쪽 뺨도 내밀었다는 것이다. 그는 신사이며 법률가이고 펜싱 클럽의 대선배였기에, 이 세상의 누구에게서 뺨을 맞았다면 체면상으로도 웃어넘기지는 않았을 것이다. 고상한 것과는 인연이 없는 소박한 안톤 카를로비치 페르게는 어느 날 밤의 모임에서 저쪽 세상의 손을 직접 잡아보고 그 손의 형태가 정상이며 완전하다는 것을 촉감으로 확인하고, 예의를 잃지 않는 정도에서 그 손을 힘껏 잡았는데, 저세상의 손은 확실하게 말하기 어려운 방법으로 그의 손에서 빠져나가 버렸다는 것이다.

이런 실험은 일주일에 두 번씩 두 달 반쯤 이어졌는데, 드디어 어느 날 밤

이쪽 세상의 것이 아닌 손이—젊은 사나이의 손 같았는데—붉은 종이를 씌운 전기스탠드 불빛에 비쳐 탁자 위에 손가락을 움직이면서 실험자들의 눈앞에 나타났으며, 접시 속 밀가루에 손 모양을 남기고 갔다는 것이다.

그리고 다시 일주일 뒤에 크로코브스키 박사의 조수인 알빈 씨와 슈퇴어 부인, 마그누스 부부가 자정이 다 된 시각에, 흥분과 도취로 붉어진 얼굴로 한스 카스토르프의 발코니에 나타나, 추위 속에서 졸고 있던 청년에게 엘리의 친구인 홀거가 드디어 모습을 나타냈다고 앞을 다투어 보고했다. 홀거는 최면 상태의 엘리 어깨 위에 머리 부분을 나타냈는데, 정말 '아름다운 갈색의 고수머리'를 가지고 있었으며, 사라지기 전에 보여준 부드럽고 우울한 미소는 도저히 잊을 수 없다고 말했다.

한스 카스토르프는 생각했다. 그 부드럽고 우울한 미소가, 홀거가 지금까지 보여준 어린아이 같은 유치한 장난, 검사가 당한 구타 같은 당황스러운 일들과는 어떻게 조화시킬 것인가. 이 경우 홀거의 일관성 같은 것은 기대할 수 없었다. 홀거의 기분은 노래 속에 나오는 꼽추인 '영원한 유대인'의 기분처럼 비애에 빠져 동정심을 자아냈고, 이 때문에 오히려 얄밉게 굴었을 것이다. 그런데 홀거의 찬미자들은 그런 것은 조금도 생각하려고 하지 않는 것 같았다. 그들의 중요한 관심은 참가를 꺼리는 한스 카스토르프를 설득하는 일이었다. 그들은 한스 카스토르프에게 다음 모임에는 꼭 나와야 한다고 일렀다. 엘리가 최면 상태에서, 다음에는 실험자들이 보고 싶어하는 죽은 사람은 누구라도 불러내겠다 약속했기 때문이라고 이유를 달았다.

'어떤 사람이든 마음대로라고?'

한스 카스토르프는 이렇게 생각했지만 참석을 약속하지는 않았다. 그러나 죽은 사람을 누구라도 불러내겠다는 말이 마음에 걸려서 사흘이 지나기 전에 결심을 바꾸게 되었다. 정확하게 말하면 그의 결심을 바꾸게 한 것은 사흘이라는 기간이 아니라 사흘 가운데 겨우 몇 분에 지나지 않았다.

밤중에 음악 살롱에 혼자 있으면서 호감이 가는 발렌틴의 인품이 새겨져 있는 레코드를 돌리고 있을 때 한스 카스토르프의 결심이 바뀌어졌던 것이다. 영광스러운 전쟁터로 달려가려고 고향을 떠나는 용감한 병사 발렌틴의 기도를 듣고 있는 사이에 마음이 바뀌었는데, 병사는 이렇게 노래 불렀다.

만일 하느님께서 나를 부르신다면
나는 너를 하늘에서 지켜보리라.
오, 마르가레테.

그 순간 한스 카스토르프의 가슴속에는 뜨거운 감동이 끓어올랐다. 그것은 이 노래를 들을 때마다 늘 느끼는 기분이었지만, 이날 밤은 어떤 예감 때문에 감동이 더욱 짙어져서 동경으로까지 바뀌었다. 무의미한 일이든 죄스러운 일이든 간에 아무튼 이것은 정말 희귀하고 아주 재미있는 모험이 될 것이다. 설사 그를 불러 나타나게 한다 해도 그는 이것을 기분 나쁘게 생각하지는 않으리라고 생각한 것이다. 그리고 한스 카스토르프는 전에 뢴트겐실에서 보아서는 안 될 것이 보고 싶어서 그것을 보아도 괜찮으냐고 물었을 때, 머리 위 어둠 속에서 사촌이 거리낌없이 너그럽게 대답한 "좋아, 좋다니까!"라는 말이 생각났다.

다음 날 아침 한스 카스토르프는, 그날 밤 모임에 출석할 것을 알리고, 저녁 식사 뒤 30분이 지나서 이미 무시무시한 세계에 익숙해진 친구들이 명랑하게 담소하면서 지하실로 내려가는 데 함께했다. 그가 계단에서 합류하고 크로코브스키 박사의 밀실에서 자리를 같이한 사람들은 이 위에 뿌리를 박고 사는 고참들이거나 팅푸 박사나 체코인 벤첼과 같은 사람들이었다. 바로 페르게와 베잘, 파라반트 검사, 레비 양과 클레펠트 양이었고, 홀거의 머리 부분이 나타난 것을 한스 카스토르프의 발코니에 보고하러 온 사람들과 영매인 엘렌 브란트는 물론이었다.

이름패를 붙여놓은 문에 한스 카스토르프가 발을 들여놓았을 때, 북국 소녀는 벌써 크로코브스키 박사의 보호를 받고 있었다. 예의 검은 수술복을 입은 크로코브스키 박사는 소녀의 어깨에 아버지처럼 팔을 두르고 서 있었다. 그들은 그런 자세로 지하실 복도에서 조수의 방으로 내려가는 돌계단에서 손님들에게 인사했는데, 모두들 그 인사에 마음이 들뜬 듯 밝고 명랑하게 답례했다. 뭔가 딱딱하고 예의 바른 태도는 금기인 듯 모두 큰 소리로 농담을 섞어 말하거나 옆구리를 찌르면서 기운을 돋우고 태연한 태도를 취했다. 크로코브스키 박사는 믿음을 주는 씩씩한 미소를 띠면서 수염 사이로 누런 이를 내밀고 "안녕하십니까"를 되풀이했는데, 말없이 머뭇거리는 한스 카스토르프를 보자 더더욱 이를 드러냈다. 그는 청년의 손을 아플 만큼 꽉 쥐고 '용기를 내십시오, 친구!' 하고 말하는 것처럼 머리를 흔들었다. '낙담할 필요가 있습니까? 여기서는 위선자나 독실한 신자인 척할 필요도 없습니다. 필요한 것은 편견 없이 탐구하는 남성적인 명랑한 기분뿐입니다!' 그는 몸짓으로 그렇게 말을 걸어왔으나 한스 카스토르프는 여전히 기분이 밝아지지 않았다.

아까 우리는 그가 출석을 결심했을 때 뢴트겐실의 일을 떠올렸다고 했지만, 그 기억만으로는 그의 마음을 나타내기에는 충분치 않았다. 오히려 그의 마음은, 그가 몇 년 전에 술김에 학우들과 함께 성 파울리 거리에 있는 창부의 집을 처음 찾아갔을 때의 헐기, 흥분, 호기심, 혐오, 심각함이 섞인 이상스럽고 잊을 수 없는 기분이었다.

전원이 다 모이자 크로코브스키 박사는 오늘 밤 조수로 뽑힌 마그누스 부인과 상앗빛 레비 양을 거느리고 영매의 몸을 꾸미기 위해 옆방으로 물러갔다. 그사이에 한스 카스토르프는 뒤에 남은 아홉 사람과 함께 의사의 진료실을 겸한 서재에 남아 옆방의 준비가 끝나기를 기다렸다. 그런데 이 준비는 과학적인 정밀성을 필요로 하여 규칙적으로 되풀이되었지만 언제나 성과 없이 끝났다. 한스 카스토르프는 전에 이 진료실에서 요아힘 몰래 분석학자와 어떤 이야기를 한 일이 있었기에 이 방 내부를 잘 알고 있었다. 왼쪽 유리문 옆에는 학자의 사무용 책상과 팔걸이의자, 방문객을 위한 안락의자가 있고, 옆문 양옆에는 언제나 필요한 책이 나란히 꽂혀 있으며, 오른쪽 구석에는 병풍이 있어서 사무용 책상 세트가 있는 왼쪽을 막고 있었다. 거기에는 납칠을 한 천으로 덮인 긴 의자가 있고, 구석에는 의료 기계를 넣은 유리장이 있었다. 그리고 그 반대쪽 구석에는 히포크라테스의 흉상이 놓여 있었다. 오른쪽 벽에 있는 가스난로 위에는 렘브란트의 인체 해부도 동판화가 걸려 있어서 여느 의사의 진료실과 조금도 다를 것이 없는 평범한 방이었다. 그러나 오늘 밤의 특별한 목적을 위해 모습이 바뀌어진 것이 몇 가지 눈에 띄었다. 보통은 방 한가운데, 샹들리에 바로 아래에 마루 전체를 덮은 붉은 융단 위에 놓여서 안락의자로 둘러싸여 있던 마호가니의 둥근 탁자는, 석고의 흉상이 놓여 있는 한 구석으로 밀려나 있었고, 방의 중심에서 떨어져 건조한 열기를 내보내며 타고 있는 가스난로 옆에는 조그만 식탁보가 덮인 작은 탁자가 놓여 있었다. 그 위에는 붉은 덮개를 한 전기스탠드가 있었고, 그 바로 위의 천장에도 샹들리에

와는 별도로 붉은 천 위에 검정 망사로 덮은 전구가 달려 있었다.

그 밖에 이 작은 탁자 위와 옆에 몇 가지 특별한 물건들이 놓여 있었다. 그것은 구조가 서로 다른 두 개의 종으로, 하나는 손으로 흔드는 종이고, 또 하나는 위로 단추를 눌러 울리는 종이었다. 또한 가루가 담긴 접시와 휴지통이 있었다. 그리고 저마다 다른 모양을 한 의자와 안락의자가 한 타(打)쯤 그 작은 탁자를 말굽 모양으로 둘러싸고 있었다. 이 말굽 모양의 한쪽 끝은 긴 의자의 끝부분 가까이에, 다른 한쪽 끝은 방의 한가운데 천장의 샹들리에 아래에 있었다. 이 끝 쪽 의자 가까이에서 옆문까지 이르는 중간에 음악을 울리는 마법 상자가 놓여 있었고, 그 옆 의자에는 경음악 레코드를 넣은 앨범이 보였다. 무대 장치는 이것뿐이었다. 붉은 망사로 덮은 전등불은 아직 켜져 있지 않았지만, 천장의 샹들리에가 대낮같이 환한 빛을 던지고 있었다. 앞쪽의 사무용 책상과 마주 보는 창에는 검정 커튼이 드리워져 있고, 그 위에는 레이스처럼 구멍이 뚫린 크림빛 커튼이 드리워져 있었다.

10분 뒤에 박사는 세 여성을 동반하고 옆방 밀실에서 나왔다. 엘리 소녀의 옷차림은 아까와는 다른 것이었다. 보통 때 입던 옷이 아니라 교령용(交靈用) 의상이라고나 할까? 하얀 생사(生絲)로 만든 잠옷 같은 가운을 입고 허리에는 끈과 같은 띠를 맸으며 가느다란 두 팔을 드러내고 있었다. 처녀다운 가슴의 곡선이 가운의 옷감에 부드러우면서도 뚜렷이 나타난 것을 보니, 가운 안에는 거의 아무것도 입고 있지 않은 것 같았다.

모두들 흥분해 소녀를 맞이했다.

"야아, 엘리! 아주 아름답군! 마치 요정 같은데. 부탁해, 귀여운 천사!"

그녀는 그 의상이 자기에게 잘 어울린다는 것을 알고 있는 듯 모두에게 미소지었다.

"준비 상태가 좋지 않습니다."

크로코브스키 박사가 단정하듯 외쳤다.

"자, 그러면 동료 여러분! 시작합시다."

그는 혀를 한 번만 입천장에 치는 외국인다운 r자 발음으로 말했다. 모두들 소리를 내어 지껄이고 어깨를 부딪치면서 말굽 모양으로 나란히 놓은 의자에 자리를 잡기 시작했다. 한스 카스토르프도 동료라고 불린 데에 감격하면서 어딘가에 앉으려고 했는데 박사는 특히 그를 향해 말했다.

"나의 친구, 당신은(그는 친구라는 프로인트 발음을 프라인트라고 했다) 손님 또는 신입 회원으로 참가했으니 오늘 밤은 특별히 경의를 표해 소중한 임무를 부탁드리겠습니다. 당신에게 영매의 감시를 부탁합니다."

그는 청년을 말굽 모양으로 나란히 놓인 긴 의자와 병풍이 맞닿은 쪽으로 오라고 했다. 거기에는 엘리가 방 한가운데라기보다는 돌계단 아래에 있는 입구 쪽으로 얼굴을 향하고 등(藤)의자에 앉아 있었다. 크로코브스키 박사는 소녀와 닿을 만큼 바싹 갖다 댄 등의자에 앉아서 그녀의 두 무릎을 자기의 두 무릎으로 끼우듯 하고, 그녀의 두 손을 자기 두 손으로 잡았다.

"이렇게 해주십시오!"

그는 한스 카스토르프에게 명령하고 그를 자기가 앉았던 등의자에 앉혔다.

"이것으로 영매가 조금도 움직일 수 없다는 것을 알게 되었을 겁니다. 필요 없겠지만 조수 한 사람을 붙여드리겠습니다. 클레펠트 양, 부탁드려도 될까요?"

그는 외국인다운 r발음으로 정중하게 부탁했고, 그 부탁을 받은 클레펠트는 한스 카스토르프와 함께 엘리의 가냘픈 손목을 꽉 잡았다.

한스 카스토르프는 티 없이 깨끗한 소녀와 얼굴을 마주 보았으므로 그들의 눈길은 부딪칠 수밖에 없었다. 그럴 때마다 엘리는 그녀의 입장에서는 마땅히 느끼는 부끄러움 때문에 눈을 내리깔았다. 그녀는 전날 밤에 유리잔 돌리기를 할 때처럼 목을 갸우뚱하면서 입술을 좀 뾰족하게 내밀고는 조금 건방진 미소를 지었다. 그러나 젊은 감시인은, 속마음을 감추는 것 같은 미소를 보자 그와는 다른 먼 옛날에 있었던 일을 떠올렸다. 그와 요아힘이 카렌 카르슈테트를 데리고 '마을'의 묘지에, 아직 남아 있는 한 사람 몫의 영원한 휴식처 앞에 섰을 때 카렌도 지금의 엘리와 똑같은 미소를 지었던 것이다…….

말굽 모양으로 나란히 놓여진 의자에 모두들 앉았다. 체코인인 벤첼을 빼면 13명이었다. 체코인은 축음기 담당자라서 늘 자리를 비워 놓고 있었다. 그는 축음기를 언제나 틀 수 있도록 준비한 다음, 방 한가운데에 나란히 앉은 모든 사람들의 뒤에 있는 축음기 옆의 발판에 앉았다. 그리고 기타도 자기 옆에 놓아두었다. 크로코브스키 박사는 붉은 덮개의 두 전등을 켜고 천장의 밝은 샹들리에를 끄고는, 한스 카스토르프가 앉아 있는 반대쪽 끝, 즉 샹들리에 밑으로 가서 앉았다. 부드럽고 은은한 붉은빛이 방을 채워서 스탠드에서 멀리 떨어진 곳과 방 구석구석은 어두움에 묻혀 잘 보이지 않았으며, 탁자 위와 그 주위만이 어렴풋하게 붉은빛을 던지고 있을 뿐이었다. 처음 몇 분간은 옆에 앉아 있는 사람도 알아볼 수 없을 정도였다. 그러다가 눈이 조금씩 어두움에 익숙해지면서, 난로에서 희미하게 타고 있는 불길로 어느 정도 밝음이 더해진 불빛 속에서 더욱 잘 보이게 되었다.

박사는 조명에 대해 몇 마디 이야기했다. 조명은 과학적으로 볼 때 이상적이 아니며, 기분을 조성한다든지 주위를 신비롭게 만든다는 의미로 생각하지 말라, 그리고 최대한 노력했으나 유감스럽게도 더 이상의 배광(配光)은 희망할 수 없다, 또한 지금부터 실험하려는 힘은 밝은 빛 속에서는 활동하지 않는 힘이며 이것은 어떻게 할 수 없는 사실이라 인정하는 수밖에 없다고 말했다. 그런데 한스 카스토르프는 어두운 것이 오히려 고마웠다. 어둠이 이 상황의 이상한 분위기를 부드럽게 해주었기 때문이다. 게다가 그는 전에 뢴트겐실을 덮었던 어둠을 떠올렸다. 그때도 그는 어떤 것을 '보기' 위해서 어둠 속에서 마음을 차분하게 가라앉히고 낮의 빛을 눈에서 씻어버렸던 것이다.

크로코브스키 박사는 분명히 한스 카스토르프를 겨냥한 서론을 이어 갔다—영매는 의사가 잠을 재우지 않아도 되는 상태에 있다. 감시자도 이제 알게 되겠지만 영매는 자연적으로 최면 상태에 들어간다. 그렇게 되면 그녀의 입을 통해 말하는 것은 영매의 수호신인 홀거이기 때문에, 실험자들은 그녀가 아닌 홀거에게 원하는 것을 주문해야 한다. 덧붙여 말하지만 이제부터 일어나게 될 현상에 대해 억지로 의지나 사고를 집중시켜야 한다고 생각하는 것은 잘못으로, 실험을 실패로 몰고 갈지도 모른다. 오히려 말을 계속해 주의를 산만하게 해둘 필요가 있다. 한스 카스토르프 씨는 무엇보다도 영매의 손과 발을 완전히 눌러두도록 온 힘을 다해 주기 바란다.

"모두 서로 손을 잡아요!"

크로코브스키 박사가 마지막으로 명령하자 모두들 손을 맞잡았다. 그러나 너무 어두워서 상대방의 손을 잡을 수 없는 사람들은 웃고 말았다. 헤르미네 클레펠트와 가장 가까이 앉아 있었던 팅푸 박사는, 그녀의 어깨에 오른손을 얹고 왼손으로는 왼쪽 옆에 있던 베잘의 오른손을 잡았다. 크로코브스키 박사의 한쪽에는 마그누스 부부, 또 한쪽에는 안톤 카를로비치 페르게가 앉아 있었는데, 페르게는 오른쪽 옆에 앉은 상앗빛 피부의 레비 양과 손을 잡았다.

이렇게 하여 모두들 서로 손을 잡고 있었다.

"음악!"

크로코브스키 박사가 다시 명령했다. 그러자 박사와 마그누스 부부의 뒤에 대기하고 있던 체코인이 레코드를 돌리고 바늘을 얹었다. 밀뢰커의 어떤 서곡의 첫 1절이 울려 나오는 동안 박사는 "잡담!" 하고 다시 명령했다. 모두들 명령대로 두서없고 적당한 이야기를 나누기 시작했다. 저쪽에서는 이번 겨울의 눈의 상황, 이쪽에서는 저녁 식사의 요리 코스, 또 다른 쪽에서는 새로 도착한 환자, 자포자기의 출발, 그리고 합법적인 출발 따위에 대해 이야기했다. 그런 잡담은 음악의 흐름에 맞추어 끊어졌다가 다시 의식적으로 이어졌고 이런 식으로 몇 분이 지나갔다.

레코드가 끝나기도 전에 엘리가 심하게 경련하기 시작했다. 그녀는 몸을 떨고 한숨을 지으면서 상반신을 앞으로 기울였기 때문에 그녀의 이마가 한스 카스토르프의 이마에 닿았다. 동시에 엘리는 감시하는 청년에게 손목을 잡힌 채 마치 펌프를 움직이듯 팔을 앞뒤로 밀고 당기는 이상한 운동을 시작했다.

"최면 상태!"

실험에 경험이 있는 클레펠트가 보고했다. 음악이 멈춰지고 잡담도 멈춰졌다. 갑자기 조용해진 가운데 박사가 부드럽고 느린 악센트의 바리톤으로 질문했다.

"홀거는 나타났습니까?"

엘리는 다시 몸을 떨면서 의자 위에서 흔들거렸다. 한스 카스토르프는 그녀가 자기의 두 손을 꽉 잡는 것을 느꼈다.

"그녀는 내 두 손을 꽉 잡았습니다."

한스 카스토르프가 보고했다.

"그녀가 아니라 홀거입니다."

박사는 한스 카스토르프의 말을 바로잡았다.

"홀거가 당신의 손을 꽉 잡은 것입니다. 그가 나타난 것입니다. 안녕하십니까, 홀거? 진심으로 환영합니다, 친구! 자, 그러면 생각해 보십시오! 당신은 지난번 우리와 함께했을 때 우리가 가리키는 죽은 자는 누구든지 불러와 이곳의 우리 눈에 보여줄 것을 약속했습니다. 당신은 그 약속을 오늘 밤에 여기서 이행해 줄 수 있습니까? 이행할 수 있다고 생각하십니까?"

엘리는 다시 몸을 떨더니 한숨을 쉬면서 대답하는 것을 망설였다. 그녀는 자기의 두 손을 마주 앉은 청년의 손과 함께 천천히 이마에 갖다 대고 무겁게 "네!" 하고 속삭였다.

소녀의 뜨거운 입김과 더불어 귓가에 직접 "네" 하는 소리를 듣고 우리의 친구는 몸에 좁쌀이 돋았다. 이것을 일반적으로 '소름'이라고 하는데, 언젠가 고문관이 이 현상에 대해 설명해 준 적이 있었다. 우리가 피부에 좁쌀이 생겼다고 말하는 까닭은 생리 현상을 심리 현상과 구별하기 위한 것이며 그것을 단순히 '몸이 오싹했다'라고는 말할 수 없다는 것이다. 한스 카스토르프가 생각한 것은 대체로 '아니, 아가씨가 대단한 일을 떠맡았는데?' 하는 정도의 것이지만 그와 함께 감동과 흥분이 뒤섞인 기분을 느꼈다. 그것은 젊은 여성의 손을 꼭 잡고 있는 데다가 그녀가 자기 귓가에 "네" 하고 속삭였다고 하는, 뭔가 착각을 일으킬 것 같은 장면에서 생긴 어리둥절한 기분이었다.

"그는 '네'라고 말했습니다."

한스 카스토르프는 이렇게 보고하고 혼자 얼굴이 붉어졌다.

크로코브스키 박사가 말했다.

"좋습니다. 홀거! 우리는 당신의 '네'라는 말을 믿습니다. 당신이 당신의 임무를 착실하게 이행해 줄 것을 믿습니다. 우리가 모습을 보고 싶어하는 고인의 이름을 당신에게 지명하겠습니다. 동료 여러분!"

거기서 그는 모든 사람들에게 말했다.

"망설이지 말고 말해 주십시오! 불러오고 싶은 사람이 있습니까? 친구인 홀거에게 누구를 불러달라고 하겠습니까?"

그러나 아무도 말이 없었다. 모두들 자기가 아닌 누군가가 말할 것을 기다리고 있었다. 누구나 요 며칠 동안 자기가 누구를 불러볼 것인가를 생각했을 것이다. 하지만 죽은 자의 소생, 그것이 반드시 바람직한 일인가 단정짓는 것은 까다롭고 민감한 문제이다.

정직하게 말해서 그것은 바람직한 일도 아니고, 잘 생각해 보면 죽은 사람이 다시 살아난다는 것은 불가능한 일이었다. 이것은 죽은 자의 소생이 가능하게 되는 경우를 생각해 보면 수긍이 갈 것이다. 우리가 죽은 자를 애도하는 것은 죽은 자를 다시 살릴 수 없는 것이 슬퍼서라기보다 죽은 자의 소생을 바라는 것이 허용되지 않아서이다.

모두들 막연하지만 이렇게 느끼고 있었다. 그리고 오늘 밤의 경우는 죽은 자가 실제로 다시 살아난다는 것이 아니라 단지 연극적인 행사에 지나지 않지만, 어쨌든 자기가 남몰래 생각하고 있는 죽은 자를 보는 것이 무서워 그 권리를 다른 사람에게 양보할 생각이었다. 한스 카스토르프도 그 선량하고 너그러운, "아니, 좋고말고!" 하는 사촌의 목소리가 어둠 속에서 들려오는 것 같았지만 역시 마지막 순간까지 누군가 다른 사람에게 권리를 양보하려고 했다. 그러나 모두의 침묵이 너무 오래 이어졌으므로 결국 그는 얼굴을 실험 지도자에게로 돌리고 쉰 목소리로 말했다.

"나는 죽은 사촌 요아힘 침센을 보고 싶습니다."

이제 모두들 안도의 한숨을 쉬었다. 사람들 가운데 팅푸 박사와 체코인 벤첼과 영매만이 지명된 죽은 자와 안면이 없었다. 다른 동료인 페르게, 베잘, 알빈 씨, 검사, 마그누스 부부, 슈퇴어 부인, 레비, 클레펠트도 기쁜 듯이 큰 소리로 찬성했다. 요아힘이 생전에 정신 분석에 대해 그다지 협조적이 아니었기 때문에 두 사람의 사이는 냉담한 편이었지만, 크로코브스키 박사도 만족스레 고개를 끄떡였다.

크로코브스키 박사가 어둠을 향해 말했다.

"좋습니다. 들었습니까. 홀거? 지명된 고인은 생전에 당신이 몰랐던 인물입니다. 당신은 저세상에서 이 인물을 알아낼 수 있습니까? 그리고 우리한테 데리고 올 수 있습니까?"

모두들 숨을 죽이고 기다렸다. 최면 상태로 잠들어 있던 소녀는 몸을 흔들고 한숨을 쉬더니 부르르 떨었다. 그리고 이쪽저쪽으로 몸을 기울여 한스 카스토르프의 귀에, 또 클레펠트의 귀에 의미를 알 수 없는 말을 속삭이고는 뭔가를 찾는 것 같은 태도를 보였다. 드디어 한스 카스토르프는 그녀의 두 손에 자기 두 손이 꽉 잡히는 것을 느꼈다. 이것은 '네'라고 하는 의미였다. 한스 카스토르프는 그 사실을 보고했다. 그러자 크로코브스키 박사가 외쳤다.

"좋습니다! 일을 시작하십시오, 홀거! 음악! 자, 잡담!"

그리고 그는 모두에게 긴장하거나 생각을 집중시키지 말고 오히려 가볍고 여유 있는 마음을 갖는 것이 실험에 효과적이라는 주의를 되풀이했다.

그 뒤에 우리의 젊은 주인공이 이때까지의 생애에서 가장 이상한 몇 시간을 경험하기 시작했다. 그의 모습은 이야기의 어느 부분에서 우리 시야에서 사라져 버렸고, 또한 그의 운명이 앞으로 어떻게 될지 전혀 모르지만 그 몇 시간의 경험은 그의 생애에서 가장 이상한 것이었으리라.

몇 시간이라고 하지만 정확하게 말하면 두 시간이 넘었다. 다시 말해서 홀거의 '작업'이라기보다 사실은 엘리의 작업이라고 해야 옳을 그 실험이 시작되고 난 뒤 도중에 멈춰진 시간까지 계산에 넣으면 2시간이 넘었다.

엘리의 '작업'은 좀 길어져서 급기야는 모두들 그것의 성공을 의심하기 시작했다. 또한 이 작업이 소녀에게는 너무 괴로운 것 같았고, 그것을 떠맡은 소녀의 연약한 체력은 너무 힘겨운 것 같아서 모두들 동정한 나머지 실험을 멈추는 편이 좋겠다는 유혹을 여러 번 느꼈을 정도였다. 인간 생활에서 달아나지 않는 한 우리 남성들은 일생의 어느 시기에 참을 수 없는 동정심을 경험할 때가 있다. 그런데 이 동정심은 누구에게도 이해되지 않으며, 물론 잘못된 생각에서 나온 것이겠지만 우리의 가슴속에서부터 자기도 모르게 '이제 그만!' 하는 분노의 외침이 새어 나오게 된다. 그러나 그것은 '이제 그만'으로 끝나버리는 것이 아니고 또 끝나서도 안 되며 무슨 일이 있어도 마지막까지 계속하지 않으면 안 된다. 그것은 독자들도 이미 알다시피 우리 남성이 남편과 아버지로서의 입장, 해산(解産)의 작업을 뜻하는 것이다. 사실 엘리의 고투는 틀림없이 이 해산의 고통과 너무 비슷했다. 그래서 한스 카스토르프처럼 해산하는 것을 한 번도 본 일이 없는 사람도 그것을 떠올릴 수 있었다. 그는 인간 생활로부터 달아나지 않았기 때문에 눈앞의 모습에 유기적 신비에 찬 해산의 작업을 느꼈던 것인데, 그것은 어떤 모습이었던가! 그리고 그것은 무엇 때문이었던가! 또 어떤 상황 아래에서였던가! 어쨌든 이 모든 것은 의심스럽다고 말할 수밖에 없었다. 붉은 불빛에 비친 산실(産室)의 모습도, 하늘하늘한 잠옷을 입고 두 팔을 드러낸 산모의 처녀 같은 모습도, 쉬지 않고 울리는 경쾌한 레코드 음악도, 말굽 모양으로 나란히 앉은 사람들이 지도자의 명령에 따라 의식적으로 이어 가고 있는 잡담도, 그 사람들이 산모의 고투에 힘을 북돋우려고 부르짖는 소리도 모두 의심스러웠다. 그들은 이렇게 부르짖었다.

"자아, 홀거! 용기를 내요! 조금만 더하면 돼요! 힘을 잃지 말아요. 홀거, 힘을 내요! 그렇게 하면 성공이야!"

그리고 소망을 말한 한스 카스토르프를 산모의 남편이라고 생각한다면, '어머니'의 두 무릎을 자기 두 무릎에 끼우고 산모의 두 손을 자기 두 손으로 잡고 있는 '남편'의 모습과 입장 또한 의심스러웠다. 엘리의 예쁜 손은 예전의 라일라 소녀의 손처럼 땀에 젖어 있었으므로 잘못하면 그의 손에서 미끄러져 나갈 것 같아서 '남편'은 몇 번이고 그것을 다시 잡아야 했다. 그것은 여기 앉아 있는 사람들의 뒤에서 가스난로가 열기를 내뿜고 있었기 때문이었다.

그것은 신비롭고 엄숙한 광경이었을까? 천만의 말씀이다. 눈이 어둠에 익숙해지면서 방 안 모습을 어느 정도 식별할 수 있게 되었지만, 붉은빛에 비친 어두운 방 안의 광경은 요란하고 저속했다. 음악과 함께 시끄럽게 떠들어대는 목소리는 구세군의 요란한 광신자들의 전도를 연상시켜서 한 번도 그런 광경을 보지 못한 사람도 그런 느낌을 받을 정도였다. 그 방의 광경은 요괴스러운 의미에서가 아니라 자연스럽고 유기적인 의미에서 신비적이고 비밀에 차 있어서, 감수성이 예민한 사람에게는 경건한 기분을 품게 했다. 그리고 그것이 어떤 장면을 떠올리게 하는가는 이미 언급한 대로이다. 엘리의 고통은 진통처럼 사이를 두고 있었다. 그 고통이 없을 때에는 녹초가 되어 의자에서 몸이 기울어져 혼이 빠진 모습이었다. 크로코브스키 박사는 이것을 '깊은 최면 상태'라고 불렀다. 이윽고 그녀가 갑자기 몸을 일으켜 신음하고 몸부림치며 감시자에게서 빠져나가려고 버둥거렸다. 그러다가 그의 귀에 열에 들뜬 헛소리를 속삭이면서 자기 몸에서 뭔가를 쫓아내려는 것처럼 몸을 옆으로 내던지는 시늉을 하다가 이를 갈기도 했다. 한번은 한스 카스토르프의 소매 끝을 깨물기까지 했다.

엘리의 고투는 한 시간 넘게 이어졌다. 그러자 실험 지도자는 이쯤에서 쉬는 것이 어느 점으로 보나 필요하다고 생각했다. 기분 전환을 위해 축음기를 끄고서 멋지게 기타를 치고 있던 체코인 벤첼은 기타를 옆에 내려놓았다. 다른 사람들도 한숨을 돌리면서 서로 잡고 있던 손을 놓았다. 크로코브스키 박사는 벽 쪽으로 걸어가 천장의 전등을 켰다. 갑자기 환한 불빛이 비쳤기 때문에 모두는 어둠에 익숙했던 눈을 근시안처럼 가늘게 떴다. 엘리는 얼굴을 거의 무릎 위로 내리고 꾸벅꾸벅 조는 듯 뭔가 이상한 동작을 계속했다. 이 동작은 다른 사람들에게는 낯익은 동작이어서 그다지 관심이 없었지만 한스 카스토르프는 이상하게 생각하고 그 동작을 눈여겨보았다. 그녀는 몇 분 동안 손바닥으로 허리 근처를 쓰다듬다가 나중에는 그 손으로 뭔가를 퍼내는 듯, 끌어당기는 듯한 시늉을 했다. 이윽고 그녀는 여러 번 꿈틀거리다가 제정신으로 돌아와 역시 근시안과 같이 눈을 가늘게 뜨고는 불빛에 눈을 깜박이면서 미소를 지었다.

그녀가 웃었던 것이다. 사랑스러우면서도 수줍어하는 기색이 보였다. 그녀의 고통에 동정심을 느낀 것은 정말로 바보짓이라는 생각이 들었다. 그녀는 그렇게까지 피곤한 것 같지는 않았다. 아마 아무것도 기억하고 있지 않을 것이다. 그녀는 사무용 책상 저쪽, 긴 의자를 에워싸고 있는 스페인식의 벽과 창 사이에 있는 박사의 손님용 안락의자에 앉았다. 그녀는 의자의 방향을 좀 바꾸더니 한쪽 팔을 사무용 책상 위에 얹은 자세로 방 안을 둘러보았다. 이리하여 그녀는, 흥분에서 깨어나지 않은 눈으로 바라보거나 힘을 내라는 듯이 고개를 끄덕이는 사람들 가운데 말없이 앉아 있었다.

그야말로 중간 휴식이었다. 모두들 긴장에서 풀려나 이때까지 해낸 작업을 뒤돌아보고 만족감에 젖어 있었다. 남자들은 담뱃갑을 열고 유유히 담배를 피우면서 여기저기 나란히 서서 오늘 밤 모임의 인상을 이야기했다. 누구도 그 인상 때문에 오늘 밤의 모임이 실패로 끝날 것이라고 생각하며 실망하지 않았다. 그런 소심한 생각을 할 필요가 전혀 없음을 보여주는 징조가 있었다. 말굽 모양으로 놓인 의자의 반대쪽 끝, 박사와 가까이 앉아 있던 사람들은 오늘 밤에도 영매의 몸에서 일정한 방향으로 흘러나오는 차가운 입김을 여러 번 확실하게 느꼈다고 입을 모아 말했다. 그런 차가운 입김은 어떤 현상이 일어나려고 할 때 언제나 있었던 일이었다. 또 다른 사람들은 빛의 현상, 흰빛의 반점, 둥둥 떠 있는 에너지의 덩어리가 병풍 앞에 여러 모양으로 나타난 것을 보았다고 주장했다. 요컨대 여기서 멈춰서는 안 되는 것이다. 실망할 필요는 없다. 홀거는 약속했고 그가 약속을 지키지 않으리라고 생각할 이유는 조금도 없었다.

크로코브스키 박사는 실험을 다시 시작하겠다는 신호를 했다. 그는 모두가 각자의 의자로 되돌아가는 동안 엘리의 머리를 쓰다듬어 주면서 그녀를 고행(苦行)의 자리로 다시 데리고 왔다. 그리고 모든 것이 좀 전과 마찬가지로 진행되었다. 한스 카스토르프는 감시자 역할을 그만두고 싶다고 말했지만 실험 지도자는 그 부탁을 물리쳤다. 지도자는 사촌을 보고 싶다고 희망한 한스 카스토르프에게, 영매가 기만적인 행동을 할 여지가 없다는 점을 직접 확인해 달라고 말했다. 이렇게 하여 한스 카스토르프는 또다시 엘리에 대해 이상한 자세를 취하게 되었다. 불이 꺼지고 방 안은 붉은 어스름으로 바뀌었다. 엘리는 또다시 급격한 경련을 일으키며 펌프를 움직이는 듯한 동작을 시작했다. 이번에는 한스 카스토르프가 '최면 상태'를 보고했다. 의심스러운 분만의 고통이 이어졌다.

얼마나 심한 난산이었던가! 아무래도 해산은 조금도 진행될 것 같지 않았다. 도대체 진행될 수 있을까? 얼마나 어이없는 망상일까! 어떻게 수태가 가능할 것인가? 해산? 어떻게 무엇을?

"살려주세요! 살려주세요!"

소녀는 신음했는데, 그녀의 진통은 산부인과 전문의가 자간(子癎)이라고 부르는 지속성 경련으로 바뀌고 있었다. 소녀는 진통 사이사이에 박사에게 손을 잡아달라 애원했고, 그때마다 박사는 힘을 주어 격려하면서 손을 잡아 주었다. 그러자 최면의 작용이 가해져서 소녀는 계속 싸울 수 있는 힘이 솟아났다.

이렇게 하여 다시 한 시간이 지났다. 그동안 기타와 축음기가 경음악의 선율을 실내에 울렸다. 밝은 불빛에 익숙했던 사람들의 눈은 다시 방의 어스름에 어느 정도 익숙해졌다. 이때 작은 사건이 일어났다. 이 사건을 일으킨 것은 한스 카스토르프였다. 그가 혼자 생각하고 있던 어떤 소망을 말했는데, 사실 그는 그것을 좀 더 빨리 입 밖에 냈어야 했을 것이다. 마침 엘리는 손목을 잡힌 두 손으로 얼굴을 가리고 '깊은 최면 상태'에 있었고, 체코인 벤첼은 레코드를 뒤집어 놓으려 하고 있었다. 그때 우리의 주인공은 단단히 결심하고 뭔가 제안할 것이 있다고 말했다. 물론 대단한 제안은 아니지만 실행해 보면 도움이 될지도 모른다, 음악실 레코드 속에 구노의 〈마르가레테〉 가운데 오케스트라 반주가 딸린 바리톤이 부르는 〈발렌틴의 기도〉가 있다, 이것은 아주 흥미있는 곡인데 이것을 한번 틀어보면 어떨까 생각한다고 말했다.

"그건 또 무엇 때문입니까?"

박사는 붉은 어스름의 저쪽에서 물었다.

"분위기를 만들기 위해서이지요. 즉 기분의 문제입니다."

청년이 대답했다. 이 곡의 정신은 특수하고 개성적이어서 한번 시험해 볼 필요가 있다, 이 곡의 정신과 성격이 여기서 하는 실험에 도움이 될지도 모른다고 그가 말했다.

"그 레코드는 여기에 있습니까?"

박사가 물었다.

여기에는 없지만 곧 가져올 수 있다고 한스 카스토르프가 대답했다.

"무슨 그런 말을 하는 거요?"

크로코브스키는 단호하게 거절했다—뭐라고? 괜히 왔다 갔다 하여 실험을 멈추란 말인가? 모든 것이 물거품으로 돌아가 처음부터 다시 하게 될지도 모른다. 게다가 과학적인 엄밀성을 생각한다면 그렇게 자유롭게 드나드는 것은 좋지 않다. 문은 자물쇠로 잠겨 있고 그 열쇠는 나 크로코브스키가 주머니에 보관하고 있다. 요컨대 그 레코드가 바로 여기에 있으면 몰라도 그렇지 않으면 불가능한 일이다—크로코브스키 박사가 계속 지껄이고 있을 때 축음기 옆에 있던 체코인이 끼어들었다.

"그 레코드라면 여기에 있습니다만."

"여기에 있어요?"

한스 카스토르프가 놀라서 물었다.

"그렇습니다, 여기에 있습니다. 〈마르가레테 속의 발렌틴의 기도〉라고 적혀 있습니다. 자 보세요."

체코인이 대답했다. 그 레코드가 분류상 들어가 있어야 할 녹색 아리아 앨범 제2집에 들어 있지 않고 경음악 앨범에 예외적으로 끼어 있는 것이 아무래도 이상했다. 우연이거나 부주의한 탓일 수도 있지만 어쨌든 그것이 저속한 경음악 앨범에 끼어 있는 것은 기쁜 일이었다. 이제는 레코드를 회전반에 올려놓기만 하면 되는 것이다.

한스 카스토르프는 여기에 대해 뭐라 말할 것인가? 그러나 그는 아무 말도 하지 않았다.

"그거 잘됐군요."

이렇게 말한 사람은 박사였는데, 몇 사람도 그 말을 따라서 되풀이했다. 바늘이 레코드판에 올려지고 뚜껑이 덮였다. 그러자 성가 같은 반주에 맞추어 남성의 목소리가 울려퍼졌다.

"이제 고향을 떠나야 하는 나……."

모두들 말없이 노래를 열심히 듣고 있었다. 노래가 시작되자 엘리는 곧 '작업'을 시작했다. 몸을 급격히 일으키더니 떨면서 신음하고, 펌프를 움직이는 것 같은 동작을 하면서 땀으로 젖은 두 손을 다시 이마에 갖다 댔다. 레코드는 계속 돌아갔고 한가운데 부분이 되자 선율이 급변해 전쟁과 위험이 지배하는, 용감하면서도 경건한 장면으로 바뀌었다. 그리고 그 장면이 끝나자 마지막 부분이 되어, 처음에 나왔던 선율이 이번에는 오케스트라의 힘찬 반주로 되풀이되었다.

"오, 주여, 나의 기도를 들어주소서."

한스 카스토르프는 엘리를 열심히 누르고 있었다. 소녀는 일어서려고 목을 펴서 숨을 들이쉬고는 길게 한숨을 내쉬면서 축 늘어지더니 조용해졌다. 한스 카스토르프는 불안해져서 소녀 위에 몸을 구부렸다. 그런데 그때 그는 슈퇴어 부인이 가느다란 목소리로 신음하는 것을 들었다.

"침센!"

한스 카스로르프는 얼굴을 들지 않았다. 입 안에서 쓴맛이 났다. 뒤이어 다른 목소리가 무겁고 냉정하게 대답하는 것이 들렸다.

"나는 그를 아까부터 보고 있었습니다."

레코드는 이미 끝나고 마지막 플루트의 협화음도 사라졌다. 그러나 아무도 기계를 멈추려 하지 않았다. 조용한 실내에는 바늘이 헛돌아가는 잡음만 울리고 있었다. 이윽고 한스 카스토르프는 얼굴을 들고, 정확히 보아야 할 곳에 눈길을 돌렸다.

방 안의 사람 수가 하나 더 늘어 있었다. 다른 사람들과는 떨어져서 방 깊숙한 곳, 사무용 책상과 병풍 사이, 조금 전 중간 휴식 때 엘리가 앉았던 의자, 방 쪽으로 향한 박사의 손님용 안락의자, 붉은 어스름이 어두컴컴해져서 아무것도 분간할 수 없는 곳에 요아힘이 앉아 있었다. 죽을 때처럼 볼이 쑥 들어가고, 군인 수염이 자라 있고, 수염 속에 입술이 자랑스럽게 불룩하게 부푼 요아힘이었다. 그는 의자의 등에 기대어 두 다리를 포개고 앉아 있었다. 수척한 얼굴은 모자로 그림자가 져 있었지만 고뇌의 빛을 볼 수 있었고, 임종 때의 사나이답고 아름답게 보였던 엄격하고 진지한 표정도 볼 수 있었다. 미간에는 두 줄의 주름이 새겨졌고 눈은 뼈가 앙상한 눈두덩 안에 깊이 들어가 있었지만, 아름답고 크게 열린 검은 눈의 부드럽고 온화한 눈초리는 그대로 간직하고 있었다. 그 눈은 한스 카스토르프에게만 따스한 눈길을 보내고 있었다. 전에 요아힘의 작은 괴로움이었던 튀어나온 귀가 모자 밑으로 내다보였다. 그런데 그것은 이상한 모자여서 아무도 그것이 어떤 모자인지 알 수 없었다. 사촌인 요아힘은 양복 차림은 아니었다. 포개진 두 다리의 허벅지에 군도를 세우고 있었고, 권총집 같은 것을 벨트에 차고 있었다. 그런데 요아힘이 입고 있는 것은 정식 군복도 아니었다. 번쩍거리는 것도 빛깔 있는 것도 보이지 않고, 노동복 같은 깃과 옆 주머니가 달려 있으며, 훨씬 아래쪽에 십자훈장이 달려 있었다. 요아힘의 두 발은 매우 커 보였으나 두 다리는 아주 가늘게 보였고, 정강이에는 띠를 차고 있었는데, 군인이라는 느낌보다는 운동선수 같았다. 그리고 머리에 쓴 것은 무엇이었을까? 군대용 밥통이나 냄비 같은 것을 머리에 쓰고 끈으로 턱을 맨 것 같았다. 그러나 그 모양이 오히려 고풍스럽고 용병 같아서 군인처럼 잘 어울렸다.

한스 카스토르프는 두 손에 엘렌 브란트의 입김을 느꼈다. 그리고 가까이 있는 클레펠트의 거친 숨소리도 들었다. 이 밖에 아무도 손을 대지 않아서 바늘이 놓인 채 계속 돌아가 쉴 새 없이 잡음을 내는 레코드 소리가 들릴 뿐이었다. 한스 카스토르프는 동료들 가운데 아무도 보려 하지 않았고 생각하려고도 하지 않았다. 그는 자기 무릎 위에 놓인 엘리의 두 손과 머리 위에서 비스듬히 몸을 일으켜, 어둠 속에 앉아 있는 안락의자의 방문객만 계속 바라보았다. 순간 그는 위가 뒤틀리는 것 같았다. 그리고 목이 조이면서 네 번 내지 다섯 번의 경련과 함께 흐느낌이 흘러나왔다.

"용서해 줘!"

그는 목소리를 삼키며 속삭였다. 눈물이 하염없이 쏟아져 나와 아무것도 보이지 않았다.

"그에게 말을 걸어보시오."

크로코브스키 박사가 속삭이는 소리가 들렸다. 이어서 그는 특유의 바리톤으로 한스 카스토르프의 이름을 엄숙하게 부르며 그 명령을 다시 한 번 되풀이했다. 한스 카스토르프는 이 명령에 따르지 않고 엘리의 얼굴 밑에서 자신의 두 손을 빼고 일어섰다. 크로코브스키 박사가 이번에는 엄격하게 경고하는 투로 그의 이름을 불렀다. 그러나 한스 카스토르프는 몇 발자국 걸어서 입구의 계단 있는 데로 가더니 단호한 손동작으로 스위치를 돌려 불을 켰다.

브란트 소녀는 심한 충격을 받아 몸을 움츠리고 클레펠트의 두 팔 속에서 떨고 있었다. 안락의자에는 이제 아무도 보이지 않았다.

한스 카스토르프는 자신을 비난하고 있는 크로코브스키 박사의 코앞까지 다가갔다. 그리고 말을 하려고 했지만 입술에서는 한 마디도 나오지 않았다. 그는 머리를 흔들고 손을 내밀었다. 한스 카스토르프는 열쇠를 받자 박사의 얼굴을 위협하는 듯 노려보다가, 방을 한 바퀴 빙 돌더니 밖으로 나갔다.

병적 흥분

이렇게 세월이 흐름에 따라 베르크호프 요양원에는 어떤 악령(惡靈)이 배회하기 시작했다. 한스 카스토르프는 이 악령이 전에 불길한 이름을 들어둔 그 악마의 직계(直系)일 것이라고 막연하게 짐작하고 있었다. 수양 중에 있는 젊은이는 끊임없는 호기심으로 이 악마를 연구했다. 그는 주위 사람들이 이 악마에게 봉사하는 기괴한 태도에 자신 또한 동조해 버릴 것 같은 위험성을 깨달은 것이다. 이제 시작되는 정신 상태는 이전의 둔감한 상태와 마찬가지로 벌써부터 그런 징조를 보였지만, 한스 카스토르프는 그 기질로 보아 그런 위험에 빠질 염려는 적었다. 그런데도 그는 자기도 기분이 풀어지면 주위 사람들이 예외없이 사로잡히는 얼굴 표정이나 말씨나 동작 따위에 전염될 것을 느끼고 깜짝 놀랐던 것이다.

도대체 무엇이 시작되었다는 것인가? 무엇이 일어나기 시작했단 말인가? 그것은 바로 싸움이었다. 일촉즉발의 상태로 형언하기 어려운 짜증스러운 신경과민이었다. 서로 독설을 퍼붓는 경향, 분노의 폭발, 지금 당장이라도 격투를 시작할 것 같은 기세, 격한 언쟁, 건잡을 수 없는 욕설이 날마다 사람들 간에, 또는 그룹 사이에서 벌어졌는데, 싸움의 제삼자들은 아우성치는 당사자들의 모습을 언짢게 느끼거나 중재에 나서는 대신 오히려 그 모습에 공감하고 열중하며, 똑같이 도취해 버리는 것이 특색이었다.

제삼자들도 얼굴이 새파래져서 몸을 부들부들 떨고 눈을 도전적으로 번뜩였으며 입술을 무참히 일그러뜨렸다. 그리고 그들은 눈앞에서 히스테리를 일으키는 사람들이 아우성칠 수 있는 권리와 기회 때문에 부러워하는 것이었다. 그래서 아우성치는 당사자들의 흉내를 내고 싶은 초조감에 빠져 몸이 근질근질해서 자기 혼자만의 세계로 달아날 자제력을 가지고 있지 않는 사람은 끝내 그 소용돌이 속으로 휘말려 들어가는 것이었다. 베르크호프에서는 당국자에게 보내는 진정서 제출이 끊이지 않아, 그들은 조정에 계속 심혈을 기울였지만 그들도 이상스럽게 그 격분하는 아우성에 놀랄 만큼 쉽게 전염되는 것이었다.

어느 정도 평정한 정신이 되어 베르크호프를 떠나는 사람도 어떤 상태로 이곳으로 되돌아오게 될지 예측할 수 없었다. 일류 러시아인 자리의 동료로 민스크에서 온, 고상하고 젊으며 가벼운 증세를 가지고 있는 시골 귀부인—3개월의 체재를 선고받았을 뿐이었다—이 어느 날 프랑스인이 경영하는 블라우스 상점으로 옷을 사러 내려갔다. 이 가게에서 그녀는 여점원과 심한 말다툼을 벌여 몹시 흥분되어 돌아와서는 피를 토했는데, 그때부터 불치의 병이 되고 말았다. 전보를 받고 달려온 그녀의 남편은 부인이 영원히 이 위에 머물러야만 한다는 선고를 듣게 되었다.

이것은 이곳에 만연되어 있는 현상의 한 가지 예일 뿐이다. 우리는 마음이 내키지는 않지만 실례를 더 들기로 하자. 독자들 가운데에는 잘로몬 부인의 식탁 동료로, 동그란 안경을 낀 예전의 생도를 기억하고 있는 분도 있을 것이다. 그는 접시 위에 요리를 잡채처럼 잘게 잘라놓고는 식탁에 팔꿈치를 괴고 음식을 허겁지겁 삼키다가 가끔 냅킨을 안경의 두꺼운 렌즈 뒤로 넣는 허약한 소년이었다. 이 젊은이는 지금도 옛날의 생도로서 같은 식탁에 앉아 음식을 허겁지겁 먹고 눈을 냅킨으로 닦곤 했지만, 이제까지는 전혀 주의를 끌지 않는 생도였다. 그러던 어느 날 아침의 일이었다. 첫 번째 아침 식사 때, 정말 뜻하지 않게, 말하자면 청천벽력이라고 할까? 이 젊은이가 히스테릭한 발작을 일으켜 식당 안의 사람들을 모두 떠들썩하게 만들면서 자리에서 일어나게 했다. 처음에는 그가 앉아 있는 장소 부근이 소란해졌다. 그가 파랗게 질린 얼굴을 하고 거기에 앉은 채로 아우성치면서 옆에 서 있는 난쟁이 아가씨에게 막 대들고 있는 것이었다.

"당신은 거짓말쟁이야! 이 홍차가 차야? 당신이 가져온 이 홍차는 얼음처럼 차가워! 나는 이런 건 질색이야. 남을 속이기 전에 자신이 직접 한 번 마셔봐. 이런 구정물 같은 홍차가 어디 있어? 이게 신사가 먹을 수 있는 홍차야? 이렇게 얼음처럼 찬 홍차를 나한테 잘도 가지고 왔군. 이런 구정물 같은 것을 내가 마실 줄 알고 나한테 가져오다니! 도대체 당신은 나를 뭘로 알고 그러는 거야? 나는 못 마시겠어. 절대로 안 마시겠어!"

그는 쇳소리를 내면서 외치고는 두 손을 불끈 쥐고 식탁 위를 두드렸으므로 식탁 위의 그릇들이 흔들리며 춤을 추었다.

"나는 뜨거운 홍차가 필요해! 펄펄 끓는 뜨거운 홍차 말이야. 이것은 신들에게도 인간에게도 통할 수 있는 나의 권리야. 이것은 싫어. 나는 혓바닥이 델 정도로 뜨거운 것이 필요해! 이런 건 죽어도 한 모금도 안 마셔. 얄미운 병신 같으니!"

그는 단숨에 마지막 자제심마저 벗어버리고 광란으로 황홀하게 빠져들면서 갑자기 '병신'이라고 외쳤던 것이다. 그러면서 에메렌티아를 향해 두 주먹을 휘두르고, 거품을 문 이를 그녀에게 내밀었다. 그러고는 식탁을 계속 두드리고 발을 구르며 '필요하다'느니 '싫다'는 소리를 외쳐댔는데, 그동안 식당 안에 있는 사람들은 언제나와 똑같은 반응을 보였다. 무서울 정도로 긴장된 눈길들이 이렇게 미쳐 날뛰는 생도의 모습에 쏠려 있었다. 몇 사람은 의자에서 일어나 주먹을 불끈 쥐고 이를 악물고 눈을 번뜩이면서 그를 쳐다보았다. 또 다른 사람들은 얼굴이 새파랗게 질린 채 앉아서 눈을 내리깔고 벌벌 떨고 있었다. 생도가, 다시 가져온 뜨거운 홍차를 앞에 두고, 그것을 마시지 않고 피곤에 지쳐 축 늘어져 앉아버린 뒤에도 사람들의 흥분은 가라앉지 않았다. 이것은 도대체 어찌된 영문일까?

얼마 전 베르크호프에 또 한 사나이가 들어왔다. 이 사나이는 전에는 상인이었고 나이는 서른 살쯤으로, 오랫동안 열이 있어서 요양원에서 요양원으로 전전하고 있었다. 그는 누구보다 유대인을 싫어하는 유대인 배척자로, 운동이라도 하는 것처럼 유대인 박해에 열중했는데, 이렇게 몸에 밴 유대인 정신이 그의 생활의 자랑이며 내용이었다. 그는 한때 상인이었지만 그것은 예전의 일이고 지금은 이 세상에서 하는 일이라고는 전혀 없었다. 다만 유대인의 적이라는 것만은 현재도 다를 바 없었다. 병은 중한 편이라 괴로운 기침을 하고, 가끔 폐로 재채기하듯이 높은 소리로 짧게 기분 나쁜 기침을 했다. 그러나 어쨌든 그는 유대인은 아니었고 그것이 그가 존재하는 이유였다. 그의 이름은 비데만이라고 하는 훌륭한 기독교 이름으로, 불결한 유대 계통의 이름은 아니었다. 비데만은 〈아리아인의 등불〉이라는 잡지를 구독하고 있었는데, 가끔 이런 식의 말을 했다.

"나는 A고원의 X요양원으로 옮겼습니다. 안정 홀에서 누워 있으려고 했는데 말입니다. 나의 옆 의자에 누가 누워 있었다고 생각합니까? 히르쉬라는 인물입니다. 그리고 오른편에는 누가 누워 있었겠습니까? 볼프라는 인물입니다. 물론 나는 곧 떠나버렸습니다."

'자네 같은 사람은 그런 일을 당해야지!'

한스 카스토르프는 혐오를 느끼면서 생각했다.

비데만은 눈이 나쁜 사람들이 보여주는 그런 눈을 하고 있었다. 정말 그의 코앞에는 뭔가 눈에 거슬리는 것이 달려 있어서 그것을 심술궂은 눈으로 보며 이 방해물 외의 것은 아무것도 보이지 않는다는 식이었다. 그가 빠져 있는 망상은 병적인 시기심과 쉴 새 없는 박해증으로 바뀌어 자기 주변에 숨어 있는, 또는 모습을 바꾸어 배회하는 불결한 유대 계통의 것을 밝은 데로 끌어내어 짓밟아야겠다는 충동에 사로잡혔다. 요컨대 그에게 유일한 장점은 유대인이 아니라는 것으로, 그런 장점이 없는 사람을 적발하고 탄핵하는 것에 정력을 쏟는 것이 그가 날마다 하는 일이었다.

우리가 암시해 온 그런 정신 상태는 비데만의 시의심을 극도로 악화시켰다. 물론 베르크호프에서도 그가 가지지 않은 오점을 지닌 인간을 만날 수밖에 없었으므로 주위의 상황에도 영향을 받아 결국 끔찍한 장면을 만들고 말았다. 그리고 한스 카스토르프도 이 현장을 목격하게 되었지만, 우리는 여기서 문제가 되는 또 하나의 실례로서 이 장면도 소개해 두기로 한다.

사실은 여기에 또 한 명의 사나이가 있었는데, 이 사나이에 대해서는 정체가 분명했기 때문에 굳이 정체를 밝힐 필요가 없을 것이다. 이 사나이의 이름은 존넨샤인인데, 이보다 더 유대인다운 이름은 생각할 수 없었기에 그의 존재는 처음부터 비데만의 눈엣가시였다. 비데만은 그 사나이를 근시안의 가느다란 눈으로 심술궂게 노려보며 주먹질을 하려고 했다. 그러나 그것은 눈엣가시를 쫓아내려는 것이라기보다는 오히려 그것을 진자(振子)처럼 흔들리게 해놓고 거기에 따라 그의 기분을 더욱 초조하게 만들기 위한 것 같았다.

존넨샤인은 비데만과 마찬가지로 전에는 상인이었고, 역시 병이 중한데다 신경과민까지 겹쳐 있었다. 비데만은 상냥한 사나이로 농담을 즐길 줄도 알았으나 괜히 싫은 소리를 하고 눈에 거슬린다는 듯한 태도를 취했으므로, 존넨샤인도 결국 비데만을 병적으로 미워하게 되었다. 이리하여 어느 날 오후 비데만과 존넨샤인 두 사람은 홀에서 짐승처럼 처절한 싸움을 벌여 모두들 홀로 달려갔다.

그것은 무섭고 비참한 광경이었다. 두 사람은 악동처럼 서로 붙잡고 싸웠는데, 어른끼리 벌인 싸움이니 그야말로 죽을 지경이었다. 그들은 서로의 얼굴을 할퀴고 코와 목을 붙잡고 때리며 맹렬하게 마루 위를 뒹굴고 침을 뱉고 차고 밀고 끌어당기면서 거품을 내뿜었다. 급히 달려온 사무국 직원들이 물어뜯고 손톱으로 할퀴는 두 사람을 겨우 떼어놓았다. 그러나 비데만은 여전히 거품을 물고 피를 흘리며 분노 때문에 바보 같은 얼굴로 머리칼까지 곤두세우며 노발대발했다. 한스 카스토르프는 그런 모습을 이제까지 본 적이 없었고 실제로 이런 일이 있으리라고는 상상도 하지 못했다. 비데만은 머리칼을 곤두세운 채 자리를 떠났고, 존넨샤인은 한쪽 눈이 검푸르게 부어오르고 숱이 많은 고수머리 속에 피묻은 상처를 입고 있다가 사무국 직원들을 따라 사무실로 가서 두 손으로 얼굴을 가리고 소리내어 울고 말았다.

비데만과 존넨샤인의 소동은 이런 식이었다. 이 광경을 목격한 사람들은 싸움이 끝난 뒤에도 몇 시간 동안 부들부들 떨고 있었다. 이 무렵에 있었던 참다운 의미의 명예 훼손에 대해 말하는 것은 차라리 다행스러운 일이리라. 이 사건은 비교적 조용하게 처리되었으므로 명예 훼손 재판이라는 이름이 우스울 정도로 잘 어울리는 사건이었다. 한스 카스토르프는 이 사건을 단계적으로 목격한 것이 아니고 이 사건의 경위를 그저 문서상의 기록만으로 알았을 뿐이다. 이 사건에 대한 서류는 베르크호프의 안과 밖, 즉 이 지방과 이 나라뿐만 아니라 외국과 미국에까지 널리 퍼져서, 이 사건에 조금도 관심을 갖지 않은 사람들에게도 연구 자료로서 배포되었던 것이다.

이것은 폴란드인들 사이에서 일어난 사건이었다. 바로 얼마 전에 베르크호프로 모여든 폴란드인들 사이에서 일어난 명예 문제였다. 이 폴란드인들은 그야말로 작은 식민지를 만들어서 일류 러시아인 자리를 점령하고 있었다(여기서 밝혀두는데 한스 카스토르프는 그때는 이 식탁에 앉지 않았다. 시간이 흐르면서 클레펠트의 식탁, 잘로몬 부인의 식탁으로 옮겼다가 이제는 레비 양의 식탁에 앉아 있었다). 이 폴란드인들은 기사도적인 경향이 너무 강해서 누가 눈썹을 찌푸리기만 해도 결투를 신청할 정도였고, 한 부부와 구성원 가운데 어느 신사와 각별한 사이가 된 아가씨 하나만 빼놓고는 신사만으로 이루어져 있었다.

신사들의 이름은 폰 추타프스키, 치스친스키, 폰 로진스키, 미카엘 로디고프스키, 레오 폰 아자라페티안 등이었다. 사건의 경위는 이러했다. 베르크호프의 식당에서 샴페인을 마시고 있을 때, 야폴이라는 사나이가 다른 두 신사 앞에서 폰 추타프스키 부인에 대한 일과 로디고프스키와 은밀한 사이인 크릴로프 양의 일로 입 밖에 내기 민망한 이야기를 지껄였다. 이것이 원인이 되어서 결국 여러 절차와 조치로 발전했고 급기야 이 일이 외국에까지 문서로 배포된 것이다. 한스 카스토르프는 아래와 같은 문서를 읽었다.

'성명서.

폴란드어 원문의 번역.

19××년 3월 27일, 슈타니슬라프 폰 씨는 박사 안토니 치스친스키와 슈테판 폰 로진스키를 그의 대리인으로 하여 카지미르 야폴 씨를 방문하고 명예권에 대한 법률이 정한 절차에 따라 카지미르 야폴 씨에게 결투를 신청하도록 의뢰함. 이는 야폴 씨가 야누츠 테오필 레나르트 씨와 레오 폰 아자라페티안 씨와 대화를 나누던 중 야트비가 폰 추타프스키 부인에게 가한 중대한 모욕과 중상에 대한 책임을 묻기 위한 것임.

11월 말에 있었던 전기(前記) 담화를 폰 추타프스키 씨는 며칠 전에 전해 듣고 이 담화에서 가해진 모욕의 진상과 내용에 대해 확증을 입수하기 위해 행동을 개시함. 이리하여 19××년 3월 27일에 명예 훼손 언사와 풍자가 행해진 전기 담화의 증인인 레오 폰 아자라페티안 씨의 증언에 의해 중상 및 모욕의 사실이 확인됨. 따라서 슈타니슬라프 폰 추타프스키 씨는 즉시 카지미르 야폴 씨를 상대로 명예권에 대한 절차를 밟을 전권을 위임하게 됨.

아래의 서명자들은 다음과 같이 서명함.

1. 19××년 4월 9일 카지미르 야폴 씨에 대한 라디슬라프 고둘레츠니 씨의 소송 사건에 대해 그 상대방 당사자인 츠드치스타프 치굴스키 씨와 타데우스츠 카디 씨에 의해 렘베르크에서 작성한 조서 및 19××년 6월 18일에 행해졌던 해당 사건에 대한 렘베르크 명예 재판소의 판결은 모두 카지미르 야폴 씨가 신사의 자격에 합치하지 않은 언동을 거듭 행한 데 비추어 야폴 씨를 신사로 인정할 수 없음을 확인한 점에 일치함.

2. 아래 서명자들은 이상의 두 판결에 의거하여 전기 사설에서 귀납되는

결론을 전면적으로 인용(認容)하고, 카지미르 야폴 씨가 어떤 형식에 있어서도 결투 신청에 응할 자격이 없음을 판정함.

3. 아래의 서명자들은 재량에 의해 신사의 자격이 없는 자에 대해 명예 문제에 대한 소송을 하거나 동 문제에 대해 중재하는 것은 불가능하다고 생각함. 상기 사항을 감안할 때 아래의 서명자들은 카지미르 야폴 씨에 대해 명예권에 의한 수속에 따라 권리 회복을 요구하는 것이 무의미하다는 것을 슈타니슬라프 폰 추타프스키 씨에게 주의시키고, 카지미르 야폴 씨처럼 결투 신청에 응할 자격이 없는 인물로부터 이후 다시 명예 훼손을 받는 일이 없도록 본 사건을 형사 재판에 옮길 것을 충고함.

(연 월 일 서명)

박사 안토니 치스친스키, 슈테판 폰 로진스키'

한스 카스토르프는 문서를 계속 읽었다.

'다보스에 있는 요양 호텔 내 바에서 1911년 4월 2일 오후 7시 반부터 45분 사이에 슈타니슬라프 폰 추타프스키, 미카엘 로디고프스키 두 사람과 카지미르 야폴, 야누츠 테오필 레나르트 두 사람 사이에 일어난 사건의 전말에 대한 증인의 조서.

슈타니슬라프 폰 추타프스키 씨는 그의 대리인인 박사 안토니 치스친스키 씨와 슈테판 폰 로진스키 씨의 성명에 의하여 1911년 3월 27일에 일어난 카지미르 야폴 씨의 사건에 대해 심사숙고한 결과, 아내 야트비가 부인이 대리인의 제안대로 자신에 대한 '중대한 훼손과 중상'을 행한 카지미르 야폴 씨에 대한 형사 소송을 일으키는 것은 아래의 두 가지 이유로 아무런 이득을 가져오지 못했다고 확신함.

1. 카지미르 야폴 씨는 지정된 시각에 재판소에 출두하지 않을 의혹이 농후한 데다 그가 오스트리아 국적을 소유하고 있음을 고려할 때, 그에 대한 추가 징계를 내리는 것은 곤란할 뿐 아니라 거의 불가능하다고 생각함.

2. 카지미르 야폴 씨가 슈타니슬라프 폰 추타프스키 씨와 그의 아내 야트비가 부인의 명예와 가문에 대해 중상적 언어를 사용한 것은 형사적 처벌로 보상받을 성질의 것이 아님.

이상 두 가지 이유에 의하여 슈타니슬라프 폰 추타프스키 씨는 카지미르 야폴 씨가 다음 날 이곳을 떠날 의향이 있음을 전해 듣고 가장 적절하다고 생각되는 방법을 택하기로 함. 이는 그의 증언에 의해 확인되었음.

그 결과 슈타니슬라프 폰 추타프스키 씨는 1911년 4월 2일 오후 7시 반부터 45분 사이에 야트비가 부인, 미카엘 로디고프스키 씨, 이그나츠 폰 멜린 씨 입회 하에 해당 요양 호텔 내의 아메리칸 바에서 야누츠 테오필 레나르트 씨 및 안면이 없는 두 여성과 알코올 음료를 마시고 있던 카지미르 야폴 씨의 얼굴을 여러 차례 구타함.

그러자 미카엘 로디고프스키 씨는 카지미르 야폴 씨의 얼굴을 구타하고, 이것은 크릴로프 양과 자기에게 가해진 중대한 모욕에 대한 정당한 응징이라는 주석을 붙임.

그리고 슈타니슬라프 폰 추타프스키 씨는 자신과 자신의 부인 및 크릴로프 양에 대한 전대미문의 모욕에 대해 야누츠 테오필 레나르트 씨의 얼굴을 반복하여 여러 번 구타함.

그러나 카지미르 야폴 씨와 야누츠 테오필 레나르트 씨는 마지막까지 구타를 그저 감수함.

(연 월 일 서명)

미카엘 로디고프스키, 이그나츠 폰 멜린'

한스 카스토르프는 여느 때 같으면 이런 형식적인 연속적 구타를 웃어넘겼겠지만, 현재의 정신 상태로는 웃을 기분이 나지 않았다. 그는 성명서를 읽으면서 부들부들 떨었다. 한쪽의 예의 범절과 다른 한쪽의 비겁함이 성명서의 각 행에서 확실히 느껴졌다. 비록 이 대조가 틀에 박혀 있기는 했지만 무척 인상적이어서 한스 카스토르프는 심각한 기분이 들었다. 모두 그 사건에 대해 그런 마음을 가졌다. 폴란드인들의 명예에 대한 문제는 곳곳에서 연구 대상이 되고 논의되었다. 카지미르 야폴의 반박문이 실린 팸플릿이 사람들의 열광에 찬물을 끼얹는 역할을 했다. 야폴의 팸플릿에 의하면, 폰 추타프스키는 야폴이 예전에 렘베르크에서 결투에 응할 자격이 없다고 단정된 일이 있음을 잘 알고 있으며, 야폴이 결투 신청에 응하지 않을 것임을 처음부터 알고 있었기 때문에, 그의 그런 전격적인 행동은 모두 연극에 불과하다는 것이었다. 게

다가 폰 추타프스키가 야폴에 대한 고소를 단념한 것은 폰 추타프스키의 부인이 몇 명의 사나이들과 내통하고 있음을 모르는 사람이 하나도 없고 남편도 이것을 잘 알고 있기 때문이라는 것이다. 또한 결투 신청에 응할 자격이 없다고 단정된 것은 야폴뿐으로, 그의 대화 상대가 되었던 레나르트의 자격은 부정되지 않았는데도 폰 추타프스키는 야폴의 무자격을 핑계로 일신의 안전을 도모하려 했다. 아자라페티안이 이 사건에서 행한 역할에 대해서 야폴은 아무 말도 하고 싶지 않은 것 같았다. 요양 호텔 바에서 일어난 사건에 대해서 한 마디 한다면, 야폴은 말을 잘하고 해학을 즐기기도 하지만 힘이 없는 나약한 인간이었으며, 레나르트가 동반하고 있던 두 여성도 유쾌하긴 하지만 암탉처럼 겁이 많은 사람들이었다. 그러나 폰 추타프스키에게는 여러 명의 남성 친구 말고도 억센 부인이 붙어 있어서 육체적으로는 훨씬 우세했으므로, 야폴은 야만스러운 난투극을 벌여 대중 앞에서 추태를 부리는 어리석음을 피하기로 한 것이다. 그리하여 그는 저항하려는 레나르트를 설득하여 단념시키고 폰 추타프스키와 로디고프스키의 순간적인 사교적 접촉을 감수한 것이다. 그러나 둘의 접촉은 별다른 데가 없어서 주위에 있었던 사람들도 이것을 친구 사이의 장난으로 넘겼다는 것이다.

이것이 야폴의 반박문 내용이었는데, 그는 그것으로 명예가 회복되지는 못했다. 그의 반박은 상대방의 주장에서 느낄 수 있는 명예와 비열함의 명백한 대조를 약화시킬 수 없는 데다가, 야폴은 추타프스키 쪽처럼 선전 수단을 가지고 있지 못하여 반박문을 타자기로 쳐서 복사물을 몇 장 나누어 주었을 뿐이다. 이와는 반대로 추타프스키 측의 문서는 아까도 말했지만, 모든 사람의 손에 배포되고 전혀 관계가 없는 사람들에게도 교부되었다. 예를 들면 나프타와 세템브리니에게도 배달되어 한스 카스토르프는 두 사람이 그 문서를 가지고 있음을 본 것은 물론이고 두 사람이 모두 이상할 정도로 그것을 열중하여 읽는 것을 보고 깜짝 놀랐다. 한스 카스토르프는 자기의 정신 상태 때문에 용맹심을 불러일으킬 수 없었지만, 적어도 세템브리니에게만은 팸플릿을 명쾌하게 비웃을 만한 냉정함을 기대하고 있었다. 그러나 한스 카스토르프가 자기 주위에서 본 전염병은 이 프리메이슨 단원의 명쾌한 두뇌에도 마력을 끼친 모양으로, 그 때문에 세템브리니는 거기에 대해 비웃을 수 있는 냉정함을 잃었고, 이 구타 사건의 피를 끓게 하는 흥분에 심각하게 말려들어갔다. 게다가 그의 건강 상태가 때로는 좋아지는 것처럼 보이다가 조금씩 계속 악화되고 있었던 것도 이 생활 애호가의 기분을 어둡게 만들었다. 그는 자신의 건강 상태를 저주하며 비관하고 혐오했으며 또한 부끄러워했다. 그는 요즈음에 와서는 자리에 드러눕는 일이 많아졌다.

세템브리니의 동숙자이며 논적인 나프타의 상태도 별로 좋지 않았다. 예수회 회원으로서의 그의 앞날을 중도에서 단념시킨 신체적 원인—또는 표면적 원인이라고 말할 수도 있다—이었던 병은 그의 유기체 안에서 계속 악화하여, 지금 살고 있는 이 고원의 희박한 공기도 병의 진전을 막아낼 수 없었다. 그래서 그도 가끔 자리에 드러눕곤 했다. 말을 하려 하면 금이 간 접시를 두드리는 것 같은 목소리의 울림이 심해졌고, 열이 오르면서 말수도 더욱 늘어났으며 어조는 한층 신랄해졌다. 세템브리니는 병과 죽음에 대해 정신적인 저항을 계속하면서 이 저항력이 자연의 우세한 힘에 패배해 가는 것을 아주 슬퍼했다. 그러나 나프타는 그런 저항은 모르는 듯했고 건강 상태의 악화에 대해 보인 태도도 비탄과 번민이 아니라 철저하게 비웃는 회의와 부정과 궤변적인 행동을 취할 뿐이었다. 우울한 세템브리니는 이 때문에 매우 초조해졌으며, 두 사람의 논쟁은 갈수록 날카로워졌다. 물론 한스 카스토르프는 자기가 입회한 논쟁에 대해 알고 있을 뿐이었지만, 그는 자신이 입회하지 않은 두 사람의 논쟁은 하나도 없었다고 믿었다. 그리고 교육적 대상인 자기의 입회가 논쟁을 더욱 불꽃이 튀게 만든다고 확신했다. 그는 언젠가 나프타의 신랄한 말은 들을 가치가 있다고 말해 세템브리니를 슬프게 한 일이 있었는데, 그런 그도 나프타의 말이 차츰 절도를 잃고 뭔가 정신적으로 건강하다고 할 수 없는 말로 되어간다는 사실을 인정하게 되었다.

이 나프타라는 환자는 병을 이겨낼 힘이나 생각도 없었으며, 병의 모습과 상징을 통해 세계를 보고 있었다. 그는 물질은 정신을 실체화하기 위한 재료로서는 너무나 부적당하다고 규정했지만, 세템브리니는 이에 분개해 귀를 기울이는 제자인 한스 카스토르프를 방 밖으로 쫓아내거나 제자의 귀를 틀어막고 싶어하는 것 같았다. 물질로 정신에게 형태를 부여하려는 생각은 바보 같은 것이라고 나프타는 말했다. 그로써 무엇이 생긴다는 말인가? 희화(戱畫)뿐이다! 찬미되고 있는 프랑스 혁명의 현실적인 산물은 자본주의적 부르주아 국가일 뿐이며, 선물치고는 그럴듯하다! 이 선물을 개선하려고 한다면 그 결과는? 이 추악한 괴물을 세계에 퍼뜨릴 뿐이다. 세계 공화제! 정말로 세계의 행복이 이루어질 것이다. 진보? 진보란 몸의 위치를 돌리면 고통이 없어질 것이라고 생각하여, 누워 있는 자세를 바꾸는 환자의 이야기와 마찬가지이다. 입 밖에 내어 말할 수는 없지만, 세계 곳곳에 미치고 있는 전쟁의 열기는 이런 헛된 소망의 표현이다. 전쟁은 결국 벌어질 것이다. 그리고 이 전쟁을 계획하고 있는 사람들이 기대하는 것과는 다른 결과를 불러올 테지만, 어쨌든 좋은 일이다. 이렇게 나프타는 안전제일주의의 시민적 국가를 경멸했다. 그가 이 경멸을 입 밖에 낸 계기는 어느 가을날 모두 함께 거리를 산책하고 있을 때 갑자기 비가 내리자 모두들 당황하여 우산을 편 일이었다. 나프타의 말에 따르면 이 습관은 문명의 산물인 비겁함과 연약함을 상징하는 것이었다—기선 '타이타닉 호'의 침몰이라는 경고적이며 드문 사건은 어쩌면 후련한 느낌도 주는데, 그 뒤 교통수단의 안전을 강화해야 한다는 요구의 목소리가 높아졌다. '안전'이 조금이라도 위협을 받게 되면 예외 없이 크나큰 분노를 터뜨린다. 이것은 정말 불행하기 짝이 없는 일로, 이런 통속적인 인문주의의 연약함은 부르주아 국가가 공공연하게 일으키는 경제 전쟁의 탐욕적인 야만성과 파렴치와 좋은 대조를 이루는 것이다. 전쟁, 좋다! 전쟁, 찬성이다. 세계 모든 곳이 전쟁의 열기로 들떠 있는 것은 당연하다…….

그러나 세템브리니가 '정의'라는 말을 들고나오면서 이 고매한 원리가 내정(內政)과 외정(外政)의 파탄을 방지하는 수단이라고 하자, 나프타의 말은 앞뒤가 달라졌다. 이제까지 정신이란 지극히 고귀한 것이어서 여기에 현실적 형태를 부여하려는 시도는 성공할 리 없다고 주장해 온 것을 잊은 것처럼, 이번에는 정신이 회의의 대상이라면서 그 정신을 비방하는 데 열을 올린 것이다. 정의가 그렇게 찬미할 만한 개념이란 말인가? 그게 신성한 개념일까? 그게 최상의 개념이란 말인가? 신과 자연은 공정하지 못하다. 그들에게는 총아가 있고 편드는 것이 있어서, 어떤 인간은 영광으로 장식하게 하고 어떤 인간은 안이하고 평범한 일생을 보내게 한다. 그런데 의욕적인 인간은 어떤가? 그에게 있어서 정의는 한편으로는 의지를 꺾는 장해물이고 회의 그 자체이다. 또 한편으로는 과격한 행위로 몰아대는 진군 나팔 소리이다. 따라서 인간은 윤리성을 잃지 않기 위해서라도 뒤의 의미인 '정의'를 앞의 의미인 '정의'로 바로잡아야 하는데, 그렇게 되면 '정의'라는 개념의 절대성이나 급진성은 어떻게 될까?

더욱이 우리에게는 어느 견해에 대해 '공정'한가, 또는 이와는 다른 견해에 대해서 '공정'한가가 있을 뿐이다. 이 밖의 '공정'은 자유주의적이어서 오늘날 그런 것은 아무런 쓸모가 없다. '정의'란 부르주아적인 수사학의 공허한 말로, 인간은 행동하기 위해서는 무엇보다 먼저 어떤 정의를 목적으로 하는가를 알아야 한다. 즉 저마다에게 그 나름대로의 권리를 주려는 정의인가, 모든 사람에게 평등한 권리를 주려는 정의인가를 알아야 한다.

우리는 나프타가 얼마나 이성을 어지럽히는 일에 전념했는가에 대하여, 헤아릴 수 없이 많은 실례 가운데에서 한 가지 예만을 끄집어 낸 데 불과하다. 그러나 나프타가 과학을 입 밖에 냈을 때 혼란은 더 심해졌다. 자기는 과학을 믿지 않는다고 나프타는 말했다. 과학을 믿는가, 믿지 않는가 하는 것은 인간의 자유이기 때문이다. 과학은 다른 신앙과 마찬가지로 신앙이지만, 다른 신앙보다 악질적이고 어리석다. '과학'이라는 말 자체가 가장 어리석은 리얼리즘의 말이다. 개체가 인간의 지성에 비추는 환영에 가까운 영상을 진실이라고 생각하며, 또한 그것을 진실이라 일컫고, 인류가 이제까지 경험한 가장 어리석고 열등한 도그마를 거기에서 끄집어 내면서도 부끄러워하지 않는 리얼리즘의 말이다. 객관적으로 존재하고 있는 현상 세계라는 개념은 모든 자기모순 가운데 가장 우스운 개념이다. 그러나 현대 과학은 유기체의 인식 형식, 즉 현상계의 생기(生起)를 규정하는 공간, 시간, 인과율을 인간의 의식과는 독립하여 존재하는 실재적 관계라고 주장하는 형이상학적 전제에 기초를 두고 있을 뿐이다. 이런 일원론은 인간의 정신에 행해진 가장 비열한 주장이다. 공간, 시간, 인과율, 이것은 일원론적으로는 진전이지만 이것이야말로 자유사상적이며 무신론적인 사이비 종교의 중심적 도그마이다. 이 도그마에 의해 인간들은 모세의 제1서를 뒤집어엎고, 황당무계한 모세의 우화에 계몽적인 지식으로 맞서려 하고 있다. 마치 헤겔이 천지 창조의 현장에라도 입회한 것처럼 그들은 그렇게 행동한다. 경험적 지식이라고? 우주의 에테르를 과연 정밀하게 측정할 수 있을까? 원자, '최소의 불가분의 단위'라는 우습기 짝이 없는 수학적 농담은 증명되었다는 말인가? 공간과 시간의 무한성이라는 설은 경험에 의한 지식인가?

조금이라도 논리적으로 생각한다면, 공간과 시간의 무한성과 실재성이라는 도그마는 유쾌한 경험으로 결론이 날 것이다. 즉 무(無)의 결론으로 인도될 것이다. 사실 리얼리즘은 니힐리즘이라는 인식에 이를 것이다. 왜 니힐리즘이란 말인가? 이유는 간단하다. 무한에 비하면 아무리 큰 것이라 해도 무와 같기 때문이다. 무한한 공간 속에서는 크기가 없고, 영원한 시간 속에서는 무한이나 변화도 없다. 무한한 공간 속에서는 거리도 수학적으로 제로와 같기 때문에 나란히 선 두 점도 있을 수 없고, 물체나 운동 같은 것도 있을 수 없다. 나프타가 말했다. 자기가 이런 것을 특별히 말하는 까닭은, 유물적 과학이 '우주'에 대한 바보스러운 수다에 지나지 않는 천문학적 실없는 소리를 절대 인식으로 내세우는, 그 뻔뻔스러움에 대항하기 위함이라고. 무의미한 숫자를 자랑스럽게 보이며 자기가 얼마나 작은 존재인가를 통감하고, 자기의 가치에 대한 열정을 잃어버린 불쌍한 인류! 인간의 이성과 인식이 지상에서 떠나지 않고, 지상에서의 주관적, 객관적 현상에 대한 경험을 실재로 다루는 것뿐이라면 참을 수도 있다고 하겠다. 그러나 지상의 경험을 넘어서 영원한 신비를 규명하려고 이른바 우주론과 개벽론을 시작하면 이것은 웃어넘길 일이 아니라 불손하기 그지없다고 하겠다. 지구로부터 별까지의 거리를, 제로가 몇 십 개 달린 킬로미터나 광년으로 계산하고, 그런 어마어마한 숫자로 인간의 정신으로 하여금 무한과 영원의 본질을 엿보게 한다고 우쭐댄다는 것은 그 얼마나 한심스럽고 모독적이며 당찮은 일이란 말인가. 하지만 무한은 크기와는 전혀 관계가 없고 영원은 시간적 거리와는 아무런 관계도 없을 뿐 아니라, 무한과 영원은 자연 과학의 개념이 될 수도 없다. 오히려 우리가 자연이라고 부르는 것의 지양(止揚)까지 뜻하는 것이다. 그렇다. 일원론적 과학이 '우주'에 대해 논하는 그 공허하고 비상식적이며 불손한 모든 수다에 비하면, 어린아이들이 별을 하늘에 펼쳐진 천막의 구멍이라 생각하고, 그 구멍에서 영원한 빛이 새어 나온다고 믿는 단순성이야말로 호감을 느끼게 하지 않는가?

세템브리니는 그렇다면 나프타도 어린아이들과 똑같은 것을 믿느냐고 물었다. 여기에 대해 나프타는 자기는 회의의 겸손과 자유를 자랑으로 삼고 있다고 대답했다. 나프타의 이 대답으로도 그가 '자유'를 어떤 의미로 해석하고, 또 그런 해석이 어떤 결론을 얻을 것인가를 짐작할 수 있었다. 한스 카스토르프가 이 모든 것을 경청할 가치가 있다고 생각하는 것인가, 하는 세템브리니의 걱정이 아무런 근거가 없다고 해도 말이다.

나프타의 악의는 자연을 정복하려는 진보의 약점을 들쑤시고, 진보의 지지

자나 선구자들이 오히려 비합리적인 미신으로 되돌아가는 실례를 지적하는 기회를 노렸다. 나프타가 말했다. 비행사와 조종사들은 아주 불쾌하고 의심스러운 인물인 경우가 많으며, 무엇보다도 이들은 대단한 미신가들이어서, 돼지나 까마귀를 행운의 물건으로서 비행기 안으로 가져가고, 여기저기에 침을 세 번 뱉거나 운이 좋은 조종사의 장갑을 받아서 끼기도 한다. 이런 원시적 미신과 같은 행동이 그들 직업의 기초가 되어 있는 세계관과 어떻게 조화할 것인가?

나프타는 자기가 지적한 모순이 재미있다는 듯 굉장히 만족하면서 오랫동안 이것을 비웃었다. 우리는 나프타의 악의를 무수한 실례 가운데서 닥치는 대로 끄집어 냈지만, 구체적이라고 말하기조차 어리석은 한 가지 사건을 이야기하지 않으면 안 되겠다.

2월의 어느 날 오후, 그들은 몬슈타인으로 소풍을 가게 되었다. 거기까지는 썰매로 한 시간 반을 가야 하는 거리였다. 일행은 나프타, 세템브리니, 한스 카스토르프, 페르게, 베잘의 다섯 사람이었다. 한 필의 말이 이끄는 썰매 두 대를 빌려 타고 출발했는데, 한스 카스토르프는 인문주의자와 함께 탔고, 나프타는 페르게와 베잘과 함께 탔다. 베잘은 마부석에 앉았다. 모두 몸이 따스하도록 옷을 두툼하게 입었다. 오후 3시에 나프타와 세템브리니의 하숙 앞을 지났고, 조용한 눈 풍경 속에 방울 소리를 부드럽게 울리면서 오른쪽 비탈을 따라 프라우엔키르히와 글라리스의 산기슭을 지나 계속 남쪽으로 달렸다. 하늘에는 어느새 눈구름이 퍼지기 시작해 먼 레티콘 산줄기의 상공에는 푸른 하늘이 띠처럼 보였다. 추위가 심해지면서 연산에는 짙은 안개가 끼기 시작했다. 썰매가 달리는 길은 험한 바위와 골짜기 사이에 만들어진 좁고 평탄한 길로, 전나무가 빽빽하게 자라는 비탈길로 올라가고 있었다. 썰매는 천천히 달렸다. 1인용 썰매로 내려오는 사람들을 가끔 만났는데, 이런 사람들을 만날 때면 썰매에서 내려야만 했다. 구불구불한 길 저쪽에서 방울 소리가 경고하듯 딸랑딸랑 울리면서 두 마리 말을 세로로 끌게 한 썰매가 지나갈 때면 그것을 피하기 위해서 신중한 주의를 필요로 한 것이다. 목적지가 가까워지자 취겐슈트라세 암벽의 멋진 풍경이 나타났다. 일행은 몬슈타인의 '요양 호텔'이라는 작은 여관 앞에서 담요를 빠져나와 썰매에서 내렸다. 썰매를 기다리게 하고 몇 발자국 걸어가 남동쪽으로 솟은 '슈툴제그라트'를 바라보았다. 높이 3

천 미터의 거대한 암벽은 안개로 덮여 있었고, 안개 속에서 하늘을 찌르는 바위 끝이 일부분만 보였다. 그것은 하늘의 집처럼 멀리, 그리고 접근할 수 없는 느낌으로 숭고하게 솟아 있었다. 한스 카스토르프는 감탄한 나머지 다른 사람들도 탄성을 지르도록 부추겼다. '접근할 수 없는'이라는 말을 입 밖에 낸 것도 한스 카스토르프였다. 세템브리니는 그 말을 듣자 이 암벽은 오늘날까지 여러 번 정복된 일이 있음에 틀림없다고 강조했다. 대체로 접근할 수 없는 것이란 존재하지 않으며, 인간의 발자국이 찍히지 않는 자연은 존재하지 않는다고 했다. 그러자 나프타는 그것은 과장이며 호언장담이라고 맞받았다. 그리고 나프타는 에베레스트 산을 예로 들면서, 그 산은 인간이 우쭐해하는 것에 대해 지금까지 냉담한 태도를 보여왔고 앞으로도 그런 인간들을 경원(敬遠)하는 태도를 계속 고수할 것이라고 말했다. 인문주의자는 이 말에 화를 냈다. 모두들 다시 '요양 호텔'로 돌아왔는데, 그 문 앞에는 그들의 썰매와, 나란히 말을 푼 다른 썰매가 2, 3대 서 있었다.

이 요양 호텔은 머무를 만한 곳이었다. 2층에는 호텔식으로 번호 달린 방이 줄을 이었고 식당도 3층에 있었다. 식당은 시골식 구조였지만 난방은 잘되어 있었다. 일행은 손님 접대를 맡은 안주인에게 간식으로 커피, 벌꿀, 흰 빵, 이 지방의 명물인 말린 배를 넣어서 만든 빵을 주문했다. 두 마부에게도 붉은 포도주를 보내주도록 부탁했다. 그때 그 식당에는 스위스인과 네덜란드인 손님들이 다른 식탁에 앉아 있었다.

우리는 한스 카스토르프 일행의 식탁에서 맛있고 뜨거운 커피로 몸을 녹인 다섯 명이 고상한 담화의 꽃을 피우기 시작했다고 말하고 싶지만 실은 그렇지가 않았다. 왜냐하면 대화는 처음부터 나프타의 독백으로 계속되었으며, 다른 사람이 몇 마디 말하기도 전에 나프타가 말을 가로챘기 때문이다. 그래서 나중에는 그의 독백이 거의 무례한 태도로 이상하게 발전되었다. 다시 말해서 예수회 회원이었던 그는 옆에 앉아 있는 한스 카스토르프에게만 상냥하게 설명하듯 이야기했고, 반대편에 앉아 있는 세템브리니와 다른 두 사람에게는 등을 돌리고 완전히 무시했다.

한스 카스토르프는 나프타의 즉흥적인 독백에 건성으로 맞장구치면서 고개를 끄덕였는데, 사실 그 독백의 주제를 확실하게 이해할 수 없었다. 솔직히 일관된 주제는 없고 그저 막연하게 정신 세계에 대해 이것저것 문제를 언급할 뿐이었다. 대체로 정신 생활이 갖는 여러 현상은 모두 애매하다는 것, 정신에서 얻어진 위대한 개념은 일정하고 확실한 성질은 갖고 있지 않다는 것, 그 개념이 가진 호전성은 아무 쓸모가 없다고 회의적인 태도로 지적하면서 절대적이라고 불리는 것이 얼마나 가지각색으로 바뀌는 옷을 입고 지상에 나타나는 것인가를 설명했다.

나프타의 연설은 자유의 문제에 대한 연설임에는 틀림없었지만, 그는 이 문제를 오히려 혼란시키고 있었다. 그는 이야기하는 가운데 낭만주의에 대해서도 언급했는데, 19세기 첫 무렵 유럽에서 일어난 이 운동의 현혹적이고 이중적인 본질에 대해서 말했다. 이 운동에 있어서 반동과 혁명이라는 두 개념은 좀 더 높은 차원의 제3개념으로 통일되지 않는 한 그 의미를 잃어버린다고 했다. 왜냐하면 혁명이라는 개념을 오로지 진보와 전진이라는 계몽적인 의미에만 결부시켜 생각하려는 것은 아주 우습기 짝이 없기 때문이라는 것이다. 유럽의 낭만주의는 자유 운동이었다. 그것은 반고전주의, 반형식주의로서 프랑스의 의고적 취미와 이성주의에 반대하는 운동으로, 이성주의의 대변자를 시대에 뒤떨어진 형식주의자들이라고 몰아붙이는 운동이라는 것이다.

그리고 나프타는 나폴레옹에 대항한 자유 전쟁, 피히테의 감격, 참을 수 없는 전제(專制)에 대한 민족의 한과 감격적인 승리에 대해서도 언급했다.

"그런데 이 전제라는 것은 유감스럽게도 자유, 즉 혁명적인 이념의 구현이었습니다. 정말 우스운 이야기인데, 낭만주의자들은 반동적인 군주 전제를 옹호하며 혁명적인 전제를 무너뜨리려고 소리 높여 외치면서 주먹을 휘둘렀지만, 사실 이것도 자유를 위한 것이었습니다."

나프타는 말을 이었다.

"이것으로 한스 카스토르프 청년도 외면적 자유와 내면적 자유의 다른 점과 대립을 알아차렸을 것이며, 어떤 예속이 어느 국민의 명예와 조화할 수 있는가, 그렇지 않은가에 대한 문제도 알아차렸을 것입니다. 자유란 사실은 계몽적 개념이라기보다는 오히려 낭만적인 개념입니다. 왜냐하면 자유의 개념은 인간의 자기 확장 본능과 열정적이면서도 수축적인 자기 강조가 결합한다는 점에서 낭만주의와 일치하고 있기 때문입니다. 개인주의적인 자유 본능은 국민적인 전통의 회고적이며 낭만적인 예찬을 불러일으켰지만, 이 예찬은 호전적인 것으로 인도적 자유주의에서는 음산한 예찬이라고 불립니다. 그러나 인도적 자유주의 또한 개인주의를 주장하는 것에는 변함이 없으며 단지 주장하는 방법이 조금 다를 뿐입니다. 개인주의는 개인의 무한하고 우주적인 중요성을 믿는데, 이 신념에서 영혼 불멸설, 지구 중심설, 점성술이 생기는 점에서 낭만적이고 중세적입니다. 한편 개인주의는 자유주의적 인문주의의 경향을 띠고 있으며 이것이 무정부주의로 나아가는 성질을 가지고 있습니다. 아무튼 개인주의적 인문주의는 개인을 집단의 희생물이 되지 않도록 지키려고 합니다. 이렇듯 두 개인주의 가운데 어느 쪽도 모두 개인주의로서, 사실 내용이 다른 것을 같은 이름으로 부르고 있는 것입니다. 하지만 자유를 찾는 열정이 자유의 강력한 적을 만들고, 파괴를 일삼는 진보에 대해 전통을 지키려는 총명한 기사(騎士)를 낳은 것도 인정하지 않을 수 없습니다."

이렇게 말한 나프타는 개인주의를 미워하고 귀족주의를 찬미한 아른트의 이름을 들었으며, 《기독교 신비주의》를 저술한 괴레스의 이름을 들먹였다.

"신비 사상은 자유와는 전혀 관계가 없는 것일까요? 신비 사상은 반스콜라적, 반독단적, 반교권적이 아니었을까요? 교권 제도는 군주 전제가 갖는 무제한의 요구를 막았기 때문에, 그 점에서 당연히 하나의 자유 세력이라고 간주해야 할 것입니다. 그러나 중세 말기의 신비주의적 사상은 종교 개혁의 선구라는 의미에서 자유 세력의 본성을 나타냈습니다. 그리고 이 종교 개혁은 자유와 중세의 반동이 풀어질 수 없게 긴밀히 결합되어 만들어 낸 직물(織物)이었던 것입니다. 루터의 행위는 행위 그 자체가 행위 일반의 의심스러운 본질을 뚜렷이 나타낸다는 특징을 가지고 있습니다. 행위란 무엇인가를 알고 있습니까? 행위란 예를 들어 학생 조합원 잔트가 추밀원 고문관인 코체부를 암살한 일과 같은 것입니다. 범죄학자의 투를 빌려서 말한다면, 무엇이 잔트 청년에게 '흉기를 손에 쥐게 했는가' 하는 것입니다. 물론 그것은 자유에 대한 열광에서 한 것입니다. 그러나 더 자세히 들여다보면, 자유에 대한 열광에서가 아니라 도덕적 광신에서 온 것이며, 비민족적 경솔함에 대한 증오에서였던 것입니다. 물론 코체부는 러시아의 앞잡이이며 신성 동맹의 앞잡이기도 했기 때문에 잔트 또한 자유를 위해 암살한 것이지만, 잔트의 친구 가운데에는 예수회 회원이 여러 명 있었다는 사정을 생각하면 이상스러워집니다. 요컨대 행위는 어떤 것이든지 간에, 신념을 명백히 하는 수단으로서는 적당하지 않으며, 정신적 문제를 해결하는 데도 도움이 되는 것이 아닙니다."

그때 세템브리니가 부드러우면서도 날카로운 투로 말했다.

"실례지만 그 의혹에 가득한 강의는 이제 끝을 내는 게 어떨까요?"

그는 그때까지 앉은 채로 식탁 위를 손가락으로 두드리면서 콧수염을 계속 비틀고 있었는데 더 이상 참을 수 없었던 것이다. 그는 다시 뒤로 젖혀 앉았다. 그는 허벅지 뒤쪽만이 의자에 닿은 자세로, 검은 눈을 번쩍이면서 논적을 노려보았다. 나프타는 짐짓 놀란 표정을 지으면서 세템브리니 쪽으로 돌아보았다.

나프타가 되물었다.

"지금 뭐라고 했습니까?"

그러자 이탈리아인은 침을 삼키며 말했다.

"나는, 이 순진한 청년을 당신이 그런 의심스러운 말로 더 이상 괴롭히는 것을 막고 싶다고 이야기하는 것입니다!"

"나는, 당신이 말조심해 줄 것을 요구합니다."

"그런 요구는 필요 없습니다. 나는 평소부터 말을 조심하고 있습니다. 그렇지 않아도 방황하기 쉬운 청년의 마음을 정신적으로 방황케 하고, 유혹하고, 윤리적으로 무력하게 만드는 당신의 태도는 파렴치한 것입니다. 그래서 아무리 엄한 말로 당신을 징계해도 부족하다는 것을 주의시켜 드리겠습니다. 나의 이 말은 사실대로 말한 데에 지나지 않습니다."

'파렴치'라는 말을 입에 담으면서 세템브리니는 손바닥으로 식탁을 두드리고 의자를 뒤로 밀며 일어섰다. 이것이 신호라도 된 것처럼 모두 일어섰다. 다른 식탁의 손님들이 귀를 곤두세우고 이쪽을 보았다. 스위스인들은 벌써 떠나버리고 없었으므로 하나의 식탁에 네덜란드인만 있었는데, 그들은 모두 깜짝 놀란 얼굴로 돌발적인 말다툼에 귀를 기울였다.

다섯 사람 모두 식탁을 사이에 두고 꼿꼿하게 서 있었다. 한스 카스토르프와 당사자인 둘은 식탁 이쪽에, 페르게와 베잘은 저쪽에서 얼굴이 새파랗게 질리고 눈을 크게 뜬 채 입술을 떨고 있었다. 나머지 세 사람이 당사자들을 달랜다든가, 농담을 섞어 분위기를 부드럽게 한다든가, 그럴듯한 충고로 모든 것을 원만하게 해결하려는 시도를 할 수는 없었을까? 그러나 아무도 그런 시도를 하지 않았다. 그때에 만연하던 정신 상태가 그것을 하지 못하게 했다. 모두들 엉거주춤하게 서서 몸을 떨며 두 손을 불끈 쥐고 있을 뿐이었다. 고상한 것은 아무것도 모른다고 언명하던 안톤 카를로비치 페르게는 이 말다툼의 깊은 의미를 비판하는 일을 처음부터 단념하고 있었는데, 그런 그 사람까지도 이 말다툼이 이것만으로는 끝나지 않을 것이며, 그 누구라도 이 말다툼에 말려들어가 사건의 격화를 수수방관하는 수밖에 없다고 체념했다. 페르게의 선량하고 풍성한 콧수염이 심하게 떨리고 있었다.

사방이 고요해졌다. 이 고요함 속에서 나프타가 이를 가는 소리가 들렸다. 이것은 한스 카스토르프에게는 비데만의 성난 머리칼이 거꾸로 선 것을 본 것과 같은 경험이었다. 그는 이를 간다는 것은 말뿐이지 실제로는 있을 수 없는 일이라고 생각했었다. 그러나 나프타는 고요함 속에서 정말로 이를 갈았던 것이다. 아주 불쾌하고 야만적이며 기괴한 소리였지만, 어쨌든 이것은 나프타가 무서울 정도로 자제하고 있음을 뜻했다. 그는 되도록 목소리를 낮추어 헐떡거리면서 말했다.

"파렴치요? 징계한다고요? 도덕광도 드디어 화를 냈습니까? 문명의 교육자적 감시인이 결국 칼을 뽑을 만큼 흥분했습니까? 시작으로서는 성공이라고 하겠습니다. 아주 쉽게 성공을 거두었다고요. 그럼 가소롭지만 몇 마디 덧붙여 볼까요? 왜냐하면 도덕적인 감시인을 화나게 하는 데에는 대수롭지 않은 야유로 충분했으니까 말입니다! 앞으로의 일은 당연한 결과가 나오겠지요. 그 '징계한다'는 것도 말입니다. 당신이 나에 대해 어떤 의무가 있는지는, 문화적인 원칙을 가지고 있는 당신이 모를 리 없다고 생각합니다. 만일 모르고 있다면, 나는 당신이 갖고 있는 문화인으로서의 원칙을 시험해 볼 수밖에 없습니다. 그 수단이라는 것은……"

세템브리니가 험악한 몸짓을 하자 나프타는 이야기를 계속했다.

"아, 그렇습니까? 그러면 시험할 필요도 없습니다. 나는 당신의 방해물이고, 당신은 나의 방해물입니다. 좋습니다. 우리는 이 작은 분쟁을 언젠가 적당한 장소에서 해결하도록 합시다. 지금으로서는 단 한 가지만 말해 두겠습니다. 당신은 자코뱅당 혁명의 스콜라 철학적인 관념 국가에 대해서 성자(聖者)와도 같은 불안을 느끼고는, 청년에게 회의를 심어주고, 범주를 뒤엎고, 모든 이념에서 지나치게 현학적이며 오만한 도덕성을 벗겨버리려는 것을 교육적 범죄라 생각하고 있습니다. 당신의 그 불만에는 그럴 만한 당연한 이유가 있습니다. 당신의 인도주의는 끝났기 때문입니다. 그것을 확실히 말씀드려야겠습니다.

그런 것은 이미 오늘날에는 시대착오이고 고전적 골동품이며 정신적 잔해로서, 하품만 자아내게 할 뿐입니다. 우리의 새로운 혁명은 그 유물을 쓸어 없애려고 행동을 시작했습니다. 우리 교육자가 당신들의 미온적인 계몽 사상이 꿈에도 생각하지 않았던 심각한 회의를 심어주려고 하는 것은 남몰래 생각하는 바가 있어서 그러는 것입니다. 시대가 요구하는 절대 사상, 신성한 공포는 과격한 회의와 도덕적 혼란에서만 생기는 것입니다. 나의 견해를 설명하고 당신을 계몽하기 위해 이런 말을 하는 것입니다. 이 이상의 것은 다음 기회로 미루고 하여튼 인사는 해둡시다."

"틀림없이 인사하겠습니다."

세템브리니는 나프타의 뒤에서 외쳤다. 나프타는 식탁을 떠나 털가죽 외투를 가지러 옷걸이가 있는 쪽으로 바삐 갔다. 프리메이슨 단원인 세템브리니는 의자에 털썩 주저앉으면서 두 손으로 심장을 눌렀다. 그러고는 헐떡이면서 소리쳤다.

"파괴자! 미친 개! 피에 굶주린 사나이!"

다른 세 사람은 식탁 옆에 계속 서 있었다. 페르게의 콧수염은 계속 떨렸으며, 베잘은 아래턱을 일그러뜨렸다. 한스 카스토르프는 목이 떨렸기 때문에 할아버지를 흉내내어 목을 가슴 쪽으로 당겼다. 세 사람 모두 여기에 올 때에는 이런 결말은 꿈에도 예상하지 못했음을 생각하고 있었다. 모두들 한 대의 썰매에 다섯 사람이 함께 타지 않고 두 대의 썰매에 나누어 타고 온 것이 얼마나 다행스러운 일인가 하고 생각했다. 우선은 돌아가는 길에 서글픈 심정이 되지 않아도 좋았기 때문이다. 그러나 그다음에는 어떻게 될까?

"그는 당신에게 결투를 신청했지요?"

한스 카스토르프는 불안한 듯이 물었다.

"그렇습니다."

세템브리니는 이렇게 대답하고, 나란히 서 있는 한스 카스토르프를 힐끗 쳐다보더니 곧 눈길을 다른 데로 돌리고 손으로 머리를 받쳤다.

"응하시겠습니까?"

베잘이 물었다.

"그것을 묻고 싶습니까?"

세템브리니는 대답하더니 역시 베잘을 힐끗 쳐다보았다. 그러고는 냉정을 완전히 되찾고 자리에서 일어나 이야기를 계속했다.

"여러분, 나는 우리의 즐거운 소풍이 이런 결말을 맞게 되어 슬픕니다. 그러나 일생을 살아가다 보면 이런 우발적인 사건은 누구나 만나게 된다는 것을 각오해야 합니다. 나는 이론적으로는 결투에 찬성하지 않습니다. 나는 법률을 존중하니까요. 그러나 실제 문제가 되고 보면 이야기는 달라집니다. 경우에 따라서는 반대로 생각할 수도 있습니다. 어쨌든 나는 저 사람의 요구에 응하겠습니다. 다행히 나는 젊었을 때 칼을 만져본 일이 있으니 몇 시간만 연습하면 손목이 다시 유연해질 것입니다. 자, 갑시다! 자세한 것을 타협해야 하니까요. 아마 저 사람은 썰매에 말을 매도록 이미 명령했을 것입니다."

한스 카스토르프는 돌아오는 썰매 속에서, 이제부터 일어날 기괴한 일에 현기증을 느끼는 순간이 있었다. 특히 나프타가 베고 찌르고 하는 결투에는 귀를 기울이지 않고 권총으로 쏘는 것만을 주장한다는 점, 그리고 명예의 개념에 대해 모욕을 당한 것은 나프타였기 때문에 무기의 종류를 결정하는 권리는 그에게 있다는 점이 확실해졌을 때, 한스 카스토르프는 순간적으로 정신이 아찔하면서 어지러웠다. 그러나 청년은 모든 사람을 사로잡아 장님으로 만드는 정신 상태에서 어느 정도 제정신을 찾고, 이런 결투 소동은 미친 짓이니 무슨 일이 있어도 그만두게 해야겠다고 진지하게 생각했다.

"모욕의 사실이 있었다면 말입니다!"

한스 카스토르프는 세템브리니, 페르게, 베잘과 말을 하다가 외쳤다. 베잘은 돌아가는 길에 나프타에게서 입회인 역할을 부탁받고 둘에게 연락을 하고 있었다.

"법률적, 사회적인 모욕이라면 몰라도 또 그것이 상대방의 명예를 더럽혔다든지 여자에 대한 문제가 끼어 있다든지 하는 구체적이고 실질적인 문제가 얽혀서 화해하는 것이 전혀 불가능하다면 몰라도 말입니다. 물론 그런 경우에는 최후의 수단으로 결투도 하나의 해결 방법일 것입니다. 그리고 이로써 명예가 보상되고 사건이 원만히 해결되어 당사자들이 화해를 한다면 결투도 어떤 종류의 분쟁에는 효과적이고 실용적인 수단이라고도 할 수 있습니다. 그러나 그는 이번의 경우에 무엇을 했다는 것입니까? 나는 그를 두둔할 생각은 없습니다만, 그가 당신에게 무슨 모욕을 했는지 그것을 묻고 있는 것입니다. 물론 그는 모든 범주를 뒤엎었습니다. 그의 말을 빌리면, 모든 이념에서 학문적인 존엄성을 짓밟았습니다. 그런데 당신은 이것을 모욕당했다고 느꼈습니다. 그것이 당연하다고 가정하더라도…….”

“가정한다고요?”

세템브리니는 그 말을 되풀이하며 한스 카스토르프를 쳐다보았다.

한스 카스토르프가 이야기를 계속했다.

“물론이지요. 그는 당신을 모욕했지만 당신을 비방한 것은 아닙니다! 이것은 크게 다른 점입니다. 실례지만, 모든 것이 추상적인 문제이며 정신적인 문제에 대한 것이었습니다. 정신적인 문제에서는 모욕할 수는 있어도 비방할 수는 없습니다. 이것은 어떤 명예 재판에서도 인정받는 원칙입니다. 그것에 대해서는 이렇게 단언할 수 있습니다. 따라서 당신이 그에게 ‘파렴치’나 ‘엄한 징계’라고 말씀하신 것도 결코 비방은 아닙니다. 왜냐하면 그것은 정신적 의미에서 말했던 것이라서 개인적인 일과는 아무런 관련이 없기 때문입니다. 비방이란 것은 개인적인 일에만 존재합니다. 정신적인 문제는 결코 개인적인 문제가 될 수 없습니다. 이것이 아까의 원칙에 대한 보충과 주석입니다…….”

“당신은 잘못 생각하고 있습니다, 친구.”

세템브리니는 눈을 감고 대답했다.

“당신은 정신적인 문제가 개인적인 성질을 띠는 일이 없다고 가정하는 점에서 첫째로 잘못 생각하고 있습니다. 그렇게 생각해서는 안 됩니다.”

이렇게 말하고 그는 점잖으면서도 비통한 특유의 미소를 지으며 말을 이었다.

“당신은 무엇보다도 정신적인 문제를 평가하는 점에서 잘못 생각하고 있습니다. 현실 생활에는 결투 말고는 해결 방법이 없을 듯한 마찰과 열정을 동반하지만, 정신적인 문제에서는 그다지 심한 마찰이나 열정을 일으키는 힘이 없습니다. 그러니까 그것은 틀린 생각입니다. 추상적인 것, 순수한 것, 이념적인 것들은 또한 절대적입니다. 따라서 준엄하기도 합니다. 그리고 이것이야말로 실제 생활보다 훨씬 심각하고 과격한 증오, 절대적이며 타협 없는 적대 관계를 일으킬 가능성을 지니고 있습니다. 추상적이고 정신적인 문제가 오히려 실제 생활보다 더욱 직접적이고 용서 없이 ‘너 아니면 나’라는 식의 국면, 참된 의미에서의 과격한 국면, 결투의 국면, 육체적 투쟁의 국면으로 몰고 간다고 말한다면, 당신은 그것을 이상하다고 생각합니까? 결투는 이 세상에 흔히 있는 그런 종류의 '제도'는 아닙니다. 결투는 말하자면 최후의 것, 자연의 원시 상태로의 복귀입니다. 남자는 누구든지 아무리 자연 상태에서 멀리 떨어져 있다 해도 언제나 이 국면에 응할 수 있도록 준비가 되어 있어야 합니다. 언제 그런 국면으로 몰려갈지 알 수 없기 때문입니다. 이념을 위해 자기의 모든 것, 피와 살을 걸 수 없는 사람이라면 그것을 입 밖에 낼 자격도 없습니다. 그리고 아무리 정신적인 존재가 되어도 언제까지나 남자로 있다는 것이 중요합니다."

한스 카스토르프가 오히려 설교를 당한 셈이 되고 말았다. 여기에 대해 뭐라고 대답할 것인가? 그는 침울하게 생각에 잠겨 있었다. 세템브리니의 말은 침착하고 이론이 정연한 것 같았지만, 그의 말투는 기괴하고 부자연스러운 느낌을 주었다. 그가 입 밖에 낸 생각은 자신의 생각은 아니었다. 결투에 대한 것은 그가 스스로 생각해 낸 것이 아니라, 테러리스트인 작은 나프타에게서 강요받은 것인 만큼 세템브리니가 방금 말한 것은 그의 명쾌한 지성을 노예나 도구로 만들어 버린 주위의 정신 상태에 감염된 것이었다. 정신적인 것은 준엄하기 때문에 동물적 상태로, 육체에 의한 투쟁으로 가차없이 몰려간다는 말인가? 한스 카스토르프는 그런 생각에 반발했다. 그러나 그것이 불가능하다는 사실을 알고 깜짝 놀랐다. 주위의 정신 상태는 그의 마음속에도 퍼져 있어 그도 이 상태에서 빠져나갈 힘을 잃어버렸다. 비데만과 존넨샤인이 두 마리의 짐승처럼 서로 붙잡고 뒹굴던 기억이 생생하게 떠올라, 한스 카스토르프가 마지막으로 호소할 방법은 결국 육체적인 것, 손톱이라든가 그와 같은 것뿐임을 알고 깜짝 놀랐다. 그렇다. 결투할 수밖에 없다. 그러면 적어도 저 기사도적인 조정으로 원시적 상태를 완화시킬 수 있기 때문이다. 한스 카스토르프는 세템브리니의 입회인이 될 것을 지원했다.

그런데 그 일이 거절당했다. 안 된다, 그것은 온당하지 않다. 처음에는 세템브리니가 예의 그 점잖고 곤란한 미소를 짓고 거절했으며, 다음으로는 페르게와 베잘이 한참 동안 생각한 다음 이렇다 할 이유도 들지 않고 한스 카스토르프가 입회인으로서 결투장에 나가는 것은 좋지 않다고 말했다. 야수성을 완화시키는 기사도적인 조정 수단으로서는 판정인의 존재가 인정되기 때문이다. 또한 나프타도 그의 의뢰인인 베잘을 통해 같은 의견을 전해 왔으므로 한스 카스로르프는 그러는 게 좋겠다고 대답했다. 입회인이든 판정인이든 그가 결투의 조건을 결정하는 데 견제할 기회를 부여받았다는 사실이 필요한 것임을 알게 되었던 것이다.

그런데 나프타가 어처구니없는 비정상적인 조건을 끄집어 냈다. 그는 다섯 발짝의 간격과 필요하다면 세 번씩 쏠 것을 주장했다. 그는 이런 미치광이 같은 조건을, 말다툼이 있던 날 밤에 베잘을 통해 알려 왔다. 베잘은 완전히 이 야만스러운 자의 대변자가 되어 반은 나프타의 위임에 의해, 반은 자신의 의도로 완강하게 그 조건을 주장했다. 세템브리니는 여기에 반대하지는 않았지만, 입회인인 페르게와 판정인인 한스 카스토르프는 완전히 분개했으며 특히 한스 카스토르프는 한심한 베잘에게 호통을 치기까지 했다—현실적인 모욕이 있었던 것도 아니고, 순전히 추상적인 말씨름인데도 그런 야만스럽기 짝이 없는 조건을 내걸다니 부끄럽지 않은가! 권총으로 한다는 것만으로도 야만스럽기 그지없는데 그런 잔인한 조건까지 끄집어 내다니. 그렇게 되면 기사도도 아무 소용이 없다. 차라리 얼굴을 맞대고 쏘아대는 게 좋을 것이다. 베잘은 가까운 거리에서 자기가 직접 당하는 것이 아니니까 그런 피에 굶주린 말을 술술 입 밖으로 낼 수 있는 것이라고 한스 카스토르프는 말했다. 베잘은 어깨를 움츠리면서 정세가 그렇게까지 절박하다는 것을 무언으로 암시했기 때문에 그런 정세를 바라지 않는 상대방은 단숨에 기세가 꺾였다. 어쨌든 다음 날에도 절충이 계속되어 한스 카스토르프는 세 번씩 쏘는 것을 한 번으로, 간격은 두 결투자가 열다섯 걸음쯤 떨어져 대치했다가 쏘기 직전에 저마다 다섯 발짝만 전진할 권리를 갖도록 개정할 수 있었다. 그런데 이것도 화해의 시도는 하지 않을 것을 굳게 다짐하고 겨우 얻어낸 양보였다. 문제는 또 하나가 있었다. 그것은 이들 다섯 사람 가운데 아무도 권총을 가지고 있지 않은 것이다.

알빈 씨만 권총을 가지고 있었다. 그는 여자들에게 겁을 주려고 갖고 있던 번쩍거리는 회전식 연발 소형 권총 말고도 벨벳으로 덮인 상자 속에 한 쌍의 장교용 권총도 보관하고 있었다. 그것은 벨기에제(製) 브라우닝의 자동식 권총으로, 갈색 목제 손잡이 안에 탄창이 있고, 기계 부분은 푸른 강철제로 회전식 총신은 번쩍거리며 빛을 냈고 총구에는 작은 조준 장치가 붙어 있었다. 한스 카스토르프는 허풍선이 알빈 씨의 방에서 그런 권총을 언젠가 본 일이 있었으므로 결투에 반대하던 그도 할 수 없이 그 권총을 알빈 씨로부터 빌리는 일을 떠맡게 되었다. 한스 카스토르프는 권총을 무엇 때문에 쓰려 하는지를 알빈 씨에게 구태여 감추지는 않았지만 자신의 명예 문제인 것처럼 얼버무리면서 허풍선이의 기사도 정신에 호소하여 쉽게 빌릴 수 있었다. 알빈 씨는 탄환 장전법을 가르쳐 주었으며 바깥에서 한스 카스토르프와 함께 두 개의 권총을 시험 삼아 쏴 보이기도 했다.

이런 일로 시간이 걸렸으므로 대결하기까지는 이틀과 사흘 밤이 지나갔다. 대결 장소는 한스 카스토르프가 생각한 대로 그가 '술래잡기'를 하던 외지면서도 아름다운 곳, 여름이면 푸른 꽃들이 만발하는 곳으로 결정되었다. 그곳에서 문제의 말다툼이 있었던 날로부터 사흘째 되는 아침이 밝아오면서 사건의 결말을 보게 되었다. 완전히 흥분하고 있었던 한스 카스토르프는 그 전날 밤에야 비로소 결투장에 의사를 데리고 갈 필요가 있음을 느꼈다.

그는 그 문제를 곧 페르게와 의논했는데, 그것은 아주 까다로운 문제임을 알게 되었다. 라다만토스는 학생 조합의 선배였기 때문에 그 결투를 이해는 하겠지만, 요양원의 원장인 그가 비합법적인 사격, 그것도 환자끼리의 사격에 협조해 주리라 바란다는 것은 가망이 없었다. 어쨌든 중환자 사이의 권총 사격에 협조해 줄 수 있는 의사를 찾는다는 것은 거의 바랄 수 없는 일이었다. 크로코브스키는 정신과 의사였기에 상처의 치료법을 충분히 알고 있는지도 의심스러울 정도였다.

그는 그 문제를 베잘과도 의논했는데, 베잘은 의사가 오지 않았으면 좋겠다고 한 나프타의 의견을 알려주었다. 나프타에 의하면, 결투를 하는 것은 약을 바른다든가 붕대를 감기 위해서가 아니라, 서로를 쏘기 위해, 그것도 목숨을 걸고 쏘기 위해서라고 했다는 것이다. 자신은 서로 쏜 결과가 어떻게 될지는 관심이 없으며, 때가 되면 알게 될 것이라 말했다는 것이다. 이것은 어딘지 불길한 선고처럼 들렸지만 한스 카스토르프는 나프타가 의사를 부를 필요가 없으리라고 생각하는 것이라 해석하려 했다. 게다가 세템브리니도 나프타에게 보낸 페르게를 통해 의사 같은 건 필요가 없으니 그 문제는 거론하지 않았으면 좋겠다고 전달하지 않았는가? 두 당사자는 어느 쪽도 사실은 피를 흘릴 생각이 없다고 기대해도 그다지 부조리하다고는 말할 수 없을 것이다. 이미 두 사람은 말다툼이 있던 날부터 이틀 밤을 잤고, 앞으로 하룻밤을 더 자게 된다. 그러면 차츰 흥분이 가시고 머리가 냉정해질 것이다. 이런 감정이란 시간의 흐름에 좌우되기 때문에 내일 새벽에 무기를 손에 들었을 때, 서로 대치하는 두 사람은 이미 말다툼을 하던 날과는 다른 기분이 되어 있을 것이다. 그날 밤 같으면 화가 나서 제정신으로 서로 쏘아댔을지 모르지만, 내일 아침이 되면 이제 그런 뚜렷한 의지는 없어지고 다만 체면상 쏘는 척만 할 것이다. 그러니 그들이 한때의 기분에 얽매여 눈앞의 기분을 부정하는 그런 일은 틀림없이 막을 수 있을 것이다.

한스 카스토르프의 이런 예상은 아주 잘못된 생각은 아니었다. 그러나 유감스럽게도 그의 예상은 세템브리니에 대해서만 그대로 적중했다. 나프타가 마지막 순간에 이르러서 생각을 어떻게 바꿀 것인지를 한스 카스토르프가 예상할 수 있었다면 그런 모든 것을 낳게 한 정신 상태가 어떤 것이었든지 눈앞에 다가온 결투를 무슨 방법을 써서라도 막아냈을 것이다.

한스 카스토르프는 불안한 하룻밤을 지낸 뒤, 약속한 장소로 가기 위해 아침 7시에 베르크호프 요양원을 나왔다. 해는 아직 산 위에 떠오르지 않았고, 자욱한 안개가 가까스로 걷히기 시작하던 때였다. 홀을 청소하던 하녀들이 일손을 쉬고 놀란 얼굴로 그를 쳐다보았다. 바깥 현관문에는 자물쇠가 잠겨 있지 않았다. 페르게와 베잘이, 저마다 세템브리니와 나프타를—페르게는 세템브리니를, 베잘은 나프타를—결투장으로 안내하기 위해 따로따로 나갔는지 아니면 두 사람이 함께 갔는지는 몰라도, 이 문을 지나갔음에 틀림없었다. 한스 카스토르프는 판정인이라는 자격으로 어느 쪽하고도 동행할 수 없었기 때문에 혼자서 떠났다.

그는 지금의 상황을 생각하니 마음이 무거웠지만 체면상 할 수 없이 기계적으로 갔던 것이다. 결투에 입회하는 것은 명백하고 당연한 일이었다. 이 결투를 피하고 침대 안에서 결말을 기다리고 있을 수는 없었다. 왜냐하면 모든 것을 되는 대로 내버려 둘 수만은 없기 때문이다. 다행스럽게도 아직 불길한 일은 일어나지 않았고, 반드시 일어난다고 정해지지도 않았으며, 일어날 것 같지도 않았다는 것이다. 아직도 전등불이 켜져 있는 시각에 일어나 아침 식사도 하지 않고 몹시 추운 이른 아침에 바깥에서 만나야 했지만, 그것은 약속한 것에 따랐을 뿐이다. 마지막 순간이 되면 한스 카스토르프가 그 장소에 있음으로 해서 모든 것이 어떻게 해서든지 좋은 쪽으로 바뀌어 밝은 결말이 될 것임에 틀림없다. 어떤 형태가 될지는 지금부터 예상할 수는 없고, 또 그것을 상상해 보려고 하지 않는 것이 현명하리라. 아무리 작은 사건이라도 우리가 미리 상상한 것과는 전혀 다른 경과를 밟는 것은 경험이 가르쳐 주지 않는가.

어쨌든 그날 아침은 한스 카스토르프가 기억하고 있는 가운데에서 가장 불쾌한 아침이었다. 피곤하고 잠이 부족했기 때문에 신경질이 나서 이가 떨렸으며, 마음 깊은 곳에서는 지금 막 생각한 위안이 아무래도 믿어지지 않았던 것이다. 말다툼으로 불치의 환자가 되어버린 민스크 부인, 홍차 때문에 계속 아우성쳤던 생도, 비데만과 존넨샤인, 폴란드인들의 구타 사건들이 생각나면서 기분이 나빠졌다. 그는 자기가 입회한 상태에서 두 사람이 서로 피를 흘린다는 일은 상상도 할 수 없었다. 그러나 자기 눈앞에서 비데만과 존넨샤인이 실제로 행한 일을 생각하면, 그는 자기 자신과 주위 사람들을 믿을 수 없었다. 그런 생각을 하니 털가죽 외투를 입고 있는데도 한기가 몸에 스며들어 오싹오싹했다. 그러나 한편으로는 그가 지금 놓여 있는 상태의 이상하고도 비장한 느낌이, 이른 아침의 상쾌한 느낌과 어우러져 우울해지기 쉬운 기분을 어느 정도 북돋우고 싱싱하게 해주었다.

이렇게 얽히고 뒤바뀌는 여러 기분과 생각에 잠기면서 한스 카스토르프는 점점 밝아오는 새벽 속을 걸어갔다. 그는 쌍썰매 코스의 종점에서 좁은 들판 길을 따라 비스듬히 올라가, 깊은 눈에 덮인 숲에 이르렀다. 그리고 쌍썰매 코스에 걸린 나무다리를 지나, 삽이 아닌 사람들의 발길로 만들어진 길을 따라 나무 사이를 계속 걸어갔다. 그는 빨리 걸어갔기 때문에 세템브리니와 페르게를 곧 따라잡았다. 페르게는 긴 망토 밑에 권총 상자를 들고 있었다. 한스 카스토르프는 망설이지 않고 두 사람과 합류했는데, 둘과 나란히 얼마쯤 걸어가다가, 조금 앞서 걸어가는 나프타와 베잘을 보게 되었다.

"추운 아침인데요. 적어도 영하 18도는 될 겁니다."

한스 카스토르프는 자기 나름대로 머리를 써서 한 말이었는데 그 말이 너무 경박한 것 같아서 얼른 이렇게 덧붙였다.

"여러분, 나는 확신합니다."

그러나 다른 두 사람은 말이 없었다. 페르게의 선량한 콧수염이 떨리고 있었다. 얼마 뒤에 세템브리니는 발걸음을 멈추고 한스 카스토르프의 손을 쥐더니 그 손에 자기의 한쪽 손을 얹고 말했다.

"나는 죽이지 않습니다. 죽이지는 않을 겁니다. 나는 그의 탄환을 향해 설 것입니다. 내가 남자로서 해야 할 일은 이것이 전부입니다. 나는 죽이지 않습니다. 믿어주시오!"

세템브리니는 한스 카스토르프의 손을 놓고 다시 걷기 시작했다. 한스 카스토르프는 깊이 감동하여 몇 발짝 걷다가 입을 열었다.

"참으로 좋은 생각입니다. 세템브리니 씨, 그러면 저쪽에서……."

그러자 세템브리니는 머리를 흔들 뿐이었다. 한스 카스토르프는 한쪽이 쏘지 않으니 상대방도 쏠 리가 없다고 생각하여, 이것으로 모든 일이 자기 예상대로 잘 끝날 것 같아서 기분이 한결 가벼워졌다.

그들은 골짜기에 걸려 있는 다리를 지났다. 여름에는 물방울을 튀기면서 흘러가 그림 같은 장소의 분위기를 더욱 그럴듯하게 해주던 폭포였지만 지금은 얼어붙어서 소리도 내지 않았다. 전에 한스 카스토르프가 누워서 이상할 정도로 선명한 회상에 잠기면서 코피가 멎기를 기다렸던 벤치 위에는, 눈이 희고 두텁게 쿠션처럼 쌓여 있었다. 나프타와 베잘이 그 벤치 앞에 쌓인 눈 위를 이리저리 걷고 있었다. 나프타는 담배를 피우고 있었다. 한스 카스토르프는 그것을 보고 자기도 피워 볼까 생각했지만 그러고 싶은 마음이 생기지 않았다. 나프타가 담배를 피우는 것은 아무래도 평정을 가장하기 위한 것이라는 생각이 들었다. 한스 카스토르프는 이곳을 찾아올 때마다 느끼는 쾌감을 맛보며, 사랑하는 장소의 웅대하고 친밀한 경치를 둘러보았다. 눈과 얼음에 덮인 장관은 꽃들이 만발하는 여름 풍경에 못지않게 아름다웠다. 눈앞에 비스듬히 튀어나온 한 그루의 전나무 줄기와 가지 위에도 눈이 무겁게 쌓여 있었다.

"안녕히 주무셨습니까?"

한스 카스토르프는 그 장소의 분위기를 부드럽게 하고 험악한 공기를 날려 보내기 위해 명랑한 목소리로 인사했다. 그러나 그것은 아무런 효과도 없었다. 아무도 대답을 해주지 않았던 것이다. 그들은 말없이 고개만 숙여 인사했고, 그것도 했는지 안 했는지 모를 만큼 어색했다. 그렇지만 한스 카스토르프는 거기에 도착한 흥분, 겨울 새벽에 급히 걸어서 몸 안에 쌓인 열과 가쁜 호흡, 그 모든 것으로 불행을 막는 훌륭한 목적을 위해 활용할 것을 결심하고 다시 말을 꺼냈다.

"여러분, 나는 확신합니다……."

그러자 나프타는 냉랭하게 그의 말을 가로막으며 오만하게 말했다.

"당신의 확신이라는 건 다른 기회에 쓰도록 하십시오. 어서 무기나 받고 싶소."

나프타의 말에 한 대 얻어맞은 기분이 든 한스 카스토르프는, 페르게가 외투 밑에서 권총 상자를 꺼내고 옆에 있는 베잘이 권총 한 자루를 받아서 그것을 나프타에게 넘겨주는 것을 보고 있을 수밖에 없었다. 이어서 세템브리니가 페르게의 손에서 권총을 받았다. 다음에는 장소를 만들어야 했으므로 페르게가 모두에게 옆으로 비켜달라고 부탁했다. 그는 거리를 발걸음으로 계산하고, 눈으로 표적을 정하기 시작했다. 열다섯 걸음을 표시하는 바깥선은 자신의 구두 뒤꿈치로 눈 위에 짧은 선을 그어 나타내고, 다섯 발자국을 나타내는 간격 선은 페르게 자신과 세템브리니의 산책용 지팡이를 가로놓아서 표시했다.

선량한 페르게는 도대체 무슨 일을 하고 있는 것일까? 한스 카스토르프는 자신의 눈을 의심했다. 페르게는 그 긴 다리를 완전히 벌려 발걸음을 계산했기 때문에 열다섯 걸음은 꽤 먼 거리였지만, 그 안쪽에는 저주스러운 두 개의 지팡이가 놓여 있어서 그 사이는 별로 떨어져 있지 않았다. 그렇다, 페르게는 진지하게 일을 하고 있는 것이었다. 그러나 저러나 이런 끔찍한 준비를 태연히 하고 있는 이 사나이는 대체 어떤 악마에게 홀려서 저렇게 머리가 돌아버렸단 말인가!

나프타는 털가죽 망토를 벗어서 안에 댄 담비털이 보이게 눈 위에 던지고는, 권총을 들고 방금 구두 뒤꿈치로 만든 바깥선으로 걸어갔다. 페르게는 그때 다음 선을 긋기 위해 구두 뒤꿈치로 눈 위를 차고 있었다. 페르게가 일을 끝내기를 기다렸다가 세템브리니도 낡아빠진 털가죽 웃옷의 앞을 벌린 채 정해진 위치에 섰다. 그때까지 마비된 것처럼 멍하니 서 있던 한스 카스토르프는 다시 한 번 용기를 내어 급히 앞으로 나갔다.

그는 숨이 넘어가는 목소리로 말했다.

"여러분, 서두를 건 없습니다! 어쨌든 나는 의무로서……."

"가만히 있어요!"

나프타가 날카롭게 소리쳤다.

"신호를 해주십시오."

그러나 아무도 신호를 하지 않았다. 여기에 대해서는 충분히 타협이 되어 있지 않았던 것이다. '시작'이라는 신호를 보내는 것이 판정인의 역할임을 아무도 생각하지 못했는지, 아무튼 여기에 대해서는 한 마디도 사전에 의논이 없었다. 한스 카스토르프는 잠자코 있었는데, 아무도 그를 대신하여 신호를 보내는 사람이 없었다.

결국 나프타가 선언했다.

"그러면 시작합시다! 전진하면서 쏘십시오!"

그는 상대방을 향해 외치고는, 팔을 뻗어 권총을 세템브리니의 가슴 높이로 향하면서 나아가기 시작했다. 믿을 수 없는 행동이었다. 그런데 세템브리니도 이와 똑같이 행동했다. 나프타가 방아쇠에 손을 대고 안쪽 선에 이르렀을 때, 세템브리니는 세 발자국 앞으로 나아가 총구를 위로 올리고 방아쇠를 당겼다. 날카로운 총소리가 산울림이 되어 되풀이해 울렸다. 주위의 산들이 울리고 그것이 다시 섞여 울려서 골짜기가 이 소리로 채워졌다. 한스 카스토르프는 사람들이 달려오지나 않을까 하고 걱정했다.

"당신은 하늘을 향해 쏘았습니다."

나프타는 권총을 내리면서 분노를 참고 말했다.

"나는 내가 쏘고 싶은 데를 쏩니다."

세템브리니가 대답했다.

"다시 한 번 쏘시오."

"그럴 생각은 없습니다. 다음에는 당신이 쏠 차례입니다."

세템브리니는 그렇게 말하고 하늘을 쳐다보면서, 나프타에게는 몸을 정면으로 향하지 않고 비스듬하게 섰다. 참으로 감동적인 모습이었다. 그는 결투에서는 상대방에게 가슴 정면을 향하지 않는 것이 예의임을 알고 있어서 이런 자세를 취했음을 누구나 알 수 있었다.

"비겁자!"

나프타가 외쳤다. 그는 이 외침을 통해, 쏘는 사람이 총알에 맞는 사람보다 용기를 더 필요로 한다는 사실을 인정했던 것이다. 그는 결투와는 전혀 관계없는 방법으로 권총을 위로 올리고는 자신의 머리에 쏘았다.

처참한, 그리고 잊을 수 없는 광경이었다! 주위의 산들이 이 참사의 날카로운 총성을 여러 번 메아리치고 있는 동안, 나프타는 몇 걸음 비틀거리다가 넘어지면서 몸 전체를 오른쪽으로 틀더니 눈 속으로 거꾸러졌다.

한순간 모두들 멍하니 서 있었다. 세템브리니는 권총을 멀리 던지고 누구보다도 먼저 나프타의 곁으로 달려갔다.

"이건 또 무슨 짓인가? 이것이 신에 대한 사랑에서 행한 일인가?"

세템브리니가 절규했다.

한스 카스토르프는 세템브리니를 도와 나프타의 몸을 반듯하게 뉘었다. 관자놀이에 검붉은 구멍이 보였다. 얼굴은 차마 볼 수 없을 만큼 처참하여 그들은 나프타의 가슴 주머니에서 한쪽 귀퉁이가 보이는 비단 손수건을 꺼내어 얼굴을 덮었다.

청천벽력

한스 카스토르프는 이 위에 7년 동안 있었다.

7이라는 수는 십진법의 신봉자에게는 어중간한 수이지만, 이것은 이것대로 훌륭하고 알맞은 수로서 신화적이고 회화적(繪畫的)인 뜻을 갖는 시간 단위이다. 예를 들면 반 타, '6' 같은 평범하고 무미건조한 수보다도 마음을 만족스럽게 해준다. 한스 카스토르프는 식당에 있는 일곱 개의 식탁에 모두 앉아보았다. 어느 식탁에나 각각 1년쯤 앉은 경험이 있는 것이다. 그는 마지막에는 2류 러시아인 자리에 앉아 두 사람의 아르메니아인, 두 사람의 핀란드인, 한 사람의 러시아 부하라인, 이란에서 온 한 사람의 쿠르드인과 함께 지냈다. 그는 작은 턱수염을 기르고 그 식탁에 앉아 있었다. 이 턱수염은 언제부터인지 모르게 길렀던 것인데, 모양이 꽤 산만한 카나리아빛의 수염으로, 외모에 대한 그의 철학자다운 무관심의 산물이라고 생각할 수 있었다.

우리는 더 나아가서 그 자신이 스스로에 대해 무관심하게 된 것과 마찬가지로 주위 사람들도 그에게 무관심해졌다는 사실을 보고해야겠다. 베르크호프 당국은 그를 위한 기분 전환을 생각하지 않게 되었다. 고문관도 이제는 한스 카스토르프에게 그다지 말을 걸지 않았고, '잘 잤습니까' 하는 아침 인사가 거의 전부가 되어버렸다. 이것도 다만 수사적인 언어로서 말을 생략하는데 지나지 않았다. 아드리아티카 폰 밀렌동크도—그녀는 요즘에도 큰 다래끼를 달고 있었다—며칠에 한 번 정도도 말을 걸지 않았다. 더 정확하게 말하면 좀처럼 말을 걸지 않았다. 사람들은 그를 혼자 있게 내버려 두었다. 낙제하여 그 학년에 남아 있도록 결정되어 더 이상 질문하지 않아도, 공부를 하지 않아도 괜찮다는 이상하고도 통쾌한 특전을 누리는 것이 허락된 생도, 그는 이런 존재가 되어버렸던 것이다. 이것은 자유 가운데에서도 방종한 형태의 자유라 덧붙이고 싶지만, 자유라는 것에 이 밖의 뜻이나 형식의 자유라는 것이 있을 수 있을까 의심해 보고 싶기도 하다. 아무튼 한스 카스토르프는 자포자기의 반항적인 출발 결심을 할 염려는 없다고 단정되었기 때문에, 베르크호프 당국이 이후 신경을 써서 돌봐줄 필요가 없는 인물이었다. 여기를 떠나 어디로 가면 좋을지 그런 것은 이미 알 수 없게 되었고, 평지로 돌아가려는 것도 이제는 전혀 생각할 수 없게 된 안전하며 종신적(終身的)인 존재였다. 그가 2류 러시아인 자리로 옮겨졌다는 사실도 그에 대한 안도감을 나타내는 것은 아닐까? 물론 이렇게 말한다고 해서 이른바 2류 러시아인 자리를 조금이라도 깎아내릴 생각은 없다! 일곱 식탁 사이에는 이렇다 할 우열은 존재하지 않았다. 대담하게 말한다면 어느 식탁이나 똑같이 인정받는 민주제였던 것이다. 2류 러시아인 자리에서도 다른 여섯 개의 식탁과 마찬가지로 굉장히 양이 많은 요리가 제공되었고, 라다만토스 자신도 차례가 오면 그 식탁으로 가끔 와 앉아서 큰 손을 접시 앞에 모으곤 했다. 그 식탁에서 식사하는 사람들은 라틴어를 전혀 모르고 먹는 데에 있어서도 특별히 교양 있는 척하지는 않았지만, 그래도 모두 훌륭한 일류의 일원임에는 틀림없었다.

시간, 그것은 정거장 시계의 긴 바늘처럼 5분마다 생각이 난 듯 한 번 전진하는 것이 아니라 바늘의 움직임이 거의 눈에 보이지 않는 아주 작은 시계처럼 전진한다. 또는 풀이 은밀하게 그 성장을 계속하고 있는데도 그것이 누구의 눈에도 띄지 않다가 어느 때가 왔을 때 비로소 분명하게 모양을 보여주는 것처럼, 시간은 그런 식으로 걸음을 계속한다. 시간은 연장(延長)을 가지고 있지 않는 점(點)만으로 구성되어 있는 선과 같은 것이다(이렇게 말한다면, 그렇게 불행한 죽음을 한 나프타라면 어째서 길이가 없는 점만의 집합이 길이가 있는 선이 될 수 있는가 하고 따져 물을 것이다). 그런 시간이 눈에 보이지 않는 은밀하면서도 부지런한 전진으로 계속 변화를 일으키고 있었다. 한 가지만 예를 든다면, 테디 소년은 어느 날—특정한 '어느 날'이 아니라 아주 막연하고 언제인지 모르는 어느 날이라고 함이 옳을 것이다—이미 소년이 아니었다. 그는 가끔 침대에서 일어나는 대로 잠옷을 운동복으로 바꾸어 입고 내려갔는데, 부인들은 이제 그를 무릎 위에 앉힐 수 없게 되었다. 언제부터인지 모르나

주객이 전도되어 이제는 그가 부인들을 자기 무릎 위에 앉히게 되었다. 그런데 그것은 여태까지와 마찬가지로, 아니 여태까지보다 양쪽 모두에게 훨씬 즐거운 일이 되었다. 그는 잘생겼다고는 할 수 없었지만, 어쨌든 혈색이 좋고 키가 큰 청년으로 자란 것이다. 한스 카스토르프는 그 과정을 알아차리지 못하고 있었는데, 어느 날 갑자기 그런 결과를 깨닫게 되었다. 그러나 시간이 흘러서 키는 컸지만, 그것은 테디 청년에게는 아무 소용이 없게 되었다. 그런 성장이 그에게는 맞지 않았던 것이다. 끝내 그는 시간과 행복을 누리지 못했다. 그는 스물한 살 나이로 약한 체질을 침범하고 있던 병 때문에 죽었다. 이리하여 그의 방은 소독되었다. 그의 이때까지의 수평 상태는 이제부터의 영원한 수평 상태와 별로 다를 것이 없었기에, 우리는 그의 죽음을 침착한 목소리로 말할 수 있는 것이다.

그러나 더 중대한 뜻을 갖는 죽음이 있었다. 우리의 주인공과 가장 가까운 관계를 갖는, 또는 전에 가지고 있던 평지 사람의 죽음이다. 바로 먼 기억 속에 있는 한스 카스토르프의 종조부이자 양아버지인 늙은 티나펠 영사의 죽음이다. 노인은 건강에 해로운 기압을 조심스럽게 피하여, 그런 기압 속에서 수치를 당하던 야메스 외삼촌에게 맡겨졌는데, 그도 결국 뇌출혈을 피할 수는 없었다. 이리하여 어느 날 한스 카스토르프의 침대 의자로 노인의 죽음을 알리는 전보, 간결하지만 다정하고 위로에 찬 전보가 왔다. 이것을 읽은 한스 카스토르프는 테두리가 있는 종이를 사서 거기에다 사촌이나 다름없는 삼촌들에게 편지를 썼다. 내용을 보면, 어려서 부모를 잃은 자기는 이로써 세 번째로 고아가 되었다고 생각하지만, 여기를 떠날 수 없는 몸이므로 종조부의 장례에도 참석할 수 없으니 슬픔은 더욱 깊다는 것이었다.

그가 비탄에 빠진 것처럼 쓴 것은 그럴듯하게 꾸민 것이었지만, 그 무렵 그의 눈은 여느 때보다도 더 생각에 잠긴 빛을 띠고 있는 것도 사실이었다. 종조부에 대해서는 전부터 그다지 깊은 애정을 느끼지 않았고, 요 몇 년간의 꿈과 같은 절연 상태 때문에 거의 아무 느낌도 없어지게 되었지만, 그 노인이 돌아갔다는 것은 평지 세계와 연관된 줄이 또 하나 끊어진 셈이어서, 한스 카스토르프가 자유라고 부른 현재를 더욱 완전한 것으로 만드는 사건이었다. 정말이지 우리가 지금 여기서 말하고 있는 시기에는, 그와 평지와의 감정적인 연관이 완전히 끊어져 있었다. 그는 평지로 소식을 전하지 않았고, 평지에서도 소식을 보내오지 않았다. 이제 그는 평지로부터 마리아 만치니도 구입하지 않을 정도였다. 이 위에서 마음에 드는 시가를 발견했기에 전에 애용했던 시가와 마찬가지로 이것을 즐겨 피우고 있었다. 그것은 극지 탐험가가 빙설(氷雪)로 갇힌 극지에서 아무리 심한 노고라도 잊게 할 만한 시가로서, 이것만 있으면 해변에 누워 있는 것과 마찬가지로 어떤 일도 견뎌낼 수 있을 것 같았다. 그것은 담뱃잎의 아랫부분으로 만든 특제 시가였는데, 이름은 '뤼틀리의 맹세'라고 했다. 마리아보다 좀 더 뭉툭하고 쥐색이며, 가운데에는 푸른 띠가 둘러져 있고 맛이 부드러우면서도 연했다. 새하얀 재는 좀처럼 떨어지지 않고, 재가 되어도 잎맥이 뚜렷하게 보였다. 게다가 타는 모양이 일정하기 때문에 이 시가를 피우고 있으면 모래가 일정하게 흘러내리는 모래시계 대신으로 쓸 수도 있을 듯했다. 사실 그는 필요에 따라서는 시계 대신으로 사용했다. 한스 카스토르프는 이제 회중 시계를 가지고 있지 않았기 때문이다. 시계가 어느 날 탁자 위에서 떨어졌는데, 그것을 고치지 않았기 때문에 그 뒤로는 더 이상 움직이지 않게 되었다. 이것은 그가 달력을 날마다 한 장씩 떼어버린다든가 축제일을 미리 조사하는 일을 오래전부터 그만두어 버린 것과 똑같은 이유였다. 즉 '자유'를 위해서라는 이유에서였다. 다른 말로 표현하면 해변의 산책 10년이 하루와 같은 현재와 영원을 위해서였으며, 인생으로부터 이탈한 그가 걸리기 쉬운 소질을 나타낸 연금술적 마술 때문이기도 했다. 이 마술은 그의 영혼이 지닌 모험의 핵심을 이루고 있어서 단순한 실험 재료인 한스 카스토르프의 연금술적 모험은 모두 그 속에서 행해졌던 것이다.

이렇게 하여 그는 침대 의자에 누워 있었다. 그리고 그가 이 위를 찾아왔던 계절인 한여름이 다시 돌아왔다. 세월은 그 뒤 일곱 번—그는 이것을 모르고 있었지만—이나 되풀이되었던 것이다.

그때 청천벽력처럼 천지가 울렸다.

그러나 우리는 수치와 두려움 때문에 그때 울려 퍼진 천둥소리에 대해 부풀려 이야기할 수는 없다. 여기서는 호언장담이나 허풍을 떠는 것은 어울리지 않는다! 오히려 목소리를 낮추어, 청천벽력이 울렸으며 오랜 무감각과 흥분의 불길한 혼합물이 우리를 귀머거리로 만들 정도로 폭발했다고 말하는 게 옳을 것이다. 외경심을 가지고 말한다면 지구의 토대를 뒤흔든 역사적인 벽력으로서, 우리에게 있어서는 마(魔)의 산에서 7년 동안이나 잠자고 있던 한스 카스토르프를 문밖으로 거칠게 내던져 버린 벽력이었다. 그래서 누가 뭐라고 훈계해도 흘려버리고 신문 읽기를 게을리했던 사나이처럼 그는 깜짝 놀라 풀 위에 주저앉은 채 눈을 비볐다.

지중해 연안에서 태어난 친구이자 선생인 세템브리니는 신문을 읽지 않는 그를 도와주려고 했으며, 스스로 교육을 떠맡은 이 걱정거리 자식에게 평지의 사건들을 가르치려고 배려했지만, 한스 카스토르프는 스승의 가르침을 그다지 경청하지 않았다. 현실 세계의 정신적인 그림자에 대해서는 여러 방법으로 명상에 잠기는 이 제자도 현실 세계 그 자체에 대해서는 주의를 기울이지 않았던 것이다.

그것은 그림자를 진실이라 생각하고 진실을 오히려 그림자라고 생각하는 오만한 경향 때문이었지만, 진실과 그림자의 관계는 오늘날까지도 명백히 규명되어 있지 않기에 한스 카스토르프만을 나무랄 수는 없었다.

이전에는 세템브리니가 갑자기 방에 불을 밝히고 수평 상태로 있는 한스 카스토르프의 침대 옆에 앉아서, 삶과 죽음의 문제에 대해 청년의 사고에 영향력을 주려고 했다. 그런데 이제는 그것이 반대로 되어 한스 카스토르프가 두 손을 무릎 사이에 넣고 작은 침실에 있는 인문주의자의 침대 옆에 앉아, 또는 카르보나리 당원인 할아버지가 쓰던 의자와 물병이 있는 다락방의 침대 의자 옆에 앉아 선생이 논하는 세계 정세를 공손히 경청하곤 했다. 로도비코는 요즈음 침대에서 일어나 있는 일이 별로 없었기 때문이다. 나프타의 비참한 최후, 날카롭고도 절망에 찬 논쟁가의 공포에 찬 행위가 세템브리니의 민감한 심신에 심한 충격을 주어 그는 이 충격에서 회복되지 못했으며 그 뒤 점점 쇠약해져서 금방이라도 쓰러질 것만 같았다. 《사회 병리학》의 편집에 협력하여 인간의 고뇌를 다룬 문학상의 걸작을 집대성할 작정이었지만 이 일도 중단되어 진척을 못 보고, 진보 조성 동맹은 계획하고 있는 백과사전 중에서 문학에 대한 책 한 권이 완성되기를 헛되이 기다리고 있었다. 이렇게 하여 세템브리니는 진보 조성에 말만으로 협력하는 수밖에 없게 되었는데, 여기에서도 한스 카스토르프의 우정에 의한 방문이 유일한 기회를 준 셈이었다. 만일 이 방문마저 없었으면 세템브리니는 말로 협력하는 기회조차 잃어버렸을 것이다.

세템브리니는 사회적 수단에 의한 인류의 자기완성에 대해, 연약한 목소리이긴 했지만 아름다운 목소리로 열을 올려 많은 이야기를 했다. 그의 말투는 처음에는 비둘기의 발걸음처럼 조용했지만, 자유를 획득한 민족들이 세계의 행복을 실현하기 위해 단결하는 화제로 옮겨지자 그의 말투는—그는 아마 그럴 생각도 없고, 그것을 알아차리지도 못했겠지만—독수리의 날개 같은 느낌을 주었다. 그것은 아버지의 인문주의적 유산과 결합하여 아름다운 문학을 이룬 로도비코의 정신적 유산임에 틀림없었다. 마치 인도주의와 정치가 결합하여 문명이라는 고귀하고 화려한 사상을 낳은 것과 마찬가지였다. 문명이라는 사상은 비둘기의 온화함과 독수리의 용맹성에 바탕을 둔 것으로, 보수와 정체(停滯)의 원리가 타도되고 시민적 민주주의의 신성 동맹이 실현될 날을 기다리고 있었다. 요컨대 여러 가지로 모순을 느끼게 하는 이야기였다. 세템브리니는 인문주의자이면서도 반은 공공연히 전투적이기도 했다. 그는 격렬한 나프타와의 결투에서는 인간답게 행동했지만, 인간성이 정치와 결합하여 문명이라는 자랑스럽고 지배적인 사상을 만들고 시민의 창(槍)을 인류의 제단에 바친다는 큰 문제에 이르면, 다시 말해서 개인적인 문제를 떠나게 되면 그가 손에 피를 묻히는 일을 꺼려할 것이라고는 단언할 수 없었다. 그렇다, 세템브리니의 훌륭한 신념도 주위의 정신 상태에 영향을 받아서 비둘기의 순한 요소가 점점 사라지고 독수리의 용맹한 요소가 차츰 강해지고 있었다.

세템브리니는 세계 정세의 큰 국면에 대해 가끔씩 감정이 분열되고 모순을 느껴 동요하기 시작했다. 2년인가 1년 반 전의 일이기는 하지만 그의 조국 이탈리아가 알바니아에서 오스트리아와 외교적으로 공동 보조를 취했기 때문에 그의 말투가 안정을 잃은 적이 있었다. 이 공동 보조는 라틴어를 이해 못하는 아시아적 러시아—태형과 슐뤼셀부르크의 도시—에 대해 행해졌다는 점에서는 세템브리니를 감격시켰지만, 한편으로는 그것이 철천지원수와의 결합, 보수와 민족 예속의 원리인 빈과의 슬픈 결합이었던 점에서 그의 마음을 괴롭혔다. 그리고 작년 가을, 러시아가 폴란드에 철도망을 부설하는 데 프랑스가 러시아에 거액의 융자를 해준 것도 그에게는 똑같은 모순된 감정을 갖게 했다. 왜냐하면 세템브리니는 조국 이탈리아에서 친프랑스적인 당파에 속해 있었기 때문이다. 그리고 그것은 그의 할아버지가 7월 혁명의 며칠 동안을 천지창조의 6일과 동일시했던 것을 생각하면 조금도 놀랄 일이 아니다. 문명 개화국인 프랑스 공화국이 비잔틴 문명의 스키타이 국가와 손을 잡는다는 사실이 그의 양심을 당황하게 만든 것이다. 그러나 러시아가 계획하는 철도망의 전략상 의의를 생각하자, 그는 흥분하여 숨을 거칠게 몰아쉬었으며, 고뇌는 희망과 기쁨으로 바뀌려고 했다. 그러다가 황태자 사살 사건이 일어났다. 그것은 세계 정세에 둔감한 편인 독일인들을 제외한 모든 사람들에게는 폭풍 경보였고, 사정을 잘 아는 사람들에게는 적신호였는데, 우리는 이들 가운데 한 사람으로 당연히 세템브리니를 꼽아야 할 것이다. 한스 카스토르프는 세템브리니가 황태자 사살 행위에 대해 인간적으로는 치를 떠는 것을 보았지만, 그 범행이 세템브리니가 증오하는 반동의 중심인 빈에 대한 민족적 해방 운동의 하나라는 점에서는 얼마나 열렬히 찬성하는가도 보았던 것이다. 물론 그 범행이 모스크바 위정자들의 책동에 의한 결과라고 생각했기에 세템브리니의 가슴은 답답했지만, 그로부터 3주일 뒤에 오스트리아가 세르비아에 최후 통첩을 보냈을 때에는 그 통첩을 인류의 오욕이며 무서운 죄악이라고 매도하는 것을 서슴지 않았다. 그러면서도 세템브리니는 이 통첩으로 일어날 결과를 예견하는 눈을 가지고 있었기에 숨가쁘게 그 결과를 기다렸다.

요컨대 세템브리니의 감정은 급속도로 파국으로 돌입하는 유럽의 운명과 마찬가지로 복잡했다. 그는 민족적인 예의와 동정심에서 제자에게 솔직한 의견을 말하지는 않았지만, 은근히 유럽의 운명을 보는 눈을 뜨게 하려고 했다. 최초의 동원령, 최초의 선전 포고가 있었던 때에는 자신을 찾아온 한스 카스토르프에게 두 손을 내밀어 청년의 손을 꽉 쥐곤 했다. 단순한 청년은 상대방의 감동을 제대로 이해하지는 못했지만 어쨌든 깊은 감동을 받았다.

"친구!"

이탈리아인은 이렇게 말했다.

"화약과 인쇄술, 물론 그것들은 당신들이 발명한 것입니다! 그러나 우리가 혁명의 나라 프랑스를 향해 진군할 것이라고 생각한다면…… 친구……."

숨이 막히고 불안한 기대의 나날이 이어지고 유럽의 신경이 참을 수 없을 만큼 긴장을 거듭하는 동안 한스 카스토르프는 세템브리니를 보러 가지 않았다. 한스 카스토르프의 발코니에 평지로부터 전해 오는, 피비린내 나는 내용의 신문이 직접 전달되어 베르크호프를 뒤흔들었고, 식당뿐만이 아니라 중환자와 위독한 환자들의 방에까지 숨막히는 유황 냄새로 가득 차게 했다. 그것은 오랫동안 잠에 빠져 있던 한스 카스토르프가 무슨 일이 일어났는지도 모른 채 풀 위에서 슬슬 몸을 일으키며 눈을 비볐던 순간이었다. 그의 마음의 동요를 이해하기 위해서 우리는 그 장면을 마지막까지 그려보기로 하자. 그는 두 다리를 끌어당기고 일어나 주위를 살폈다. 그는 마력(魔力)에서 풀리고 구출되고 해방된 것을 알았다. 자기 힘으로 해방된 것이 아니라 자연의 힘이라 할 수 있는 외부의 힘으로 마의 산에서 풀려나왔던 것이고, 그도 그 사실을 인정하고 얼굴이 붉어지지 않을 수 없었다. 그러나 그 외부의 힘에 비교하면 그의 해방 같은 것은 보잘것없는 부차적 현상일 뿐이었다. 그런데 그의 보잘것없는 운명은 세계 전반의 운명에 말려들어 보이지 않게 되었다고 하더라도, 이 벽력에는 그를 위해서 생각해 주는 존재, 즉 신의 자비와 정의가 나타났던 것은 아닐까? 인생이 이 죄 많은 걱정거리 자식을 다시 품 안에 받아들이기 위해서는 그렇게 쉬운 방법으로는 만족하지 않고 역시 이렇게 심각하고 준엄한 형태, 청천벽력의 형태로 나타날 수밖에 없었던 것이다. 게다가 이 벽력은 죄 많은 한스 카스토르프에게는 아마 생명을 의미하는 것이 아니고, 그의 무덤 위에서 소총으로 쏘아지는 세 번의 예포(禮砲)를 의미할지도 모른다. 그는 무릎을 꿇고 하늘을 향해 얼굴을 들고 두 손을 높이 쳐들었다. 유황 냄새가 나는 아득한 하늘이었지만 이제는 죄 많은 마의 산의 동굴 천장이 아닌 하늘을 향해서…….

세템브리니는 한스 카스토르프가 풀밭에 무릎을 꿇고 있는 것을 발견했다. 이것은 물론 비유적인 표현이다. 우리도 알고 있듯이 우리 주인공의 예의 범절로는 실제로 그런 자세를 했을 리가 없다. 세템브리니 선생이 실제로 본 것은 제자가 짐을 꾸리고 있는 모습이었다. 한스 카스토르프가 눈을 뜬 순간, 평지의 폭발적인 벽력에 놀란 사람들이 다급한 출발에 광분하여 혼란과 소용돌이에 휩싸였다. '고향'이라고 부르는 베르크호프는 우왕좌왕하는 개미 떼의 집과 같았다. 이 위의 사람들은 5천 피트의 높이에서 시련을 겪고 있는 평지로 추락한 것이다. 그들은 작은 기차로 몰려들어 승강구까지 넘쳤으며, 어떤 사람들은 짐을 플랫폼에 버려두고 떠나기도 했다. 그 혼잡한 정거장의 상공에는, 눋는 냄새가 나는 바람이 평지에서 불어오는 것 같았다. 그리고 한스 카스토르프도 그들과 함께 추락하여 갔다. 이 혼잡한 가운데에서 로도비코는 한스 카스토르프를 껴안았다. 그를 팔에 안고 이탈리아인답게—또는 러시아인처럼—그의 두 볼에 입맞춤을 했는데, 그것이 무모한 출발을 감행한 청년을 완전히 감동시켰고 어색하게도 만들었다. 그리하여 마침내 기차가 출발했을 때 세템브리니는 청년을 '조반니'라고 부르며, 문명이 개화한 유럽에서 흔히 쓰는 '당신' 대신 '자네'라고 불러서 한스 카스토르프를 당황하게 만들었다.

세템브리니가 말했다.

"드디어 돌아가는군. 잘 가게나, 조반니! 나는 자네가 이와는 다른 식으로 떠나가는 것을 보고 싶었다네. 그러나 괜찮아. 이것이 신의 뜻이니 이밖에는 별도리가 없었던 거지. 나는 취업을 하러 떠나는 자네를 배웅하고 싶었지만, 자네는 이제부터 조국의 형제들과 함께 싸우게 되었군. 아, 우리의 소위님이 아니라 자네가 싸우게 되었다니. 그러고 보면 인생은 짓궂은 거야…… 자네의 피로 맺어진 편에 서서 용감하게 싸워 주게! 현재로서는 이 이상의 것은 아무것도 바랄 수 없어. 나는 내 조국으로 하여금 정신과 신성한 이기주의가 명령하는 편에 서서 싸우도록 하기 위해 나에게 남겨진 힘을 바치기로 했으니 나를 용서해 주게. 안녕!"

한스 카스토르프는 사람들의 머리로 꽉 찬 작은 창틀 사이로 얼굴을 겨우 내밀며 손을 흔들었다. 세템브리니도 오른손을 흔들며 왼손의 손가락 끝으로 한쪽 눈시울을 남몰래 닦았다.

우리는 어디에 있는 것일까? 저것은 무엇일까? 꿈은 우리를 어디로 데리고 가는 것일까? 어스름, 비, 진흙, 흐린 하늘을 태우고 있는 붉은 불꽃, 은은하게 울리는 포성, 휙휙 하는 날카로운 소리와 악마처럼 날아오는 으르렁 소리가 공기를 찢으며 떨어진 장소에서 폭발하여 튀어오르고 산산조각으로 불타올랐다. 신음 소리와 부르짖음, 찢어질 듯 울리는 나팔 소리, 점점 속도가 빨라지는 북소리가 사방을 가득 채우고 있었다. 저기에 숲이 있다. 그 숲에서 회색의 덩어리가 잇따라 나와 달리고 넘어지고 뛴다. 저쪽에는 언덕이 나란히 있고 그 뒤쪽에는 불길이 보이며 그 불길이 가끔 하나로 뭉쳐 활활 타오른다. 우리 주위에는 물결 같은 밭이 포탄으로 파이고 무너졌다. 흙투성이의 한 줄기 길이 뻗어 있고, 그 위에는 꺾어진 나뭇가지가 가득 흐트러져 있어 마치 숲과 같다. 그리고 파여서 흙탕이 되어버린 한 줄기 들길이 갈라져 활 모양을 그리며 언덕 쪽으로 사라졌다. 나뭇가지가 꺾여 쓸쓸한 모습으로 찬비를 맞고 서 있다. 거기에 도로 표지가 있다. 그러나 보아도 소용이 없다. 저녁때라 글자를 읽을 수 없거니와 널빤지는 탄환이 뚫고 지나가 부서져 있었던 것이다. 동쪽일까, 서쪽일까?

여기는 평지이며 전쟁터다. 우리는 겁을 먹고 길가에 멈추어 서 있는 그림자이며, 아무 위험이 없는 그림자라는 사실을 부끄럽게 생각한다. 큰 소리나 허풍을 떨 생각은 전혀 없다. 그러나 우리가 '이야기의 영(靈)'에게 이끌려 여기에 온 것은, 저 숲 속에서 달려나와 뛰고 넘어지며 북소리를 따라 전진하는 회색의 전우들 가운데 우리의 죄 많고 선량한 청년, 오랜 세월 동안 우리의 동반자였으며, 우리가 몇 년을 두고 목소리를 들었던 친구가 있기 때문이다. 우리는 그의 모습이 시야에서 영원히 사라지기 전에 다시 한 번 저 단순한 얼굴을 보아두자는 것이다.

이 전우들이 출동한 것은 벌써 하루 종일 계속되는 전투에 마지막 일격을 가하기 위해서였고, 이틀 전에 적에게 빼앗긴 전방에 이어져 있는 언덕과 저 멀리 후방에서 불타는 마을을 되찾기 위해서였다. 그들은 지원병으로만 편성된 연대인데, 거의 학생인 청년들로 일선에 온 지 며칠 되지 않았다. 그들은 밤중에 출동 명령을 받고 아침까지 기차로 실려왔으며 비가 오는 가운데 점심때가 지나도록 흙탕길을 행군했다. 그것은 길이라고 할 수 없는 곳이었다. 도로라는 도로는 모두 막혀 있었기에 그들은 무거운 외투를 입고 돌격 장비 그대로 비를 흠뻑 맞으며 밭과 질벅거리는 땅을 일곱 시간이나 강행군했던 것이다. 그것은 결핵 요양원의 기분 좋은 산책 같은 것은 아니었다. 군화를 진흙탕에 빠뜨리지 않으려고 한 발자국을 디딜 때마다 엎드려서 손가락을 가죽끈 사이에 넣어 끌어당기면서 발을 진흙탕에서 빼내야 했다. 이런 까닭에 작은 풀밭을 지나는 데 한 시간이나 걸렸고, 이렇게 해서 그들은 이곳에 도착한 것이다.

하지만 젊은 혈기는 모든 장애를 뛰어넘었다. 그들은 흥분했고 피로가 극에 달했지만 마지막으로 남은 힘을 다했기에, 긴장한 육체는 잠도 못 자고 먹지도 못했던 강행군 뒤에도 잠과 음식을 찾지 않았다. 비와 땀에 젖고 흙탕물이 튄 가죽끈을 턱에 걸고 있는 얼굴은, 회색 천으로 덮은 철모 밑에서 붉게 상기되었다. 그들의 얼굴은 긴장 때문에, 그리고 진흙탕이 된 숲 속을 진격하는 도중에 입은 아군의 손상을 보았기 때문에 그토록 붉게 상기되어 있는 것이다. 그들의 진격을 알게 된 적은 유산탄(榴散彈)과 구경(口徑)이 큰 유탄을 집중적으로 퍼부어 공격을 막으려고 했다. 그 진격을 저지하려는 포화는 그들이 이미 숲을 진격할 때부터 대열 속에 퍼부어져 굉음과 함께 튀어올랐고, 갈아엎은 넓은 밭에도 불을 뿜으며 퍼부어졌다.

흥분한 3천 명의 청년들은 돌진해 가야 했다. 그들은 증원 부대로서 이어져 있는 언덕들 앞뒤의 참호와 불타는 마을을 향해 총검 돌격을 감행해야 했으며, 지휘관의 주머니에 들어 있는 명령서에 씌어진 지점까지 돌격하는 부대에 협력해야 했다. 그들이 언덕과 마을에 이르기까지 1천 명을 잃는다고 예상하여 3천 명으로 편성했던 것이다. 3천이라는 숫자의 의미는 그러했다. 그들은 아무리 막대한 인명 피해가 나도 계속 싸워 이겨야 한다. 비록 뒤처져 흩어져 나가는 자들이 있어도 계속 1천 명의 목소리를 합하여 승리의 만세를 외쳐야 한다. 그들은 그런 의도로 편성된, 말하자면 하나의 커다란 육체일 뿐이었다. 벌써 많은 청년들이 고립하고 낙오되어 쓰러져 갔다. 어리고 약한 자들은 이 강행군을 견뎌내지 못했다. 그들은 얼굴이 창백해지고 몸을 비틀거리면서 이를 악물고 견디려고 했지만 결국 뒤처지고 말았다. 전진하는 종대 옆에서 한동안 몸을 질질 끌면서 걸어갔지만, 차례로 대열에서 처지더니 결국 모습을 감추고 진흙 속에 넘어진 채 움직이지 못하고 죽음을 기다리는 것이었다. 이렇게 하여 청년들은 탄환이 작렬하는 숲 속에 도착했지만, 숲에서 달려나오는 적들의 수는 여전히 많았다. 3천 명의 청년들은 약간의 사상(死傷)에는 꿈쩍도 하지 않고 견디며 밀집 부대를 이루고 있었다. 그들은 벌써 우리의 대지로, 도로로, 들길로, 진흙탕이 되어버린 밭으로 일제히 돌진하여 나와, 길가에 멈추어 서 있는 우리들 한가운데로 밀려들어왔다. 그들은 숲 가장자리로 나가자 익숙하게 손을 놀려 칼을 총 끝에 꽂았다. 나팔 소리가 요란하게 울렸고, 북이 둔탁한 소리로 울렸다. 청년들은 날카로운 함성을 지르며 밭의 진흙이 납덩이처럼 무겁게 붙어 있는 꼴사나운 군화를 악몽에서처럼 질질 끌면서 무작정 돌격해 갔다.

윙윙 소리를 내며 날아오는 포탄 속에서 몸을 엎드렸다가는 다시 뛰어 일어나곤 하여, 포탄에 맞지 않는 한은 용감하고 날카로운 함성을 지르면서 전방으로 돌진한다. 그들은 포탄에 맞아 이마를, 심장을, 복부를 꿰뚫려 팔을 뻗으면서 쓰러진다. 어떤 자는 얼굴을 진흙 속에 파묻고 누워서 움직이지 않는다. 어떤 자는 배낭을 깔고 넘어져 뒷머리를 땅에 처박은 채 두 손으로 허공을 휘젓는다. 그러나 숲에서는 쉬지 않고 새 병력이 보내져, 그들은 엎드렸다 뛰어 일어나고 함성을 지르거나 묵묵히 비틀거리며 쓰러진 전우들의 사이를 비집고 돌진한다.

배낭을 등에 지고 칼을 꽂은 총을 메고, 외투도 군화도 진흙투성이가 된 청년들! 우리는 인문주의적이고 심미적인 방법으로 그들의 다른 모습을 상상할 수도 있다. 말을 몰고 있는 근사한 기마병의 모습, 애인과 해변을 거닐고 있는 모습, 정다운 애인의 귀에 입술을 대고 속삭이는 모습, 그 애인에게 행복하고 다정하게 활 쏘는 방법을 가르치고 있는 모습을 그려볼 수도 있을 것이다. 그러나 여기서는 그렇지가 않다. 그들은 지금 포탄이 쏟아지는 진흙 속에 얼굴을 처박고 누워 있다. 그들은 무한한 불안과 어머니에 대한 이루 말할 수 없는 그리움을 가슴에 품었으면서도 기꺼이 이곳으로 온 것이다. 그것은 정말 숭고하며 우리에게 부끄러움을 느끼게 하는 모습이다. 하지만 그것이 그들을 이런 처지에 빠뜨려도 괜찮다는 이유는 되지 않을 것이다.

저기에 우리의 친구가 있다. 저기에 한스 카스토르프가 있다! 그가 2류 러시아인 자리에 있을 때부터 길렀던 턱수염 때문에 우리는 아주 멀리에서도 그를 알아볼 수 있다. 그도 다른 청년들과 마찬가지로 땀에 흠뻑 젖어 얼굴이 붉게 상기되어 있다. 칼이 꽂힌 총을 쥔 손을 내리고, 밭의 진흙이 붙은 군화를 끌면서 달리고 있다. 보라, 그는 쓰러져 있는 전우의 손을 밟았다. 징을 박은 무거운 군화로, 나뭇가지가 흐트러져 있는 진흙 속에서 전우의 손을 밟은 것이다. 그임에 틀림없다. 그런데 웬일일까? 그는 노래를 부르고 있다! 머리가 마비된 듯한 흥분 속에서 자기도 모르게 중얼거리듯, 숨을 헐떡이며 낮은 목소리로 〈보리수〉를 부르고 있다.

가지에 새겨 놓았노라.
많은 희망의 말들을—

그는 넘어졌다. 아니, 몸을 엎드린 것이다. 지옥의 탄환이, 거대한 폭렬탄이, 무시무시한 원뿔형 덩어리가 악마처럼 으르렁대며 날아왔기 때문이다. 그는 얼굴을 차가운 진흙탕 속에 파묻고, 두 다리를 벌리고 발꿈치를 땅에 대고 엎드려 있었다. 포악해진 과학의 산물이 가장 무서운 힘을 숨기고 날아와서, 비스듬히 서른 걸음쯤 떨어진 그의 앞에 마치 악마의 화신처럼 깊숙이 들이박

히더니 땅속에서 굉장한 힘으로 작렬하며 흙덩이와 불과 철과 산산조각이 난 인체를 공중으로 분수처럼 퉁겨 올렸다. 거기에는 두 명의 병사가 엎드려 있었다. 두 사람은 친구인데, 위험을 느끼자 무의식중에 그렇게 엎드린 것이었다. 그러나 이제 그들의 육체는 찢겨서 피범벅이 되어 없어져 버렸다.

아, 우리의 평안한 그림자가 부끄럽다! 떠나자! 이야기를 그만두자! 우리의 친구, 한스 카스토르프는 포탄에 맞았을까? 그는 순간 죽었다고 생각했다. 큰 흙덩이가 정강이에 부딪쳐 아팠지만 괜찮았다. 그는 일어서서 진흙이 무겁게 붙은 군화를 질질 끌고 비틀거리면서 계속 나아가며 무의식중에 흥얼거렸다.

가지는 흔들리면서
말하는 것같이.

이리하여 그는 혼란 속으로, 빗속으로, 어스름 속으로 우리의 눈앞에서 사라져 갔다.

안녕, 한스 카스토르프! 인생의 걱정거리 녀석! 자네 이야기는 끝났다. 우리는 자네의 이야기를 끝마쳤다. 짧지도 않고 길지도 않은 이야기, 연금술적인 이야기였다. 우리는 이야기 자체가 목적이었기에 이야기한 것이지, 자네를 위해 이야기한 것은 아니었다. 자네는 단순한 젊은이였으니까 말이다. 그러나 생각해 보면 이것은 결국 자네의 이야기였다. 이런 이야기가 자네에게 일어난 것을 보면 자네도 보기와는 달리 보통내기가 아니었음이 분명하다. 또한 우리는 이 이야기를 하면서 자네에게 다분히 교육자다운 애정을 느끼기 시작한 것도 부정하지는 않는다. 그리고 이 애정 때문에 앞으로 자네를 볼 수도 없고 목소리를 들을 수도 없으리라 생각하니, 손가락으로 눈시울을 훔치고 싶어진다.

안녕—자네가 살아 있든, 또는 이야기의 주인공으로서 사라지든 이것으로 작별이다. 자네의 앞길은 결코 밝지는 않다. 자네가 말려들어간 사악한 무도(舞蹈)는 앞으로 여러 해 동안 그 죄 많은 춤을 계속 출 것이다. 따라서 우리는 자네가 거기서 무사히 돌아오리라고는 크게 기대하지 않겠다. 솔직히 말해서 우리의 그 의문은 의문으로 남겨둘 뿐 그다지 신경 쓰지 않겠다. 자네가 겪은 육체와 정신의 모험은 자네를 더욱 단순하게 만들어서, 자네의 육체로는 이처럼 오래 살지 못했을 것을 정신의 세계에서 오래 살게 해주었던 것이다. 자네는 '술래잡기'로 죽음과 육체의 방종 속에서 예감으로 충만하여 사랑의 꿈이 탄생하는 순간을 겪었다. 이 세계를 덮는 죽음의 향연 속에서, 비 내리는 밤하늘을 태우고 있는 저 끔찍한 열병과 같은 불길 속에서, 그러한 것들 속에서도 언젠가는 사랑이 태어날 것인가?

토마스 만의 생애와 문학

조화와 완성을 향한 의지

토마스 만(Thomas Mann)은 독문학사상 전환점에 선 작가이다. 그가 태어난 1870년대는 독일에서 자연주의(自然主義) 문학이 날카로운 비판을 받기 시작하고 새로운 문학 양식이 대두되기 시작했다. 낭만주의도, 피히테(Fichte)의 철학도, 프랑스 혁명의 열정도 이제는 그 위력을 잃고 말았다. 과학의 놀라운 발전으로 숨가쁜 시대가 다가온 것이다.

토마스 만은 실로 거대한 독일 문화 전통의 막바지에 선 인물이다. 그를 계기로 독일의 문화는 집대성되고 반성된다. 토마스 만 자체가 독일 문화의 장점과 단점을 자신 속에 모두 포함하고 있다.

니체, 쇼펜하우어, 바그너가 토마스 만의 문학에 많은 영향을 주었다. 그러나 그는 그러한 여러 이질적 요소를 모두 자기 속에 용해시켜 자신의 운명관으로 독일의 과거와 현재를 연결했다.

현대 독문학의 세 명의 거두(巨頭)로 토마스 만, 라이너 마리아 릴케, 프란츠 카프카를 꼽는다면, 토마스 만 문학의 특성은 한 마디로 조화와 완성을 향한 의지라고 말할 수 있다.

그를 생각할 때 우리는 그의 숨막히는 고뇌와 그 심연을 건너려는 진지한 노력을 상기한다. 질식할 듯 무거운 19세기 끝무렵의 분위기 속에서 한 가닥의 구원을 모색하는 데 토마스 만처럼 피나는 노력을 기울인 작가도 드물다. 그러므로 그의 일생은 정지된 생이 아니라 언제나 새로운 것을 창조하려는 생성의 길이었다. 80년에 걸친 그의 일생은 참으로 완성을 위한 인내의 길이었다.

1929년에 노벨 문학상을 받은 작품 《부덴브로크가의 사람들》을 비롯한 그의 작품 세계는 참으로 다양하다. 《부덴브로크가의 사람들》 이후 《마의 산》 《파우스트 박사》 《선택된 사람》에 이르는 기나긴 창작 기간 동안, 토마스 만은

19세기 끝무렵의 세기말적인 붕괴와 환멸의 감상에서 벗어나려고 몸부림치던 작가였다.

그는 성실하게 자기 자신과 그 시대 상황에 대해서 글을 써 왔기 때문에 그의 산문들은 매우 자서전적인 요소가 짙다.

그가 공통된 주제, 즉 예술과 생활이라는 문제를 줄곧 다루는 것은 사실이지만 이 문제를 진부하고 동일한 관점에서 시작해서 같은 결말로 이끌어 간 것은 결코 아니다. 이 문제는 작가 토마스 만의 인간적인 성숙과 더불어 차츰 변화되어 간다. 초기의 작품에서 보여지는 구원할 길 없는 우울과 환멸은 만년의 작품에 이르면서 점차 조화와 해결의 길로 들어서게 된다.

그렇다면 그가 즐겨 다루던 주제를 좀더 구체적으로 말하면 무엇일까? 그것은 이른바 감정과 이성, 예술과 생활, 현실과 이상, 시민과 예술가, 육체와 정신, 삶과 죽음으로 이름지을 수 있는 모순된 두 세계의 대립이다. 이것은 넓은 의미로 본다면 독문학 일반의 특징이라고 할 수 있는데, 특히 토마스 만에게는 일생을 건 불가사의한 문제였다.

토마스 만의 작품과 생애는 갈등으로 이어져 있다. 그는 정말 파우스트적인 갈등의 인물이었다. 60여 년에 걸친 그의 창작 활동은 주로 세 시기로 나뉜다.

제1기는 《토니오 크뢰거》《부덴브로크가의 사람들》《괴로운 한때》를 쓴 갈등이 가장 심했던 창작 시기, 제2기는 《대공 전하(大公殿下)》《베네치아에서의 죽음》《마의 산》《마리오와 마술사》 등을 쓴 조화 모색의 시기, 제3기는 《파우스트 박사》《바이마르의 로테》《속은 여자》《선택된 사람》《사기꾼 펠릭스 크룰의 고백》 등을 쓴 성숙의 노년기이다. 그의 작품은 언제나 갈등과 고뇌로 가득 차 있는데 이것은 작가 토마스 만이 무엇인가 항상 새로운 길을 모색해 나가려는 의욕으로 가득 차 있었던 까닭이라고 하겠다.

초기 작품 시기—갈등의 고뇌 속에서

토마스 만은 아름다운 항구 도시 뤼베크에서 1875년 부유한 상인 요한 하인리히 만(Johann Heinrich Mann)의 둘째아들로 태어났다. 그의 출생 자체가 이미 갈등과 모순을 마련해 놓고 있었다. 상인이며 시의원이었던 아버지로부터 이성과 도덕관을, 어머니로부터는 남국인들의 정열과 예술적인 재능을 물려받았다. 아폴로적인 것과 디오니소스적인 것의 모순 사이에서 토마스 만은 태어났다.

또 아버지의 업적을 이어 가문을 빛내야겠다는 그의 속인으로서의 명예감과 이미 김나지움 시절부터 그를 학교 친구들로부터 멀어지게 했던 예술가적인 기질이 그의 내면에서 충돌하고 있었다. 이런 갈등은 그의 초기작에서 가장 강렬하게 반영되어 있다. 《토니오 크뢰거》에서의 주인공은 시를 쓰는 자기 자신을 스스로 '어리석고 천한 것'으로 생각한다.

토마스 만(1875~1955)

토마스 만은 1891년 아버지가 죽자, 예술과 문학의 중심지 뮌헨으로 가서 1933년까지 살았다. 한때 보험회사에서 근무하기도 했고, 풍자 주간지 《짐플리치시무스》의 편집을 맡기도 했으나, 얼마 안 가 형 하인리히처럼 글 쓰는 데만 전념했다. 초기 단편집 《꼬마 프리데만 씨》(1898)에 들어 있는 소설들은 1890년대의 유미주의를 반영하고 있으나 철학자 쇼펜하우어와 니체, 작곡가 바그너의 영향을 받은 깊이 있는 작품들이다. 만은 정신적으로 그들 모두에게 모호하지만 깊은 신세를 지고 있음을 인정해야 했다. 초기소설들은 주로 창조적 예술가의 문제를 다루었다. 그들은 예술의 형상화에 전념하면서 존재의 무의미함에 대결하고자 하는데, 이러한 대립을 만은 정신(Geist)와 삶(Leben)의 대립으로 확대한다. 그러나 현실에 적응하기 어려운 예술적인 성향에 공감을 나타내면서도, 상상의 세계가 허구의 세계임을 분명히 인식하고 있었으며 예술가가 사기꾼에 가깝다는 주제가 이미 등장하기 시작했다. 동시에 그의 작품에는 아무런 문제가 없는 평범한 삶에 대한 어떤 향수가 나타나기도 했다.

이러한 상반되는 감정은 첫 장편소설 《부덴브로크가의 사람들》에 아주 잘 드러나 있다. 처음에는 한 시민계급 가정의 소년이 바그너 음악을 들으면서 초월적인 현실이 있음을 경험하고 삶의 의지를 상실해간다는 내용의 중편소설

▲소년 시절의 토마스 만(1884)

◀부덴브로크 하우스
소설의 무대가 된 이 건물은 토마스 만의 할머니 집. 전쟁으로 파괴되었지만 복원되어 기념자료관으로 공개되고 있다. 근처의 생가는 전쟁으로 소실되었다.(1870)

로 쓸 계획이었으나, 집필을 시작하면서 가정과 이 가정의 3대에 걸친 가업을 다루는 이야기로 확대되었다. 여기서는 예술적인 성향이 사업의 실제성을 추구하는 후세대의 가족구성원들과 어떻게 상충되고 있으며, 그들의 삶의 활력을 어떻게 침해하고 있는가를 보여준다. 그러나 이 소설은 작가의 의지와는 거의 반대로 옛 부르주아 계급의 미덕을 기리는 부드러운 비가가 되고 말았다.

독일 작가 가운데 토마스 만처럼 어린 시절의 추억을 명확하고도 생생하게 기록하고 있는 작가도 드물다. 뤼베크에서의 소년 시절의 추억을 소재로 쓴 《부덴브로크가의 사람들》과 《토니오 크뢰거》는 주제와 소재면에서 토마스 만의 표현 기술이 특출한 작품이다.

특히 노벨상 수상작인 《부덴브로크가의 사람들》은 '한 가정의 파멸'이라는 부제(副題)가 붙어 있는데, 여기서는 정치적·사회적인 파멸이 아니라 한 가정의 파멸을 형이상학적인 것으로 고양시켰다. 형식면에서 보면 이 작품은 발전소설(Entwicklungsroman)로서 인간 정신 세계의 발전이 방대하게 그려져 있다.

뤼베크(Lübeck) **시가지** 토마스 만이 태어난 뤼베크는 1143년 건설되었다. 트라베 강(Trave R.)이 발트해로 흘러드는 어귀에서 약 20㎞ 상류에 위치한 상업도시로, 독일 한자동맹 중심지였다. 중앙의 가장 높게 솟은 첨탑 건물이 성마리아 교회.

여기서는 몇 대에 걸친 한 집안의 몰락이 가족의 성격과 밀접한 관계를 맺으면서 서서히 진행된다.

부덴브로크가의 지주인 요한 부덴브로크 1세는 유능한 상인으로서 정신적인 세계에 대해서는 이해력이 그다지 없으나 자기의 현재 위치에 만족하고 더 나은 미래를 위해 끊임없이 애쓴다. 그 아들인 영사 요한 부덴브로크 2세는 비일상적이고, 비시민적(非市民的)이며, 감성이 예민하다. 이렇게 나약한 비생활적인 예술가 기질은 그 다음 대(代)에 가서 더욱 심해져 이 가문의 마지막 인물이 된 몽상가 어린 '한노'에 이르면 냉혹한 현실 앞에 몸을 숨기고 음악의 환상세계에만 파묻히다가 끝내 이른 나이에 죽고 만다. 이유는 그가 도대체 살고자 하지를 않았기 때문이다.

이 작품에서 우리는 니체와 쇼펜하우어의 영향을 본다. 주인공들은 모두 죽음을 감미롭고 다행스런 것으로 보고 있다.

단편 소설《꼬마 프리데만 씨》(1898) 초판 표지

"내가 생을 미워한 적이 있는가? 이 순수하고 끔찍스럽고 거센 인생이란 것을!"

영사 요한 부덴브로크는 반문하지만, 그 또한 죽음이란 모든 고통스런 인간 의지로부터의 해방이라고 믿었던 것이다.

그러나 니체나 쇼펜하우어가 그러했듯 토마스 만의 작품에 나오는 주인공들도 실은 생을 긍정하고 남보다 열심히 인생의 일상적인 즐거움, 어리석지만 아름다운 인간 세계 속에 자신도 참여하고자 꾸준히 노력하고 있다. 그것은《부덴브로크가의 사람들》이나《토니오 크뢰거》등에서 강렬하게 느낄 수 있다.

음악과 시 속에 묻혀 사는 주인공 '토니오'는 방과 후에 한스를 기다리며 초조하게 서 있다. 활기에 넘치고 승마를 취미로 삼는 한스를, 그는 부러워하면서도 사랑하고 있다. '토니오 크뢰거'라는 이름 자체가 그렇듯이 그는 이런 모순된 두 개의 갈등 속에 서 있다. 그는 시민적인 아버지와 예술가 기질의 어머니 사이에서 태어나 예술과 생활의 이중성 속에서 고심한다. 토니오는 몽상가이며 부끄럼을 잘 타고《돈 카를로스》를 감동 깊게 읽는다. 그러고는 자신이 한스처럼 될 수 없다는 것을 괴로워하며, 자기처럼 시를 쓴다는 것은 어리석은 짓이라고 생각한다.

그가 처음 사랑한 사람은 금발의 잉게인데, 그녀는 토니오와는 반대로 늘 쾌활하고 단순해서 그다지 깊이 생각하는 기질이 아니며, 시를 쓰는 토니오를 좀 묘한 사람으로 생각한다. 비극은 토니오가 한스나 잉게 같은 일상적인 사람들을 부러워하고, 시를 쓰는 자신을 낙인이 찍힌 불행한 사람이라 생각하며,

▲기념자료관 부덴브로크 하우스(뤼베크 소재)

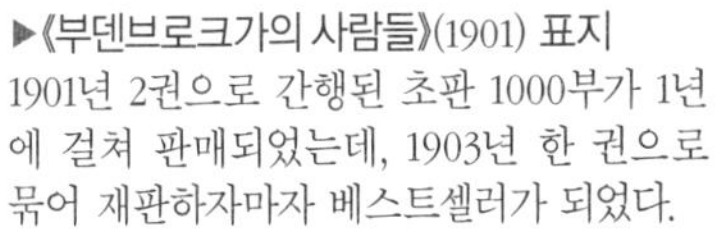
▶《부덴브로크가의 사람들》(1901) 표지
1901년 2권으로 간행된 초판 1000부가 1년에 걸쳐 판매되었는데, 1903년 한 권으로 묶어 재판하자마자 베스트셀러가 되었다.

예술을 하느님이 주신 재능이 아니라 '저주'라고 생각하는 데 있다.

작품 《토니오 크뢰거》에서 토마스 만은 한스와 잉게로 대변되는 시민성과 토니오로 대변되는 예술성을 대립시켜 놓고 있는데, 이러한 생활과 예술의 대립은 앞서도 말했듯 니체에게서 많은 영향을 받았다.

토마스 만도 니체의 견해에 동감하여, 예술가란 인식자(Erkennender)로, 또한 영혼의 아들로 생각했으며, 영혼이란 거세고 멋대로 날뛰는 생의 반대극이라고 생각했다. 그리고 모든 것을 인식하고 깨닫게 됨으로써 예술가가 얻게 되는 것은 《인식의 구토감》뿐이라고 생각했다.

생활인이 되지 못한 토니오는 몇 편의 시를 숨어서 쓰면서 사람들의 주위를 서성거린다. 토마스 만은 예술가란 일상적인 생활에서 떨어진 채 평범한 기쁨을 빼앗긴 '길 잃은 사람'이라고 생각하고 있다. 그래서 예술가는 삶 속으로, 집단 속으로, 사회 속으로 들어가려고 몸부림친다. 그러나 이렇게 몸부림치던 토니오에게 온 것은 '고뇌와 불행과 굴욕' 뿐이었다.

단편 소설 《토니오 크뢰거》(1903) 초판본 표지(왼쪽)과 삽화(위)

그의 사랑도 대답이 없었다. 남들이 웃고 떠들면서 춤출 때, 토니오는 멍하니 창 밖을 내다보면서 자신을 힐책하는 것밖에 없다. 토니오는 말한다.

"내 마음은 원망과 동경으로 가득하다. 왜? 무엇 때문에? 왜 내 방 창가에 앉아 슈토름(Storm)의 《임멘호수》나 읽으면서 늙은 호두나무 가지가 우울한 소리를 내는, 저녁 어스름에 싸인 정원이나 내다보고 있는 것일까? 그것이야말로 제격에 맞는 곳이었을 것이다."

여기서 보듯 토니오가 집단 속으로, 생활 속으로 들어가려고 노력하면 노력할수록 그는 점점 더 사람들에게서 멀어질 뿐이다.

이런 점에서 주인공 토니오는 파우스트와 닮은 점이 많다. 토니오가 '인식에 대한 혐오감'을 가졌던 것은 파우스트가 '모든 것을 알고서' 거기에 혐오감을 가졌던 것과 상통한다. 파우스트도 토니오도 모두 일상인은 아니다.

쾌활하게 생을 즐기는 한스와 잉게를 바라보기만 할 뿐 한 발짝도 그런 생으로 내딛지 못한 채 자기 회의와 탄식의 방으로 물러나고 만 토니오 크뢰거는 생활인이 되지 못한 아웃사이더이다. 현실 속에 몰두해 살지 못하고 그것을 인식하고자 애쓰고, 관찰하고, 사색하면서 그것을 시로, 음악으로 그려내는 예술가들은 생활과의 충돌을 피할 수 없다. 사실 평범한 일상인들은 시인이 갖지 못한 기쁨을 가지고 있음을 볼 수 있다.

단편 소설《트리스탄》(1903) 초판본 표지

그것은 괴테의 작품을 통해 우리가 보았던 타소(Tasso)와 비슷하다. 그래서 어떤 비평가는 토니오 크뢰거를 현대의 타소라고 부르기까지 한다.

이런 아웃사이더적인 갈등은《베네치아에서의 죽음》등에서도 계속 나타난다. 그가 생활로부터 쫓겨난 아웃사이더를 거부하고 인생 속으로 뛰어들려는 의도는 사실 큰 욕심이라고는 말할 수 없다. 인간으로서 평범하고도 일상적인 즐거움을 되찾아 보려는 노력일 뿐이다.

그러나 곰곰이 생각해 보면 정신과 육체의 만족스런 조화를 얻는다는 것은 결코 쉬운 일이 아니다. 장년기의 작품인《마의 산》에서는 어느 정도 이런 끊임없는 노력이 결실을 보고 있는 듯하기도 하나, 거의 대부분의 초기 작품에서는 토마스 만의 가련한 고뇌만이 펼쳐질 뿐 해결은 아득하다. 그리하여 감미로운 죽음만이 자주 달콤하게 손짓한다.

토마스 만이 작가라는 직업을 '저주'라고 생각했다는 것이나, 또는 "인식창조의 고뇌라는 저주에서 벗어나 복된 평범함 속에서 살면서, 사랑하고 찬양할 수 있다면 얼마나 좋겠는가!" 탄식했던 것은 그만큼 그의 고뇌가 벗어나기 힘든 무서운 것이었기 때문이다.

조화를 모색한 시기—적극적인 생의 긍정

1903년 단행본으로 저렴한 가격에 간행된 《부덴브로크가의 사람들》은 출판되자마자 날개돋친 듯이 팔리기 시작했다. 그리하여 토마스 만은 이 책을 통해 상당한 부(富)를 얻게 되었다. 고독한 예술가가 속세의 성공을 얻게 된 셈이다.

1905년 《괴로운 한때》가 출판되던 해에 그는 그즈음 꽤 알려진 수학 교수의 딸인 카티아 프링셰임과 결혼했다. 이리하여 토마스 만은 어느 정도 남부러울 것 없는 안정과 만족을 얻게 되었는데, 이런 행복 속에서 탄생한 것이 '미래의 동화'라는 부제가 붙은 《대공 전하》이다. 이 작품은 토마스 만의 가장 경쾌한 작품으로 손꼽히는데, 부제에서 보듯이 동화적인 색채가 짙다. 그러나 1912년 어두운 분위기의 걸작 《베네치아에서의 죽음》에서는 다시 예술가의 비극적인 딜레마라는 주제로 돌아갔다. 이 단편소설의 주인공은 문체와 구성을 통해 자신의 신경질적이고 '퇴폐적'인 감수성을 통제하는 어느 유명한 작가로서, 그는 과로에서 벗어나 쉬기 위해 베네치아를 찾는데 그 무렵 이 도시에 콜레라가 퍼지자 자신도 죽음에 매혹되어 죽기를 갈망한다. 에로스와 죽음의 상징들이 미묘하게 짜여져 풍부한 감각적인 분위기를 이루고 있는 이 소설은 만의 작품 세계에서 한 시대를 마감한다.

제1차 세계대전의 발발은 만에게 열렬한 애국심과 예술가의 사회참여의식을 불러일으켰다. 형 하인리히는 몇 명 안 되는 독일작가들과 함께 독일이 전쟁을 일으킨 데 대해 의문을 제기하고, 독일의 독재에 대해 비판을 했는데, 이에 대해 만은 세계주의 문학가들에 대한 신랄한 공격을 퍼부었다. 그는 정치적 대(大)논문 《어느 비정치적 인간의 고찰》(1918)에서 자신의 창의력을 총동원하여 민주주의에 반대하여 독재주의국가를, '평범한' 합리주의에 반대하여 창조적인 비합리주의를, 도덕주의 문명에 반대하여 내적 문화를 정당화시키고 있다. 이 논문은 19세기 독일의 민족주의적이고 반(反)민주주의적인 사상가 폴 앙통 드 라가르드와 '게르만 민족'의 우월성을 주창한 H.S. 체임벌린으로부터 국가사회주의(나치즘)로 나아간 '혁명적 보수주의'의 전통과 맥락을 같이하고 있다. 그러나 만은 나중에 이러한 생각들을 거부하게 된다.

1919년 독일 바이마르 공화국이 수립되면서 만은 서서히 자신의 생각을 바꾸기 시작했으며, 평론 〈괴테와 톨스토이〉 〈독일 공화국에 대하여〉에서는 다

▲▼《마의 산》의 무대 위 사진은 지금의 다보스. 알펜 리조트 중심지가 되었다. 아래는 다보스 결핵 요양원. 1912년, 결핵에 걸린 아내 카트야가 스위스 다보스의 결핵요양원(시나트리움)에 입원했다.

소 주저하기는 했지만 민주주의 원칙을 받아들이고 있음을 보여준다. 그의 새로운 입장이 명확해진 것은 장편소설《마의 산》이었다. 이 작품의 주제는 초기 작품의 모티프에서 나왔으며 줄거리는 다음과 같다. 젊은 엔지니어 한스 카스토르프는 다보스의 요양소에 있는 사촌을 방문하는데, 거기서 병·내면세계·죽음에 대한 강한 유혹에 이끌려 현실의 삶을 포기한다. 그러나 이 요양소는 바깥세계에서 일어날 수 있는 가능성과 여러 위기상황을 정신적으로 반영하고 있는 곳이며, 결국 카스토르프는 다소 회의적이긴 하나 인간적으로 현실의 삶으로 돌아와 민족을 위해 봉사하기로 한다. 만은 이 마지막 결정을 "유럽 사람들이 빠지기 쉬운 수많은 위험한 동정·매혹·유혹 등으로부터의 결별"이라 일컫고 있다. 또한 이 대작에는 유럽이 직면한 숙명적인 선택이 뛰어난 통찰력으로 그려져 있다.

《마의 산》은 토마스 만의 대표작으로 불리는 것으로, 만 일생의 문제인 죽음과 생이라는 거대한 주제가 방대하게 펼쳐진다. 이 작품은 내용이나 형식에서 근대 독일 문학 최고의 작품이라 불리어도 손색이 없다.

1921년, 만의 부인이 결핵으로 입원하게 되어 스위스의 유명한 다보스 요양원에서 치료를 받게 되었는데, 그도 우연한 기회에 거기서 엑스레이 사진을 찍어 보고 자신도 폐가 나쁘다는 사실을 알게 되었다. 토마스 만은 놀라서 뮌헨으로 도망치듯 돌아왔지만 이로 인해 병과 죽음이라는 소재가 한동안 그의 머릿속을 떠나지 않았다.

처음에 그는 이 소재로 단편을 쓸 예정이었으나, 제1차 세계대전 중 작품 활동을 중단하고 정치적인 활동을 하는 동안, 이것이 마음속 깊이 차츰 자라나 전후에 다시 펜을 들게 되었을 때에는 거대한 장편 소설로 발전하게 되었다.

토마스 만은 짧은 이야기 속에서 시민 계급의 붕괴 직전의 안일(安逸)을 고발한다. 세기말 시민 사회의 공허성이 이렇게 철저히 표현되고, 유럽 사회의 붕괴 과정이 이렇게 명료하게 표출된 작품은 그 예를 찾아보기가 쉽지 않다. 이 작품을 통해 우리는 인간 내면의 기록, 다시 말해서 자아와 의식의 발전 과정을 눈앞에 보게 된다. 토마스 만은 이를 뛰어난 상상력과 직관으로 훌륭히 묘사해 놓고 있다.

《마의 산》의 주인공 한스 카스토르프가 다보스 결핵요양원에서 인간 생존의 비밀을 깨닫게 되어 산을 내려오고, 현실 속으로 과감히 뛰어드는 부분은 결코 우연한 사건 진전의 과정이 아니다.

생의 의미를 망각하게 하는 음울한 마의 산에서 그가 원시적이고 초라하지만 생명력이 넘치는 아래 세상으로 내려오는 과정은 참으로 토마스 만의 생애와 작품의 발전 과정에서의 승리를 의미한다.

즉《토니오 크뢰거》《부덴브로크가의 사람들》 등의 초기 작품에서 거의 허무주의로까지 발전할 뻔했던 토마스 만은 이 작품《마의 산》을 통해 생의 성숙기에 들어서서 다시금 생을 감격적으로 긍정하는 것이다.

그런 의미에서 이 작품은 작가 토마스 만은 물론 독자인 우리에게도 특별한 의미가 있다. 토마스 만은 오랜 동안 여기서 그 조화의 실마리를 찾으려 하는 것이다. 그것은 갈등의 극복이며 토마스 만의 승리이다. 자기 부정, 자기 배반, 갈등의 청년기를 지나 이제 그는 죽음에 지배되는 무력한 고립이 아니라, 불타는 생의 이념에 봉사하는 적극적인 정신으로 니체적인 생의 긍정이라는 이념으로 돌아와 궁극적으로는 생에 참여하게 되는 것이다. 그래서 작품《마의 산》에서 우리는 죽음에 대한 친밀감까지 느낄 수 있다. 망각과 상실의 마의 산에서 7년을 보내는 동안 카스토르프는 차츰 꿈에서 깨어나 현실 세계로 돌아오게 되며, 스키를 타러 갔던 산 속의 웅대한 경치 속에서 자연의 원시적인 마력에 압도당하는 것이다.

《마의 산》(1924) 속표지
토마스 만은 3주 동안의 병문안을 바탕으로《마의 산》을 구상하였다.

인생은 반대되는 여러 힘의 총화이니 인생은 병, 정신, 자연, 이성 등의 갈등보다도 우위라는 것이다. 그리하여 전제 없는 이성과 경건한 마음만이 인생을

영화 〈베네치아에서의 죽음〉 루비노 비스콘티 감독. 주인공의 직업을 소설가에서 작곡가로 바꾼 이 영화는 전편에 걸쳐 구스타프 말러의 〈교향곡 제5번〉이 흘러나온다. 칸국제영화제 25주년 기념특별상 수상. 1971년, 이탈리아 영화.

구원할 수 있으며, 사랑만이 죽음을 극복할 수 있다는 평범한 진리를 다시 한 번 깨닫게 된다. 희생을 통해서만 인간은 구원받을 수 있다. 희생과 참여 없이 세계 개선은 이뤄지지 않는다.

즉 토마스 만은 《마의 산》에서 어떤 청년이 산상 생활에서 겪는 내면적인 경험을 발판으로 전 유럽 세계를 그 속에 투시하고 있다. 주인공 카스토르프가 생에 대한 새로운 인식을 얻고 평지에서 일어난 전쟁의 소용돌이 속으로 과감하게 참여하기까지, 7년 간의 영혼의 기록은 한스 카스토르프의 개인적인 내면 기록이라기보다는 19세기 끝 무렵의 퇴폐적인 경향에서 빠져나와 생의 긍정을 모색하려고 몸부림치던 그때 유럽 사회의 모순인 것이다. 토마스 만에게 이러한 의미 모색의 길은 일생을 통해 이어졌다. 그는 한 번도 만족을 얻지 못했다. 그가 살던 시대는 그에게 불안과 회의만을 심어 주었다. 이런 혼돈과 회의 속에서 그의 조국 독일을 휩쓸었던 어리석은 자만과 군국주의의 깃발이 요란스레 펄럭이기 시작했다.

1929년에 간행된 《마리오와 마술사》는 그즈음 이탈리아에서 대두되던 파시즘을 상징적으로 그린 작품으로, 토마스 만의 민주주의에 대한 확고한 신념을 보여준다.

이 시기에 발표된 문학 및 문화에 대한 평론들은 정치적 위기에 직면했을 때 인간성·관용·이성이 얼마나 부서지기 쉬운가에 대한 깨달음을 해명하고 전달하는 지속적인 역할을 하기 시작한다. 프로이트(1929)·바그너(1933)·괴테(1932)에 관한 평론이 바로 그러한 예이다. 괴테의 지혜와 균형은 점점 더 확실하게 만의 본보기가 되어갔다. 또한 니체에 대한 여러 평론에서는 한때 자신이 취했던 입장에서 벗어나려는 통철한 노력이 드러난다. 1930년에는 베를린에서 〈이성에의 호소〉라는 제목으로 대담한 강연을 하기도 했는데, 여기서 그는 국가사회주의자들의 비인도적인 광신에 맞서 교양있는 시민계급과 사회주의 노동계급이 함께 공동전선을 펼 것을 호소했다. 그리고 1930년대에는 독일·파리·빈·바르샤바·암스테르담 등 여러 곳에서 강연을 하고 많은 논문을 발표하면서 나치 정책을 끊임없이 비판했고, 사회주의와 공산주의 이념이 휴머니즘과 자유를 보증하고 있다는 바로 그 일반적인 의미에서 자주 그들의 견해에 공감을 표하기도 했다. 전후 《베네치아에서의 죽음》을 쓰던 시절부터 토마스 만은 정치에 관심이 깊었다. 그때 그는 프리드리히 대왕을 주제로 글을 써 볼까 하고 생각하기도 했다. 그런 시도는 결국 2차 대전 중에 《프리드리히 대왕과 대동맹》으로 발표되었다.

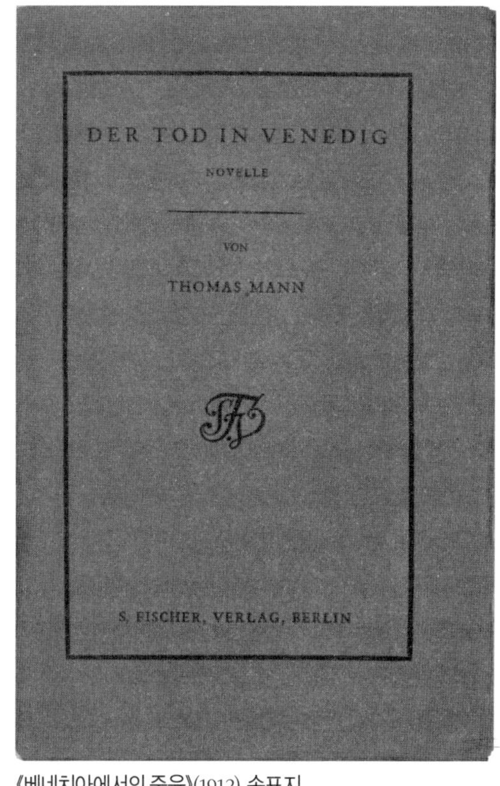

《베네치아에서의 죽음》(1912) 속표지

또 《마의 산》을 쓰는 동안에는 작품 집필을 중단하고 《비정치적 인간의 고찰》이란 정치에 대한 수필을 쓰기도 했다. 이러한 정치적 견해는 수필뿐만 아니라 1919년 발표된 《주인과 개》나 《어린이의 노래》에서처럼 작품화되기까지 했다.

그러나 이런 의미에서 가장 뜻 있는 작품은 《무질서와 때아닌 고뇌》라고 할 수 있을 것이다. 그 뒤를 이은 《마리오와 마술사》는 앞서도 말했듯이 이탈리아의 파시즘을 과격하게 공격, 고발한 것으로서, 마지막 장면에서 치폴라의 시체가 헌 옷 뭉치처럼 무대 위에 쓰러져 있는 장면은 무솔리니의 최후를 예언한 것이라고 말한 비평가도 있다.

토마스 만은 자기 주변에 다가오는 독재 정치의 위험성을 예감하고 있었다. 우매한 독일 민중은 무엇인가 잘못 계산하고 있었다. 다가오는 거센 파도 소리에 그의 목소리는 묻혀버린 채 무시되고 말았던 것이다.

성숙의 노년기—신화와 전설 세계로의 몰두

마침내 1933년 1월 30일, 아돌프 히틀러가 총통에 취임하자 나치스에 협조하지 않는 작가들에게 박해가 가해지기 시작했다. 정부가 박해의 손길을 뻗치기 시작하자 작가들은 하나하나 망명의 길을 떠났다.

1933년 2월 10일, 바그너가 세상을 떠난 지 50주년 되던 날, 토마스 만은 뮌헨 대학에서 '리하르트 바그너의 고뇌와 위대성'이란 제목으로 연설했다. 그 연설을 끝으로 그는 다음 날 망명길에 올랐다. 그 뒤 고달픈 망명의 나날이 이어졌다. 암스테르담, 파리 등을 헤매다가 스위스에 1년쯤 머물렀고, 1938년에는 미국으로 아주 이주했다. 처음에는 프린스턴에서 살았고 1941~52년에는 남부 캘리포니아에서 살았다. 1936년에 독일 시민권이 박탈되었으며, 같은 해에 본 대학도 1919년에 수여했던 명예박사학위를 취소했다(그 뒤 1949년에 다시 명예 회복되었음). 1944년에 미국 시민권을 얻었다. 전후에 동독과 서독을 여러 번 방문했고 많은 공적인 예우를 받았으나, 독일로 돌아가 사는 것은 거부했다. 1952년 다시 취리히 근처에 거처를 정했다. 괴테(1949)·체호프(1954)·실러(1955)에 관한 그의 후기 논문들은 주로 작가의 도덕적·사회적인 책임을 감명 깊게 일깨웠다.

망명의 길을 떠난 1933년은 토마스 만의 생애에서나 또는 그의 문학상에서나 새로운 장(章)이 시작됨을 의미한다.

1905년 이전, 즉 그의 초기작들은 파멸과 붕괴에 대한 불안감으로 일관되어 있고, 그 뒤를 이은 1933년까지의 약 20년 간은 두 개의 대립 속에서 끈질긴 투쟁을 한 기록이었다. 그 때, 작품의 주인공들은 나약한 예술의 세계 속에서 활기에 찬 생 속으로 뛰어들기를 간절히 바라나 결국은 죽고 만다.

《요셉과 그 형제들》(1943) 초판 표지

《마의 산》 집필을 끝낸 2년 뒤 토마스 만은 요셉의 일대기에 관심을 갖고 연구하기 시작했다.

《요셉과 그 형제들》은 1933년부터 쓰기 시작해 10년 뒤인 1943년에 완성된 작품이다. 1부인 〈야곱 이야기〉는 1933년에, 2부인 〈젊은 요셉〉은 1934년에, 3부인 〈이집트의 요셉〉은 1936년에, 그리고 1943년에 〈양육자 요셉〉을 간행함으로써 4부작 《요셉과 그 형제들》은 거대한 작품으로서 완성되었다. 이 완성작에서 만은 성서 이야기를 재해석하여, 한 부족 공동체에서 활동적이고 책임감있는 개인이 나타나고 신화에서 역사가, 불가지(不可知)한 존재에서 인격신이 나타나는 이야기로 그렸다. 첫 번째 권에서는 영원한 신화가 히브리인들의 삶에서 다시 만들어지고 있는 것처럼 보인다. 그러나 요셉은 그의 삶 역시 신화를 다시 만드는 일이라고 계속 믿고 있음에도 '영원한 공동체'로부터 변화와 역사의 세계인 이집트로 내던져지고 거기서 사건과 관념과 자신을 다루는 법을 익히게 된다. 이 장편소설은 역사에 대한 해박하고 깊이있는 연구에 바탕을 두고 있지만, 단순한 역사소설은 아니다. 여기서 '역사'는 반어와 해학, 의식적인 현대화로 가득하다. 만의 관심은 자신의 세대를 지탱하고 인도할 수 있으며 인간의 이성의 힘에 대한 믿음을 다시 소생시킬 수 있는, 자신의 시대를 위한 신화를 창조하는 데에 있었다.

여기에서 그는 플라톤 이후 서양 문화의 중심 문제였던 정신과 육체의 이중성의 조화를 모색한다. 이런 이중성 극복의 대표적인 위대한 인물로서 토마스 만은 괴테를 예로 든 적이 있다. 그는 이 작품을 통해 본능과 지성, 생과 육체가 서로 대립되지 않고 손에 손을 잡고 서로 조화될 길을 찾아내고 있다. 이러한 가시적인 미(美)와 정신의 대결은 실은 이미 토마스 만이 《베네치아에서의 죽음》에서 보여 주었던 것으로서 주인공 아셴바흐처럼 요셉도 육체와 정신, 미(美)와 지(知)를 자기 속에 조화를 이루고 공존시키려고 애쓰고 있다. 건강하고, 현명하고, 아름답고, 지혜로우며, 생활력에 넘치는 그는 이젠 토니오 크뢰거나 한스 한젠의 두 세계를 객관적으로 바라보고 스스로 파악할 수 있게 되며, 드디어 이 두 세계의 대립의 갈등 속에서 벗어나 그것을 극복하게 된다.

1부 야곱 이야기나 2부 젊은 요셉은 괴테의 《시와 진실》에서 많은 깨달음을 받아 지은 작품으로, 토마스 만은 그때 괴테 작품을 다시 보게 되었다. 그는 이미 1932년에 '시민 시대의 대표자로서의 괴테'라는 연설을 한 바도 있어서 괴테 문학과 많은 관계를 맺고 있다.

이러한 토마스 만—괴테의 영향 관계를 가장 두드러지게 보여 주는 것이 늙은 로테를 주인공으로 하여 1939년에 쓴 《바이마르의 로테》이다. 일방적인 사랑과 낭만적인 절망을 다룬 괴테의 반(半)자전적인 소설 《젊은 베르테르의 슬픔》의 여주인공이었던 로테 케스트너는 노부인이 되어 이제는 유명해진 옛 연인 괴테를 다시 만나, 그에게서 고백을 얻어내기 위해 바이마르를 방문한다. 그러나 괴테는 적당한 거리를 두고 대하면서 다시 과거로 돌아가기를 거부한다. 로테는 괴테로부터, 인간에 대한 진정한 존경은 변화를 받아들이고 존중하는 것이며, '시대의 요구'에 부응하는 지적 행동을 하는 것임을 배우게 된다. 이 작품은 소설 《요셉》과 마찬가지로 자신의 시대와 거리를 두면서 인류 문명의 본질적인 원리가 무엇인지 정의해보려 한다. 또한 유머가 섞인 고매하고 평온한 어조로 나치의 비인간적인 비합리주의를 넌지시 공격하고 있다.

또한 토마스 만—괴테의 관계는 흔히 신의 부름을 받아 신의 말을 충실히 실행하려 했던 요셉과 신의 관계와 비견되기도 한다.

그 뒤를 이어 괴테가 모세를 주제로 쓴 《황야의 이스라엘》과 비견되는 토마스 만의 모세 연구 작품인 《규칙》이 1943년에 나왔다. 이 《규칙》은 《요셉과 그 형제들》을 쓰다가 부산물로 생겨난 작품으로서 이로부터 토마스 만은 요셉 신화에서 시작되어 차츰 신화, 전설의 세계로 기울게 되었다.

1930년, 1940년대는 토마스 만—괴테 관계가 가장 친밀했던 해로서 그때 토마스 만은 고민하는 가장 대표적인 독일적 인물로서 괴테를 상기했다.

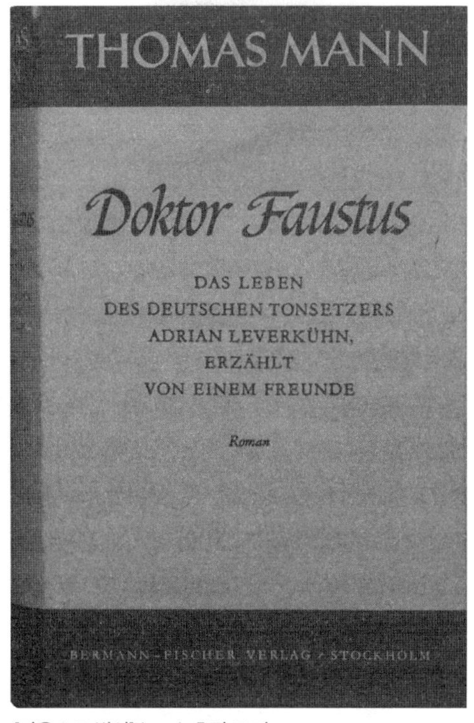

《파우스트 박사》(1947) 초판 표지

이러한 토마스 만—괴테의 관계가 가장 방대한 작품으로 나타난 것이 1947년에 나온 《파우스트 박사》로서, 그것은 괴테의 대작(大作)인 《파우스트》와 비견된다. 처음에 이 작품의 주제는 26년 동안이나 토마스 만의 머리를 맴돌기만 한 채 도무지 작품화되지 못했었는데, 괴테의 《파우스트》를 통해 드디어 구상화된 것이다.

《규칙》 다음 작품인 《속은 여자》(1940)에서는 어느 인도 처녀 지타가 정신적으로 매우 뛰어난 인물인 시리다만과 결혼하는데, 그녀의 마음은 훌륭한 육체를 가진 시리다만의 친구 난다에게 가 있다. 여신 칼리는 지타의 고민을 이해하고 두 남자의 머리와 몸뚱이를 바꾼다. 시리다만의 몸에 난다 머리를 한 인물은 은둔자가 되었다. 그리하여 지타는 시리다만의 영혼과 난다의 용모를 가진 인물과 살게 되는 축복을 받았다. 그러나 이 행복은 오래 가지 못했다.

지타는 인간의 완전성이란 그런 기계적인 결합의 결과가 아님을 곧 알게 되었던 것이다. 그러나 결국 역설적으로 이런 종합의 노력은 성공한 것처럼 보이게 된다. 지타가 낳은 아들이 아름다움과 지혜로움을 모두 가지게 된 것이다. 그 아이는 시리다만과 난다의 장점만을 가진 것이었다. 《속은 여자》는 '형이상학적인 익살'이라고 불린다.

《규칙》은 모세를 소재로 파시즘을 그린 작품이다. 앞서도 말했듯 토마스 만은 정치적인 신념이 강했던 작가인 까닭에 그러한 자기의 정치적 견해를 작품

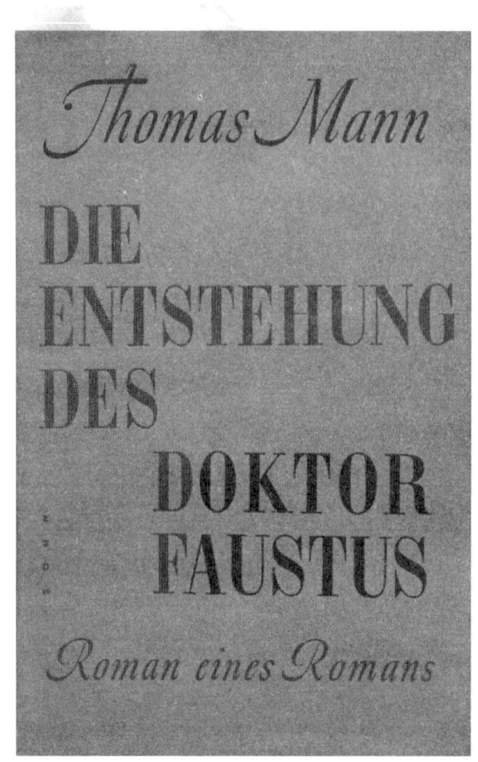

《파우스트 박사의 성립》(1949) 표지

속에서도 주저 없이 보여 준다. 《규칙》이 파시즘에 대한 논박으로 쓰인 것과 마찬가지로 그의 대작 《파우스트 박사》도 이런 정치적인 신념을 배경으로 성립되었다.

1943년 5월 23일 그는 《파우스트 박사》를 쓰기 시작했다. 《파우스트 박사》는 만의 소설들 가운데 가장 직접적으로 정치적인 성격을 띤 작품으로 평가되고 있다. 이 작품은 1885년에 태어나 10년간의 정신착란 끝에 1940년에 죽은 독일 작곡가 아드리안 레버퀸의 생애를 다루었는데, 고독하고 소외된 인물인 그가 당대 음악에 대한 자신의 경험을 이야기했다. 레버퀸의 작곡에 대한 이야기는 바로 1930년 이전 20년간의 독일 문화의 이야기로서, 특히 전통적인 휴머니즘이 붕괴하고 그것을 잠식하는 현학적인 허무주의와 야만적인 원시주의가 성공적으로 혼합되는 과정을 그리고 있다. 만은 상상력이 풍부한 통찰력을 가지고 레버퀸의 새로운 음악 형식과 주제를 해석해나갔다. 레버퀸의 마지막 작곡은 한때 희망을 갖고 악마와 계약을 했으나 결국은 절망에 빠지는 16세기 파우스트 전설을 소재로 한 파우스투스 박사의 비탄이란 곡이었다. 그러나 레버퀸의 개인적 비극이 작중 서술자인 차이트블롬의 논평을 통해 전쟁에서의 독일의 파멸과 기묘하게 관련되면서, 이 우울한 작품은 일말의 희망의 빛이 바로 그 비탄에 있음을 보여준다. 이 작품만큼 독일의 비극을 가장 잘 드러내는 문학작품은 없다. 토마스 만의 초기 작품의 주인공들은 거의 소설가였지만, 이 작품의 주인공이 음악가라는 것은 중대한 의미를 갖는다.

토마스 만은 자기 조국 독일 민족을 음악적인 민족이라고 생각했기 때문에 독일적인 인물을 그리는 데 음악가를 택한 것이다. 그리고 그는 '독일과 독일인'이란 평론에서 음악을 악마적인 분야라 부르고, 음악이란 현실을 멀리 도외시키고 예술 중에서도 가장 격정적이며 추상적이고 신비적인 것이라고 했다. 이어 파우스트가 독일 정신의 대표자라면 그는 음악가라야만 한다고 했다. 왜냐하면 추상적이고 신비적인 것, 즉 음악적인 것이야말로 세계에서 가장 독일적인 것이라고 생각했기 때문이다.

《선택된 사람》(1951) 표지

그리고 그는 이런 내면성이야말로 독일 민족의 가장 큰 위험이라고 말했는데, 독일의 본질 속에는 비합리적이고 악마적인 힘이 있기 때문이라는 것이다. 이런 무서운 힘의 예로서 그는 그즈음 독일의 국가사회주의, 즉 나치를 들고 있다.

레버퀸이 음악가라는 것은 그가 독일 민족의 장점과 약점을 그대로 보여 준다는 점에서 의미가 깊다. 그리고 그의 몰락은 제3제국의 멸망을 상징적으로 보여 준다는 데 또한 의미가 있다. 이렇게 보면 주인공 레버퀸은 독일의 역사를 상징하며, 파우스트나 니체의 흔적을 우리에게 암시한다.

신화와 전설상의 소재를 즐겨 다루던 노년의 토마스 만은 그레고리우스 성도(聖徒)에 대한 설화를 작품화했는데, 그것이 《선택된 사람》이다. 이 작품은 사랑하는 남매 사이에서 태어난 아이가 성장해, 자기 어머니와 결혼하여 두 딸을 낳게 된다는 근친상간을 다룬 작품이다. 이 소설에서 주인공으로 선택된 인간은 친간(親姦)의 씨로서 다시 자기 어머니를 범하는 죄를 저지르고, 17년 동안이나 속죄한 결과로 로마 교황의 자리에까지 오를 수 있게 된다. 죄악투성이의 주인공은 속죄로 벌을 받기는커녕 구원을 받게 된다.

죄를 깨닫고 그것을 진실로 후회하며 참된 길로 나아갈 때 인간은 구원받을 수 있다는 것이다. 《선택된 사람》은 단순히 전설을 작품화시킨 것에 불과한 것이 아니라 한 걸음 더 나아가 죄의 문제, 구원의 문제를 우리에게 보여준다.

1952년, 미국으로 이주한 뒤 늘 자기 조국을 잊지 못했던 만은 마침내 스위스에 정착한다. 거기에서 그는 1910년에 착수하기 시작한 《사기꾼 펠릭스 크룰의 고백》을 끝맺음했다. 이 작품은 제1편이 1922년에, 제2편의 일부분이 1936년에 이미 발표되었는데, 토마스 만은 1954년 '회상의 제1부'라고 제목을 달아 단원의 막을 내리게 했다. 하지만 이 작품은 그것으로 끝이 아니고 계속 집필 중이었는데, 1년 뒤인 1955년에 그가 세상을 떠나는 바람에 중단되고 말았다.

이 작품은 하나의 해학적인 소설로 토마스 만 자신은 이 작품을 괴테적인 자서전 수법(Goethisch—Selbstbildnerisch—Autobiographisch)으로 쓰려고 했다고 한다. 1910년쯤, 즉 토마스 만의 초기작 시대에 시작해서 1954년, 그가 세상을 떠나기 1년 전에 이 작품은 1편을 끝맺음했으니 《사기꾼 펠릭스 크룰의 고백》이야말로 토마스 만의 문학을 집대성한 것이다. 이 작품은 이전의 《파우스트 박사》나 《마의 산》이 지나치게 문제성과 철학을 중시한 것과는 달리 소재와 구성이 가장 문학적으로 조화되었다고 평가된다.

이 작품 제1편이 발표된 1년 뒤인 1955년, 만은 실러 사망 150주년 기념 강연 차 독일로 여행하다가 병이 들어 8월 12일에 80세를 일기로 사망했다. 그의 마지막 논평 《실러 시론(試論)》은 대가의 최후를 장식하는 훌륭한 에세이였다.

일찍이 초기작 《괴로운 한때》(1905)에서 실러의 고뇌에 공감하고, 실러의 그 숨막힐 듯한 고뇌를 그 단편을 통해 또렷하게 보여 주었던 만은, 그의 일생을 결말짓는 마지막 필치로써 실러의 위대성을 다시 한 번 과시해 보이고 있다. 그는 애국 시인 실러를 빌려 독일의 통일을 외쳤고, 이런 그의 우렁찬 목소리를 통해 분단된 그의 조국은 다시 통일될 수 있는 기틀을 마련하는 듯했다.

만의 문제는 세련되게 다듬어져 있고 기지에 넘치며 해학과 반어, 패러디가 풍부하다. 또한 섬세하고 다층적인 구성으로 이루어져 있으며, 한편으로는 뛰어난 사실주의적 수법과 다른 한편으로는 보다 깊은 상징주의 수법이 곁여되어 있고, 작가 특유의 반어적인 관점에서 작중 인물과 어느 정도 거리를 두는 경향이 있기 때문에, 때때로 인간적인 감정이 부족하다는 비난을 받기도 한다.

▲미국에서 토마스 만(1947)
1933년 나치정권의 출범으로 독일을 떠났다. 1938년 미국 프린스턴 대학교에서 인문학 강의. 1952년 스위스로 이주할 때까지 살았다.

헤세와 함께(1933)
조국을 떠나 타향 스위스에서 생을 마감한 두 독일인 작가는 만년에 서로 존경하며 깊은 우정을 나누었다.

아인슈타인과 함께(1938)
독일 유대계 과학자 아인슈타인도 나치의 박해를 피해 미국으로 망명했다.

그러나 만은 이 단순성과 감상주의가 언제든지 이념적·정치적인 세력들에 의해 조종될 수 있는 위험성을 의식하고 있었다. 통찰력있는 독자라면, 작품에 보이는 정교한 현학성 뒤에 인류에 대한 열렬하고 애정어린 열망을 간파할 수 있을 것이다.

만은 20세기의 가장 위대한 독일의 소설가였으며, 생의 마지막까지 그의 작품은 국내외에서 고전으로 평가되었다. 정교하게 구성된 장편과 단편들은 서구 부르주아 문화의 본질에 대해 상상력이 풍부한 질문을 줄기차게 제기하는데, 여기서 이 서유럽 문화의 불안전성과 붕괴의 위협에 대한 끊임없는 의식은 그 문화의 정신적 업적에 대한 인정과 세심한 관심으로 균형을 이루고 있다. 이러한 중심주제는 현실과 사고와의 관계, 사회와 예술가와의 관계, 현실과 시대의 복잡성, 정신성의 유혹, 에로스, 죽음 등 그와 관련되는 일련의 문제들을 둘러싸고 계속 다른 형식으로 반복된다. 만이 당대의 사회적·정치적 파국에 대해 글을 쓰기도 하고 실제적으로 참여하기도 하여 얻은 신선한 통찰력은 작품을 더욱 다양하고 풍부하게 만들고 있다. 그의 훌륭한 평론들, 특히 톨스토이·괴테·프로이트·니체 등에 관한 평론에는 작가 자신의 끊임없는 지적 투쟁이 기록되어 있는데, 이런 투쟁을 통해 그는 주요작품들을 형성하는 윤리적 책임이라는 문제에 도달했다.

토마스 만은 결코 정치적인 선구자이거나 체계적인 철학자는 아니었다. 그즈음 그가 해결하고자 했던 유럽 정신 세계의 고뇌는 일시적이거나 부분적인 것이 아니라 시간과 공간을 초월하는 범세계적인 것이었다. 그렇기 때문에 그는 이제 자기 조국에서뿐만 아니라 세계 어느 곳에서나 공감을 얻고, 그의 작품을 읽는 독자는 작품 속의 주인공이 마치 자기 자신인 것처럼 그의 문제 속에 몰두해 들어갈 수 있는 것이다.

두 차례 대전을 치르고, 또 조국에서 망명을 하지 않으면 안 되었던 그의 처지, 그의 정치적인 고집스런 견해, 이 모든 배경은 하마터면 그를 정치성이 지나치게 강하고 편견에 가득 찬 수필가나 또는 자기의 고뇌 속에서 도무지 헤어나지 못하는 절망의 인간으로 만들어 놓고 말 뻔했다.

하지만 토마스 만은 이제 흔들리지 않는 명성과 존경을 담고 세계 문학의 역사 속에 의연하게 서 있다. 가장 독일적이고도 가장 세계적인 문제를 가진 작가로 말이다. 그의 휴머니즘은 일찍이 그 유례를 찾기 힘든 고귀한 것이었고, 오늘날과 같은 혼동과 혼탁의 세기에는 우리의 길을 밝혀 주는 선구적인 것이었다.

오늘날 수많은 현대인들은 말세적인 절망과 환멸 속에서 구원을 찾아 헤매고 있다. 그것은 마치 토마스 만이 세기말적인 붕괴와 환멸의 절망감 속에서, 또 삶과 죽음, 육체와 영혼의 이중성 속에서 길을 찾아 몸부림치던 그런 고뇌와 상통한다. 토마스 만은 일생 동안 인생에 대해서 생각하고 해결 방법을 찾으려고 애썼다.

토마스 만의 무덤
1955년 80세의 나이로 타향 스위스 취리히에서 죽어 취리히 근교 키르히베르크 공원묘지에 묻혔다.

이제 독일 문학도 세계 문학의 급진전하는 바퀴 속에서 심한 진통을 겪으면서 새로운 방향을 모색해 나가고 있다. 토마스 만 대신 카프카의 연구가 활기를 띠게 되고, 카프카 추종자들이 끊임없이 나오고 있으며, 특히 최근에 와서는 새로운 소설 수법이나 소재 표현 방식이 발견되고 있다. 특히 형식면에서는 새롭고 놀라운 진전을 보이고 있다. 그러나 진실로 위대했던, 아니 그보다도 진정한 의미에서 독일 정신에 철두철미했던 토마스 만의 노력과 그 영향 없이는 오늘의 독일 문화를 생각해 볼 수 없다 해도 과언이 아니다.

토마스 만 연보

1875년　6월 6일, 토마스 만(Thomas Mann)이 하인리히 만을 아버지로, 율리아를 어머니로 하여 북독일 뤼베크에서 태어남.

1877년(2세)　아버지 하인리히 만이 뤼베크의 시 참사회 의원에 선출됨. 누이 율리아 태어남.

1881년(6세)　누이 카를라 태어남.

1890년(15세)　요한 지그문트 만 상회 창립 100주년 축하회가 열림. 할머니 카타리나 엘리자베트가 죽음. 동생 빅토르 태어남.

1891년(16세)　10월, 아버지가 죽음. 상회가 해산됨. 형 하인리히 만(1871~1950)이 베를린 대학의 학생이 됨.

1892년(17세)　어머니 율리아가 누이 율리아, 누이 카를라, 동생 빅토르를 데리고 이때까지 살던 뤼베크에서 뮌헨으로 이주함.

1893년(18세)　동인 잡지 〈봄의 폭풍〉을 발행. 창간 5월호에 실린 시 〈두 번의 이별〉이 10월에 〈사회〉라는 잡지에 실림.

1894년(19세)　3월, 1년 지원병의 자격을 얻어 뤼베크의 실업고등학교를 중퇴하고 뮌헨으로 옮겨 화재보험회사의 무급 수습사원이 됨. 소설 《전락》을 〈사회〉지에 발표. 가을에 보험회사를 그만두고 공과 대학의 청강생이 됨.

1895년(20세)　〈사회〉에 시를 발표. 7월에서 10월에 걸쳐 형 하인리히와 함께 최초의 이탈리아 여행을 함. 〈20세기〉지(誌)에 평론을 기고.

1896년(21세)　최초로 빈을 여행함. 10월, 이탈리아로 가서 형과 함께 로마에 체류함.

1897년(22세)　단편 소설 《꼬마 프리데만 씨》 《죽음》 《어릿광대》 발표. 《부덴브로크가의 사람들》의 구상을 시작함. 이것의 작품화를 계획하여 10월부터 로마에서 쓰기 시작함.

1898년(23세) 단편 소설 《토비아스 민데르니켈》 발표. 주간지 〈짐플리치시무스〉의 편집에 참여.

1899년(24세) 단편 소설 《옷장》, 시 〈혼잣말〉을 발표.

1900년(25세) 5월 《부덴브로크가의 사람들》 완성. 단편 소설 《무덤으로 가는 길》 발표. 10월, 1년 지원병으로 바이에른 보병 친위연대에 입대. 12월 병역 부적격자로 제대.

1901년(26세) 5월, 피렌체와 베네치아로 여행함. 10월, 《부덴브로크가의 사람들》이 베를린의 피셔 출판사에서 두 권으로 간행.

1902년(27세) 단편 소설 《신(神)의 칼》 발표.

1903년(28세) 단편 소설 《토니오 크뢰거*Tonio Kroger*》《굶주린 사람들》《신동(神童)》 발표. 단편 소설 《트리스탄*Tristan*》 간행. 뮌헨 사교계에 출입함.

1904년(29세) 단편 소설 《어느 행복》 발표. 카티아 프링셰임과 약혼.

1905년(30세) 2월, 카티아 프링셰임과 결혼함. 11월, 맏딸 에리카 태어남. 희곡 《피오렌차*Fiorenza*》와 단편 소설 《고민하는 사람들》 발표.

1906년(31세) 11월, 장남 클라우스 하인리히 만이 태어남.

1907년(32세) 희곡 《피오렌차》가 프랑크푸르트 암 마인에서 첫 공연.

1908년(33세) 빈을 찾아서 슈니츨러를 만나고, 로다운에서 호프만슈탈을 방문.

1909년(34세) 차남 고드프리트가 태어남. 장편 소설 《대공 전하*Königliche Hoheit*》 간행.

1910년(35세) 차녀 모니카가 태어남. 누이 카를라(배우)가 자살함.

1911년(36세) 장편 소설 《사기꾼 펠릭스 크룰의 고백》의 단편(斷片) 발표. 5월에서 6월에 걸쳐 베네치아 리드에 체재.

1912년(37세) 다보스 요양원에 입원한 아내 카티아를 문병. 《베니스에서의 죽음*Der Tod in Venedig*》 간행.

1913년(38세) 《마의 산》을 쓰기 시작함.

1914년(39세) 9월, 제1차 세계대전 발발. 평론 〈전시에 생각한다〉 발표. 단편 소설집 《신동》 간행.

1915년(40세) 평론 《프리드리히 대왕과 대동맹》 발표. 평론 《비정치적 인간의 고찰》을 쓰기 시작함.

1918년(43세) 3녀 엘리자베트가 태어남. 10월, 《비정치적 인간의 고찰*Betrachtungen eines Unpolitischen*》 간행.

1919년(44세) 시 〈어린아이의 노래〉, 단편 소설 《주인과 개》 발표. 3남 미카엘이 태어남. 본 대학에서 명예 박사 칭호를 받음.

1922년(47세) 형 하인리히와 화해함. 평론 《괴테와 톨스토이*Goethe und Tolstoi*》 발표. 《사기꾼 펠릭스 크룰의 고백》(유년 시대 편) 간행.

1923년(48세) 어머니 율리아가 죽음.

1924년(49세) 9월 《마의 산*Der Zauberberg*》 완성하여 11월에 간행. 런던의 펜클럽에 정빈(正賓)으로 초청됨.

1925년(50세) 평론 《슬라브 신비주의와 서구 라틴 정신 사이의 일 정신과 그 미래》 《괴테의 친화력》 《도상(塗上)》, 단편 소설 《무질서와 어린 고민》 발표. 50세의 생일 축하 잔치가 뮌헨에서 성대히 벌어지고, 피셔 출판사에서 토마스 만 전집 10권을 간행.

1926년(51세) 카네기 재단의 초청을 받아 파리를 방문함. 뤼베크의 700주년 축제에 즈음해서 '정신적 생활 형식으로서의 뤼베크'라는 제목으로 강연함. 시 참사회로부터 교수의 칭호를 받음. 프로이센 예술 아카데미 문학 부문의 회원에 선출됨. 《파리 방문기》 간행. 《요셉과 그 형제들》 쓰기 시작함.

1927년(52세) 펜클럽의 초청을 받아 바르샤바를 방문함. 에리카와 클라우스가 세계 일주 여행을 떠남. 은행가와 결혼한 뒤 과부가 된 누이 율리아가 자살.

1928년(53세) 〈문학계〉 지를 통해 우익 및 나치스와 논쟁. 평론 《문화와 사회주의》 발표.

1929년(54세) 평론 《레싱 논(論)》 《근대 정신사에서 프로이트의 위치》, 단편 소설 〈어느 비극적인 여행의 체험〉 (뒤에 《마리오와 마술사(Mario und der Zauberer로 게재)》를 발표. 노벨 문학상을 받음. 노벨상 전형에 결정적인 영향력을 갖는 스톡홀름의 문학 교수가 《마의 산》에 부정적인 평가를 내렸기 때문에, 증서에는 《부덴브로크가의 사람들》이 강조됨. '토마스 만, 특히 세월이 지남에 따라 현대의 고전적 작품으로서 더욱더 움직이지 않는 성과를 얻은 위대한 소설

《부덴브로크가의 사람들》에 대해 주어짐. 1929년도 노벨 문학상 수상자.'

1930년(55세) 1월에서 4월에 걸쳐 이집트로 여행함. 평론집 《시대의 요구》가 간행되고, 《악전》 발표. '이성에 호소한다'라는 강연을 함. 《마리오와 마술사》가 이탈리아에서 금서(禁書)로 됨.

1931년(56세) 제네바에서 열린 〈문학 예술 상임위원회〉에 출석. 발레리, G 마리어, B 바르토크, 마다리아가 등이 참석.

1932년(57세) 괴테 100년제에 즈음해서 베를린에서 '시민 시대의 대표자로서 괴테의 생애'라는 제목의 강연을 함. 괴테를 기념하여 프랑크푸르트 암 마인에서 열린 '문학예술상임위원회'에서 '괴테와 작가의 사명' '괴테와 독일'이란 제목으로 강연.

1933년(58세) 1월, 히틀러가 정권을 잡음. 하인리히 만은 독일을 떠남. 2월, 바그너 50년제를 기념하여 '리하르트 바그너의 고뇌와 위대성'이란 제목으로 강연. 암스테르담, 브뤼셀, 파리로 강연 여행을 떠났으나 그 뒤 국내 정세가 험악해져서 귀국을 못하게 됨. 4월, 바그너 강연이 반대에 부딪혀 스위스, 프랑스를 거쳐 가을에 취리히 호숫가의 퀴스나하트에 정착함. 《요셉과 그 형제들*Josph und seine Bruder*》의 제1권 《야곱 이야기*Die Geschichten Liakobs*》 간행.

1934년(59세) 《요셉과 그 형제들》의 제2권 《젊은 요셉*Der jungen Joseph*》 간행. 여름에 미국을 방문함. 《돈키호테와 함께 바다를 건너다》 발표.

1935년(60세) 평론집 《거장(巨匠)들의 고뇌와 위대함》 간행. 여름에 도미, 아인슈타인과 함께 하버드 대학에서 명예학사 칭호를 받음. 루스벨트 대통령 부부의 개인적인 초대를 받음. 논문 《유럽에 경고한다》(불문, 독일 원문을 1938년 간행)를 발표하여 전투적인 휴머니즘을 외침.

1936년(61세) 프로이트의 탄생 80년을 기념하여 빈에서 '지그문트 프로이트와 미래'라는 제목으로 강연. 《요셉과 그 형제들》의 제3권 《이집트의 요셉*Joseph in Agypten*》 간행. 12월, 재산을 몰수당하고 독일 국적을 박탈당함. 본 대학에서 명예 박사 칭호의 철회 통고를 받음.

1937년(62세) 〈새 취리히 신문〉(1월 24일)에 본 대학과의 '왕복 서간'을 공표. 4

월에 도미, 9월에 격월간지 〈척도와 가치〉 발행. 독일 저작가 보호 동맹의 명예 회장이 됨.

1938년(63세) 2월, 도미하여 '오게 될 데모크라시의 승리에 대하여'를 가지고 강연 여행을 함. 7월, 퀴스나하트로 돌아옴. 9월, 미국으로 이주하여 프린스턴 대학 인문학 강사가 되어 프린스턴에 정착함. 스톡홀름판 토마스 만 전집이 간행되기 시작함.

1939년(64세) '평화의 문제'를 가지고 미국 각 도시로 강연 여행을 함. 프린스턴 대학에서 명예 박사의 칭호를 받음. 장편 소설 《바이마르의 로테*Lotte in Weimar*》 간행.

1940년(65세) 미국 중서부, 남부의 여러 도시를 순회하며 강연함('자유의 문제'). 대학에서 '19, 20세기의 독일 문학' '자작(自作)에 대하여'를 강의하고 교수 활동을 마침. 10월부터 1945년 5월까지 BBC방송을 통해 매월 정기적으로 대독 방송을 함. 단편 소설 《바꿔 끼운 머리*Die Vertauschten Kopfe, Eine indische Legende*》 간행.

1941년(66세) '전쟁과 미래'란 제목으로 미국 서부로 강연 여행. 4월, 캘리포니아의 퍼시픽 팰리스로 이사.

1942년(67세) 대독 방송을 정리한 《독일 청취자 여러분》과 정치 논문집 《시대의 요구》가 간행.

1943년(68세) 《요셉과 그 형제들》 제4권 《양육자 요셉*Joseph, der Ernahrer*》 완성(12월 간행). 단편 소설 《규칙》을 씀. 5월 5일, 장편 소설 《파우스트 박사》를 쓰기 시작함.

1944년(69세) 미국 시민권을 얻음. 《규칙》이 간행됨.

1946년(71세) 5월, 독일이 항복함. 워싱턴의 국회 도서관에서 '독일과 독일인'이라는 제목으로 강연. 70회 생일을 축하하여 스톡홀름의 피셔 출판사가 〈새 전망〉지 창간호를 토마스 만 특집으로 함. 《독일의 청취자 여러분》의 증보판(55회의 방송 원고를 수록), 평론집 《정신의 귀족들》 《단편 소설집》 간행. 4월, 폐(肺)농창 수술을 받음.

1947년(72세) 1월 29일, 《파우스트 박사*Doktor Faustus*》가 완성되어 10월에 간행. 4월에서 9월까지 유럽을 여행. 5월, 런던 대학 및 취리히의 펜클럽에서 '우리의 경험으로 본 니체'라는 제목으로 강연.

1948년(73세) 장편 소설 《선택된 사람》을 쓰기 시작. 미국이 유대인의 팔레스타인에서의 국가 건설에 대한 찬성을 철회한 것에 항의하여 논문 《1938년의 망령》 발표. 《요셉과 그 형제들》 4부작의 자서전적인 서문 '16년'을 붙임. 평론집 《새 시론집(試論集)》이 간행.

1949년(74세) 《파우스트 박사의 성립》 간행. 4월, 동생 빅토르가 뮌헨에서 죽음. 5월, 런던에서 '괴테와 데모크라시'라는 제목으로 강연. 옥스포드 대학의 명예 박사 칭호를 받음. 스웨덴, 덴마크를 여행하던 중 장남 클라우스가 칸에서 자살한 것을 알게 됨. 7월, 망명 이래 처음으로 독일을 방문. 25일에 프랑크푸르트의 파울 교회에서, 8월에 바이마르의 독일 국민 극장에서 '괴테 탄생 200년제의 식사'를 함. 같은 달, 미국에 돌아옴. 독일 여행의 '보고'를 발표.

1950년(75세) 3월, 형 하인리히가 캘리포니아 산타 모니카에서 죽음. 5월, 시카고 대학, 스웨덴 및 소르본 대학에서 '나의 시대'라는 제목으로 강연. 10월, 《선택된 사람》 완성.

1951년(76세) 《선택된 사람 *Der Erwahllte*》 간행.

1952년(77세) 유럽에 대한 향수와 미국 공화당 안의 반공적 경향에 대한 혐오로 유럽 이주를 결심하고 7월에 취리히로 향함. 잘츠부르크, 베네치아, 빈에서 '예술가와 사회'라는 제목으로 강연.

1953년(78세) 단편 소설 《속은 여자》, 평론집 《신고론집(新古論集)》 간행. 4월, 로마에서 교황 피오 12세를 알현. 1896년에 형과 함께 여름을 보낸 팔레스타인을 방문. 6월, 1931년 이래 처음으로 뤼베크에 방문.

1954년(79세) 1월, 취리히 호반의 키르히베르크에 저택을 마련함. 장편 소설 《사기꾼 펠릭스 크룰의 고백. 회상 제1부 *Bekenntnisse des Hochstaplers Felix Krull. Der Memoiren erster Teil*》 간행. 평론 《체호프 시론》 발표.

1955년(80세) 실러의 150년제를 맞아 《실러 시론》 간행. 5월, 슈투트가르트와 바이마르에 기념 강연을 함. 돌아오는 길에 뤼베크에서 명예 시민의 칭호를 받음. 6월 6일, 80세의 생일에 베를린 아우후바우사에서 12권의 《토마스 만 전집》 증정함. 심장관상동맥혈전증으로 8월 12일 밤 8시에 취리히 병원에서 죽음. 같은 달 16일 키르히베르크의 묘지에 묻힘.

곽복록(郭福祿)
일본 조치(上智) 대학교 독문학과 수학. 서울대학교 독문학과 졸업. 미국 시카고 대학교 대학원 독문학과 졸업(석사). 독일 뷔르츠부르크 대학교 독문학과 졸업(독문학 박사). 서울대학교·서강대학교 독문학과 교수 역임. 한국독어독문학회 회장. 한국괴테학회 초대회장. 서강대학교 명예교수 역임. 지은책 《독일문학의 사상과 배경》 옮긴책 에커먼 《괴테와의 대화》 프리덴탈 《괴테 생애와 시대》 요한 볼프강 괴테 《파우스트》《젊은 베르테르의 슬픔》《빌헬름 마이스터의 수업시대·편력시대》《친화력》《헤르만과 도로테아》《이탈리아 기행》《시와 진실》《괴테시집》《괴테전집(12권)》 카를 힐티 《잠 못 이루는 밤을 위하여》 니체 《차라투스트라는 이렇게 말했다》《비극의 탄생》《즐거운 지식》《권력에의 의지》 안데르센 《안데르센 동화전집》이 있다.

World Book 275
Thomas Mann
DER ZAUBERBERG
마의 산Ⅱ
토마스 만/곽복록 옮김
1판 1쇄 발행/1978. 12. 10
2판 1쇄 발행/2007. 8. 10
3판 1쇄 발행/2018. 2. 20
발행인 고정일
발행처 동서문화사
창업 1956. 12. 12. 등록 16−3799
서울 중구 다산로 12길 6(신당동 4층)
☎ 546−0331~6 Fax. 545−0331
www.dongsuhbook.com
잘못 만들어진 책은 바꾸어 드립니다.

*

사업자등록번호 211−87−75330

ISBN 978−89−497−1662−6 04080
ISBN 978−89−497−0382−4 (세트)